南齊書

梁蕭子顯撰

第一册

卷一至卷一五（紀志）

中華書局

圖書在版編目(CIP)數據

南齊書/〔梁〕蕭子顯撰. —北京:中華書局,1972. 1
(2022.4 重印)
ISBN 978-7-101-00310-9

Ⅰ.南… Ⅱ.蕭… Ⅲ.中國—古代史—南齊(479
~502)—紀傳體 Ⅳ.K239.120.42

中國版本圖書館 CIP 數據核字(2002)第 087498 號

南 齊 書

(全三册)

〔梁〕蕭子顯 撰

*

中 華 書 局 出 版 發 行

(北京市豐臺區太平橋西里 38 號 100073)

http://www.zhbc.com.cn

E-mail:zhbc@zhbc.com.cn

北京新華印刷有限公司印刷

*

850×1168 毫米 1/32 · 33⅜印張 · 600 千字

1972 年 1 月第 1 版 2022 年 4 月第 18 次印刷

印數:129351-130850 册 定價:128.00 元

ISBN 978-7-101-00310-9

出版説明

南齊書是一部記載南齊封建割據政權歷史的書，齊梁皇族蕭子顯作。全書六十卷，現存五十九卷。

南齊是南北朝時期繼宋以後在南方割據的封建王朝。公元四七九年，蕭道成（南齊高帝）建立南齊，傳了三代。四九四年，蕭道成的侄子蕭鸞（南齊明帝）奪取了帝位，傳了兩代。五〇二年，蕭衍（梁武帝）滅了南齊，另建了梁朝。南齊的統治只有二十三年，是南北朝時期最短促的一個朝代。它建都在建康（今南京），統治的地區西到現在的四川，北到淮河、漢水，蕭鸞時期又在淮河以南失去一些地方。當時同南齊對立的，是割據北方的北魏封建政權（公元三八六到五三四），北魏的軍事力量要比南齊強些。

蕭子顯（約公元四八九到五三七），字景陽，南蘭陵郡南蘭陵縣（今江蘇常州西北）人，是蕭道成的孫子。他父親豫章王蕭嶷在南齊前期曾煊赫一時，他本人在梁做到吏部尚書。他雖然還是梁朝統治集團中的上層人物，但這時他家的政治地位已經衰落下來。

蕭子顯入梁以後，還是積極地爲鞏固梁朝政權效力。蕭衍曾當面向蕭子顯兄弟表示，希望他們作梁朝的「忠臣」。蕭子顯也就特別利用了自己的文史才能爲梁朝的封建統治服務。他曾奏請編纂蕭衍的文集，贊美蕭衍掛名主編的通史，並在國學裏講解由蕭衍題名的五經義。他還編寫了五卷普通北伐記，這書雖已不可見，而顧名思義，應是頌揚蕭衍在普通年間（公元五二〇到五二六）的軍事活動的。他編寫南齊書，也是經過奏請的。蕭子顯還著有後漢書一百卷、貴儉傳三十卷、文集二十卷，都沒有流傳下來。

南齊初年，蕭道成設置史官，命檀超、江淹等編集「國史」。在梁代，沈約著有齊紀，吴均著有齊春秋。蕭子顯的南齊書，多取材於檀超、江淹等的書稿，而他們的稿子沒有傳下來。沈約、吴均的書約在十一世紀以後也散失了。關於南齊的最早的史書，現存的只有這部南齊書。

南齊書六十卷，見於梁書蕭子顯傳。到了舊唐書經籍志著録這部書，就只有五十九卷了。劉知幾史通序例曾說過南齊書原有序録，後人從而推論南齊書佚失的一卷就是序録。

蕭子顯雖然是以封建史臣的觀點來修史的，但他以當代人記當代事，在南齊書裏保留了一定數量的比較原始的史料。關於統治者對人民的殘酷壓榨及統治階級集團内部的傾軋殘殺，書中都有所記載。對當時唐寓之領導的農民起義，在豫章文獻王嶷傳、竟陵文宣王子良傳、沈文季傳等裏，也提供了材料。此外對南齊一代的文學史、思想史、科學史方面的情況也有一定的反映。如科學家祖冲之，在南齊書裏就有一篇比較詳細的傳。總的來說，南齊書是一部研究南齊歷史的重要史書。

我們點校南齊書，是用商務印書館影印的宋大字本（簡稱百衲本）作底本，參校了明南監本、北監本、汲古閣本、清武英殿本、金陵書局本。另外，還參校了沈約宋書中的志，以及南史、通典、册府元龜、太平御覽、資治通鑑、資治通鑑考異等書的有關部分。對於前人校勘的成果，我們採用了周星詒、張元濟、張森楷的三種南齊書校勘記稿本，以及錢大昕的廿二史考異等書。全書的總目，是我們重編的。

本書由王仲犖同志點校，宋雲彬同志擔任編輯整理工作。錯誤及不妥之處，敬希讀者指正。

中華書局編輯部

南齊書目錄

卷五十二 列傳第三十三

文學

卷五十三 列傳第三十四

良政

卷五十四 列傳第三十五

高逸

卷五十五 列傳第三十六

孝義

南齊書卷一

本紀第一

高帝上

太祖高皇帝諱道成，字紹伯，姓蕭氏，小諱鬭將，漢相國蕭何二十四世孫也。何子酇定侯延生侍中彪，彪生公府掾章，章生皓，皓生仰，仰生御史大夫望之，望之生光祿大夫育，育生御史中丞紹，紹生光祿勳閎，閎生濟陰太守闡，闡生吳郡太守永，〔一〕永生中山相苞，苞生博士周，周生蛇丘長矯，矯生州從事逵，逵生孝廉休，休生廣陵府丞豹，豹生太中大夫裔，裔生淮陰令整，整生卽丘令儁，儁生輔國參軍樂子，宋昇明二年九月贈太常，生皇考。蕭何居沛，侍中彪免官居東海蘭陵縣中都鄉中都里。晉元康元年，分東海爲蘭陵郡。中朝亂，淮陰令整字公齊，過江居晉陵武進縣之東城里。寓居江左者，皆僑置本土，加以南名，於是爲南蘭陵蘭陵人也。

皇考諱承之，字嗣伯。少有大志，才力過人，宗人丹陽尹摹之、北兗州刺史源之竝見知重。初爲建威府參軍，義熙中，蜀賊譙縱初平，皇考遷揚武將軍、安固汶山二郡太守，善於綏撫。

元嘉初，徙爲威烈將軍、〔三〕濟南太守。七年，右將軍到彥之北伐大敗，虜乘勝破青部諸郡國，別帥安平公乙旃眷寇濟南，皇考率數百人拒戰，退之。虜衆大集，皇考使偃兵開城門。衆諫曰：「賊衆我寡，何輕敵之甚！」皇考曰：「今日懸守窮城，事已危急，若復示弱，必爲所屠，惟當見彊待之耳。」虜疑有伏兵，遂引去。青州刺史蕭思話欲委鎭保險，皇考固諫不從，思話失據潰走。明年，征南大將軍檀道濟於壽張轉戰班師，滑臺陷沒，兗州刺史竺靈秀抵罪。宋文帝以皇考有全城之功，手書與都督長沙王義欣曰：「承之理民直亦不在武幹後，〔三〕今擬爲兗州，□□檀征南詳之。」〔四〕皇考與道濟無素故，事遂寢。遷輔國鎭北中兵參軍、員外郞。

十年，蕭思話爲梁州刺史，皇考爲其橫野府司馬、漢中太守。氐帥楊難當寇漢川，梁州刺史甄法護棄城走，思話至襄陽不進，皇考輕軍前行，攻氐僞魏興太守薛健於黃金山，尅之。黃金山，張魯舊戍，南接漢川，北枕驛道，險固之極。健旣潰散，皇考卽據之。氐僞梁、秦二州刺史趙溫先據州城，聞皇考至，退據小城，薛健退屯下桃城，立柴營，皇考引軍與對壘，相去二里。健與僞馮翊太守蒲（旱）〔早〕子悉力出戰，〔五〕皇考大破之，健等閉營自守不敢出，思話繼至，賊乃稍退。皇考進至峨公山，爲左衛將軍、沙州刺史呂平大衆所圍積日，建武將軍蕭汪之、平西督護段虯等至，表裏奮擊，大破之。難當又遣息和領步騎萬餘人，夾漢水兩岸，援趙溫，攻逼皇考。相拒四十餘日。賊皆衣犀甲，刀箭不能傷。皇考命軍中斷槊長數尺，以大斧搥其後，賊不能當，乃焚營退。皇考追至南城，衆軍自後而進，連戰皆捷，梁州平。詔曰：「承之稟命先驅，蒙險深入，全軍屢剋，奮其忠果，可龍驤將軍。」隨府轉寧朔司馬，太守如故。

入爲太子屯騎校尉。文帝以平氐之勞，青州缺，將欲授用。彭城王義康秉政，皇考不附，乃轉爲江夏王司徒中兵參軍、龍驤將軍、南泰山太守，封晉興縣五等男，邑三百四十戶。遷右軍將軍。〔六〕元嘉二十四年殂，年六十四。梁土民思之，〔七〕於峨公山立廟祭祀。昇明二年，贈散騎常侍、金紫光祿大夫。

太祖以元嘉四年丁卯歲生。姿表英異，龍顙鍾聲，鱗文遍體。儒士雷次宗立學於鷄籠山，太祖年十三，受業，治禮及左氏春秋。十七年，宋大將軍彭城王義康被黜，鎮豫章，皇考領兵防守，太祖舍業南行。十九年，竟陵蠻動，文帝遣太祖領偏軍討沔北蠻。二十一年，伐索虜，至丘檻山，並破走。二十三年，雍州刺史蕭思話鎭襄陽，啓太祖自隨，戍沔北，討樊、鄧諸山蠻，破其聚落。初爲左軍中兵參軍。二十七年，索虜圍汝南戍主陳憲，臺遣寧朔將軍臧質、安蠻司馬劉康祖救之，文帝使太祖宣旨，授節度。聞虜主拓跋燾向彭城，質等回軍救援，至盱眙，太祖與質別軍主胡宗之等五軍，〔八〕步騎數千人前驅，燾已潛過淮，卒相遇於莞山下，合戰敗績，緣淮奔退，宗之等皆陷沒。太祖還就質固守，爲虜所攻圍，甚危急，事寧，還京師。二十九年，領偏軍征仇池。梁州西界舊有武興戍，晉隆安中沒屬氐；武興西北有蘭皐戍，去仇池二百里。太祖擊二壘，皆破之。遂從谷口入關，未至長安八十里，梁州刺史劉秀之遣司馬馬注助太祖攻談堤城，拔之，虜僞河閒公奔走。虜救兵至，太祖軍力疲少，又聞文帝崩，乃燒城還南鄭。襲爵晉興縣五等男。孝建初，除江夏王大司馬參軍，隨府轉太宰，遷員外郎、直閤中書舍人、西（陵）〔陽〕王撫軍參軍、〔九〕建康令。新安王子鸞有盛寵，簡選僚佐，爲北（軍）中郎中兵參軍。〔一〇〕陳太后憂，起爲武烈將軍，復爲建康令，中兵如故。景和世，除後軍將軍。值明帝立，爲右軍將軍。

時四方反叛，會稽太守尋陽王子房及東諸郡皆起兵，明帝加太祖輔國將軍，率衆東討。至晉陵，與賊前鋒將程捍、孫曇瓘等戰，一日破賊十二壘。分軍定諸縣，晉陵太守袁摽棄城走，東境諸城相繼奔散。

徐州刺史薛安都反彭城，從子索兒寇淮陰，山陽太守程天祚舉城叛，徐州刺史申令孫又降，徵太祖討之。時太祖平東賊還，又將南討，出次新亭，前軍已發，而索兒自睢陵渡淮，馬步萬餘人，擊殺臺軍主孫耿，縱兵逼前軍張永營，告急。明帝聞賊渡，遽追太祖往救之，屯破釜。索兒向鍾離，永遣寧朔將軍王寬據盱眙，遏其歸路。索兒擊破臺軍主高道慶，走之於石鼈，將西歸。王寬與軍主任農夫先據白鵠澗，張永遣太祖馳督寬，索兒東要擊太祖，使不得前。太祖鼓行結陣，直入寬壘，索兒望見不敢發。經數日，索兒引軍頓石梁，太祖追之至葛冢，候騎還云賊至，太祖乃頓軍引管，分兩馬軍夾營外以待之。俄頃，賊馬步奄至，又推火車數道攻戰。相持移日，乃出輕兵攻賊西，使馬軍合擊其後，賊衆大敗，追奔獲其器仗。進屯石梁澗北。索兒夜遣千人來斫營，營中驚，太祖臥不起，宣令左右案部不得動，須臾賊散。太祖議欲於石梁西南高地築壘通南道，斷賊走路，索兒果來爭之，太祖率軍擊破之，賊馬自相踐藉死。索兒走向鍾離，太祖追至黯黮而還。除驍騎將軍，封西陽縣侯，邑六百戶。

遷巴陵王衞軍司馬，隨鎮會稽。江州刺史晉安王子勛遣臨川內史張淹自鄱陽嶠道入三吳，臺軍主沈思仁與僞龍驤將軍任皇、鎭西參軍劉越緒各據險相守。明帝遣太祖領三千人討之。時朝廷器甲皆充南討，太祖軍容寡闕，乃編椶皮爲馬具裝，析竹爲寄生，〔一〕夜舉火進軍，賊望見恐懼，未戰而走。還除桂陽王征北司馬、南東海太守、行南徐州事。初，明帝遣張永、沈攸之以衆喻降薛安都，謂太祖曰：「吾今因此北討，卿意以爲何如？」太祖對曰：「安都才識不足，狡猾有餘。若長轡緩御，則必遣子入朝；今以兵逼之，彼將懼而爲計，恐非國之利也。」帝曰：「衆軍猛鋭，何往不剋。卿每杖策，幸勿多言。」安都見兵至，果引索虜，永等敗於彭城。淮南孤弱，以太祖爲假冠軍將軍、持節、都督北討前鋒諸軍事，鎮淮陰。

泰始三年，沈攸之、吳喜北敗於睢口，諸城戍大小悉奔歸，虜遂(退)〔進〕至淮北，〔三〕圍角城，戍主賈法度力弱不敵。諸將勸太祖渡岸救之，太祖不許，遣軍主高道慶將數百張弩浮艦淮中，遙射城外虜，弩一發數百箭俱去，虜騎相引避之，乃命進戰，城圍卽解。遷督南兗徐二州諸軍事、南兗州刺史，持節、假冠軍、督北討如故。五年，進督兗、青、冀三州。六年，除黃門侍郎，領越騎校尉，不拜。復授冠軍將軍，留本任。

明帝常嫌太祖非人臣相，而民間流言，云「蕭道成當爲天子」，明帝愈以爲疑，遣冠軍將軍吳喜以三千人北使，令喜留軍破釜，自持銀壺酒封賜太祖。太祖戎衣出門迎，卽酌飲之。喜還，帝意乃悅。七年，徵還京師，部下勸勿就徵，太祖曰：「諸卿闇於見事。主上自誅諸弟，爲太子稚弱，作萬歲後計，何關佗族。惟應速發，事緩必見疑。今骨肉相害，自非靈長之運，禍難將興，方與卿等勠力耳。」拜散騎常侍、太子左衞率。時世祖以功當別封贛縣，太祖以一門二封，固辭不受，詔許之。加邑二百戶。

明帝崩，遺詔爲右衞將軍，領衞尉，加兵五百人。與尚書令袁粲、護軍褚淵、領軍劉勔共掌機事。又別領東北選事。尋解衞尉，加侍中，領石頭戍軍事。

明帝誅戮蕃戚，江州刺史桂陽王休範以人凡獲全。及蒼梧王立，更有窺窬之望，密與左右閹人於後堂習馳馬，招聚亡命。〔一三〕元徽二年五月，舉兵於尋陽，收略官民，數日便辦，衆二萬人，〔一四〕騎五百匹。發盆口，悉乘商旅船舫。〔一五〕大雷戍主杜道欣、鵲頭戍主劉譖期告變，朝廷惶駭。太祖與護軍褚淵、征北張永、領軍劉勔、僕射劉秉、游擊將軍戴明寶、驍騎將軍阮佃夫、右軍將軍王道隆、中書舍人孫千齡、員外郎楊運長集中書省計議，莫有言者。太祖曰：「昔上流謀逆，皆因淹緩，至於覆敗。休範必遠懲前失，輕兵急下，乘我無備。今應變之術，不宜念遠，若偏師失律，則大沮衆心。宜頓新亭、白下，堅守宮掖、東府、石頭，以待。賊千里孤軍，後無委積，求戰不得，自然瓦解。我請頓新亭以當其鋒；征北可以見甲守白下；中堂舊是置兵地，領軍宜屯宣陽門爲諸軍節度；諸貴安坐殿中，右軍諸人不須競出，我自前驅，破賊必矣。」因索筆下議，竝注同。中書舍人孫千齡與休範有密契，獨曰：「宜依舊遣軍據梁山、魯顯閒，右衞若不出白下，則應進頓南州。」太祖正色曰：「賊今已近，梁山豈可得至。新亭既是兵衝，所以欲死報國耳。常日乃可屈曲相從，今不得也。」座起，太祖顧謂劉勔曰：「領軍已同鄙議，不可改易。」乃單車白服出新亭。加太祖使持節、都督征討諸軍、〔一六〕平南將軍，加鼓吹一部。

治新亭城壘未畢，賊前軍已至，太祖方解衣高臥，以安衆心。乃索白虎幡，登西垣，使寧朔將軍高道慶、羽林監陳顯達、員外郎王敬則浮舸與賊水戰，自新林至赤岸，大破之，燒其船艦，死傷甚衆。賊步上新林，太祖馳使報劉勔，急開大小桁，撥淮中船舫，悉渡北岸。

休範乘肩輿率衆至壘南，上遣寧朔將軍黃回、馬軍主周盤龍將步騎出壘對陣。休範分兵攻壘東，短兵接戰，自巳至午，衆皆失色。太祖曰：「賊雖多而亂，尋破也。」楊運長領三齊射手七百人，引彊命中，故賊不得逼城。未時，張敬兒斬休範首。太祖遣隊主陳靈寶送首還臺，靈寶路中遇賊軍，埋首道側。〔一七〕臺軍不見休範首，愈疑懼。賊衆亦不知休範已死，別率杜黑蠡急攻壘東，〔一八〕司空主簿蕭惠朗數百人突入東門，叫噪至堂下，城上守門兵披退。太祖挺身上馬，率數百人出戰，賊皆推楯而前，相去數丈，分兵橫射，太祖引滿將發，左右將戴仲緒舉楯扞之，箭應手飲羽，傷百餘人，賊死戰不能當，乃却。衆軍復得保城，與黑蠡拒戰，自晡達明旦，矢石不息。其夜大雨，鼓叫不復相聞，將士積日不得寢食，軍中馬夜驚，城內亂走，太祖秉燭正坐，厲聲呵止之，如此者數四。

賊帥丁文豪設伏破臺軍於阜莢橋，直至朱雀桁，劉勔欲開桁，王道隆不從，勔及道隆並戰沒。初，勔高尙其意，託造園宅，名爲「東山」，頗忽世務。太祖謂之曰：「將軍以顧命之重，任兼內外，主上春秋未幾，諸王並幼沖，上流聲議，遐邇所聞，此是將軍艱難之日，而將軍深尙從容，廢省羽翼，一朝事至，雖悔(可)〔何〕追。」〔一九〕勔竟不納。

賊進至杜姥宅，車騎典籤茅恬開東府納賊，〔二〇〕冠軍將軍沈懷明於石頭奔散，張永潰於白下，宮內傳新亭亦陷，太后執蒼梧王手泣曰：「天下敗矣！」太祖遣軍主陳顯達、任農夫、張敬兒、周盤龍等，從石頭濟淮，閒道從承明門入衞宮闕。

休範既死，典籤許公與詐稱休範在新亭，士庶惶惑，詣壘投名者千數，太祖隨得輒燒之，乃列兵登城北，謂曰：「劉休範父子先昨皆已即戮，屍在南岡下，身是蕭平南，諸君善見觀！君等名皆已焚除，勿有懼也。」臺分遣衆軍擊杜姥宅、宣陽門諸賊，皆破平之。太祖振旅凱入，百姓緣道聚觀，曰：「全國家者此公也。」

太祖與袁粲、褚淵、劉秉引咎解職，不許。遷散騎常侍、中領軍、都督南兗徐兗青冀五州軍事、鎭軍將軍、南兗州刺史，持節如故。進爵爲公，增邑二千戶。太祖欲分其功，請益粲等戶，更日入直決事，號爲「四貴」。秦時有太后、穰侯、涇陽、高陵君，稱爲「四貴」，至是乃復有焉。四年，加太祖尙書左僕射，本官如故。

休範平後，蒼梧王漸行凶暴，南徐州刺史建平王景素少有令譽，朝野歸心。景素亦潛爲自全之計，布款誠於太祖，太祖拒而不納。七月，羽林監袁祗奔景素，〔三〕便舉兵，太祖出屯玄武湖，遣衆軍北討，事平乃還。

太祖威名既重，蒼梧王深相猜忌，幾加大禍。陳太妃罵之曰：「蕭道成有功於國，今若害之，後誰復爲汝著力者？」乃止。

太祖密謀廢立。五年七月戊子，帝微行出北湖，常單馬先走，羽儀禁衞隨後追之，於堤塘相蹈藉，左右張互兒馬墜湖，〔三〕帝怒，取馬置光明亭前，自馳騎刺殺之，因共屠割，與左右作羌胡伎爲樂。又於蠻岡賭跳。〔三〕際夕乃還仁壽殿東阿氈屋中寢。語左右楊玉夫：「伺織女度，報我。」時殺害無常，人懷危懼。玉夫與其黨陳奉伯等二十五人同謀，於氈屋中取千牛刀殺蒼梧王，稱敕，使廂下奏伎，因將首出與王敬則，敬則送太祖。太祖夜從承明門乘常所騎赤馬入，殿內驚怖，既知蒼梧王死，咸稱萬歲。及太祖踐阼，號此馬爲「龍驤將軍」，世謂爲「龍驤赤」。

明日，太祖戎服出殿庭槐樹下，召四貴集議。太祖謂劉秉曰：「丹陽國家重戚，今日之事，屬有所歸。」秉讓不當。太祖次讓袁粲，粲又不受。太祖乃下議，備法駕詣東城，迎立順帝。於是長刀遮粲、秉等，各失色而去。甲午，太祖移鎮東府，與袁粲、褚淵、劉秉各甲仗五十人入殿。丙申，進位侍中、司空、録尚書事、驃騎大將軍，持節、都督、刺史如故；封竟陵郡公，邑五千戶，給油幢絡車，班劍三十人。太祖固辭上台，〔二四〕即驃騎大將軍、開府儀同三司。庚戌，進督南徐州刺史。封楊玉夫等二十五人爵邑各有差。十月戊辰，又進督豫、司二州。

初，荆州刺史沈攸之與太祖於景和世同直殿省，申以歡好，以長女義與公主妻攸之第三子元和。〔二五〕攸之爲郢州，值明帝晚運，陰有異圖。自郢州遷爲荆州，聚斂兵力，將吏逃亡，輒討質隣伍。養馬至二千餘匹，皆分賦戍邏將士，使耕田而食，廪財悉充倉儲。荆州作部歲送數千人仗，攸之割留，簿上供討四山蠻。裝治戰艦數百千艘，沈之靈溪裏，錢帛器械巨積，朝廷畏之。高道慶家在華容，假還過江陵，道慶素便馬，攸之與宴飲，於聽事前合馬槊，道慶槊中破攸之馬鞍，攸之怒，索刃槊，道慶馳馬而出。還都，説攸之反狀，請三千人襲之，朝議慮其事難濟，太祖又保持不許。太祖既廢立，遣攸之子司徒左長史元琰賚蒼梧王諸虐害器物示之，攸之未得即起兵，乃上表稱慶，并與太祖書推功。

攸之有素書十數行，常韜在裲襠角，云是明帝與己約誓。十二月，遂舉兵。其妾崔氏、許氏諫攸之曰：「官年已老，那不爲百口計！」攸之指裲襠角示之，稱太后令召己下都。京師恐懼。乙卯，太祖入居朝堂，〔二六〕命諸將西討，平西將軍黄回爲都督前驅。

前湘州刺史王藴，太后兄子，少有膽力，以父揩名宦不達，〔二七〕欲以將途自奮。每撫刀曰：「龍淵、太阿，汝知我者。」叔父景文誡之曰：「阿答，汝滅我門戶！」蘊曰：「答與童烏貴賤覺異。」童烏，景文子絢小字；答，蘊小字也。蘊遭母喪罷任，還至巴陵，停舟一月，日與攸之密相交構。時攸之未便舉兵，蘊乃下達郢州。世祖爲郢州長史，蘊期世祖出弔，因作亂據郢城，世祖知之，不出。蘊還至東府前，又期太祖出，太祖又不出弔，再計不行，外謀愈固。

司徒袁粲、尙書令劉秉見太祖威權稍盛，慮不自安，與蘊及黃回等相結舉事，殿內宿衞主帥，無不協同。攸之反問初至，太祖往石頭與粲謀議，粲稱疾不相見。剋壬申夜起兵據石頭，劉秉恇怯，晡時，從丹陽郡載婦女入石頭，朝廷不知也。其夜，丹陽丞王遜告變，秉從弟領軍（韜）〔韞〕〔二八〕及直閤將軍卜伯興等嚴兵爲內應。太祖命王敬則於宮內誅之。遣諸將攻石頭，王蘊將數百精手帶甲赴粲，城門已閉，官軍又至，乃散。衆軍攻石頭，斬粲，劉秉走雒檐湖，〔二九〕蘊逃鬭場，並禽斬之。

粲位任雖重，無經世之略，踈放好酒。步屧白楊郊野閒，道遇一士大夫，便呼與酣飲。明日，此人謂被知顧，到門求通，粲曰：「昨飲酒無偶，聊相要耳。」竟不與相見。嘗作五言詩云：「訪迹雖中宇，循寄乃滄州。」蓋其志也。

劉秉少以宗室淸謹見知，孝武世，秉弟遐坐通嫡母殷氏養女，殷亡口中血出，衆疑行毒害，孝武使秉從弟祗諷秉啓證其事。秉曰：「行路之人，尙不應爾，今日迺可一門同盡，無容奉敕。」衆以此稱之。故爲明帝所任。蒼梧廢，秉出集議，於路逢弟韞，韞開車迎問秉曰：「今日之事，固當歸兄邪？」秉曰：「吾等已讓領軍矣。」韞槌胷曰：「君肉中詎有血！」

粲典籤莫嗣祖知粲謀，太祖召問嗣祖：「袁謀反，何不啓聞？」嗣祖曰：「事主義無二心，雖死不敢泄也。」蘊嬖人張承伯藏匿蘊。太祖竝赦而用之。黃回頓新亭，聞石頭鼓噪，率兵來赴之，朱雀桁有戍軍，受節度，不聽夜過，會石頭已平，因稱救援。太祖知而不言，撫之愈厚，遣回西上，流涕告別。

太祖屯閱武堂，馳結軍旅。閏月辛丑，詔假黃鉞，率大衆出屯新亭中興堂，治嚴築壘。教曰：「河南稱慈，諒由掩胔，廣漢流仁，實存殯朽。近袞製茲營，崇溝浚塹，古墟曩隧，時有湮移，深松茂草，或致刊薙。憑軒動懷，巡隍增愴。宜竝爲收改葬，并設薄祀。」

二年正月，沈攸之攻郢城不尅，衆潰，自經死，傳首京邑。丙子，太祖旋鎮東府。二月癸未，進太祖太尉，增封三千戶，都督南徐、南兗、徐、兗、青、冀、司、豫、荆、雍、湘、郢、梁、益、廣、越十六州諸軍事。太祖解驃騎，辭都督，不許，乃表送黃鉞。三月己酉，增班劍爲四十人、甲仗百人入殿。丙子，加羽葆鼓吹，餘竝如故。

辛卯，太祖誅鎮北將軍黃回。

大明泰始以來，相承奢侈，百姓成俗。太祖輔政，罷御府，省二尚方諸飾玩。至是又上表禁民間華僞雜物：不得以金銀爲箔，馬乘具不得金銀度，不得織成繡裙，〔三〇〕道路不得著錦履，不得用紅色爲幡蓋衣服，不得剪綵帛爲雜花，不得以綾作雜服飾，不得作鹿行錦及局脚檉柏床、牙箱籠雜物、綵帛作屏鄣、錦緣薦席，不得私作器仗，不得以七寶飾樂器又諸雜漆物，〔三一〕不得以金銀爲花獸，不得輒鑄金銅爲像。皆須墨敕，凡十七條。其中宮及諸王服用，雖依舊例，亦請詳衷。

九月丙午，進位假黃鉞、都督中外諸軍事、太傅、領揚州牧，〔三二〕劒履上殿，入朝不趨，贊拜不名。置左右長史、司馬、從事中郎、掾、屬各四人，使持節、太尉、驃騎大將軍、錄尚書、南徐州刺史如故。固辭，詔遣敦勸，乃受黃鉞，辭殊禮。甲寅，給三望車。

三年正月乙巳，太祖表蠲百姓逋負。丙辰，加前部羽葆鼓吹。丁巳，命太傅府依舊辟召。丁卯，給太祖甲仗五百人，出入殿省。甲午，重申前命，〔三三〕劒履上殿，入朝不趨，贊拜不名。三月甲辰，詔進位相國，總百揆，封十郡爲齊公，備九錫之禮，加璽紱遠遊冠，位在諸侯王上，加相國綠綟綬，其驃騎大將軍、揚州牧、南徐州刺史如故。太祖三讓，公卿敦勸固請，乃受。甲寅，策相國齊公曰：

天地變通，莫大乎炎涼，懸象著明，莫崇乎日月。嚴冬播氣，貞松之操自高，光景時昏，若華之暵彌顯。是故英睿當亂而不移，忠賢臨危而盡節。自景和昏虐，王綱弛紊，太宗受命，紹開中興，運屬屯難，四郊多壘。蕭將軍震威華戎，寔資義烈，康國濟民，於是乎在。朕以不造，夙罹閔凶。嗣君失德，書契未紀。威侮五行，虔劉九縣，神歇靈繹，〔三四〕海水羣飛，彝器已塵，宗禋誰主，綴旒之殆，未足爲譬，豈直小宛興刺，黍離作歌而已哉。天贊皇宋，實啓明宰，爰登寡昧，纂承大業，〔三五〕鴻緒再維，閎基重造，高勳至德，振古絕倫。昔保衡翼殷，博陸匡漢，方斯蔑如也。今將授公典禮，其敬聽朕命。

乃者，袁（劉）〔鄧〕構禍，〔三六〕寔繁有徒，子房不臣，稱兵協亂，跨蹈五湖，憑陵吳、越，浮祲虧辰，沈氛晦景，桴鼓振於王畿，鋒鏑交乎天邑。顧瞻宮掖，將成茂草，言念邦國，翦爲仇讎。當此之時，人無固志。公投袂殉難，超然奮發，執金板而先馳，登寅車而戒路，軍政端嚴，卒乘輯睦，麾鉞一臨，凶黨冰泮。此則霸業之基，勤王之始也。安都背叛，竊據徐方，敢率犬羊，陵虐淮濟，索兒愚悖，同惡相濟，天祚無象，背順歸逆，北鄙黔黎，奄墜塗炭，均人廢職，邊師告警。公受命宗祊，精貫朝日，擁節和門，氣踰霄漢，破釜之捷，斬馘蔽野，石梁之戰，禽其渠帥，保境全民，江陽卽序。此又公之功也。張淹迷昧，弗顧本朝，（受）〔爰〕自南區，〔三七〕志圖東夏，潛軍閒入，竊覬不虞。于時江服未夷，皇塗荐阻。公忠誠慷慨，在險彌亮，深識九變，妙察五色，以寡制衆，所向風偃。朝廷無東顧之憂，閩越有來蘇之慶。此又公之功也。匈奴野心，侵掠疆場，前師失律，王旅崩撓，灑血成川，伏尸千里。醜羯侜張，勢振彭、泗，乘勝長驅，窺覦京甸，冠帶之軌將湮，被髮之容行及。公奉辭伐罪，戒旦晨征，兵車始交，氛祲時蕩，弔死撫傷，弘宣皇澤，俾我淮、肥，復沾盛化。此又公之功也。自茲厥後，獫狁孔熾，封豕長蛇，重窺上國。而世故相仍，師出日老，戰士無臨陣之心，戎卒有懷歸之思。是以下邳精甲，望風振恐，角城高壘，指日淪陷。公眷言王事，發憤忘食，躬擐甲胄，視險若夷，短兵纔接，巨猾鳥散，分疆畫界，開創青、兗。此又公之功也。泰始之末，入參禁旅，任兼軍國，事同顧命。桂陽負衆，輕問九鼎，裂冠毀冕，拔本塞源，入兵萬乘之國，頓戟象魏之下，烈火焚於王城，飛矢集乎君屋。機變倏忽，終古莫二，羣后憂惶，元戎無主。公按劍凝神，則奇謀貫世，秉旄指麾，則懦夫成勇。曾不崇朝，新亭獻捷，信宿之閒，宣陽底定，雲霧廓清，區宇康乂。此又公之功也。皇室多難，釁起戚蕃，邗、晉、應、韓，翻爲讎敵，建平失圖，興兵內侮。公又指授六師，義形乎色，役未踰旬，朱方寧晏。此又公之功也。蒼梧肆虐，諸夏糜沸，淫刑以逞，誰則無罪，火炎崐岡，玉石俱焚，黔首相悲，朝不謀夕，高祖之業已淪，(大)〔文〕、明之軌誰嗣。〔三八〕公遠稽殷、漢之義，近遵魏、晉之典，猥以眇身，入奉宗祏，七廟清謐，九區反政。此又公之功也。袁粲無質，劉秉攜貳，（輜）〔韞〕、述相扇，〔三九〕成此亂階，醜圖潛構，危機竊發，據有石頭，志犯應、路。公神謀內運，霜鋒外舉，妖沴載澄，國塗悅穆。此又公之功也。沈攸之苞禍，〔四〇〕歲月滋彰，蜂目豺聲，阻兵安忍。哀彼荆漢，獨爲匪民，乃眷西顧，緬同異域。而經綸維始，九伐未申，長惡不悛，遂逞凶逆。驅合姦回，勢過虓虎，朝野憂疑，三軍沮氣。公秉鉞出關，凝威江甸，正情與曒日同亮，明略與秋雲競爽。至義所感，人百其心，鼛鼓一麾，夏首寧謐，雲梯未舉，魯山剋定。積年逋誅，一朝顯戮，沮浦安流，章臺順軌。此又公之功也。公有濟天下之勳，重之以明哲，道庇生民，志匡宇宙，勠力肆心，劬勞王室，自東徂西，靡有寧晏，險阻艱難，備嘗之矣。若乃締構宗稷之勤，造物資始之澤，雲布霧散，光被六幽，弼予一人，永清四海。是以秬草騰芳於郊園，景星垂暉於清漢，遐方款關而慕義，荒服重譯而來庭，（注）〔汪〕哉邈乎！〔四一〕無得而名焉。

朕聞疇庸表德，前王盛典，崇樹侯伯，有國攸同。所以文命成功，玄珪顯錫，姬旦秉哲，曲阜啓蕃，或改玉以弘風，或胙土以宣化，禮絕常班，寵冠羣辟，爰逮桓文，車服異數。惟公勳業超於先烈，而褒賞闕於舊章，古今之道，何其爽歟？靜言欽歎，良有缺然。今進授相國，以青州之齊郡，徐州之梁郡，南徐州之蘭陵、魯郡、琅邪、東海、晉陵、義興，揚州之吳郡、會稽，凡十郡，封公爲齊公。錫茲玄土，苴以白茅，定爾邦家，用建冢社。斯實尙父故蕃，世作盟主，紀綱侯甸，率由舊則。往者周、邵建國，師保兼任，毛、畢執珪，入作卿士，內外之寄，〔四二〕同規在昔。〔今〕命使持節、兼太尉、侍中、中書監、司空、衞將軍、雩都縣開國侯淵授〔公〕相國印綬，〔四三〕齊公璽紱；持節、兼司空副、〔四四〕守尙書令僧虔授齊公茅土，金虎符第一至第五左，竹使符第一至第十左。相國位總百辟，秩踰三鉉，〔四五〕職以禮移，號隨事革。其以相國總百辟，〔四六〕去錄尙書之稱。送所假節、侍中貂蟬、中外都督太傅太尉印綬、竟陵公印策。其驃騎大將軍、揚州牧、南徐州刺史如故。又加公九錫，其敬聽後命：以公秉禮弘律，〔四七〕儀刑區宇，遐邇一體，民無異業，是用錫公大輅、戎輅各一，玄牡二駟。公崇脩南畝，所寶惟穀，王府充實，百姓繁阜，是用錫公袞冕之服，赤舃副焉。公居身以謙，導物以義，鎔鈞庶品，罔不和悅，是用錫公軒縣之樂，六佾之儛。公翼贊王猷，聲敎遠洽，蠻夷竭歡，回首內附，是用錫公朱戶以居。公明鑒人倫，澄辨涇渭，官方與能，英乂克舉，是用錫公納陛以登。公保佑皇朝，厲身化下，杜漸防萌，含生夤式，是用錫公虎賁之士三百人。公禦宄以刑，禦姦以德，君親無將，將而必誅，是用錫公鈇鉞各一。公鳳舉四維，龍騫八表，威靈所振，異域同文，是用錫公彤弓一，彤矢百，玈弓十，玈矢千。公明發載懷，肅恭禋祀，孝敬之重，義感靈祇，是用錫公秬鬯一卣，珪瓚副焉。齊國置丞相以下，一遵舊式。往欽哉！其祗服朕命，經緯乾坤，宏亮洪業，茂昭爾大德，闡揚我高祖之休命。

太祖三讓，公卿敦勸固請，乃受之。

丁巳，下令赦國內殊死以下，今月十五日昧爽以前，一皆原赦；鰥寡孤獨不能自存者，賜穀五斛；府州所領，亦同蕩然。

宋帝詔齊公十郡之外，隨宜除用。以齊國初建，給錢五百萬，布五千匹，絹五千匹。四月癸酉，詔進齊公爵爲王，以豫州之南梁、陳郡、潁川、陳留，南兗州之盱眙、山陽、秦郡、廣陵、海陵、南沛十郡增封。使持節、司空、衞將軍褚淵奉策授璽紱，金虎符第一至第五左，竹使符第一至第十左，錫茲玄土，苴白茅，〔四八〕改立王社。相國、揚州牧、驃騎大將軍、南徐州刺史如故。丙戌，命齊王冕十有二旒，建天子旌旗，出警入蹕，乘金根車，駕六馬，備五時副車，置旄頭雲罕，樂儛八佾，設鍾虡宮縣。王世子爲太子，王女王孫爵命一如舊儀。

辛卯，宋帝禪位，下詔曰：

惟德動天，玉衡所以載序，窮神知化，億兆所以歸心，用能經緯乾坤，彌綸宇宙，闡揚鴻烈，大庇生民。晦往明來，積代同軌，前王踵武，世必由之。宋德湮微，昏毀相襲，景和騁悖於前，元徽肆虐於後，三光再霾，七廟將墜，璇極委馭，含識知泯，我文、武之祚，眇焉如綴。靜惟此紊，夕惕疚心。

相國齊王，天誕叡聖，河嶽炳靈，拯傾提危，澄氛靜亂，匡濟艱難，功均造物。宏謀霜照，祕筭雲回，旌旆所臨，一麾必捷，英風所拂，無思不偃，表裏清夷，遐邇寧謐。既而光啓憲章，弘宣禮教，姦宄之類，覩隆威而隔情，慕善之儔，仰徽猷而增厲。道邁於重華，勳超乎文命，蕩蕩乎無得而稱焉。是以辮髮左衽之酋，款關請吏，木衣卉服之長，航海來庭，豈惟肅慎獻楛，越(嘗)〔裳〕薦翬而已哉。〔四九〕故四奧載宅，六府克和，川陸効珍，禎祥鱗集，卿煙玉露，旦夕揚藻，嘉穟芝英，晷刻呈茂。革運斯炳，代終彌亮，負扆握樞，允歸明哲，固以獄訟去宋，謳歌適齊。

昔金政既淪，水德締構，天之曆數，皎焉攸徵。朕雖寡昧，闇于大道，稽覽隆替，爲日已久，敢忘列代遺則，人神至願乎？便遜位別宮，敬禪于齊，一依唐虞、魏晉故事。

是日宋帝遜于東邸，備羽儀，乘畫輪車，出東掖門，問今日何不奏鼓吹，左右莫有荅者。

壬辰，策命齊王曰：

伊太古初陳，萬物紛綸，開耀靈以鑑品物，立元后以馭烝人。若夫容成、大庭之世，宓羲、五龍之辰，靡得而詳焉。自軒黄以降，墳素所紀，略可言者，莫崇乎堯舜。披金繩而握天鏡，開玉匣而總地維，德之休明，宸居靈極。期運有終，歸禪與能。所以大唐遜位，謗然興歌，有虞揖讓，卿雲發采。亮符命之攸臻，坦至公以成務，懷生載懌，靈祇効祉，遺風餘烈，光被無垠。漢魏因循，弗敢失墜，爰逮晉氏，亦遵前儀。惟我祖宗英叡，勳格幽顯，從天人而齊七政，凝至德而撫四維。末葉不造，仍世多故，(難滅星謀)〔日蝕星隕〕，〔五〇〕山淪川竭。

惟王聖哲淵明，榮鏡寓宙，體望日之威，資就雲之澤，臨下以簡，御衆以寬，仁育羣生，義征不譓，國塗荐阻，弘五慮而乂寧，皇緒將湮，秉六術以匡濟。及至權臣內侮，蕃屏陵上，兵革雲翔，萬邦震駭，裁之以武風，綏之以文化，遐邇清夷，表裏肅穆。戢琱戈而事黼黻，委旌門而恭儒館，聲化遠洎，荒服無塵，殊類同規，華戎一揆。是以五光來儀於軒庭，九穗含芳於郊牧。象緯昭澈，布新之符已顯，圖讖彪炳，受終之義既彰。靈祇乃眷，兆民引領。朕聞至道深微，惟人是弘，天命無常，惟德是與。所以仰鑒玄情，俯察羣望，敬禪神器，授帝位于爾躬。四海困窮，天祿永終。於戲！王其允執厥中，儀刑前式，以副率土之欣望。命司裘而謁蒼昊，奏雲門而升圓丘，時膺大禮，永保洪業，豈不盛歟！

再命璽書曰：

皇帝敬問相國齊王。大道之行，與三代之英，朕雖闇昧，而有志焉。夫昏明相襲，晷景之恆度，春秋遞運，時歲之常序。求諸天數，猶且隆替，矧伊在人，能無終謝。是故勛華弘風於上葉，漢魏垂式於後昆。

昔我高祖，欽明文思，振民育德，皇靈眷命，奄有四海。晚世多難，姦宄寔繁，鼖鼓宵聞，元戎旦警，億兆夷人，啓處靡厝。加以嗣君荒怠，敷虐萬方，神鼎將遷，寶策無主，實賴英聖，匡濟艱危。惟王體天則地，含弘光大，明竝日月，惠均雲雨。國步斯梗，則稜威外發，王猷不造，則淵謨內昭。重構閩、吳，再寧淮、濟，靜九江之洪波，卷海沂之氛沴，〔五一〕放斥凶昧，存我宗祀，舊物惟新，三光改照。逮至寵臣裂冠，則裁以廟略，荆漢反噬，則震以雷霆。麾旆所臨，風行草靡，神筭所指，龍舉雲屬。諸夏廓淸，戎翟思韙，興文偃武，闡揚洪烈。明保沖昧，翺翔禮樂之場，撫柔黔首，咸（濟）〔躋〕仁壽之域。〔五二〕自霜露所墜，星辰所經，正朔不通，人跡罕至者，莫不踰山越海，北面稱蕃，款關重譯，脩其職貢。是以禎祥發釆，左史載其奇，玄象垂文，保章審其度，鳳書表肆類之運，龍圖顯班瑞之期。重以珠衡日角，神姿特挺，君人之義，在事必彰。書不云乎，「皇天無親，惟德是輔」。民心無常，惟惠之懷。神祇之眷如彼，蒼生之願如此。笙管變聲，鍾石改調。朕所以擁琁持衡，傾佇明哲。

昔金德既淪，而傳祚于我有宋，曆數告終，寔在兹日，亦以水德而傳于齊。式遵前典，廣詢羣議，王公卿士，咸曰惟宜。今遣使持節、兼太保、侍中、中書監、司空、衞將軍、雩都縣侯淵，兼太尉、守尙書令僧虔奉皇帝璽綬，受終之禮，一依唐虞故事。王其允副幽明，時登元后，寵綏八表，以酬昊天之休命。

太祖三辭，宋帝王公以下固請。兼太史令、將作匠陳文建奏符命曰：「六，亢位也。後漢自建武至建安二十五年，一百九十六年而禪魏；〔魏〕自黃初至咸熙二年，〔五三〕四十六年而禪晉；晉自太始至元熙二年，一百五十六年而禪宋；宋自永初元年至昇明三年，凡六十年：咸以六終六受。六，亢位也。驗往揆今，若斯昭著。敢以職任，備陳管穴。伏願順天時，膺符瑞。」二朝百辟又固請。尙書右僕射王儉奏：「被宋詔遜位。臣等參議，宜剋日輿駕受禪，撰立儀注。」太祖乃許焉。

史臣曰：案太一九宮占推漢高五年，太一在四宮，主人與客俱得吉，計先舉事者勝，是歲高祖破楚。晉元興二年，太一在七宮，太一爲帝，天目爲輔佐，迫脅太一，是年安帝爲桓玄所逼出宮。大將在一宮，參相在三宮，格太一。經言格者，已立政事，上下格之，不利有爲，安居之世，不利舉動。元興三年，太一在七宮，宋武破桓玄。元嘉元年，太一在六宮，不利有爲，徐、傅廢營陽王。七年，太一在八宮，關囚惡歲，大小將皆不得立，其年到彥之北伐，初勝後敗，客主俱不利。十八年，太一在二宮，客主俱不利，是歲氐楊難當寇梁、益，來年仇池破。十九年，大小將皆見關不立，凶，其年裴方明伐仇池，剋百頃，明年失之。泰始元年，太一在二宮，爲大小將奄擊之，其年景和廢。二年，太一在三宮，不利先起，主人勝，其年晉安王子勛反。元徽二年，太一在六宮，先起敗，是歲桂陽王休範反，並伏誅。四年，太一在七宮，先起者客，西北走，其年建平王景素敗。昇明元年，太一在七宮，不利爲客，安居之世，舉事爲主人，應發爲客，袁粲、沈攸之等反，伏誅。是歲太一在杜門，臨八宮，宋帝禪位，不利爲客，安居之世，舉事爲主人，禪代之應也。

策文「難滅星謀」疑

校勘記

〔一〕闡生吳郡太守永　「永」梁書武帝紀作「冰」，新唐書宰相世系表同，未知孰是。

〔二〕徙爲威烈將軍　殿本改「威烈」爲「武烈」。按宋書百官志有武烈將軍，無威烈將軍。參閱卷七東昏侯紀校勘記第八條。

〔三〕承之理民直亦不在武幹後　「承之」二字原作「諱」，以齊高帝父名承之也。凡帝名宋本、毛本皆作「諱」，蓋子顯原文如此，今從殿本改，以便讀者。下皆仿此，不別出校記。

〔四〕今擬爲兖州□□檀征南詳之　南監本、毛本、殿本、局本闕文作「刺史」二字。張元濟校勘記云：「疑『□□檀征南詳之』七字爲句。」

〔五〕健與僞馮翊太守蒲（旱）〔早〕子悉力出戰　據殿本改。按宋書蕭思話傳作「蒲早子」，又作「蒲蚤子」，早蚤通用，則作「早子」是。

〔六〕遷右軍將軍　按文選五十九齊安陸昭王碑文注引作「冠軍將軍」，疑「右軍」爲「冠軍」之譌。承之先爲龍驤，稍遷冠軍，資序正合。若右軍將軍，爲四將軍之一，領宿衞營兵，非雜號將軍之比，時承之無殊勳，不當超遷居之也。

〔七〕梁土民思之　「土」殿本作「士」，張元濟校勘記云作「士」譌。按南史齊紀避唐諱，去「民」字，作「梁土思之」。

〔八〕太祖與質別軍主胡宗之等五軍　洪頤煊諸史考異云：「按宋書蕭思話傳作『胡崇之』，魏書世祖紀亦作『胡崇之』。」　今按宋書文帝紀、劉懷肅傳、臧質傳並作「胡崇之」。册府元龜一百八十四作「胡宗之」。

〔九〕西（陵）〔陽〕王撫軍參軍　張森楷校勘記云：「終宋世無西陵王，『陵』當爲『陽』，各本並譌。」按宋書豫章王子尚傳，孝建三年，年六歲，封西陽王。大明二年，加撫軍將軍。作「西陽王」是，今據改。

〔一〇〕爲北(軍)中郎中兵參軍　錢大昕廿二史考異云：「按子鸞以北中郎將領南徐州刺史，太祖爲其僚屬，當云北中郎中兵參軍，此多一『軍』字。」今據刪。

〔一一〕析竹爲寄生　「析」太平御覽九百五十九引作「折」，南史齊紀同。

〔一二〕虜遂(退)〔進〕至淮北　據南監本、局本改。張森楷校勘記云：「局本作『進』是，是時魏兵轉南，安得云退。」

〔一三〕招聚亡命　南監本、毛本、殿本、局本作「招聚士衆」。

〔一四〕元徽二年五月舉兵於尋陽收略官民數日便辦衆二萬人　「便辦」南監本、殿本、局本作「得士」。毛本脫去「元徽二年」至「便辦衆」一行二十字。

〔一五〕悉乘商旅船舫　「舫」南監本、殿本、局本作「艦」。毛本闕「舫」字。

〔一六〕加太祖使持節都督征討諸軍　按毛本、局本「軍」下有「事」字。

〔一七〕埋首道側　通鑑宋蒼梧王元徽二年作「棄首於水」。考異云：「南齊書云『埋首道側』，宋略云『棄諸溝中』，今從宋書。」

〔一八〕別率杜黑蠡急攻壘東　「杜黑蠡」通鑑作「杜黑騾」。考異云：「宋書、南齊書作『黑蠡』，今從宋略。」按今本宋書桂陽王休範傳作「杜墨蠡」。

〔一九〕雖悔(可)〔何〕追　據毛本、殿本、局本改。

〔二〇〕車騎典籤茅恬開東府納賊　通鑑作「撫軍長史褚澄開東府納南軍」。考異云：「宋書作『撫軍典籤茅恬開東府納賊』，南齊書作『車騎典籤茅恬』，蓋皆爲褚澄諱耳，今從宋略。」

〔二一〕羽林監袁祗奔景素　張森楷校勘記云：「『袁祗』宋書景素本傳作『垣祗祖』，未詳孰是。」

〔二二〕左右張互兒馬墜湖　「張互兒」宋書後廢帝紀作「張五兒」。

〔二三〕又於蠻岡賭跳　「蠻岡」通鑑宋順帝昇明元年作「臺岡」。考異云：「南史作『蠻岡』，今從宋書。」胡三省注：「臺岡，意卽臺城之來岡。」

〔二四〕太祖固辭上台　「上台」南監本、毛本、殿本、局本作「上命」。按宋、齊以太尉、司徒、司空爲三公，稱上台，時道成固辭司空，故以爲言。元龜一百八十四亦作「上台」。

〔二五〕以長女義興公主妻攸之第三子元和　「元和」元龜一百八十四、宋書沈攸之傳並作「文和」，通鑑同。

〔二六〕乙卯太祖入居朝堂　殿本考證云：「宋順帝紀、宋略作『丁卯』，與此互異。」

〔二七〕以父揩名宦不達　張森楷校勘記云：「宋書王景文傳『揩』作『楷』，是。」

〔二八〕秉從弟領軍(韞)〔韞〕　據殿本改。

〔二九〕劉秉走雒檐湖　南史齊紀作「額檐湖」，通鑑同。

〔三〇〕不得織成繡裙　御覽一百二十九、四百三十一引作「不得織成繡衣裙」。

〔三一〕又諸雜漆物　御覽一百二十九引「漆」作「飾」，通鑑胡注引同。御覽四百三十引又作「漆」，與此同。

〔三二〕領揚州牧　按楊州之「楊」，相沿作「揚」。王念孫讀書雜志云：「凡楊州字，古皆從木，不從手。」本書各本皆作從手之「揚」，惟百衲本楊揚錯出，今悉改作揚。

〔三三〕甲午重申前命　按是年正月癸卯朔，無甲午，二月癸酉朔，二十二日甲午，疑上奪「二月」二字。

〔三四〕神歆靈繹　「歆」南監本、毛本、殿本、局本作「厭」，南史齊紀同。張元濟校勘記云：「宋書孔顗傳有『神歆靈繹，瓚業綴旒』語，宋本不誤。」

〔三五〕纂承大業　元龜一百八十四「承」作「茲」。按蕭道成父名承之，策文必不犯其家諱，疑作「茲」是。

〔三六〕乃者袁(劉)〔鄧〕構禍　張元濟校勘記云：「南史作『袁、鄧構禍』，袁、鄧指袁顗、鄧琬也，事具泰始元年。」今按元龜一百八十四亦作「袁、鄧構禍」，王欽若等注云「袁顗、鄧琬舉兵向闕」；又通鑑宋明帝泰始元年「既而閩江、雍治兵」，胡注云「江謂鄧琬，雍謂袁顗」。凡此俱足證「劉」當作「鄧」，今據改。

〔三七〕(受)〔爰〕自南區　據殿本改。按南史齊紀、元龜一百八十四俱作「爰」。

〔三八〕(大)〔文〕明之軌誰嗣　張森楷校勘記云：「南史『大明』作『文明』。」按文、明二帝是蒼梧祖及父，故指言之。孝武，其伯父也，可不及；大明又是孝武再改之元，尤不當以爲稱。當從南史作『文明』爲是。」按元龜一百八十四正作「文明」，今據改。

〔三九〕（韜）〔韞〕述相扇　張森楷校勘記云：「『韜』當作『韞』，韞、述謂劉韞、劉述也。」　按元龜一百八十四正作「韞」，今據改。

〔四〇〕沈攸之苞禍　按元龜一百八十四「苞禍」作「苞藏禍釁」，文義較順。

〔四一〕（注）〔汪〕哉邈乎　據南史齊紀改。按南監本、殿本、局本作「往」，元龜一百八十四作「遐」。

〔四二〕內外之寄　「寄」南監本、毛本、殿本、局本作「寵」，南史齊紀同。按元龜一百八十四作「寄」。

〔四三〕〔今〕命使持節至授〔公〕相國印綬　「今」字據南監本、毛本、殿本、局本補。按元龜一百八十四作「可」字。「公」字據南監本、毛本、殿本、局本補。

〔四四〕兼司空副　南監本、毛本、殿本、局本無「副」字，元龜一百八十四有。按兼司空副，言爲褚淵之副也，有「副」字是。

〔四五〕秩踰三鉉　「三鉉」南監本、毛本、殿本、局本作「三事」。

〔四六〕其以相國總百辟　「百辟」南監本、毛本、殿本、局本作「百揆」。

〔四七〕以公秉禮弘律　「秉」南監本、毛本、殿本、局本作「執」，南史齊紀同。元龜一百八十作「秉」。按南史「秉」作「執」，避唐諱改，毛本、殿本、局本又據南史改也。

〔四八〕金虎符第一至第五左竹使符第一至第十左錫茲玄土苴白茅　按南監本、局本删此二十五字。

〔四九〕越（嘗）〔裳〕薦翬而已哉　據南監本、殿本、局本改。

〔五〇〕（難滅星謀）〔日蝕星隕〕　據南監本、殿本改。

〔五一〕卷海沂之氛沴　「沂」毛本、局本作「圻」。

〔五二〕咸（濟）〔躋〕仁壽之域　據南監本改。按張元濟校勘記云「濟當作躋」。

〔五三〕〔魏〕自黄初至咸熙二年　據南監本、殿本、局本補。

南齊書卷二

本紀第二

高帝下

建元元年夏四月甲午，上卽皇帝位於南郊，設壇柴燎告天曰：「皇帝臣道成敢用玄牡，昭告皇皇后帝。宋帝陟鑒乾序，欽若明命，以命于道成。夫肇自生民，樹以司牧，所以闡極則天，開元創物，肆茲大道。天下惟公，命不于常。昔在虞、夏，受終上代，粤自漢、魏，揖讓中葉，咸炳諸典謨，載在方册。水德既微，仍世多故，寔賴道成匡拯之功，以弘濟于厥艱。大造顚墜，再構區宇，宣禮明刑，締仁緝義。晷緯凝象，川岳表靈，誕惟天人，罔弗和會。乃仰協歸運，景屬與能，用集大命于茲。辭德匪嗣，至于累仍，而羣公卿士，庶尹御事，爰及黎獻，至于百戎，僉曰『皇天眷命，不可以固違，人神無託，不可以曠主』。畏天之威，敢不祗從鴻曆。敬簡元辰，虔奉皇符，升壇受禪，告類上帝，以永答民衷，式敷萬國。惟明靈是饗！」

禮畢，大駕還宮，臨太極前殿。詔曰：「五德更紹，帝迹所以代昌，三正迭隆，王度所以改耀。世有質文，時或因革，其資元膺曆，經道振民，固以異術同揆，殊流共貫者矣。朕以寡昧，屬值艱季，推肆勤之誠，藉樂治之數，賢能悉心，士民致力，用獲拯溺龕暴，一匡天下。業未參古，功殆侔昔。宋氏以陵夷有徵，曆數攸及，思弘樂推，永鑒崇替，爰集天祿于朕躬。惟志菲薄，辭弗獲昭，遂欽從天人，式繇景命，祗月正于文祖，升禋恩于上帝。猥以寡德，光宅四海，纂革代之蹤，託王公之上，若涉淵水，罔知所濟。寶祚初啓，洪慶惟新，思俾利澤，宣被億兆，可大赦天下。改昇明三年為建元元年。賜民爵二級，文武進位二等，鰥寡孤獨不能自存者穀人五斛。逋租宿債勿復收。有犯鄉論清議，贓汙淫盜，一皆蕩滌，洗除先注，與之更始。長徒敕繫之囚，特皆原遣。亡官失爵，禁錮奪勞，一依舊典。」

封宋帝為汝陰王，築宮丹陽縣故治，行宋正朔，車旗服色，一如故事，上書不為表，答表不稱詔。〔降〕宋晉熙王燮為陰安公，〔一〕江夏王躋為沙陽公，隨王翽為舞陰公，新興王嵩為定襄公，建安王禧為荔浦公，郡公主為縣君，縣公主為鄉君。詔曰：「繼世象賢，列代盛典，疇庸嗣美，前載令圖。宋氏通侯，乃宜隨運省替。但欽德懷義，尚表墳閭，況功濟區夏，道光民俗者哉。降差之典，宜遵往制。南康縣公華容縣公可為侯，〔二〕萍鄉縣侯可為伯，減戶有差，以繼劉穆之、王弘、何無忌後。」

以司空褚淵爲司徒，吳郡太守柳世隆爲南豫州刺史。詔曰：「宸運肇創，寶命惟新，宜弘慶宥，廣敷蠲汰。劫賊餘口沒在臺府者，悉原放。諸負釁流徙，普聽還本。」〔三〕以齊國左衞將軍陳顯達爲中護軍，中領軍王敬則爲南兖州刺史，左衞將軍李安民爲中領軍。戊戌，以荆州刺史嶷爲尚書令、驃騎大將軍、開府儀同三司、揚州刺史，冠軍將軍映爲荆州刺史，西中郎將晃爲南徐州刺史，冠軍將軍垣崇祖爲豫州刺史，驃騎司馬崔文仲爲徐州刺史。

斷四方上慶禮。己亥，詔曰：「自廬井毁制，農桑易業，鹽鐵妨民，貨鬻傷治，歷代成俗，流蠹歲滋。援拯遺弊，革末反本，使公不專利，氓無失業。二宮諸王，悉不得營立屯邸，封略山湖。太官池籞，宮停税入，〔四〕優量省置。」庚子，詔「宋帝后蕃王諸陵，宜有守衞」。有司奏帝陵各置長一人，兵有差，王陵五人，妃嬪三人。

五月丙午，進河南王吐谷渾拾寅號驃騎大將軍。詔曰：「宸運革命，引爵改封，宋氏第秩，雖宜省替，其有預効屯夷，宣力齊業者，一仍本封，無所減降。」有司奏留襄陽郡公張敬兒等六十二人，除廣興郡公沈曇亮等百二十二人。改元嘉曆爲建元曆，木德盛卯終未，以正月卯祖，十二月未臘。(辛)〔丁〕未，詔曰：〔五〕「設募取將，懸賞購士，蓋出權宜，非曰恆制。頃世艱險，浸以成俗，且長逋逸，開罪山湖。是爲黥刑不辱，亡竄無咎。自今以後，可斷衆募。」壬子，詔封佐命文武功臣新除司徒褚淵等三十一人，進爵增户各有差。(己)〔乙〕卯，河南王吐谷渾拾寅奉表貢獻。〔六〕丙辰，詔遣大使分行四方，遣兼散騎常侍十二人巡行。以交寧道遠，不遣使。己未，汝陰王薨，追謚爲宋順帝，終禮依魏元、晉恭帝故事。辛酉，陰安公劉燮等伏誅。追封謚上兄道度爲衡陽元王，道生爲始安貞王。丙寅，追尊皇考曰宣皇帝，皇妣爲孝皇后，妃爲昭皇后。

六月辛未，詔「相國驃騎中軍三府職，可依資勞度二官，若職限已盈，所餘可賜滿」。壬申，以游擊將軍周山圖爲兗州刺史。乙亥，詔曰：「宋末頻年戎寇，兼災疾凋損，或枯骸不收，毁櫬莫掩，宜速宣下埋藏營卹。若標題猶存，姓字可識，可即運載，致還本鄉。」有司奏遣外監典事四人，周行離門外三十五里爲限。其餘班下州郡。無棺器標題者，屬所以臺錢供市。庚辰，七廟主備法駕即于太廟。詔「諸將及客，戮力艱難，盡勤直衞，其從還宮者，普賜位一階」。辛巳，罷荆州刺史。甲申，立皇太子賾。斷諸州郡禮慶。見刑入重者，降一等，幷申前赦恩百日。立皇子嶷爲豫章王，映爲臨川王，晃爲長沙王，曅爲武陵王，暠爲安成王，鏘爲鄱陽王，鑠爲桂陽王，鑑爲廣陵王，皇孫長懋爲南郡王。乙酉，葬宋順帝于遂寧陵。

秋七月丁未，詔曰：「交阯比景，獨隔書朔，斯乃前運方季，負海不朝，因迷遂往，歸款莫由。曲赦交州部內李叔獻一人即撫南土，文武詳才選用。幷遣大使宣揚朝恩。」以試守武平太守行交州府事李叔獻爲交州刺史。丙辰，以虜僞茄蘆鎭主陰平公楊廣香爲沙州刺史。丁巳，詔「南蘭陵桑梓本鄉，長蠲租布；武進王業所基，復十年」。

九月辛丑，詔「二吳、義興三郡遭水，減今年田租」。乙巳，以新除尙書令、驃騎將軍豫章王嶷爲荆、湘二州刺史，平西將軍臨川王映爲揚州刺史。丙午，司空褚淵領尙書令。戊申，車駕幸宣武堂宴會，詔諸王公以下賦詩。

冬十月丙子，立彭城劉胤爲汝陰王，奉宋帝後。己卯，車駕殷祠太廟。辛巳，詔曰：「朕嬰綴世務，三十餘歲，險阻艱難，備嘗之矣。末路屯夷，戎車歲駕，誠藉時來之運，實資士民之力。宋元徽二年以來，諸從軍得官者，未悉蒙祿，可催速下訪，隨正卽給。才堪餘任者，訪洗量序。若四州士庶，本鄉淪陷，簿籍不存，尋校無所，可聽州郡保押，從實除奏。荒遠闕中正者，特許據軍簿奏除。或戍扞邊役，末由旋反，聽於同軍各立五保，所隸有司，時爲言列。」汝陰太妃王氏薨，追贈爲宋恭皇后。

十一月庚子，以太子左衞率蕭景先爲司州刺史。辛亥，立皇太子妃裴氏。甲申，封功臣驃騎長史江謐等十人爵戶各有差。

二年春正月戊戌朔，大赦天下。以司空、尙書令褚淵爲司徒，〔七〕中軍將軍張敬兒爲車騎將軍，中領軍李安民爲領軍將軍，中護軍陳顯達爲護軍將軍。辛丑，車駕親祠南郊。癸卯，詔索虜寇淮、泗，遣衆軍北伐，內外纂嚴。

二月丁卯，虜寇壽陽，豫州刺史垣崇祖破走之。置巴州。壬申，以三巴校尉明慧昭爲巴州刺史。戊子，以寧蠻校尉蕭赤斧爲雍州刺史，南蠻長史崔惠景爲梁、南秦二州刺史。辛卯，詔西境獻捷，解嚴。癸巳，遣大使巡慰淮、肥，徐、豫邊民尤貧遘難者，刺史二千石量加賑卹。甲午，詔「江西北民避難流徙者，制遣還本，蠲今年租稅。單貧及孤老不能自存者，即聽番籍，郡縣押領」。

三月丁酉，以侍中西昌侯鸞爲郢州刺史。戊戌，以護軍將軍陳顯達爲南兗州刺史，吳郡太守張岱爲中護軍。己亥，車駕幸樂遊〔苑〕宴會，〔八〕王公以下賦詩。辛丑，以征虜將軍崔（思）祖〔思〕爲青、冀二州刺史。〔九〕

夏四月丙寅，進高麗王樂浪公高璉號驃騎大將軍。

五月，立六門都牆。

六月癸未，詔「昔歲水旱，曲赦丹陽、二吳、義興四郡遭水尤劇之縣，元年以前，三調未充，虛列已畢，官長局吏應共償備外，詳所除宥」。

秋七月甲寅，以輔國將軍盧紹之爲青、冀二州刺史。戊午，皇太子妃裴氏薨。

閏月辛巳，遣領軍將軍李安民行淮、泗。庚寅，索虜攻朐山，青、冀二州刺史盧紹之等破走之。

冬十一月戊子，以氐楊後起爲秦州刺史。

十二月戊戌，以司空褚淵爲司徒。乙巳，車駕幸中堂聽訟。壬子，以驃騎大將軍豫章王嶷爲司空，揚州刺史、前將軍臨川王映爲荆州刺史。

三年春正月壬戌朔，詔王公卿士薦讜言。丙子，以平北將軍陳顯達爲益州刺史，貞陽公柳世隆爲南兗州刺史，皇子鋒爲江夏王。領軍將軍李安民等破虜於淮陽。

夏四月，以寧朔將軍沈景德爲廣州刺史。

六月壬子，大赦。逋租宿債，除減有差。

秋七月，以冠軍將軍(徐)〔垣〕榮祖爲徐州刺史。〔一〇〕

冬十月戊子，以河南王世子吐谷渾度易侯爲西秦河二州刺史、河南王。〔一一〕

四年春正月壬戌，詔曰：「夫膠庠之典，彝倫攸先，所以招振才端，啓發性緒，弘字黎氓，納之軌義，是故五禮之迹可傳，六樂之容不泯。朕自膺曆受圖，志闡經訓，且有司羣僚，奏議咸集，蓋以戎車時警，文教未宣，思樂泮宮，永言多慨。今關燧無虞，時和歲稔，遠邇同風，華夷慕義。便可式遵前准，脩建敎學，精選儒官，廣延國冑。」以江州刺史王延之爲右光祿大夫。癸亥，詔曰：「比歲申威西北，義勇爭先，殞氣寇場，命盡王事。戰亡蠲復，雖有恆典，主者遵用，每傷簡薄。建元以來戰亡，賞蠲租布二十年，雜役十年。其不得收屍，主軍保押，亦同此例。」以後將軍長沙王晃爲護軍將軍，中軍將軍南郡王長懋爲南徐州刺史，冠軍將軍安成王暠爲江州刺史。

二月乙未，以冠軍將軍桓康爲青、冀二州刺史。上不豫，庚（辰）〔戌〕，〔一三〕詔原京師囚繫有差，元年以前逋責皆原除。

三月庚申，召司徒褚淵、左僕射王儉詔曰：「吾本布衣素族，念不到此，因藉時來，遂隆大業。風道沾被，升平可期。遘疾彌留，至于大漸。公等奉太子如事吾，柔遠能邇，緝和內外，當令太子敦穆親戚，委任賢才，崇尚節儉，弘宣簡惠，則天下之理盡矣。死生有命，夫復何言！」壬戌，上崩于臨光殿，年五十六。

四月庚寅，上謚曰太祖高皇帝。奉梓宮於東府前渚升龍舟。丙午，窆武進泰安陵。

上少沈深有大量，寬嚴淸儉，喜怒無色。博涉經史，善屬文，工草隸書，弈棊第二品。雖經綸夷險，不廢素業。從諫察謀，以威重得衆。即位後，身不御精細之物，敕中書舍人桓景眞曰：「主衣中似有玉介導，此制始自大明末，後泰始尤增其麗。留此置主衣，政是興長疾源，可即時打碎。凡復有可異物，皆宜隨例也。」後宮器物欄檻以銅爲飾者，皆改用鐵，內殿施黃紗帳，宮人著紫皮履，華蓋除金花爪，用鐵廻釘。每曰：「使我治天下十年，當使黃金與土同價。」欲以身率天下，移變風俗。

上姓名骨體及期運曆數，竝遠應圖讖數十百條，歷代所未有，臣下撰錄，上抑而不宣，盛矣。

史臣曰：孫卿有言：「聖人之有天下，受之也，非取之也。」漢高神武駿聖，觀秦氏東遊，蓋是雅多大言，非始自知天命；光武聞少公之論讖，亦特一時之笑語；魏武初起義兵，所期「征西」之墓；晉宣不內迫曹爽，豈有定霸浮橋；宋氏屈起匹夫，兵由義立：咸皆一世推雄，卒開鼎祚。宋氏正位八君，卜年五紀，四絕長嫡，三稱中興，內難邊虞，兵革世動。太祖基命之初，武功潛用，泰始開運，大拯時艱，龍德在田，見猜雲雨之迹。及蒼梧暴虐，釁結朝野，百姓懍懍，命懸朝夕。權道既行，兼濟天下。元功振主，利器難以假人，羣才勠力，實懷尺寸之望。豈其天厭水行，固已人希木德。歸功與能，事極乎此。雖至公於四海，而運實時來，無心於黃屋，而道隨物變。應而不爲，此皇齊所以集大命也。

贊曰：於皇太祖，有命自天。同度宇宙，合量山淵。宋德不紹，神器虚傳。寧亂以武，黜暴資賢。庸發西疆，功興北翰。偏師獨克，孤旅霆斷。援旆東夏，職司靜亂。指斧徐方，時惟伐叛。抗威京輦，坐清江漢。文藝在躬，芳塵淵塞。用下以才，鎮民以德。端己雄晬，君臨尊默。苞括四海，大造家國。

校勘記

〔一〕〔降〕宋晉熙王燮爲陰安公　據南監本、殿本補。

〔二〕南康縣公華容縣公可爲侯　南史齊紀作「南康郡公爲縣公，華容縣公可爲侯」。按劉祥傳云「從祖兄彪，祥曾祖穆之正胤，建元初降封南康縣公」，與南史齊紀降封縣公相應。然南史劉穆之傳謂穆之曾孫彪，建元初降封南康縣侯，則又與此相應。二書紀傳自相違戾，未知孰是。

〔三〕諸負釁流徙普聽還本　「負」原譌「貢」，「徙」原譌「徒」，各本不譌，今改正。又「本」字下各本並有「土」字，張元濟校勘記云「土」字衍。

〔四〕太官池籞宮停税入　元龜一百九十一「宮」作「宜」。

〔五〕（辛）〔丁〕未詔曰　據南監本、毛本、殿本、局本及南史齊紀改。按是月壬寅朔，五日丙午，六日丁未，十一日壬子，此在丙午下，壬子上，當作「丁未」。

〔六〕（己）〔乙〕卯河南王吐谷渾拾寅奉表貢獻　據南監本、毛本、殿本、局本及南史齊紀改。　按是月壬寅朔，十一日壬子，十四日乙卯，十五日丙辰，此在壬子下，丙辰上，當作「乙卯」。

〔七〕可依資勞度二（宮）〔官〕　據南監本、毛本、殿本、局本改。

〔八〕以司空尚書令褚淵爲司徒　通鑑建元二年正月，「以司空褚淵爲司徒，淵不受」。考異云：「齊書『建元二年正月，以淵爲司徒。十二月戊戌，以淵爲司徒』。蓋二年正月辭，十二月受耳。」今按考異說是。　王鳴盛十七史商榷謂爲「一事重出，疵病之大者」，非也。

〔九〕車駕幸樂遊〔苑〕宴會　據殿本、元龜一百九十七補。　按殿本「宴」下無「會」字。

〔一〇〕以征虜將軍崔（思）祖〔思〕爲青冀二州刺史　張森楷校勘記云：「本傳作『崔祖思』，此誤倒。」今據正。

〔一一〕以冠軍將軍（徐）〔垣〕榮祖爲徐州刺史　「徐榮祖」南監本、毛本、殿本、局本作「垣榮祖」，張元濟校勘記云作「垣」是。今據改。　按垣榮祖本傳不言曾爲徐州刺史。

〔一二〕以河南王世子吐谷渾度易侯爲西秦河二州刺史河南王　「度易侯」殿本作「易度侯」。　按南監本、毛本、局本及南史齊紀、通鑑皆作「度易侯」。　河南傳作「易度侯」。

南齊書卷三

本紀第三

武帝

世祖武皇帝諱賾，字宣遠，〔一〕太祖長子也。小諱龍兒。生於建康青溪宅，其夜陳孝后、劉昭后同夢龍據屋上，故字上焉。

初爲尋陽國侍郎，辟州西曹書佐，出爲贛令。江州刺史晉安王子勛反，上不從命，南康相沈肅之縶上於郡獄。族人蕭欣祖、門客桓康等破郡迎出上。肅之率將吏數百人追擊，上與左右拒戰，生獲肅之，斬首百餘級，遂率部曲百餘人舉義兵。始興相殷孚將萬兵赴子勛於尋陽，或勸上擊之，上以衆寡不敵，避屯揭陽山中，聚衆至三千人。子勛遣其將戴凱之爲南康相，及軍主張宗之千餘人助之。上引兵向郡，擊凱之別軍主程超數百人於南康口，又進擊宗之，破斬之，遂圍郡城。凱之以數千人固守，上親率將士盡日攻之，城陷，凱之奔走，殺僞贛令陶沖之。上即據郡城，遣軍主張應期、鄧惠眞三千人襲豫章。子勛遣軍主談秀之等七千人，與應期相拒於西昌，築營壘，交戰不能決。聞上將自下，秀之等退散。事平，徵爲尙書庫部郎，征北中兵參軍，西陽縣子，帶南東莞太守，越騎校尉，正員郎，劉韞撫軍長史，襄陽太守。別封贛縣子，邑三百戶，固辭不受。轉寧朔將軍、廣興相。桂陽王休範反，上遣軍襲尋陽，至北嶠，事平，除晉熙王安西諮議，不拜，復還郡。轉司徒右長史、黃門郎。沈攸之在荊楚，宋朝密爲之備，元徽四年，以上爲晉熙王鎭西長史、江夏內史、行郢州事。從帝立，〔三〕徵晉熙王燮爲撫軍、揚州刺史，以上爲左衞將軍，輔燮俱下。沈攸之事起，未得朝廷處分，上以中流可以待敵，即據盆口城爲戰守之備。太祖聞之，喜曰：「此眞我子也！」上表求西討，不許，乃遣偏軍援郢。平西將軍黃回等皆受上節度。加上冠軍將軍、持節。昇明二年，事平，轉散騎常侍、都督江州豫州之新蔡晉熙二郡軍事、征虜將軍、江州刺史，持節如故。封聞喜縣侯，邑二千戶。其年，徵侍中、領軍將軍。給鼓吹一部。府置佐史。領石頭戍軍事。尋又加持節、督京畿諸軍事。三年，轉散騎常侍、尙書僕射、中軍大將軍、開府儀同三司，進爵爲公，持節、都督、領軍如故。給班劍二十人。齊國建，爲齊公世子，改加侍中、南豫州刺史，給油絡車，羽葆鼓吹，增班劍爲四十人。〔三〕以石頭爲世子宮，官置二率以下，坊省服章，一如東宮。進爵王太子。太祖即位，爲皇太子。

建元四年三月壬戌，太祖崩，上卽位，大赦。征鎭州郡令長軍屯營部，各行喪三日，不得擅離任，都邑城守防備幢隊，一不得還。乙丑，稱先帝遺詔，以司徒褚淵錄尙書事，尙書左僕射王儉爲尙書令，車騎將軍張敬兒爲開府儀同三司。詔曰：「喪禮雖有定制，先旨每存簡約，內官可三日一還臨，外官間一日還臨。〔四〕後有大喪皆如之。」丁卯，以右衞將軍呂安國爲司州刺史。庚午，以司空豫章王嶷爲太尉。癸酉，詔曰：「城直之制，歷代宜同，頃歲逋弛，遂以萬計。雖在憲宜懲，而原心可亮。積年逋城，可悉原蕩。自茲以後，申明舊科，有違糾裁。」庚辰，詔曰：「比歲未稔，貧窮不少，京師二岸，多有其弊。〔五〕遣中書舍人優量賑邮。」

夏四月丙午，以輔國將軍張倪爲兗州刺史。辛卯，追尊穆妃爲皇后。

五月乙丑，以丹陽尹聞喜公子良爲南徐州刺史。甲戌，以新除左衞將軍垣崇祖爲豫州刺史。癸未，詔曰：「頃水雨頻降，潮流荐滿，二岸居民，多所淹漬。遣中書舍人與兩縣官長優量賑邮。」

六月甲申，立皇太子長懋。詔申壬戌赦恩百日。乙酉，以鄱陽王鏘爲雍州刺史，臨汝公子卿爲郢州刺史。甲午，以寧朔將軍臧靈智爲越州刺史。丙申，立皇太子妃王氏。進封聞喜公子良爲竟陵王，臨汝公子卿爲廬陵王，應城公子敬爲安陸王，江陵公子懋爲晉安王，枝江公子隆爲隨郡王，皇子子眞爲建安王，皇孫昭業爲南郡王。戊戌，詔曰：「水潦爲患，星緯乖序。京都囚繫，可剋日訊決；諸遠獄委刺史以時察判。〔六〕建康、秣陵二縣貧民加賑賜，必令周悉。吳興、義興遭水縣，蠲除租調。」癸卯，以司徒褚淵爲司空、驃騎將軍。

秋七月庚申，以衞尉蕭順之爲豫州刺史。壬戌，以冠軍將軍垣榮祖爲青、冀二州刺史。

八月癸卯，司徒褚淵薨。〔七〕

九月丁巳，以國哀故，罷國子學。己巳，以前軍將軍姜伯起爲秦州刺史。辛未，以征南將軍王僧虔爲左光祿大夫、開府儀同三司，尙書右僕射王奐爲湘州刺史。

冬十二月己丑，詔曰：「緣淮戍將，久處邊勞，三元行始，宜沾恩慶。可遣中書舍人宣旨臨會。後每歲皆如之。」庚子，以太子左衞率戴僧靜爲徐州刺史。

永明元年春正月辛亥，車駕祠南郊，大赦，改元。壬子，詔內外羣僚各舉朕違，肆心規諫。又詔王公卿士，各舉所知，隨方登敍。詔曰：「經邦之寄，寔資莅民，守宰祿俸，蓋有恆准。往以邊虞告警，故沿時損益，今區寓寧晏，庶績咸熙，念勤簡能，宜加優獎。郡縣丞尉，可還田秩。」太尉豫章王嶷領太子太傅，護軍將軍長沙王晃爲南徐州刺史，鎭北將軍竟陵王子良爲南兗州刺史。庚申，以侍中蕭景先爲中領軍。壬戌，立皇弟銳爲南平王，鏗爲宜都王，皇子子明爲武昌王，子罕爲南海王。甲子，爲築青溪舊宮，詔槊仗瞻履。

二月辛巳，以征虜將軍楊炅爲沙州刺史。辛丑，以隴西公宕昌王梁彌機爲河、涼二州刺史，〔八〕東羌王像舒彭爲西涼州刺史。

三月癸丑，詔曰：「宋德將季，風軌陵遲，列宰庶邦，彌失其序，遷謝遄速，公私凋弊。泰運初基，草昧惟始，思述先範，永隆治根，莅民之職，一以小滿爲限。其有聲績剋舉，厚加甄異；理務無庸，隨時代黜。」丙辰，詔曰：「朕自丁荼毒，奄便周忌，瞻言負荷，若墜淵壑。而遠圖尚蔽，政刑未理，星緯失序，陰陽愆度。思播先澤，兼酬天眚，可申辛亥赦恩五十日，以期訖爲始。京師囚繫，悉皆原宥。三署軍徒，優量降遣。都邑鰥寡尤貧，詳加賑邺。」戊寅，詔「四方見囚，罪無輕重，及劫賊餘口長徒勑繫，悉原赦。逋負督贓，建元四年三月以前，皆特除」。

夏四月壬午，詔曰：「魏矜袁紹，恩洽丘墓，晉亮兩王，榮覃餘裔，二代弘義，前載美談。袁粲、劉秉與先朝同獎宋室，沈攸之於景和之世，特有迺心，雖末節不終，而始誠可錄。歲月彌往，宜特優降。〔九〕粲、秉前年改葬塋兆，未修材槨，可爲經理，令粗足周禮。攸之及其諸子喪柩在西者，可符荊州送反舊墓，在所爲營葬事。」

五月丁酉，車騎將軍張敬兒伏誅。

六月丙寅，詔「凡坐事應覆治者，在建元四年三月已前，皆原宥」。

秋七月戊戌，新除左光祿大夫王僧虔加特進。

九月己卯，以荆州刺史臨川王映爲驃騎將軍，冠軍將軍廬陵王子卿爲荆州刺史，吳郡太守安陸侯緬爲郢州刺史。

二年春正月乙亥，以司州刺史呂安國爲南兖州刺史，征北將軍竟陵王子良爲護軍將軍兼司徒，征北長史劉悛爲司州刺史。丙子，以右光祿大夫王延之爲特進。

三月乙亥，以吳興太守張岱爲南兖州刺史，前將軍王奐爲江州刺史，平北將軍呂安國爲湘州刺史。戊寅，以少府趙景翼爲廣州刺史。

夏四月甲辰，詔「揚、南徐、南兖、徐、兖五州統內諸獄，并、豫、江三州府州見囚，江州尋陽、新蔡兩郡繫獄，竝部送還臺，須候克日斷枉直。緣江遠郡及諸州，委刺史詳察訊」。〔一〇〕

六月癸卯，車駕幸中堂聽訟。乙巳，以安陸王子敬爲南兖州刺史。戊申，以黃門侍郎崔平仲爲青、冀二州刺史。己巳，以寧朔將軍程法勤爲寧州刺史。

秋七月癸未，詔曰：「夫樂所自生，先哲垂誥，禮不忘本，積代同風。是以漢光遲回於南陽，魏文殷勤於譙國。青溪宫體天含暉，則地栖寶，光定靈源，允集符命。在昔期運初開，經綸方遠，繕築之勞，我則未暇。時流事往，永惟哽咽，朕以寡薄，嗣奉鴻基，思存締構，式表王迹。考星創制，揆日興功，子來告畢，規摹昭備。宜申釁落之禮，以暢感尉之懷，可克日小會。」甲申，立皇子子倫爲巴陵王。

八月丙午，車駕幸舊宫小會，設金石樂，在位者賦詩。詔申「京師獄及三署見徒，量所降宥。領宫職司，詳賜幣帛」。戊申，車駕幸玄武湖講武。甲子，詔曰：「窆枯掩骼，義重前誥，卹老哀癃，寔惟令典。朕永思民瘼，弗忘鑒寐。聲懔未敷，物多乖所。京師二縣，或有久墳毁發，可隨宜掩埋。遺骸未櫬，並加斂瘞。疾病窮困不能自存者，詳爲條格，並加沾賚。」

冬十月丁巳，以桂陽王鑠爲南徐州刺史。

十一月丁亥，以始興王鑑爲益州刺史。〔二〕

三年春正月丙辰，以大司農劉楷爲交州刺史，安西諮議參軍崔慶緒爲梁、南秦二州刺史。〔三〕甲申，以晉安王子懋爲南豫州刺史。辛卯，車駕祠南郊，大赦。都邑三百里內罪應入重者，降一等，餘依赦制。劾繫之身，降遣有差。賑卹二縣貧民。又詔曰：「春秋國語云『生民之有學斆，猶樹木之有枝葉。』果行育德，咸必由茲。在昔開運，光宅華夏，方弘典謨，克隆敎思，命彼有司，崇建庠塾。甫就經始，仍離屯故，仰瞻徽猷，歲月彌遠。今遐邇一體，車軌同文，宜高選學官，廣延胄子。」又詔「守宰親民之要，刺史案部所先，宜嚴課農桑，相土揆時，必窮地利。若耕蠶殊衆，足厲浮墮者，所在卽便列奏。其違方驕矜，佚事妨農，亦以名聞。將明賞罰，以勸勤怠。校覈殿最，歲竟考課，以申黜陟」。

二月辛丑，車駕祠北郊。

夏四月戊戌，以新除右衞將軍豫章王世子子響爲豫州刺史，輔國將軍桓敬爲兗州刺史。

五月乙未，詔曰：「氓俗凋弊，于茲永久，雖年穀時登，而歉乏比室。凡單丁之身及煢獨而秩養養孤者，並蠲今年田租。」是月，省總明觀。

六月庚戌，進河南王度易侯爲車騎將軍。〔一三〕

秋七月辛丑，詔「丹陽所領及餘二百里內見囚，同集京師，自此以外，委州郡決斷」。甲戌，左光祿大夫開府儀同三司王僧虔薨。丁亥，以驃騎中兵參軍董仲舒爲寧州刺史。〔一四〕

八月乙未，車駕幸中堂聽訟。丁巳，以行宕昌王梁彌頡爲河、涼二州刺史。戊午，以尙書令王儉領太子少傅，太子詹事蕭順之爲領軍將軍。

冬十月壬戌，詔曰：「皇太子長懋講畢，當釋奠，王公以下可悉往觀禮。」

十一月乙丑，以冠軍將軍王文仲爲青、冀二州刺史。〔一五〕

十二月丁酉，詔曰：「九穀之重，八材爲末，是故潔粢豐盛，祝史無愧於辭，不籍千畝，周宣所以貽誺。昔期運初啓，庶政草昧，三推之典，我則未暇。朕嗣奉鴻基，思隆先軌，載耒躬親，率由舊式。可以開春發歲，敬簡元辰，鳴青鸞於東郊，冕朱紘而莅事，仰薦宗禋，俯勗黔阜。將使困庾內充，遺秉外牣，旣富而敎，茲焉攸在。」

是夏，琅邪郡旱，百姓芟除枯苗，至秋擢穎大熟。

四年春正月甲子，以南琅邪、彭城二郡太守隨郡王子隆爲江州刺史，征虜長史張瓌爲雍州刺史，征虜將軍薛淵爲徐州刺史，護軍將軍兼司徒竟陵王子良進號車騎將軍。富陽人唐寓之反，聚衆桐廬，破富陽、錢塘等縣，害東陽太守蕭崇之。遣宿衞兵出討，伏誅。丁酉，冠軍將軍、馬軍主陳天福坐討唐寓之燒掠百姓，〔一六〕棄市。辛卯，車駕幸中堂策秀才。

閏月癸巳，立皇子子貞爲邵陵王，皇孫昭文爲臨汝公。丁未，以武都王楊集始爲北秦州刺史。辛亥，車駕藉田。詔曰：「夫耕藉所以表敬，親載所以率民。朕景行前規，躬執良耜，千畛咸事，六〔仞〕〔稔〕可期，〔一七〕敎義克宣，誠感兼暢。重以天符靈貺，歲月鱗萃，寶鼎開玉匣之祥，嘉禾發同穗之穎，甘露凝暉於坰牧，神爵騫翥於蘭囿。斯乃宗稷之慶，豈寡薄所臻。思俾休和，覃茲黔阜，見刑罪殊死以下，悉原宥。諸逋負在三年以前尤窮弊者，一皆蠲除。孝悌力田，詳授爵位，孤老貧窮，賜穀十石。凡欲附農而糧種闕乏者，並加給貸，務在優厚。」癸丑，以始興內史劉勑爲廣州刺史。甲寅，以藉田禮畢，車駕幸閱武堂勞酒小會，詔賜王公以下在位者帛有差。戊午，車駕幸宣武堂講武。詔曰：「今親閱六師，少長有禮，領馭羣帥，可量班賜。」

二月己未，立皇弟銶爲晉熙王，鉉爲河東王。庚寅，以光祿大夫王玄載爲兗州刺史。

三月辛亥，國子講孝經，車駕幸學，賜國子祭酒、博士、助教絹各有差。

夏四月丁亥，以尙書左僕射柳世隆爲湘州刺史。臨沂縣麥不登，刈爲馬芻，至夏更苗秀。

五月癸巳，詔「揚、南徐二州今年戶租，三分二取見布，一分取錢。來歲以後，遠近諸州輸錢處，並減布直，匹准四百，依舊折半，以爲永制」。丙午，以吳興太守西昌侯鸞爲中領軍。

秋八月辛酉，以鎭南長史蕭惠休爲廣州刺史。

九月甲寅，以征虜將軍王廣之爲徐州刺史。

冬十二月乙亥，以東中郞司馬崔惠景爲司州刺史。

五年春正月戊子，以太尉豫章王嶷爲大司馬，車騎將軍竟陵王子良爲司徒，驃騎將軍臨川王映、衞將軍王儉、中軍將軍王敬則竝本號開府儀同三司，都官尙書沈文季爲郢州刺史，左將軍安陸王子敬爲荆州刺史，征虜將軍晉安王子懋爲南兗州刺史，輔國將軍建安王子眞爲南豫州刺史。辛卯，詔曰：「朕昧爽丕顯，思康民瘼。雖年穀亟登，而飢饉代有。今履端肇運，陽和告始，宜協時休，覃茲黎庶。諸孤老貧病，竝賜糧饟，遣使親賦，每存均普。」雍、司二州蠻虜屢動，丁酉，遣丹陽尹蕭景先出平陽，護軍將軍陳顯達出宛、葉。

〔二〕〔三〕月戊子，車駕幸芳林園禊宴。丁未，以護軍將軍陳顯達爲雍州刺史。〔一八〕

夏四月〔庚午〕，車駕殷祠太廟。〔一九〕詔「繫囚見徒四歲刑以下，悉原遣，五年減爲三歲，京邑罪身應入重，降一等」。

六月辛酉，詔曰：「比霖雨過度，水潦洊溢，京師居民，多離其弊。遣中書舍人、二縣官長隨宜賑賜。」

秋七月戊申，詔「丹陽屬縣建元四年以來至永明三年所逋田租，殊爲不少。京甸之內，宜加優貸。其非中貲者，可悉原停」。

八月乙亥，詔「今夏雨水，吳興、義興二郡田農多傷，詳蠲租調」。

九月己丑，詔曰：「九日出商飆館登高宴羣臣。」辛卯，車駕幸商飆館。館，上所立，在孫陵崗，世呼爲「九日臺」者也。丙午，詔曰：「善爲國者，使民無傷，而農益勸。是以十一而稅，周道克隆，開建常平，漢載惟穆。岱畎絲枲，浮汶來貢，杞梓皮革，必緣楚往。自水德將謝，喪亂彌多，〔一〇〕師旅歲興，饑饉代有。貧室盡於課調，泉貝傾於絕域，軍國器用，動資四表，不因厥產，咸用九賦，雖有交貿之名，而無潤私之實，民咨塗炭，寔此之由。昔在開運，星紀未周，餘弊尚重。農桑不殷於曩日，粟帛輕賤於當年。工商罕兼金之儲，匹夫多飢寒之患。良由圜法久廢，上幣稍寡。所謂民失其資，能無匱乎？凡下貧之家，可蠲三調二年。京師及四方出錢億萬，糴米穀絲綿之屬，其和價以優黔首。遠邦嘗市雜物，非土俗所產者，皆悉停之。必是歲賦攸宜，都邑所乏，可見直和市，勿使逋刻。」

冬十月甲申，以中領軍西昌侯鸞爲豫州刺史，侍中安陸侯緬爲中領軍。初起新林苑。

六年春正月壬午，以祠部尚書安成王暠爲南徐州刺史。詔「二百里內獄同集京師，克日聽覽，自此以外，委州郡訊察。三署徒隸，詳所原釋」。

三月己亥，以豫章王世子子響爲巴東王。癸卯，以光祿大夫周盤龍爲行兗州刺史。

五月甲午，以宕昌王梁彌承爲河、涼二州刺史。

六月甲寅，以散騎常侍沈景德爲徐州刺史。丙子，以始興太守房法乘爲交州刺史。

秋七月乙巳，都官尚書呂安國爲領軍將軍。

八月乙卯，詔「吳興、義興水潦，被水之鄉，賜痼疾篤癃口二斛，老（落）〔疾〕一斛，〔三〕小口五斗」。

九月壬寅，車駕幸琅邪城講武，習水步軍。

冬十月庚申，立冬，初臨太極殿讀時令。辛酉，以祠部尚書武陵王曅爲江州刺史。

閏月乙卯，詔曰：「北兗、北徐、豫、司、青、冀八州，〔三〕邊接疆埸，民多懸罄，原永明以前所逋租調。」辛卯，以尚書僕射王奐爲領軍將軍。

十一月乙卯，以羽林監費延宗爲越州刺史。庚申，以後將軍晉安王子懋爲湘州刺史，西陽王子明爲南兗州刺史。

七年春正月丙午，以中軍將軍王敬則爲豫州刺史，中軍將軍陰智伯爲梁、南秦二州刺史。戊申，詔曰：「雍州頻歲戎役，兼水旱爲弊，原四年以前逋租。」辛亥，車駕祠南郊，大赦。京邑貧民，普加賑賜。又詔曰：「春頒秋斂，萬邦所以惟懷，柔遠能邇，兆民所以允殖。鄮渾宰邑，因姓立名，王濬剖符，戶口殷盛。今產子不育，雖炳常禁，比聞所在，猶或有之。誠復禮以貧殺，抑亦情由俗淡。宜節以嚴威，敦以惠澤。主者尋舊制，詳量附定，蠲卹之宜，務存優厚。」壬戌，驃騎將軍、開府儀同三司臨川王映薨。戊辰，詔曰：「諸大夫年秩隆重，祿力殊薄，豈所謂下車惟舊，趨橋敬老。可增俸，詳給見役。」

二月丙子，以左衞將軍巴東王子響爲中護軍。己丑，詔曰：「宣尼誕敷文德，峻極自天，發輝七代，陶鈞萬品，英風獨舉，素王誰匹。功隱於當年，道深於日月，感麟厭世，緬邈千祀，川竭谷虛，丘夷淵塞，非但洙泗湮淪，至乃饗嘗乏主。前王敬仰，崇脩寢廟，歲月亟流，鞠爲茂草。今學斅興立，實稟洪規，撫事懷人，彌增欽屬。可改築宗祊，務在爽塏。量給祭秩，禮同諸侯，奉聖之爵，以時紹繼。」壬寅，以丹陽尹王晏爲江州刺史。癸卯，以巴陵王子倫爲豫州刺史。

三月丁未，以太子右衞率王玄邈爲兗州刺史。庚戌，以中護軍巴東王子響爲江州刺史，中書令隨郡王子隆爲中護軍。甲寅，立皇子子岳爲臨賀王，子峻爲廣漢王，子琳爲宣城王，子珉爲義安王。

夏四月戊寅，詔曰：「婚禮下達，人倫攸始，周官設媒氏之職，國風興及時之詠。四爵內陳，義不期侈，三鼎外列，事豈存奢。晚俗浮麗，歷茲永久，每思懲革，而民未知禁。乃聞同牢之費，華泰尤甚。膳羞方丈，有過王侯。富者扇其驕風，貧者恥躬不逮。或以供帳未具，勳致推遷，年不再來，盛時忽往。宜爲節文，頒之士庶。竝可擬則公朝，方樏供設，合巹之禮無虧，寧儉之義斯在。如故有違，繩之以法。」

五月乙巳，尚書令、衞將軍、開府儀同三司王儉薨。甲子，以新除尚書左僕射柳世隆爲尚書令。

六月丁亥，車駕幸琅邪。

秋八月庚子，以左衞將軍建安王子眞爲中護軍。

冬十月己丑，詔曰：「三季澆浮，舊章陵替，吉凶奢靡，動違矩則。或裂錦繡以競車服之飾，塗金鏤石以窮塋域之麗。至斑白不婚，露棺累葉，苟相姱衒，罔顧大典。可明爲條制，嚴勒所在，悉使畫一。如復違犯，依事糾奏。」

十二月己亥，以中護軍建安王子眞爲郢州刺史，江州刺史巴東王子響爲荆州刺史，前安西司馬垣榮祖爲兗州刺史。

八年春正月庚子，征西大將軍王敬則進號驃騎大將軍，左將軍沈文季爲領軍將軍，丹陽尹鄱陽王鏘爲江州刺史。詔放遣隔城虜俘，聽還其本。〔二三〕

〔二月〕壬辰，零陵王司馬藥師薨。〔二四〕

夏四月戊辰，詔「公卿已下各舉所知，隨才授職。進得其人，受登賢之賞；薦非其才，獲濫舉之罰」。

秋七月辛丑，以會稽太守安陸侯緬爲雍州刺史。癸卯，詔曰：「陰陽舛和，緯象愆度，儲胤嬰患，淹歷旬晷。思仰祗天戒，俯紓民瘼，可大赦天下。」癸亥，詔「司、雍二州，比歲不稔，雍州八年以前司州七年以前逋租悉原。汝南一郡復限更申五年」。

八月丙寅，詔「京邑霖雨既過，居民汎濫，遣中書舍人、二縣官長賑卹」。乙酉，以行河南王世子休留成爲秦、河二州刺史。〔三五〕壬辰，以左衞將軍隨郡王子隆爲荆州刺史。巴東王子響有罪，遣丹陽尹蕭順之率軍討之，子響伏誅。

冬十月丁丑，詔「吳興水淹過度，開所在倉賑賜」。癸巳，原建元以前逋租。

十一月乙卯，以建武將軍伏登之爲交州刺史。

十二月乙丑，以振威將軍陳僧授爲越州刺史。戊寅，詔「尚書丞郎職事繁劇，郵俸未優，可量增賜祿」。己卯，皇子子建爲湘東王。癸巳，以監青冀二州軍、行刺史事張沖爲青、冀二州刺史。

九年春正月甲午，以侍中江夏王鋒爲南徐州刺史，冠軍將軍劉悛爲益州刺史。辛丑，車駕祠南郊，詔「京師見囚繫，詳量原遣」。

三月乙卯，以南中郎司馬劉楷爲司州刺史。辛丑，以太子左衞率劉纘爲廣州刺史。〔二六〕

夏四月乙亥，有司奏「舊格一年兩過行陵，三月十五日曹郎以下小行，九月十五日司空以下大行，今長停小行，唯二州一大行」。詔曰「可」。

六月甲戌，以尚書左僕射王奐爲雍州刺史。

秋九月戊辰，車駕幸瑯邪城講武，觀者傾都，普頒酒肉。

十年春正月戊午，詔「諸責負衆逋七年以前，悉原除。高貲不在例。〔二七〕孤老六疾，人穀五斛。內外有務衆官增祿俸」。以左民尚書南平王銳爲湘州刺史，司徒竟陵王子良領尚書令，右衞將軍王玄邈爲北徐州刺史，中軍將軍廬陵王子卿進號車騎將軍，北中郎將南海王子罕爲兗州刺史，輔國將軍臨汝公昭文爲南豫州刺史，冠軍將軍王文和爲北兗州刺史。

二月壬寅，鎮軍將軍陳顯達領中領軍。

夏四月辛丑，大司馬豫章王嶷薨。

五月己巳，司徒竟陵王子良爲揚州刺史。

秋八月丙申，以新城太守郭安明爲寧州刺史。

冬十月乙丑，車駕幸玄武湖講武。甲午，車駕殷祠太廟。

十一月戊午，詔曰：「頃者霖雨，樵粮稍貴，京邑居民，多離其弊。遣中書舍人、二縣官長賑賜。」

十一年春正月癸丑，詔「京師見繫囚，詳所原遣」。以驃騎大將軍王敬則爲司空，〔二八〕江州刺史鄱陽王鏘爲領軍將軍，鎮軍大將軍陳顯達爲江州刺史，右衞將軍崔慧景爲豫州刺史。丙子，皇太子長懋薨。〔二九〕

二月壬午，以車騎將軍廬陵王子卿爲驃騎將軍，南豫州刺史，撫軍將軍安陸王子敬進號車騎將軍。己丑，輔國將軍曹虎爲梁、南秦二州刺史。癸卯，以新除中書監晉安王子懋爲雍州刺史。丙午，以冠軍將軍王文和爲益州刺史。

三月乙亥，雍州刺史王奐伏誅。

夏四月壬午，詔「東宮文武臣僚，可悉度爲太孫官屬」。甲午，立皇太孫昭業、太孫妃何氏。詔「賜天下爲父後者爵一級，孝子順孫義夫節婦粟帛各有差」。〔三〇〕癸卯，以驍騎將軍劉靈哲爲兗州刺史。

五月戊辰，詔曰：「水旱成災，穀稼傷弊，凡三調衆逋，可同申至秋登。京師二縣、朱方、姑熟，可權斷酒。」〔三一〕庚午，以輔國將軍蕭惠休爲徐州刺史。丙子，以左民尚書宜都王鏗爲南豫州刺史。

六月壬午，詔「霖雨既過，遣中書舍人、二縣官長賑賜京邑居民」。

秋七月丁巳，詔曰：「頃風水爲災，二岸居民，多離其患。加以貧病六疾，孤老稚弱，彌足矜念。遣中書舍人履行沾邮。」又詔曰：「水旱爲災，實傷農稼。江淮之閒，倉廩既虛，遂草竊充斥，互相侵奪，依阻山湖，成此逋逃。曲赦南兗、兗、豫、司、徐五州，南豫州之歷陽、譙、臨江、廬江四郡，三調衆逋宿債，並同原除。其緣淮及靑、冀新附僑民，復除已訖，更申五年。」

是月，上不豫，徙御延昌殿，乘輿始登階，而殿屋鳴咤，上惡之。虜侵邊，戊辰，遣江州刺史陳顯達鎭雍州樊城。上慮朝野憂惶，乃力疾召樂府奏正聲伎。戊寅，大漸。詔曰：「始終大期，賢聖不免，吾行年六十，亦復何恨。但皇業艱難，萬機事重，不能無遺慮耳。太孫進德日茂，社稷有寄。子良善相毗輔，思弘治道；內外衆事無大小，悉與鸞參懷共下意。尙書中是職務根本，〔三二〕悉委王晏、徐孝嗣。軍旅捍邊之略，委王敬則、陳顯達、王廣之、王玄邈、沈文季、張瓌、薛淵等。百辟庶僚，各奉爾職，謹事太孫，勿有懈怠。知復何言。」又詔曰：「我識滅之後，身上著夏衣畫天衣，純烏犀導，應諸器悉不得用寶物及織成等，唯裝複裌衣各一（本）通。〔三三〕常所服身刀長短二口鐵環者，隨我入梓宮。祭敬之典，本在因心，東鄰殺牛，不如西家禴祭。我靈上愼勿以牲爲祭，唯設餅、茶飲、干飯、酒脯而已。天下貴賤，咸同此制。未山陵前，朔望設菜食。陵墓萬世所宅，意嘗恨休安陵未稱，今可用東三處地最東邊以葬我，名爲景安陵。喪禮每存省約，不須煩民。百官停六時入臨，朔望祖日可依舊。諸主六宮，竝不須從山陵。內殿鳳華、壽昌、耀靈三處，是吾所治製。夫貴有天下，富兼四海，宴處寢息，不容乃陋，謂此爲奢儉之中，愼勿壞去。顯陽殿玉像諸佛及供養，具如別牒，可盡心禮拜供養之。應有功德事，可專在中。自今公私皆不得出家爲道，及起立塔寺，以宅爲精舍，竝嚴斷之。唯年六十，必有道心，聽朝賢選序，已有別詔。諸小小賜乞，及閤內處分，亦有別牒。內外禁衞勞舊主帥左右，悉付蕭諶優量驅使之，〔三四〕勿負吾遺意也。」是日上崩，年五十四。

上剛毅有斷，爲治總大體，以富國爲先。頗不喜遊宴、雕綺之事，言常恨之，未能頓遣。臨崩又詔「凡諸遊費，宜從休息。自今遠近薦獻，務存節儉，不得出界營求，相高奢麗。金粟繒纊，弊民已多，珠玉玩好，傷工尤重，嚴加禁絕，不得有違準繩」。

九月丙寅，葬景安陵。

史臣曰：世祖南面嗣業，功參寶命，雖爲繼體，事實艱難。御袞垂旒，深存政典，文武授任，不革舊章，明罰厚恩，皆由上出，義兼長遠，莫不肅然。外表無塵，内朝多豫，機事平理，職貢有恆，府藏内充，民鮮勞役，宮室苑囿，未足以傷財，安樂延年，衆庶所同幸。若夫割愛懷抱，同彼甸人，太祖羣昭，位後諸穆。昔漢武留情晚悟，追恨戾園，魏文侯克中山，不以封弟，英賢心迹，臣所未詳也。

贊曰：武帝丕顯，徽號止戈。韶嶺歇祲，彭派澄波。威承景曆，肅御金科。北懷戎款，南獻夷歌。市朝晏逸，中外寧和。〔三五〕

校勘記

〔一〕諱賾字宣遠　「遠」原譌「逺」，今據南監本、毛本、殿本、局本及南史齊紀改正。

〔二〕從帝立　「從帝」各本作「順帝」。按錢大昕廿二史考異云，梁武帝父名順之，故子顯修史，多易爲「從」字，宋順帝亦作「從帝」，作「順帝」者，蓋後人所改。

〔三〕增班劒爲四十人　南史齊紀作「三十人」。

〔四〕外官閒一日還臨　按上云「三日一還臨」，下當云「閒日一還臨」，「一日」二字譌倒，南史不譌。

〔五〕京師二岸多有其弊　「有」南監本、局本作「離」。按元龜一百九十五作「有」。

〔六〕諸遠獄委刺史以時察判　「判」原譌「刺」，今據南監本、毛本、殿本、局本及南史齊紀、元龜一百九十二改正。

〔七〕八月癸卯司徒褚淵薨　按是年六月已改授褚淵爲司空，則此當云「司空褚淵薨」。通鑑考異云：「四年六月癸卯，以司徒褚淵爲司空。八月癸卯，司徒褚淵薨。淵傳，三年爲司徒，又固讓。四年，寢疾遜位，改授司空。及薨，詔曰『司徒奄至薨逝』。紀傳前後各不相顧。」又按褚淵傳載贈謚褚淵詔稱「故侍中司徒錄尚書事新除司空領驃騎將軍南康公淵」，敍淵前後官位，此爲詳正。參閱卷二十三褚淵傳校勘記第二十三條。

〔八〕以隴西公宕昌王梁彌機爲河涼二州刺史　「涼」原譌「源」，今據南監本、殿本、局本改正。

〔九〕宜特優降　宋書袁粲傳作「宜沾優隆」，南史粲傳同。

〔一〇〕委刺史詳察訊　按「訊」字下元龜二百七有「鞫」字，疑此脫。

〔一一〕以始興王鑑爲益州刺史　「鑑」原譌「鏗」，各本並譌。按始興王鑑於永明二年爲益州刺史，見本傳，今據正。

〔一二〕安西諮議參軍崔慶緒爲梁南秦二州刺史　「梁南秦」原譌作「南梁秦」，各本並譌。按齊無南梁州，州郡志云「梁、南秦二刺史」，今據以乙正。

〔一三〕進河南王度易侯爲車騎將軍　「度易侯」殿本作「易度侯」，河南傳同。按通鑑亦作「度易侯」，殿本譌。

〔一四〕以驃騎中兵參軍董仲舒爲寧州刺史　州郡志：「寧州益寧郡，永明五年刺史董仲舒啓置。」南史齊魚復侯子響傳：「直閤將軍董蠻，粗有氣力，上曰：『人名蠻，復何容得蘊藉。』乃改名爲仲舒。謂曰：『今日仲舒，何如昔日仲舒？』答曰：『昔日仲舒，出自私庭，今日仲舒，降自天帝，以此言之，勝昔遠矣。』」又魏書田益宗傳後有董巒附傳，云「巒字仲舒，營陽人。」董巒卽董蠻也。則作「仲舒」不誤。然崔慧景傳又有前寧州刺史董仲民，豈仲舒後又改名邪？而樂志永明六年，上遣主書董仲民案視云云，則又似爲二人。

〔一五〕以冠軍將軍王文仲爲青冀二州刺史　張森楷校勘記云：「『文仲』疑當作『文和』。王文和爲青、冀二州，見王玄邈傳。」

〔一六〕冠軍將軍馬軍主陳天福　按沈文季傳作「前軍將軍陳天福」，無「馬軍主」三字，通鑑同。

〔一七〕六(仞)〔稔〕可期　據南監本、局本改。

〔一八〕(三)〔二〕月戊子車駕幸芳林園禊宴丁未以護軍將軍陳顯達爲雍州刺史　按長曆，是年二月丁巳朔，無戊子、丁未。三月丙戌朔，三日戊子，二十二日丁未。「二月」當作「三月」，今改正。

〔一九〕夏四月〔庚午〕車駕殷祠太廟　按祀太廟例記日，今據南史齊紀、元龜一百八十九補。

〔二〇〕自水德將謝喪亂彌多　「彌」元龜五百二作「弘」。

〔二一〕賜痼疾篤癃口二斛老（落）〔疾〕一斛　「賜」字上元龜一百九十五有「賑」字。「老落」南監本、毛本、殿本、局本並作「老疾」，今據改。按元龜一百九十五作「老口」，疑本作「老疾口一斛」。

〔二二〕北兗北徐豫司青冀八州　錢大昕廿二史考異云：「當爲六州，或上有脫文。」按元龜四百八十九「司」下有「雍」字，亦祇七州，尚奪一州也。

〔二三〕詔放遣隔城虜俘聽還其本　「其本」各本作「本土」。張元濟校勘記云「其本」二字不譌。按高帝紀下「諸負釁流徙普聽還本」，各本「本」下亦有「土」字，張元濟亦云「土」字衍。

〔二四〕〔二月〕壬辰零陵王司馬藥師薨　南史齊紀作「二月辛卯零陵王司馬藥師薨」。按長曆，是年正月庚子朔，無壬辰。二月己巳朔，二十三日辛卯，二十四日壬辰，今補「二月」二字。

〔二五〕以行河南王世子休留成爲秦河二州刺史　「休留成」毛本、殿本、局本作「休留代」，梁書、南史同。河南傳作「休留茂」。通鑑從魏書作「伏連籌」。又「秦、河二州」當依河南傳作「西秦、河二州」。

〔二六〕三月乙卯以南中郎司馬劉楷爲司州刺史辛丑以太子左衞率劉纘爲廣州刺史　按長曆，是年三月癸巳朔，九日辛丑，二十三日乙卯，此敍辛丑事反在乙卯後，定有誤。

〔二七〕高貲不在例　「例」字上元龜四百八十九有「此」字。

〔二八〕以驃騎大將軍王敬則爲司空　「以」字上南史齊紀有「戊午」二字。

〔二九〕丙子皇太子長懋薨　「丙子」南史齊紀作「乙亥」。通鑑從齊書。按長曆，是年正月壬子朔，二十四日乙亥，二十五日丙子。按鬱林王追尊長懋爲文帝，廟號世宗。禮志下有「有司以世宗文皇帝今二年正月二十四日再忌日」語，則以作「乙亥」爲是。

〔三〇〕孝子順孫義夫節婦粟帛各有差　錢大昕廿二史考異云：「此紀及明帝紀俱有『順孫』，元本必作『從孫』，後來校書者以意改耳。」參閱本卷校勘記第二條。

〔三一〕京師二縣朱方姑熟可權斷酒　按京師二縣謂秣陵、建康也。洪頤煊諸史攷異云：「丹徒古朱方，南東海郡治，姑熟卽于湖，淮南郡治，皆京邑重鎮，故連言之。」

〔三二〕尙書中是職務根本　張森楷校勘記云：「南監本無『中』字。」按通鑑「是」作「事」。

〔三三〕唯裝複袂衣各一（本）通　據南監本、局本及南史齊紀刪。按嚴可均輯全齊文亦依南史刪「本」字。

〔三四〕悉付蕭諶優量驅使之　按「蕭諶」之「諶」字原作「諱」，蓋謂明帝蕭鸞諱也。然南監本、殿本及南史齊紀並作「蕭諶」，時蕭諶領殿內事，故遺詔及之。今據改爲「諶」。

〔三五〕中外寧和　「和」原譌「如」，各本不譌，今改正。按和與上戈、波、科、歌爲韻。

南齊書卷四

本紀第四

鬱林王

鬱林王昭業字元尚，文惠太子長子也。小名法身。世祖卽位，封南郡王，二千戶。永明五年十一月戊子，冠於東宮崇政殿。其日小會，賜王公以下帛各有差，給昭業扶二人。七年，有司奏給班劍二十人，鼓吹一部，高選友、學。十一年，給皁輪三望車。詔高選國官。文惠太子薨，立昭業爲皇太孫，居東宮。世祖崩，太孫卽位。

八月壬午，詔稱先帝遺詔，以護軍將軍武陵王曄爲衞將軍，征南大將軍陳顯達卽本號，竝開府儀同三司，尙書左僕射西昌侯鸞爲尙書令，太孫詹事沈文季爲護軍將軍。癸未，以司徒竟陵王子良爲太傅。詔曰：「朕以寡薄，嗣膺寶政，對越靈命，欽若前圖，思所以敬守成規，拱揖羣后。哀荒在日，有懵大猷，宜育德振民，光昭睿範。凡逋三調及衆責，在今年七月三十日前，悉同蠲除。其備償封籍貨鬻未售，亦皆還主。御府諸署池田邸治，興廢沿事，本施一時，於今無用者，詳所罷省。公宜權禁，一以還民，關市征賦，務從優減。」丙戌，詔曰：「近北掠餘口，悉充軍實。刑故無小，罔或攸赦，撫辜興仁，事深睿範。宜從蕩宥，許以自新，可一同放遣，還復民籍。已賞賜者，亦皆爲贖。」辛丑，詔曰：「往歲蠻虜協謀，志擾邊服，羣帥授略，大殲凶醜。革城克捷，及舞陰固守，二處勞人，未有沾爵賞者，可分遣選部，往彼序用。」

九月癸丑，詔「東西二省府國，長老所積，〔一〕財單祿寡，良以矜懷。選部可甄才品能，推校年月，邦守邑丞，隨宜量處，以貧爲先」。辛酉，追尊文惠皇太子爲世宗文皇帝。

冬十月壬寅，尊皇太孫太妃爲皇太后，立皇后何氏。

十一月辛亥，立臨汝公昭文爲新安王，曲江公昭秀爲臨海王，皇弟昭粲爲永嘉王。

隆昌元年春正月丁未，改元，大赦。加太傅竟陵王子良殊禮。驃騎將軍晉熙王銶爲郢州刺史，丹陽尹安陸王子敬爲南兗州刺史，征北大將軍晉安王子懋爲江州刺史，臨海王昭秀爲荆州刺史，永嘉王昭粲爲南徐州刺史，征南大將軍陳顯達進號車騎大將軍，郢州刺史建安王子眞爲護軍將軍。詔百僚極陳得失。又詔王公以下各舉所知。戊申，以護軍將軍沈文季爲領軍將軍。己酉，以前將軍曹虎爲雍州刺史，右衞將軍薛淵爲司州刺史。庚戌，以寧朔將軍蕭懿爲梁、南秦二州刺史，輔國長史申希祖爲交州刺史。辛亥，車駕祠南郊。詔曰：「執耜暫忘，懸磬比室，秉機或惰，無褐終年。非怠非荒，雖由王道，不稂不莠，實賴民和。頃歲多稼無爽，遺秉如積，而三登之美未臻，萬斯之基尚遠。且風土異宜，百民(舛)〔殊〕務，〔三〕刑章治緒，未必同源，妨本害政，事非一揆，晃旒屬念，無忘夙興。可嚴下州郡，務滋耕殖，相畝闢疇，廣開地利，深樹國本，克阜(天)民〔天〕。〔三〕又詢訪獄市，博聽謠俗，傷風損化，各以條聞，主者詳爲條格。」戊午，車駕拜崇安陵。〔四〕己巳，以新除黃門侍郎周奉叔爲青州刺史。

二月辛卯，車駕祠明堂。

夏四月辛巳，衞將軍、開府儀同三司武陵王曄薨。戊子，太傅竟陵王子良薨。戊戌，以前沙州刺史楊炅爲沙州刺史。丁酉，以驃騎將軍廬陵王子卿爲衞將軍，尚書右僕射鄱陽王鏘爲驃騎將軍，並開府儀同三司。

閏月乙丑，以南東海太守蕭穎冑爲青、冀二州刺史。丁卯，鎮軍大將軍鸞卽本號開府儀同三司。戊辰，以中軍將軍新安王昭文爲揚州刺史。

六月丙寅，以黃門侍郎王思遠爲廣州刺史。

秋七月庚戌，以中書郎蕭遙欣爲兗州刺史，東莞太守臧靈智爲交州刺史。

癸巳，皇太后令曰：「鎭軍、車騎、左僕射、前將軍、領軍、左衞、衞尉、八座：自我皇歷啓基，受終于宋，睿聖繼軌，三葉重光。太祖以神武創業，草昧區夏，武皇以英明提極，經緯天人。文帝以上哲之資，體元良之重，雖功未被物，而德已在民。三靈之眷方永，七百之基已固。嗣主特鍾沴氣，爰表弱齡，險戾著于綠車，愚固彰於崇正。〔五〕狗馬是好，酒色方湎。所務唯鄙事，所疾唯善人。世祖慈愛曲深，每加容掩，冀年志稍改，立守神器。自入纂鴻業，長惡滋甚。居喪無一日之哀，縗絰爲歡宴之服。昏酣長夜，萬機斯壅，發號施令，莫知所從。閹豎徐龍駒專總樞密，奉叔、珍之互執權柄，自以爲任得其人，表裏緝穆，邁蕭、曹而愈信、布，倚太山而坐平原。於是恣情肆意，罔顧天顯，二帝姬嬪，竝充寵御，二宮遺服，皆納玩府。內外混漫，男女無別，丹屏之北，爲酤鬻之所，靑蒲之上，開桑中之肆。又微服潛行，信次忘反，端委以朝虛位，交戟而守空宮積旬矣。宰輔忠賢，盡誠奉主，誅鋤羣小，冀能悛革，曾無克己，更深怨憾。公卿股肱，以異己寘戮，文武昭穆，以德譽見猜，放肆醜言，將行屠膾，社稷危殆，有過綴旒。昔太宗克光於漢世，簡文代興於晉氏，前事之不忘，後人之師也。鎭軍居正體道，家國是賴，伊霍之舉，實寄淵謨，便可詳依舊典，以禮廢黜。中軍將軍新安王，體自文皇，睿哲天秀，宜入嗣鴻業，永寧四海。外卽以禮奉迎。未亡人屬此多難，投筆增慨。」

昭業少美容止，好隸書，世祖勅皇孫手書不得妄出，以貴重之。進對音吐，甚有令譽。王侯五日一問訊，世祖常獨呼昭業至幄座，別加撫問，呼爲法身，鍾愛甚重。文惠皇太子薨，昭業每臨哭，輒號咷不自勝，俄爾還內，歡笑極樂。在世祖喪，哭泣竟，入後宮，嘗列胡妓二部夾閤迎奏。爲南郡王時，文惠太子禁其起居，節其用度，昭業謂豫章王妃庾氏曰：「阿婆，佛法言，有福德生帝王家。今日見作天王，便是大罪，左右主帥，動見拘執，不如作市邊屠酤富兒百倍矣。」及卽位，極意賞賜，動百數十萬。每見錢，輒曰：「我昔時思汝一文不得，今得用汝未？」朞年之間，世祖齋庫儲錢數億垂盡。開主衣庫與皇后寵姬觀之，給閹人豎子各數人，隨其所欲，恣意輦取，取諸寶器以相剖擊破碎之，以爲笑樂。居嘗躶袒，著紅縠褌雜采(相)〔祖〕服。〔六〕好鬥雞，密買雞至數千價。世祖御物甘草杖，宮人寸斷用之。毁世祖招婉殿，乞閹人徐龍駒爲齋。龍駒尤親幸，爲後閤舍人，日夜在六宮房內。昭業與文帝幸姬霍氏淫通，龍駒勸長留宮內，聲云度霍氏爲尼，以餘人代之。嘗以邪諂自進，每謂人曰：「古時亦有監作三公者。」皇后亦淫亂，齋閤通夜洞開，內外淆雜，無復分別。

中書舍人綦母珍之、朱隆之，直閤將軍曹道剛、周奉叔，竝爲帝羽翼。高宗屢諫不納，先啓誅龍駒，次誅奉叔及珍之，帝竝不能違。既而尼媼外入，頗傳異語，乃疑高宗有異志。

中書令何胤以皇后從叔見親，使直殿省，嘗隨后呼胤爲三父，與胤謀誅高宗，令胤受事，胤不敢當，依違杜諫，帝意復止。乃謀出高宗於西州，中勑用事，不復關諮。高宗慮變，定謀廢帝。

二十二日壬辰，使蕭諶、坦之等於省誅曹道剛、朱隆之等，率兵自尚書入雲龍門，戎服加朱衣於上。比入門，三失履。王晏、徐孝嗣、蕭坦之、陳顯達、王廣之、沈文季係進。帝在壽昌殿，聞外有變，使閉內殿諸房閤，令閹人登興光樓望，還報云：「見一人戎服，從數百人，急裝，在西鍾樓下。」須臾，蕭諶領兵先入宮，截壽昌閤，帝走向愛姬徐氏房，拔劍自刺不中，以帛纏頸，輿接出延德殿。諶初入殿，宿衞將士皆操弓楯欲拒戰，諶謂之曰：「所取自有人，卿等不須動！」宿衞信之，及見帝出，各欲自奮，帝竟無一言。出西弄，殺之，〔七〕時年二十二。〔八〕輿尸出徐龍駒宅，殯葬以王禮。餘黨亦見誅。

史臣曰：鬱林王風華外美，衆所同惑，伏情隱詐，難以皃求。立嫡以長，未知瑕釁，世祖之心，不變周道。既而釁鄙內作，兆自宮闈，雖爲害未遠，足傾社稷。春秋書梁伯之過，言其自取亡也。

贊曰：十釁有一，無國不失。鬱林負荷，棄禮亡律。

東西二省府國長老一本長字作屯疑

校勘記

〔一〕東西二省府國長老所積　「老」毛本、殿本、局本作「屯」。按南監本亦作「老」，作「老」是。此言東西兩省冗官及諸王府國行事皆是勞舊，故云「長老所積」。

〔二〕且風土異宜百民（舛）〔殊〕務　「舛」元龜一百九十八作「殊」，今據改。

〔三〕克阜（天）民〔天〕　據殿本改。張森楷校勘記云：「民天是用民以食爲天義，天民無所施用，當以作『民天』爲是。」

〔四〕車駕拜崇安陵　「崇安陵」各本作「景安陵」。張元濟校勘記云：「景安陵爲武帝陵，崇安陵爲文惠太子陵，疑作『崇安陵』爲是。」

〔五〕愚固彰於崇正　「崇正」南監本作「宗正」。按崇正卽東宮崇政殿，正政通。此言居東宮時已甚愚固。作「宗正」譌。

〔六〕著紅縠褌雜采（相）〔袒〕服　據南監本、局本改。按殿本及南史齊紀作「袓」，亦譌。

〔七〕出西弄殺之　「殺」南監本、局本作「弑」。「弄」局本作「衖」。按弄衖音義並同。通鑑胡注云：

「此延德殿之西弄也。」

〔八〕時年二十二　「二十二」南監本、毛本、殿本、局本作「二十一」。按建元四年武帝即位，時昭業年十歲，見南史齊紀，則至隆昌元年，爲二十二歲。通鑑胡注亦云「帝死時年二十二」。

南齊書卷五

本紀第五

海陵王

海陵恭王昭文字季尚，文惠太子第二子也。永明四年，封臨汝公，邑千五百戶。初爲輔國將軍、濟陽太守。十年，轉持節、督南豫州諸軍事、南豫州刺史，將軍如故。十一年，進號冠軍將軍。文惠太子薨，還都。鬱林王卽位，爲中軍將軍，領兵置佐。封新安王，邑二千戶。隆昌元年，爲使持節、都督揚南徐二州諸軍事、揚州刺史，將軍如故。其年，鬱林王廢，尙書令西昌侯鸞議立昭文爲帝。

延興元年秋七月丁酉，卽皇帝位。以尙書令鎭軍大將軍西昌侯鸞爲驃騎大將軍、錄尙書事、揚州刺史、宣城郡公。詔曰：「太祖高皇帝英謀光大，受命作齊；世祖武皇帝宏猷冠世，繼暉下武；世宗文皇帝清明懿鑠，四海宅心；竝德漏下泉，功昭上象，聲教所覃，無思不洽。洪基式固，景祚方融，而天步多阻，運鍾否剝。嗣君昏忍，暴戾滋多，棄侮天經，悖滅人紀，朝野重足，遐邇側視，民怨神恫，宗祧如綴。賴忠謨肅舉，霄漢廓清，俾三后之業，絕而更紐，七百之慶，危而復安。猥以沖人，入纂乾緒，載懷馭朽，若墜諸淵，思與黎元，共綏戩福。」大赦，改元。文武賜位二等。

八月甲辰，以新除衞尉蕭諶爲中領軍，司空王敬則進位太尉，新除車騎大將軍陳顯達爲司空，尚書左僕射王晏爲尚書令，左衞將軍王廣之爲豫州刺史，驃騎大將軍鄱陽王鏘爲司徒。詔遣大使巡行風俗。丁未，詔曰：「新安國五品以上，悉與滿敍，自此以下，皆聽解遣。其欲仕者，適其所樂。」以驍騎將軍河東王鉉爲南徐州刺史，西中郎將臨海王昭秀爲車騎將軍，南徐州刺史永嘉王昭粲爲荆州刺史。戊申，以輔國將軍王詡爲廣州刺史，中書郎蕭遙欣爲兗州刺史。庚戌，以車騎板行參軍李慶綜爲寧州刺史。辛亥，以安西將軍王玄邈爲中護軍，新除後軍司馬蕭誕爲徐州刺史。壬子，以冠軍司馬臧靈智爲交州刺史。乙卯，申明織成、金薄、綵花、錦繡履之禁。

九月癸酉，詔曰：「頃者以淮關徭戍，勤瘁於行役，故覃以榮階，薄酬厥勞。勳狀淹留，未集王府，非所以急舍爵之典，趣報功之旨。便可分遣使部，往彼銓用。」辛巳，以前九眞太守宋慈明爲交州刺史。癸未，誅新除司徒鄱陽王鏘、中軍大將軍隨郡王子隆。遣平西將軍王廣之誅南兗州刺史安陸王子敬。於是江州刺史晉安王子懋起兵，遣中護軍王玄邈討之。乙未，驃騎大將軍鸞假黃鉞，內外纂嚴。〔一〕又誅湘州刺史南平王銳、郢州刺史晉熙王銶、南豫州刺史宜都王鏗。丁亥，以衞將軍廬陵王子卿爲司徒，撫軍將軍桂陽王鑠爲中軍將軍、開府儀同三司。

冬十月癸巳，詔曰：「周設媒官，趣及時之制，漢務輕徭，在休息之典，所以布德弘教，寬俗阜民。朕君制八紘，志敷九德，而習俗之風，爲弊未改，靜言多慍，無忘昏昃。督勸婚嫁，宜嚴更申明，必使禽幣以時，摽梅息怨。正廚諸役，舊出州郡，徵吏民以應其數，公獲二旬，私累數朔。又廣陵年常遞出千人以助淮戍，勞擾爲煩，抑亦苞苴是育。今竝可長停，別量所出。諸縣使村長路都防城直縣，爲劇尤深，亦宜禁斷。」丁酉，解嚴。進驃騎大將軍、揚州刺史宣城公鸞爲太傅，領大將軍、揚州牧，加殊禮，進爵爲王。戊戌，誅新除中軍將軍桂陽王鑠、撫軍將軍衡陽王鈞、侍中祕書監江夏王鋒、鎭軍將軍建安王子眞、左將軍巴陵王子倫。癸卯，以寧朔將軍蕭遙欣爲豫州刺史，新除黃門郎蕭遙昌爲郢州刺史，輔國將軍蕭誕爲司州刺史。

宣城王輔政，帝起居皆諮而後行。思食蒸魚菜，太官令荅無錄公命，竟不與。辛亥，皇太后令曰：「司空、後將軍、丹陽尹、右僕射、中領軍、八座：夫明晦迭來，屯平代有，上靈所以睠命，億兆所以歸懷。自皇家淳耀，列聖繼軌，諸侯官方，百神受職。而殷憂時啓，多難薦臻，隆昌失德，特紊人鬼，非徒四海解體，乃亦九鼎將移。賴天縱英輔，大匡社稷，崩基重造，墜典再興。嗣主幼沖，庶政多昧，且早嬰尩疾，弗克負荷，所以宗正內侮，〔二〕戚藩外叛，覘天視地，人各有心。雖(三)〔二〕祖之德在民，〔三〕而七廟之危行及。自非樹以長君，鎮以淵器，未允天人之望，寧息奸宄之謀。太傅宣城王胤體宣皇，鍾慈太祖，識冠生民，功高造物，符表夙著，謳頌有在，宜入承寶命，式寧宗祏。帝可降封海陵王，吾當歸老別館。昔宣帝中興漢室，簡文重延晉祀，庶我鴻基，於茲永固。言念家國，感慶載懷。」

建武元年，詔「海陵王依漢東海王彊故事，給虎賁、旄頭、畫輪車，設鍾虡宮縣，供奉所須，每存隆厚」。十一月，稱王有疾，數遣御師占視，乃殞之。給溫明祕器，衣一襲，斂以衮冕之服。大鴻臚監護喪事。葬給輼輬車，九旒大輅，黃屋左纛，前後部羽葆鼓吹，挽歌二部，依東海王故事。謚曰恭王。年十五。

史臣曰：郭璞稱永昌之名，有二日之象，而隆昌之號亦同焉。案漢中平六年，獻帝卽位，便改元爲光熹，張讓、段珪誅後，改元爲昭寧，董卓輔政，改元爲永漢，一歲四號也。晉惠帝太安二年，長沙王乂事敗，成都王穎改元爲永安，穎自鄴奪，河間王顒復改元爲永興，一歲三號也。隆昌、延興、建武，亦三改年號。故知喪亂之軌迹，雖千載而必同矣。

贊曰：穆穆海陵，因亡代興。不先不後，遭命是膺。

校勘記

〔一〕乙未驃騎大將軍鸞假黄鉞內外纂嚴　按長曆，是年九月壬申朔，叙乙未事不當在丁亥前。通鑑作「乙亥」亦非，乙亥不當在癸未後也。癸未、丁亥閒有乙酉，疑「乙未」當作「乙酉」。

〔二〕所以宗正內侮　「宗正」建康實錄作「宗王」。

〔三〕雖〔三〕〔二〕祖之德在民　據毛本、局本改。按齊祇太祖、世祖，無三祖。

南齊書卷六

本紀第六

明帝

高宗明皇帝諱鸞，字景栖，始安貞王道生子也。小諱玄度。少孤，太祖撫育，恩過諸子。宋泰豫元年，爲安吉令，有嚴能之名。補武陵王左常侍，不拜。元徽二年，爲永世令。昇明二年，爲邵陵王安南記室參軍。未拜，仍遷寧朔將軍、淮南宣城二郡太守。尋進號輔國將軍。太祖踐阼，遷侍中，封西昌侯，邑千戶。建元二年，爲持節、督郢州司州之義陽諸軍事、冠軍將軍、郢州刺史，進號征虜將軍。世祖卽位，轉度支尚書，領右軍將軍。永明元年，遷侍中，領驍騎將軍。王子侯舊乘纏帷車，高宗獨乘下帷，儀從如素士。公事混撓，販食人擔火誤燒牛鼻，豫章王白世祖，世祖笑焉。轉爲散騎常侍、左衞將軍，淸道而行，上甚悅。二年，出爲征虜將軍、吳興太守。四年，遷中領軍，常侍竝如故。五年，爲持節、監豫州郢州之西陽司州之汝南二郡軍事、右將軍、豫州刺史。七年，爲尚書右僕射。八年，加領衞尉。十年，轉左僕射。十一年，領右衞將軍。世祖遺詔爲侍中、尚書令，尋加鎭軍將軍，給班劍二十人。隆昌元年，卽本號爲大將軍，給鼓吹一部，親兵五百人。尋又加中書監、開府儀同三司。鬱林王廢，海陵王立，爲使持節、都督揚南徐二州軍事、驃騎大將軍、錄尚書事、揚州刺史，開府如故，增班劍爲三十人，封宣城郡公，二千戶。〔一〕鎭東府城。給兵五千人，錢二百萬，布千匹。九江作難，假黃鉞，事寧，表送之。尋加黃鉞、都督中外諸軍事、太傅，領大將軍、揚州牧，增班劍爲四十人，給幢絡三望車，前後部羽葆鼓吹，劍履上殿，入朝不趨，贊拜不名，置左右長史、司馬、從事中郎、掾、屬各四人，封宣城王，邑五千戶，持節、侍中、中書監、錄尚書竝如故。未拜，太后令廢海陵王，以上入纂太祖爲第三子，羣臣三請，乃受命。

建武元年冬十月癸亥，卽皇帝位。詔曰：「皇齊受終建極，握鏡臨宸，神武重輝，欽明懿鑠，七百攸長，盤石斯固，而王度中蹇，天階荐阻，嗣命多違，蕃釁孔棘，宏圖景曆，將墜諸淵。宣德皇后遠鑒崇替，憲章舊典，疇咨台揆，允定靈策，用集寶命于予一人。猥以虛薄，纘戎大業，〔二〕仰繫鴻丕，顧臨兆民，永懷先構，若履春冰，寅憂夕惕，罔識攸濟，思與萬國播此惟新。大赦天下，改元。宿衛身普轉一階，其餘文武，賜位二等。逋租宿責，換負官物，在建武元年以前，悉原除。劫賊餘口在臺府者，可悉原放。負釁流徙，並還本鄉。」太尉王敬則爲大司馬，司空陳顯達爲太尉，尚書令王晏加驃騎大將軍，中領軍蕭諶爲領軍將軍、南徐州刺史，皇子寶義爲揚州刺史，中護軍王玄邈爲南兗州刺史，新除右將軍張瓌爲右光祿大夫，平北將軍王廣之爲江州刺史。乙丑，詔斷遠近上禮。丁卯，詔「自今彫文篆刻，歲時光新，可悉停省。蕃牧守宰，或有薦獻，事非任土，嚴加禁斷」。追贈安陸昭侯緬爲安陸王。己巳，以安陸侯子寶晊爲湘州刺史。詔曰：「頃守職之吏，多違舊典，存私害公，實興民蠹。今商旅稅石頭後渚及夫鹵借倩，一皆停息。所在凡厥公宜，可即符斷。主曹詳爲其制，憲司明加聽察。」

十一月癸酉，以西中郎長史始安王遙光爲揚州刺史，晉壽太守王洪範爲青、冀二州刺史，尚書令王晏領太子少傅。甲戌，大司馬尋陽公王敬則等十三人進爵邑各有差。詔省新林苑，先是民地，悉以還主，原責本直。庚辰，立皇子寶義爲晉安王，寶玄爲江夏王，寶源爲廬陵王，寶夤爲建安王，寶融爲隨郡王，寶攸爲南平王。甲申，詔曰：「邑宰祿薄俸微，不足代耕，雖任土恒貢，亦爲勞費，自今悉斷。」又詔「宣城國五品以上，悉與滿敍。自此以下，皆聽解遣。其欲仕，適所樂」。乙酉，追尊始安貞王爲景皇，妃爲懿后。丙戌，以輔國將軍聞喜公遙欣爲荆州刺史，寧朔將軍豐城公遙昌爲豫州刺史。丁亥，詔「細作中署、材官、車府，凡諸工，可悉開番假，遞令休息」。戊子，立皇太子寶卷，賜天下爲父後者爵一級，孝子從孫，〔三〕義夫節婦，普加甄賜明揚。表其衡閭，賚以東帛。己丑，詔「東宮肇建，遠近或有慶禮，可悉斷之」。壬辰，以新除征虜將軍江夏王寶玄爲郢州刺史。永明中，御史中丞沈淵表百官年登七十，皆令致仕，竝窮困私門。庚子，詔曰：「日者百司耆齒，許以自陳，東西二省，猶沾微俸，辭事私庭，榮祿兼謝，興言愛老，實有矜懷。自縉紳年及，可一遵永明七年以前銓敍之科。」上輔政所誅諸王，是月復屬籍，各封子爲侯。

十二月壬子，詔曰：「上覽易遺，下情難達，是以甘棠見美，肺石流詠。自月一視黃辭，如有含枉不申，懷直未舉者，莅民之司，竝任厥失。」

二年春正月辛未，詔「京師繫囚殊死，可降爲五歲刑，三署見徒五歲以下，悉原散。王公以下，各舉所知。隨王公卿士，內外羣僚，各舉朕違，肆心極諫」。索虜寇司、豫、徐、梁四州。壬申，遣鎮南將軍王廣之督司州征討，右衞將軍蕭坦之督徐州征討，尚書右僕射沈文季督豫州征討。己卯，詔京師二縣有毁發墳壠，隨宜脩理。又詔曰：「食惟民天，義高姬載，蠶實生本，教重軒經。前哲盛範，後王茂則，布令審端，咸必由之。朕肅扆巖廊，思弘風訓，〔四〕深務八政，永鑒在勤，靜言日昃，〔五〕無忘寢興。守宰親民之主，牧伯調俗之司，宜嚴課農桑，罔令游惰，揆景肆力，必窮地利，固脩堤防，考校殿最。若耕蠶殊衆，具以名聞；〔六〕游怠害業，卽便列奏。主者詳爲條格。」乙未，虜攻鍾離，徐州刺史蕭惠休破之。丙申，加太尉陳顯達使持節、都督西北征討諸軍事。丁酉，內外纂嚴。

三月戊申，詔「南徐州僑舊民丁，多充戎旅，蠲今年三課」。己未，司州刺史蕭誕與衆軍擊虜，破之。詔「雍、豫、司、南兗、徐五州遇寇之家，悉停今年稅調。其與虜交通，不問往罪」。丙寅，停青州麥租。虜自壽春退走。甲申，解嚴。

夏四月己亥朔，〔詔〕「三百里內獄訟，〔七〕同集京師，克日聽覽。此以外委州郡訊察。三署徒隸，原遣有差」。索虜圍漢中，梁州刺史蕭懿拒退之。己未，以新除黃門郎裴叔業爲徐州刺史。

五月甲午，寢廟成，詔「監作長帥，可賜位一等，役身遣假一年，非役者蠲租同假限」。

六月壬戌，誅領軍將軍蕭諶、西陽王子明、南海王子罕、邵陵王子貞。乙丑，以右衞將軍蕭坦之爲領軍將軍。

秋七月辛未，以右將軍晉安王寶義爲南徐州刺史。壬申，以冠軍將軍梁王爲司州刺史。〔八〕辛卯，以氐楊馥之爲北秦州刺史、仇池公。

八月丁未，以右衞將軍廬陵王寶源爲南兖州刺史。庚戌，以新除輔國將軍申希祖爲兖州刺史。

九月己丑，改封南平王寶攸爲邵陵王，蜀郡王子文爲西陽王，廣漢王子峻爲衡陽王，臨海王昭秀爲巴陵王，永嘉王昭粲爲桂陽王。

冬十月(丁)〔癸〕卯，詔曰：「軌世去奢，事殷哲后，訓物以儉，理鏡前王。朕屬流弊之末，襲澆浮之季，雖恭已弘化，刻意隆平，而禮讓未興，侈華猶競。永覽玄風，兢言集愧，思所以還淳改俗，反古移民。可罷東田，毁興光樓。」〔九〕并詔水衡量省御乘。乙卯，納皇太子妃褚氏，大赦。〔一〇〕王公已下，班賜各有差。斷四方上禮。

十二月丁酉，詔曰：「舊國都邑，望之悵然。況乃自經南面，負扆宸居，或功濟當時，德覃一世，而塋壠欑穢，封樹不脩，豈直嗟深牧豎，悲甚信陵而已哉。昔中京淪覆，鼎玉東遷，晉元締構之始，簡文遺詠在民，而松門夷替，埏路榛蕪。雖年代殊往，撫事興懷。晉帝諸陵，悉加脩理，并增守衞。吳、晉陵二郡失稔之鄉，蠲三調有差。」

三年春正月丁(酉)〔卯〕，以陰平王楊炅子崇祖爲沙州刺史，〔一一〕封陰平王。北中郎將建安王寶夤爲江州刺史。己巳，詔申明守長六周之制。乙酉，詔「去歲索虜寇邊，緣邊諸州郡將士有臨陣及疾病死亡者，並送還本土」。

三月壬午，詔「車府乘輿有金銀飾校者，皆剔除」。

夏四月，虜寇司州，戍兵擊破之。

五月己巳，以征虜將軍蕭懿爲益州刺史，前軍將軍陰廣宗爲梁、南秦二州刺史，前新除寧州刺史李慶宗爲寧州刺史。

秋九月辛酉，以冠軍將軍徐玄慶爲兗州刺史。

冬十月，以輔國將軍申希祖爲司州刺史。

閏十二月戊寅，皇太子冠，賜王公以下帛各有差，爲父後者賜爵一級。斷遠近上禮。又詔「今歲不須光新，可以見錢爲百官供給」。

四年春正月庚午，大赦。〔二〕詔曰：「嘉肴停俎，定方旨於必甘，良玉在攻，表珪璋於既就，是以陶鈞萬品，務本爲先，經緯九區，學斅爲大。往因時康，崇建庠序，屯虞荐有，權從省廢，謳誦寂寥，倏移年稔，永言古昔，無忘旰昃。今華夏乂安，要荒慕嚮，締脩東序，寔允適時。便可式依舊章，廣延國胄，弘敷景業，光被後昆。」壬寅，詔「民產子者，蠲其父母調役一年，又賜米十斛。新婚者，蠲夫役一年」。丙辰，尙書令王晏伏誅。

二月甲子，以左僕射徐孝嗣爲尚書令，征虜將軍蕭季敞爲廣州刺史。

三月乙未，右僕射沈文季領護軍將軍。

秋八月，追尊景皇所生王氏爲恭太后。索虜寇沔北。

冬十月，又寇司州，甲戌，遣太子中庶子梁王、右軍司馬張稷討之。

十一月丙辰，以氐楊靈珍爲北秦州刺史、仇池公、武都王。丁亥，詔「所在結課屋宅田桑，可詳減舊價」。

十二月甲子，以冠軍將軍裴叔業爲豫州刺史，冠軍將軍徐玄慶爲徐州刺史，寧朔將軍左興盛爲兗州刺史。丁丑，遣度支尚書崔慧景率衆救雍州。

永泰元年春正月癸未朔，大赦。逋租宿債在四年之前，皆悉原除。中軍大將軍徐孝嗣即本號開府儀同三司。沔北諸郡爲虜所侵，相繼敗沒。乙巳，遣太尉陳顯達持節救雍州。丁未，誅河東王鉉、臨賀王子岳、西陽王子文、衡陽王子峻、南康王子琳、永陽王子珉、湘東王子建、南郡王子夏、桂楊王昭粲、巴陵王昭秀。

二月癸丑，遣左衞將軍蕭惠休假節援壽陽。辛未，豫州刺史裴叔業擊虜於淮北，破之。辛巳，平西將軍蕭遙欣領雍州刺史。

三月丙午，蠲雍州遇虜之縣租布。〔一三〕戊申，詔曰：「仲尼明聖在躬，允光上哲，弘厥雅道，大訓生民，師範百王，軌儀千載，立人斯仰，忠孝攸出，玄功潛被，至德彌闡。雖反袂遐曠，而祧薦靡闕，〔一四〕時祭舊品，秩比諸侯。頃歲以來，祀典陵替，俎豆寂寥，牲奠莫舉，豈所以克昭盛烈，永隆風教者哉。可式循舊典，詳復祭秩，使牢餼備禮，欽饗兼申。」

夏四月甲寅，改元，赦三署囚繫原除各有差。文武賜位二等。丙戌，以鎮軍將軍蕭坦之爲侍中、中領軍。己未，立武陵昭王子子坦爲衡陽王。丙寅，以西中郎長史劉暄爲郢州刺史。丁卯，大司馬會稽太守王敬則舉兵反。〔一五〕

五月壬午，遣輔國將軍劉山陽率軍東討。乙酉，斬敬則傳首，曲赦浙東、吳、晉陵七郡。以後軍長史蕭穎胄爲南兗州刺史。丁酉，以北中郎將司馬元和爲兗州刺史。

秋七月，以輔國將軍王珍國爲青、冀二州刺史。癸卯，以太子中庶子梁王爲雍州刺史，太尉陳顯達爲江州刺史。

己酉，帝崩〔于〕正福殿，〔一六〕年四十七。遺詔曰：「徐令可重申八命，中書監本官悉如故，沈文季可左僕射，常侍護軍如故，江祏可右僕射，江祀可侍中，劉暄可衞尉。軍政大事委陳太尉。內外衆事無大小委徐孝嗣、遙光、坦之、江祏，其大事與沈文季、江祀、劉暄參懷。心膂之任，可委劉悛、蕭惠休、崔惠景。」葬興安陵。

帝明審有吏才，持法無所借，制御親幸，臣下肅清。〔一七〕驅使寒人不得用四幅繖，大存儉約。罷世祖所起新林苑，以地還百姓。廢文帝所起太子東田，斥賣之。永明中輿輦舟乘，悉剔取金銀還主衣庫。太官進御食，有裹蒸，帝曰：「我食此不盡，可四片破之，餘充晚食。」而世祖掖庭中宮殿服御，一無所改。

性猜忌多慮，故亟行誅戮。潛信道術，用計數，出行幸，先占利害，南出則唱云西行，東遊則唱云北幸。簡於出入，竟不南郊。上初有疾，無輟聽覽，祕而不傳。及寢疾甚久，勑臺省府署文簿求白魚以爲治，外始知之。身衣絳衣，服飾皆赤，以爲厭勝。巫覡云：「後湖水頭經過宮內，致帝有疾。」帝乃自至太官行水溝，左右啓：「太官若無此水則不立。」帝決意塞之，欲南引淮流。會崩，事寢。

史臣曰：高宗以支庶纂曆，據猶子而爲論，一朝到此，誠非素心，遺寄所當，諒不獲免。夫戕夷之事，懷抱多端，或出自雄忍，或生乎畏懾。令同財之親，〔一八〕在我而先棄，進引之愛，量物其必違。〔一九〕疑怯既深，猜似外入，流涕行誅，非云義舉，事苟求安，能無內愧。既而自樹本根，枝胤孤弱，貽厥不昌，終覆宗祀。若令壓(鈕)〔紐〕之徵，〔二〇〕必委天命，盤庚之祀，亦繼陽甲，杖運推公，夫何譏爾。

贊曰：高宗傍起，宗國之慶。慕名儉德，垂文法令。兢兢小心，察察吏政。沔陽失土，南風不競。

校勘記

〔一〕封宣城郡公二千戶　按文選三十八任昉爲齊明帝讓宣城郡公第一表云「封宣城郡開國公，食邑三千戶」。

〔二〕猥以虛薄纘戎大業　「戎」各本並作「承」。按蕭鸞祖父名承之，故改「承」爲「戎」。作「承」者，蓋後人所改。元龜二百七亦作「戎」。

〔三〕孝子從孫　「從」毛本、殿本作「順」。按蕭子顯避梁武帝父蕭順之諱，「順」字皆改爲「從」字，作「順」者，蓋後人所改。

〔四〕思弘風訓　「弘」原作「引」，據元龜一百九十八改。按宋刻本避趙匡胤父弘殷諱，「弘」字缺筆，遂譌爲「引」也。

〔五〕靜言日昃　「昃」原譌「吳」，以「昃」或作「吳」，與吳形近而譌也。各本不譌，今改正。

〔六〕具以名聞　「以」原譌「而」，今據毛本、殿本、局本改正。

〔七〕〔詔〕三百里內獄訟　據元龜二百七補。

〔八〕以冠軍將軍梁王爲司州刺史　洪頤煊諸史考異云：「案梁書武帝紀，是時未封梁王，而稱梁王者，是史臣追書。」

〔九〕冬十月(丁)〔癸〕卯詔曰至可罷東田毁興光樓　「丁卯」南史齊紀作「癸卯」。按長曆，是年十月丙申朔，有癸卯，無丁卯，今據改。又按是年十一月丙寅朔，有丁卯，故通鑑繫此事於十一月，云「十一月丁卯，詔罷世宗東田，毁興光樓」。

〔一〇〕乙卯納皇太子妃褚氏大赦　按通鑑繫此事於十一月，「乙卯」作「己卯」，以是年十一月丙寅朔，無乙卯故也。

〔一一〕三年春正月丁(酉)〔卯〕以陰平王楊炅子崇祖爲沙州刺史　「丁酉」通鑑作「丁卯」。考異云：「齊本紀作『丁酉』。按長曆，是月乙丑朔，無丁酉，下有己巳，當作『丁卯』。」今據改。

〔一二〕四年春正月庚午大赦　通鑑作「春正月大赦」。考異云：「齊帝紀云『庚午大赦』。按長曆，是月己丑朔，無庚午，故不日。」

〔一三〕三月丙午蠲雍州遇虜之縣租布　「丙午」南史齊紀作「甲午」。按長曆，是年三月壬午朔，有甲午，亦有丙午，未知孰是。

〔一四〕雖反袂遐曠而祧薦靡闕　「反袂」百衲本譌「及袂」，今據南監本、毛本、殿本、局本改。按公羊傳哀十四年，西狩獲麟，孔子「反袂拭面」，作「反袂」是。「祧」局本作「祀」。

〔一五〕丁卯大司馬會稽太守王敬則舉兵反　「丁卯」南史齊紀作「丁丑」。按長曆，是年四月壬子朔，有丁卯，亦有丁丑，通鑑敍此事於庚午前，則似以作「丁卯」爲是。

〔一六〕帝崩〔于〕正福殿　據南監本、局本補。按御覽一百二十九引有「于」字。

〔一七〕臣下肅清　「臣」原譌「自」，今據南監本、殿本、局本改正。

〔一八〕令同財之親　「令」南監本、局本作「今」。

〔一九〕量物其必違　「違」南監本、殿本、局本作「遠」，張元濟校勘記云作「違」是。

〔二〇〕若令壓〔鈕〕〔紐〕之徵　張森楷校勘記云：「『鈕』當作『紐』，左氏傳可證。」今據改。按壓紐事見左昭十三年。

南齊書卷七

本紀第七

東昏侯

東昏侯寶卷字智藏，高宗第二子也。本名明賢，高宗輔政後改焉。建武元年，立爲皇太子。

永泰元年七月己酉，高宗崩，太子卽位。

八月丁巳，詔雍州將士與虜(賊)〔戰〕死者，〔一〕復除有差。又詔辨括選序，訪搜貧屈。庚申，鎭北將軍晉安王寶義進號征北大將軍、開府儀同三司。南中郎將建安王寶寅爲郢州刺史。

冬十月己未，詔删省科律。

十一月戊子，立皇后褚氏，賜王公以下錢各有差。

永元元年春正月戊寅，大赦，改元。詔研策秀、孝，〔三〕考課百司。辛卯，車駕祠南郊。詔三品清資官以上應食祿者，有二親或祖父母年登七十，並給見錢。癸卯，以冠軍將軍南康王寶融爲荆州刺史。

二月癸丑，以北中郎將邵陵王寶攸爲南兗州刺史。是月，太尉陳顯達敗績於馬圈。

夏四月己巳，立皇太子誦，大赦，賜民爲父後爵一級。甲戌，以寧朔將軍柳惔爲梁、南秦二州刺史。

五月癸亥，以撫軍大將軍始安王遙光爲開府儀同三司。

六月己酉，新除右衞將軍崔惠景爲護軍將軍。癸亥，以始興內史范雲爲廣州刺史。甲子，詔原雍州今年三調。

秋七月丁亥，京師大水，死者衆，詔賜死者材器，並賑卹。

八月乙巳，蠲京邑遇水資財漂蕩者今年調稅。又詔爲馬圈戰亡將士舉哀。丙（午）〔辰〕，揚州刺史始安王遙光據東府反，〔三〕詔曲赦京邑，中外戒嚴。尚書令徐孝嗣以下屯衞宮城。遣領軍將軍蕭坦之率六軍討之。戊午，斬遙光傳首。己未，以征北大將軍晉安王寶玄爲南徐、兗二州刺史。己巳，尚書令徐孝嗣爲司空，右衞將軍劉暄爲領軍將軍。

閏月丙子，以江陵公寶覽爲始安王。虜僞東徐州刺史沈陵降，以爲北徐州刺史。

九月丁未，以輔國將軍裴叔業爲兗州刺史，征虜長史張沖爲豫州刺史。壬戌，以頻誅大臣，大赦天下。辛未，以太子詹事王瑩為中領軍。

冬十月乙未，誅尚書令新除司空徐孝嗣，右僕射新除鎭軍將軍沈文季。乙巳，以始興內史顏翻爲廣州刺史，征虜將軍沈陵爲越州刺史。

十一月丙辰，太尉江州刺史陳顯達舉兵於尋陽。乙丑，護軍將軍崔慧景加平南將軍、督衆軍南討事。丙寅，以冠軍將軍王鴻爲徐州刺史。

十二月癸未，以前輔國將軍楊集始爲秦州刺史。甲申，陳顯達至京師，宮城嚴警，六軍固守。乙酉，斬陳顯達傳首。丁亥，以征虜將軍邵陵王寶攸爲江州刺史。

二年春正月壬子，以輔國將軍張沖爲南兗州刺史。庚午，詔討豫州刺史裴叔業。

二月癸未，以黃門郎蕭寅爲司州刺史。丙戌，以衞尉蕭懿爲豫州刺史，征壽春。己丑，裴叔業病死，兄子植以壽春降虜。

三月癸卯，以輔國將軍張沖爲司州刺史。乙卯，遣平西將軍崔慧景率衆軍伐壽春。（夏四月）丁未，〔四〕以新除冠軍將軍張沖爲南兗州刺史。崔慧景於廣陵舉兵襲京師。壬子，右衞將軍左興盛督京邑水步衆軍。南徐州刺史江夏王寶玄以京城納慧景。乙卯，遣中領軍王瑩率衆軍屯北籬門。〔五〕壬戌，慧景至，瑩等敗績。甲子，慧景入京師，宮內據城拒守。豫州刺史蕭懿起義救援。

〔夏四月〕癸酉，〔六〕慧景棄衆走，斬首。詔曲赦京邑、南徐兗二州。乙亥，以新除尚書右僕射蕭懿爲尚書令。丙子，以晉熙王寶嵩爲南徐州刺史。

五月乙巳，以虜僞豫州刺史王肅爲豫州刺史。戊申，以桂陽王寶貞爲中護軍。己酉，江夏王寶玄伏誅。壬子，大赦。乙丑，曲赦京邑、南徐兗二州。戊辰，以始安王寶覽爲湘州刺史。

六月庚寅，車駕於樂遊苑內會，如三元，京邑女人放觀。戊戌，以新除冠軍將軍張沖爲郢州刺史，守五兵尚書陸慧曉爲南兗州刺史。

秋七月甲辰，以驃騎司馬張稷爲北徐州刺史。

八月丁酉，以新除驃騎司馬陳伯之爲豫州刺史。甲申夜，宮內火。

冬十月己卯，害尚書令蕭懿。

十一月辛丑，以寧朔將軍張稷爲南兗州刺史。甲寅，西中郎長史蕭穎胄起義兵於荊州。

十二月，雍州刺史梁王起義兵於襄陽。〔七〕戊寅，以冠軍長史劉繪爲雍州刺史。

三年春正月丙申朔，合朔時加寅漏上八刻，事畢，宮人於閱武堂元會，皇后正位，閹人行儀，帝戎服臨視。丁酉，以驃騎大將軍晉安王寶義爲司徒，新除撫軍將軍建安王寶寅爲車騎將軍、開府儀同三司。甲辰，以寧朔將軍王珍國爲北徐州刺史。辛亥，車駕祠南郊，詔大赦天下，百官陳讜言。

二月丙寅，乾和殿西廂火。壬午，詔遣羽林兵征雍州，中外纂嚴。乙酉，以威烈將軍胡元進爲廣州刺史。〔八〕

三月己亥，以驃騎將軍沈徽孚爲廣州刺史。甲辰，以輔國將軍張欣泰爲雍州刺史。丁未，南康王寶融卽皇帝位於江陵。〔九〕癸丑，遣平西將軍陳伯之西征。

六月，京邑雨水，遣中書舍人、二縣官長賑賜有差。蕭穎胄弟穎孚起兵廬陵。戊子，曲赦江州安成、廬陵二郡。

秋七月癸巳，曲赦荊、雍二州。甲午，雍州刺史張欣泰、前南譙太守王靈秀率石頭文武奉建安王寶寅向臺，至杜姥宅，宮門閉，乃散走。己未，以征虜長史程茂爲郢州刺史，驍騎將軍薛元嗣爲雍州刺史。是日，元嗣以郢城降義師。

八月丁卯，以輔國將軍申冑監豫州事。辛巳，光祿大夫張瓌鎮石頭。辛未，以太子左率李居士總督西討諸軍事，屯新亭城。

九月甲辰，以居士爲江州刺史，新除冠軍將軍王珍國爲雍州刺史，車騎將軍建安王寶寅爲荆州刺史。以輔國將軍申冑監郢州，龍驤將軍馬仙琕監豫州，驍騎將軍徐元稱監徐州。是日，義軍至南州，申冑軍二萬人於姑熟奔歸。戊申，以後軍參軍蕭璝爲司州刺史，前輔國將軍魯休烈爲益州刺史，輔國長史趙越嘗爲梁、南秦二州刺史。〔一〇〕丙辰，李居士與義軍戰於新亭，敗績。

冬十月甲戌，王珍國與義軍戰於朱雀桁，敗績。戊寅，寧朔將軍徐元瑜以東府城降。青、冀二州刺史桓和入衞，屯東宮，己卯，〔以〕衆降。〔一一〕光祿大夫張瓌棄石頭還宮。於是閉宮城門自守。庚辰，以驍騎將軍胡虎牙爲徐州刺史，左軍將軍徐智勇爲益州刺史，游擊將軍牛平爲梁、南秦二州刺史。李居士以新亭降，琅邪城主張木亦降。義師築長圍守宮城。

十二月丙寅，新除雍州刺史王珍國、侍中張稷率兵入殿廢帝，〔一二〕時年十九。

帝在東宮便好弄，不喜書學，高宗亦不以爲非，但勗以家人之行。令太子求一日再入朝，發詔不許，使三日一朝。嘗夜捕鼠達旦，以爲笑樂。高宗臨崩，屬以後事，以隆昌爲戒，曰：「作事不可在人後！」故委任羣小，誅諸宰臣，無不如意。

性重澀少言，不與朝士接，唯親信閹人及左右御刀應敕等，自江祏、始安王遙光誅後，漸便騎馬。日夜於後堂戲馬，與親近閹人倡伎鼓叫。常以五更就臥，至晡乃起。王侯節朔朝見，晡後方前，或際闇遣出。臺閣案奏，月數十日乃報，或不知所在。二年元會，食後方出，朝賀裁竟，便還殿西序寢，自巳至申，百僚陪位，皆僵仆菜色，比起就會，怱遽而罷。

陳顯達事平，漸出遊走，所經道路，屏逐居民，從萬春門由東宮以東至于郊外，數十百里，皆空家盡室。巷陌懸幔爲高障，置仗人防守，謂之「屏除」。或於市肆左側過親幸家，環回宛轉，周遍京邑。每三四更中，鼓聲四出，幡戟橫路，百姓喧走相隨，士庶莫辨。出輒不言定所，東西南北，無處不驅人。高鄣之內，設部伍羽儀，復有數部，皆奏鼓吹羌胡伎，鼓角橫吹。夜出晝反，火光照天。拜愛姬潘氏爲貴妃，乘臥輿，帝騎馬從後。著織成袴褶，金薄帽，執七寶縛矟，戎服急裝，不變寒暑，陵冒雨雪，不避坑穽，馳騁渴乏，輒下馬解取腰邊蠡器酌水飲之，復上馬馳去。馬乘具用錦繡處，患爲雨所沾濕，織雜綵珠爲覆蒙，備諸雕巧。敎黃門五六十人爲騎客，又選無賴小人善走者爲逐馬，左右五百人，常以自隨，奔走往來，略不暇息。置射雉場二百九十六處，翳中帷帳及步鄣，皆袷以綠紅錦，金銀鏤弩牙，瑇瑁帖箭。郊郭四民皆廢業，樵蘇路斷，吉凶失時，乳婦婚姻之家，移產寄室，或輿病棄屍，不得殯葬。有棄病人於青溪邊者，吏懼爲監司所問，推置水中，泥覆其面，須臾便死，遂失骸骨。

後宮遭火之後，更起仙華、神仙、玉壽諸殿，刻畫雕綵，青芬金口帶，〔一三〕麝香塗壁，錦幔珠簾，窮極綺麗。縶役工匠，自夜達曉，猶不副速，乃剔取諸寺佛刹殿藻井仙人騎獸以充足之。世祖興光樓上施青漆，世謂之「青樓」。帝曰：「武帝不巧，何不純用瑠璃。」潘氏服御，極選珍寶，主衣庫舊物，不復周用，貴市民閒金銀寶物，價皆數倍。虎魄釧一隻，直百七十萬。京邑酒租，皆折使輸金，以爲金塗。猶不能足，下揚、南徐二州橋桁塘埭丁計功爲直，斂取見錢，供太樂主衣雜費。由是所在塘瀆，多有隳廢。又訂出雉頭鶴氅白鷺縗，親幸小人，因緣爲姦利，課一輸十，郡縣無敢言者。

三年夏，於閱武堂起芳樂苑，山石皆塗以五采，跨池水立紫閣諸樓觀，壁上畫男女私褻之像。種好樹美竹，天時盛暑，未及經日，便就萎枯。於是徵求民家，望樹便取，毁徹牆屋以移致之，朝栽暮拔，道路相繼，花藥雜草，亦復皆然。

又於苑中立市，太官每旦進酒肉雜肴，使宮人屠酤，潘氏爲市令，帝爲市魁，執罰，爭者就潘氏決判。

帝有膂力，能擔白虎幢，〔一四〕自製雜色錦伎衣，綴以金花玉鏡衆寶，逞諸意態。所寵羣小黨與三十一人，黄門十人。初任新蔡人徐世檦爲直閤驍騎將軍，凡有殺戮，皆其用命。殺徐孝嗣後，封爲臨汝縣子。陳顯達事起，加輔國將軍。雖用護軍崔慧景爲都督，而兵權實在世檦。及事平，世檦謂人曰：「五百人軍主，能平萬人都督。」世檦亦知帝昏縱，密謂其黨茹法珍、梅蟲兒曰：「何世天子無要人，但阿儂貨主惡耳。」法珍等爭權，以白帝。帝稍惡其凶強，以二年正月，遣禁兵殺之，世檦拒戰而死。自是法珍、蟲兒用事，並爲外監，口稱詔敕；中書舍人王咺之與相脣齒，專掌文翰。其餘二十餘人，皆有勢力。崔慧景平後，法珍封餘干縣男，蟲兒封竟陵縣男。

及義師起，江、郢二鎮已降，帝遊騁如舊，謂茹法珍曰：「須來至白門前，當一決。」義師至近郊，乃聚兵爲固守之計。召王侯朝貴分置尙書都座及殿省。又信鬼神，崔慧景事時，拜蔣子文神爲假黃鉞、使持節、相國、太宰、大將軍、錄尙書、揚州牧、鍾山王。至是又尊爲皇帝。迎神像及諸廟雜神皆入後堂，使所親巫朱光尙禱祀祈福。以冠軍將軍王珍國領三萬人據大桁，〔一五〕莫有鬬志，遣左右直長閹豎王寶孫督戰，呼爲「王長子」。〔一六〕寶孫切罵諸將帥，直閤將軍席豪發憤突陣死，豪，驍將，旣斃，衆軍於是土崩，軍人從朱雀觀上自投及赴淮死者無數。於是閉城自守，城內軍事委王珍國。兗州刺史張稷入衞京師，以稷爲副，實甲猶七萬人。

帝烏帽袴褶，備羽儀，登南掖門臨望。又虛設鎧馬齋仗千人，皆張弓拔白，出東掖門，稱蔣王出盪。素好鬬軍隊，初使宮人爲軍，後乃用黃門。親自臨陳，詐被瘡，使人輿將去。

至是於閱武堂設牙門軍頓，每夜嚴警。帝於殿內騎馬從鳳莊門入徽明門，馬被銀蓮葉具裝鎧，雜羽孔翠寄生，逐馬左右衞從，晝眠夜起如平常。聞外鼓叫聲，被大紅袍登景陽樓屋上望，弩幾中之。衆皆怠怨，不爲致力。募兵出戰，出城門數十步，皆坐甲而歸。慮城外有伏兵，乃燒城傍諸府署，六門之內皆蕩盡。城中閤道西掖門內，相聚爲市，販死牛馬肉。帝初與羣小計議，陳顯達一戰便敗，崔慧景圍城退走，謂義師遠來，不過旬日，亦應散去，敕太官辦樵米爲百日糧而已。大桁敗後，衆情兇懼，法珍等恐人衆驚走，故閉城不復出軍。既而義師長圍既立，塹柵嚴固，然後出盪，屢戰不捷。

帝尤惜金錢，不肯賞賜，法珍叩頭請之，帝曰：「賊來獨取我邪？何爲就我求物？」後堂儲數百具榜，啓爲城防，帝云擬作殿，竟不與。又催御府細作三百人精仗，待圍解以擬屏除。金銀雕鏤雜物，倍急於常。

王珍國、張稷懼禍及，率兵入殿，分軍又從西上閤入後宮斷之，御刀豐勇之爲內應。是夜，帝在含德殿吹笙歌作女兒子，臥未熟。聞兵入，趨出北戶，欲還後宮。淸曜閤已閉，閹人禁防黃泰平以刀傷其膝，仆地。顧曰：「奴反邪？」直後張齊斬首送梁王。

宣德太后令曰：「皇室受終，祖宗齊聖，太祖高皇帝肇基駿命，膺籙受圖，世祖武皇帝係明下武，高宗明皇帝重隆景業，咸降年不永，宮車係晏。〔一七〕皇祚之重，允屬儲元。而稟質凶愚，發於稚齒。爰自保姆，迄至成童，忍戾昏頑，觸途必著。高宗留心正嫡，立嫡惟長，輔以羣才，間以賢戚，內外維持，冀免多難，未及朞稔，便逞屠戮。密戚近親，元勳良輔，覆族殲門，旬月相係。凡所任仗，盡慝窮姦，皆營伍屠販，容狀險醜，身秉朝權，手斷國命，誅戮無辜，納其財產，睚眦之間，屠覆比屋。身居元首，好是賤事，危冠短服，坐臥以之。晨出夜反，無復已極，驅斥氓庶，巷無居人，老細奔遑，寘身無所，東邁西屏，北出南驅，負疾輿屍，塡街塞陌。興築繕造，日夜不窮，晨構夕毀，朝穿暮塞，絡以隨珠，方斯已陋，飾以璧璫，曾何足道。時暑赫曦，流金鑠石，移竹藝果，匪日伊夜，根未及植，葉已先枯，畚鍤紛紜，勤倦無已。散費國儲，專事浮飾，逼奪民財，自近及遠，兆庶恇恇，流亢道路。〔一八〕府帑既竭，肆奪市道，工商裨販，行號道泣。屈此萬乘，躬事角抵，昂首翹肩，逞能橦木，觀者如堵，曾無怍容。芳樂、華林，竝立闤闠，踞肆鼓刀，手銓輕重。干戈鼓譟，昏曉靡息，無戎而城，豈足云譬。至於居喪淫讌之愆，三年載弄之醜，反道違常之釁，牝鷄晨鳴之慝，於事已細，故可得而略也。罄楚、越之竹，未足以言，校辛、癸之君，豈或能匹。征東將軍忠武奮發，投袂萬里，光奉明聖，翊成中興。乘勝席卷，掃清京邑，而羣小靡識，嬰城自固，緩戮稽誅，倏彌旬月，宜速勦定，寧我邦家。可潛遣閒介，密宣此旨，忠勇齊奮，遄加蕩撲，放斥昏凶，衞送外第。未亡人不幸，驟此百罹，感念存沒，心焉如割。奈何！奈何！」又令依漢海昏侯故事，追封東昏侯。茹法珍、梅蟲兒、王咺之等伏誅。豐勇之原死。

史臣曰：漢宣帝時，南郡獲白虎，獲之者張武，言武張而猛服也。東昏侯亡德橫流，道歸拯亂，躬當翦戮，實啓太平，推閹豎之名字，亦天意也。

贊曰：東昏慢道，匹癸方辛。乃隳典則，乃棄彝倫，玩習兵火，終用焚身。

青孖疑

校勘記

〔一〕詔雍州將士與虜(賊)〔戰〕死者　據南監本、毛本、殿本、局本改。

〔二〕詔研策秀孝　「秀孝」南監本、殿本作「秀才」。張元濟云作「秀孝」是。

〔三〕丙(午)〔辰〕揚州刺史始安王遙光據東府反　「丙午」南史齊紀作「丙辰」，元龜二百七同。案長曆，是年八月甲辰朔，初三日丙午，十三日丙辰。遙光傳言遙光於八月十二日晡時收集二州部曲，則以作「丙辰」爲是。今據改。

〔四〕(夏四月)丁未　按下文有壬子、乙卯、壬戌、甲子、癸酉。通鑑考異云：「按長曆，是歲三月辛丑朔，四月庚午朔。丁未三月七日，壬子十二日，乙卯十五日，壬戌二十二日，甲子二十四日，四月皆無也。蓋四月當作三月。至癸酉，乃四月四日也。」今據刪「夏四月」三字。

〔五〕遣中領軍王瑩率衆軍屯北籬門　「王瑩」通鑑作「左興盛」，考異云從崔慧景傳。

〔六〕〔夏四月〕癸酉　據通鑑考異移上「夏四月」三字於此，說見本卷校勘記第四條。

〔七〕十二月雍州刺史梁王起義兵於襄陽　按通鑑繫此事於十一月乙巳。考異云：「齊帝紀『十二月，梁王起義兵於襄陽』，誤也。」

〔八〕以威烈將軍胡元進爲廣州刺史　「威烈」殿本作「武烈」。考證云：「諸本皆作『威烈』，按宋書百官志有武烈將軍，無威烈將軍，齊世官名多循宋制，今定從『武』。」

〔九〕丁未南康王寶融卽皇帝位於江陵　「丁未」南史齊紀作「乙巳」，通鑑同。考異云：「東昏侯紀云『丁未南康王寶融卽皇帝位』，蓋是日建康始聞之耳。今從和帝紀及梁武帝紀。」

〔一〇〕輔國長史趙越嘗爲梁南秦二州刺史　「趙越嘗」梁書劉季連傳作「趙越常」。

〔一一〕〔以〕衆降　據御覽一百二十九引補。

〔一二〕率兵入殿廢帝　「廢」南監本作「弑」。

〔一三〕青⿱艹妍金口帶　「青⿱艹妍」元龜二百十八作「青葩」，按「⿱艹妍」不成字，故舊校以爲疑。

〔一四〕能擔白虎橦　「橦」南監本、毛本、殿本、局本作「幢」。

〔一五〕以冠軍將軍王珍國領三萬人據大桁　「三萬人」毛本、局本作「萬人」。

〔一六〕呼爲王長子　「王長子」南史齊紀、梁書武帝紀並作「王倀子」。通鑑亦作「王倀子」，胡注云「倀，狂也」。

〔一七〕咸降年不永宮車係晏　「係晏」殿本作「早晏」。張元濟校勘記云：「係晏，猶言相繼晏駕也，承上文『咸』字言。」

〔一八〕流宂道路　「宂」南監本、殿本作「竄」。

南齊書卷八

本紀第八

和帝

和帝諱寶融，字智昭，高宗第八子也。建武元年，封隨郡王，邑二千戶。三年，爲冠軍將軍，領石頭戍軍事。永元元年，改封南康王，爲持節、督荆雍益寧梁南北秦七州軍事、西中郎將、荆州刺史。

二年十一月甲寅，長史蕭穎胄殺輔國將軍、巴西梓潼二郡太守劉山陽，奉梁王舉義。〔一〕乙卯，教纂嚴。又教曰：「吾躬率晉陽，翦此凶孽，戎事方勤，宜覃澤惠。所領內繫囚見徒，罪無輕重，殊死已下，皆原遣。先有位署，即復本職。將吏轉一階。從征身有家口停鎭，給廩食。凡諸雜役見在諸軍帶甲之身，克定之後，悉免爲民。其功効賞報，別有科條。」丙辰，以雍州刺史梁王爲使持節、都督前鋒諸軍事、左將軍。丁巳，以蕭穎胄爲右將軍、都督行留諸軍事。戊午，梁王上表勸進。十二月乙亥，羣僚勸進，並不許。壬辰，驍騎將軍夏侯亶自京師至江陵，稱宣德太后令：「西中郎將南康王宜纂承皇祚，光臨億兆，方俟清宮，未即大號，可且封宣城、南琅邪、南東海、東陽、臨海、新安、尋陽、南郡、竟陵、宜都十郡爲宣城王，相國、荆州牧，加黃鉞，置僚屬，選百官，西中郎府南康國並如故。須軍次近路，主者詳依舊典，法駕奉迎。」三年正月乙巳，王受命，大赦，唯梅蟲兒、茹法珍等不在赦例。右將軍蕭穎胄爲左長史，進號鎮軍將軍，梁王進號征東將軍。甲戌，以冠軍將軍楊公則爲湘州刺史。甲寅，建牙于城南。二月乙丑，以冠軍長史王茂先爲江州刺史，〔二〕冠軍將軍曹景宗爲郢州刺史，右將軍邵陵王寶攸爲荆州刺史。己巳，羣僚上尊號，立宗廟及南北郊。甲申，梁王率大衆屯沔口，郢州刺史張沖拒守。三月丁酉，張沖死，驃騎將軍薛元嗣等固城。〔三〕

中興元年春三月乙巳，即皇帝位，大赦，改元。文武賜位二等；鰥寡孤獨不能自存者穀，人五斛。即永元三年也。以相國左長史蕭穎胄爲尚書令，晉安王寶義爲司空，廬陵王寶源爲車騎將軍、開府儀同三司，建安王寶寅爲徐州刺史，散騎常侍夏侯詳爲中領軍，領軍將軍蕭偉爲雍州刺史。〔四〕丙午，有司奏封庶人寶卷爲零陽侯，〔五〕詔不許。又奏爲涪陵王，詔可。乙酉，尚書令蕭穎胄行荆州刺史，假梁王黃鉞。壬子，以征虜將軍柳惔爲益、寧二州刺史。己未，以冠軍將軍莊丘黑爲梁、南秦二州刺史，冠軍將軍鄧元起爲廣州刺史。

夏四月戊辰，詔曰：「荆雍義舉所基，實始王迹。君子勞心，細人盡力，宜加酬奬，副其乃誠。凡東討衆軍及諸嚮義之衆，可普復除。」

五月乙卯，車駕幸竹林寺禪房宴羣臣。巴西太守魯休烈、巴東太守蕭惠訓子璝拒義軍。

秋七月，東軍主吳子陽十三軍救郢州，〔六〕屯加湖。丁酉，征虜將軍王茂先擊破之。辛亥，以茂先爲中護軍。丁卯，魯山城主孫樂祖以城降。己未，郢城主薛元嗣降。

八月丙子，平西將軍陳伯之降。乙卯，以伯之爲江州刺史，子虎牙爲徐州刺史。

九月乙未，〔七〕詔梁王若定京邑，得以便宜從事。

冬十一月乙未，以輔國將軍李元履爲豫州刺史。壬寅，尚書令、鎭軍將軍蕭穎胄卒，以黃門郎蕭澹行荆州府州事。〔八〕丁巳，蕭璝、魯休烈降。

十二月丙寅，建康城平。己巳，皇太后令以梁王爲大司馬、錄尚書事、驃騎大將軍、揚州刺史，封建安郡公，依晉武陵王遵承制故事，百僚致敬。壬申，改封建安王寶寅鄱陽王。癸酉，以司徒、揚州刺史晉安王寶義爲太尉，領司徒。甲戌，給大司馬錢二千萬，布絹各五千匹。乙酉，以輔國將軍蕭宏爲中護軍。

二年春正月戊戌，宣德太后臨朝，入居內殿。大司馬梁王解承制，致敬如先。己亥，以寧朔將軍蕭昺監南兗州。壬寅，以大司馬都督中外諸軍事，〔九〕加殊禮。己酉，以大司馬長史王亮爲守尚書令。甲寅，詔大司馬梁王進位相國，總百揆，揚州牧，封十郡爲梁公，備九錫之禮，加遠遊冠，位在諸王上，加相國綠綟綬。己未，以新除右將軍曹景宗爲郢州刺史。

二月壬戌，湘東王寶晊伏誅。戊辰，詔進梁公爵爲梁王，增封十郡。

三月乙未，皇太后令給梁國錢五百萬，布五千匹，絹千匹。辛丑，鄱陽王寶寅奔虜，邵陵王寶攸、〔一〇〕晉熙王寶嵩、桂陽王寶貞伏誅。甲午，命梁王冕十有二旒，建天子旌旗，出警入蹕，乘金根，駕六馬，備五時副車，置旄頭雲罕，樂舞八佾，設鍾簴宮懸。王子王女爵命一如舊儀。庚戌，以冠軍長史蕭秀爲南徐州刺史，新除中領軍蔡道恭爲司州刺史。車駕東歸至姑熟。丙辰，禪位梁王。丁巳，廬陵王寶源薨。

夏四月辛酉，禪詔至，皇太后遜外宮。丁卯，梁王奉帝爲巴陵王，宮于姑熟，行齊正朔，一如故事。戊辰，薨，年十五。追尊爲齊和帝，葬恭安陵。

史臣曰：夏以桀亡，殷隨紂滅，郊天改朔，理無延世。而皇符所集，重興西楚，神器暫來，雖有冥數，徽名大號，斯爲幸矣。

贊曰：和帝晚隆，掃難清宮。達機覩運，高頌永終。

校勘記

〔一〕奉梁王舉義　周星詒校勘記云：「疑『梁』字譌。」按蕭穎胄爲荆州行事，當云奉南康王舉義，御覽一百二十九引作「奉王舉義」，南史齊紀同，王謂南康王，疑此「梁」字衍。

〔二〕以冠軍長史王茂先爲江州刺史　「王茂先」通鑑作「王茂」，無「先」字，下同。按王茂梁書有傳，通鑑蓋從梁書也。

〔三〕驃騎將軍薛元嗣等固城　「固城」南監本作「固守」。

〔四〕領軍將軍蕭偉爲雍州刺史　「領軍將軍」通鑑作「冠軍將軍」，梁書蕭偉傳同。

〔五〕有司奏封庶人寶卷爲零陽侯　殿本考證云：「『零陽』南史作『零陵』。」

〔六〕東軍主吳子陽十三軍救郢州　「十三軍」毛本、局本作「十二軍」。

〔七〕九月乙未　「乙未」南史齊紀作「己未」。按長曆，是年九月壬辰朔，初四日乙未，二十八日己未。

〔八〕以黃門郎蕭澹行荆州府州事　錢大昕廿二史考異云：「『澹』當作『憺』。」

〔九〕以大司馬都督中外諸軍事　按「大司馬」下疑奪「梁王爲」三字。御覽一百二十九引作「以大司馬蕭衍爲都督中外諸軍事」。

〔一〇〕邵陵王寶攸 「寶攸」南史作「寶修」。

南齊書卷九

志第一

禮上

禮儀繁博，與天地而爲量，紀國立君，人倫攸始。三代遺文，略在經誥，蓋秦餘所亡逸也。漢初叔孫通制漢禮，而班固之志不載。及至東京，太尉胡廣撰舊儀，左中郎蔡邕造獨斷，應劭、蔡質咸綴識時事，而司馬彪之書不取。魏氏籍漢末大亂，舊章殄滅，侍中王粲、尚書衞覬集創朝儀，而魚豢、王沈、陳壽、孫盛竝未詳也。吳則太史令丁孚拾遺漢事，蜀則孟光、許慈草建衆典。晉初司空荀顗因魏代前事，撰爲晉禮，參考今古，更其節文，羊祜、任愷、庾峻、應貞竝共刪集，成百六十五篇。後摯虞、傅咸纘續此製，未及成功，中原覆沒，今虞之決疑注，是遺事也。江左僕射刁協、太常荀崧，補緝舊文，光祿大夫蔡謨又踵修輯朝故。宋初因循改革，事係羣儒，其前史所詳，竝不重述。永明二年，太子步兵校尉伏曼容表定禮樂。於是詔尚書令王儉制定新禮，立治禮樂學士及職局，置舊學四人，新學六人，正書令史各一人，幹一人，祕書省差能書弟子二人。因集前代，撰治五禮，吉、凶、賓、軍、嘉也。文多不載。若郊廟庠序之儀，冠婚喪紀之節，事有變革，宜錄時事者，備今志。其輿輅旗常，與往代同異者，更立別篇。

建元元年七月，有司奏：「郊殷之禮，未詳郊在何年？復以何祖配郊？殷復在何時？未郊得先殷與不？明堂亦應與郊同年而祭不？若應祭者，復有配與無配？不祀者，堂殿職僚毀置云何？」八座丞郎通關博士議。曹郎中裴昭明、儀曹郎中孔逷議：〔一〕「今年七月宜殷祠，來年正月宜南郊明堂，並祭而無配。」殿中郎司馬憲議：「南郊無配，饗祠如舊；明堂無配，宜應廢祀。其殷祠同用今年十月。」右僕射王儉議：

案禮記王制，天子先祫後時祭，諸侯先時祭後祫。春秋魯僖二年祫，明年春禘，自此以後，五年再殷。禮緯稽命徵曰「三年一祫，五年一禘」。經、記所論禘祫與時祭，其言詳矣，初不以先殷後郊爲嫌。

至於郊配之重，事由王迹，是故杜林議云「漢業特起，不因緣堯，宜以高帝配天」。魏高堂隆議以舜配天。蔣濟云「漢時奏議，謂堯已禪舜，不得爲漢祖，舜亦已禪禹，不得爲魏之祖。今宜以武皇帝配天」。晉、宋因循，卽爲前式。

又案禮及孝經援神契竝云「明堂有五室，天子每月於其室聽朔布敎，祭五帝之神，配以有功德之君」。大戴禮記曰「明堂者，所以明諸侯尊卑也」。許愼五經異義曰「布政之宮，故稱明堂。明堂，盛貌也」。周官匠人職稱明堂有五室。鄭玄云「周人明堂五室，帝一室也」。初不聞有文王之寢。鄭志趙商問云「說者謂天子廟制如明堂，是爲明堂卽文廟邪」？鄭荅曰「明堂主祭上帝，以文王配耳，猶如郊天以后稷配也」。袁孝尼云「明堂法天之宮，本祭天帝，而以文王配，配其父於天位則可，牽天帝而就人鬼，則非義也」。太元十三年，〔二〕孫耆之議，稱「郊以祀天，故配之以后稷；明堂以祀帝，故配之以文王。由斯言之，郊爲皇天之位，明堂卽上帝之廟」。徐邈謂「配之爲言，必有神主；郊爲天壇，則堂非文廟」。史記云趙綰、王臧欲立明堂，于時亦未有郊配。漢又祀汾陰五時，卽是五帝之祭，亦未有郊配。

議者或謂南郊之日，已旅上帝，若又以無配而特祀明堂，則一日再祭，於義爲黷。案古者郊本不共日。蔡邕獨斷曰「祠南郊，祀畢，次北郊，又次明堂、高廟、世祖廟，謂之五供」。馬融云「郊天之祀，咸以夏正，五氣用事，有休有王，各以其時，兆於方郊，四時合歲，功作相成，亦以此月總旅明堂」。是則南郊、明堂各日之證也。近代從省，故與郊同日，猶無煩黷之疑。何者？其爲祭雖同，所以致祭則異。孔晁云，言五帝佐天化育，故有從祀之禮，旅上帝是也。至於四郊明堂，則是本祀之所，譬猶功臣從饗，豈復廢其私廟。且明堂有配之時，南郊亦旅上帝，此則不疑於共日，今何故致嫌於同辰。又禮記「天子祭天地、四方、山川、五祀，歲徧」。尙書堯典「咸秩無文」。〔三〕詩云「昭事上帝，聿懷多福」。據此諸義，則四方、山川，猶必享祀，五帝大神，義不可略。魏文帝黃初二年正月，郊天地明堂，明帝太和元年正月，以武皇帝配天，文皇帝配上帝，然則黃初中南郊明堂，皆無配也。

又郊日及牲色，異議紛然。郊特牲云「郊之用辛，周之始郊也」。盧植云「辛之爲言自新絜也」。鄭玄云「用辛日者，爲人當齋戒自新絜也」。漢魏以來，或丁或己，而用辛常多。考之典據，辛日爲允。郊特牲又云，郊牲幣宜以正色。繆襲據祭法，云天地騂犢，周家所尙，魏以建丑爲正，牲宜尙白。白虎通云，三王祭天，一用夏正，所以然者，夏正得天之數也。魏用異朔，故牲色不同。今大齊受命，建寅創曆，郊廟用牲，一依晉、宋。

謂宜以今年十月殷祀宗廟。自此以後，五年再殷。來年正月上辛，有事南郊。宜以共日，還祭明堂。又用次辛，饗祀北郊。而竝無配。犧牲之色，率由舊章。

詔「可。明堂可更詳」。

有司又奏：「明堂尋禮無明文，唯以孝經爲正。竊尋設祀之意，蓋爲文王有配則祭，無配則止。愚謂既配上帝，則以帝爲主。今雖無配，不應闕祀。徐邈近代碩儒，每所折衷，其云『郊爲天壇，則堂非文廟』，此實明據。內外百司立議已定，如更詢訪，終無異說。傍儒依史，竭其管見。既聖旨惟疑，羣下所未敢詳，廢置之宜，仰由天鑒。」詔「依舊」。

建元四年，世祖即位。其秋，有司奏：「尋前代嗣位，或（於）〔仍〕前郊年，〔四〕或別〔更〕始，〔五〕晉、宋以來，未有畫一。今年正月已郊，未審明年應南北二郊祀明堂與不？」依舊通關八座丞郎博士議。尙書令王儉議：「案秦爲諸侯，雜祀諸畤，始皇幷天下，未有定祠。漢高受命，因雍四畤而起北畤，始祠五帝，未定郊丘。文帝六年，新垣平議初起渭陽五帝廟。武帝初至雍郊見五畤，後常三歲一郊祠雍。元鼎四年，始立后土祠於汾陰，明年，立太一祠於甘泉，自是以後，二歲一郊，與雍更祠。成帝初即位，丞相匡衡於長安定南北郊。哀、平之際，又復甘泉、汾陰祠。平帝元始五年，王莽奏依匡衡議，還復長安南北二郊。光武建武二年，定郊祀兆於洛陽。魏、晉因循，率由漢典，雖時或參差，而類多閒歲。至於嗣位之君，參差不一。宜有定制。檢晉明帝太寧（五）〔三〕年南郊，〔六〕其年九月崩，成帝即位，明年改元即郊；簡文咸安二年南郊，其年七月崩，孝武即位，明年改元亦郊；宋元嘉三十年正月南郊，其年二月崩，孝武嗣位，明年改元亦郊。此則二代明例，差可依放。謂明年正月宜饗祀二郊，虞祭明堂，自茲厥後，依舊間歲。」尙書領國子祭酒張緒等十七人並同儉議。詔「可」。

永明元年當南郊，而立春在郊後，世祖欲遷郊。尙書令王儉啓：「案禮記郊特牲云『郊之祭也，迎長日之至也，大報天而主日也』。易說『三王之郊，一用夏正』。盧植云『夏正在冬至後，傳曰啓蟄而郊，此之謂也』。然則圜丘與郊各自行，不相害也。鄭玄云『建寅之月，晝夜分而日長矣』。王肅曰『周以冬祭天於圜丘，以正月又祭天以祈穀』。祭法稱『燔柴太壇』，則圜丘也。春秋傳云『啓蟄而郊』，則祈穀也。謹尋禮、傳二文，各有其義，盧、王兩說，有若合符。中朝省二丘以幷二郊，即今之郊禮，義在報天，事兼祈穀，旣不全以祈農，何必俟夫啓蟄。史官唯見傳義，未達禮旨。又尋景平元年正月三日辛丑南郊，其月十一日立春，元嘉十六年正月六日辛未南郊，其月八日立春，此復是近世明例，不以先郊後春爲嫌。若或以元日合朔爲礙者，則晉成帝咸康元年正月一日加元服，二日親祠南郊，元服之重，百僚備列，雖在致齋，行之不疑。今齋內合朔，此卽前准。若聖心過恭，寧在嚴潔，合朔之日，散官備防，非預齋之限者，於止車門外別立幔省，若日色有異，則列於省前，望實爲允，謂無煩遷日。」從之。

永明二年，祠部郎中蔡履議：「郊與明堂，本宜異日。漢東京禮儀志『南郊禮畢，次北郊、明堂、高廟、世祖廟，謂之五供』。蔡邕所據亦然。近世存省，故郊堂共日。來年郊祭，宜有定准。」

太學博士王祐議：「來年正月上辛，宜祭南郊，次辛，有事明堂，後辛，饗祀北郊。」

兼博士劉蔓議：「漢元鼎五年，以辛巳行事，自後郊日，略無違異。元封元年四月癸卯，登封泰山，坐明堂。五年甲子，以高祖配。漢家郊祀，非盡天子之縣，故祠祭之月，事有不同。後漢永平以來，明堂兆於國南，而郊以上丁，故供修三祀，得并在初月。雖郊有常日，明堂猶無定辰。何則？郊丁社甲，有說則從，經禮無文，難以意造，是以必算良辰，而不祭寅丑。且禮之奠祭，無同共者，唯漢以朝日合於報天爾。若依漢書五供，便應先祭北郊，然後明堂。則是地先天食，所未可也。」

兼太常丞蔡仲熊議：「鄭志云『正月上辛，祀后稷於南郊，還於明堂，以文王配』。故宋氏創立明堂，郊還卽祭，是用鄭志之說也。蓋爲志者失，非玄意也。玄之言曰『未審周明堂以何月，於月令則以季秋』。案玄注月令季秋大饗帝云『大饗，徧祭五帝』。又云『大饗於明堂，以文武配』。其時秋也，去啓蟄遠矣。又周禮大司樂『凡大祭祀，宿縣』。尋宿縣之旨，以日出行事故也；若日闇而後行事，則無假預縣。果日出行事，何得方俟郊還。東京禮儀志不記祭之時日，而志云『天郊夕牲之夜，夜漏未盡八刻進熟；明堂夕牲之夜，夜漏未盡七刻進熟』。尋明堂之在郊前一刻，而進獻奏樂，方待郊還。魏高堂隆表『九日南郊，十日北郊，十一日明堂，十二日宗廟』。案隆此言，是審于時定制，是則周禮、漢及魏，皆不共日矣。禮以辛郊，書以丁祀，辛丁皆合，宜臨時詳擇。」

太尉從事中郎顧憲之議：「春秋傳以正月上辛郊祀，禮記亦云郊之用辛，尙書獨云丁巳用牲于郊。先儒以爲先甲三日辛，後甲三日丁，可以接事天神之日。後漢永平二年正月辛未，宗祀光武皇帝於明堂。辛旣是常郊之日，郊又在明堂之前，無容不郊而堂，則理應郊堂。」

司徒西閤祭酒梁王議：「孝經鄭玄注云『上帝亦天別名』。如鄭旨，帝與天亦言不殊。近代同辰，良亦有據。魏太和元年正月丁未，〔七〕郊祀武皇帝以配天，宗祀文皇帝於明堂以配上帝，此則已行之前准。」

驍騎將軍江淹議：「郊旅上天，堂祀五帝，非爲一日再黷之謂，無俟釐革。」

尙書陸澄議：「遺文餘事，存乎舊書，郊宗地近，勢可共日。不共者，義在必異也。元始五年正月六日辛未，郊高皇帝以配天，二十二日丁亥，宗祀孝文於明堂配上帝。永平二年正月辛未，宗祀五帝於明堂，光武皇帝配。章帝元和二年，巡狩岱宗，柴祭，翌日，祠五帝於明堂。柴山祠地，尙不共日，郊堂宜異，於例益明。陳忠奏事云『延光三年正月十三日南郊，十四日北郊，十五日明堂，十六日宗廟，十七日世祖廟』。仲遠五祀，紹統五供，與忠此奏，皆爲相符。高堂隆表，二郊及明堂宗廟各一日，摯虞新禮議明堂南郊閒三兆，禋天饗帝共日之證也。又上帝非天，昔人言之已詳。今明堂用日，宜依古在北郊後。漢唯南郊備大駕，自北郊以下，車駕十省其二，今祠明堂，不應大駕。」

尙書令王儉議：「前漢各日，後漢亦不共辰，魏、晉故事，不辨同異，宋立明堂，唯據自郊徂宮之義，未達祀天旅帝之旨。何者？郊壇旅天，甫自詰朝，還祀明堂，便在日昃，雖致祭有由，而煩黷斯甚，異日之議，於理爲弘。春秋感精符云『王者父天母地』。則北郊之祀，應在明堂之先。漢、魏北郊，亦皆親奉，晉泰寧有詔，未及遵遂。咸和八年，甫得營繕，太常顧和秉議親奉。康皇之世，已經遵用。宋氏因循，未遑釐革。今宜親祠北郊，明年正月上辛祠昊天，次辛瘞后土，後辛祀明堂，御竝親奉。車服之儀，率遵漢制。南郊大駕，北郊明堂降爲法駕。袞冕之服，諸祠咸用。」詔「可」。

建武二年，通直散騎常侍庾曇隆啓：「伏見南郊壇員兆外內，永明中起瓦屋，形製宏壯。檢案經史，無所准據。尋周禮，祭天於圜丘，取其因高之義，兆於南郊，就陽位也。故以高敞，貴在上昭天明，旁流氣物。自秦、漢以來，雖郊祀參差，而壇域中閒，竝無更立宮室。其意何也？政是質誠尊天，不自崇樹，兼事通曠，必務開遠。宋元嘉南郊，至時權作小陳帳以爲退息，泰始薄加脩廣，〔八〕永明初彌漸高麗，往年工匠遂啓立瓦屋。前代帝皇，豈於上天之祀而昧營構，所不爲者，深有情意。記稱『掃地而祭，於其質也，器用陶匏，天地之性也』。故『至敬無文』，『以素爲貴』。竊謂郊事宜擬休偃，不俟高大，以明謙恭肅敬之旨。庶或仰允太靈，俯愜羣望。」詔「付外詳」。

國子助教徐景嵩議：「伏尋三禮，天地兩祀，南北二郊，但明祭取犧牲，器用陶匏，不載人君偃處之儀。今（棟）〔帳〕瓦之構雖殊，〔九〕俱非千載成例，宜務因循。」太學博士賀瑒議：「周禮『王旅上帝，張氈案，設皇邸』。國有故而祭，亦曰旅。氈案，以氈爲牀於幄中，不聞郊所置宮宇。」兼左丞王摛議，掃地而祭於郊，謂無築室之議。竝同曇隆。

驍騎將軍虞炎議，以爲「誠慤所施，止在一壇，漢之郊祀，饗帝甘泉，天子自竹宮望拜，息殿去壇場既遠，郊奉禮畢，旋幸於此。瓦殿之與帷宮，謂無簡格」。祠部郎李撝議：「周禮『凡祭祀張其旅幕，張尸次』。尸則有幄。仲師云『尸次，祭祀之尸所居更衣帳也』。凡祭之文，既不止於郊祀，立尸之言，理應關於宗廟。古則張幕，今也房省。宗廟旅幕，可變爲棟宇；郊祀氈案，何爲不轉製檐甍？」曇隆議不行。

建武二年旱，有司議雩祭依明堂。祠部郎何佟之議曰：「周禮司巫云『若國大旱，則帥巫而舞雩』。鄭玄云『雩，旱祭也。天子於上帝，諸侯以下於上公之神』。又女巫云『旱暵則舞雩』。鄭玄云『使女巫舞旱祭，崇陰也』。鄭衆云『求雨以女巫』。禮記月令云『命有司爲民祈祀山川百原，乃大雩帝，用盛樂。乃命百縣雩祀百辟卿士有益於民者，以祈穀實』。鄭玄云『陽氣盛而恆旱。山川百原，能興雲致雨者也。衆水所出爲百原，必先祭其本。雩，吁嗟求雨之祭也。雩帝，謂爲壇南郊之旁，祭五精之帝，配以先帝也。自鞉鞞至柷敔爲盛樂，他雩用歌舞而已。百辟卿士，古者上公以下，謂勾龍、后稷之類也。春秋傳曰龍見而雩，〔雩之〕（止）〔正〕當以四月』。〔一〇〕王肅云『大雩，求雨之祭也。傳曰龍見而雩，謂四月也。若五月六月大旱，亦用雩，禮於五月著雩義也』。晉永和中，中丞啓，雩制在國之南爲壇，祈上帝百辟，舞童八列六十四人，歌雲漢詩，皆以孟夏。得雨，報太牢。于時博士議，舊有壇，漢、魏各自討尋。月令云『命有司祈祀山川百原，乃大雩』。又云『乃命百縣雩祀百辟卿士』。則大雩所祭，唯應祭五精之帝而已。勾芒等五神，既是五帝之佐，依鄭玄說，宜配食於庭也。鄭玄云『雩壇在南郊壇之旁』，而不辨東西。尋地道尊右，雩壇方郊壇爲輕，理應在左。宜於郊壇之東，營域之外築壇。既祭五帝，謂壇宜員。尋雩壇高廣，禮、傳無明文，案觀禮設方明之祀，爲壇高四尺，用珪璋等六玉，禮天地四方之神，王者率諸侯親禮，爲所以教尊尊也。雩祭五帝，粗可依放。謂今築壇宜崇四尺，其廣輪仍以四爲度，徑四丈，周員十二丈，而四階也。設五帝之位，各依其方，如在明堂之儀。皇齊以世祖配五精於明堂，今亦宜配饗於雩壇矣。古者孟春郊祀祈嘉穀，孟夏雩禜祈甘雨，〔一〕二祭雖殊，而所爲者一。禮唯有冬至報天，初無得雨賽帝。今雖闕冬至之祭，而南郊兼祈報之禮，理不容別有賽荅之事也。禮祀帝於郊，則所尙省費，周祭靈威仰若后稷，各用一牲，今祀五帝、世祖，亦宜各用一犢，斯外悉如南郊之禮也。武皇遏密未終，自可不奏盛樂。至於旱祭舞雩，蓋是（呼）〔吁〕嗟之義，〔二〕既非存懽樂，謂此不涉嫌。其餘祝史稱辭，仰祈靈澤而已。禮舞雩乃使無闕，今之女巫，竝不習歌舞，方就教試，恐不應速。依晉朝之議，使童子，或時取舍之宜也。司馬彪禮儀志云雩祀著皂衣，蓋是崇陰之義。今祭服皆緇，差無所革。其所歌之詩，及諸供須，輒勒主者申攝備辦。」從之。

隆昌元年，有司奏，參議明堂，咸以世祖配。國子助教謝曇濟議：「案祭法禘郊祖宗，竝列嚴祀。鄭玄注義，亦據兼饗。宜祖宗兩配，文、武雙祀。」助教徐景嵩、光祿大夫王逡之謂宜以世（祖）〔宗〕文皇帝配。〔三〕祠部郎何佟之議：「周之文、武，尙推后稷以配天，謂文皇宜推世祖以配帝。雖事施於尊祖，亦義章於嚴父焉。」左僕射王晏議，以爲「若用鄭玄祖宗通稱，則生有功德，沒垂尊稱，歷代配帝，何止於（郊）〔二邪〕？〔四〕今殷薦上帝，允屬世祖，百代不毀，其文廟乎！」詔「可」。

至永元二年，佟之又建議曰：「案祭法『有虞氏禘黃帝而郊嚳，祖顓頊而宗堯』。『周人禘嚳而郊稷，祖文王而宗武王』。鄭玄云『禘郊祖宗，謂祭祀以配食也。〔此〕禘謂祀昊天於圜丘也。〔一五〕祭上帝於南郊曰〔郊〕，祭〔祀〕五帝五神於明堂曰祖宗』。〔一六〕『郊祭一帝，而明堂祭五帝，小德配寡，大德配衆』。王肅云『祖宗是廟不毀之名』。果如肅言，殷有三祖三宗，竝應不毀，何故止稱湯、契？且王者之後存焉，舜寧立堯、頊之廟，傳世祀之乎？漢文以高祖配泰畤，至武帝立明堂，復以高祖配食，一人兩配，有乖聖典。自漢明以來，未能反者。故明堂無兼配之祀。竊謂先皇宜列二帝於文祖，尊新廟爲高宗，竝世祖而泛配，以申聖主嚴父之義。先皇於武皇，倫則第爲季，義則經爲臣，設配饗之坐，應在世祖之下，竝列，俱西向。」

國子博士王摛議：「孝經『周公郊祀后稷以配天，宗祀文王於明堂以配上帝』。不云武王。又周頌『思文，后稷配天也』。『我將，祀文王於明堂也』。武王之文，唯執競云『祀武王』。此自周廟祭武王詩，彌知明堂無矣。」

佟之又議：「孝經是周公居攝時禮，祭法是成王反位後所行。故孝經以文王爲宗，祭法以文王爲祖。又孝莫大於嚴父配天，則周公其人也，尋此旨，寧施成王乎？若孝經所說，審是成王所行，則爲嚴祖，何得云嚴父邪？且思文是周公祀后稷配天之樂歌，我將是祀文王配明堂之樂歌。若如摛議，則此二篇，皆應在復子明辟之後。請問周公祀后稷、文王，爲何所歌？又國語云『周人禘嚳郊稷，祖文王，宗武王』。韋昭云『周公時，以文王爲宗，其後更以文王爲祖，武王爲宗』。尋文王以文治而爲祖，武王以武定而爲宗，欲明文亦有大德，武亦有大功，故鄭注祭法云『祖宗通言耳』。是以詩云『昊天有成命，二后受之』。注云『二后，文王、武王也』。且明堂之祀，有單有合。故鄭云『四時迎氣於郊，祭一帝，還於明堂，因祭一帝，則以文王配』。明一賓不容兩主也。『享五帝於明堂，則泛配文、武』。泛之爲言，無的之辭。其禮既盛，故祖宗竝配。」參議以佟之爲允。詔「可」。

太祖爲齊王，依舊立五廟。卽位，立七廟。廣陵府君、太中府君、淮陰府君、卽丘府君、太常府君、宣皇帝、昭皇后爲七廟。建元二年，太祖親祀太廟六室，如儀，拜伏竟，次至昭后室前，儀注應倚立，上以爲疑，欲使廟僚行事，又欲以諸王代祝令於昭后室前執爵。以問彭城丞劉瓛。瓛對謂：「若都不至昭后坐前，竊以爲薄。廟僚卽是代上執爵饋奠耳，祝令位卑，恐諸王無容代之。舊廟儀諸王得兼三公親事，謂此爲便。」從之。

及太子穆妃薨，卒哭，祔于太廟陰室。永明十一年，文惠太子薨，卒哭，祔于太廟陰室。太祖崩，毀廣陵府君。鬱林卽位，追尊文帝，又毀太中主，止淮陰府君。明帝立，復舊。及崩，祔廟，與世祖爲兄弟，不爲世數。

史臣曰：先儒說宗廟之義，據高祖已下五世親盡，故親廟有四。周以后稷始祖，文、武二祧，所以云王立七廟也。禹無始祖，湯不先契，夏五殷六，其數如之。漢立宗廟，違經背古。匡衡、貢禹、蔡邕之徒，空有遷毀之議，亘年四百，竟無成典。魏氏之初，親廟止乎四葉，吳、蜀享祭，失禮已多。晉用王肅之談，以文、景爲共世，上至征西，其實六也。尋其此意，非以兄弟爲後，當以立主之義，可相容於七室。及楊元后崩，征西之廟不毀，則知不以元后爲世數。廟有七室，數盈八主。江左賀循立議以後，弟不繼兄，故世必限七，主無定數。宋臺初立五廟，以臧后爲世室。就禮而求，亦親廟四矣。義反會鄭，非謂從王。自此以來，因仍舊制。夫妻道合，非世葉相承，譬由下祭殤嫡，無關廟數，同之祖曾，義未可了。若據伊尹之言，必及七世，則子昭孫穆，不列婦人。若依鄭玄之說，廟有親稱，妻者言齊，豈或濫享。且閟宮之德，周七非數，楊元之祀，晉八無傷。今謂之七廟，而上唯六祀，使受命之君，流光之典不足。若謂太祖未登，則昭穆之數何繼，斯故禮官所宜詳也。

宋泰豫元年，明帝崩，博士周洽議：「權制：諒闇之內，不親奉四時祠。」建元四年，尚書令王儉採晉中朝諒闇議奏曰：「權典既行，喪禮斯奪，事興漢世，而源由甚遠。殷宗諒闇，非有服之稱，周王卽吉，唯宴樂爲譏。春秋之義，嗣君踰年卽位，則預朝會聘享焉。左氏云

『凡君卽位，卿出竝聘，踐修舊好』。又云『諸侯卽位，小國聘焉，以繼好結信，謀事補闕，禮之大者』。至於諒闇之內而圖婚，三年未終而吉禘，齊歸之喪不廢蒐，杞公之卒不徹樂，皆致譏貶，以明鑒戒。自斯而談，朝聘蒸嘗之典，卒哭而備行，婚禘蒐樂之事，三載而後舉，通塞興廢，各有由然。又案大戴禮記及孔子家語竝稱武王崩，成王嗣位，明年六月既葬，周公冠成王而朝于祖，以見諸侯，命祝雍作頌。襄十五年十一月『晉侯周卒』，十六年正月『葬晉悼公』。平公既卽位，『改服脩官，烝于曲沃』。禮記曾子問『孔子曰，天子崩，國君薨，則〔祝〕取羣廟之主而藏諸祖廟，禮〔乎〕〔也〕。〔一七〕卒哭成事，而後主各反其廟』。春秋左氏傳『凡君卒哭而祔，祔而後特祀於主，蒸嘗禘於廟』。先儒云『特祀於主者，特以喪禮奉新亡者〔至〕〔主〕於寢，不同於〔古〕〔吉〕。〔一八〕蒸嘗禘於廟者，卒哭成事，羣廟之主，各反其廟。則四時之祭，皆卽吉也。三年喪畢，吉禘於廟，躋羣主以定新主也』。凡此諸義，皆著在經誥，昭乎方册，所以晉、宋因循，同規前典，卒哭公除，親奉蒸嘗，率禮無違，因心允協。爰至泰豫元年，禮官立議，不宜親奉，乃引『三年之制自天子達』。又據王制稱『喪三年不祭，唯祭天地社稷，越紼而行事』。曾不知自天子達，本在至情，既葬釋除，事以權奪，委衰襲衮，孝享宜申，越紼之旨，事施未葬，卒哭之後，何紼可越？復依范宣之難杜預，譙周之論士祭，竝非明據。晉武在喪，每欲存寧戚之懷，不全依諒闇之典，至於四時蒸嘗，蓋以哀疾未堪，非便頓改舊式。江左以來，通儒碩學所歷多矣，守而弗革，義豈徒然。又（宜）〔且〕即心而言，〔一九〕公卿大夫，則負扆親臨，三元告始，則朝會萬國，雖金石輟響，而簨簴充庭，情深於恆哀，而跡降於凡制，豈曰能安，國家故也。宗廟蒸嘗，孝敬所先，寧容吉事備行，斯典獨廢。就令必宜廢祭，則應三年永闕，乃復同之他故，有司攝禮，進退二三，彌乖典衷。謂宜依舊親奉。」從之。

永明九年正月，詔太廟四時祭，薦宣帝麪起餅、鴨臛；孝皇后筍、鴨卵、脯醬、炙白肉；高皇帝薦肉膾、葅羹；昭皇后茗、粣、炙魚：皆所嗜也。先是世祖夢太祖曰：「宋氏諸帝嘗在太廟，從我求食。可別爲吾祠。」上乃勑豫章王妃庾氏四時還青溪宮舊宅，處內合堂，奉祠二帝二后，牲牢服章，用家人禮。

史臣曰：漢氏之廟，徧在郡國，求祀已瀆，緣情又疎。重檐閟寢，不可兼建，故前儒抗議，謂之遷毀。光武入纂，南頓君已上四世，別祠舂陵。建武三年幸舂陵園廟是也。張衡南都賦曰「清廟肅以微微」。明帝至于章、和，每幸章陵，輒祠舊宅。建安末，魏氏立宗廟，皆在鄴都。魏文黃初二年，洛廟未成，親祠武帝於建始殿，用家人禮。〔二〇〕世祖發漢明之夢，肇祀故宮，孝享既申，義合前典，亦一時之盛也。

永明六年，太常丞何諲之議：「今祭有生魚一頭，干魚五頭。少牢饋食禮云『司士升魚腊膚魚，用鮒十有五』。〔二〕上既云『腊』，下必是『鮮』。其數宜同。稱『膚』足知鱗革無毀。記云『槁魚曰商祭，鮮曰脡祭』。鄭注『商，量；脡，直也』。尋『商』旨裁截，『脡』義在全。賀循祭義猶用魚十五頭。今鮮頓刪約，槁皆全用。謂宜鮮、槁各二頭，槁微斷首尾，示存古義。」國子助教桑惠度議：「記稱尙玄酒而俎腥魚。玄酒不容多，鮮魚理宜約。干魚五頭者，以其既加人功，可法於五味，以象酒之五齊也。今欲鮮、槁各雙，義無所法。」諲之議不行。

十年，詔故太宰褚淵、故太尉王儉、故司空柳世隆、（故）驃騎大將軍王敬則、（故）鎭東大將軍陳顯達、〔三〕故鎭東將軍李安民六人，配饗太祖廟庭。祠部郞何諲之議「功臣配饗，累行宋世，檢其遺事，題列坐位，具書贈官爵謚及名，文不稱主，便是設板也。白虎通云『祭之有主，孝子以繫心也』。揆斯而言，升配廟廷，不容有主。宋時板度，既不復存，今之所制，大小厚薄如尙書召板，爲得其衷。」有司攝太廟舊人亦云見宋功臣配饗坐板，與尙書召板相似，事見儀注。

十一年，右僕射王晏、吏部尙書徐孝嗣、侍中何胤奏：「故太子祔太廟，既無先准。〔三〕檢宋元后故事，太尉行禮，太子拜伏與太尉俱。臣等參議，依擬前典。太常主廟位，太尉執禮祔，太孫拜伏，皆與之俱。正禮既畢，陰室之祭，太孫宜親自進奠。」詔「可」。

建武二年，有司奏景懿后遷登新廟車服之儀。祠部郞何佟之議曰：「周禮王之六服，大袞爲上，袞冕次之。五車，玉輅爲上，金輅次之。皇后六服，褘衣爲上，褕翟次之。首飾有三，副爲上，編次之。五車，重翟爲上，厭翟次之。上公（年）〔無〕大裘玉輅，〔二四〕而上公夫人有副及褘衣，是以祭統云『夫人副褘立于東房』也。又鄭云『皇后六服，唯上公夫人亦有褘衣』。詩云『翟茀以朝』。鄭以翟茀爲厭翟，侯伯夫人入廟所乘。今上公夫人副褘既同，則重翟或不殊矣。況景皇懿后禮崇九命。且晉朝太妃服章之禮，同於太后，宋代皇太妃唯無五牛旗爲異，其外侍官則有侍中、散騎常侍、黃門侍郎、散騎侍郎各二人，分從前後部，同於王者，內職則有女尚書、女長御各二人，棨引同於太后。又魏朝之晉王，晉之宋王，並置百官，擬於天朝。至於晉文王終猶稱薨，而太上皇稱崩，則是禮加於王矣。故前議景皇后悉依近代皇太妃之儀，則侍衞陪乘並不得異，后乘重翟，亦謂非疑也。尋齊初移廟，宣皇神主乘金輅，皇帝親奉，亦乘金輅，先往行禮畢，仍從神主至新廟，今所宜依准也。」從之。

永泰元年，有司議應廟見不？尚書令徐孝嗣議：「嗣君卽位，並無廟見之文，蕃支纂業，乃有虔謁之禮。」左丞蕭琛議：「竊聞祇見厥祖，義著商書，朝于武宮，事光晉册。豈有正位居尊，繼業承天，而不虔覲祖宗，格于太室。毛詩周頌篇曰『烈文，成王卽政，諸侯助祭也』。鄭注云『新王卽政，必以朝享之禮祭於祖考，告嗣位也』。又篇曰『閔予小子，嗣王朝廟也』。鄭注云『嗣王者，謂成王也。除武王之喪，將始卽政，朝於廟也』。則隆周令典，煥炳經記，體嫡居正，莫若成王。又二漢由太子而嗣位者，西京七主，東都四帝，其昭、成、哀、和、從五君，竝皆謁廟，文存漢史，其惠、景、武、元、明、章六君，前史不載謁事，或是偶有闕文，理無異說。議者乃云先在儲宮，已經致敬，卒哭之後，卽親奉時祭，則是廟見，故無別謁之禮。竊以爲不然。儲后在宮，亦從郊祀，若謂前虔可兼後敬，開元之始，則無假復有配天之祭矣。若以親奉時祭，仍爲廟見者，自漢及晉，支庶嗣位，竝皆謁廟，旣同有蒸嘗，何爲獨脩繁禮？且晉成帝咸和元年改號已，謁廟，咸康元年加元服，又更謁。夫時非異主，猶不疑二禮相因，況位隔君臣，而追以一謁兼敬。宜遠纂周、漢之盛範，近黜晉、宋之乖義，展誠一廟，駿奔萬國。」奏可。

永明元年十二月，有司奏：「今月三日，臘祠太社稷。一日合朔，日蝕既在致齋內，未審於社祠無疑不？曹檢未有前准。」尚書令王儉議：「禮記曾子問『天子嘗禘郊社五禮之祭，〔二五〕簠簋既陳』，唯大喪乃廢。至於當祭之日，火〔及〕日蝕則停。〔二六〕尋伐鼓用牲，由來尚矣，而簠簋初陳，問所不及。據此而言，致齋初日，仍值薄蝕，則不應廢祭。又初平四年，士孫瑞議以日蝕廢（社）〔冠〕而不廢郊，〔二七〕朝議從之。王者父天親地，〔二八〕郊社不殊，此則前准，謂不宜廢。」詔「可」。

永明十一年，兼祠部郎何佟之議：「案禮記郊特牲『社祭土而主陰氣也，君南向於北墉下，答陰之義也』。鄭玄云『答猶對也』。『北墉，社內北牆也』。王肅云『陰氣北向，故君南向以答之。答之爲言是相對之稱』。知古祭社，北向設位，齋官南向明矣。近代相承，帝社南向，太社及稷竝東向，而齋官位在帝社壇北，西向，於神背後行禮。又名稷爲稷社，甚乖禮意。（及）〔乃〕未知失在何時，〔二九〕原此理當未久。竊以皇齊改物，禮樂惟新，中國之神，莫貴於社，若遂仍前謬，懼虧盛典。謂二社，語其義則殊，論其神則一，位竝宜北向。稷若北向，則成相背。稷是百穀之總神，非陰氣之主，宜依先東向。齋官立社壇東北，南向立，東爲上，諸執事西向立，南爲上。稷依禮無兼稱，今若欲尊崇，正可名爲太稷耳，豈得謂爲稷社邪？」臘祠太社日近，案奏事御，改定儀注。

儀曹稱治禮學士議曰：「郊特牲又云『君之南向，答陽也，臣之北向，答君也』。若以陽氣在南，則位應向北，陰氣（向）〔在〕北，則〔位〕宜向南。〔三〇〕今南北二郊，一限南向，皇帝黑瓚階東西向，故知壇墠無繫於陰陽，設位寧拘於南北。羣神小祠，類皆限南面，薦饗之時，北向行禮，蓋欲申靈祇之尊，表求幽之義。魏世秦靜使社稷別營，稱自漢以來，相承南向。漢之於周，世代未遠，郙上頹基，商丘餘樹，猶應尚存，迷方失位，未至於此，通儒達識，不以爲非。庾蔚之昔已有此議，後徐爰、周景遠並不同，仍舊不改。」

修之議：「來難引君南向答陽，臣北向答君。敢問答之爲言，爲是相對？爲是相背？相背則社位南向，君亦南向，可如來議。郊特牲云『臣之北向答君』。復是君背臣。今言君南臣北，向相稱答，則君南不得稱答矣，記何得云祭社君南向以答陰邪？社果同向，則君亦宜西向，何故在社南向？在郊西向邪？解則不然，記云，君之南向答陽，此明朝會之時，盛陽在南，故君南向對之，猶聖人南面而聽，向明而治之義耳，寧是祈祀天地之日乎？知祭社北向，君答故南向，祀天南向，君答宜北向矣。今皇帝黑瓚階東西向者，斯蓋始入之別位，非接對之時也。〔三〕案記云『社所以神地之道也』。又云『社祭土而主陰氣』。又云『不用命，戮于社』。孔安國云『社主陰，陰主殺』。傳曰『日蝕，伐鼓于社』。杜預云『責羣陰也』。社主陰氣之盛，故北向設位，以本其義耳。餘祀雖亦地祇之貴，而不主此義，故位向不同。不得見餘陰祀不北向，便謂社應南向也。案周禮祭社南向，君求幽，宜北向，而記云君南向，答陰之義，求幽之論不乖歟？〔三〕魏權漢社，社稷同營共門，稷壇在社壇北，皆非古制。後移宮南，自當〔如禮〕。〔三〕如靜此言，乃是顯漢社失周法，見漢世舊事。爾時祭社南向，未審出何史籍。就如議者靜所言是祭社位向仍漢舊法，漢又襲周成規，因而不改者，則社稷三座，並應南向，今何改帝社南向，泰社及稷並東向邪？」

治禮又難佟之，凡三往反。至建武二年，有司議：「治禮無的然顯據。」佟之議乃行。

建武二年，祠部郎何佟之奏：「案周禮大宗伯『以蒼璧禮天，黃琮禮地』。鄭玄又云『皆有牲幣，各放其器之色』。〔三四〕知禮天圓丘用玄犢，禮地方澤用黃牲矣。牧人云『凡陽祀用騂牲，陰祀用黝牲』。鄭玄云『騂，赤；黝，黑也。陽祀，祭天南郊及宗廟。陰祀，祭地北郊及社稷』。祭法云『燔柴於泰壇，祭天也。瘞埋於泰折，祭地也。用騂犢』。鄭云『地，陰祀，用黝牲，與天俱用犢，故連言之耳』。知此祭天地卽南北郊矣。今南北兩郊同用玄牲，又明堂、宗廟、社稷俱用赤，有違昔典。又鄭玄云『祭五帝於明堂，勾芒等配食』。自晉以來，幷圜丘於南郊，是以郊壇列五帝勾芒等。今明堂祀五精，更闕五神之位，北郊祭地祇，而設重黎之坐，二三乖舛，懼虧盛則。」

前軍長史劉繪議：「語云『犂牛之子騂且角，雖欲勿用，山川其舍諸』。未詳山川合爲陰祀不？若在陰祀，則與黝乖矣。」

佟之又議：「周禮以天地爲大祀，四望爲次祀，山川爲小祀。周人尙赤，自四望以上牲色各依其方者，以其祀大，宜從本也。山川以下，牲色不見者，以其祀小，從所尙也。則論、禮二說，豈不合符？」參議爲允。從之。

永元元年，步兵校尉何佟之議曰：「蓋聞聖帝明王之治天下也，莫不尊奉天地，崇敬日月，故冬至祀天於圓丘，夏至祭地於方澤，春分朝日，秋分夕月，所以訓民事君之道，化下嚴上之義也。故禮云『王者必父天母地，兄日姊月』。周禮典瑞云『王搢大圭，執鎭圭，藻藉五采五就以朝日』。馬融云『天子以春分朝日，秋分夕月』。覲禮『天子出拜日於東門之外』。盧植云『朝日以立春之日也』。鄭玄云『端當爲冕，朝日春分之時也』。禮記朝事議云『天子冕而執鎭圭，尺有二寸，率諸侯朝日於東郊，所以教尊尊也』。故鄭知此端爲冕也。禮記保傅云『三代之禮，天子春朝朝日，秋暮夕月，所以明有敬也』。而不明所用之定辰。馬、鄭云用二分之時，盧植云用立春之日。佟之以爲日者太陽之精，月者太陰之精。春分陽氣方永，秋分陰氣向長。天地至尊用其始，故祭以二至，日月禮次天地，(敬)〔故〕朝以〔二〕分，〔三五〕差有理據，則融、玄之言得其義矣。漢世則朝朝日，暮夕月。魏文帝詔曰『覲禮天子拜日東門之外，反禮方明。朝事議曰天子冕而執鎭圭，率諸侯朝日於東郊。以此言之，蓋諸侯朝，天子祀方明，因率朝日也。漢改周法，羣公無四朝之事，故不復朝於東郊，得禮之變矣。然旦夕常於殿下東向拜日，其禮太煩。今採周春分之禮，損漢日拜之儀，又無諸侯之事，無所出東郊，今正殿卽亦朝會行禮之庭也，宜常以春分於正殿之庭拜日。其夕月文不分明，其議奏』。魏祕書監薛循請論云『舊事朝日以春分，夕月以秋分。案周禮朝日無常日，鄭玄云用二分，故遂施行。秋分之夕，月多東潛，而西向拜之，背實遠矣。謂朝日宜用仲春之朔，夕月宜用仲秋之朔』。淳于睿駮之，引禮記云『祭日於東，祭月於西，以端其位』。周禮秋分夕月，竝行於上世。西向拜月，雖如背實，亦猶月在天而祭之於坎，不復言背月也。佟之案禮器云『爲朝夕必放於日月』。鄭玄云『日出東方，月出西方』。又云『大明生於東，月生於西，此陰陽之分，夫婦之位也』。鄭玄云『大明，日也』。知朝日東向，夕月西向，斯蓋各本其位之所在耳。猶如天子東西遊幸，朝堂之官及拜官者，猶北向朝拜，寧得以背實爲疑邪？佟之謂魏世所行，善得與奪之衷。晉初棄圓丘方澤，於兩郊二至輟禮，至於二分之朝，致替無義。江左草創，舊章多闕，宋氏因循，未能反古。竊惟皇齊應天御極，典敎惟新，謂宜使盛典行之盛代，以春分朝於殿庭之西，東向而拜日，秋分於殿庭之東，西向而拜月，此卽所謂必放日月以端其位之義也。使四方觀化者，莫不欣欣而頌美。〔服無〕旒藻之飾，〔三六〕蓋本天之至質也，朝日不得同昊天至質之禮，故玄冕三旒也。近代祀天，著衮十二旒，極文章之（義）〔美〕，〔三七〕則是古今禮之變也。禮天朝日，既服宜有異，頃世天子小朝會，著絳紗袍、通天金博山冠，斯卽今朝之服次衮冕者也，竊謂宜依此拜日月，〔三八〕甚得差降之宜也。佟之任非禮局，輕奏大典，寔爲侵官，伏追慙震。」從之。

永明三年，有司奏：「來年正月二十五日丁亥，可祀先農，卽日輿駕親耕。」宋元嘉、大明以來，並用立春後亥日，尙書令王儉以爲亥日藉田，經記無文，通下詳議。

兼太學博士劉蔓議：「禮，孟春之月，立春迎春，又於是月以元日祈穀，又擇元辰躬耕帝藉。盧植說禮通辰日，日，甲至癸也，辰，子至亥也。郊天，陽也，故以日。藉田，陰也，故以辰。陰禮卑後，必居其末，亥者辰之末，故記稱元辰，（法）〔注〕曰吉亥。〔三九〕又據五行之說，木生於亥，以亥日祭先農，又其義也。」

太常丞何諲之議：「鄭注云『元辰，蓋郊後吉亥也』。亥，水辰也，凡在墾稼，咸存灑潤。五行說十二辰爲六合，寅與亥合，建寅月東耕，取月建與日辰合也。」

國子助教桑惠度議：「尋鄭玄以亥爲吉辰者，陽生於子，元起於亥，取陽之元以爲生物，亥又爲水，十月所建，百穀賴茲沾潤畢熟也。」

助教周山文議：「盧植云『元，善也。郊天，陽也，故以日。藉田，陰也，故以辰』。蔡邕月令章句解元辰云『日，幹也。〔四〇〕辰，支也。有事於天，用日。有事於地，用辰』。」

助教何佟之議：「少牢饋食禮云『孝孫（其）〔某〕，〔四一〕來日丁亥，用薦歲事于皇祖伯某』。注云『丁未必亥也，直舉一日以言之耳。禘太廟禮日用丁亥，若不丁亥，則用己亥、辛亥，苟有亥可也』。鄭又云『必用丁、（巳）〔己〕者，〔四二〕取其令名，自丁寧自變改，皆爲謹敬』。如此，丁亥自是祭祀之日，不專施於先農。漢文用此日耕藉祠先農，故後王相承用之，非有別義。」殿中郎顧暠之議：「鄭玄稱先郊後吉辰，而不說必亥之由。盧植明子亥爲辰，亦無常辰之證。漢世躬藉，肇發漢文，詔云『農，天下之本，其開藉田』。斯乃草創之令，未覩親載之吉也。昭帝癸亥耕于鉤盾弄田，明帝癸亥耕下邳，章帝乙亥耕定陶，又辛丑耕懷，魏之烈祖實書辛未，不繫一辰，徵於兩代矣。推晉之革魏，宋之因晉，政是服膺康成，非有異見者也。班固序亥位云『陰氣應亡射，該藏萬物，而雜陽閡種』。且亥既水辰，含育爲性，播厥取吉，其在茲乎？固序丑位云『陰大旅助黃鍾宣氣而牙物』。序未位云『陰氣受任，助蕤賓君主種物，使長大茂盛』。是漢朝迭選，魏室所遷，酌舊用丑，實兼有據。」參議奏用丁亥。詔「可」。

建元四年正月，詔立國學，置學生百五十人。其有位樂入者五十人。生年十五以上，二十以還，取王公已下至三將、著作郎、廷尉正、太子舍人、領護諸府司馬諮議經除敕者、諸州別駕治中等、見居官及罷散者子孫。悉取家去都二千里爲限。太祖崩，乃止。

永明三年正月，詔立學，創立堂宇，召公卿子弟下及員外郎之胤，凡置生二百人。〔四三〕其年秋中悉集。有司奏：「宋元嘉舊事，學生到，先釋奠先聖先師，禮又有釋菜，未詳今當行何禮？用何樂及禮器？」尚書令王儉議：「周禮『春入學，舍菜合舞』。記云『始教，皮弁祭菜，示敬道也』。又云『始入學，必祭先聖先師』。中朝以來，釋菜禮廢，今之所行，釋奠而已。金石俎豆，皆無明文。方之七廟則輕，比之五禮則重。陸納、車胤謂宣尼廟宜依亭侯之爵；范寧欲依周公之廟，用王者儀，范宣謂當其爲師則不臣之，釋奠日，備帝王禮樂。〔四四〕此則車、陸失於過輕，二范傷於太重。喻希云『若至王者自設禮樂，則肆賞於至敬之所；若欲嘉美先師，則所況非備』。尋其此說，守附情理。皇朝屈尊弘教，待以師資，引同上公，即事惟允。元嘉立學，裴松之議應儛六佾，以郊樂未具，故權奏登歌。今金石已備，宜設軒縣之樂，六佾之舞，牲牢器用，悉依上公。」其冬，皇太子講孝經，親臨釋奠，車駕幸聽。

建武四年正月，詔立學。永泰元年，東昏侯卽位，尚書符依永明舊事廢學。領國子助教曹思文上表曰：「古之建國君民者，必教學爲先，將以節其邪情，而禁其流欲，故能化民裁俗，習與性成也。是以忠孝篤焉，信義成焉，禮讓行焉，尊教宗學，其致一也。是以成均煥於古典，虎門炳於前經。陛下體睿淳神，纘承鴻業，今制書既下，而廢學先聞，將恐觀國之光者，有以擬議也。若以國諱故宜廢，昔漢成立學，爰洎元始，百餘年中，未嘗暫廢，其閒有國諱也。且晉武之崩，又其學猶存，斯皆先代不以國諱而廢學之明文也。永明以無太子故廢，斯非古典也。尋國之有學，本以興化致治也，天子於以諮謀焉，於以行禮焉。記云『天子出征，受命於祖，受成於學。執有罪反，釋奠於學』。又云『食三老五更於太學，天子袒而割牲，執爵而酳，以敎諸侯悌也』。於斯學，是天子有國之基，敎也或以之。所言皆太學事也。今引太學不非證也。據臣所見，今之國學，卽古之太學。晉初太學生三千人，既多猥雜，惠帝時欲辯其涇渭，故元康三年始立國子學，官品第五以上得入國學。天子去太學入國學，以行禮也。太子去太學入國學，以齒讓也。太學之與國學，斯是晉世殊其士庶，異其貴賤耳。然貴賤士庶，皆須敎成，故國學太學兩存之也，非有太子故立也。然繫廢興於太子者，此永明之鉅失也。漢崇儒雅，幾致刑厝，而猶道謝三、五者，以其致敎之術未篤也。古之敎者，家有塾，黨有庠，術有序，國有學，以諷誦相摩。今學非唯不宜廢而已，乃宜更崇尚其道，望古作規，使郡縣有學，鄉閭立敎。請付尚書及二學詳議。」有司奏。從之。學竟不立。

永明五年十月，有司奏：「南郡王昭業冠，求儀注未有前准。」尚書令王儉議：「皇孫冠事，歷代所無，禮雖有嫡子〔無〕嫡孫，〔四五〕然而地居正體，下及五世。今南郡王體自儲暉，實惟國裔，元服之典，宜異列蕃。案士冠禮『主人玄冠朝服，賓加其冠，贊者結纓』。鄭玄云『主人，冠者之父兄也』。尋其言父及兄，則明祖在，父不爲主也。大戴禮記公冠篇云公冠自爲主，四加玄冕，以卿爲賓。此則繼體之君及帝之庶子不得稱子者也。小戴禮記冠義云『冠於阼，以著代也。醮於客位，三加彌尊，加有成也』。注稱『嫡子冠於阼，庶子冠於房』。記又云『古者重冠，故行之於廟，所以自卑而尊先祖也』。據此而言，彌與鄭注儀禮相會。是故中朝以來，太子冠則皇帝臨軒，司徒加冠，光祿贊冠。諸王則郎中加冠，中尉贊冠。今同於儲皇則重，依於諸王則輕。又春秋之義，『不以父命辭王父命』。禮『父在斯爲子，君在斯爲臣』。皇太子居臣子之節，無專用之道。南郡雖處蕃國，非支庶之列，宜稟天朝之命，微申冠阼之禮。晉武帝詔稱漢、魏遣使冠諸王，非古正典。此蓋謂庶子封王，合依公冠自主之義，至於國之長孫，遣使惟允。宜使太常持節加冠，〔四六〕大鴻臚爲贊，醮酒之儀，亦歸二卿，祝醮之辭，附准經記，別更撰立，不依蕃國常體。國官陪位拜賀，自依舊章。其日內外二品清官以上，詣止車集賀，幷詣東宮南門通牋。別日上禮，宮臣亦詣門稱賀，如上臺之儀。既冠之後，剋日謁廟，以弘尊祖之義。此既大典，宜通關八座丞郎幷下二學詳議。」僕射王奐等十四人議竝同，幷撰立贊冠醮酒二辭。詔「可」。祝辭曰：「皇帝使給事中、太常、武安侯蕭惠基加南郡王冠。」祝曰：「筮日筮賓，〔四七〕肇加元服。棄爾幼志，從厥成德。親賢使能，克隆景福。」醮酒辭曰：「旨酒既清，嘉薦既盈。兄弟具在，淑愼儀形。永屆眉壽，於穆斯寧。」

永明中，世祖以婚禮奢費，勑諸王納妃，上御及六宮依禮止棗栗腶脩，加以香澤花粉，其餘衣物皆停。唯公主降嬪，則止遺舅姑也。永泰元年，尚書令徐孝嗣議曰：「夫人倫之始，莫重冠婚，所以尊表成德，結歡兩姓。年代汙隆，古今殊則，繁簡之儀，因時或異。三加廢於士庶，六禮限於天朝，雖因習未久，事難頓改，而大典之要，深宜損益。案士冠禮，三加畢，乃醴冠者，醴則唯一而已，故醴辭無二。若不醴，則每加輒醮以酒，故醮辭有三。王肅云『醴本古，其禮重，〔四八〕酒用時味，其禮輕故也』。或醴或醮，二三之義，詳記於經文。〔四九〕今皇王冠畢，一酌而已，卽可擬古設（禮）〔醴〕。〔五〇〕而猶用醮辭，寔爲乖衷。尋婚禮實篚以四爵，加以合巹，既崇尙質之理，又象泮合之義。故三飯卒食，再酳用巹。先儒以禮成好合，事終於三，然後用巹合。儀注先酳巹，以再以三，有違旨趣。又郊特牲曰『三王作牢用陶匏』。言太古之時，無共牢之禮，三王作之，而用太古之器，重夫婦之始也。今雖以方樏示約，而彌乖昔典。又連巹以鏁，蓋出近俗。復別有牢燭，雕費采飾，亦虧曩制。方今聖政日隆，聲敎惟穆，則古昔以敦風，存餼羊以愛禮，沿襲之規，有切治要，嘉禮實重，宜備舊章。謂自今王侯已下冠畢一酌醴，以遵古之義。醴卽用舊文，於事爲允。婚亦依古，以巹酌終酳之酒，竝除金銀連鏁，自餘雜器，悉用埏陶。堂人執燭，足充爇燎，牢燭華侈，亦宜停省。庶斲雕可期，移俗有漸。」參議竝同。奏可。

晉武太始二年，有司奏，故事皇后諱與帝諱俱下。詔曰，禮內諱不出宮，近代諱之也。建元元年，太常上朝堂諱訓。僕射王儉議曰：「后諱依舊不立訓。禮天子諸侯諱羣祖，臣隸既有從敬之義，宜爲太常府君諱。至於朝堂榜題，本施至極，既（迫）〔追〕尊所不及，〔五二〕禮降於在三，晉之京兆，宋之東安，不列榜題。孫毓議稱京兆列在正廟，臣下應諱，而不上榜。宋初博士司馬道敬議東安府君諱宜上榜，何承天執不同，卽爲明據。」其有人名地名犯太常府君及帝后諱者，皆改。宣帝諱同。二名不偏諱，所以改承明門爲北掖，以榜有「之」字與「承」竝。東宮承華門亦改爲宣華云。

漢末，蔡邕立漢朝會志，竟不就。秦人以十月旦爲歲首，漢初習以大饗會，後用夏正，饗會猶未廢十月旦會也。東京以後，正旦夜漏未盡七刻，鳴鍾受賀，公侯以下執贄來庭，二千石以上升殿稱萬歲，然後作樂宴饗。張衡賦云「皇輿夙駕，登天光於扶桑」。然則雖云夙駕，必辨色而行事矣。魏武都鄴，正會文昌殿，用漢儀，又設百華燈。後魏文修洛陽宮室，權都許昌，宮殿狹小，元日於城南立氈殿，青帷以爲門，設樂饗會。後還洛陽，依漢舊事。晉武帝初，更定朝會儀，夜漏未盡十刻，庭燎起火，羣臣集。傅玄朝會賦云「華燈若乎火樹，熾百枝之煌煌』。此則因魏儀與庭燎竝設也。漏未盡七刻，羣臣入白賀，未盡五刻，就本位，至漏盡，皇帝出前殿，百官上賀，如漢儀。禮畢罷入，羣臣坐，謂之辰賀。晝漏上三刻更出，百官奉壽酒，大饗作樂，謂之晝會。別置女樂三十人於黃帳外，奏房中之歌。江左多虞，不復晨賀，夜漏未盡十刻，開宣陽門，至平旦始開殿門，晝漏上五刻，皇帝乃出受賀。宋世至十刻乃受賀。其餘升降拜伏之儀，及置立后妃王公已下祠祀夕牲拜授弔祭，皆有儀注，文多不載。

三月三日曲水會，古禊祭也。漢禮儀志云「季春月上巳，官民皆絜濯於東流水上，自洗濯祓除去宿疢爲大絜」。不見東流爲何水也。晉中朝云，卿已下至於庶民，皆禊洛水之側，事見諸禊賦及夏仲御傳也。趙王倫篡位，三日，會天淵池誅張林。懷帝亦會天淵池賦詩。陸機云「天淵池南石溝，引御溝水，池西積石爲禊堂，跨水，流杯飲酒」。亦不言曲水。元帝又詔罷三日弄具。今相承爲百戲之具，雕弄技巧，增損無常。

史臣曰：案禊與曲水，其義參差。舊言陽氣布暢，萬物訖出，姑洗絜之也。巳者祉也，言祈介祉也。一說，三月三日，清明之節，將脩事於水側，禱祀以祈豐年。應劭云：「禊者，絜也，言自絜濯也。或云漢世有郭虞者，以三月上辰生二女，上巳又生一女，二日中頻生皆死，時俗以爲大忌，民人每至其日，皆適東流水祈祓自絜濯，浮酌清流，後遂爲曲水。」案高后祓霸上，馬融梁冀西第賦云「西北戌亥，玄石承輸。蝦蟇吐寫，庚辛之域」。卽曲水之象也。今據禊爲曲水事，應在永壽之前已有，祓除則不容在高后之後，祈農之說，於事爲當。

九月九日馬射。或說云，秋金之節，講武習射，像漢立秋之禮。

史臣曰：案晉中朝元會，設臥騎、倒騎、顚騎，自東華門馳往神虎門，〔三〕此亦角抵雜戲之流也。宋武爲宋公，在彭城，九日出項羽戲馬臺，至今相承，以爲舊准。

校勘記

〔一〕曹郎中裴昭明儀曹郎中孔逿議　按「曹郎中」三字疑有譌，或「曹」上奪一字。元龜五百七十七「八座丞郎通關博士議」下疊一「議」字，然有儀曹郎中而無議曹郎中；且下云儀曹郎中孔逿，如裴昭明亦爲儀曹郎中，則當云「儀曹郎中裴昭明、孔逿」，不當在孔逿姓名上更著職位也。據良政裴昭明傳，但言泰始中爲太學博士，歷祠部通直郎，不及歷官郎中事。

〔二〕太元十三年　「太元」原譌「泰元」，各本並譌，今改正。按太元，晉孝武帝年號。

〔三〕尚書堯典咸秩無文　按「堯典」當作「洛誥」。

〔四〕或（於）〔仍〕前郊年　據毛本、殿本、局本改。按通典禮典作「因」。

〔五〕或別〔更〕始　據通典禮典補。

〔六〕檢晉明帝太寧（五）〔三〕年南郊　按太寧無五年，晉明帝卒於太寧三年九月，下云「其年九月崩」，南史王儉傳載儉議，亦云「晉明帝太寧三年南郊，其年九月崩」，明「五」乃「三」之譌，今改正。

〔七〕魏太和元年正月丁未　「太和」原譌「泰和」，各本並譌，今改正。按太和，三國魏明帝年號。

〔八〕泰始薄加脩廣　「泰始」原譌「太始」，各本並譌，今改正，按泰始，宋明帝年號。

〔九〕今（棟）〔帳〕瓦之構雖殊　據元龜五百七十七改。按棟瓦不當云殊，帳幕與瓦屋始能云殊。

〔一〇〕春秋傳曰龍見而雩〔雩之〕（止）〔正〕當以四月　按原文有奪譌，今據禮記月令鄭注增改。

〔一一〕孟夏雩禜祈甘雨　「禜」原譌「榮」，據毛本改正。按南監本、殿本、局本作「祭」。

〔一二〕蓋是（呼）〔吁〕嗟之義　據南監本及通典禮典改。按：鄭玄月令注云：「雩，吁嗟求雨之祭也。」

〔一三〕光祿大夫王逡之謂宜以世（祖）〔宗〕文皇帝配　據元龜五百七十八改。按鬱林王即位，追尊其父文惠太子長懋爲世宗文皇帝。

〔一四〕歷代配帝何止於（郊）〔二邪〕　據通典禮典、元龜五百七十八改。按通典禮典作「歷代配帝何止於二」，無「邪」字。

〔一五〕〔此〕禘謂祀昊天於圜丘也　據元龜五百七十八補，與禮記祭法鄭注合。

〔一六〕祭上帝於南郊曰〔郊〕祭（祀）五帝五神於明堂曰祖宗　據局本及元龜五百七十八增刪，與禮記祭法鄭注合。

〔一七〕天子崩國君薨則〔祝〕取羣廟之主而藏諸祖廟禮（乎）〔也〕　據通典禮典增改，與禮記曾子問合。

〔一八〕特以喪禮奉新亡者（至）〔主〕於寢不同於（古）〔吉〕　據通典禮典改。按左傳僖三十三年「特祀於主」。杜注云：「以新死者之神，祔之於祖。尸柩已遠，孝子思慕，故造木主，立几筵焉。特用喪禮，祭祀於寢，不同之於宗廟。」至與主，古與吉，皆形近而譌。

〔一九〕又（宜）〔且〕卽心而言　據毛本、局本改。

〔二〇〕用家人禮　「用」原譌「甲」，南監本、毛本、殿本、局本譌「申」。張元濟校勘記云：「按『甲』爲『用』之譌，前有『牲牢服章，用家人禮』可證。」今據張說改正。

〔二一〕司士升魚腊膚魚用鮒十有五　按儀禮原文作「司士三人升魚、腊、膚，魚用鮒十有五而俎」。何諲之議引儀禮有脫文，而又不知魚、腊、膚爲三物，誤讀「司士升魚腊膚魚」爲句，遂有腊魚、鮮魚之說。

〔二二〕（故）驃騎大將軍王敬則（故）鎭東大將軍陳顯達　錢大昕廿二史考異云：「按敬則、顯達二人此時見存，不應加『故』字。校刊者妄意配饗廟庭之人必已身故，謬加此字耳。」今據刪。按南史齊紀不誤。

〔二三〕既無先准　按錢大昕廿二史考異云：「宋順帝諱準，故沈約史『準』皆作『准』，南齊書『先准』、『前准』、『舊准』等，皆『準』之省也。」

〔二四〕上公〔年〕〔無〕大裘玉輅　據元龜五百七十八改。按周禮，王祀天乃服大裘，乘玉輅，上公不得祭天，無此等車服。明「年」字乃「無」字之譌。各本作「有」，亦譌，蓋疑「年」字之譌而臆改也。

〔二五〕天子嘗禘郊社五禮之祭　按「五禮」禮記曾子問作「五祀」。

〔二六〕火〔及〕日蝕則停　據通典禮典、元龜五百七十七補。

〔二七〕士孫瑞議以日蝕廢（社）〔冠〕而不廢郊　據通典禮典、元龜五百七十七改。按下云「郊社不殊」，明不當廢社而不廢郊，作「冠」是。

〔二八〕王者父天親地　「親」通典禮典、元龜五百七十七並作「母」。按「父天母地」一語，見於緯書春秋感精符。

〔二九〕（及）〔乃〕未知失在何時　據元龜五百七十八改。

〔三〇〕陰氣（向）〔在〕北則〔位〕宜向南　據南監本、毛本、殿本、局本增改。

〔三一〕非接對之時也　「非」原譌「兆」，據殿本、局本改正。

〔三二〕求幽之論不乖歟　按元龜「不」下有「亦」字。

〔三三〕後移宮南自當〔如禮〕　據元龜五百七十八補。

〔三四〕鄭玄又云皆有牲幣各放其器之色　按此亦周禮大宗伯原文，「鄭玄」二字疑衍。

〔三五〕（敬）〔故〕朝以〔二〕分　據殿本改。按南監本、毛本、局本作「敬朝以二分」，通典禮典作「朝敬故以二分」。

〔三六〕〔服無〕旒藻之飾　據通典禮典補。

〔三七〕極文章之（義）〔美〕　據通典禮典改。

〔三八〕竊謂宜依此拜日月　按通典禮典「依」作「服」。

〔三九〕（法）〔注〕日吉亥　據御覽五百三十七引及元龜五百七十七改。

〔四〇〕日幹也　「日」通典禮典作「甲」。下「有事於天用日」，通典「日」亦作「甲」。

〔四一〕孝孫（其）〔某〕　「其」爲「某」之形譌，今據儀禮少牢饋食禮改。

〔四二〕鄭又云必用丁（巳）〔己〕者　按儀禮少牢饋食禮：「日用丁己。」賈疏云：「乙、丁、己、辛、癸爲柔日。」此丁己特標兩柔日，非日辰相配之丁巳也。各本並譌，今改正。

〔四三〕凡置生二百人　按通典禮典、元龜五百七十七並作「二百二十人」。

〔四四〕釋奠日備帝王禮樂　按元龜五百七十七「備」上有「宜」字。

〔四五〕禮雖有嫡子〔無〕嫡孫　據通典禮典補。按儀禮喪服云「有嫡子者無嫡孫」，爲此語所本，明脫一「無」字。

〔四六〕宜使太常持節加冠　按「加冠」上通典禮典兩引皆有「一」字。

〔四七〕筮日筮賓　「筮賓」通典禮典作「戒賓」。

〔四八〕醴本古其禮重　「古」下元龜有「味」字。按下云「酒用時味，其禮輕」，時味對古味而言，有「味」字是。

〔四九〕詳記於經文　元龜無「記」字。按「記」原譌「計」，今據南監本、殿本改正。

〔五〇〕卽可擬古設（禮）〔醴〕　據南監本、局本及元龜五百七十七改。

〔五一〕旣（迨）〔追〕尊所不及　錢大昕廿二史考異云「迨」當作「追」，今據改。按元龜亦作「追」。

〔五二〕自東華門馳往神虎門　「往」原譌「皇」，據南監本、殿本、局本改正。

南齊書卷十

志第二

禮下

建元四年，高帝山陵，昭皇后應遷祔。祠部疑有祖祭及遣啓諸奠九飯之儀不？左僕射王儉議：「奠如大斂。賀循云『從墓之墓皆設奠，如將葬廟朝之禮』。范寧云『將窆而奠』。雖不稱爲祖，而不得無祭。」從之。

有司又奏：「昭皇后神主在廟，今遷祔葬，(廣)〔廟〕有虞以安神，〔一〕神既已處廟，改葬出靈，豈應虞祭？鄭注改葬云『從廟之廟，禮宜同從墓之墓』。事何容異！前代謂應無虞。」左僕射王儉議：「范寧云『葬必有魂車』。若不爲其歸，神將安舍？世中改葬，卽墓所施靈設祭，何得不祭而毀耶？賀循云『既窆，設奠於墓，以終其事』。雖非正虞，亦粗相似。晉氏脩復五陵，〔二〕宋朝敬后改葬，皆有虞。今設虞非疑。」從之。

建元二年，皇太子妃薨，前宮臣疑所服。左僕射王儉議：「禮記文王世子『父在斯爲子，君在斯爲臣』。且漢魏以來，宮僚充備，臣隸之節，具體在三。昔庾翼妻喪，王允、滕弘謂府吏宜有小君之服，〔三〕況臣節之重邪？宜依禮爲舊君妻齊衰三月，居官之身，竝合屬假，朝晡臨哭，悉繫東宮。今臣之未從官在遠者，於居官之所，屬寧二日半，仍行喪成服，遣牋表，不得奔赴。」從之。

太子妃斬草乘黃，議建銘旌。僕射王儉議：「禮，既塗棺，祝取銘置于殯東，大斂畢，便應建于西階之東。」

宋大明二年，太子妃薨，建九旒。有司又議：「斬草日建旒與不？若建旒，應幾旒？及畫龍升降云何？又用幾翣？」僕射王儉議：「旒本是命服，無關於凶事，今公卿以下，平存不能備禮，故在凶乃建耳。東宮秩同上公九命之儀，妃與儲君一體，義不容異，無緣未同常例，別立凶旒。大明舊事，是不經詳議，率爾便行耳。今宜考以禮典，不得効尤從失。吉部伍自有桁輅，〔四〕凶部別有銘旌，若復立旒，復置何處？翣自用八。」從之。

有司奏：「大明故事，太子妃玄宮中有石誌。參議墓銘不出禮典。近宋元嘉中，顏延作王球石誌。素族無碑策，故以紀德。自爾以來，王公以下，咸共遵用。儲妃之重，禮殊恆列，旣有哀策，謂不須石誌。」從之。

有司奏：「穆妃卒哭後，靈還在道，遇朔望，當須設祭不？」王儉議：「旣虞卒哭，祭之於廟，本是祭序昭穆耳，未全同卒吉四時之祭也，所以有朔望殷事。蕃國不行權制，宋江夏王妃卒哭以後，朔望設祭。帝室旣以卒哭除喪，無緣方有朔望之祭。靈筵雖未升廟堂，而舫中卽成行廟，猶如桓玄及宋高祖長沙、臨川二國，竝有移廟之禮。豈復謂靈筵在途，便設殷事耶？推此而言，朔望不復俟祭。宋懿后時舊事不及此，益可知時議。」從之。

建元三年，有司奏：「皇太子穆妃以去年七月薨，其年閏九月。未審當月數閏？爲應以閏附正月？若用月數數閏者，南郡王兄弟便應以此四月晦小祥，至於祥月，不爲有疑不？」左僕射王儉議：「三百六旬，尙書明義，文公納幣，春秋致譏。穀梁云『積分而成月』。公羊云『天無是月』。雖然，左氏謂告朔爲得禮。是故先儒咸謂三年朞喪，歲數沒閏，大功以下，月數數閏。夫閏者，蓋是年之餘日，而月之異朔，所以吳商云『含閏以正朞，允協情理』。今杖朞之喪，雖以十〔一〕月而小祥，〔五〕至於祥縞，必須周歲。凡厭屈之禮，要取象正服。祥縞相去二月，厭降小祥，亦以則之。又且求之名義，則小祥本以年限，考於倫例，則相去必應二朔。今以厭屈而先祥，不得謂此事之非朞，事旣同條，情無異貫，沒閏之理，固在言先。設令祥在此晦，則去縞三月，依附准例，益復爲礙。謂應須五月晦乃祥。此國之大典，宜共精詳。並通關八座丞郎，研盡同異。」

尙書令褚淵難儉議曰：「厭屈之典，由所尊奪情，故祥縞備制，而年月不申。今以十一月而祥，從朞可知。既計以月數，則應數閏以成典。若猶含之，何以異於縞制。疑者正以祥之當閏，月數相縣。積分餘閏，曆象所弘。計月者數閏，故有餘月，計年者苞含，故致盈積。稱理從制，有何不可？」

儉又荅淵難曰：「含閏之義，通儒所難。但祥本應朞，屈而不遂。語事則名體具存，論哀則情無以異。迹雖數月，義實計年，閏是年之歸餘，故宜總而苞之。朞而兩祥，緣尊故屈，祥則沒閏，象年所申，屈申兼著，二途具舉。經記之旨，〔六〕其在茲乎！如使五月小祥，六月乃閏，則祥之去縞，事成二月，是爲十一月以象前朞，二朔以放後歲，名有區域，不得相參。魯襄二十八年『十二月乙未，楚子卒』。唯書上月，初不言閏，此又附上之明義也。鄭、射、王、賀唯云朞則沒閏，初不復區別杖朞之中祥，將謂不俟言矣。成休甫云『大祥後禫，有閏別數之』。明杖朞之祥，不得方於緦縞之末。〔七〕卽恩如彼，就例如此。」淵又據舊義難儉十餘問，儉隨事解釋。

祠部郎中王珪之議，謂「喪以閏施，功衰以下小祥值閏，則略而不言。今雖厭〔屈〕，〔八〕祥名猶存，異於餘服。計月爲數，屈追慕之心，以遠爲邇。日既餘分，月非正朔，含而全制，於情唯允。僕射儉議，理據詳博，謹所附同。今司徒淵始雖疑難，再經往反，未同儉議。依舊八座丞郎通共博議爲允。以來五月晦小祥，其祥禫自依常限。奏御，班下內外。」詔「可」。

皇太子穆妃服，尚書左丞兼著作郎王逡問左僕射王儉：「中軍南郡王小祥，應待聞喜不？穆妃七月二十四日薨，聞喜公八月發哀，計十一月之限，應在六月。南郡王爲當同取六月，則大祥復申一月，應用八月，非復正月，在存親之義，若各自爲祥，廬堊相閒，玄素雜糅，未審當有此疑不？」儉曰：「送往有已，復生有節，罔極非服制所申，祥縞明示終之斷。相待之義，經記無聞。世人多以廬室衰麻，不宜有異，故相去一二月者，或申以俱除。此所謂任情徑行，未達禮旨。昔撰喪記，已嘗言之。遠還之人，自有爲而未祭，在家之子，立何辭以不變？禮有除喪而歸者，此則經記之遺文，不待之明據。假使應待，則相去彌年，亦宜必待，乃爲衰絰永服以窮生，吉禴長絕於宗廟，斯不可矣。苟曰非宜，則旬月之閒，亦不容申。何者？禮有倫序，義無徒設。今遠則不待，近必相須，禮例既乖，即心無取。若疑兄弟同居，吉凶舛雜，則古有異宮之義。設無異宮，則遠還之子，自應開立別門，以終喪事。靈筵祭奠，隨在家之人，再朞而毀。所以然者，奔喪禮云『爲位不奠』，鄭玄云『以其精神不存乎此也』。聞哀不時，寔緣在遠。爲位不奠，益有可安。此自有爲而然，不關嫡庶。庶子在家，亦不待嫡矣。而況儲妃正體王室，中軍長嫡之重，天朝又行權制，進退彌復非疑。謂不應相待。中軍祥縞之日，聞喜致哀而已，不受弔慰。及至忌辰變除，昆弟亦宜相就寫情而不對客。此國之大典，宜通關八座丞郎，共盡同異，然〔後〕奏御。」〔九〕司徒褚淵等二十人並同儉議爲允，請以爲永制。詔「可」。

建元三年，太子穆妃薨，南郡王聞喜公國臣疑制君母服。儉又議：「禮『庶人爲國君齊衰』，先儒云『庶人在官若府史之屬是也』。又諸侯之大夫妻爲夫人服繐衰七月，以此輕微疎遠，故不得盡禮。今皇孫自是蕃國之王公，太子穆妃是天朝之嫡婦，宮臣得申小君之禮，國官豈敢爲夫人之敬。當單衣白帢素帶哭于中門外，每臨輒入，與宮官同。」

永明十一年，文惠太子薨，右僕射王晏等奏：「案喪服經『爲君之父、長子，同齊衰朞』。今至尊既不行三年之典，止服朞制，羣臣應降一等，便應大功。九月功衰，是兄弟之服，不可以服尊。臣等參議，謂宜重其衰裳，減其月數，同服齊衰三月。至於太孫三年既申，南郡國臣，宜備齊衰朞服。臨汝、曲江既非正嫡，不得禰先儲，二公國臣，並不得服。」詔依所議。

又奏：「案喪服經雖有『妾爲君之長子從君而服』，二漢以來，此禮久廢，請因循前准，不復追行。」詔曰：「既久廢，停便。」

又奏：「伏尋御服文惠太子朞內不奏樂，諸王雖本服朞，而儲皇正體宗廟，服者一同，釋服，奏樂姻娶，便應竝通。竊謂二等誠俱是嘉禮，輕重有異。娶婦思嗣，事非全吉，三日不樂，禮有明文。宋世朞喪降在大功者，婚禮廢樂，以申私戚，通以前典。」詔「依議」。

又奏：「案禮，祥除皆先於今夕易服，明旦乃設祭。尋比世服臨然後改服，與禮爲乖。今東宮公除日，若依例皇太孫服臨方易服。臣等參議，謂先哭臨竟而後祭之。應公除者，皆於府第變服，而後入臨，行奉慰之禮。」詔「可」。

建武二年，朝會，時世祖遏密未終，朝議疑作樂不？祠部郎何佟之議：「昔舜受終文祖，義非胤堯，及放勛徂落，遏密三祀。近代晉康帝繼成帝，于時亦不作樂。懷帝永嘉元年，惠帝喪制未終，于時江充議云，〔一〇〕古帝王相承，雖世及有異，而輕重同禮。」從之。

建武二年正月，有司以世（祖）〔宗〕文皇帝今二年正月二十四日再忌日，〔一一〕二十九日大祥，三月二十九日祥禫，至尊及羣臣泄哀之儀，應定準。下二學八座丞郎。博士陶韶以爲「名立義生，自古之制。文帝正號祖宗，式序昭穆，祥忌禫日，皇帝宜服祭服，出太極泄哀，百僚亦祭服陪位」。太常丞李撝議曰：「尋尊號既追，重服宜正，但已從權制，故苴杖不說。至於鑽燧既同，天地亦變，容得無感乎。且晉景獻皇后崩，羣臣備小君之服。追尊之后，無違后典，追尊之帝，固宜同帝禮矣。雖臣子一例，而禮隨時異，至尊龍飛中興，事非嗣武，理無深衣之變。但王者體國，亦應弔服出正殿舉哀，百寮致慟，一如常儀。」給事中領國子助教謝（墨）〔曇〕濟議：〔二〕「夫喪禮一制，限節兩分。虞祔追亡之情，小祥抑存之禮，斯蓋至愛可申，極痛宜屈耳。文皇帝雖君德早凝，民化未洽，追崇尊極，寔緣于性。今言臣則無實，論己則事虛。聖上馭寓，更奉天眷，祗禮七廟，非從三后，周忌祥禫，無所依設。」太學博士崔偃同陶韶議，太常沈倓同李撝議，〔三〕國子博士劉警等同謝（墨）〔曇〕濟議。

祠部郎何佟之議曰：「春秋之旨，臣子繼君親，雖恩義有殊，而其禮則一，所以敦資敬之情，篤方喪之義。主上雖仰嗣高皇，嘗經北面，方今聖曆御宇，垂訓無窮，在三之恩，理不容替。竊謂世（祖）〔宗〕祥忌，至尊宜弔服升殿，羣臣同致哀感，事畢，百官詣宣德宮拜表，仍致哀陵園，以弘追遠之慕。」尚書令王晏等十九人同佟之議。詔「可」。

海陵王薨，百官會哀，時纂嚴，朝議疑戎服臨會。祠部郎何佟之議：「羔裘玄冠不以弔。理不容以兵服臨喪。宋泰始二年，孝武大祥之日，于時百寮入臨，皆於宮門變戎服，著衣帢，入臨畢出外，還襲戎衣。」從之。

贊曰：姬制孔作，訓範百王。三千有數，四維是張。損益彝典，廢舉憲章。戎祀軍國，社廟郊庠。冠婚朝會，服紀凶喪。存爲盛德，戒在先亡。

校勘記

〔一〕（廣）〔廟〕有虞以安神　據殿本改。按「廟」字古作「庿」，廣乃庿之形譌。

〔二〕晉氏脩復五陵　「氏」原譌「民」，據南監本、殿本、局本改正。

〔三〕王允滕弘謂府吏宜有小君之服　「滕弘」南史王曇首傳作「滕含」。按滕含，滕脩孫，官至廣州刺史，曾爲庾冰輕車府長史，見晉書滕脩傳。

〔四〕吉部伍自有桁輅　通典禮典無「伍」字，「桁」作「旂」。

〔五〕今杖朞之喪雖以十〔一〕月而小祥　據通典禮典補。按禮記雜記下云：「期之喪十一月而練。」

〔六〕經記之旨　「記」原譌「紀」，通典禮典同譌，今據殿本、局本改正。

〔七〕不得方於縗縞之末　「縗」通典禮典作「緇」。

〔八〕今雖厭〔屈〕　據通典禮典補。

〔九〕然〔後〕奏御　據南監本、殿本、局本補。

〔一〇〕于時江充議云　「江充」南監本、局本作「何充」。按江充，漢武帝時人，西晉無江充，故南監本、局本改「江」爲「何」。然何充晉書有傳，不言其曾仕中朝，預議喪制。惟著徙戎論之江統，永嘉初歷黄門侍郎、散騎常侍、國子博士，豈「江充」爲「江統」之譌歟？

〔一〕有司以世（祖）〔宗〕文皇帝今二年正月二十四日再忌日　據元龜五百七十八改。下同。按鬱林王即位，追尊其父文惠太子長懋爲世宗文皇帝。長懋卒於永明十一年正月二十四日，至建武二年正月二十四日爲再忌日也。

〔二〕給事中領國子助敎謝（曇）〔曇〕濟議　按上卷有國子助敎謝曇濟。又周顒傳云「顒卒官時，王儉講孝經未畢，舉曇濟自代，學者榮之，官爲給事中」。蓋卽一人。「曇濟」爲「曇濟」之譌無疑，今改正。下同。

〔三〕太常沈倓同李撝議　「倓」毛本、殿本、局本作「淡」。

南齊書卷十一

志第三

樂

南郊樂舞歌辭，二漢同用，見前漢志，五郊互奏之。魏歌舞不見，疑是用漢辭也。晉武帝泰始二年，郊祀明堂，詔禮遵用周室肇稱殷祀之義，〔一〕權用魏儀。後使傅玄造祠天地五郊夕牲歌詩一篇，迎神歌一篇。宋文帝使顏延之造郊天夕牲、迎送神、饗神歌詩三篇，是則宋初又仍晉也。建元二年，有司奏，郊廟雅樂歌辭舊使學士博士撰，搜簡採用，請敕外，凡義學者普令製立。〔二〕參議：太廟登歌宜用司徒褚淵，餘悉用黃門郎謝超宗辭。超宗所撰，多刪顏延之、謝莊辭以爲新曲，備改樂名。永明二年，太子步兵校尉伏曼容上表，宜集英儒，刪纂雅樂。詔付外詳，竟不行。

羣臣出入，奏肅咸之樂：

夤承寶命，〔三〕嚴恭帝緒。〔四〕奄受敷錫，升中拓宇。亘地稱皇，罄天作主。月域來賓，〔五〕日際奉土。開元首正，禮交樂舉。六典聯事，九官列序。此下除四句。皆顏辭。

牲出入，奏引牲之樂：

皇乎敬矣，恭事上靈。昭教國祀，肅肅明明。有牲在滌，有絜在俎。以薦王衷，以答神祜。此上四句，顏辭。陟配在京，降德在民。奔精望夜，高燎佇晨。

薦豆呈毛血，奏嘉薦之樂：

我恭我享，惟孟之春。以孝以敬，立我蒸民。青壇奄靄，翠幙端凝。嘉俎重薦，兼籍再升。設業設簴，〔六〕展容玉庭。肇禋配祀，克對上靈。此一篇增損謝辭。

右夕牲歌，竝重奏。

迎神，奏昭夏之樂：

惟聖饗帝，惟孝饗親。此下除二句。禮行宗祀，敬達郊禋。金枝中樹，廣樂四陳。此下除八句。月御案節，星驅扶輪。遙興遠駕，曜曜振振。告成大報，受釐元神。

皇帝入壇東門，奏永至之樂：

紫壇望靈，翠幙佇神。率天奉贄，罄地來賓。神貺竝介，泯祇合祉，〔七〕恭昭鑒享，肅光孝祀。威藹四靈，洞曜三光，皇德全被，大禮流昌。

皇帝升壇，奏登歌辭：

報惟事天，祭實尊靈。史正嘉兆，神宅崇禎。五時昭鬯，六宗彝序。介丘望塵，皇軒肅舉。

皇帝初獻，奏文德宣烈之樂：

營泰時，定天衷。思心緒，謀筮從。此下除二句。田燭置，權火通。〔八〕大孝昭，國禮融。此一句改，餘皆顏辭，此下又除二十二句。

次奏武德宣烈之樂：

功燭上宙，德燿中天。風移九域，禮飾八埏。四靈晨炳，五緯宵明。膺曆締運，道茂前聲。

太祖高皇帝配饗，奏高德宣烈之樂。此章永明二年造奏。尚書令王儉辭。

饗帝嚴親，則天光大。爲弈前古，榮鏡無外。日月宣華，卿雲流靄。五漢同休，六幽咸泰。

皇帝飲福酒，奏嘉胙之樂：

鬯嘉禮，承休錫。盛德符景緯，昌華應帝策。聖藹耀昌基，融祉暉世曆。聲正涵月軌，書文騰日迹。寶瑞昭神圖，靈貺流瑞液。我皇崇暉祚，重芬冠往籍。

送神，奏昭夏之樂：

薦饗洽，禮樂該。神娱展，辰旆回。洞雲路，拂璇階。紫雰藹，青霄開。睠皇都，顧玉臺。留昌德，結聖懷。

皇帝就燎位，奏昭遠之樂：

天以德降，帝以禮報。牲餼俯陳，柴幣仰燎。事展司采，敬達瑄瓛。煙贄青昊，震颺紫場。陳馨示策，肅志宗禋。禮非物備，福唯誠陳。

皇帝還便殿，奏休成之樂，〔九〕重奏。

昭事上祀，饗薦具陳。回鑾轉翠，拂景翔宸。綴縣敷暢，鍾石昭融。羽炫深晷，籥噎行風。肆序輟度，肅禮停文。四金聳衞，六駁齊輪。

右南郊歌辭

北郊樂歌辭，案周頌昊天有成命，郊祀天地也。是則周、漢以來，祭天地皆同辭矣。宋顏延之饗地神辭一篇，餘與南郊同。齊北郊羣臣入奏肅咸樂，牲入奏引牲，薦豆毛血奏嘉薦，皇帝入壇東門奏永至，飲福酒奏嘉胙，還便殿奏休成，辭竝與南郊同。迎送神昭夏登歌異。

迎地神，奏昭夏之樂：

詔禮崇營，敬饗玄時。靈正丹帷，月肅紫墀。展薦登華，風縣凝鏘。神惟戾止，鬱葆遙莊。昭望歲芬，環游辰太。穆哉尙禮，横光秉藹。

皇帝升壇登歌：

佇靈敬享，禋肅彝文。縣動聲儀，薦絜牲芬。陰祇以貺，昭司式慶。九服熙度，六農祥正。

皇帝初獻，奏地德凱容之樂：

繕方丘，端國陰。掩珪瘞，仰靈心。詔源委，遍丘林。〔此下除〕八句〔一〇〕禮獻物，樂薦音。此下除二十二句，餘皆顏辭。

次奏昭德凱容之樂：

慶圖濬邈，蘊祥祕瑤。俔天炳月，嬪光紫霄。邦化靈懋，閫則風調。儷德方儀，徽載以昭。

送神，奏昭夏之樂：

薦神升，享序楙。淹玉俎，停金奏。寶旆轉，旒駕旋。溢素景，鬱紫躔。靈心顧，留辰睠。洽外瀛，瑞中縣。

瘞埋，奏隸幽之樂：

后皇嘉慶，定祗玄時。承帝休圖，祗敷靈祉。篚羃周序，軒朱凝會。牲幣芬壇，精明佇蓋。調川瑞昌，警岳祥泰。

右北郊歌〔辭〕〔二〕

明堂歌辭，祠五帝。漢郊祀歌皆四言，宋孝武使謝莊造辭，莊依五行數，木數用三，火數用七，土數用五，金數用九，水數用六。案鴻範五行，一曰水，二曰火，三曰木，四曰金，五曰土。月令木數八，火數七，土數五，金數九，水數六。蔡邕云：「東方有木三土五，故數八；南方有火二土五，故數七；西方有金四土五，故數九；北方有水一土五，故數六。」又納音數，一言得土，三言得火，五言得水，七言得金，九言得木。若依鴻範木數用三，則應水一火二金四也。若依月令金九水六，則應木八火七也。當以鴻範一二之數，言不成文，故有取捨，而使兩義並違，未詳以數立言爲何依據也。周頌我將祀文王，言皆四，其一句五，一句七。謝莊歌宋太祖亦無定句。建元初，詔黃門郎謝超宗造明堂夕牲等辭，並採用莊辭。建武二年，雩祭明堂，謝朓造辭，一依謝莊，唯世祖四言也。

賓出入奏肅咸樂，歌辭二章：

彛承孝典，恭事嚴聖。浹天奉賚，磬壤齊慶。司儀且序，〔一二〕羽容夙章。芬枝揚烈，黼構周張。助寶尊軒，〔一三〕酎珍充庭。璆縣凝會，（埍）〔琄〕朱竽聲。〔一四〕先期選禮，肅若有承。祗對靈祉，皇慶昭膺。〔一五〕

尊事威儀，輝容昭序。迅恭明神，絜盛牲俎。肅肅嚴宮，藹藹崇基。皇靈降止，〔一六〕百祇具司。〔一七〕戒誠望夜，端烈承朝。依微昭旦，物色輕霄。〔一八〕

青帝歌：

參映夕，駟昭晨。靈乘震，司青春。鴈將向，桐始蕤。和風舞，〔一九〕暄光遲。萌動達，萬品親。〔二〇〕潤無際，澤無垠。

赤帝歌：

龍精初見大火中，朱光北至圭景同。帝在在離寔司衡，雨水方降木堇榮。庶物盛長咸殷阜，恩澤四溟被九有。

黃帝歌：

履艮宅中宇，司繩總四方。裁化徧寒燠，布政司炎涼。〔二一〕此以下除八句。至分乘經晷，〔二二〕閉啓集恒度。帝暉緝萬有，〔二三〕皇靈澄國步。

白帝歌：

百川若鏡，天地爽且明。雲沖氣舉，盛德在素精。此下除四句。庶類收成，歲功行欲寧。浹地奉渥，罄宇承帝靈。

黑帝歌：

歲既暮，日方馳。靈乘坎，德司規。玄雲合，晦鳥蹊。白雲繁，亘天崖。此下除四句。晨晷促，夕漏延。大陰極，微陽宣。此下除二句。

皇帝還東壁，受福酒，奏嘉胙樂歌辭：太廟同用

禮薦洽，福祚昌。聖皇膺嘉祐，帝業凝休祥。居極乘景運，宅德瑞中王。澄明臨四奧，精華延八鄉。洞海同聲憓，〔二四〕澈宇麗乾光。靈慶纏世祉，鴻烈永無疆。

送神，奏昭夏樂歌辭：宋謝莊辭

藴禮容，餘樂度。靈方留，景欲暮。開九重，肅五達。鳳參差，龍已（秣）〔沫〕。〔二五〕雲既動，河既梁。萬里照，四空香。神之車，歸清都。璇庭寂，玉殿虛。鴻化凝，〔二六〕孝風熾。顧靈心，結皇思。鴻慶遐鬯，嘉薦令芳。並帝明德，〔二七〕永祚深光。增四句。

牲出入，奏引牲樂歌詩：

惟誠絜饗，維孝尊靈。〔二八〕敬芳黍稷，〔二九〕敬滌犧牲。騂繭在豢，載溢載豐。以承

宗祀，以肅皇衷。蕭芳四舉，華火周傳。神鑒孔昭，嘉足參牷。〔三〇〕

薦豆呈毛血，〔奏〕嘉薦樂歌詩二章：〔三一〕

肇禋戒祀，禮容咸舉。六典飾文，九司炤序。牲柔既昭，犧剛既陳。恭滌惟清，敬事惟神。加籩再御，兼俎兼薦。節動軒越，聲流金縣。

奕奕閟幄，亹亹嚴闈。絜誠夕鑒，端服晨暉。聖靈戾止，翊我皇則。上綏四寓，下洋萬國。永言孝饗，孝饗有容。儐僚贊列，肅肅雍雍。

右夕牲辭

迎神，奏昭夏樂歌辭：

地紐謐，乾樞回。華蓋動，紫微開。旌蔽日，車若雲。駕六氣，乘烟煴。煒帝景，耀天邑。聖祖降，五雲集。此下除八句懋粢盛，絜牲牷。百禮肅，羣司虔。皇德遠，大孝昌。貫九幽，洞三光。神之安，解玉鑾。昌福至，〔三二〕萬寓歡。皆謝莊辭

皇帝升明堂，奏登歌辭：

雍臺辯朔，澤宮選辰。絜火夕炤，〔三三〕明水朝陳。六瑚賁室，八羽華庭。昭事先聖，懷濡上靈。肆夏式敬，升歌發德。永固洪基，以綏萬國。皆謝莊辭

初獻，奏凱容宣烈樂歌辭：太廟同

醴醴具登，嘉俎咸薦。饗洽誠陳，禮周樂徧。祝辭罷祼，序容輟縣。蹕動端庭，鑾回嚴殿。神儀駐景，華漢高虛。〔二四〕八靈案衞，三（代）〔祇〕解途。〔二五〕翠蓋澄耀，罼帟凝晨。玉鎭息節，〔二六〕金輅懷音。戒誠達孝，〔二七〕底心肅感。追凭皇鑒，思承淵範。神錫懋祉，四緯昭明。仰福帝徽，俯齊庶生。

右祠明堂歌辭，建元、永明中奏。

雩祭歌辭：

清明暢，禮樂新。候龍景，選貞辰。陽律亢，陰晷伏。秏下土，荐穜稑。震儀警，王度乾。嗟雲漢，望昊天。張盛樂，奏雲儛。集五精，延帝祖。雩有諷，禜有秩。膋鬯芬，圭瓚瑟。靈之來，帝閽開。車煜燿，吹徘徊。停龍轙，徧觀此。凍雨飛，祥風靡。壇可臨，奠可歆。對泯祉，〔二八〕鑒皇心。

右迎神歌辭依漢來郊歌三言。宋明堂迎神八解。

濬哲維祖，長發其武。帝出自震，重光御寓。七德攸宣，九疇咸敍。靜難荆、舒，凝威蠡浦。昧旦丕承，夕惕刑政。化壹車書，德馨粢盛。昭星夜景，非雲曉慶。衢室成陰，璧水如鏡。禮充玉帛，樂被筦絃。於鑠在詠，陟配于天。自宮徂兆，靡愛牲牷。

我將我享，永祚豐年。

右歌世祖武皇帝依廟歌四言

營翼日，鳥殷宵。凝冰泮，玄蟄昭。景陽陽，風習習。女夷歌，東皇集。(樽)〔奠〕春酒，〔三九〕秉青珪。命田祖，渥羣黎。

右歌青帝木生數三

惟此夏德德恢台，(兩)〔雨〕龍既御炎精來。〔四〇〕火景方中南譌秩，靡草云黃含桃實。族雲蓊鬱溫風煽，興雨祁祁黍苗徧。

右歌赤帝火成數七

稟火自高明，毓金挺剛克。凉燠資成化，羣方載厚德。陽季勾萌達，炎徂溽暑融。商暮百工止，歲極凌陰沖。皇流䟽已清，原隰甸已平。咸言祚惟億，敦民保高京。

右歌黃帝土成數五

帝悅于兌，執矩固司藏。百川收潦，精景應徂商。嘉樹離披，榆關命賓鳥。夜月如霜，秋風方嫋嫋。商陰肅殺，萬寶咸亦遒。勞哉望歲，場功冀可收。

右歌白帝金成數九

白日短，玄夜深。招搖轉，移太陰。霜鍾鳴，冥陵起。星回天，月窮紀。聽嚴風，來不息。望玄雲，黝無色。曾冰洌，積羽幽。飛（雲）〔雪〕至，〔四一〕天山側。關梁閉，方不巡。合國吹，饗蜡賓。充微陽，究終始。百禮洽，萬（觀）〔祚〕臻。〔四二〕

右歌黑帝水成數六

敬如在，禮將周。神之駕，不少留。躧龍鑣，轉金蓋。紛上馳，雲之外。警七耀，詔八神。排閶闔，渡天津。有瀁輿，膚寸積。雨冥冥，又終夕。俾栖糧，惟萬箱。皇情暢，景命昌。

右送神歌辭

太廟樂歌辭，周頌清廟一篇，漢安世歌十七章是也。永平三年，東平王蒼造光武廟登歌一章二十六句，其辭稱述功德。

建安十八年，魏國初建，侍中王粲作登歌安世詩，說神靈鑒饗之意。明帝時，侍中繆襲奏：「安世詩本故漢時歌名，今詩所歌，非往詩之文。襲案周禮（志）〔注〕云，〔四三〕安世樂猶周房中樂也。往昔議者，以房中歌后妃之德，宜改安世名正始之樂，後（續）〔讀〕漢安世歌，〔四四〕亦說神來宴饗，無有后妃之言。思惟往者謂房中樂爲后妃歌，恐失其意。方祭祀娛神，登歌先祖功德，下堂詠宴享，無事歌后妃之化也。」於是改安世樂曰饗神歌。散騎常侍王肅作宗廟詩頌十二篇，不入於樂。

晉泰始中，傅玄造廟夕牲昭夏歌一篇，迎送神肆夏歌詩一篇，登歌七廟七篇。玄云：「登歌歌盛德之功烈，故廟異其文。至於饗神，猶周頌之有瞽及雍，但說祭饗神明禮樂之盛，七廟饗神皆用之。」夏侯湛又造宗廟歌十三篇。

宋世王韶之造七廟登歌七篇。昇明中，太祖為齊王，令司空褚淵造太廟登歌二章。建元初，詔黃門侍郎謝超宗造廟樂歌詩十六章。

永明二年，尚書殿中曹奏：「太祖高皇帝廟神室奏高德宣烈之舞，未有歌詩，郊應須歌辭。穆皇后廟神室，亦未有歌辭。案傅玄云：『登歌廟異其文，饗神（十）〔七〕室同辭。』〔四五〕此議為允。又尋漢世歌篇，多少無定，皆稱事立文，竝多八句，然後轉韻。時有兩三韻而轉，其例甚寡。張華、夏侯湛亦同前式。傅玄改韻頗數，更傷簡節之美。近世王韶之、顏延之竝四韻乃轉，得賒促之中。顏延之、謝莊作三廟歌，皆各三章，章八句，此於序述功業詳略為宜，今宜依之。郊配之日，改降尊作主，禮殊宗廟，穆后母儀之化，事異經綸。此二歌為一章八句，別奏事御奉行。」詔「可」。尚書令王儉造太廟二室及郊配辭。

羣臣出入，奏肅咸樂歌辭：

絜誠底孝，孝感煙霜。夤儀飾序，肅禮綿張。金華樹藻，肅哲騰光。殷殷升奏，嚴嚴階庰。匪椒匪玉，是降是將。懋分神衷，翊祐傳昌。

牲出入，奏引牲樂歌辭：

肇祀嚴靈，恭禮尊國。遠敬敷典，結孝陳則。芬滌既肅，犧牷既整。聳誠流思，端儀選景。肆禮佇夜，綿樂望晨。崇席皇鑒，用饗明神。

薦豆呈毛血，奏嘉薦樂歌辭：

清思眑眑，閟寢微微。恭言載感，肅若有希。芬俎具陳，嘉薦兼列。凝馨煙颺，分炤星晢。睿靈式降，協我帝道。上澄五緯，下陶八表。

右夕牲歌辭

迎神，奏昭夏樂〔歌〕辭：〔四六〕

涓辰選氣，展禮恭祗。重闈月洞，層牖煙施。載虛玉罍，載受金枝。天歌折饗，雲舞磬儀。神惟降止，泛景凝羲。帝華永藹，泯藻方摛。

皇帝入廟北門，奏永至樂歌辭：

戲繇惟則，姤經式序。九司聯事，八方承宇。鑾迦靜陳，縵樂具舉。凝旒若慕，傾璜載竚。振振璇衞，穆穆禮容。載藹皇步，式敷帝蹤。

太祝祼地，奏登歌辭：

清明既鬯，大孝乃熙。天儀晬愴，皇心儼思。既芬房豆，載絜牷牲。鬱祼升禮，鋗玉登聲。茂對幽嚴，式奉徽靈。以享以祀，惟感惟誠。

皇祖廣陵丞府君神室奏凱容樂歌辭：

國昭惟茂，帝穆惟崇。登祥緯遠，締世景融。紛綸睿緒，菴蔚王風。明進厥始，濬哲文終。

皇祖太中大夫府君神室奏凱容樂歌辭：

璇條夤蔚，瓊源浚照。懋矣皇烈，載挺明劭。永言敬思，式恭惟敎。休途良乂，榮光有耀。

皇祖淮陰令府君神室奏凱容樂歌辭：

嚴宗正典，崇饗肇禋。九章既飾，三清既陳。昭恭皇祖，承假徽神。貞祐伊協，卿藹是鄰。

皇曾祖卽丘令府君神室奏凱容樂歌辭：

肅惟敬祀，絜事參薌。環袪像綴，緬密絲簧。明明烈祖，尙錫龍光。粵雅于姬，伊頌在商。

皇祖太常卿府君神室奏凱容樂歌辭：

神宫懋鄰，明寢昌基。德凝羽綴，道𢡺容辭。假我帝緒，懿我皇維。昭大之載，國齊之祺。

皇考宣皇神室奏宣德凱容樂歌辭：

道閟期運，義開藏用。皇矣睿祖，至哉攸縱。循規烈炤，襲矩重芬。德溢軒羲，道懋炎雲。

昭皇后神室奏凱容樂歌辭：

月靈誕慶，雲瑞開祥。道茂淵柔，德表徽章。粹訓宸中，儀形宙外。容蹈凝華，金羽傳藹。

皇帝還東壁上福酒，奏永祚樂歌辭：

構宸抗宇，合軫齊文。萬靈載溢，百禮以殷。朱絃繞風，翠羽停雲。桂樽既滌，瑤俎既薰。升薦惟誠，昭禮惟芬。降祉遙裔，集慶氤氳。

送神，奏肆夏樂歌辭：

禮既升，樂以愉。昭序溢，幽饗餘。人祇𢡺，敬教敷。中光動，靈駕翔。芬九垓，鏡八鄉。福無屆，祚無疆。

皇帝詣便殿，奏休成樂歌辭：

睿孝式昭，饗敬爰徧。諦容輟序，佾文靜縣。辰儀聳蹕，宵衞浮鑾。旒帟雲舒，翠華景搏。恭惟尙烈，休明再纏。國猷遠藹，昌圖聿宣。

太廟登歌辭二章：

惟王建國，設廟凝靈。月薦流典，時祀暉經。瞻辰僾思，雨露追情。簡日筵晷，閟奠升文。金罍渟桂，沖幄舒薰。備僚肅列，駐景開雲。

至饗攸極，睿孝惇禮。具物咸絜，聲香合體。氣昭扶幽，眇慕纏遠。迎絲驚促，迭佾留晚。聖衷踐候，節改增愴。妙感崇深，英徽彌亮。

太祖高皇帝神室奏高德宣烈樂歌辭：

悠悠草昧，穆穆經綸。乃文乃武，乃聖乃神。動龕危亂，靜比斯民。誕應休命，奄有八夤。握機肇運，光啓禹服。義滿天淵，禮昭地軸。澤靡不懷，威無不肅。戎夷竭歡，象來致福。偃風裁化，恒日敷祥。信星含曜，秬草流芳。七廟觀德，六樂宣章。惟先惟敬，是饗是將。

穆皇后神室奏穆德凱容之樂〔歌〕辭：〔四七〕

大姒嬪周，塗山儷禹。我后嗣徽，重規疊矩。肅肅閟宮，翔翔雲舞。有饗德馨，無絕終古。

高宗明皇帝神室奏明德凱容之樂歌辭：

多難固業，殷憂啓聖。帝宗纘武，惟時執競。起柳獻祥，百堵興詠。義雖祀夏，功符受命。遠無不懷，邇無不肅。其儀濟濟，其容穆穆。赫矣君臨，昭哉嗣服。允王維后，膺此多福。禮以昭事，樂以感靈。八簋陳室，六舞充庭。觀德在廟，象德在形。四海來祭，萬國咸寧。

藉田歌辭，漢章帝元和元年，玄武司馬班固奏用（商）〔周〕頌載芟祠先農。〔四八〕晉傅玄作祀先農先蠶夕牲歌詩一篇八句，迎送神一篇，饗社稷、先農、先聖、先蠶歌詩三篇，〔四九〕前一篇十二句，中一篇十六句，後一篇十二句，辭皆敍田農事。胡道安先農饗神詩一篇，竝八句。樂府相傳舊歌三章。永明四年藉田，詔驍騎將軍江淹造藉田歌。淹製二章，不依胡、傅，世祖口勑付太樂歌之。

祀先農迎送神升歌：

羽鑾從動，金駕時遊。敎騰義鏡，樂綴禮脩。率先丹耦，躬遵綠疇。靈之聖之，歲殷澤柔。

饗神歌辭：

瓊斝既飾，繡簋以陳。方燮嘉種，永毓宵民。

元會大饗四廂樂歌辭，晉泰始五年太僕傅玄撰。正旦大會行禮歌詩四章，壽酒詩一章，食舉東西廂樂十三章，黃門郎張華作。上壽食舉行禮詩十八章，中書監荀勗、侍郎成公綏，〔五〇〕言數各異。宋黃門郎王韶之造肆夏四章，行禮一章，上壽一章，登歌三章，食舉十章，前後舞歌一章。齊微改革，多仍舊辭。其前後舞二章新改。其臨軒樂，亦奏肆夏於鑠四章。

肆夏樂歌辭：

於鑠我皇，體仁苞元。齊明日月，比景乾坤。〔五一〕陶甄百王，稽則黃軒。訏謨定命，辰告四蕃。

右一曲，客入四廂奏。

將將蕃后，翼翼羣僚。盛服待晨，明發來朝。饗以八珍，樂以九韶。仰祗天顏，厥猷孔昭。

右一曲，皇帝當陽，四廂奏。皇帝入變服，四廂幷奏前二曲。

法章既設，初筵長舒。濟濟列辟，端委皇除。飲和無盈，威儀有餘。溫恭在位，敬終如初。

九功既歌，六代惟時。被德在樂，宣道以詩。穆矣大和，品物咸熙。慶積自遠，告成在茲。

右二曲，皇帝入變服，黄鍾太蔟二廂奏。

大會行禮歌辭：

大哉皇齊，長發其祥，祚隆姬夏，道邁虞唐。德之克明，休有烈光，配天作極，辰居四方。

皇矣我后，聖德通靈，有命自天，誕授休禎。龍飛紫極，造我齊京，光宅宇宙，赫赫明明。

右二曲，姑洗廂奏。

上壽歌辭：

獻壽爵，慶聖皇。靈祚窮二儀，休明等三光。

右一曲，黄鍾廂奏。

殿前登歌辭：

明明齊國，緝熙皇道。則天垂化，光定天保。天保既定，肆覲萬方。禮繁樂富，穆穆皇皇。

沔彼流水，朝宗天池。洋洋貢職，抑抑威儀。既習威儀，亦閑禮容。一人有則，作孚萬邦。

烝哉我皇，寔靈誕聖。履端惟始，對越休慶。如天斯崇，如日斯盛。介茲景福，永固洪命。

右三曲，別用金石，太樂令跪奏。

食舉歌辭：

晨儀載煥，萬物咸覩。嘉慶三朝，禮樂備舉。元正肇始，典章徽明。萬方來賀，〔五二〕華夷充庭。〔五三〕多士盈九德，〔五四〕俯仰觀玉聲。恂恂俯仰，載爛其暉。鍾鼓震天區，禮容塞皇闈。思樂窮休慶，福履同所歸。

五玉既獻，三帛是薦。爾公爾侯，鳴玉華殿。皇皇聖后，降禮南面。元首納嘉禮，萬邦同欽願。休哉休哉，君臣熙宴。建五旗，列四縣。樂有文，禮無勸。融皇風，窮一變。

禮至和，〔五五〕感陰陽，德無不柔，繫休祥。〔五六〕瑞徵辟，〔五七〕應嘉鍾。儛雲鳳，〔五八〕躍潛龍。景星見，甘露墜。木連理，禾同穗。玄化洽，仁澤敷。極禎瑞，窮靈符。

懷荒遠，〔五九〕綏齊民。荷天祜，靡不賓。靡不賓，長世盛。〔六〇〕昭明有融，繁嘉慶。繁嘉慶，熙帝載。含氣感和，蒼生欣戴。三靈協瑞，惟新皇代。

王道四達，流仁德。〔六一〕窮理詠乾元，垂訓從帝則。〔六二〕靈化侔四時，幽誠通玄默。德澤被八紘，禮章軌萬國。

皇猷緝，咸熙泰。禮儀煥帝庭，要荒服遐外。被髮襲纓冕，（右）〔左〕衽回衿帶。〔六三〕天覆地載，澤流汪濊。聲教布濩，德光大。

開元辰，畢來王。奉貢職，朝后皇。鳴珩佩，觀典章。樂王慶，〔六四〕悅徽芳。陶盛化，遊大康。惟昌明，永克昌。

惟建元，德丕顯。齊七政，敷五典。彝倫序，洪化闡。

王澤流，太平始。樹靈祇，恭明祀。（仁）〔介〕景祚，〔六五〕膺嘉祉。禮有容，樂有儀。金石陳，干羽施。邁武濩，均咸池。歌南風，德永稱。〔六六〕文明煥，〔六七〕頌聲興。

王道純，德彌淑。寧八表，康九服。導禮讓，移風俗。移風俗，永克融。歌盛美，告成功。詠休烈，〔六八〕邈無窮。

右黃鍾先奏晨儀篇，太蔟奏五玉篇，餘八篇二廂更奏之。

前舞階步歌辭：新辭

天挺聖哲，三方維綱。川岳伊寧，七耀重光。茂育萬物，衆庶咸康。道用潛通，仁施遐揚。德厚巛極，功高昊蒼。舞象盛容，德以歌章。八音既節，龍躍鳳翔。皇基永樹，二儀等長。

前舞凱容歌詩：舊辭

於赫景命，天鑒是臨。樂來伊陽，禮作惟陰。歌自德富，舞由功深。庭列宮縣，陛羅瑟琴。翿籥繁會，笙磬諧音。簫韶雖古，九奏在今。〔六九〕導志和聲，德音孔宣。光我帝基，協靈配乾。儀形六合，化穆自宣。〔七〇〕如彼雲漢，爲章于天。熙熙萬類，陶和當年。〔七一〕擊轅中韶，永世弗騫。

後舞階步歌辭：新辭

皇皇我后，紹業盛明。滌拂除穢，宇宙載清。允執中和，以莅蒼生。玄化遠被，兆世軌形。何以崇德，乃作九成。妍步恂恂，雅曲芬馨。八風淸鼓，應以祥禎。澤浩天下，功齊百靈。

後舞凱容歌辭：舊辭

假樂聖后，寔天誕德。積美自中，王猷四塞。龍飛在天，儀形萬國。欽明惟神，臨朝淵默。不言之化，品物咸得。告成于天，銘勳是勒。翼翼厥猷，亹亹其仁。從命創制，〔七二〕因定和神。海外有截，九國無塵。〔七三〕冕旒司契，垂拱臨民。乃舞凱容，欽若天人。純嘏孔休，萬載彌新。

宣烈舞執干戚。郊廟奏，平冕，黑介幘，玄衣裳，白領袖，絳領袖中衣，絳合幅袴，絳袜。朝廷，則武冠，赤幘，生絳袍單衣，緗領袖，皁領袖中衣，虎文畫合幅袴，白布袜，皆黑韋鞮。周大武舞，秦改爲五行。漢高造武德舞，執干戚，象天下樂已除亂。桉禮云「朱干玉戚，冕而舞大武」。是則漢放此舞而立也。魏文帝改五行還爲大武，而武德曰武頌舞。明帝改造武始舞。晉世仍舊。傅玄六代舞歌有武辭，此武舞非一也。宋孝建初，朝議以凱容舞爲韶舞，宣烈舞爲武舞。據韶爲言，宣烈即是古之大武，非武德也。今世諺呼爲武王伐紂。其冠服，魏明帝世尚書所奏定武始舞服，晉、宋承用，齊初仍舊，不改宋舞名。其舞人冠服，見魏尚書奏，後代相承用之。

凱容舞，執羽籥。郊廟，冠委貌，服如前。朝廷，進賢冠，黑介幘，生黃袍單衣，白合幅袴，餘如前。本舜韶舞，漢高改曰文始，魏復曰大韶。又造咸熙爲文舞。晉傅玄六代舞有虞韶舞辭。宋以凱容繼韶爲文舞。相承用魏咸熙冠服。

前舞、後舞，晉泰始九年造。正德大豫舞，傅玄、張華各爲歌辭。宋元嘉中，改正德爲前舞，大豫爲後舞。

右朝會樂辭

舞曲，皆古辭雅音，稱述功德，宴享所奏。傅玄歌辭云：「獲罪於天，北徙朔方，墳墓誰掃，超若流光。」如此十餘小曲，名爲舞曲，疑非宴樂之辭。然舞曲總名起此矣。

明君辭：

明君創洪業，盛德在建元。受命君四海，聖皇應靈乾。五帝繼三皇，三皇世所歸。聖德應期運，天地不能違。仰之彌已高，猶天不可階。將復結繩化，靜拱天下齊。

右一曲，漢章帝造鞞舞歌，云「關東有賢女」。魏明帝代漢曲云，「明明魏皇帝」。傅玄代魏曲作晉洪業篇云：「宣文創洪業，盛德存泰始。聖皇應靈符，受命君四海。」今前四句錯綜其辭，從「五帝」至「不可階」六句全玄辭，後二句本云「將復御龍氏，鳳皇在庭栖」，又改易焉。

聖主曲辭：

聖主受天命，應期則虞、唐。升旒綜萬機，端扆馭八方。盈虛自然數，揖讓歸聖明。北化陵河塞，南威越滄溟。廣德齊七政，敷敎騰三辰。萬寓必承慶，百福咸來臻。聖皇應福始，昌德洞祐先。

明君辭：

明君御四海，總鑒盡人靈。仰成恩已洽，竭忠身必榮。聖澤洞三靈，德教被八鄉。草木變柯葉，川岳洞嘉祥。愉樂盛明運，舞蹈升太時。徽霜永昌命，執心長歡怡。

鐸舞歌辭：

黃雲門，唐咸池，虞韶舞，夏夏殷濩，列代有五。振鐸鳴金，延太武。淸歌發唱，形爲主。聲和八音，協律呂。身不虛動，手不徒舉。應節合度，周期序。時奏宮角，雜之以徵羽。樂以移風，禮相輔，安有出其所。

右一曲，傅玄辭，以代魏太和時。〔七四〕「徵羽」〔下〕除「下厭衆目，上從鍾鼓」二句。〔七五〕

白鳩辭：

翩翩白鳩，再飛再鳴。懷我君德，來集君庭。

右一曲，舞敍云：「白符或云白符鳩舞，出江南，吳人所造，其辭意言患孫皓虐政，慕政化也。其詩本云『平平白符，思我君惠，集我金堂』。言白者金行，符，合也，鳩亦合也。符鳩雖異，其義是同。」

濟濟辭：

暢飛暢舞，氣流芳。追念三五，大綺黃。

右一曲晉濟濟舞歌，六解，此是最後一解。

獨祿辭：

獨祿獨祿，水深泥濁。泥濁尚可，水深殺我！

右一曲晉獨鹿舞歌，六解，此是前一解。古辭明君曲後云：「勇安樂無慈，不問清與濁。清與無時濁，邪交與獨祿。」伎錄云：「求祿求祿，清白不濁。清白尚可，貪汙殺我！」晉歌爲鹿字，古通用也。疑是風刺之辭。

碣石辭：

東臨碣石，以觀滄海。水河淡淡，〔七六〕山嶋竦峙。樹木叢生，百草豐茂。秋風蕭瑟，洪波涌起。日月之行，若出其中，星漢粲爛，若出其裏。幸甚至哉！歌以言志。

右一曲，魏武帝辭，晉以爲碣石舞歌。詩四章，此是中一章。

淮南王辭：

淮南王，自言尊，百尺高樓與天連。我欲渡河河無梁，願作雙黃鵠還故鄉。

右一曲，晉淮南王舞歌。六解，前是第一，後是第五。

齊世昌辭：

齊世昌，四海安樂齊太平。人命長，當結久，〔七七〕千秋萬歲皆老壽。

右一曲，晉杯槃歌。十解，第三解云：「舞杯槃，何翩翩，舉坐翻覆壽萬年。」干寶云：「太康中有此舞。杯槃翻覆，至危之像。言晉世之士，苟貪飲食，智不及遠。」其第一解首句云「晉世寧」，宋改爲「宋世寧」。惡其杯槃翻覆，辭不復取。齊改爲「齊世昌」，餘辭同後一。

公莫辭：

吾不見公莫時　吾何嬰公來　嬰姥時吾　思君去時　吾何零　子以耶　思君去時　思來嬰　吾去時母那　何去吾

右一曲，晉公莫舞歌，二十章，無定句。前是第一解，後是第十九二十解。雜有三句，竝不可曉解。建武初，明帝奏樂至此曲，言是似永明樂，流涕憶世祖云。

白紵辭：

陽春白日風花香，趨步明月舞瑤堂。〔七八〕情發金石媚笙簧，〔七九〕羅袿徐轉紅袖揚。清歌流響繞鳳梁，如驚若思凝且翔。〔八〇〕轉眄流精豔輝光，將流將引雙（度）〔雁〕行。〔八一〕歡來何晚意何長，明君馭世永歌昌。

右五曲，尚書令王儉造。白紵歌，周處風土記云：「吳黃龍中童謠云『行白者君追汝句驪馬』。後孫權征公孫淵，浮海乘船，船，白也。今歌和聲猶云『行白紵』焉。」

俳歌辭：

俳不言不語，呼俳噏所。俳適一起，狼率不止。生扱牛角，〔八二〕摩斷膚耳。馬無懸蹄，牛無上齒。駱駝無角，奮迅兩耳。

右侏儒導舞人自歌之。古辭俳歌八曲，此是前一篇。二十二句，今侏儒所歌，擿取之也。

角抵、像形、雜伎，歷代相承有也。其增損源起，事不可詳，大略漢世張衡西京賦是其始也。魏世則事見陳思王樂府宴樂篇，晉世則見傅玄元正篇、朝會賦。江左咸(和)〔康〕中，〔八三〕罷紫鹿、跂行、鼈食、笮鼠、齊王卷衣、絕倒、五案等伎，中朝所無，見起居注，並莫知所由也。太元中，〔八四〕苻堅敗後，得關中檐橦胡伎，進太樂，今或有存亡，案此則可知矣。

永明六年，赤城山雲霧開朗，見石橋瀑布，從來所罕覩也。山道士朱僧標以聞，上遣主書董仲民案視，以爲神瑞。太樂令鄭義泰案孫興公賦造天台山伎，作莓苔石橋道士捫翠屛之狀，尋又省焉。

皇齊啓運從瑤璣。靈鳳銜書集紫微。和樂既洽神所依。超商卷夏耀英輝。永世壽昌聲華飛。

右鳳皇銜書伎歌辭，蓋魚龍之流也。元會日，侍中於殿前跪取其書。宋世辭云「大宋興隆膺靈符。鳳鳥感和銜素書。嘉樂之美通玄虛。惟新濟濟邁唐虞。巍巍蕩蕩道有餘」。齊初詔中書郎江淹改。

永平樂歌者，竟陵王子良與諸文士造奏之。人爲十曲。道人釋寶月辭頗美，上常被之管絃，而不列於樂官也。

贊曰：綜採六代，和平八風。殷薦宴享，舞德歌功。

校勘記

〔一〕詔禮遵用周室肇稱殷祀之義　「祀」晉書樂志作「禮」。

〔二〕凡義學者普令製立　「義學」，各本作「肄學」。案後漢書召馴傳，帝嘉其義學。楊仁傳，由是義學大興。廣弘明集卷十，義學沙門。「義學」謂有辭義學術者，不譌。

〔三〕紊承寶命　「承」宋書樂志作「威」。案齊高帝父名承之，而齊南郊樂歌不諱，可疑。

〔四〕嚴恭帝緒　「緒」宋書樂志作「祖」。按文選顏延年宋郊祀歌亦作「嚴恭帝祖」，李善注「帝，上帝；祖，先祖也」。

〔五〕月域來賓　「域」宋書樂志作「窟」。按文選亦作「窟」。

〔六〕設業設簴　原譌「誤業詳簴」，各本不譌，今改正。

〔七〕泯祗合祉　張元濟校勘記云：「『祗』殿本作『祇』。疑『泯祗』當作『岷祇』。」

〔八〕權火通　「權火」南監本、殿本、局本作「爟火」，按史記封禪書、漢書郊祀志並作「權火」。周禮有司爟，爟，火官。「權」乃「爟」之借字。百衲本宋書樂志亦作「權」。

〔九〕皇帝還便殿奏休成之樂　「休成」通典禮典作「休和」。

〔一〇〕遍丘林〔此下除〕八句　按小注「八句」上當有「此下除」三字，各本並脫，今補。

〔一一〕右北郊歌〔辭〕　按「歌」下當有「辭」字，各本並脫，今補。

〔一二〕司儀且序　「且」南監本、局本作「具」，宋書樂志亦作「具」。

〔一三〕助寶尊軒　「尊」南監本、局本作「奠」，宋書樂志亦作「奠」。

〔一四〕(埍)〔琄〕朱竚聲　據南監本、局本改。

〔一五〕皇慶昭膺　「昭」南監本作「始」。

〔一六〕皇靈降止　「止」宋書樂志作「祉」。

〔一七〕百祇具司　「百祇」原譌「白紙」，據南監本、局本及宋書樂志改正。

〔一八〕物色輕霄　「霄」南監本作「宵」，宋書樂志亦作「宵」。

〔一九〕和風舞　「和」宋書樂志作「柔」。

〔二〇〕萬品親　「親」宋書樂志作「新」。

〔二一〕布政司炎涼　「司」宋書樂志作「周」。

〔二二〕至分乘經晷　「至分」宋書樂志作「分至」。

〔二三〕帝暉緝萬有　「暉」宋書樂志作「運」。

〔二四〕洞海同聲憓　「同」宋書樂志作「周」。

〔二五〕龍已（秣）〔沫〕　據南監本及宋書樂志改。

〔二六〕鴻化凝　「鴻」宋書樂志作「睿」。

〔二七〕並帝明德　「並」南監本作「翊」。

〔二八〕維孝尊靈　「尊」宋書樂志作「奠」。

〔二九〕敬芳黍稷　「芳」宋書樂志作「芬」。

〔三〇〕嘉足參牷　宋書樂志作「嘉是柔牷」。

〔三一〕薦豆呈毛血〔奏〕嘉薦樂歌詩二章　據毛本、殿本、局本補。

〔三二〕昌福至　「昌」宋書樂志作「景」。

〔三三〕挈火夕炤　「挈」宋書樂志作「絜」。案「絜火」與下「明水」相對成文，疑作「絜」是。

〔三四〕華漢高虛　「高」宋書樂志作「亭」。案「亭虛」與上「駐景」相對成文，疑作「亭」是。

〔三五〕三(代)〔祇〕解途　據南監本、局本改，與宋書樂志合。按殿本「祇」作「祗」，亦譌。

〔三六〕玉鑛息節　「鑛」南監本、殿本作「虡」。按宋書樂志作「鑣」，疑作「鑣」是。

〔三七〕戒誠達孝　「戒」南監本、局本作「式」，宋書樂志同。

〔三八〕對泯祉　「泯」南監本、局本作「岷」。

〔三九〕(樽)〔奠〕春酒　據南監本、局本改。

〔四〇〕(兩)〔雨〕龍既御炎精來　據南監本、毛本、殿本、局本改。

〔四一〕飛(雲)〔雩〕至　蛛隱廬日箋云當作「雩」。按上有「望玄雲」，此不當云「飛雲至」，作「雩」是，今改。

〔四二〕百禮洽萬(觀)〔祚〕臻　據南監本、毛本、殿本、局本改。

〔四三〕襲案周禮(志)〔注〕云　據宋書樂志改。

〔四四〕後(續)〔讀〕漢安世歌　據宋書樂志改。按自「侍中繆襲奏」至「於是改安世樂曰饗神歌」，皆襲用宋志舊文。宋志此句作「襲後又依歌省讀漢安世歌詠」。

〔四五〕饗神〔十〕〔七〕室同辭　按太廟七室，「十」當作「七」，各本並譌，今改正。

〔四六〕迎神奏昭夏樂〔歌〕辭　據殿本補。按毛本、局本有「歌」字，無「辭」字。

〔四七〕穆皇后神室奏穆德凱容之樂〔歌〕辭　按前後皆言「歌辭」，各本並脫「歌」字，今補。

〔四八〕玄武司馬班固奏用〔商〕〔周〕頌載芟祠先農　按載芟，周頌篇名，各本並譌，今改正。

〔四九〕饗社稷先農先聖先蠶歌詩三篇　按歌詩三篇，而所饗者有社稷、先農、先聖、先蠶凡四，且辭皆敍田農事，疑「先聖」二字衍。

〔五〇〕中書監荀勗侍郎成公綏　按「綏」下疑脫一「作」字。

〔五一〕比景乾坤　「景」宋書樂志作「量」。按「比量」與下「陶甄」相對成文，疑作「量」是。

〔五二〕萬方來賀　按宋書樂志「來」上有「畢」字，五字句。

〔五三〕華夷充庭　按宋書樂志作「華裔充皇庭」，五字句。

〔五四〕多士盈九德　「德」宋書樂志作「位」。

〔五五〕禮至和　「禮」宋書樂志作「體」。

〔五六〕繫休祥　「繫」宋書樂志作「緐」。

〔五七〕瑞徵辟　「徵辟」宋書樂志作「徽璧」。

〔五八〕儛雲鳳　「雲」宋書樂志作「靈」。

〔五九〕懷荒遠　「遠」宋書樂志作「裔」。

〔六〇〕長世盛　「盛」上宋書樂志有「弘」字，四字句。

〔六一〕流仁德　「德」上宋書樂志有「布」字，四字句。

〔六二〕垂訓從帝則　「從」宋書樂志作「順」，此蕭子顯避梁諱改。

〔六三〕（右）〔左〕衽回衿帶　據宋書樂志、樂府詩集改。

〔六四〕樂王慶　「慶」宋書樂志作「度」，疑作「度」是。

〔六五〕（仁）〔介〕景祚　據南監本、殿本改。宋書樂志作「衍」。

〔六六〕德永稱　宋書樂志作「舞德稱」。

〔六七〕文明煥　「明」宋書樂志作「武」。

〔六八〕詠休烈　「休」宋書樂志作「徽」。

〔六九〕九奏在今　「奏」宋書樂志作「成」。

〔七〇〕化穆自宣　「宣」宋書樂志作「然」。

〔七一〕陶和當年　「當」原譌「常」。據局本及宋書樂志改正。

〔七二〕從命創制　「從命」宋書樂志作「順命」，此蕭子顯避梁諱改。

〔七三〕九國無塵　「九國」宋書樂志作「九圍」。

〔七四〕以代魏太和時　按宋書樂志，魏鼓吹曲第十二爲「太和」，無「時」字。

〔七五〕徵羽〔下〕除下厭衆目上從鍾鼓二句　按宋書樂志「雜之以徵羽」下有「下翳衆目，上從鍾鼓」二句，此志删之，故云。「除」上當有一「下」字，今補。

〔七六〕水河淡淡　「河」宋書樂志作「何」。

〔七七〕人命長當結久　「久」宋書樂志作「友」。

〔七八〕趨步明月舞瑤堂　「堂」南監本、殿本作「裳」。按宋書樂志作「趨步明玉舞瑤璫」。

〔七九〕情發金石媚笙簧　「情」宋書樂志作「聲」。

〔八〇〕如驚若思凝且翔　「驚」宋書樂志作「矜」。

〔八一〕將流將引雙〔度〕〔雁〕行　據殿本改。按南監本作「將流將引鴈雙行」。宋書樂志作「將流將引雙雁翔」。

〔八二〕生扳牛角　「扳」南監本、毛本、殿本、局本作「拔」。

〔八三〕江左咸〔和〕〔康〕中　按咸和、咸康，皆晉成帝年號。宋書樂志作咸康七年。晉書成帝紀，咸康七年，除樂府雜伎，則作咸康爲是。今據改。

〔八四〕太元中　「太」原譌「泰」，各本並譌，今改正。

南齊書卷十二

志第四

天文上

易曰：「聖人仰觀象於天，俯觀法於地。」天文之事，其來已久。太祖革命受終，膺集期運。宋昇明三年，太史令將作匠陳文建陳天文，〔一〕奏曰：「自孝建元年至昇明三年，日蝕有十，虧上有七。占曰『有亡國失君之象』。一曰『國命絕，主危亡』。孝建元年至昇明三年，太白經天五。占曰『天下革，民更王，異姓興』。孝建元年至昇明三年，月犯房心四，太白犯房心五。占曰『其國有喪，宋當之』。孝建元年至永光元年，奔星出入紫宮有四。占曰『國去其君，有空國徙王』。大明二年至元徽四年，天再裂。占曰『陽不足，白虹貫日，人君惡之』。孝建二年至大明五年，月入太微。泰豫元年至昇明三年，〔二〕月又入太微。孝建元年至元徽二年，太白入太微各八，熒惑入太微六。占曰『七耀行不軌道，危亡之象』。貴人失權勢，主亦衰，當有王入爲主』。孝建二年至昇明二年，太白熒惑經羽林各三。占曰『國殘更世』。孝建二年四月十三日，熒惑守南斗，成句己。占曰『天下易正更元』。孝建三年十二月一日，塡星熒惑辰星合于南斗。占曰『改立王公』。大明二年十二月二十六日，太白犯塡星于斗。六年十一月十五日，太白塡星合于危。占曰『天子失土』。景和元年十月八日，熒惑守太微，成句己。占曰『王者惡之，主命無期，有徙主，若主王，天下更紀』。泰始三年正月十七日，白氣見西南，東西半天，名曰長庚。六年九月二十七日，白氣又見東南長二丈，竝形狀長大，猛過彗星。占曰『除舊布新易主之象，遠期一紀』。至昇明三年，一紀訖。泰始四年四月二十四日，太白犯塡星于胃。占曰『主命惡之』。泰始七年六月十七日，太白歲星塡星合于東井。占曰『改立王公』。元徽四年至昇明二年三月，日有頻食。占曰『社稷將亡，王者惡之』。元徽四年十月十日，塡星守太微宮，逆從行，歷四年。〔三〕占曰『有亡君之戒，易世立王』。元徽五年七月一日，熒惑太白辰星合于翼。占曰『改立王公』。昇明二年六月二十日，歲星守斗建。陰陽終始之門，大赦昇平之所起，律曆七政之本源，德星守之，天下更年，五禮更興，多暴貴者。昇明二年十月一日，熒惑守輿鬼。三年正月七日，熒惑守兩戒閒，成句己。占曰『尊者失朝，必有亡國去王』。昇明三年正月十八日，辰星孟効西方。〔四〕占曰『天下更王』。昇明三年四月，歲星在虛危，徘徊玄枵之野，則齊國有福厚，爲受慶之符。」今所記三辰七曜之變，起建元訖于隆昌，以續宋史。建武世太史奏事，明帝不欲使天變外傳，並祕而不出，自此闕焉。

日蝕

建元二年九月甲午朔，日蝕。

三年七月己未朔，日蝕。

永明元年十二月乙巳朔，日蝕。

十年十二月癸未朔，加時在午之半度，到未初見日始蝕，虧起西北角，蝕十分之四，申時光色復還。

隆昌元年五月甲戌合朔，巳時日蝕三分之一，午時光復還。

月蝕

建元四年七月戊辰，月在危宿蝕。

永明二年四月丁巳，月在南斗宿蝕。

三年十一月戊寅，月入東井曠中，因蝕三分之一。

五年三月庚子，月在氐宿蝕。

九月戊戌，月在胃宿蝕。

六年九月癸巳，月蝕在婁宿九度，加時在寅之少弱，虧起東北角，蝕十五分之十一。十五日子時，蝕從東北始，至子時末都既，到丑時光色還復。

七年八月丁亥，月在奎宿蝕。

十月庚辰，月奄蝕熒惑。

八年六月庚寅，月奄蝕畢左股第一星。

十年十二月丁酉，月蝕在柳度，加時在酉之少弱，到亥時月蝕起東角七分之二，至子時光色還復。

永泰元年四月癸亥，月蝕，色赤如血。三日而大司馬王敬則舉兵，衆以爲敬則禬烈所感。

永元元年八月己未，月蝕盡，色皆赤。是夜，始安王遙光伏誅。

史臣曰：日月代照，實重天行。上交下蝕，同度相掩。案舊說曰「日有五蝕」，謂起上下左右中央是也。交會舊術，日蝕不從東始，以月從其西，東行及日。於交中，交從外入內者，先會後交，虧西南角；先交後會，虧西北角；交從內出者，先會後交，虧西北角；先交後會，虧西南角。日正在交中者，則虧於西，故不嘗蝕東也。若日中有虧，名爲〔西〕〔黑〕子，〔五〕不名爲蝕也。漢尚書令黃香曰：「日蝕皆從西，月蝕皆從東，無上下中央者。」春秋魯桓三年日蝕，貫中下上竟黑。疑者以爲日月正等，月何得小而見日中。鄭玄云：「月正掩日，日光從四邊出，故言從中起也。」王逸以爲「月若掩日，當蝕日西，月行既疾，須臾應過西崖既，復次食東崖，今察日蝕，西崖缺而光已復，過東崖而獨不掩」。逸之此意，實爲巨疑。先儒難「月以望蝕，去日極遠，誰蝕月乎」？說者稱「日有暗氣，天有虛道，常與日衡相對，月行在虛道中，則爲氣所弇，故月爲蝕也。雖時加夜半，日月當子午，正隔於地，猶爲暗氣所蝕，以天體大而地形小故也。暗虛之氣，如以鏡在日下，其光耀魄，乃見於陰中，常與日衡相對，故當星星亡，當月月蝕」。今問之曰：「星月同體，俱兆日耀，當月之蝕，星不必亡。若更有所當，星未嘗蝕，同稟異虧，其故何也？」荅曰：「月爲陰主，以當陽位，體敵勢交，自招盈損。星雖同類，而精景陋狹，小毀皆亡，無有受蝕之地，纖光可滿，亦不與弦望同形。」又難曰：「日之夜蝕，驗於夜星之亡，晝蝕既盡，晝星何故反不見？」答之曰：「夫言光有所衝，則有不衝之光矣；言有所當，亦有所不當矣。夜食度遠，與所當而同沒；晝食度近，由非衝而得明。」又問：「太白經天，實緣遠日。今度近更明，於何取喻？」荅曰：「向論二蝕之體，周衝不同，經與不經，自由星遲疾，難蝕引經，恐未得也。」

日光色

建元四年十一月午時，日色赤黄無光，至暮，在箕宿。

二年閏正月乙酉，日黄赤無光，至暮。

永明五年十一月丁亥，日出高三竿，朱色赤黄，日暈，虹抱珥直背。

建元元年十二月未時，日暈，帀，黄白色，至申乃消散。

永明二年正月丁酉，日交暈再重。

三年二月丁卯，日有半暈，暈上生一〔珥〕。〔六〕

四年五月丙午，日暈再重，仍白虹貫日，〔七〕在東井度。

六年三月甲申，日於蘭雲中薄半暈，須臾過帀，日東南暈外有一直，竝黄色。壬辰，日暈，須臾，日西北生虹貫日中。

八年十一月己亥，日半暈，南面不帀，日東西帶暈，各生珥，長三尺，白色，珥各長十丈許，正衝日，久久消散，背因成重暈，竝青絳色。

九年正月甲午，日半暈，南面不帀，北帶暈生一抱，東西各生一珥，抱北又有半暈，抱珥竝黄色，北又生白虹貫日，久久消散。

建元元年六月甲申，日南北兩珥，西有抱，黃白色。

永明二年十一月辛巳，日東北有一背。

三年十一月庚寅，日西北有一背。

四年正月辛巳，日南北各生一珥，又生一背。

十二月辛未，日西北生一直，黃白色。戊寅，日北生一背，青絳色。

五年八月己卯，日東南生一珥，並青絳色。

六年二月丁巳，日東北生黃色，北有一珥，黃赤色，久久並散。庚申，日西有一背，赤青色，東西生一直，南北各生一珥，並黃白色。

七年十月癸未，日東北生一背，青赤色，須臾消。

八年六月戊寅，日於蒼白雲中南北各生一珥，青黃絳雜色，澤潤，並長三尺許，至巳午消。

隆昌元年正月壬戌，日於蘭雲中暈，南北帶暈各生一直，同長一丈，須臾消。

永元元年十二月乙酉，日中有三黑子。

月暈犯

建元四年十月庚寅，月暈五車及參頭。

永明元年正月壬辰，是日至十五日，月三暈太微及熒惑。

三月庚申至十三日，月三暈太微及熒惑。

五年二月乙未，自九日至是日，月三暈太微。

六年二月壬戌甲夜、十三日甲夜、十五日甲夜，月並暈太微。

永明元年十一月己未，月南北各生一珥，又有一抱。

月犯列星　建元元年七月丁未，月犯心大星北一寸。丁卯，月入軒轅中犯第二星。

十月丙申，月在心大星西北七寸。

十一月壬戌，月在氐東南星五寸。

十二月乙酉，月犯太微西蕃南頭第一星。庚寅，月行房道中，無所犯。癸巳，月入南斗魁中，無所犯。

二年三月癸卯，月犯心大星，又犯後星。

五月庚戌，月入南斗。

七月己巳，月入南斗。

三年二月癸巳，月犯太微上將。

四年二月乙亥，月犯輿鬼西北星。丙子，月犯南斗魁第二星。辛未，月犯心大星，又犯後星。

四月壬辰，月犯軒轅左民星。庚子，月犯箕東北星。

五月丙寅，月犯心後星。戊寅，月掩昴西北星。

六月乙未，月犯箕東北星。

七月癸亥，月行南斗魁中，無所犯。庚辰，月犯軒轅女主。

八月庚子，月犯昴西南星。壬寅，月犯五車東南星。壬申，月犯軒轅少民星。

九月丁巳，月犯箕東北星。壬辰，月在營室度，入羽林中。二十日，月入輿鬼，犯積尸。

十一月甲戌，月犯五車南星。

十二月丁酉，月犯軒轅女主星，又掩女御。

永元元年正月己亥，月犯心後星。

三月乙未，月犯軒轅女主星。

六月癸酉，月犯輿鬼西南星。

八月乙丑，月犯南斗第四星，又犯輿鬼星。

九月庚辰，月犯太白左蕃度。〔八〕癸巳，月犯東井北轅西頭第一星。

十二月丁卯，月犯心前星，又犯大星。己巳，月犯南斗第五星。

二年二月甲子，月犯南斗第四星，又犯第三星。

三月丁丑，〔月〕犯東井北轅北頭第一星。〔九〕

四月戊申，月犯軒轅右角。

六月丙寅，月犯東井轅頭第一星。

八月丙午，月掩心大星。戊申，月犯南斗第三星。戊子，月犯東井北轅西頭第一星。

十一月庚辰，月犯昴星。丙戌，月犯軒轅左角。

十二月壬戌，月犯心前星，又犯大星。

三年二月己未，月犯南斗第五星。

三月壬申，月在東井，無所犯。

六月丙午，月掩心前星。

八月丙辰，月犯東井北轅第二星。

九月癸未，月犯東井南轅西頭第一星。

四年正月癸酉，月入東井，無所犯。乙亥，月犯輿鬼。

閏月辛亥，月犯房。

二月丁卯，月犯東井鉞。

三月乙未，月入東井，無所犯。

七月辛亥，月犯東井。

八月戊寅，月犯東井。

九月辛卯，月與太白於尾合宿。丙午，月入東井。

十一月辛丑，月入東井曠中。辛亥，月犯房北頭第二星。

十二月己巳，月犯東井北轅東頭第二星。辛巳，月犯南斗第六星。

五年正月丙午，月犯房鉤鈐。

二月癸亥，月犯東井南轅西頭第二星。

三月癸卯，月犯南斗第二星。

六月乙丑，月犯南斗第六星，在南斗七寸。丙寅，月犯西建星北一尺。

史臣曰：月令昏明中星，皆二十八宿。箕斗之閒，微爲疎闊。故仲春之與孟秋，建星再用，與宿度竝列，亟經陵犯，災之所主，未有舊占。石氏星經云：「斗主爵祿，褒賢進士，故置建星以爲輔。若犯建之異，不與斗同。」則據文求義，亦宰相之占也。

七月丁未，月行入東井曠中，無所犯。

八月壬申，月在畢，犯左股第二星西北三寸。

九月戊子，月在塡星北二尺八寸，爲合宿。

十月戊寅，月入氐犯東南星西北一尺餘。

十一月戊寅，月入氐。

十二月戊午，月在東壁度，在熒惑北，相去二尺七寸，爲合宿。甲子，月在東壁度東南九寸，爲犯。癸酉，月在歲星南七寸，爲犯。

六年正月戊戌，月在角星南，相去三寸。

二月丁卯，月在氐西南六寸。

三月乙未，月入氐中，在歲星南一尺一寸，爲合宿。

四月癸丑，月犯東井南轅西頭第二星。壬戌，月在氐西南星東南五寸，爲犯。漸入氐中，與歲星同在氐度，爲合宿。癸亥，月行在房北頭第一星西南一尺，爲犯。

六月乙卯，月在角星東一寸，爲犯。丁巳，月行入氐，無所犯。在歲星東三寸，爲合宿。

七月乙酉，月入房北頭第二次相星西北八寸，爲犯。庚寅，月在牽牛中星南二寸，爲犯。庚子，月行在畢左股第一星七寸，爲犯。〔10〕又進入畢。

八月壬子，月行在歲星東二尺五寸，同在氐中，爲合宿。

九月庚辰，月在房北頭第一上相星東北一尺，爲犯。又掩犯關楗閉星。〔一〕丁酉，月行入東井。甲辰，月在左角星西北九寸，爲犯。又在熒惑西南一尺六寸，爲合宿。

十月癸酉，月入氐中，在西南星東北三寸，爲犯。

閏月壬辰，月行入東井。

十一月丙戌，月行入羽林中，無所犯。乙未，月行在東井南轅西頭第二星南一尺，爲犯。丙寅，月在左角北八寸，爲犯。辛未，月行在太白東北一尺五寸，同在箕度，爲合宿。

十二月甲申，月行在畢左股第二星北七寸，爲犯。乙未，月行入氐西南星東北一尺，爲犯。丙申，月在房北頭上相星北一尺，爲犯。

七年正月甲寅，月入東井曠中，無所犯。戊辰，月掩犯牽牛中星。

二月辛巳，月掩犯東井北轅東頭第一星。

三月庚申，月在歲星西北三尺，同在箕度，爲合宿。

四月乙酉，月入氐中，無所犯。丙戌，月犯房星北頭第一上相星北一尺，在楗閉西北四寸，爲犯。

六月乙酉，月犯牽牛中星。乙未，月入畢，在左股第二星東八寸，爲犯。

七月丁未，月入氐中，無所犯。戊申，在楗閉星東北一尺，爲犯。

八月甲戌，月入氐，在西南星東北一尺，爲犯。庚寅，月在畢右股第一星東北一尺，爲犯。

九月丁巳，月掩犯畢右股第一星。庚申，月在東井北轅東頭第一星西北八寸，爲犯。

十月甲申，月行掩畢左股第三星。丁酉，月行在楗閉星西北八寸，爲犯。

十二月壬午，月在東井北轅東頭第一星北八寸，爲犯。

八年正月丁巳，月在亢南頭第二星南七寸，爲犯。

二月己巳，月行在畢右股第一星東北六寸，爲犯。

六月甲戌，月在亢南頭第二星西南七寸，爲犯。

八月乙亥，月在牽牛中星南九寸，爲犯。辛卯，月在軒轅女御南八寸，爲犯。

九月辛酉，月在太微左執法星南四寸，爲犯。

十月壬午，月入東井曠中，無所犯。戊子，月在太微右執法星東南六寸，爲犯。

十一月戊戌，月行在塡星北二尺二寸，爲合宿。乙卯，月行在太微右執法星南二寸，爲犯。

十二月庚辰，月行在軒轅右角星南二寸，爲犯。癸未，月掩犯太微右執法。

九年正月辛丑，月在畢蹥西星北六寸，爲犯。庚申，月在歲星西北二尺五寸，同在須女度，爲合宿。

二月辛未，月入東井曠中，無所犯。壬申，月行東井北轅東頭第一星北九寸，爲犯。

三月丙申，月入畢，在左股第二星東北六寸，又掩大星。

四月庚午，月在軒轅女御星南八寸，爲犯。癸酉，月在太微東南頭上相星南八寸，爲犯。癸未，月在歲星北，爲犯，在危度。

五月庚子，月行掩犯太微，在執法。丁未，月掩犯東建西星。

七月癸巳，月在太白東五寸，爲犯。乙未，月在太微東蕃南頭上相星西南五寸，爲犯。壬寅，月掩犯東建星。癸卯，月在牽牛南星北五寸，爲犯。乙巳，月在歲星北六寸，爲犯。

閏七月辛酉，月在軒轅女御星西南三寸，爲犯。

八月，月在軒轅左民星東八寸，爲犯。

九月乙丑，月掩牽牛南星。癸未，月入太微，在右執法東北四寸，爲犯。甲申，月掩太微東蕃南頭上相星。

十月甲午，月行在塡星西北八寸，爲犯，在虛度。戊申，月在軒轅女主星南四寸，掩女御，竝爲犯。辛亥，月入太微左執法東北七寸，爲犯。

十一月壬戌，月行掩犯歲星。己巳，月在畢右股大星東一寸，爲犯。辛未，月在東井南轅西頭第二星南八寸，爲犯。又入東井曠中。丙子，月入在軒轅左民星東北七寸，爲犯。丁丑，月行在太微西蕃上將星南五寸，爲犯。

十二月庚寅，〔月行〕在歲星東南八寸，爲犯。〔二〕丙午，月掩犯太微東蕃南頭上相星。

十年正月庚午，月在軒轅右角大民星南八寸，爲犯。

二月己亥，月行太微，在右掖門。甲辰，月行入氐中，掩犯東北星。壬子，月行入羽林。

三月己卯，月行入羽林，在填星東北七寸，爲犯。在危四度。

四月甲午，月行入太微，在右掖門內。丙午，月行在危度，入羽林。

五月己巳，月掩南斗第三星。甲戌，月行在危度，入羽林。

六月戊子，月在張度，在熒惑星東三寸，爲犯。己丑，月行入太微，在右掖門。丁酉，月掩西建星西。丁未，月行入畢，犯右股大赤星。

七月甲戌，月行在畢躔星西北六寸，爲犯。〔三〕丁丑，月在東井北轅東頭第二星西南九寸，爲犯。

八月辛卯，月行西建星東一尺，又在東星西四寸，爲犯。壬寅，月行在畢右股大赤星東北四寸，爲犯。甲辰，月行入東井曠中，無所犯。戊申，月行在軒轅女主星西九寸，爲犯。辛亥，月入太微，在左執法星北二尺七寸，爲犯。

九月癸亥，月行掩犯填星一寸，在危度。

十月辛卯，月在危度，入羽林，無所犯。癸亥，月入東井曠中，無所犯。

十一月甲子，月入畢，進右股大赤星西北五寸，爲犯。壬申，月入太微，在右執法星東北一尺三寸，無所犯。丁丑，月入氐，無所犯。

十二月甲午，月入東井曠中，又進北轅東頭第二星四寸，爲犯。庚子，月入太微，在右執法星東北三尺，無所犯。

十一年正月辛酉，月入東井曠中，無所犯。乙丑，月在軒轅女主星北八寸，爲犯。壬申，月行在氐星東北九寸，爲犯。

二月甲午，月行入太微，在上將星東北一尺五寸，無所犯。壬寅，月行掩犯南斗第六星。癸卯，月掩犯西建中星，又掩東星。

四月乙丑，月入太微，在右執法西北一尺四寸，無所犯。壬寅，月行在危度，入羽林，無所犯。

五月丁巳，月行入太微左執法星北三尺，無所犯。甲子，月行在南斗第二星西七寸，爲犯。乙丑，月掩犯西建中星。又犯東星六寸。

六月辛丑，月行掩犯畢左股第三星。壬寅，月入畢。

七月壬子，月入太微，在左執法東三尺，無所犯。丙辰，月行入氐，在東北星西南六寸，爲犯。己未，月行南斗第六星南四寸，爲犯。庚申，月行在西建星東南一寸，爲犯。

九月庚寅，月行在哭星西南六寸，爲犯。壬辰，月行在營室度，〔四〕入羽林，無所犯。丁酉，月入畢，在右股大赤星西北六寸，爲犯。己亥，月入東井曠中，無所犯。乙巳，月行太微，當右掖門內，在屏星西南六寸，爲犯。

十月壬午，月行在東建中星九寸，爲犯。

十一月壬子，月在哭星南五寸，爲犯。辛酉，月行在東井鉞星南八寸，又在東井南轅西頭第一星南五寸，竝爲犯。進入井中。丁卯，月入太微。壬申，月行入氐，無所犯。

十二月辛巳，月入羽林，又入東井曠中，又入東井北轅西頭第二星南六寸，爲犯。乙未，月入太微，在右執法星東北二尺，無所犯。乙亥，月入氐，無所犯。

隆昌元年正月辛亥，月入畢，在左股第一星東南一尺，爲犯。

三月辛亥，月在東井北轅西頭第二星東七寸，爲犯。甲申，月入太微，在屏星南九寸，爲犯。

六月乙丑，月入畢，在右股第一星東北五寸，爲犯。又在歲星東南一尺，爲犯。丁卯，月入東井南轅西頭第一星東北七寸，爲犯。

泰元元年七月，〔一五〕月掩心中星。

校勘記

〔一〕太史令將作匠陳文建陳天文　「陳文建」百衲本及各本並作「文孝建」。錢大昕廿二史考異云：「『文孝建』似是人姓名，然『孝建』乃孝武年號，不應以命名，恐誤。」按高帝紀上，宋昇明三年兼太史令將作匠陳文建奏符命云云，當卽其人，「文孝建」蓋「陳文建」之譌，今改正。

〔二〕泰豫元年至昇明三年　「泰」原譌「太」，各本不譌，今改正。

〔三〕逆從行歷四年　殿本考證云：「按逆從行猶曰逆順行，梁世諱順故也。至謂歷四年，必係傳寫之誤，考塡星逆行，從無歷四年之久者。」

〔四〕辰星孟効西方　殿本考證云：「按古法候辰星，惟四仲月當見，故劉向封事以辰星見於四孟爲異也。『効』與『耀』音同，疑『耀』字傳寫之誤。」

〔五〕若日中有虧名爲〔西〕〔黑〕子　據局本改。殿本考證云：「按歷朝天文志中，日中有黑子，每紀之於書，從無西子之名，疑『西』字係『黑』字之訛。」

〔六〕暈上生一〔珥〕　據南監本、殿本、局本補。

〔七〕仍白虹貫日　「仍」字下毛本、局本有「珥」字。

〔八〕月犯太白左蕃度　殿本考證云：「按太微則有左右蕃，太白只一星，何蕃之有？疑本係『太微』，訛爲『太白』。」

〔九〕〔月〕犯東井北轅北頭第一星　據殿本、局本補。

〔一〇〕月行在畢左股第一星七寸爲犯　「月」原譌「日」，據殿本改正。按殿本考證云：「『月』監本訛『日』，今改正。」

〔一一〕又掩犯關楗閉星　殿本考證云：「星圖有楗閉星，無關楗閉星，『關』字疑衍，或上下有脫字。」

〔一二〕十二月庚寅〔月行〕在歲星東南八寸爲犯　「月行」二字原本闕文，今據南監本、毛本、殿本、局本補。

〔一三〕月行在畢躔星西北六寸爲犯　殿本考證云：「『躔星』二字不可解，其閒恐有脫字。」

〔一四〕壬辰月行在營室度　「月」原譌「日」，今據南監本、殿本、局本改正。

〔一五〕泰元元年七月　殿本考證云：「齊世無『泰元』年號，疑必『永元』之訛。」今按永元乃東昏侯年號，明帝建武五年四月甲寅，改元永泰，「泰元」或「永泰」之譌。

南齊書卷十三

志第五

天文下

史臣曰：天文設象，宜備內外兩宮，但災之所躔，不必遍行景緯，五星精晷與二曜而爲七，妖祥是主，曆數攸司，蓋有殊於列宿也。若北辰不移，據在杠軸，衆星動流，實繫天體，五星從伏，〔一〕非關二義，故徐顯思以五星爲非星，虞喜論之詳矣。

五星相犯列宿雜災

建元元年八月辛亥，太白犯軒轅大星。

九月癸丑，太白從行於軫犯塡星。

二年六月丙子，太白晝見。

四年二月丙戌，太白晝見在午上。

六(年)〔月〕辛卯，〔二〕太白晝見午上。庚子，太白入東井，無所犯。

七月己未，太白有光影。

八月戊子，太白從軒轅犯女主星。甲辰，太白從行犯軒轅少民星。

九月己卯，太白從行犯太微西蕃上將。辛酉，太白從行入太微，在右執法星西北一尺。〔三〕戊辰，太白從行犯太微左執法。

十二月壬子，太白從行犯填星，在氐度。丙辰，太白從行犯房北頭第一星。丁卯，太白犯楗閉星。

永明元年六月己酉，太白行犯太微上將星。辛酉，太白行犯太微左執法。

八月甲申，太白犯南斗第四星。

九月乙酉，太白犯南斗第三星。壬辰，太白熒惑合同在南斗度。

十月丁卯，太白犯哭星。

二年正月戊戌，太白晝見當午上。

三月甲戌，太白從行入羽林。

四月丙申，太白從行犯東井鉞星。

六月戊辰，太白熒惑合同在輿鬼度。己巳，太白從行輿鬼度犯歲星。
三年四月丁未，太白晝見。癸亥，太白晝見當午上。
五月戊子，太白犯少民星。
八月丁巳，太白晝見當午上。
十一月壬申，太白從行入氐。
十二月己酉，太白塡星合在箕度。
四年九月壬辰，太白晝見當午。丙午，太白犯南斗。
十一月庚子，太白入羽林，又犯天關。
五年五月丁酉，太白晝見當午上。庚子，太白三犯畢左股第一星西南一尺。
六月甲戌，太白犯東井北轅第三星，在西一尺。
八月甲寅，太白從行入軒轅，在女主星東北一尺二寸，不爲犯。戊辰，太白從在太微西蕃上將星西南五寸。辛巳，太白從在太微左執法星西北四寸。
六年四月辛酉，太白從在熒惑北三寸，爲犯，竝在東井度。
五月癸卯，太白晝見當午上。〔四〕
六月己巳，太白從在太微西蕃右執法星東南四寸，爲犯。

七月癸巳，太白在氐角星東北一尺，爲犯。

八月乙亥，太白從行在房南第二左股次將星西南一尺，爲犯。〔五〕

閏八月甲午，太白晝見當午。

十一月戊午，太白從在歲星西北四尺，同在尾度。又在熒惑東北六尺五寸，在心度，合宿。

十二月壬寅，太白從行在塡星西南二尺五寸斗度。

七年二月辛巳，太白從行入羽林。

十月癸酉，太白在歲星南，相去一尺六寸，從在箕度爲合。

十一月丁卯，太白從行入羽林。

八年正月丁未，太白晝見當午上。

六〔年〕〔月〕戊子，〔六〕太白從行入東井。己丑，太白晝見當午。

八月庚辰，太白從在軒轅女主星南七尺，爲犯。

九月丙申，太白從行在太微西蕃上將星西南一尺，爲犯。丁未，太白從行入太微。辛酉，太白從行在進賢西五寸，爲犯。

十月乙亥，太白從行在亢南第二星西南一尺，爲犯。甲申，太白從行入氐。

十一月戊戌，太白從行在房北頭第二星東北一寸，又在楗閉星西南七寸，竝爲犯。又在熒惑西北二尺，爲合宿。癸卯，太白從行在熒惑東北一尺，爲犯。

九年四月癸未，太白從歷，夕見西方，從疾參宿一度，比來多陰，至己丑開除，已見在日北，當西北維上，薄昏不見宿星，則爲先歷而見。

六月丙子，太白晝見當午上。

七月辛卯，太白從行入太微，在西蕃上將星北四寸，爲犯。

九月乙亥，太白從行在南斗第四星北二寸，爲犯。丁卯，太白在南斗第三星西一寸，爲犯。

十年二月甲辰，太白從行入羽林。

五月辛巳，太白從行入東井，在軒轅西第一星東六寸，爲犯。

七月乙丑，太白從行在軒轅大星東八寸，爲犯。〔七〕

十一年正月戊辰，太白從行在歲星西北六寸，爲犯，在奎度。

二月丁丑，太白從行東井北轅西頭第一星東北一尺，爲犯。

四月戊子，太白在五諸侯東第二星西北六寸，爲犯。辛丑，太白從行入輿鬼，在東北星西南四寸，爲犯。

五月戊午，太白晝見當午，名爲經天。癸亥，太白從行入軒轅大星北一尺二寸，無所犯。

九月己酉，太白晝見當午上。

十月丙戌，太白行在進賢星西南四寸，爲犯。

十一月戊戌，太白從行入氐。丁卯，太白從行在楗閉星西北六寸，爲犯。

十二月壬辰，太白從行在南斗第六星東南一尺，爲犯。辛丑，太白從行在西建東星西南一尺，爲犯。

建元元年五月己未，熒惑犯太微西蕃上將，又犯東蕃上將。

二年十月辛酉，熒惑守太微。

四年六月戊子，熒惑從行入東井，無所犯。戊戌，熒惑在東井度，形色小而黄黑不明。丁丑，熒惑太白同在東井度。

七月甲戌，熒惑從行入輿鬼，犯積尸。

十月癸未，熒惑從行犯太微西蕃上將星。丙戌，熒惑從入太微。

十一月丙辰，熒惑（後）〔從〕行在太微，〔六〕犯右執法。

永明元年正月己亥，熒惑逆犯上相。辛亥，熒惑守角。庚子，熒惑逆入太微。

三月丁卯，熒惑守太白。

六月戊申，熒惑從犯亢。己巳，熒惑從行犯氐東南星。

七月戊寅，熒惑塡星同在氐度。丁亥，熒惑行犯房北頭第二星。

八月乙丑，熒惑從行犯天江。甲戌，熒惑犯南斗第五星。

十一月丙申，熒惑入羽林。

二年八月庚午，熒惑犯太微西蕃上將。癸未，熒惑犯太微右執法。丁酉，熒惑犯太微右執法。〔九〕

十月庚申，熒惑犯進賢。

十一月壬辰，熒惑犯亢南第二星。丙申，熒惑犯亢南星。

十二月乙卯，熒惑入氐。

三年二月乙卯，熒惑在房北頭第一星西北一尺，徘徊守房。

四月戊戌，熒惑犯。〔一〇〕

六月乙亥，熒惑犯房。癸亥，熒惑犯天江南頭第二星。

八月丁巳，熒惑犯南斗第五星。

十一月丙戌，熒惑從行入羽林。

四年八月戊辰，熒惑入太微。癸酉，熒惑犯太微右執法。戊子，熒惑在太微。

九月戊申，熒惑犯歲星。己酉，熒惑犯歲星，芒角相接。

十月丁丑，熒惑犯亢南頭第一星。

十一月庚寅，熒惑犯氐西南星。

十二月己未，熒惑犯房北頭第一星。庚申，熒惑入房北犯鉤鈐星。

五年二月乙亥，熒惑塡星同在南斗度，爲合宿。

九月乙未，熒惑從行在哭星東，相去半寸。

六年四月癸丑，熒惑伏在參度，去太白二尺五寸，辰星去太白五尺，三星爲合宿。甲戌，熒惑在辰星東南二尺五寸，俱從行，入東井曠中，無所犯。

閏四月丁丑，熒惑從行在氐西南星北七寸，爲犯。己卯，熒惑從行入氐，無所犯。乙巳，熒惑從行在房北頭第一上將右驂星南六寸，爲犯。又在鉤鈐星西北五寸。

十一月丙寅，熒惑從行在歲星西，相去四尺，同在尾度，爲合宿。

七年二月丙子，熒惑從行在塡星西，相去二尺，同在牽牛度，爲合宿。

三月戊午，熒惑從在泣星西北七寸。戊辰，熒惑從行入羽林。

八月戊戌，熒惑逆入羽林。

九月乙丑，熒惑入羽林，成句已。

八年四月丙申，熒惑從行入輿鬼，在西北星東南二寸，爲犯。

十月乙亥，熒惑入氐。

十一月乙未，熒惑從入北落門，在第一星東南，去鉤鈐三寸，爲犯。

九年三月甲午，熒惑從在壝星東七寸，在歲星南六寸，同在虛度，爲犯，爲合宿。

四月癸亥，熒惑從行入羽林。

閏七月辛酉，熒惑從行在畢左股星西北一寸，爲犯。

八月十四日，熒惑應伏在昴三度，前先曆在畢度，二十一日始逆行北轉，垂及玄冬，熒惑囚死之時，而形色漸大於常。

十年二月庚子，熒惑從入東井北轅西頭第一星西二寸，爲犯。

三月癸未，熒惑從行在輿鬼西北七寸，爲犯。乙酉，熒惑從行入輿鬼。

六月壬寅，熒惑從行入太微。

十一年二月庚戌，熒惑從在壝星西北六寸，爲犯，〔二〕同在營室。

五月戊午，熒惑從行在歲星西南六寸，爲犯，同在婁度。

八月辛巳，熒惑從行入東井，在南轅西第一星東北一尺四寸。

十一月丁巳，熒惑逆行在五諸侯東星北四寸，爲犯。

隆昌元年三月乙丑，熒惑從行入輿鬼西北星東一寸，爲犯。癸酉，熒惑從行在輿鬼積尸星東北七寸，爲犯。

閏三月甲寅，熒惑從入軒轅。

五月丁酉，熒惑從入太微，在右執法北二寸，爲犯。

建元四年正月己卯，歲星太白俱從行，同在婁度爲合〔宿〕。〔二〕

六月丁酉，歲星晝見。

永明元年五月甲午，歲星入東井。

七月壬午，歲星晝見。

三年五月丙子，歲星與太白合。

六月辛丑，歲星與辰星合。

十月己巳，歲星從入太微。

十一月甲子，歲星從入太微，犯右執法。

四年閏二月丙辰，歲星犯太微上將。

三月庚申，歲星犯太微上將。

四月己未，歲星犯右執法。

八月乙巳，歲星犯進賢，又與熒惑於軫度合宿。

五年二月癸卯，歲星犯進賢。

六月甲子，歲星晝見在軫度。

十月己未，歲星從在氐西南星北七寸，又辰星從入氐，在歲星西四尺五寸，又太白從在辰星東，相去一尺，同在氐度，三星爲合宿。

十二月甲戌，歲星晝見。

六年三月甲申，歲星逆行入氐宿。

六月丙寅，歲星晝見在氐度。

八年三月庚申，歲星守牽牛。

九年二月壬午，歲星從在塡星西七寸，同在虛度爲合〔宿〕。〔一三〕

閏七月辛酉，歲星在泣星北五寸，爲犯，又守塡星。

九月辛卯，在泣星西一尺五寸，爲合〔宿〕。〔一四〕

永明元年六月，辰星從行入太微，在太白西北一尺。

二年八月甲寅，辰星於翼犯太白。

九年六月丙子，辰星隨太白於西方，在七星度，相去一尺四寸，爲合宿。

十一年九月丙辰，辰星依曆應夕見西方亢宿一度，至九月八日不見。

隆昌元年正月丙戌，辰星見危度，在太白北一尺，爲犯。

建元三年十月癸丑，塡星逆行守氐。

四年七月戊辰，塡星從行入氐。

永明元年正月庚寅，塡星守房心。

三月甲子，塡星逆行犯西咸星。

二年二月戊辰，塡星犯東咸星。

四年十二月辛巳，塡星犯建星。

七年十二月戊辰，塡星在須女度，又辰星從〔行〕在塡星西南一尺一寸，〔一五〕爲合宿。

八年三月庚申，塡星守哭尾。〔一六〕

九年七月庚戌，塡星逆在泣西星東北七寸，爲犯。

十月甲午，塡星從行在泣星西北五寸，爲犯。

流星災

建元元年十月癸酉，有流星大如三升塸，色白，尾長五丈，從南河東北二尺出，北行歷輿鬼西過，未至軒轅後星而沒，沒後餘中央，曲如車輪，俄頃化爲白雲，久乃滅。流星自下而升，名曰飛星。

三年十月丙午，有流星大如月，赤白色，尾長七丈，西北行入紫宮中，光照牆垣。

四年正月辛未，有流星大如三升塸，赤色，從北極第二星北一尺出，北行一丈而沒。

九月壬子，流星如鵝卵，從柳北出，入軒轅。又一枚如瓜大，出西行沒空中。

永明元年六月己酉，有流星如二升椀，從紫宮出，南行沒氐。

二年三月庚辰，有流星如二升椀，從天市中出，南行在心後。

四年二月乙丑，有流星大如一升器。戊辰，有流星大如五升器。

四月丁卯，有流星大如一升器，從南斗東北出，西行經斗入氐。

六月丙戌，有流星大如鴨卵，從匏瓜南出，至虛而入。

八月辛未，有流星大如三升塸，從觜星南出，西南行入天濛沒。

十一月戊寅，有流星大如二升塸，白色，從亢東北出，行入天市。

十二月丁巳，有流星大如三升椀，白色，從天市帝座出，東北行一丈而沒。

五年六月辛未，有流星大如三升器，沒後有痕。

九月丙申，有流星大如四升器，白色，有光照地。

十二月甲子，西北有流星大如鴨卵，黄白色，尾長六尺，西南行一丈餘沒。

六年三月癸酉，有流星大如鴨卵，赤色，無尾。

四月丙辰，北面有流星大如二升器，白色，北行六尺而沒。

七月癸巳，有流星大如鵝卵，白色，從匏瓜南出，西南行一丈沒空中。須臾，又有流星大如五升器，白色，從北河南出，東北行一丈三尺沒空中。

十月戊寅，南面有流星，大如雞卵，赤色，在東南行沒，沒後如連珠。

十二月壬寅，有流星大如鵝卵，黄白色，尾長三丈，有光，沒後有痕從梗河出，西行一丈許，沒空中。

七年正月甲寅，有流星如五升器，白色，尾長四尺，從坐旗星出，西行入五車而過，沒空中。

六月丁丑，流星大如二升器，黄赤色，有光尾長六尺許，從亢南出，西行入翼中而沒，沒後如連珠。

十月乙丑，有流星如三升器，赤黄色，尾長六尺，出紫宫内北極星，東南行三丈沒空中。壬辰，流星如三升器，白色，有光從五車北出，行入紫宫，抵北極第一第二星而過，落空中，尾如連珠，仍有音響似雷。太史奏名曰「天狗」。

八年四月癸巳，有流星如二升器，黃白色，有光，從心星南一尺許出，南行二丈沒，沒後如連珠。丁巳，流星如鵝〔卯〕，〔一七〕白色，長五丈許，從角星東北二尺出，西北行沒太微西蕃上將星閒。

六月癸未，有流星如鴨卵，赤色，從紫宮中出，西南行未至大角五尺許沒。

七月戊申，有流星如五升器，赤白色，長七尺，東南行二丈，沒空中。

十月乙亥，有流星如鵝卵，白色，從紫宮中出，西北行三丈許，沒空中。

十一月乙未，有流星如鵝卵，赤白色，有光無尾，從氐北一丈出，南行入氐中沒。辛丑，流星如鵝卵，白色，從參伐出，南行一丈沒空中。又有一流星大如三升器，白色，從軫中出，東南行入婁中沒。

九年五月庚子，有流星如雞子，白色，無尾，從紫宮裏黃帝座星西二尺出，南行一丈沒空中。丁未，流星如李子，白色，無尾，從奎東北大星東二尺出，東北行至天將軍而沒。戊申，流星如鵝卵，黃白色，尾長二丈，從箕星東一尺出，南行四丈沒。

七月乙卯，西南有流星大如二升器，白色，無尾，西南行一丈餘沒。戊午，有流星如二升器，黃白色，有光從天江星西出，東北經天過入參中而沒，〔一八〕沒後如連珠。

閏七月戊辰，流星如鵝卵，赤色，尾長二尺，從文昌西行入紫宮沒。己巳，西南有流星如二升器，白色，西南行一丈沒。

九月戊子，有流星大如雞卵，白色，從少微星北頭出，東行入太微抵帝座星而過，未至東蕃次相一尺沒，如散珠。

十年正月甲戌，有流星如五升器，白色，從氐中出，東南行經房道過，從心星南二尺沒。

三月癸未，有流星如雞卵，青白色，尾長四尺，從牽牛南八寸出，南行一丈沒空中。

十一年二月壬寅，東北有流星如一升器，白色，無尾，北行三丈而沒。

四月丙申，有流星如三升器，白色，有光，尾長一丈許，從箕星東北一尺出，行二丈許，入斗度，沒空中，臨沒如連珠。

五月壬申，有流星大如雞子，黃白色，從太微端門出，無所犯，西南行一丈許沒，沒後有痕。

七月辛酉，有流星如雞子，赤色，無尾，從氐中出，西行一丈五尺沒空中。戊寅，有流星如雞卵，黃白色，從紫宮東蕃內出，東北行一丈五尺，至北極第五星西北四尺沒。

九月乙酉，有流星如鴨卵，黃白色，從婁南一尺出，東行二丈沒。

十二月己丑，西南有流星如三升器，黃赤色，無尾，西南行三丈許沒，散如遺火。

永元三年夜，天開黃色明照，須臾有物絳色如小甕，漸漸大如倉廩，聲隆隆如雷，墜太湖中，野雉皆雊，世人呼爲「木殃」。史臣案春秋緯「天狗如大奔星，有聲，望之如火，見則四方相射」。漢史云：「西北有三大星，如日狀，名曰天狗。天狗出則人相食。」天官云：「天狗狀如大鏡星。」〔一九〕又云：「如大流星，色黃，有聲。其止地類狗所墜。望之如火光，炎炎衝天。其上銳，其下圓，如數頃田。見則流血千里，破軍殺將。」漢史又云：「照明下爲天狗，所下兵起血流。」昭明，星也。洛書云：「昭明見而霸者出。」運斗樞云：「昭明有芒角，兵徵也。」河圖云：「太白散爲天狗。」漢史又云：「有星出，其狀赤白有光，卽爲天狗，其下小無足，所下國易政。」衆說不同，未詳孰是。推亂亡之運，此其必天狗乎。

老人星

建元元年十一月戊辰，老人星見南方丙上。八月癸卯，祠老人星。〔二〇〕

永明三年八月丁酉，老人星見南方丙上。

六年八月壬戌，老人星見南方丙上。

七年七月壬戌，老人星見南方丙上。

九年閏七月戊寅，老人星見南方丙上。

十年八月乙酉，老人星見。

十一年九月丙寅，老人星見南方丙上。

白虹雲氣

建元四年二月辛卯，白虹貫日。

永明十年七月癸酉，西方有白虹，須臾滅。

十一年九月甲午，西方有白虹，南頭指申，北頭指戌上，久久消滅。

建元四年二月辛卯，黑氣大小二枚，東至卯，西至酉，廣五丈，久久消滅。

永明二年四月丁未，北斗第六第七星閒有一白氣。

四年正月辛未，黃白氣長丈五尺許，入太微。

永明四年正月癸未，南面有陣雲一丈許。

五年四月己巳，有雲色黑，廣五尺，東頭指丑，西頭指酉，竝至地。

十一月乙巳，東南有陣雲高一丈，北至卯，東南至巳，久久散漫。

六年二月癸亥，東西有一梗雲半天，曲向西，蒼白色。

三月庚辰，南面有梗雲，黑色，廣六寸。

七年十月辛未，有梗雲，蒼黑色，東頭至寅，西頭指酉，廣三尺，貫紫宮，久久消沒。

八年十一月乙未，有梗雲，黑色，六尺許，東頭至卯，西頭至酉，久久散漫。

十二月庚辰，南面有陣雲，黑色，高一丈許，東頭至巳，西頭至未，久久散漫。

十一年七月丙辰，東面有梗雲，蒼白色，廣二尺三寸，南頭指巳至地，北頭指子至地，久久漸散漫。

贊曰：陽精火鏡，陰靈水存。有稟有射，代爲明昏。垂光滿蓋，列景周渾。具位臣輔，備象街門。災生實薄，祟起飛奔。弗忘人懼，瑜瑕辯論。若任天道，竈亦多言。

校勘記

〔一〕五星從伏　錢大昕廿二史考異云：「梁武帝父名順之，故子顯修史，多易爲『從』字。如天文志『五星從伏』、『熒惑從行』、『歲星太白俱從行』、『辰星從行』之類。」

〔二〕六(年)〔月〕辛卯　張森楷校勘記云：「年非所以繫日，且建元無六年，『年』必是『月』之譌。」今據改。

〔三〕在右執法星西北一尺　「右」永樂大典七千八百五十六引作「左」。

〔四〕五月癸卯太白晝見當午上　大典引此下有「己丑太白晝見當午」八字。

〔五〕太白從行在房南第二左股次將星西南一尺爲犯　殿本考證云：「『左股』係『左服』之訛。房四星主車駕，南星曰左驂，次左服，故曰第二左服。」

〔六〕六〔年〕〔月〕戊子　據毛本、局本改。

〔七〕七月乙丑太白從行在軒轅大星東八寸爲犯　大典引此下有「九月己酉太白晝見當午上」十一字。

〔八〕熒惑〔後〕〔從〕行在太微　據毛本、殿本、局本改。

〔九〕癸未熒惑犯太微右執法丁酉熒惑犯太微右執法　殿本考證云：「按癸未至丁酉計十五日，不書逆行，熒惑安能兩犯右執法。意者先犯左執法，次犯右執法耶？」

〔一〇〕四月戊戌熒惑犯　殿本考證云：「『犯』字下必有闕文。」

〔一一〕熒惑從在塡星西北六寸爲犯　「塡」原作「鎭」，今據毛本、局本改正。

〔一二〕同在婁度爲合〔宿〕　據南監本、毛本、殿本、局本補。

〔一三〕同在虛度爲合〔宿〕　據南監本、毛本、殿本、局本補。

〔一四〕在泣星西一尺五寸爲合〔宿〕　據南監本、毛本、殿本、局本補。

〔一五〕又辰星從〔行〕在塡星西南一尺一寸　據南監本、局本補。

〔一六〕填星守哭尾　「哭尾」南監本、毛本、殿本、局本作「哭星」。

〔一七〕流星如鵝〔卵〕　據南監本、毛本、殿本、局本補。

〔一八〕東北經天過入參中而沒　毛本、殿本、局本無「過」字。

〔一九〕天官云天狗狀如大鏡星　殿本考證云：「大鏡星無考。天官書原文『狀如大奔星』爲是。」

〔二〇〕建元元年十一月戊辰老人星見南方丙上八月癸卯祠老人星　按是年八月庚午朔，無癸卯，且八月不應在十一月後，必有譌。

南齊書卷十四

志第六

州郡上

揚　南徐　豫　南豫　南兗　北兗　北徐　青　冀　江

廣　交　越

揚州京輦神皋。漢、魏刺史鎭壽春，吳置持節督州牧八人，不見揚州都督所治。晉太康元年，吳平，刺史周浚始鎭江南。元帝爲都督，渡江左，遂成帝畿，望實隆重。領郡如左：

丹陽郡

建康　秣陵　丹陽　溧陽　永世　湖熟　江寧　句容

會稽郡

山陰　永興　上虞　餘姚　諸暨　剡　鄮　始寧　句章　鄮

吳郡

吳　婁　海虞　嘉興　海鹽　錢唐　富陽　鹽官　新城　建德　壽昌　桐廬

吳興郡

烏程　武康　餘杭　東遷　長城　於潛　臨安　故鄣　安吉　原鄉

東陽郡

長山　太末　烏傷　永康　信安　吳寧　豐安　定陽　遂昌

新安郡

始新　黟　遂安　歙　海寧

臨海郡

章安　臨海　寧海　始豐　樂安

永嘉郡

永寧　安固　松陽　横陽　樂成

南徐州，鎭京口。吳置幽州牧，屯兵在焉。丹徒水道入通吳會，孫權初鎭之。爾雅曰：「絕高爲京。」今京城因山爲壘，望海臨江，緣江爲境，似河內郡，內鎭優重。宋氏以來，桑梓帝宅，江左流寓，多出膏腴。領郡如左：

南東海郡

郯　祝其　襄賁　利成　西隰　丹徒　武進

晉陵郡

晉陵　無錫　延陵　曲阿　暨陽　南沙　海陽

義興郡永明二年，割屬揚州，後復舊。

陽羨　臨津　國山　義鄉　綏安

南琅邪郡本治金城，永明徙治白下。

臨沂　江乘　蘭陵　承建武三年省　譙建元二年，平陽郡流民在臨江郡者，立宣祚縣，尋改爲譙。永明元年，省懷化一縣幷屬。

臨淮郡自此以下，郡無實土。

海西　射陽　淩〔一〕　淮陰　東陽　淮浦建武二年省〔二〕

淮陵郡

司吾　武陽建武三年，省泰山郡屬。　甄城〔三〕　陽樂　徐建武三年省

南東莞郡

東莞　莒　姑幕建武三年省

南清河郡南徐州領冀州

東武城　清河　貝丘　繹幕建武二年省〔四〕

南彭城郡

彭城　武原　傅陽　蕃　薛　開陽　洨　僮　下邳建武三年省　呂建武四年省　杼秋建武四年省　北陵建武四年省

南高平郡宋太始五年僑置，初寄治淮陰，復徙淮南當塗二縣僑屬南豫，後屬南徐。

金鄉　高平

南濟陰郡

城武　單父　城陽建武三年省

南濮陽郡

廩丘　東燕　會　鄄城建武三年，省濟陽郡度屬。　榆次建武二年省〔五〕

南魯郡建武二年省〔六〕

魯　樊　西安建武二年省

南平昌郡建武三年省

安丘郡省，屬東莞。新樂郡省，屬東莞。東武　高密

南泰山郡建武三年省

南城郡省，度屬平昌，尋又省。廣平

南濟陽郡建武三年省

考城郡省，度屬魯，尋又省。

豫州，晉元帝永昌元年，刺史祖約避胡賊，自譙還治壽春。壽春，淮南一都之會，地方千餘里，有陂田之饒，漢、魏以來揚州刺史所治，北拒淮水，禹貢云「淮海惟揚州」也。咸和四年，祖約以城降胡，復以庾亮爲刺史，治蕪湖。蕪湖，浦水南入，亦爲險奧。劉備謂孫權曰：「江東先有建業，次有蕪湖。」庾亮經略中原，以毛寶爲刺史，治邾城，爲胡所覆。荆州刺史庾翼領州，在武昌。諸郡失土荒民數千無佃業，翼表移西陽、新蔡二郡荒民就陂田於尋陽。穆帝永和五年，胡僞揚州刺史王浹以壽春降，而刺史或治歷陽，進馬頭及譙，不復歸舊鎭也。哀帝隆和元年，袁眞還壽春。眞爲桓溫所滅，溫以子熙爲刺史，戍歷陽。孝武寧康元年，桓冲移姑熟，以邊寇未靜，分割譙、梁二郡見民，置之浣川，立爲南譙、梁郡。十二年，桓石虔還歷陽。庾准爲刺史，表省諸權置，皆還如本。義熙二年，劉毅復鎭姑熟。上表曰：

「忝任此州，地不爲曠，西界荒餘，密邇寇虜，北垂蕭條，土氣彊獷，民不識義，唯戰是習。逋逃不逞，不謀日會。比年以來，無月不戰，實非空乏所能獨撫。請輔國將軍張暢領淮南、安豐、梁國三郡。」時豫州邊荒，至乃如此。十二年，劉義慶鎭壽春，後常爲州治。撫接遐荒，扞禦疆埸。領郡如左：

南汝陰郡 建元二年罷南陳左郡二縣幷

愼　汝陰　宋　安陽　和城　南頓　陽夏　宋丘 永元元年地志無　樊 永元志無　鄭 永元志無　東宋 永元志無　南陳左縣 永元志無　邊水 永元志無

晉熙郡

新（治）〔冶〕〔七〕　陰安　懷寧　南樓煩　齊興　太湖左縣

潁川郡

臨潁　邵陵　南許昌 永元志無　曲陽

汝陽郡

武津　汝陽

梁郡 永元元年地志，南梁郡領睢陽、新汲、陳、蒙、崇義五縣。

北譙　梁　蒙　城父 永元志屬南譙

北陳郡
陽夏　西華　萇平　項
陳留郡
浚儀　小黄　雍丘
南頓郡永元元年地志無
和城　南頓
西南頓郡寄治州，永元元年地志無。
西南頓　和城　譙　平鄉
北梁郡永元元年地志無
北蒙　北陳
西汝陰郡
樓煩　汝陰　宋　陳永元志無　平豫永元志無　固始永元志無　新蔡永元志無　汝南永元志無　安城
北譙郡
寧陵　譙　蘄永元志屬南譙

汝南郡永元元年地志無

瞿陽　安城　上蔡

北新蔡郡

鮦陽　新蔡　固始　苞信

弋陽郡

期思　南新息　弋陽　上蔡　平輿

陳郡

南陳　萇平永元志無　項永元志無　西華永元志無　陽夏永元志無

安豐郡

雩婁　新化　史水　扶陽　開化　邊城　松滋永元志屬北新蔡　安豐

光城左郡

樂安　光城　茹(田)〔由〕〔八〕

邊城郡永元元年地志無

建寧郡

陽城　建寧

齊昌郡

陽塘　保城　齊昌　永興

右三郡，永明四年割郢州屬。

南豫州，晉寧康元年，豫州刺史桓沖始鎭姑熟，後遷徙，見晉書。宋永初二年，分淮東爲南豫州，治歷陽，而淮西爲豫州。元嘉七年省幷。大明元年復置，治姑熟。泰始二年治歷陽，三年治宣城，五年省。淮西沒虜。七年，復分淮東置南豫。建元二年，太祖以西豫吏民寡刻，分置兩州，損費甚多，省南豫。左僕射王儉啓：「愚意政以江西連接汝、潁，土曠民希，匈奴越逸，唯以壽春爲阻。若使州任得才，虜動要有聲聞，豫設防禦，此則不俟南豫。假令或慮一失，醜羯之來，聲不先聞，胡馬倏至，壽陽嬰城固守，不能斷其路，朝廷遣軍歷陽，已當不得先機。戎車初戒，每事草創，孰與方鎭常居，軍府素正。臨時配助，所益實少。安不忘危，古之善政。所以江左屢分南豫，意亦可求。如聞西豫力役尙復粗可，今得南譙等郡，民戶益薄，於其實益，復何足云。」太祖不從。永明二年，割揚州宣城、淮南，豫州歷陽、譙、廬江、臨江六郡，復置南豫州。四年，冠軍長史沈憲啓：「二豫分置，以桑堣子亭爲斷。潁川、汝陽在南譙、歷陽界內，悉屬西豫，廬江居晉熙、汝陰之中，屬南豫。求以潁川、汝陽屬南豫，廬江還西豫。」七年，南豫州別駕殷瀰稱：「潁川、汝陽，荒殘來久，流民分散在譙、歷二境，多蒙復除，獲有郡名，租輸益微，府州絕無將吏，空受名領，終無實益。但寄治譙、歷，於方斷之宜，實應屬南豫。二豫亟經分置，廬江屬南豫，濱帶長江，與南譙接境，民黎租帛，從流送州，實爲便利，遠踰西豫，非其所願，郡領灊、舒及始新左縣，村竹產，府州採伐，爲益不少。府州新創，異於舊藩。資役多闕，實希得廬江。請依昔分置。」尙書參議：「往年慮邊塵須實，故啓迴換。今淮、泗無虞，宜許所牒。」詔「可」。領郡如左：

淮南郡

于湖永明八年，省（甬）〔角〕城、高平、下邳三縣幷。〔九〕　繁昌　當塗　浚遒　定陵　襄垣

宣城郡

廣德　懷安　宛陵　廣陽　石城　臨城　寧國　宣城　建元　涇　安吳

歷陽郡

歷陽　龍亢　雍丘

南譙郡

山桑　蘄　北許昌永元志無　扶陽　曲陽　嘉平

廬江郡

舒建元二年爲郡治　灊　始新　和城永元志無　西華永元志無　呂亭左縣建元二年，割晉熙屬。

譙建元二年，割南譙屬。

臨江郡建元二年，罷并歷陽，後復置。

烏江　懷德　酇

南兗州鎮廣陵，漢故王國。有江都浦水，魏文帝伐吳出此，見江濤盛壯，歎云：「天所以限南北也。」晉元帝過江，建興四年，揚聲北討，遣宣城公裒督徐、兗二州，鎮廣陵。其後或還江南，然立鎮自此始也。時百姓遭難，流移此境，流民多庇大姓以爲客。元帝太興四年，詔以流民失籍，使條名上有司，爲給客制度，而江北荒殘，不可檢實。明帝太寧三年，郗鑒爲兗州，鎮廣陵，後還京口。是後兗州或治盱眙，或治山陽，桓玄以桓弘爲青州，鎮廣陵。義熙二年，諸葛長民爲青州，徙山陽。時鮮卑接境，長民表云：「此蕃十載釁故相襲，城池崩毁，荒舊散伏，邊疆諸戍，不聞鷄犬。且犬羊侵暴，抄掠滋甚。」乃還鎮京口。晉末以廣陵控接三齊，故青、兗同鎮。宋永初元年，罷青并兗。三年，檀道濟始爲南兗州，廣陵因此爲州鎮。土甚平曠，刺史每以秋月多出海陵觀濤，與京口對岸，江之壯闊處也。永明元年，刺史柳世隆奏：「尚書符下土斷條格，并省僑郡縣。凡諸流寓，本無定憇，十家五落，各自星處。

一縣之民，散在州境，西至淮畔，東届海隅。今專罷僑邦，不省荒邑，雜居舛止，與先不異。離爲區斷，無革游濫。謂應同省，隨堺并帖。若鄉屯里聚，二三百家，井甸可脩，區域易分者，別詳立。」於是濟陰郡六縣，下邳郡四縣，淮陽郡三縣，東莞郡四縣，以散居無實土，官長無廨舍，寄止民村，及州治立，見省，民戶帖屬。領郡如左：

廣陵郡 建元四年，罷北淮陽、北下邳、北濟陰、東莞四郡并。

海陵　廣陵　高郵　江都　齊寧 永明元年置〔一〇〕

海陵郡

建陵　寧海　如皐　臨江　蒲濤　臨澤　齊昌 永明元年置　海安 永明五年罷新郡，并此縣度屬。

山陽郡

東城　山陽　鹽城　左鄉

盱眙郡

考城　盱眙　陽城　直瀆　長樂

南沛郡

沛　蕭　相

北兗州，鎭淮陰。地理志云淮陰縣屬臨淮郡，郡國志屬下邳國，晉太康地記屬廣陵郡。穆帝永和中，北中郎將荀羨北討鮮卑，云「淮陰舊鎭，地形都要，水陸交通，易以觀釁。沃野有開殖之利，方舟運漕，無他屯阻」。乃營立城池。宋泰始二年失淮北，於此立州鎭。建元四年，移鎭盱眙，仍領盱眙郡。舊北對清泗，臨淮守險，有（平）陽〔平〕石鱉，〔一〕田稻豐饒。所領唯（平）陽〔平〕一郡，永明七年，光祿大夫呂安國啓稱：「北兗州民戴尙伯六十人訴『舊壤幽隔，飄寓失所，今雖創置淮陰，而陽平一郡，州無實土，寄山陽境內。竊見司、徐、青三州，悉皆新立，並有實郡。東平既是望邦，衣冠所係。希於山陽、盱眙二界閒，割小戶置此郡，始招集荒落。使本壤族姓，有所歸依』。臣尋東平郡既是此州本領，臣賤族桑梓，願立此邦。」見許。領郡如左：

陽平郡 寄治山陽〔二〕

泰清　永陽　安宜　豐國

東平郡

壽張 割山陽官瀆以西三百戶置　淮安 割直瀆、破釜以東，淮陰鎭下流雜一百戶置。」

高平郡

濟北郡

泰山郡

新平郡

魯郡

右荒。

北徐州，鎮鍾離。漢志鍾離縣屬九江郡，晉太康二年起居注置淮南鍾離，未詳此前所省令。晉地記屬淮南郡。宋泰始末年屬南兗。元徽元年置州，割爲州治，防鎮緣淮。永明元年，省北徐譙、梁、魏、陽平、彭城五郡。領郡如左：

鍾離郡

燕縣 郡治　朝歌　虞 永明元年，割馬頭屬。　零 永明元年，割馬頭屬。

馬頭郡

已吾 永明元年，罷譙郡屬。二年，刺史戴僧靜又以濟縣并之。

濟陰郡

頓丘 永明元年，罷定陶并。　睢陵　樂平 永明元年，割鍾離屬。　濟安 永明元年，割鍾離屬。

新昌郡

頓丘　穀熟　尉氏

沛郡

相　蕭　沛

青州，宋泰始初淮北沒虜，六年，始治鬱州上。鬱州在海中，周迴數百里，島出白鹿，土有田疇魚鹽之利。劉善明爲刺史，以海中易固，不峻城雉，乃累石爲之，高可八九尺。後爲齊郡治。建元初，徙齊郡治瓜步，以北海治齊郡故治，州治如舊。流荒之民，郡縣虛置，至於分居土著，蓋無幾焉。建元四年，移鎮朐山，後復舊。領郡如左：

齊郡 永明元年，罷秦郡并之，治瓜步。

臨淄 永明二年，省華城縣并。　齊安 永明元年罷　西安　宿豫　尉氏　平虜　昌國　泰

益都

北海郡

都昌 宋鬱縣，建元改用漢名也。　廣饒　贛榆　膠東　劇　下密　平壽

東莞琅邪二郡 治朐山也

郎丘　南東莞永明元年，以流戶置。　北東莞

冀州，宋元嘉九年分青州置。　青州領齊、濟南、樂安、高密、平昌、北海、東萊、太原、長廣九郡，冀州領廣川、平原、淸河、樂陵、魏郡、河閒、頓丘、高陽、勃海九郡。　泰始初，遇虜寇，竝荒沒。今所存者，泰始之後更置立也。二州共一刺史。郡縣十無八九，但有名存，案宋志自知也。　建元初，以東海郡屬冀州。　全領一郡：

北東海郡治連口

襄賁　僮　下邳　厚丘　曲城

江州，鎭尋陽，中流衿帶。晉元康元年，惠帝詔：「荆、揚二州，疆土曠遠。有司奏割揚州之豫章、鄱陽、廬陵、臨川、南康、建安、晉安爲新州。新安、東陽、宣城舊豫章封內，豫章之東北，相去懸遠，可如故屬揚州。又割荆州之武昌、桂陽、安成并十郡，可因江水之名爲江州，宜治豫章。」庾亮領刺史，都督六州，云以荆、江爲本，校二州戶口，雖相去機事，〔一三〕實覺過半，江州實爲根本。臨終表江州宜治尋陽，以州督豫州新蔡、西陽二郡，治湓城，接近東江諸郡，往來便易。其後庾翼又還豫章。義熙後，還尋陽。何無忌表：「竟陵去治遼遠，

去江陵正三百里，荆州所立綏安郡民戶，參入此境，郡治常在夏口左右，欲資此郡助江濱戍防，以竟陵還荆州。又司州弘農、揚州松滋二郡，寄尋陽，人民雜居，宜並見督。」今九江在州鎮之北，彭蠡在其東也。領郡如左：

尋陽郡

柴桑　彭澤

豫章郡

南昌　新淦　艾　建城　建昌　望蔡　新吳　永脩　吳平　康樂　豫章〔一四〕　豐城

臨川郡

南城　臨汝　新建　永城　宜黃　南豐　東興　安浦　西豐

廬陵郡

石陽　西昌　東昌　吉陽　巴丘　興平　高昌　陽豐　遂興

鄱陽郡

鄱陽　餘干　葛陽　樂安　廣晉　上饒

安成郡

平都　新喻　永新　萍鄉　宜陽　廣興　安復

南康郡
贛　雩都　南野　寧都　平固　陂陽　虔化永明八年，罷安遠縣并。　南康

南新蔡郡
愼　苞信　陽唐左縣　宋

建安郡
吳興　建安　將樂　邵武　建陽　綏城〔一五〕　沙村

晉安郡
侯官　羅江　原豐　晉安　溫麻

廣州，鎭南海。濱際海隅，委輸交部，雖民戶不多，而俚獠猥雜，皆樓居山險，不肯賓服。西南二江，川源深遠，別置督護，專征討之。捲握之資，富兼十世。尉他餘基，亦有霸迹。江左以其遼遠，蕃戚未有居者，唯宋隨王誕爲刺史。領郡如左：

南海郡
番禺　熙安　博羅　增城　龍川　懷化　酉平　綏寧　新豐　羅陽　高要　安遠　河源

東官郡

懷安〔一六〕　寶安　海安　欣樂　海豐　齊昌　陸安　興寧

義安郡

綏安　海寧　海陽　義招　潮陽　程鄉

新寧郡

博林　南興　臨沇〔一七〕　甘泉〔一八〕　新成　威平　單牒　龍潭　城陽　威化　歸順

初興　撫納　平鄉

蒼梧郡

廣信　寧新　封興　撫寧　遂城〔一九〕　丁留　懷熙　猛陵　廣寧　蕩康　僑寧

思安

高涼郡

安寧　羅州　莫陽　西鞏　思平　禽鄉　平定

永平郡

夫寧　安沂　啾安　盧平　員鄉　蘇平　逋寧　雷鄉　開城　毗平　武林　豐城

晉康郡

威城　都城　夫阮　元溪　安遂　晉化　永始　端溪　賓江　熙寧　樂城　武定

悅城　文招　義立

新會郡

盆允　新夷　封平　初賓　封樂　義寧　新熙　永昌　始康　招集　始成

廣熙郡

龍鄉　羅平　賓化　寧鄉　長化　定昌　永熙　寶寧

宋康郡

廣化　石門　化隆　遂度〔二〇〕　威覃　單城　開寧　海鄰　興定　綏定

宋隆郡

平興　招興　崇化　建寧　熙穆　崇德

海昌郡

寧化　招懷　永建　始化　新建

綏建郡

新招　四會　化蒙　化注　化穆

樂昌郡

始昌　樂山　宋元　義立　安樂

鬱林郡

布山　鬱平　阿林　建安　始集　龍平　賓平　新林　綏寧　中胄　領方　懷安

歸化　晉平　威化

桂林郡

武熙　騰溪　潭平　龍岡　臨浦　中留〔二〕　武豐　程安　威定　潭中　安遠

安化　龍定

寧浦郡

安廣　簡陽〔三〕　平山　寧浦　興道　吳安

晉興郡

晉興　熙注　桂林　增翊　安廣　廣鬱　晉城　鬱陽

齊樂郡

希平　觀寧　臻安　宋平　綏南　封陵

齊康郡

樂康

齊建郡
初寧　永城
齊熙郡

交州，鎭交阯，在海漲島中。楊雄箴曰：「交州荒濿，水與天際。」外接南夷，寶貨所出，山海珍怪，莫與爲比。民恃險遠，數好反叛。領郡如左：

九眞郡
移風　胥浦　松原　高安　建初　常樂　津梧　軍安　吉龐〔二三〕　武寧
武平郡
武定　封溪　平道　武興　根寧　南移
新昌郡
范信　嘉寧　封山　西道　臨西　吳定　新道　晉化
九德郡
九德　咸驩　浦陽　南陵　都洨〔二四〕　越常　西安
日南郡

西捲〔二五〕　象林　壽泠　朱吾　比景　盧容　無勞

交阯郡

龍編　武寧　望海　句漏　吳興　西于　朱䳒　南定　曲昜　海平　羸𨻻〔二六〕

宋平郡

昌國　義懷　綏寧

宋壽郡　建元二年，割越州屬。

義昌郡　永元二年，改沃屯置。

越州，鎭臨漳郡，本合浦北界也。夷獠叢居，隱伏巖障，寇盜不賓，略無編戶。宋泰始中，西江督護陳伯紹獵北地，見二青牛驚走入草，使人逐之不得，乃誌其處，云「此地當有奇祥」。啓立爲越州。七年，始置百梁、隴蘇、永寧、安昌、富昌、南流六郡，割廣、交朱䳒三郡屬。元徽二年，以伯紹爲刺史，始立州鎭，穿山爲城門，威服俚獠。土有瘴氣殺人。漢世交州刺史每暑月輒避處高，今交土調和，越瘴獨甚。刺史常事戎馬，唯以貶伐爲務。

臨漳郡

漳平　丹城　勞石　容城　長石　都并　緩端

合浦郡

徐聞　合浦　朱盧　新安　晉始　蕩昌　朱豐　宋豐　宋廣

永寧郡

杜羅　金安　蒙　廖簡　留城

百梁郡

百梁　始昌　宋西

安昌郡

武桑　龍淵　石秋　撫林

南流郡

方度

北流郡永明六年立，無屬縣。

龍蘇郡

龍蘇

富昌郡

南立　義立　歸明

高興郡

宋和　寧單　高興　威成　夫羅　南安　歸安　陳蓮　高城　新建

思築郡

鹽田郡

杜同

定川郡

興昌

隆川郡

良國

齊寧郡建元二年置，割鬱林之新邑、建初二縣幷。

開城建元二年置　延海　新邑　建初

越中郡

馬門郡

鍾吳　田羅　馬陵　思寧

封山郡

安金

吳春俚郡　永明六年立，無屬縣。

齊隆郡　先屬交州，中改爲□□。永泰元年，改爲齊隆，還屬□州。〔二七〕

校勘記

〔一〕淩　南監本、局本作「廣陵」。按成孺宋州郡志校勘記云：「考異云『陵』當作『淩』，『廣』字衍。是也。南齊書正作『淩』。」

〔二〕淮浦建武二年省　「二年」毛本、局本作「三年」。

〔三〕甄城　錢大昕廿二史考異云：「按宋州郡志無此縣。若云鄄城之譌，則已見南濮陽，不當重出也。」

〔四〕繹幕建武二年省　「二年」毛本、局本作「三年」。

〔五〕榆次建武二年省　「二年」毛本、局本作「三年」。

〔六〕南魯郡建武二年省　「二年」毛本、局本作「三年」。

〔七〕新(治)〔冶〕　據宋書州郡志改。

〔八〕茹(田)〔由〕　據宋書州郡志改。

〔九〕于湖永明八年省(甬)〔角〕城高平下邳三縣并　通鑑齊建元三年胡注云「甬城」當作「角城」，今據改。按水經淮水注「淮泗之會卽角城也」，楊守敬疏證云各書「甬」「角」錯出。

〔一〇〕齊寧永明元年置　「永」原譌「元」，據殿本、局本改正。

〔一一〕有(平)陽〔平〕石鱉　據局本改。下同。按錢大昕廿二史考異云：「據下文，當爲陽平郡，轉寫傎倒耳。周山圖傳亦云於石鱉立陽平郡。」

〔一二〕陽平郡寄治山陽　錢大昕廿二史考異云：「按陽平郡治石鱉，在山陽境內。」

〔一三〕雖相去機事　「機」字原闕，據南監本、殿本、局本補。

〔一四〕豫章　晉書地理志同。宋書州郡志作「豫寧」。按王曇首追封豫寧縣侯，見宋書本傳。然宋書王僧綽傳、南齊書王儉傳均作襲封豫章縣侯，僧綽，曇首子，儉，曇首孫也。南史僧綽傳、儉傳則又並作襲封豫寧縣侯，與宋志合。又文選任昉王文憲集序稱儉襲爵豫寧縣侯，李善注引蕭子顯齊書亦作「豫寧」。則疑齊書舊本亦作豫寧。此豫章疑亦豫寧之譌。

〔一五〕綏城　南監本及宋書州郡志作「綏成」。

〔一六〕懷安　宋書州郡志作「安懷」。按梁書蘭欽傳云欽封安懷縣男，疑作「安懷」是。

〔一七〕臨沇　漢書地理志、晉書地理志、宋書州郡志並作「臨允」。

〔一八〕甘泉　宋書州郡志作「甘東」。

〔一九〕遂城　元和郡縣志同。宋書州郡志、隋書地理志作「遂成」。

〔二〇〕遂度　宋書州郡志作「逐度」。

〔二一〕中留　南監本、局本及續漢書郡國志作「中溜」。漢書地理志、宋書州郡志作「中留」。

〔二二〕簡陽　宋書州郡志作「潤陽」，云永初郡國作「簡陽」。按成孺宋州郡志校勘記云「潤」爲「澗」字之譌。

〔二三〕吉龐　南監本及漢書地理志、宋書州郡志作「都龐」。

〔二四〕都洨　宋書州郡志作「都洑」。

〔二五〕西捲　漢書地理志、隋書地理志同。殿本及續漢書郡國志、宋書州郡志並作「西卷」。

〔二六〕羸𨻻　南監本及宋書州郡志作「羸婁」。按成孺宋州郡志校勘記云：「漢志作『羸𨻻』，續志作『羸𨻻』，晉志作『羸𨻻』，南齊志同漢志。」

〔二七〕齊隆郡先屬交州中改爲□□永泰元年改爲齊隆還屬□州　張元濟百衲本南齊書跋云：「殿本志第六越州齊隆郡，注先屬交州，中改爲關，永泰元年改爲齊隆，還屬關州。按是本並無兩『關』字，原文漫漶不可辨。南監本同汲古閣本各空一格，北監本則各注『闕』字，殿本遂誤爲『關』。郡名豈有改爲關之理，而當時更無所謂關州。」

南齊書卷十五

志第七

州郡下

荆　巴　郢　司　雍　湘　梁　秦　益　寧

荆州，漢靈帝中平末刺史王睿始治江陵，吳時西陵督鎮之。晉太康元年平吳，以爲刺史治。愍帝建興元年，刺史周顗避杜弢賊奔建康，陶侃爲刺史，治沌口。王敦治武昌。其後或還江陵，或在夏口。桓溫平蜀，治江陵。以臨沮西界，水陸紆險，行逕裁通，南通巴、巫，東南出州治，道帶蠻、蜑，田土肥美，立爲汶陽郡，以處流民。屬氐陷襄陽，桓沖避居上明，頓陸遜樂鄉城上四十餘里，以田地肥良，可以爲軍民資實，又接近三峽，無西疆之虞，故重戍江南，輕戍江北。苻堅敗後，復得襄陽。太元十四年，王忱還江陵。江陵去襄陽步道五百，勢同脣齒，無襄陽則江陵受敵，不立故也。自忱以來，不復動移。境域之內，含帶蠻、蜑，土地遼落，稱爲殷曠。江左大鎮，莫過荆、揚。弘農郡陝縣，周世二伯總諸侯，周公主陝東，召公主陝西，故稱荆州爲陝西也。領郡如左：

南郡

江陵　華容　枝江　臨沮　編　當陽

南平郡

孱陵　作唐　江安　安南

天門郡

零陽　澧陽　臨澧　漊中

宜都郡

夷道　佷山　夷陵　宜昌

南義陽郡

平氏　厥西

河東郡

聞喜　松滋　譙　永安

汶陽郡

僮陽　沮陽　高安

新興郡

定襄　新豐　廣牧

永寧郡

長寧　上黃

武寧郡

樂鄉　長林

巴州，三峽險隘，山蠻寇賊，宋泰始三年，議立三巴校尉以鎮之。後省，昇明二年，復置。建元二年，分荆州巴東、建（年）〔平〕，〔二〕益州巴郡爲州，立刺史，而領巴東太守，又割涪陵郡屬。永明元年省，各還本屬焉。

巴東郡

魚復　朐䏰　南浦　聶陽　巴渠　新浦　漢豐

建平郡

巫　秭歸　北井　秦昌〔三〕　沙渠　新鄉

巴郡　江州　枳　墊江　臨江

涪陵郡　漢平　涪陵　漢玫〔三〕

郢州，鎮夏口，舊要害也。吳置督將爲魯口屯，對魯山岸，因爲名也。晉永嘉中，荆州刺史都督山簡自襄陽避賊奔夏口，庾翼爲荆州，治夏口，並依地嶮也。太元中，〔四〕荆州刺史桓沖移鎮上明，上表言：「氐賊送死之日，舊郢以北，〔堅〕壁相望，〔五〕待以不戰。江州刺史桓嗣宜進屯夏口，據上下之中，於事爲便。」義熙元年，冠軍將軍劉毅以爲夏口二州之中，地居形要，控接湘川，邊帶涢、沔，請并州刺史劉道規鎮夏口。夏口城據黃鵠磯，世傳仙人子安乘黃鵠過此上也。邊江峻險，樓櫓高危，瞰臨沔、漢，應接司部，宋孝武置州於此，以分荆楚之勢。領郡如左：

江夏郡　沙陽　蒲圻　灄陽　汝南　沌陽　惠懷

竟陵郡

竟陵 雲杜 霄城 萇壽 新市 新陽

武陵郡

沅陵 臨沅 零陵 辰陽 酉陽 沅南 漢壽 龍陽 潕陽〔六〕 黚陽

巴陵郡

下雋 州陵 巴陵 監利

武昌郡

武昌 鄂 陽新 義寧寄治鄂 眞陽永明三年戶口簿無

西陽郡

西陵 蘄陽 西陽 孝寧 期思永明三年戶口簿無 義安左縣 希水左縣 東安左縣

蘄水左縣

齊興郡永明三年置

綏懷 齊康 茸波 綏平 齊寧 上蔡永明三年戶口簿無

東牂牱郡永明三年戶口簿云「新置，無屬縣」。

宜 南平陽 西新市 南新市 西平陽 東新市

方城左郡

城陽　歸義

北新陽郡

西新陽　安吉　長寧

義安左郡

綏安

南新陽左郡

南新陽　新興　北新陽　角陵　新安

北遂安左郡永明三年簿云「五縣皆缺」。

東城　綏化　富城　南城　新安

新平左郡

平陽　新市　安城

建安左郡

胥城

司州，鎮義陽。宋景平初，失河南地，元嘉（宋）〔末〕，〔七〕僑立州於汝南縣瓠，尋罷。泰始中，立州於義陽郡。有三關之隘，北接陳、汝，控帶許、洛。自此以來，常爲邊鎮。泰始既遷，領義陽，僑立汝南，領三郡。元徽四年，又領安陸、隨、安蠻三郡。領郡如左：

南義陽郡

孝昌　平輿　義昌　平陽　南安　平春

北義陽郡

平陽　義陽　保城　鄳　鍾武　環水

隨郡

隨　永陽　闞西　安化

安陸郡 寄州治

安陸　應城　新市　新陽　宣化

汝南郡 寄州治

平輿　北新息　眞陽　安城　南新息　安陽　臨汝　汝南　上蔡

齊安郡

齊安　始安　義城　南安　義昌　義安

淮南郡

閣口　平氏

宋安左郡

仰澤　樂寧　襄城

安蠻左郡

木蘭　新化　懷　中聶陽　南聶陽　安蠻

永寧左郡

中曲陵　曲陵　孝懷　安德

東義陽左郡

永寧　革音　威清　永平

東新安左郡

第五　南平林　始平　始安　平林　義昌　固城　新化　西平

新城左郡

孝懷　中曲　南曲陵　懷昌

圍山左郡

及剌　章平　北曲　洛陽　圍山　曲陵

建寧左郡
　建寧　陽城
北淮安左郡
　高邑
南淮安左郡
　慕化　栢源
北隨安左郡
　濟山　油潘〔八〕
東隨安左郡
　西隨　高城　牢山

雍州，鎭襄陽，晉中朝荆州都督所治也。元帝以魏該爲雍州，鎭酇城，襄陽別有重戍。庾翼爲荆州，謀北伐，鎭襄陽。自永嘉亂，襄陽民戶流荒。咸康八年，尚書殷融言：「襄陽、石城，疆埸之地，對接荒寇。諸荒殘寄治郡縣，民戶寡少，可幷合之。」朱序爲雍州，於襄陽立僑郡縣，沒苻氏。氐敗，復還南，復用朱序。襄陽左右，田土肥良，桑梓野澤，處處而有。

郗恢爲雍州，于時舊民甚少，新戶稍多。宋元嘉中，割荆州五郡屬，遂爲大鎭。疆蠻帶沔，阻以重山，北接宛、洛，平塗直至，跨對樊、沔，爲鄢郢北門。部領蠻左，故別置蠻府焉。領郡如左：

襄陽郡

襄陽　中廬　邔　建昌

南陽郡

宛　涅陽　冠軍　舞陰　酈　云陽　許昌

新野郡

新野　山都　池陽　穰　交木　惠懷

始平郡

武當　武陽〔九〕　始平　平陽

廣平郡

鄼　比陽　廣平　（陽）〔陰〕〔一〇〕

京兆郡

鄧　新豐　杜　魏

扶風郡
筑陽　鄖　汎陽
馮翊郡
郗　蓮勺　高陸
河南郡
河南　新城　棘陽　襄鄉　河陰
南天水郡
略陽　華陰　西
義成郡
萬年　義成
建昌郡
永興　安寧
華山郡
藍田　華山　上黃
南上洛郡建武中，此以下郡皆沒虜。

上洛　商

北河南郡

新蔡　汝陰　上蔡　緱氏　洛陽　新安　固始　苞信

弘農郡

邯鄲　圉　盧氏

從陽郡〔一〕

南鄉　槐里　清水　丹水　酇　從陽

西汝南郡

北上洛郡

齊安郡

齊康郡

招義郡

右五郡，不見屬縣。

寧蠻府領郡如左：

西新安郡

新安　汎陽　安化　南安

義寧郡

筑　義寧　汎陽　武當　南陽〔一三〕

南襄郡

新安　武昌　建武　武平

北建武郡

東萇秋　霸　北鄀　高羅　西萇秋　平丘

蔡陽郡

樂安　東蔡陽　西蔡陽　新化　楊子　新安

永安郡

東安樂　新安　西安樂　勞泉

安定郡

思歸　歸化　阜亭　新安　士漢　士頃

懷化郡

懷化　編　遂城　精陽　新化　遂寧　新陽

武寧郡

新安　武寧　懷寧　新城　永寧

新陽郡

東平林　頭章　新安　朗城　新市　新陽　武安　西林

義安郡

郊鄉　東里　永明　山都　義寧　西里　義安　南錫　義清

高安郡

高安　新集

左義陽郡

南襄城郡

廣昌郡

東襄城郡

北襄城郡

懷安郡

北弘農郡

西弘農郡

析陽郡

北義陽郡

漢廣郡

中襄城郡

右十二郡沒虜。

湘州，鎮長沙郡。湘川之奥，民豐土閑。晉永嘉元年，分荆州置，苟晀爲刺史。〔一三〕此後三省，輒復置。元嘉十〔八〕〔六〕年置，〔一四〕至今爲舊鎮。南通嶺表，脣齒荆區。領郡如左：

長沙郡

臨湘　羅　湘陰　醴陵　劉陽〔一五〕　建寧　吳昌

桂陽郡

郴　臨武　南平　耒陽　晉寧　汝城

零陵郡

泉陵　洮陽　零陵　祁陽　觀陽　永昌　應陽

衡陽郡

湘西　益陽　湘鄉　新康　衡山

營陽郡

營道　泠道　營浦　舂陵

湘東郡

茶陵　新寧　攸　臨蒸　重安　陰山

邵陵郡

都梁　邵陵　高平　武剛　建興　邵陽　扶

始興郡

曲江　桂陽　仁化　陽山　令階　含洭　靈溪　中宿　湞陽　始興

臨賀郡

臨賀　馮乘　富川　封陽　謝沐　興安　寧新　開建　撫寧

始安郡本名始建，齊改。

始安　荔浦　建陵左縣　熙平　永豐　平樂

齊熙郡

梁州，鎭南鄭。魏景元四年平蜀所置也。晉永嘉元年，蜀賊沒漢中，刺史張光治魏興，三年，還漢中。建興元年，又爲氐楊難敵所沒。桓溫平蜀，復舊土。後爲譙縱所沒，縱平復舊。每失漢中，刺史輒鎭魏興。漢中爲巴蜀扞蔽，故劉備得漢中，云「曹公雖來，無能爲也」。是以蜀有難，漢中輒沒。雖時還復，而戶口殘耗。宋元嘉中，甄法護爲氐所攻，失守。蕭思話復還漢中。後氐虜數相攻擊，關隴流民，多避難歸化，於是民戶稍實。州境與氐、胡相鄰，亦爲威御之鎭。領郡如左：

漢中郡
　南鄭　城固　沔陽　西鄉　西上庸

魏興郡
　西城　旬陽　興晉　廣昌　南廣城（永元志無）　廣城

新興郡（永元二年志無）
　吉陽　東關

南新城郡
　房陵　綏陽　昌魏　祁鄉　閬陽　樂平

上庸郡

上庸　武陵　齊安　北巫　上廉　微陽　新豐　新安　吉陽

晉壽郡

晉壽　邵歡　興安　白水

華陽郡

宕渠　華陽　興宋　嘉昌

新巴郡

新巴　晉城　晉安

北巴西郡

閬中　安漢　宋壽　南國　西國　平周　漢昌

巴渠郡

宣漢　晉興　始興　巴渠　東關　始安　下蒲

懷安郡

懷安　義存

宋熙郡

興平 宋安 陽安 元壽 嘉昌永元志無

白水郡

晉壽 新巴 漢德 益昌 興安 平周

南上洛郡

上洛 商 流〔風〕民〔一六〕 北豐陽 渠陽 義陽

北上洛郡

上洛 商 豐陽永元志無 流民 秬陽〔一七〕 陽亭 齊化 西豐陽 東鄀陽 齊寧永元志無 京兆 新寧永元志無 新附

安康郡

安康 寧都

南宕渠郡

宕渠 漢安 宣漢 宋康

懷安郡〔一八〕

永豐 綏成〔一九〕 預德

北陰平郡

陰平　平武

南陰平郡

陰平　懷舊

齊興郡

齊興永元志無　安昌永元志無　鄖鄉　錫〔二〇〕　安富　略陽

晉昌郡

安晉　宣漢　吉陽　葨壽　東關　新興　延壽　安樂

東晉壽郡

右一郡，縣邑事亡。

弘農郡

東昌魏郡

略陽郡

北梓潼郡

廣長郡

弍水郡

思安郡

宋昌郡

建寧郡

南泉郡

三巴郡

江陵郡

懷化郡

歸寧郡

東犍郡

北宕渠郡

宋康郡

南漢郡

南梓潼郡

始寧郡

江陽郡

南部郡
南安郡
建安郡
壽陽郡
南陽郡
宋寧郡
歸化郡
始安郡
平南郡
懷寧郡
新興郡
南平郡
齊兆郡
齊昌郡
新化郡

寧章郡
隣溪郡
京兆郡
義陽郡
歸復郡
安寧郡
東宕渠郡
宋安郡
齊安郡

凡四十五郡，荒或無民戶。

秦州，晉武帝泰始五年置。舊土有秦之富，跨帶壠坂。太康省，惠帝元康七年復置。中原亂，沒胡。穆帝永和八年，胡僞秦州刺史王擢降，仍以爲刺史，尋爲苻健所破。十一年，桓溫以氐王楊國爲秦州刺史，未有民土。至太元十四年，雍州刺史朱序始督秦州，則孝武所置也。寄治襄陽，未有刺史，是後雍州刺史常督之。隆安二年，郭銓始爲梁、南秦州刺史，州寄治漢中。四年，桓玄督七州，但云秦州。元興元年，以苻堅子宏爲北秦州刺史。自此荆州都督常督秦州，梁州常帶南秦州刺史。義熙三年，以氐王楊國爲北秦州刺史。十四年，置東秦州，劉義眞爲刺史。郭恭爲梁州刺史，尹雅爲秦州刺史。宋文帝爲荆州都督，督秦州，又進督北秦州。州名雜出，省置不見。永明郡國志秦州寄治漢中南鄭，不曰南北。元嘉計偕亦云秦州，而荆州都督常督二秦，梁、南秦一刺史。是則志所載秦州爲南秦，氐爲北秦。領郡如左：

武都郡
下辯　上祿　陳倉

略陽郡
略陽　臨漢

安固郡
安固　南桓〔陵〕〔三〕

西扶風郡
郿　武功

京兆郡

杜　藍田　鄠

南太原郡

平陶

始平郡

始平　槐里　宋熙

天水郡

新陽　河陽〔三二〕

安定郡

宋興　朝那

南安郡

桓道　中陶

金城郡

金城　榆中　臨洮　襄

馮翊郡

蓮勺　頻陽　下邽〔三三〕　萬年　高陵

隴西郡　河關　狄道　首陽　大夏

仇池郡　上辯　倉泉　白石　夷安

東寧郡　西安　北地　南漢

益州，鎭成都，起魏景元四年所治也。開拓夷荒，稍成郡縣，如漢之永昌，晉之雲山之類是也。蜀侯惲壯以來，〔二四〕四爲偏據，故諸葛亮云「益州險塞，沃野天府」。劉頌亦謂「成都宜處親子弟，以爲王國」。故立成都王穎，竟不之國。三峽險阻，蠻夷孔熾。西通芮芮河南，亦如漢武威張掖，爲西域之道也。方面疆鎭，塗出萬里，晉世以處武臣。宋世亦以險遠，諸王不牧。泰始中，成都市橋忽生小洲，始康人邵碩有術數，見之曰：「洲生近市，當有貴王臨境。」永明二年，而始興王鎭爲刺史。州土瓌富，西方之一都焉。領夷、齊諸郡如左：巴、涪陵二郡，見巴州。

蜀郡

成都　郫　牛鞞　繁　永昌

廣漢郡

雒　什方　新都　郪　伍城　陽泉

晉康郡

江原　臨邛　(從)〔徙〕陽〔二五〕　晉樂　漢嘉

寧蜀郡

廣漢　升遷　廣都　墊江

汶山郡

都安　齊基　⿰氵妟官〔二六〕

南陰平郡

陰平　綿竹　南鄭　南長樂

東遂寧郡

巴興　小漢〔二七〕　晉興　德陽

始康郡

康晉　談　新成

永寧郡〔二八〕

欣平　永安　宜昌

安興郡〔二九〕

南漢　建昌

犍爲郡

僰道　南安　資中　冶官　武陽

江陽郡

江陽　常安　漢安　綿〔水〕〔三〇〕

安固郡

桓陵　臨渭　興固　南苞　清水　沔陽　南城固

懷寧郡

萬年　西平　懷道　始平

巴西郡

閬中　安漢　西充國　南充國　漢昌　平州　益昌　晉興　東關

梓潼郡

涪　梓潼　漢德　新興　萬安　西浦

東江陽郡

漢安　安樂　綿水

南晉壽郡

南晉壽　白水　南興

西宕渠郡

宕渠　宣漢　漢初　東關

天水郡

西　上邽　冀　宋興

南新巴郡永元志，寄治陰平。

新巴　晉熙　桓陵

北陰平郡

陰平　南陽　北桓陵　扶風　愼陽　京兆　綏歸

新城郡

下辯　略陽　漢陽　安定

扶風郡見永元三年志

武江　華陰　茂陵

南安郡見永元三年志

南安　華陽　白水　樂安　桓道

東宕渠獠郡

宕渠　平州　漢初

北部都尉

越嶲獠郡

沈黎獠郡

蚕陵令，無戶數。

甘松獠郡

始平獠郡

齊開左郡

齊通左郡

右二左郡，建武三年置。

寧州，鎭建寧郡，本益州南中，諸葛亮所謂不毛之地也。道遠土埆，蠻夷衆多，齊民甚少，諸爨、氐彊族，恃遠擅命，故數有土反之虞。領郡如左：

建平郡

同樂　同瀨　牧靡　新興　新定　味　同竝　萬安　昆澤　漏江　談稾　毋單

存駆

南廣郡

南廣　常遷　晉昌　新興

南朱提郡

朱提　漢陽　堂狼　南秦

南牂牁郡

且蘭　萬壽　毋歛　晉樂　綏寧　丹南

梁水郡

梁水　西隨　(母掇)〔毋棳〕〔三一〕　勝休〔三二〕　新豐　建安　驃封〔三三〕

建寧郡

新安　永豐　綏雲〔三四〕　遂安　麻雅〔三五〕　臨江

晉寧郡

建伶　連然　滇池　俞元　穀昌　秦臧　雙栢

雲南郡

東古復　西古復　雲平　邪龍

西平郡

西平　暖江〔三六〕　都陽　西寧　晉綏　新城

夜郎郡

夜郎　談柏〔三七〕　談樂　廣談

東河陽郡

東河陽　楪榆

西河陽郡

比蘇　建安　成昌

平蠻郡

平蠻　（穀邑）〔監〕〔三八〕

興古郡

西中〔三九〕　宛暖　律高　句町　漏臥　南興

興寧郡

青蛉　弄棟

西阿郡

楪楡　新豐　遂〔段〕〔四〇〕

平樂郡

益寧　安寧

北朱提郡

河陽　義城

宋昌郡

江陽　安上　犍爲

永昌郡 有名無民曰空荒不立

永安　永〔四一〕　不建　犍瑱　雍鄉　西城　博南

益寧郡 永明五年，刺史董仲舒啓置，領二縣，無民戶，自此已後皆然也。

武陽　綿水

南犍爲郡永明二年置

西益郡

江陽郡

犍爲郡

永興郡

永寧郡

安寧郡

右六郡，隆昌元年置。

東朱提郡延興元年立

安上郡建武三年，刺史郭安明啓置。

贊曰：郡國既建，因州而部。〔四二〕離過十三，合不踰九。分城列邑，名號殷阜。遷徙叛逆，〔四三〕代亡代有。

校勘記

〔一〕分荊州巴東建（年）〔平〕 「建年」爲「建平」之譌，今改正。

〔二〕秦昌 晉書地理志同。按宋書州郡志、水經江水注作「泰昌」。隋志、寰宇記作「大昌」，蓋北周爲宇文泰諱已改也。疑「秦昌」爲「泰昌」之譌。

〔三〕漢玫 按「漢玫」不見於他地志。華陽國志，劉璋立涪陵郡，屬縣有漢葭縣。晉書地理志，涪陵郡統縣五，有漢復縣，漢葭縣。此「漢玫」非「漢葭」之譌，卽「漢復」之譌。

〔四〕太元中 「太元」原譌「泰元」，各本並譌，下秦州序「太元十四年」亦同譌，今改正。

〔五〕舊郢以北〔堅〕壁相望 據殿本補。

〔六〕潕陽 南監本及晉書地理志、宋書州郡志作「舞陽」。

〔七〕元嘉（宋）〔末〕 據局本及宋書州郡志改。

〔八〕油潘 殿本考證云：「南監本無『潘』字。」

〔九〕武陽 宋書州郡志作「武功」。案武陽前漢屬東海郡，後漢省。東晉南渡，徐、兗屬邑，例僑置於江淮南北，甚少寄治襄陽附近者。晉書地理志，始平郡有武功縣。疑作「武功」爲是。

〔一〇〕（陽）〔陰〕 「陽」各本並同。宋書州郡志作「陰」，案陰爲漢舊縣，屬南陽，作「陰」是，今據改。

〔一一〕從陽郡 「從陽」毛本、殿本作「順陽」，下從陽縣同。按蕭子顯避梁諱，「順」字皆改作「從」。

〔一二〕南陽　毛本、局本作「武陽」。案武陽前漢屬東海郡，後漢省。東晉南渡，徐、兖屬邑，例僑置於江淮南北，甚少寄治雍州襄陽附近者，疑作「南陽」爲是。

〔一三〕苟眺爲刺史　「苟眺」晉書杜弢傳、通鑑晉永嘉五年作「苟眺」。晉書懷帝紀作「苟眺」。按殿本、局本又譌作「苟晞」，苟晞晉書有傳，未嘗爲湘州刺史也。

〔一四〕元嘉十〔八〕〔六〕年置　宋書文帝紀，元嘉十六年正月，分荆州爲湘州。今據改。

〔一五〕劉陽　「劉」各本作「瀏」，劉瀏古今字。倖臣傳呂文顯封劉陽縣侯。

〔一六〕流（風）民　據南監本刪。按宋書州郡志亦作「流民」。此衍一「風」字，而以流風、民爲二縣，非也。

〔一七〕秬陽　宋書州郡志作「拒陽」。

〔一八〕懷安郡　南監本、殿本及宋書州郡志並作「懷漢郡」。

〔一九〕綏成　宋書州郡志作「綏來」。

〔二〇〕錫　續漢書郡國志、宋書州郡志同。漢書地理志作「鍚」。應劭曰音陽。如應音，字當作「鍚」。

〔二一〕南桓〔陵〕　據南監本、毛本、殿本、局本補。按宋書州郡志亦作「南桓陵」，蓋益州南新巴郡有桓陵，北陰平郡有北桓陵，故此云南桓陵也。

〔二二〕河陽　兩漢志、宋書州郡志、魏書地形志、水經漾水注並作「阿陽」。顔師古漢書高帝紀注云：「阿陽，天水之縣也。今流俗本或作河陽者非。」按阿陽之作河陽，最早見於此志。其後周書獨孤信傳、隋志、元和志、寰宇記並作「河陽」。寰宇記云：「河陽，漢置縣，在河之西北，故曰河陽。」

〔二三〕下邽　宋書州郡志作「下辯」。

〔二四〕蜀侯惲壯以來　「惲壯」，各本並作「煇杜」。按此謂蜀侯惲、相陳壯事，並見史記秦本紀及華陽國志，今改正。

〔二五〕（從）〔徙〕陽　各本及宋書州郡志並作「樅陽」。成孺宋州郡志校勘記云：「『樅』兩漢志、晉志並作『徙』，當以作『徙』爲是。南齊志作『樅』。『徙』之傳寫爲『樅』，未知誤自何時也。」今據改。

〔二六〕漫官　南監本及宋書州郡志作「晏官」。

〔二七〕小漢　南監本及宋書州郡志作「廣漢」。按廣漢，漢舊縣，屬廣漢郡。漢時縣名與郡名同者，往往加「小」字以別之，故廣漢亦稱小廣漢，疑此「小」字下脫一「廣」字。

〔二八〕永寧郡　「永寧」南監本、局本及宋書州郡志作「宋寧」。按蕭齊代宋，故改「宋寧」爲「永寧」。

〔二九〕安興郡　「安興」南監本及宋書州郡志作「宋興」。按蕭齊代宋，故改「宋興」爲「安興」。

〔三〇〕綿〔水〕　據宋書州郡志補。

〔三一〕（母掇）〔毋棳〕　據漢書地理志改。按漢書顏注云：「毋讀與無同。棳音之悅反，其字從木。」又錢大昕廿二史考異云：「說文棳從木，從手誤。」又毋單、毋斂，百衲本並譌「母」，亦據續漢志、華陽國志改正。

〔三二〕滕休　宋書州郡志作「騰休」，成孺校勘記云：「『騰』兩漢志作『勝』，晉志作『滕』，南齊志亦作『勝』。」案水經溫水注亦作「勝休」。

〔三三〕驃封　兩漢志、華陽國志、宋本晉書地理志、宋書州郡志、水經溫水注並作「鐔封」。

〔三四〕綏雲　宋書州郡志作「經雲」。

〔三五〕麻雅　宋書州郡志作「麻應」。

〔三六〕暖江　宋書州郡志作「溫江」。

〔三七〕談柏　宋書州郡志同。漢書地理志、續漢書郡國志、華陽國志作「談指」。晉書地理志作「指談」。

〔三八〕（穀邑）〔鄨〕　漢書地理志、續漢書郡國志、華陽國志、晉書地理志、宋書州郡志皆作「鄨」。案宋本晉書地理志已譌鄨爲「敝邑」兩字，齊志又譌「鄨」爲「穀邑」，今改正。

〔三九〕西中　宋書州郡志作「西安」。

〔四〇〕遂〔段〕　宋書州郡志東河陽太守下云：「永初郡國又有西河陽，領楪榆、遂段、新豐三縣。遂段、新豐二縣，二漢、晉並無」。據此，「遂」下蓋奪「段」字。今據補。

〔四一〕永　各本並同，疑有奪字。華陽國志、晉書地理志永昌郡有永壽縣，此或「永」下脫「壽」字。

〔四二〕因州而部　「部」毛本、殿本作「剖」。

〔四三〕遷徙叛逆　「徙」毛本、局本作「移」。「叛逆」，初學記八引作「區併」。

梁蕭子顯撰

南齊書

第二册

卷一六至卷三九（志傳）

中華書局

南齊書卷十六

志第八

百官

建官設職，興自炎昊，方乎隆周之册，表乎盛漢之書。存改回沿，〔一〕備於歷代，先賢往學，以之雕篆者衆矣。若夫胡廣舊儀，事惟簡撮，應劭官典，殆無遺恨。王朗奏議，屬霸國之初基；陳矯增曹，由軍事而補闕。今則有魏氏官儀、魚豢中外官也。山濤以意辯人，不□□□。荀勗欲去事煩，唯論并省。定制成文，本之晉令，後代承業，案爲前准。肇域官品，區別階資，〔二〕蔚宗選簿梗槩，欽明階次詳悉，虞通、劉寅因荀氏之作，矯舊增新，今古相校。齊受宋禪，事遵常典，既有司存，無所偏廢。其餘散在史注，多已筌拾，覽者易知，不重述也。諸臺府郎令史職吏以下，具見長水校尉王珪之職儀。

〔國相〕〔相國〕。〔三〕蕭、曹以來，爲人臣極位。宋孝建用南譙王義宣。至齊不用人，以爲贈，不列官。

太宰。宋大明用江夏王義恭，以後無人。齊以爲贈。

太傅。太師、太保、太傅，〔四〕周舊官。漢末，董卓爲太師。晉惠帝初，衞瓘爲太保。自後無太師，而太保爲贈。齊唯置太傅。

大司馬。

大將軍。宋元嘉用彭城王義康，後無人。齊以爲贈。

太尉。

司徒。

司空。三公，舊爲通官。司徒府領天下州郡名數戶口簿籍。雖無，〔五〕常置左右長史、左西〔曹〕掾屬、〔六〕主簿、祭酒、令史以下。晉世王導爲司徒，右長史干寶撰立官府職儀已具。

特進。

位從公。

諸開府儀同三司。

驃騎將軍。

車騎將軍。

衞將軍。

鎭軍將軍。

中軍將軍。

撫軍將軍。

四征將軍。東、西、南、北。

四鎭將軍。

凡諸將軍加「大」字，位從公。開府儀同如公。凡公督府置佐：長史、司馬各一人，諮議參軍二人。諸曹有錄事，〔功曹〕，記室，戶曹，倉曹，中、直兵，外兵，騎兵，長流賊曹，城局，法曹，田曹，水曹，鎧曹，集曹，右戶，十八曹。〔七〕〔城〕局曹以上署正參軍，〔八〕法曹以下署行參軍，各一人。其行參軍無署者，爲長兼員。其府佐史則從事中郎二人，倉曹掾、戶曹屬、東西閤祭酒各一人，主簿舍人御屬二人。加崇者，則左右長史四人，中郎掾屬竝增數。其未及開府，則置府亦有佐史，其數有減。小府無長流，置禁防參軍。

四安將軍。

四平將軍。

左、右、前、後將軍。

征虜將軍。

四中郎將。晉世荀羨、王胡之竝居此官。宋、齊以來，唯處諸王，素族無爲者。

冠軍將軍。

輔國將軍。

寧朔將軍。

寧遠將軍。

龍驤將軍。

凡諸小號，亦有置府者。

府置丞一人，五官、功曹、主簿，九府九史皆然。領官如左：

太常。

博士，謂之太學博士。

國子祭酒一人。博士二人。助教十人。

建元四年，有司奏置國學，祭酒准諸曹尚書，博士准中書郎，助教准南臺御史。選經學爲先。若其人難備，給事中以還明經者，以本位領。其下典學二人，三品，准太常主簿；戶曹、儀曹各二人，五品；白簿治禮吏八人，六品；保學醫二人；威儀二人。其夏，國諱廢學，有司奏省助教以下。永明三年，立學，尚書令王儉領祭酒。八年，國子博士何胤單爲祭酒，疑所服，陸澄等皆不能據，遂以玄服臨試。月餘日，博議定，乃服朱衣。

總明觀祭酒一人。

右泰始六年，以國學廢，初置總明觀，玄、儒、文、史四科，科置學士各十人，正令史一人，書令史二人，幹一人，門吏一人，典觀吏二人。建元中，掌治五禮。永明三年，國學建，省。

太廟令一人，丞一人。

明堂令一人，丞一人。

太祝令一人，丞一人。

太史令一人，丞一人。

廩犧令一人，丞一人。

置令丞以下皆有職吏。

太樂令一人，丞一人。

諸陵令。

永明末置，用二品三品勳。置主簿、戶曹各一人，六品保舉。

光祿勳。

府置丞一人。領官如左：

左右光祿大夫。

位從公，開府置佐史如公。

光祿大夫。

皆銀章青綬，詔加金章紫綬者，爲金紫光祿大夫。樂安任遐爲光祿，就王晏乞一片金，晏乃啓轉爲金紫，不行。

太中大夫。

中散大夫。

諸大夫官，皆處舊齒老年，重者加親信二十人。

衞尉。

府置丞一人。掌宮城管籥。張衡西京賦曰「衞尉八屯，警夜巡晝」。宮城諸却敵樓上本施鼓，持夜者以應更唱，太祖以鼓多驚眠，改以鐵磬云。

廷尉。

府置丞一人，正一人，監一人，評一人，律博士一人。

大司農。

府置丞一人。領官如左：

太倉令一人，丞一人。

導官令一人，丞一人。

藉田令一人，丞一人。

少府。
府置丞一人。領官如左：
左右尚方令各一人，丞一人。
鍛署丞一人。永明三年省，四年復置。
御府令一人，丞一人。
東冶令一人，丞一人。
南冶令一人，丞一人。
平準令一人，丞一人。
上林令一人，丞一人。亦屬尚書殿中曹。
將作大匠。
太僕。
大鴻臚。
三卿不常置。將作掌宮廟土木。太僕掌郊禮執轡。鴻臚掌導護贊拜。有事權置兼官，畢乃省。
乘黃令一人。

掌五輅安車，大行凶器轀輬車。

客館令。

掌四方賓客。

宣德衞尉、少府、太僕。

鬱林王立，文安太后卽尊號，以宮名置之。

大長秋。

鬱林立皇后置。

錄尚書。

尚書令。

總領尚書臺二十曹，爲內臺主。行遇諸王以下，皆禁駐。左右僕射分道。無令，左僕射爲臺主，與令同。

左僕射。

領殿中主客二曹事，諸曹郊廟、園陵、車駕行幸、朝儀、臺內非違、文官舉補滿敍疾假事，其諸吉慶瑞應衆賀、災異賊發衆變、臨軒崇拜、改號格制、莅官銓選，凡諸除署、功論、封爵、貶黜、八議、疑讞、通關案，則左僕射主，右僕射次經，維是黃案，左僕射右僕射署朱符見字，經都丞竟，右僕射橫畫成目，左僕射畫，令畫。右官闕，則以次并畫。若無左右，則直置僕射在其中閒，總左右事。

吏部尚書。

領吏部、刪定、三公、比部四曹。

度支尚書。

領度支、金部、倉部、起部四曹。

左民尚書。

領左民、駕部二曹。

都官尚書。

領都官、水部、庫部、功論四曹。

五兵尚書。

領中兵、外兵二曹。

祠部尚書。

右僕射通職，不俱置。

起部尚書。

興立宮廟權置，事畢省。

左丞一人。

掌宗廟郊祠、吉慶瑞應、災異、立作格制、諸案彈、選用除置、吏補滿除遣注職。

右丞一人。

掌兵士百工補役死叛考代年老疾病解遣、其內外諸庫藏穀帛、刑辠創業諍訟、田地船乘、稟拘兵工死叛、考剔討補、差分百役、兵器諸營署人領、州郡租布、〔八〕民戶移徙、〔九〕州郡縣併帖、城邑民戶割屬、刺史二千石令長〔丞〕尉被收及免贈、〔一〇〕文武諸犯削官事。白案，右丞上署，左丞次署。黃案，左丞上署，〔右丞次署〕。〔一一〕諸立格制及詳讞大事宗廟朝廷儀體，左丞上署，右丞次署。自令僕以下五尚書八座二十曹，〔一二〕各置郎中令史以下，又置都令史分領之。僕射掌朝軌，尚書掌讞奏，都丞任碎，在彈違諸曹緣常及外詳讞事。應須命議相值者，皆郎先立意，應奏黃案及關事，以立意官爲議主。凡辭訴有漫命者，曹緣諮如舊。〔一三〕若命有諮，則以立意者爲議主。

武庫令一人。

屬庫部。

車(將)〔府〕令一人，〔一四〕丞一人。

屬駕部。

公車令一人。

大官令一人，丞一人。

大醫令一人，丞一人。

內外殿中監各一人。

內外驊騮廄丞各一人。

材官將軍一人，司馬一人。

屬起部，亦屬領軍。

侍中祭酒。高功者稱之。

侍中。漢世爲親近之職。魏、晉選用，稍增華重，而大意不異。宋文帝元嘉中，王華、王曇首、殷景仁等，並爲侍中，情在親密，〔一五〕與帝接膝共語，貂拂帝手，拔貂置案上，語畢復手插之。孝武時，侍中何偃南郊陪乘，鑾輅過白門闔，〔一六〕偃將匐，帝乃接之曰：「朕乃陪卿。」齊世朝會，多以美姿容者兼官。永元三年，東昏南郊，不欲親朝士，以主璽陪乘，前代未嘗有也。侍中呼爲門下。亦置令史。領官如左：

給事黃門侍郎。

亦管知詔令，世呼爲小門下。

散騎常侍。通直散騎常侍。員外散騎〔常〕侍（郎）。〔一七〕

舊與侍中通官，其通直員外，用衰老人士，故其官漸替。宋大明雖華選比侍中，而人情久習，終不見重，尋復如初。

散騎侍郎。通直散騎侍郎。員外散騎侍郎。

給事中。

奉朝請。

駙馬都尉。

集書省職，置正書令史。朝散用衣冠之餘，人數猥積。永明中，奉朝請至六百餘人。

中書監一人，令一人，侍郎四人，通事舍人無員。

中書省職，置主書、令史、正書以下。

祕書監一人，丞一人。郎。著作佐郎。

晉祕書閣有令史，掌衆書，見晉令，令亦置令史、正書及弟子，皆典教書畫。

御史中丞一人。

晉江左中丞司隸分督百僚，傅咸所云「行馬內外」是也。今中丞則職無不察，專道而行，騶輻禁呵，加以聲色，武將相逢，輒致侵犯，若有鹵簿，至相毆擊。宋孝建二年制，中丞與尙書令分道，雖丞郎下朝相值，亦得斷之，餘內外衆官，皆受停駐。

治書侍御史二人。

侍御史十人。

蘭臺置諸曹內外督令以下。

謁者僕射一人。

謁者十人。

謁者臺，掌朝覲賓饗。

領軍將軍、中領軍。

護軍將軍、中護軍。

凡爲中，小輕，同一官也。諸爲將軍官，皆敬領、護。諸王爲將軍，道相逢，則領、護讓道。置長史、司馬、五官、功曹、主簿。

左右二衞將軍。

驍騎將軍。

游擊將軍。

晉世以來，謂領、護至驍、游爲六軍。二衞置司馬次官功曹主簿以下。

左右二中郎將。

前軍將軍、後軍將軍、左軍將軍、右軍將軍，號四軍。

屯騎、步兵、射聲、越騎、長水五校尉。

虎賁中郎將。

宂從僕射。

羽林監。

積射將軍。

彊弩將軍。

殿中將軍、員外殿中將軍。

殿中司馬督。

武衞將軍。

武騎常侍。

自二衞、四軍、五校已下，謂之「西省」，而散騎爲「東省」。

丹陽尹。

位次九卿下。

太子太傅。

少傅。

府置丞、功曹、五官、主簿。

太子詹事。
府置丞一人以下。
太子率更令。
太子家令。
置丞。
太子僕。
太子門大夫。
太子中庶子。
太子中舍人。
太子洗馬。
太子舍人。
太子左右衞率各一。
太子翊軍步兵屯騎三校尉。
太子旅賁中郎將一人。
太子左右積弩將軍。

太子殿中將軍、員外殿中將軍。

太子倉官令。

太子常從虎賁督。

右東宮職僚。

州牧、刺史。

魏、晉世州牧隆重，刺史任重者爲使持節都督，輕者爲持節督，起漢從帝時，〔一八〕御史中丞馮赦討九江賊，督揚、徐二州軍事，而何、徐宋志云起魏武遣諸州將督軍，王珪之職儀云起光武，並非也。晉太康中，都督知軍事，刺史治民，各用人。惠帝末，乃幷任，非要州則單爲刺史。州朝置別駕、治中、議曹、文學祭酒、諸曹部從事史。

護南蠻校尉。

府置佐史。隸荆州。晉、宋末省。建元元年，復置，三年，省。延興元年置，建武省。

護三巴校尉。

宋置。建元二年，改爲刺史。

寧蠻校尉。

府亦置佐史，隸雍州。

平蠻校尉。

永明三年置，隸益州。

鎮蠻校尉。

隸寧州。

護西戎校尉。

護羌校尉。

右四校尉，亦置四夷。

平越中郎將。

府置佐史，隸廣州。

郡太守、內史。

縣令、相。

郡縣爲國者，爲內史、相。

鎮蠻護軍。

安遠護軍。

晉世雜號，多爲郡領之。

諸王師、友、文學各一人。

國官郎中令、中尉、大農爲三卿，左右常侍、侍郎，上軍、中軍、下軍三軍，典書、典祠、學官、典衞四令，食官、廄牧長，謁者以下。公侯置郎中令一卿。

贊曰：百司分置，惟皇命職。雲師鳥紀，各有其式。

校勘記

〔一〕存改回沿　「沿」百衲本作「沇」，據南監本、殿本改。

〔二〕區別階資　「資」字原闕，據各本補。

〔三〕（國相）〔相國〕　據局本改。按錢大昕廿二史考異云「國相」當作「相國」。

〔四〕太師太保太傅　永樂大典九百十九引作「太師太傅太保」。按三師位次，太傅當在太保前。

〔五〕雖無　按：此下疑有脫文。據宋書百官志：「司徒若無公，唯省舍人，其府常置。其職寮異於餘府，有左右長史、左西曹掾屬各一人，餘則同矣。餘府有公則置，無則省。」則此亦當云「雖無司徒公，其府不廢」，文義始足。

〔六〕左西〔曹〕掾屬　據宋書百官志、元龜七百十六補。

〔七〕諸曹有錄事〔功曹〕至十八曹　「功曹」據通典補。又按通典云：「宋武帝爲相，合中兵、直兵爲一參事，曹則猶二也。」錢大昕廿二史考異云「今數之，止十六曹」，今補「功曹」，尚缺一曹。

〔八〕〔城〕局曹以上署正參軍　據元龜七百十六補。

〔九〕〔人〕民戶移徙　「人」字衍，今刪。按通典職官典作「人戶移徙」，蓋避唐諱，改「民」爲「人」也。

〔一〇〕刺史二千石令長〔丞〕尉被收及免贈　據通典職官典補。

〔一一〕黃案左丞上署〔右丞次署〕　據通典職官典補。

〔一二〕自令僕以下五尚書八座二十曹　按尚書二十曹，左僕射領殿中、主客二曹，吏部尚書領吏部、刪定、三公、比部四曹，度支尚書領度支、金部、倉部、起部四曹，左民尚書領左民、駕部二曹，都官尚書領都官、水部、庫部、功論四曹，五兵尚書領中兵、外兵二曹，凡十八曹，尚闕二曹，據通典職官典，右僕射領祠部、儀部二曹，合之適得二十曹。

〔一三〕曹緣諮如舊　「緣」南監本、殿本、局本作「掾」。張元濟校勘記云：「案前數行有諸曹緣常及外詳讞事云云，則『緣』字不誤。」

〔一四〕車〔將〕〔府〕令一人　各本並誤，今據通典職官典、元龜四百五十七改。

〔一五〕情在親密　「在」御覽六百八十八引作「任」，通典職官典同。

〔一六〕鑾輅過白門闔　「闔」南監本、毛本、殿本、局本作「闕」。

〔一七〕員外散騎〔常〕侍〔郎〕　據元龜四百五十七改。按後有員外散騎侍郎，此當作員外散騎常侍。

〔一八〕起漢從帝時　「從」南監本、毛本作「順」。按作「從」，子顯避諱改；作「順」，後人回改也。

南齊書卷十七

志第九

輿服

昔三皇乘祇車出谷口，夏氏以奚仲爲車正，殷有瑞車，山車垂句是也。周禮匠人爲輿，以象天地。漢武天漢四年，朝諸侯甘泉宮，定輿服制，班于天下。光武建武十三年，得公孫述葆車，輿輦始具。蔡邕創立此志，馬彪勒成漢典，晉摯虞治禮，亦議五輅制度。江左之始，車服多闕，但有金戎，省充庭之儀。太興中，太子臨學，無高蓋車，元帝詔乘安車。元、明時，屬車唯九乘。永和中，石虎死後，舊工人奔叛歸國，稍造車輿。太元中，苻堅敗後，又得僞車輦，於是屬車增爲十二乘。義熙中，宋武平關、洛，得姚興僞車輦。宋大明改脩輦輅，妙盡時華，始備僞氐，復設充庭之制。永明中，更增藻飾，盛於前矣。案周禮以檢漢志，名器不同，晉、宋改革，稍與世異，今記時事而已。

玉輅，漢金根也。漆畫輪，金塗縱容後路受福輞。兩廂上望板前優遊，通緣金塗鏤鍱，碧絞罽，鑿鏤金薄帖。兩廂外織成衣，兩廂裏上施金塗鏤面釘，瑇瑁帖。望板廂上金薄帖，金博山，登仙紐，松精。優遊上和鸞鳥立花(扶)〔趺〕銜鈴，〔一〕銀帶瑇瑁筒瓦，金塗鏤鍱，刀格，織成手匡金花鈿錦衣。優遊下，隱膝，裏施金塗鏤面釘，織成衣。優遊橫前，施瑇瑁帖，金塗花釘。優遊前，金塗倒龍，後梢鑿銀瑇瑁龜甲，金塗花沓。〔二〕望板，金塗受福望龍諸校飾。抗及諸末，皆螭龍首。〔三〕龍汗板，〔四〕在車前，銀帶花獸，金塗受福，緣裏邊，鏤鍱瑇瑁織成衣。裏，金塗鏤面花釘。外，金塗博山、辟邪虎、鳳皇銜花諸校飾。斗蓋，金塗鏤鍱，二十八爪支子花，黃錦斗衣，複碧絹柒布緣油頂，〔五〕絳系(終)〔絡〕，織成顏(毛)〔芼〕赭舌孔雀毛複錦，〔六〕綠絞隨陰，懸珠蚌佩，金塗鈴，雲朱結，仙人綬，雜色眞孔雀毦。一轅，漆畫車衡，銀花帶，衡上金塗博山，四和鸞鳥立花(扶)〔趺〕銜鈴，〔七〕所謂「鸞鳥立衡」也。又龍首銜軛，又髦插翟尾，上下花沓，絳綠系的，望繩八枚。(旆)〔旂〕十二旒，〔八〕畫升龍，竿首金塗龍銜火燄幡，眞毦。棨戟，織成衣，金塗沓駐及受福，金塗鴈鏤鍱。漆案立牀，在車中，錦複黃絞，爲案立衣。錦複黃絞鄣泥。八幅，長九尺，緣紅錦(毛)〔芼〕帶，織成花(毛)〔芼〕的。〔九〕

五輅，江左相承駕四馬，左右騑爲六。施絳系游御繩，其重轂貳轄飛(絡)〔軨〕幡，〔一〇〕用赤油令，〔一一〕有紫眞毦。左纛，置左騑馬軛上。金鍐，〔一二〕金加冠，狀如(三)〔玉〕華(汙)〔形〕，在馬鍐上。〔一三〕方釳，鐵廣數寸，有三孔，插翟尾其中。繁纓，金塗紫皮，紫眞毦，橫在馬膺前。鏤錫，〔一四〕刻金爲馬面當顱。皆如古制。

世祖永明初，加玉輅爲重蓋，又作麒麟頭，采畫，以馬首戴之。竟陵王子良啓曰：「臣聞車旗有章，載自前史，器必依禮，服無舛法。凡蓋員象天，軫方法地，上無二天之儀，下設兩蓋之飾，求之志錄，恐爲乖衷。又假爲麟首，加乎馬頭，事不師古，鮮或可施。」建武中，明帝乃省重蓋等。

金輅。制度校飾如玉輅，而稍減少，亦以金塗。

象輅。如金輅而制飾又減。

木輅。制飾如象輅而尤減。

革輅，如大輅。建大麾。赤旗也。首施火燄幡。

宋昇明三年，錫齊王大輅、戎輅各一。乘黃五輅，無大輅、戎輅。左丞王逡之議：「大輅，殷之祭車，故不登周輅之名，而明堂位云『大輅，殷輅也』。注云『大輅，木輅也』。月令『中央土，乘大輅』。注云『殷輅也』。禮器『大輅繁纓一就』。注云『大輅，殷之祭天車也』。周禮五路，玉路、金路、象路、革路、木路。則周之木輅，殷之大路也。周革路建大白，以卽戎，此則戎路也。意謂國之大事，在祀與戎，故錫以殷祭天之車，與周之卽戎之路。祀則以殷，戎必以周者，明郊天義遠，建前代之禮，卽戎事近，故以今世之制。明堂位云『魯君孟春乘大路，載十有二旒日月之章，祀〔帝〕于（帝）郊』。〔五〕夫必以大輅以錫諸侯，〔六〕良有以也。今木路，卽大路也。」太尉左長史王儉議，宜用金輅九旒。時乘黃無副，借用五輅，大朝臨軒，權列三輅。

玉、金輅，建碧旂。象、木輅，建赤旂。永明初，太子步兵校尉伏曼容議，以爲「齊德尚青，五路五牛及五色幡旗，竝宜以先青爲次。軍容戎事之所乘，犧牲繭握之所薦，竝宜悉依尚色。三代服色，以姓音爲尚，漢不識音，故還尚其行運之色。今既無善律，則大齊所尚，亦宜依漢道。若有善吹律者，便應還取姓尚」。太子僕周顒議：「三代姓音，古無前記，裁音配尚，起自曼容。則是曼容善識姓聲，不復方假吹律。何故能識遠代之宮商，而更迷皇朝之律呂，而云當今無知吹律以定所尚，宜附漢以從闕邪？皇朝本以行運爲所尚，非關不定於音氏。如此，設有善律之知音，不宜遵聲以爲尚。」散騎常侍劉朗之等十五人竝議駮之，事不行。

皇太子象輅。校飾如御，旂九旒降龍。

皇太后皇后重翟車，金塗校具，白地人馬錦帖，廂隱膝後戶，白牙的帖，金塗面釘，漆畫輪，鐵鎋，金塗縱容後路轢，師子轄，抗檐皆施金塗蝌頭及神龍雀等諸飾。軛衡上施金博山，又有金塗長角巴首。蓋，金塗，爪支子花二十八，青油俠碧絹黃絞蓋，漆布裹。紫顏（蓖）〔茈〕，黃絞紫絞隨陰，〔一七〕碧（毛）茈。〔一八〕外上施絳紫系絡。碧旂九旒，檠戟。宋元嘉東宮儀記云中宮僕御重翟金根車，未詳得稱爲金根也。

皇太子妃厭翟車。如重翟，飾微減。

指南車。四周廂上施屋，指南人衣裙襦天衣，在廂中。上四角皆施龍子(干)〔竿〕，〔一九〕縣雜色眞孔雀氅，烏布皁複幔，漆畫輪，駕牛，皆銅校飾。

記里鼓車。制如指南，上施華蓋子，緋衣漆畫，〔二〇〕鼓機皆在內。

輦車，如犢車，竹蓬。廂外鑿鏤金薄，碧紗衣，織成(耄)〔芼〕，〔二一〕錦衣。廂裏及仰(項)〔頂〕隱膝後戶，〔二二〕金塗鏤面(釘)，〔二三〕瑇瑁帖，金塗松精，登仙花紐，綠四緣，四望紗萌子，上下前後眉，鏤鏁。轅枕長角龍，白牙蘭，瑇瑁金塗校飾。漆鄣塵板在蘭前，金銀花獸攫天龍師子鏤面，榆花(細)〔鈿〕指子摩尼炎，金龍虎。〔二四〕扶轅，銀口帶，龍板頭。龍轅軛上，金鳳皇鈴璅，(錄)〔銀〕口帶，〔二五〕星後梢，瑇瑁帖，金塗香沓，銀星花獸(慢)〔幔〕竿杖，〔二六〕金塗龍牽，縱橫長橺，背花香柒兆床副。〔二七〕自輦以下，二(官)〔宮〕御車，〔二八〕皆綠油幢，絳系絡。御所乘，雙棟。其公主則碧油幢云。司馬法曰「夏后氏輦曰金車，殷曰胡奴車，周曰(輺)〔輜〕車」，〔二九〕皆輦也。漢書叔孫通傳云「皇帝輦出房」，成帝輦過後宮，此朝宴竝用也。輿服志云「輦車具金銀丹青采䑿雕畫蒲陶之文，乘人以行」。信陽侯陰就見井丹，左右人進輦，是爲臣下亦得乘之。晉武帝給安平獻王孚雲母輦。晉中朝又有香衣輦，江左唯御所乘。

臥輦。校飾如坐輦，不甚服用。

漆畫輪車，金塗校飾如輦，微有減降。金塗鐺，縱容後輮師子副也。御爲羣公舉哀臨哭所乘。皇后太子妃亦乘之。

漆畫牽車，小形如輿車，金塗縱容後路師子𨍏，鐵鐺，錦衣。廂裏隱膝後戶牙蘭，轅枕梢，幰竿戍棟梁，〔三○〕皆金塗校飾。御及皇太子所乘，卽古之羊車也。晉泰始中，中護軍羊琇乘羊車，爲司隸校尉劉毅所奏。武帝詔曰：「羊車雖無制，非素者所服，免官。」衞玠傳云：「總角乘羊車，市人聚觀。」今不駕羊，猶呼牽此車者爲羊車云。

輿車，形如軺車，柒畫，金校飾，〔三一〕錦衣。兩廂後戶隱膝牙蘭，皆瑇瑁帖，刀格，鏤面花釘。幰竿成校棟梁，〔三二〕下施八㭪，金塗沓，兆床副。人舉之。一曰小輿，小行幸乘之。皇太子亦得於宮內乘之。

衣（畫）〔書〕十二乘，〔三三〕櫝榆轂輪，箕子壁，綠油衣，廂外綠紗萌，油幢絡，通幰，竿刺代棟梁，柟檽眞形龍牽，支子花。轅後伏神抗、承泥，沓，金塗校具。古副車之象也。今亦曰五時副車。

青萌車，是謂揄幔車。〔三四〕

油絡畫安車，公主、王妃、三公特進夫人所乘。漢制，皇后貴人紫罽軿車。晉皇后乘雲母油畫安車，駕六，以兩轅安車駕五爲副。公主畫安車駕六，以兩轅安車駕三爲副。公主畫安車駕三，三夫人青交絡安車駕三，皆以紫絳罽軿車駕三爲副。九嬪世婦軿車駕二，王公妃特進夫人皁交絡爲副。漢賤軺車而貴軿車，晉賤輜軿而貴軺車，皆行禮所乘。

黃屋車，建碧旂九旒，九旒，鸞輅也。漢輿服志云：「金根車，蓋黃繒爲裏，謂之黃屋。」今金、玉輅皆以黃地錦，唯此車以黃繒。皆金塗校具，黃隱隨陰，青毛羽，二十八爪支子花，絳系絡。九命上公所乘。

青蓋安車，朱轓漆班輪，駕一，左右騑，通幰車爲副，諸王禮行所乘。凡車有轓者謂之軒。皁蓋安車，朱轓漆班輪，駕一，通幰牛車爲副，三公禮行所乘。

安車，黑耳皁蓋馬車，朱轓，駕一，牛車爲副，國公列侯禮行所乘。

馬車，駕一，九卿、領、護、二衞、驍游、四軍、五校從郊陵所乘。晉制，三公下至九卿，又各安車黑耳一乘，公駕三，特進駕二，卿駕一，復各軺車施黑耳後戶皁輪一乘。

油絡軺車，尚書令、僕射、中書監、令、尚書、侍中、常侍、中黃門、中書、散騎侍郎，皆駕一牛，朝直所乘。晉制，尚書令施黑耳後戶皁輪，僕射、中書監、令直施後戶皁輪，尚書無後戶，皆漆輪轂，今猶然。

安車，赤屏，駕一，又軺車，施後戶，爲副，太子二傅禮行所乘。

四望車，通幰，油幢絡，班柒輪轂。〔三五〕亦曰皁輪，以加禮貴臣。晉武詔給魏舒陽燧四望小車。

三望車，制度如四望。或謂之夾望，亦以加禮貴臣。次四望。

油幢絡車，制似三望而減。王公加禮者之（爲）常乘，〔三六〕次三望。

平乘車，竹箕子壁仰，檟榆爲輪，通幰，竿刺代棟梁，柮襦真形龍牽，金塗支子花紐，轅頭後梢沓伏神承泥。庶人亦然，但不通幰。三公諸王所乘。自四望至平乘，皆銅校飾。

轀輬車。四輪，飾如金根。四角龍首，施組銜璧，垂五采，析羽葆流蘇，前後雲氣錯畫帷裳，以素爲池而黼黻。〔三七〕駕四白駱馬，太僕執轡。貴臣薨，亦如之，羽飾駕御，微有減降。

虞書曰：「予欲觀古人之象，日、月、星辰、山、龍、華蟲作繢，宗彝、藻、火、粉米、黼、黻絺繡，以五采章施于五色。」天子服備日、月以下，公山、龍以下，侯伯華蟲以下，子男藻、火以下，卿大夫粉米以下。天子六冕，王后六服，著在周官。公侯以下，咸有名則，佩玉組綬，並具禮文，後代沿革，見漢志晉服制令，其冠十三品，見蔡邕獨斷，並不復具詳。宋明帝泰始四年，〔三八〕更制五輅，議脩五冕，朝會饗獵，各有所服，事見宋注。舊相承三公以下冕七旒，青玉珠，卿大夫以下五旒，黑玉珠。永明六年，太常丞何諲之議，案周禮命數，改三公八旒，卿六旒。尚書令王儉議，依漢三公服，山、龍九章，卿華蟲七章。從之。

平冕黑介幘，今謂平天冠。皁表朱緣裏，廣七尺，長尺二寸，垂珠十二旒，以朱組爲纓，如其綬色。衣皁上絳下，裳前三幅，後四幅。衣畫而裳繡，爲日、月、星辰、山、龍、華蟲、藻、火、粉米、黼、黻十二章。〔三九〕素帶廣四寸，朱裏，以朱緑裨飾其側，要中以朱，垂以緑，垂三尺。中衣，以絳緣其領袖，赤皮韍，絳袴韈，赤舄，郊廟臨朝所服也。漢世冕用白玉珠爲旒。魏明帝好婦人飾，改以珊瑚珠。晉初仍舊，後乃改。江左以美玉難得，遂用蚌珠，世謂之白璇珠。

衮衣，漢世出陳留襄邑所織。宋末用繡及織成，建武中，明帝以織成重，乃采畫爲之，加飾金銀薄，世亦謂爲天衣。

史臣曰：黼黻之設，經緯爲用，故五色六章十二衣還相爲質也。歷代龍衮，織以成文，今體不勝衣，變易舊法，豈致美黻冕之謂乎！

通天冠，黑介幘，金博山顏，絳紗袍，皁緣中衣，乘輿常朝所服。舊用駁犀簪導，東昏改用玉。其朝服，臣下皆同。

黑介幘，單衣，無定色，乘輿拜陵所服。其白帢單衣，謂之素服，以舉哀臨喪。

遠游冠，太子諸王所冠。太子朱纓，翠羽緌珠節。〔四〕諸王玄纓，公侯皆同。

平冕，各以組爲纓，王公八旒，衣山、龍九章，卿七旒，衣華蟲七章，並助祭所服。皆畫皂絳繒爲之。

進賢冠，諸開國公、侯，鄉、亭侯，卿，大夫，尚書，關內侯，二千石，博士，中書郎，丞、郎，祕書監、丞、郎，太子中舍人、洗馬、舍人，諸府長史，卿，尹、丞，下至六百石令長小吏，以三梁、二梁、一梁爲差，事見晉令。

武冠，侍臣加貂蟬，餘軍校武職、黃門、散騎、太子中庶子、二率、朝散、都尉，皆冠之。唯武騎虎賁服文衣，插雉尾於武冠上。

史臣曰：應劭漢官釋附蟬，及司馬彪志竝不見侍中與常侍有異，唯言左右珥貂而已。案項氏說云「漢侍中蟬，刻爲蟬像，常侍但爲璫而不蟬」，未詳何代所改也。

法冠，廷尉等諸執法者冠之。

高山冠，謁者冠之。

樊噲冠，殿門衞士冠之。

黑介幘冠，文冠；平幘冠，武冠。尙書令、僕射、尙書納言幘，後飾爲異。

童子空頂幘，施假髻，貴賤同服。

救日蝕，文武官皆免冠，著赤介幘對朝服。赤幘，示威武也。

袴褶，車駕親戎、中外纂嚴所服。黑冠，帽綴紫褾，以絡帶代鞶帶。中官紫褾，外官絳褾。其纂嚴戎服不綴褾，行留悉同。校獵巡幸，從官戎服革帶鞶帶，文官不纓，武官脫冠。

袿襡大衣，謂之褘衣，皇后謁廟所服。公主會見大首髻，其燕服則施嚴雜寶爲佩瑞。

袿襡用繡爲衣，裳加五色，鏁金銀校飾。

綬，乘輿黃赤綬，黃赤縹綠紺五采。太子朱綬，諸王纁朱綬，皆赤黃縹紺四采。妃亦同。〔四一〕相國綠綟綬，三采，綠紫紺。郡公玄朱，侯伯青朱，子男素朱，皆三采。公世子紫，侯世子靑，鄉、亭、關內侯墨綬，皆二采。郡國太守、內史靑，尙書令、僕、中書監、令、祕書監皆黑，丞皆黃，諸府丞亦黃。皇后與乘輿同赤，貴嬪、夫人、貴人紫，王太妃、長公主、封君亦紫綬，六宮青綬，青白紅，〔四二〕郡公、侯夫人青綬。

乘輿傳國璽，秦璽也。晉中原亂沒胡，江左初無之，北方人呼晉家爲「白板天子」。冉閔敗，璽還南。別有行信等六璽，皆金爲之，亦秦、漢之制也。皇后金璽，太子諸王金璽，皆龜鈕。公侯五等金章，公世子金印，侯銀印，貴嬪、夫人金章，公主、王太妃、封君金印，六宮以下公侯太夫人夫人銀印。其公、將軍金章，光祿大夫、卿、尹、太子傅、諸領護將軍、中郎將、校(書)〔尉〕、〔四三〕郡國太守內史、四品五品將軍，皆銀章，尚書令、僕、中書監、令、祕書〔監〕丞、〔四四〕太子二率、諸府長史、卿、尹、丞、尉、中丞、都水使者、諸州刺史，皆銅印。

三臺五省二品文官，皆簪白筆。王公五等及武官不簪，加內侍乃簪。

百官執手板，尚書令、僕、尚書，手板頭復有白筆，以紫皮裹之，名曰「笏」。漢末仲長統謂百司皆宜執之。其肩上紫袷囊，名曰「契囊」，世呼爲「紫荷」。

佩玉，自乘輿以下，與晉、宋制同。建元四年，制王公侯卿尹珠水精，其餘用牙蚌。太官宰人服離支衣，後定。

贊曰：文物煌煌，儀品穆穆。分別禮數，莫過輿服。

「漆畫牽車」注「戍棟梁」，一本「戍」作「戈」。「輿車」注「成校棟梁」，一本「成校」作「戈杖」。「衣書車」注「刺代棟梁」，「平乘車」注「刺代棟梁」，並疑。

校勘記

〔一〕優遊上和鸞鳥立花(扶)〔趺〕銜鈴　據毛本、殿本、局本及通典禮典改。

〔二〕後梢鋈銀𨱆瑁龜甲金塗花沓　「梢」原作「捎」，通典禮典同，今從殿本改。

〔三〕抗及諸末皆螭龍首　「抗」局本作「軏」，通典禮典同。

〔四〕龍汗板　南監本、局本及通典禮典並作「龍形板」，毛本作「龍汙板」。

〔五〕複碧絹柒布緣油頂　「柒」各本並譌「染」，通典禮典作「漆」。柒乃漆之或字，形譌為「染」。今改正。

〔六〕絳系(絡)〔絡〕織成顏(毛)〔芼〕赭舌孔雀毛複錦　張元濟校勘記云：「『絡』殿本、局本作『絡』，是。」「毛」南監本作「芼」。通典禮典亦作「芼」，注云「徒昆反」。今據改。

〔七〕四和鸞鳥立花(扶)〔趺〕銜鈴　據南監本、毛本、殿本、局本及通典禮典改。

〔八〕(旆)〔旂〕十二旒　據南監本、殿本、局本改。

〔九〕緣紅錦(毛)〔芼〕帶織成花(毛)〔芼〕的　據通典禮典改。按上「毛」字南監本作「芼」。

〔一〇〕其重轂貳轄飛〔絡〕〔軨〕幡　據南監本、局本及通典禮典改。按東京賦云「重輪貳轄，疏轂飛軨」，作「軨」是。

〔一一〕用赤油令　「令」南監本、毛本、殿本、局本作「金」。按文有脱譌。劉昭續漢志注引薛綜注東京賦云：「飛軨，以緹油廣八寸，長注地，畫左蒼龍右白虎，繫軸頭。」又文選東京賦李善注引蔡邕獨斷云：「飛軨以緹紬廣八尺，長注地，畫左青龍右白虎，繫軸頭，取兩邊飾。」又宋書禮志引東京賦「疏轂飛軨」，云「飛軨以赤油爲之，廣八寸，長注地，繫軸頭，謂之飛軨也」。皆依獨斷爲説，惟「赤油」二字薛綜注作「緹油」，李善注作「緹紬」，爲不同耳。

〔一二〕金鍐　「鍐」當依文選東京賦及李善注引獨斷作「錽」。盧文弨校獨斷云：「錽，亡犯切，馬頭飾也，舊譌從㚇。」

〔一三〕金加冠狀如〔三〕〔玉〕華〔汗〕〔形〕在馬鍐上　「玉」字據文選東京賦李善注引獨斷改。「形」字據南監本、局本改。東京賦李注引獨斷亦作「形」。「在馬鍐上」續漢志劉昭注及東京賦李注引獨斷，並作「在馬髦前」。

〔一四〕鏤鍚　「鍚」原譌「錫」，據殿本、局本改正。

〔一五〕祀〔帝〕于〔帝〕郊　據元龜五百七十七改，與禮記明堂位原文合。

〔一六〕夫必以大輅以錫諸侯　按南監本作「天子以大輅以錫諸侯」，元龜作「夫必以大輅以錫諸侯」，

「天」「必」二字必有一譌。今從元龜改。

〔一七〕紫顔（芼）〔芼〕黄絞紫絞隨陰　據通典禮典改。

〔一八〕碧（毛）〔芼〕　據通典禮典改。按通典芼字下注云「徒昆反」。

〔一九〕上四角皆施龍子（干）〔竿〕　據南監本、局本改。

〔二〇〕緤衣漆畫　南監本改「緤」爲「褋」，局本從之。殿本考證萬承蒼云：「按字書，緤俗紺字。顔氏家訓『吳人呼紺爲禁，故以糸旁作禁代紺字』。據此，則南監本改『緤』爲『褋』，非是。」

〔二一〕織成（芼）〔芼〕　據南監本及通典禮典改。

〔二二〕廂裏及仰（項）〔頂〕隱膝後戶　據南監本、局本及通典禮典改。

〔二三〕金塗鏤面〔釘〕　據通典禮典補。

〔二四〕楡花（細）〔鈿〕指子摩尼炎金龍虎　據通典禮典改。

〔二五〕（錄）〔銀〕口帶　據殿本及通典禮典改。

〔二六〕銀星花獸（慢）〔幔〕竿杖　據毛本、局本及通典禮典改。

〔二七〕背花香柒兆床副　「柒」各本譌「染」，按應作「柒」，乃漆之或字，參閱本卷校記第五條。

〔二八〕二（官）〔宮〕御車　據局本改。

〔二九〕周曰（輜）〔輼〕車　據南監本改。按宋書禮志引傅玄子，亦作「輼車」。

〔三〇〕輴枕梢轤竿戌棟梁　「戌」南監本作「代」，通典禮典同。

〔三一〕柒畫金校飾　「柒」殿本、局本作「漆」。按柒乃漆之或字。

〔三二〕轤竿成校棟梁　「成」南監本、殿本、局本作「戌」。

〔三三〕衣(書)〔書〕十二乘　據通典禮典改。按張元濟校勘記云：「當作『衣書十二乘』，宋本卷後校譬記有『衣書車注』云云，可正其譌。」

〔三四〕是謂搶幔車　「搶幔車」南監本、局本作「搶轤車」，通典禮典同。

〔三五〕班柒輪轂　「柒」南監本、殿本、局本作「漆」，通典禮典同。按柒乃漆之或字。

〔三六〕王公加禮者之(爲)常乘　據南監本刪。

〔三七〕以素爲池而黼黻　「池」南監本、毛本、殿本、局本作「地」。按輼輬車爲喪車，池，棺飾也，「池」字不譌。

〔三八〕宋明帝泰始四年　「泰始」原譌「太始」，各本不譌，今改正。

〔三九〕爲日月星辰山龍華蟲藻火粉米黼黻十二章　按十二章，卽虞書所云「日、月、星辰、山、龍、華蟲作繢，宗彝、藻、火、粉米、黼、黻絺繡」，今數之，止十一章，蓋「華蟲」下脫「宗彝」二字也。

〔四〇〕翠羽緌珠節　「節」疑「飾」之譌。按晉志云「太子則以翠羽爲緌，綴以白珠」。

〔四一〕妃亦同　「妃」南監本作「色」，通典禮典同。「亦」原譌「六」，今據南監本、殿本、局本改正。

〔四二〕六宮青綬青白紅　「六宮」下「青綬青白紅」五字疑衍，南監本無。

〔四三〕諸領護將軍中郎將校(書)〔尉〕　據通典禮典改。

〔四四〕祕書〔監〕丞　據通典禮典補。

南齊書卷十八

志第十

祥瑞

天符瑞命，遐哉邈矣。靈篇祕圖，固以蘊金匱而充石室，炳契決，陳緯候者，方策未書。啓覺天人之期，扶獎帝王之運，三五聖業，神明大寶，二謀協贊，罔不由茲。夫流火赤雀，實紀周祚，雕雲素靈，發祥漢氏，光武中興，皇符爲盛，魏膺當塗之讖，晉有石瑞之文，史筆所詳，亦唯舊矣。齊氏受命，事殷前典。黄門郎蘇偘撰聖皇瑞應記，永明中庾溫撰瑞應圖，其餘衆品，史注所載。今詳錄去取，以爲志云。

老子河洛讖曰：「年曆七七水滅緒，風雲俱起龍麟舉。」宋水德王，義熙十四年，元熙二年，永初三年，景平一年，元嘉三十年，孝建三年，大明八年，永光一年，泰始七年，泰豫一年，元徽四年，昇明三年，凡七十七年，故曰七七也。易曰：「雲從龍，風從虎。」關尹云：「龍

京口也。

讖又曰：「肅草成，道德懷書備出身，形法治吳出南京。」上卽姓諱也。南京，南徐州治不知其乘風雲而上天也。」

讖又曰：「墇堨河梁塞龍淵，消除水災泄山川。」墇堨河梁，爲路也，路卽道也。淵塞者，譬路成也。卽太祖諱也。消水災，言除宋氏患難也。

讖又曰：「上參南斗第一星，下立草屋爲紫庭。神龍之崗梧桐生，鳳鳥舒翼翔且鳴。」南斗第一星，吳分也。草屋，蕭字也。又簫管之器，〔一〕像鳳鳥翼也。

讖又曰：「蕭爲二士，天下大樂。」二士，主字也。

讖又曰：「天子何在草中宿。」宿，肅也。

尙書中候儀明篇曰：「仁人傑出，握表之象，曰角姓，合音之于。」蘇偘云：「蕭，角姓也。又八音之器有簫管也。」

史臣曰：案晉光祿大夫何禎解音之于爲曹字，謂魏氏也。王隱晉書云：「卯金音于，亦爲魏也。」候書章句，本無銓序，二家所稱，旣有前釋，未詳偘言爲何推據。

孝經鉤命決曰：「誰者起，視名將。」君者羣也，理物爲雄，優劣相次以期興，將，太祖小諱也。征西將軍蕭思話見之曰：「此我家諱也。」

王子年歌曰：「金刀治世後遂苦，帝王昏亂天神怒，災異屢見戒人主，三分二叛失州土，三王九江一在吳，餘悉稚小早少孤，一國二主天所驅。」金刀，劉也。三分二叛，宋明帝世也。三王九江者，孝武於九江興，晉安王子勛雖不終，亦稱大號，後世祖又於九江基霸迹，此三王也。一在吳，謂齊氏桑梓，亦寄治南吳也。一國二主，謂太祖符運潛興，爲宋氏驅除寇難。

歌又曰：「三禾摻摻林茂孳，金刀利刃齊刈之。」刈，翦也。詩云：「實始翦商。」

歌又曰：「欲知其姓草肅肅。穀中最細低頭熟。鱗身甲體永興福。」穀，道；熟，成：又諱也。太祖體有龍鱗，斑駁成文，始謂是黑歷，治之甚至而文愈明。伏羲亦鱗身也。

金雄記曰：「鑠金作刀在龍里，占睡上人相須起。」又云：「當復有作肅入草。」蕭字也。易云：「聖人作之。」記又云：「草門可憐乃當悴，建號不成易運沸。」詩云不時，時也。不成，成也。建號，建元號也。易運，革命也。

讖曰：「周文王受命，千五百歲，河雒出聖人，受命於己未，至丙子爲十八周，旅布六郡東南隅，四國安定可久留。」案周滅殷後七百八十年，秦四十九年，漢四百二十五年，魏四十五年，晉百五十年，宋六十年，至建元元年，千五百九年也。

武進縣彭山，舊塋在焉。其山岡阜相屬數百里，上有五色雲氣，有龍出焉。宋明帝惡之，遣相墓工高靈文占視，靈文先與世祖善，〔二〕還，詭荅云：「不過方伯。」退謂世祖曰：「貴不可言。」帝意不已，遣人於墓左右校獵，以大鐵釘長五六尺釘墓四維，以爲厭勝。太祖後改樹表柱，柱忽龍鳴，響震山谷，父老咸志之云。

會稽剡縣刻石山，相傳爲名，不知文字所在。昇明末，縣民兒襲祖行獵，忽見石上有文凡三處，苔生其上，字不可識。刊苔去之，大石文曰：「此齊者，黃公之化氣也。」〔三〕立石文曰：「黃天星，姓蕭字某甲，〔四〕得賢帥，天下太平。」小石文曰：「刻石者誰？會稽南山李斯刻秦望之封也。」

益州齊后山，父老相傳，其名亦不知所起。昇明三年，有沙門玄暢於山丘立精舍，其日，太祖受禪日也。

嵩高山，昇明三年四月，滎陽人〔尹午〕於山東南澗見天雨石，〔五〕墜地石開，有璽在其中，方三寸。其文曰：「戊丁之人與道俱，肅然入草應天符。」又曰：「皇帝興運。」午〔奉璽〕詣雍州刺史蕭赤斧，〔赤斧〕表獻之。〔六〕

史臣案：昔大人見臨洮而銅人鑄，臨洮生董卓而銅人毀，有卓而世亂，世亂而卓亡，如有似也。晉末嵩高山出玉璧三十二，宋氏以爲受命之祥。今此山出璽，而水德云謝，終始之徵，亦有類也。

元徽四年，太祖從南郊，望氣者陳安寶見太祖身上黃紫氣屬天，安寶謂親人王洪範曰：「我少來未嘗見軍上有如此氣也。」

太祖年十七，夢乘青龍西行逐日，日將薄山乃止，覺而恐懼，家人問占者，云「至貴之象也」。蘇侃云：「青，木色。日暮者，宋氏末運也。」

泰始七年，〔七〕明帝遣前淮南太守孫奉伯往淮陰監元會。奉伯與太祖同寢，夢上乘龍上天，於下捉龍脚不得。覺謂太祖曰：「兗州當大庇生民，弟不見也。」奉伯卒於宋。

清河崔靈運爲上府參軍，〔八〕夢天帝謂己曰：「蕭道成是我第十九子，我去年已授其天子位。」自三皇五帝至齊受命君，凡十九人也。

宋泰始中，童謠云「東城出天子」，故明帝殺建安王休仁。蘇侃云：「後從帝自東城卽位，論者謂應之，乃是武進縣上所居東城里也。」熊襄云：「上舊鄉有大道，相傳云秦始皇所經，呼爲『天子路』，後遂爲帝鄉焉。」案從帝實當援立，猶如晉之懷、愍，亦有徵符。齊運既無巡幸，路名或是秦舊，疑不能詳。

世祖年十三，夢舉體生毛，髮生至足。又夢人指上所踐地曰「周文王之田」。又夢虛空中飛。又夢著孔雀羽衣。庾溫云：「雀，爵位也。」又夢鳳皇從天飛下青溪宅齋前，兩翅相去十餘丈，翼下有紫雲氣。及在襄陽，夢著桑屐行度太極殿階。庾溫云：「屐者，運應木也。」臣案桑字爲四十而二點，世祖年過此卽帝位，謂著屐爲木行也。屐有兩齒有聲，是爲明兩之齒至四十二而行卽眞矣。及在郢州，夢人從天飛下，頭插筆來畫上衣兩邊，不言而去。庾溫釋云：「畫者，山龍華蟲也。」

世祖宋元嘉十七年六月己未夜生，無火，婢吹灰而火自燃。

世祖於南康郡內作伎，有絃無管，於是空中有篪聲，調節相應。

世祖爲廣興相，嶺下積旱水涸不通船，上部伍至，水忽暴長。庾溫云：「易利涉大川之義也。」

世祖頓盆城，城內無水，欲鑿引江流，試掘井，得伏泉九處，皆湧出。

建元元年四月，有司奏：「延陵令戴景度稱所領季子廟，舊有涌井二所，廟祝列云舊井北忽聞金石聲，卽掘，深三尺，得沸泉。其東忽有聲錚錚，又掘得泉，沸湧若浪。泉中得一銀木簡，長一尺，廣二寸，隱起文曰『(盧)〔廬〕山道人張陵再拜謁詣起居』。〔九〕簡木堅白而字色黃。」謹案瑞應圖，「浪井不鑿自成，王者清靜，則仙人主之」。孔氏世錄云：「叶精帝道，孔書明巧，當在張陵。」宋均注云：「張陵佐封禪。一云陵，仙人也。」

元徽三年，太祖在青溪宅，〔一〇〕齋前池中忽揚波起浪，湧水如山，有金石響，須臾有青龍從池中出，左右皆見之。

昇明元年，青龍見齊郡。

建元四年，青龍見從陽郡清水縣平泉湖中。

永明七年，黃龍見曲江縣黃池中，一宿二日。

中興二年，山上雲障四塞，頃有玄黃五色如龍，長十餘丈，從西北升天。

宋泰始末，武進舊塋有獸見，一角，羊頭，龍翼，馬足，父老咸見，莫之識也。

永明十年，鄱陽郡獻一角獸，麟首，鹿形，龍鸞共色。瑞應圖云：「天子萬福允集，則一角獸至。」

十一年，白象九頭見武昌。

史臣曰：記云，升中于天，麟鳳至而龜龍格。則鳳皇巢乎阿閣，麒麟在乎郊藪，豈非馴之在庭，擾以成畜，其爲瑞也如此。今觀魏、晉已來，世稱靈物不少，而亂多治少，史不絕書。故知來儀在沼，遠非前事，見而不至，未辨其爲祥也。

昇明三年三月，白虎見歷陽龍亢縣新昌村。新昌村，嘉名也。瑞應圖云：「王者不暴白虎仁。」

建元四年三月，白虎見安蠻虔化縣。

中興二年二月，白虎見東平壽張安樂村。

昇明二年，騶虞見安東縣五界山，師子頭，虎身，龍脚。詩傳云：「騶虞，義獸，白虎黑文，不食生物，至德則出。」

昇明三年，太祖爲齊王，白毛龜見東府城池中。

建元二年，休安陵獲玄龜一頭。

永明五年，武騎常侍唐潛上青毛神龜一頭。

七年六月，彭城郡田中獲青毛龜一頭。

八月，延陵縣前澤畔獲毫龜一枚。

八年四月，長山縣王惠獲六目龜一頭，腹下有「萬歡」字，并有卦兆。

六月，建城縣昌城田獲四目龜一頭，下有「萬齊」字。

九年五月，長山縣獲神龜一頭，腹下有巽兌卦。

中興二年正月，邏將潘道蓋於山石穴中獲毛龜一頭。

昇明三年，世祖遣人詣宮亭湖廟還福，船泊渚，有白魚雙躍入船。

永明五年，南豫州刺史建安王子眞表獻金色魚一頭。

建元元年八月，男子王約獲白雀一頭。

九月，秣陵縣獲白雀一頭。

二年四月，白雀集郢州府館。

五月，白雀見會稽永興縣。

永明元年五月，郢州丁坡屯獲白雀一頭。

三年七月，安成王暠第獲白雀一頭。

九月，南郡江陵縣獲白雀一頭。

四年七月，白雀見臨汝縣。

七年六月，鹽官縣獲白雀一頭。

八年，天門臨澧縣獲白雀一頭。

九年七月，吳郡錢塘縣獲白雀一頭。

八月，豫州獲白雀一頭。

十年五月，齊郡獲白雀一頭。

建元元年五月，白烏見巴郡。

永明四年三月，三足烏巢南安中陶縣庭。

八年四月，陽羨縣獲白烏一頭。

隆昌元年四月，陽羨縣獲白烏一頭。

建元二年，江陵縣獲白鼠一頭。

永明六年，白鼠見芳林園。

十年九月，義陽郡獲白鼠一頭。

永明四年，丹楊縣獲白兔一頭。

昇明元年六月，慶雲見益都。

建元元年，世祖拜皇太子日，有慶雲在日邊。

三年，華林園醴泉堂東忽有瑞雲，周圓十許丈，高下與景雲樓平，五色藻密，光彩映山，徘徊良久，行轉南行，過長船入華池。

昇明二年，宣城臨成縣於藉山獲紫芝一枝。

永明八年五月，陽城縣獲紫芝一株。

隆昌元年正月，襄陽縣獲紫芝一莖。

昇明二年四月，昌國縣徐萬年門下棠樹連理。

九月，豫州萬歲澗廣數丈，有樹連理，隔澗騰枝相通，越壑跨水爲一榦。

建元二年九月，有司奏上虞縣楓樹連理，兩根相去九尺，雙株均聳，去地九尺，合成一榦。

故鄣縣楓樹連理，兩株相去七尺，大八圍，去地一丈，仍相合爲樹，泯如一木。

山陽縣界若邪村有一槻木，〔二〕合爲連理。

淮陰縣建業寺梨樹連理。

建康縣梨樹耀櫰一本作耀𣝔五圍，連理六枝。

永明元年五月，木連理生安成新喩縣。又生南梁陳縣。

閏月，璿明殿外閣南槐樹連理。

八月，鹽官縣內樂村木連理。

二年七月，烏程縣陳文則家榿樹連理。

七月，新治縣槐栗二木合生異根連理，去地數尺，中央小開，上復爲一。

三年正月，安城縣楡樹二株連理。

二月，安陽縣梓樹連理。

九月，句陽縣之穀山榿樹連理，異根雙挺，共杪爲一。

十二月，永寧左郡樠木連理。

四年二月，秣陵縣喬天明園中李樹連理生，〔三〕高三尺五寸，兩枝別生，復高三尺，合爲一榦。

五年正月，秣陵縣華僧秀園中四樹連理。

六年四月，江寧縣北界賴鄉齊平里三成邏門外路東太常蕭惠基園棂樹二株連理，其高相去二尺，南大北小，小者傾柯南附，合爲一樹，枝葉繁茂，圓密如蓋。

七年，江寧縣李樹二株連理，兩根相去一丈五尺。

八年，巴陵郡樹連理四株。

三月，武陵白沙戍梘木連理，相去五尺，俱高三尺，東西二枝，合而通柯。

十二月，柴桑縣陶委天家樹連理。

永明五年，山陰縣孔廣家園檉樹十二層。會稽太守隨王子隆獻之，種芳林園鳳光殿西。

九年，秣陵縣鬬場里安明寺有古樹，衆僧改架屋宇，伐以爲薪，剖樹木裏，自然有「法大德」三字。始興郡本無欓樹，調味有闕。世祖在郡，堂屋後忽生一株。

昇明二年十月，甘露降建康縣。

十一月，甘露降長山縣。

十二月，甘露降彭山松樹，至九日止。

建元元年九月，甘露降淮南郡桃石榴二樹。有司奏甘露降新汲縣王安世園樹。

永明二年四月，甘露降南郡桐樹。

四年二月，甘露降臨湘縣李樹。

三月，甘露降南郡桐樹。

四月，甘露降睢陽縣桃樹。

五年四月，甘露降荆州府中閤外桐樹。

六年，甘露降芳林園故山堂桐樹。

九年八月，甘露降上定林寺佛堂庭，中天如雨，遍地如雪，其氣芳，其味甘，耀日舞風，至晡乃止。爾後頻降鍾山松樹，四十餘日乃止。

十月，甘露降（大）〔泰〕安陵樹。〔一三〕

中興二年三月，甘露降茅山，彌漫數里。

元徽四年三月，醴泉出昌國白鹿山，其味甚甘。

永明元年正月，新蔡郡固始縣獲嘉禾，一莖五穗。

八月，新蔡縣獲嘉禾，一莖九穗，一莖七穗。

十一月，固始縣獲嘉禾，一莖九穗。

二年八月，梁郡睢陽縣界野田中獲嘉禾，一莖二十三穗。

五年九月，莒縣獲嘉禾一株。

十年六月，海陵齊昌縣獲嘉禾，一莖六穗。

十一年九月，睢陽縣田中獲嘉禾一株。

昇明二年九月，建寧縣建昌村民採藥於萬歲山，忽聞澗中有異響，得銅鍾一枚，長二尺一寸，邊有古字。

建元元年十月，（浩）〔涪〕陵郡蜑民田健所住巖間，〔一四〕常留雲氣，有聲響澈若龍吟，求之積歲，莫有見者。去四月二十七日，巖數里夜忽有雙光，至明往，獲古鍾一枚，又有一器名淳于，蠻人以爲神物奉祠之。

永明四年四月，東昌縣山自比歲以來，恒發異響，去二月十五日，有一巖褫落，縣民方元泰往視，於巖下得古鍾一枚。

五年三月，豫寧縣長崗山獲神鍾一枚。

九年十一月，寧蜀廣漢縣田所墾地入尺四寸，獲古鍾一枚，形高三尺八寸，圍四尺七寸，縣柄長一尺二寸，合高五尺，四面各九孔。更於陶所瓦閒見有白光，窺尋無物，自後夜夜輒復有光，既經旬日，村民張慶宣瓦作屋，又於屋閒見光照內外，慶宣疑之，以告孔休先，乃共發視，獲玉璽一鈕，璧方八分，上有鼻，文曰「帝眞」。

曲阿縣民黃慶宅左有園，園東南廣袤四丈，每種菜，輒鮮異，雖加採拔，隨復更生。夜中恒有白光，皎質屬天，狀似縣絹，私疑非常，請師卜候，道士傅德占使掘之，深三尺，獲玉印一鈕，文曰「長承萬福」。

永明二年正月，冠軍將軍周普孫於石頭北廂將堂見地有異光照城堞，往獲玉璽一鈕，方七分，文曰「明玄君」。

十一月，虜國民齊祥歸入靈丘關，聞殷然有聲，仰視之，見山側有紫氣如雲，衆鳥回翔其閉。祥往氣所，獲璽方寸四分，獸鈕，文曰「坤維聖帝永昌」。送與虜太后師道人惠度，欲獻虜主。惠度覩其文，竊謂「當今衣冠正朔，在於齊國」。遂附道人惠藏送京師，因羽林監崔士亮獻之。

三年七月，始興郡民龔玄宣云，去年二月，忽有一道人乞食，因探懷中出篆書眞經一卷，六紙，又表北極一紙，又移付羅漢居士一紙，云從兜率天宮下，使送上天子，因失道人所在。今年正月，玄宣又稱神人授皇帝璽，龜形，長五寸，廣二寸，厚二寸五分，上有「天地」字，〔一五〕中央「蕭」字，下「萬世」字。〔一六〕

十年，蘭陵民齊伯生於六合山獲金璽一鈕，文曰「年予主」。

世祖治盆城，得五尺刀一十口，〔一七〕永明年曆之數。

昇明三年，左里村人於宮亭湖得敕戟二枚，傍有古字，文遠不可識。

泰始中，世祖於青溪宅得錢一枚，文有北斗七星雙節，〔一八〕又有人形帶劍。及治盆城，又得一大錢，文曰「太平百歲」。

永明七年，齊興太守劉元寶治郡城，於塹中獲錢百萬，形極大，以獻臺爲瑞，世祖班賜朝臣以下各有差。

十年，齊安郡民王攝掘地得四文大錢一萬二千七百十枚，品製如一。

建元元年，郢州監利縣天井湖水色忽澄清，出綿，百姓採以爲纊。

永明二年，護軍府門外桑樹一株，竝有蠶絲綿被枝莖。

史臣案：漢光武時有野蠶成繭，百姓得以成衣服。今則浮波幕樹，其亦此之類乎？

永明八年，始興郡昌樂村獲白鳩一頭。

二年，彭澤縣獲白雉一頭。

七年，鬱林獲白雉一頭。

十年，青州涖液戍獲白雉一頭。

五年，望蔡縣獲白鹿一頭。

九年，臨湘獲白鹿一頭。

六年，蒲濤縣亮野村獲白麞一頭。

七年，荆州獲白麞一頭。

八年，餘干縣獲白麞一頭。

九年，義陽安昌縣獲白麞一頭。

十年，司州清激戍獲白麞一頭。

十一年，廣陵海陵縣獲白麞一頭。

七年，越州獻白珠，自然作思惟佛像，長三寸。上起禪靈寺，置刹下。

七年，吳郡太守江斅於錢塘縣獲蒼玉璧一枚以獻。

七年，主書朱靈讓於浙江得靈石，十人舉乃起，在水深三尺而浮，世祖親投于天淵池試之，刻爲佛像。

二年，從陽丹水縣山下得古鼎一枚。

三年，越州南高凉俚人海中網魚，獲銅獸一頭，銘曰「作寶鼎，齊臣萬年子孫承寶」。

贊曰：天降地出，星見先吉。造物百品，詳之載述。

校勘記

〔一〕又簫管之器　「簫」原譌「蕭」，據南監本、殿本、局本改。

〔二〕靈文先與世祖善　「世祖」南史齊紀作「太祖」。下「退謂世祖曰」，南史齊紀亦作「太祖」。

〔三〕黃公之化氣也　「黃公」南史齊紀作「黃石公」。

〔四〕姓蕭字某甲　「某甲」南史齊紀作「道成」，與上「星」下「平」爲韻，此蕭子顯避諱改也。

〔五〕滎陽人〔尹午〕於山東南澗見天雨石　據南監本、殿本、局本補。按「尹午」南史齊紀作「尹千」，下同。又「東南澗」南監本、局本作「東南隅」。

〔六〕午〔奉璽〕詣雍州刺史蕭赤斧〔赤斧〕表獻之　據南監本、殿本、局本補。

〔七〕泰始七年　「七年」南史齊紀作「三年」，元龜二百三作「二年」。按蕭道成自泰始二年鎮淮陰，七年徵還京師，此事當在二年後，七年前，疑南史作「三年」是。

〔八〕清河崔靈運爲上府參軍　「崔靈運」南史齊紀及元龜二百三並作「崔靈建」。

〔九〕(盧)〔廬〕山道人張陵再拜謁詣起居　據殿本改。

〔一〇〕太祖在青溪宅　「青溪」百衲本作「清溪」，今據殿本改。

〔一一〕山陽縣界若邪村有一槻木　按若邪村殆以若邪山得名，若邪山在山陰縣界，疑「山陽」當作「山陰」。

〔一二〕秣陵縣喬天明園中李樹連理生　「喬」毛本、殿本、局本並作「高」。按元龜二百二亦作「喬」。

〔一三〕甘露降(大)〔泰〕安陵樹　據高帝紀下及皇后傳改。

〔一四〕(浩)〔涪〕陵郡蜑民田健所住巖閒　張森楷校勘記云：「案州郡志無浩陵，疑『浩』字譌。」今按齊建元二年，置巴州，割涪陵郡屬焉。齊書高逸明僧紹傳，子惠照，爲巴州刺史，綏懷蠻蜑，是巴州有蜑民之證。「浩」乃「涪」之形譌，今據改。

〔一五〕上有天地字　「天地」元龜二百二作「天子」。

〔一六〕下萬世字　「下」字下元龜二百二有「有」字。

〔一七〕得五尺刀一十口　御覽六十五引作「得尺五刀十一口」。按永明凡十一年，既象徵永明年曆之數，則以作「十一口」爲是。

〔一八〕文有北斗七星雙節　「雙節」南史齊紀作「雙刀雙貝」。

南齊書卷十九

志第十一

五行

木傳曰：「東方，易經地上之木爲觀，故木於人，威儀容貌也。木者，春生氣之始，農之本也。無奪農時，使民歲不過三日，行什一之稅，無貪欲之謀，則木氣從。如人君失威儀，逆木行，田獵馳騁，不反宮室，飲食沈湎，不顧禮制，出入無度，多發繇役，以奪民時，作爲姦詐，以奪民財，則木失其性矣。蓋以工匠之爲輪矢者多傷敗，故曰木不曲直。」

宋泰豫元年，京師祗洹寺皂莢樹枯死。昇明末，忽更生花葉。京房易傳曰：「樹枯冬生，不出二年，國喪，君子亡。」其占同。宋氏禪位。

建元元年，朱爵舸華表柱生枝葉。

建元初，李子生毛。

二年，武陵沅頭都尉治有桑樹，方冬生葉。京房易傳曰：「木冬生花，天下有喪。」其占同。後二年，宮車晏駕。

四年，巴州城西古樓脚柏柱數百年，忽生花。

永明六年，(后)〔石〕子崗柏木長二尺四寸，〔一〕廣四寸半，化爲石。時車駕數游幸，應本傳木失其性也。

永明中，大航一船無故自沈，艚中無水。

隆昌元年，廬陵王子卿齋屋梁柱際無故出血。

建武初，始安王遙光治廟，截東安寺屋以直廟垣，截梁，水出如淚。

貌傳曰：「失威儀之制，怠慢驕恣，謂之狂，則不肅矣。下不敬，則上無威。天下既不敬，又肆其驕恣，肆之則不從。夫不敬其君，不從其政，則陰氣勝，故曰厥罰常雨。」

永明八年四月，己巳起陰雨，晝或暫晴，夜時見星月，連雨積霖，至十七日乃止。

十一年四月辛巳朔，去三月戊寅起，而其閒暫時晴，從四月一日又陰雨，晝或見日，夜乍見月，回復陰雨，至七月乃止。

永泰元年十二月二十九日雨，至永元元年五月二十一日乃晴。京房占曰：「冬雨，天下饑。春雨，有小兵。」時虜寇雍州，餘應本傳。

傳曰：「大雨雪，猶庶徵之常雨也，然有甚焉。雨，陰。大雨雪者，陰之畜積甚也。一曰與大水同象，曰攻爲雪耳。」

建元二年閏月己丑，雨雪。

三年十一月，雨雪，或陰或晦，八十餘日，至四年二月乃止。

傳曰：「雷於天地爲長子，以其首長萬物，與之出入，故雷出萬物出，雷入萬物入。夫雷者人君之象，入則除害，出則興利。雷之微氣以正月出，其有聲者以二月出，以八月入，其餘微者以九月入。冬三月雷無出者，若是陽不閉陰，則出涉危難而害萬物也。」

建元元年十月壬午，夜電光，因雷鳴。

十一月庚戌，電光，有頃雷鳴，久而止。

永明五年正月戊申，夜西北雷聲。

六年十月甲申，夜陰細雨，始聞雷鳴於西北上。

七年正月甲子，夜陰，雷鳴西南坤宮，隆隆一聲而止。

八年正月庚戌，夜雷起坎宮水門，其音隆隆，一聲而止。
九年二月丙子，西北有電光，因聞雷聲隆隆，仍續十聲而止。
十年二月庚戌，夜南方有電光，因聞雷聲隆隆相續，丁亥止。
十月庚子，電雷起西北。
十一月丁丑，西南有光，因聞雷聲隱隱，再聲而止。西南坤宮。
十二月甲申，陰雨，有電光，因聞西南及西北上雷鳴，頻續三聲。
丙申，夜聞西北上雷頻續二聲。
辛亥，雷雨。

傳曰：「雨雹，君臣之象也。陽之氣專爲雹，陰之氣專爲霰。陽專而陰脅之，陰盛而陽薄之。雹者，陰薄陽之象也。霰者，陽脅陰之符也。春秋不書霰者，猶月蝕也。」

建元四年五月戊午朔，雹。
永明元年九月乙丑，雹落大如蒜子，須臾乃止。
十一年四月辛亥，雹落大如蒜子，須臾滅。

貌傳又曰：「上失節而狂，下怠慢而不敬，上下失道，輕法侵制，不顧君上，因以荐飢。貌氣毀，故有雞旤。」一曰：「水歲雞多死及爲怪，亦是也。上下不相信，大臣姦宄，民爲寇盜，故曰厥極惡。」一曰：「民多被刑，或形貌醜惡，風俗狂慢，變節易度，則爲輕剽奇怪之服，故曰時則有服妖。」

永明中，宮內服用射獵錦文，爲騎射兵戈之象。至建武初，虜大爲寇。

永明中，蕭諶開博風帽後裠之製，爲破後帽。世祖崩後，諶建廢立，誅滅諸王。

永明末，民閒制倚勸帽。及海陵廢，明帝之立，勸進之事，倚立可待也。

建武中，帽裠覆頂，東昏時，以爲裠應在下，而今在上，不祥，斷之。羣下反上之象也。

永元中，東昏侯自造遊宴之服，綴以花朵錦繡，難得詳也。羣小又造四種帽，帽因勢爲名。一曰「山鵲歸林」者，詩云「鵲巢，夫人之德」，東昏寵嬖淫亂，故鵲歸其林藪。二曰「兎子度坑」，天意言天下將有逐兎之事也。三曰「反縛黃離嘍」，黃口小鳥也，反縛，面縛之應也。四曰「鳳皇度三橋」，鳳皇者嘉瑞，三橋，梁王宅處也。

貌傳又曰：「危亂端見，則天地之異生。木者青，故曰青眚，爲惡祥。凡貌傷者，金沴木，木沴金，衝氣相通。」

延興元年，海陵王初立，文惠太子冢上有物如人，長數丈，青色，直上天，有聲如雷。

火，南方，揚光輝，出炎爚爲明者也。人君向明而治，蓋取其象。以知人爲分，讒佞旣遠，羣賢在位，則爲明而火氣從矣。人君疑惑，棄法律，不誅讒邪，則讒口行，內閒骨肉，外疎忠臣，至殺世子，逐功臣，以妾爲妻，則火失其性，上災宗廟，下災府榭，內熯本朝，外熯闕觀，雖興師衆，不能救也。

永明三年正月，甲夜西北有野火，光上生精，西北有四，東北有一，竝長七八尺，黃赤色。

三月庚午，丙夜北面有野火，光上生精，長六尺，戊夜又有一枚，長五尺，竝黃赤色。

四年正月丁亥，夜有火精三處。

閏月丁巳，夜有火精四所。

十二月辛酉，夜東南有野火精二枚。

五年十二月丙寅，夜西北有野火，火上生精，一枚，長三尺，黃白色。

六年十一月戊申，夜西南及北三面有野火，火上生精，九枚，竝長二尺，黃赤色。

九年二月丙寅，甲夜北面有野火，火生精，二枚，西北又一枚，竝長三尺，須臾消。

永元二年八月，宮內火，燒西齋璿儀殿及昭陽、顯陽等殿，北至華林牆，西及祕閣，凡屋三千餘閒。〔三〕京房易傳曰：「君不思道，厥妖火燒宮。」祕閣與春秋宣榭火同，天意若曰，既無紀綱，何用典文爲也。

二年冬，京師民閒相驚云，當行火災，南岸人家往往於籬閒得布火纏者，云公家以此禳之。

三年正月，豫章郡天火燒三千餘家。京房易占曰：「天火下燒民屋，是謂亂治殺兵作。」是年，臺軍與義師偏衆相攻於南江諸郡。

三年二月，乾和殿西廂火，燒屋三十閒。是時西齋既火，帝徙居東齋，高宗所住殿也。與燒宮占同。

傳又曰：「犯上者不誅，則草犯霜而不死。或殺不以時，事在殺生失柄，故曰草妖也。」一曰：「草妖者，失衆之象也。」

永元中，御刀黃文濟家齋前種昌蒲，忽生花，光影照壁，成五采，其兒見之，餘人不見也。少時，文濟被殺。

劉歆視傳有羽蟲之孽，謂鷄禍也。班固案易鷄屬巽，今以羽蟲之孽類是也，依歆說附視傳云。

建武二年，有大鳥集建安，形如水櫝子。其年，郡大水。

三年，大鳥集東陽郡，太守沈約表云：「鳥身備五采，赤色居多。」案樂緯叶圖徵云：「焦明鳥質赤，〔三〕至則水之感也。」

永明二年四月，烏巢內殿東鴟尾。

三年，大鳥集會稽上虞。其年，縣大水。

傳曰：「維水沴火。」又曰：「赤眚赤祥。」

建武四年，王晏子德元所居帷屏，無故有血灑之，少日而散。〔晏尋被誅〕。〔四〕

思心傳曰：「心者，土之象也。思心不睿，〔五〕其過在瞀亂失紀。風於陽則爲君，於陰則爲大臣之象，專恣而氣盛，故罰常風。心爲五事主，猶土爲五行主也。」一曰：「陰陽相薄，偏氣陽多爲風，其甚也常風。陰氣多者，陰而不雨，其甚也常陰。」一曰：「風宵起而晝晦，以應常陰同象也。」

建元元年十一月庚戌，風夜暴起，雲雷合冥，從戌亥上來。

四年十一月甲寅，酉時風起小駃，至二更雪落，風轉浪津。

永明四年二月丙寅，巳時風迅急。

十一月己丑，戌時風迅急，從西北戌亥上來。

五年五月乙酉，子時風迅急，從西北戌亥上來。

七年正月丁卯，陽徵陰賊之日，時加子，風起迅急，從北方子丑上來，暴疾浪津，寅時止。

八年六月乙酉，〔時〕加子（時），〔六〕風起迅急，暴疾浪津，發屋折木，塵沙，從西南未上來，因雷雨，須臾，風微雨止。

九年七月甲寅，陽羽廉貞之日，時加亥，風起迅急，從東方來，暴疾彭勃浪津，至乙卯陰賊時漸微，名羽動羽。

九月乙丑，時加未，雷，驟雨，風起迅急，暴疾浪津，從西北戌上來。

十月壬辰，陽羽姦邪之日，時加丑，風起從北方子丑上來，暴疾浪津，迅急，塵埃，五日寅時漸微，名羽動宮。

十年正月辛巳，陽商寬大之日，時加寅，風從西北上來，暴疾浪津，迅急，揚沙折木，酉時止。

二月甲辰，陽徵姦邪之日，時加辰，風起迅急，從西北亥上來，暴疾彭勃浪津，至酉時止。

三月丁酉，陽徵廉貞之日，時加未，風從北方子丑上來，迅急，暴疾浪津，戌時止。

七月庚申，陰角貪狼之日，時加午，風從東北丑上來，迅急浪津，至辛酉巳時漸微。

十一年二月庚寅，陽角廉貞之日，時加亥，風從西北亥上來，迅疾浪津，丑時漸微，爲角動角。

七月甲寅，陽羽廉貞之日，時加巳，風從東北寅上來，迅疾浪津，發屋折木，戌夜漸微，爲羽動徵。己巳，陽角寬大之日，時加未，風從戌上來，暴疾，良久止，爲角動商及宮。

凡時無專恣，疑是陰陽相薄。

建〔昌〕〔武〕元年三月乙酉，〔七〕未時風起，浪津暴急，從北方上來，應本傳晉亂。

建武二年、三年、四年，每秋七月、八月，輒大風，三吳尤甚，發屋折木，殺人。京房占「獄吏暴，風害人」。時帝嚴刻。

永元元年七月十二日，大風，京師十圍樹及官府居民屋皆拔倒，應本傳。

傳又曰：「山之於地，君之象也。山崩者，君權損，京陵易處，世將變也。陵轉爲澤，貴將爲賤也。」

建元二年夏，盧陵石陽縣長溪水衝激山麓崩，長六七丈，下得柱千餘口，皆十圍，長者一丈，短者八九尺，頭題有古文字，不可識。江淹以問王儉，儉云：「江東不閑隸書，此秦漢時柱也。」後年宮車晏駕，世變之象也。

永明二年秋，始興曲江縣山崩，壅底溪水成陂。京房占：「山崩，人主惡之。」

傳又曰：「雷電所擊，蓋所感也。皆思心有尤之所致也。」

建元二年閏六月丙戌，戊夜震電。

四年五月五日，雲雹闇都，〔八〕雷震于樂遊安昌殿，電火焚蕩盡。

永明八年四月六日，雷震，會稽山陰恒山保林寺刹上四破，電火燒塔，下佛面窗戶不異也。

永明中，〔雷〕震東宮南門，〔九〕無所傷毁，殺食官一人。

十一年三月，震于東齋，棟崩。左右密欲治繕，竟陵王子良曰：「此豈可治，留之志吾過，且旌天之愛我也。」明年，子良薨。

傳又曰：「土氣亂者，木金水火亂之。」

建武二年二月丁巳，地震。

永元元年七月，地日夜十八震。

九月十九日，地五震。

金者，西方，萬物既成，殺氣之始也。其於王事，兵戎戰伐之道也。王者興師動衆，建立旗鼓，仗旄把鉞，以誅殘賊，止暴亂，殺伐應義，則金氣從。工冶鑄化，革形成器也。人君樂侵陵，好攻戰，貪城邑，輕百姓之命，人民不安，內外騷動，則金失其性。蓋治鑄不化，（水）〔冰〕滯固堅，〔一〇〕故曰金不從革，又曰維木沴金。

建武四年，明帝出舊宮送豫章王第二女綏安主降嬪，還上輦，輦上金翅無故自折落地。

言傳曰：「言易之道，西方曰兌，爲口。人君過差無度，刑法不一，斂從其重，或有師旅，炕陽之節，若動衆勞民，是言不從。人君既失衆，政令不從，孤陽持治，下畏君之重刑，陽氣勝則旱象至，故曰厥罰常陽也。」

建元三年，大旱，時有虜寇。

永明三年，大旱，明年，唐寓之起。

建武二年，大旱，時虜寇方盛，皆動衆之應也。

言傳曰：「下既悲苦君上之行，又畏嚴刑而不敢正言，則必先發於歌謠。歌謠，口事也。口氣逆則惡言，或有怪謠焉。」

宋泰始既失彭城，江南始傳種消梨，先時所無，百姓爭欲種植。識者曰：「當有姓蕭而來者。」十餘年，齊受禪。

元徽中，童謠曰：「襄陽白銅蹄，郎殺荆州兒。」後沈攸之反，雍州刺史張敬兒襲江陵，殺沈攸之子元琰等。

永明元年元日，有小人發白虎樽，既醉，與筆扎，不知所道，直云「憶高帝」。敕原其罪。

世祖起青溪舊宮，時人反之曰，「舊宮者，窮廄也」。及上崩後，宮人出居之。

永明初，百姓歌曰：「白馬向城啼，欲得城邊草。」後句間云「陶郎來」。白者金色，馬者兵事。三年，妖賊唐寓之起，言唐來勞也。

世祖起禪靈寺初成，百姓縱觀，或曰：「禪者授也，靈非美名，所授必不得其人。」後太孫立，見廢也。

永明中，宮內坐起御食之外，皆爲客食。世祖以客非家人名，改呼爲別食，時人以爲分別之象。少時，上晏駕。

文惠太子在東宮，作兩頭纖纖詩，後句云「磊磊落落玉山崩」。自此長王宰相相繼薨徂，二宮晏駕。

文惠太子作七言詩，後句輒云「愁和諦」。後果有和帝禪位。

永明中，虜中童謠云：「黑水流北，赤火入齊。」尋而京師人家忽生火，赤於常火，熱小微，貴賤爭取以治病。法以此火灸桃板七炷，七日皆差。敕禁之，不能斷。京師有病瘻者，以火灸數日而差。隣人笑曰：「病偶自差，豈火能爲。」此人便覺頤閒癢，明日瘻還如故。後梁以火德興。

文惠太子起東田，時人反云「後必有癲童」。果由太孫失位。

齊宋以來，民閒語云「擾攘建武上」。明帝初，誅害蕃戚，京師危駭。

永元元年，童謠曰：「洋洋千里流，流翣東城頭。〔二〕烏馬烏皮袴，三更相告訴。脚跛不得起，誤殺老姥子。」千里流者，江祏也。東城，遙光也。遙光夜舉事，垣歷生者烏皮袴褶往奔之。跛脚，亦遙光。老姥子，孝字之象，徐孝嗣也。

永元中，童謠云：「野豬雖嗃嗃，馬子空閭渠。不知龍與虎，飲食江南墟。七九六十三，廣莫人無餘。烏集傳舍頭，今汝得寬休。但看三八後，摧折景陽樓。」識者解云「陳顯達屬豬，崔慧景屬馬」，非也。東昏侯屬豬，馬子未詳，梁王屬龍，蕭穎胄屬虎。崔慧景攻臺，頓廣莫門死，時年六十三。烏集傳舍，卽所謂「瞻烏爰止，于誰之屋」。三八二十四，起建元元年，至中興二年，二十四年也。摧折景陽樓，亦高臺傾之意也。言天下將去，乃得休息也。

齊、宋之際，民間語云「和起」，言以和顏而爲變起也。後和帝立。

崔慧景圍臺城，有一五色幡，飛翔在雲中，半日乃不見，衆皆驚怪，〔一二〕相謂曰：「幡者，事尋當翻覆也。」數日而慧景敗。

言傳曰：「言氣傷則民多口舌，故有口舌之痾。金者白，故有白眚，若有白爲惡祥。」

宋昇明二年，飆風起建康縣南塘里，吹帛一匹入雲，風止，下御路。紀僧眞啓太祖當宋氏禪者，其有匹夫居之。

水，北方，冬藏萬物，氣至陰也，宗廟祭祀之象。死者精神放越不反（者），故爲之廟以收〔其〕散，爲之貌以收其魂神，而孝子得盡禮焉。〔一三〕敬之至，則神歆之，此則至陰之氣從，則水氣從溝瀆隨而流去，不爲民害矣。人君不禱祀，簡宗廟，廢祭祀，逆天時，則霧水暴出，川水逆溢，壞邑軼鄉，沈溺民人，故曰水不潤下。

建元二年，吳、吳興、義興三郡大水。

二年夏，丹陽、吳二郡大水。

四年，大水。

永明五年夏，吳興、義興水雨傷稼。

六年，吳興、義興二郡大水。

建武二年冬，吳、晉陵二郡水雨傷稼。

永元元年七月，濤入石頭，漂殺緣淮居民。應本傳。

荆州城內有沙池，常漏水。蕭穎胄爲長史，水乃不漏，及穎胄亡，乃復竭。

傳曰：「極陰氣動，故有魚孽。魚孽者，常寒罰之符也。」

永明九年，鹽官縣石浦有海魚乘潮來，水退不得去，長三十餘丈，黑色無鱗，未死，有聲如牛，土人呼爲海鷰，取其肉食之。

永元元年四月，有大魚十二頭入會稽上虞江，大者近二十餘丈，小者十餘丈，一入山陰稱浦，一入永興江，皆暍岸側，百姓取食之。

聽傳曰：「不聰之象見，則妖生於耳，以類相動，故曰有鼓妖也。」一曰，聲屬鼓妖。

永明元年十一月癸卯，夜天東北有聲，至戊夜。

傳曰：「皇之不極，是謂不建，其咎在霿亂失聽，故厥咎霿。思心之咎亦霧。天者，正萬物之始，王者，正萬事之始，失中則害天氣，類相動也。天者轉於下而運於上，雲者起於山而彌於天，天氣動則其象應，故厥罰常陰。王者失中，臣下盛強，而蔽君明，則雲陰亦衆多而蔽天光也。

建元四年十月丙午，日入後土霧勃勃如火煙。

永明二年十一月己亥，四面土霧入人眼鼻，至辛丑止。

二年十一月丙子，日出後及日入後，四面土霧勃勃如火煙。

六年十一月庚戌，丙夜土霧竟天，昏塞濃厚，至六日未時小開，到甲夜（仍）後〔仍〕濃密，〔四〕勃勃如火煙，辛慘入人眼鼻。

八年十月壬申，夜土霧竟天，濃厚勃勃如火煙，氣入人眼鼻，至九日辰時開除。

九年十月丙辰，晝夜恆昏霧勃勃如火煙，其氣辛慘入人眼鼻，兼日色赤黃，至四日甲夜開除。

十年正月辛酉，酉初四面土霧勃勃如火煙，其氣辛慘入人眼鼻。

傳曰：「易曰『乾爲馬』。逆天氣，馬多死，故曰有馬禍。」一曰，馬者，兵象也。將有寇戎之事，故馬爲怪。

建（昌）〔武〕四年，〔一五〕王晏出至草市，馬驚走，鼓步從車而歸，十餘日，晏誅。

建武中，南岸有一蘭馬，走逐路上女子，女子窘急，走入人家牀下避之，馬終不置，發牀食女子股脚閒肉都盡，禁司以聞，敕殺此馬，是後頻有寇賊。

京房易傳曰：「生子二胷以上，民謀其主。三手以上，臣謀其主。二口已上，國見驚以兵。三耳已上，是謂多聽，國事無定。二鼻以上，國主久病。三足三臂已上，天下有兵。」其類甚多，蓋以象占之。

永明五年，吳興東遷民吳休之家女人雙生二兒，胷以下齊以上合。

京房易傳曰：「野獸入邑，其邑大虛。」又曰：「野獸無故入邑朝廷門及宮府中者，邑逆且虛。」

永明中，南海王子罕爲南兖州刺史，有麏入廣陵城，投井而死，又有象至廣陵，是後刺史安陸王子敬於鎭被害。

建武四年春，當郊治(丘)圓〔丘〕，〔一六〕宿設已畢，夜虎攫傷人。

建武中，有鹿入景皇寢廟，皆爲上崩及禪代也。凡無占者，皆爲不應本傳。

贊曰：木怪夔魍，火爲水妃。土實載物，金作明威。形聲異迹，影響同歸。皆由象應，莫不類推。

校勘記

〔一〕(后)〔石〕子崗柏木　據南監本、殿本、局本改。

〔二〕北至華林牆西及祕閣凡屋三千餘閒　「凡」南監本、毛本、殿本、局本並作「北」，連上讀。

〔三〕焦明鳥質赤　「明」原譌「朋」，各本不譌，今改正。按五方神鳥，南方曰焦明，見說文鳥部鷫字。

〔四〕〔晏尋被誅〕　據南監本、毛本、殿本、局本補。

〔五〕思心不睿　按「睿」當作「容」，說詳錢大昕廿二史考異及王念孫讀書雜志。

〔六〕〔時〕加子(時)　據殿本改。

〔七〕建(昌)〔武〕元年三月乙酉　據殿本改。按齊無「建昌」年號。

〔八〕雲雹闇都　「雲」殿本作「雷」。

〔九〕〔雷〕震東宮南門　據南監本、殿本、局本補。

〔一〇〕(氷)〔冰〕滯固堅　據局本改。按漢書五行志作「冰」，補註引劉敞云「冰音凝」。

〔一一〕流婴東城頭　元龜八百九十四作「婴婴東城頭」。

〔一二〕半日乃不見衆皆驚怪　御覽八百七十引作「半日乃下，衆見皆驚怪」。

〔一三〕死者精神放越不反(者)故爲之廟以收〔其〕散爲之貌以收其魂神而孝子得盡禮焉　據毛本、殿本改。按南監本、局本作「死者精神放越不反，聖人爲之宗廟，以收其魂氣，春秋祭祀，而孝子得盡禮焉」。蓋參照漢書五行志改，文義較順，然恐非子顯原文也。

〔一四〕到甲夜(仍)後〔仍〕濃密　據南監本、殿本、局本改。

〔一五〕建(昌)〔武〕四年　據殿本改。

〔一六〕治(丘)圓〔丘〕　據南監本、毛本、殿本、局本改。按「圓」殿本作「圜」，圓圜通。

南齊書卷二十

列傳第一

皇后

六宮位號，漢、魏以來，因襲增置，世不同矣。建元元年，有司奏置貴嬪、夫人、貴人爲三夫人，脩華、脩儀、脩容、淑妃、淑媛、淑儀、婕妤、容華、充華爲九嬪，美人、中才人、才人爲散職。永明元年，有司奏貴妃、淑妃竝加金章紫綬，佩于窴玉。淑妃舊擬九棘，以淑爲溫恭之稱，妃爲亞后之名，進同貴妃，以比三司。夫人之號，不殊蕃國。降淑媛以比九卿。七年，復置昭容，位在九嬪。建元三年，太子宮置三內職，良娣比開國侯，保林比五等侯，才人比駙馬都尉。

宣孝陳皇后諱道止，〔一〕臨淮東陽人，魏司徒陳矯後。〔二〕父肇之，郡孝廉。

后少家貧，勤織作，家人矜其勞，或止之，后終不改。嫁于宣帝，庶生衡陽元王道度、始安貞王道生，后生太祖。太祖年二歲，乳人乏乳，后夢人以兩甌麻粥與之，覺而乳大出，異而說之。宣帝從任在外，〔三〕后常留家治事教子孫。有相者謂后曰：「夫人有貴子而不見也。」后歎曰：「我三兒誰當應之。」呼太祖小字曰：「正應是汝耳。」宣帝殂後，后親自執勤，婢使有過誤，恕不問也。太祖雖從宦，而家業本貧，爲建康令時，高宗等冬月猶無縑纊，而奉膳甚厚，后每撤去兼肉，曰：「於我過足矣。」殂于縣舍，年七十三。昇明三年，追贈竟陵公國太夫人，〔四〕蜜印，畫青綬，祠以太牢。建元元年，追尊孝皇后。贈外祖父肇之金紫光祿大夫，謚曰敬侯。后母胡氏爲永昌縣靖君。

高昭劉皇后諱智容，廣陵人也。祖玄之，父壽之，竝員外郎。

后母桓氏夢吞玉勝生后，時有紫光滿室，以告壽之，壽之曰：「恨非是男。」桓曰：「雖女，亦足興家矣。」后每寢臥，家人常見上如有雲氣焉。年十餘歲，歸太祖，嚴正有禮法，家庭肅然。宋泰豫元年殂，年五十。歸葬宣帝墓側，今泰安陵也。門生王清與墓工始下鍤，有白兔跳起，壽之不得，及壙成，兔還栖其上。昇明二年，贈竟陵公國夫人。三年，贈齊國妃，印綬如太妃。建元元年，尊謚昭皇后。三年，贈后父金紫光祿大夫，母桓氏上〔虞〕都鄉君；〔五〕壽之子興道司徒屬，文蔚豫章內史，義徽光祿大夫，義倫通直郎。

武穆裴皇后諱惠昭，河東聞喜人也。祖朴之，〔六〕給事中。父璣之，左軍參軍。后少與豫章王妃庾氏爲娣姒，庾氏勤女工，奉事太祖、昭后恭謹不倦，后不能及，故不爲舅姑所重，世祖家好亦薄焉。性剛嚴，竟陵王子良妃袁氏布衣時有過，后加訓罰。昇明三年，爲齊世子妃。建元元年，爲皇太子妃。三年，后薨。謚穆妃，葬休安陵。世祖卽位，追尊皇后。贈璣之金紫光祿大夫，后母檀氏餘杭廣昌鄉元君。

舊顯陽、昭陽〔二〕殿，〔七〕太后、皇后所居也。永明中無太后、皇后，羊貴嬪居昭陽殿西，范貴妃居昭陽殿東，寵姬荀昭華居鳳華柏殿。宮內御所居壽昌畫殿南閣，置白鷺鼓吹二部；乾光殿東西頭，置鍾磬兩廂：皆宴樂處也。上數遊幸諸苑囿，載宮人從後車，宮內深隱，不聞端門鼓漏聲，置鍾於景陽樓上，宮人聞鍾聲，早起裝飾，至今此鍾唯應五鼓及三鼓也。車駕數幸琅邪城，宮人常從，早發至湖北埭，雞始鳴。

吳郡韓藺英，〔八〕婦人有文辭。宋孝武世，獻中興賦，被賞入宮。〔宋〕明帝世，〔九〕用爲宮中職僚。世祖以爲博士，教六宮書學，以其年老多識，呼爲「韓公」。

文安王皇后諱寶明，琅邪臨沂人也。祖韶之，吳興太守。父曄之，太宰祭酒。宋世，太祖爲文惠太子納后，桂陽賊至，太祖在新亭，傳言已沒，宅復爲人所抄掠，文惠太子、竟陵王子良奉穆后、庾妃及后挺身送后兄昺之家，事平乃出。建元元年，爲南郡王妃。四年，爲皇太子妃，無寵。太子爲宮人製新麗衣裳及首飾，而后牀帷陳設故舊，釵鑷十餘枚。〔一〇〕永明十一年，爲皇太孫太妃。鬱林即位，尊爲皇太后，稱宣德宮。贈后父金紫光祿大夫，母桓氏豐安縣君。其年十二月，備法駕謁太廟。高宗即位，出居鄱陽王故第，爲宣德宮。永元三年，梁王定京邑，迎后入宮稱制，至禪位。天監十一年，薨，年五十八。葬崇安陵。謚曰安后。兄昺義興太守。

鬱林王何妃名婧英，廬江灊人，撫軍將軍戢之女也。永明二年，納爲南郡王妃。十一年，爲皇太孫妃。鬱林王卽位，爲皇后。嫡母劉氏爲高昌縣都鄉君，所生母宋氏，爲餘杭廣昌鄉君。將拜，鏡在床無故墮地。其冬，與太后同日謁太廟。

后稟性淫亂，爲妃時，便與外人姦通。在後宮，復通帝左右楊珉之，與同寢處如伉儷。珉之又與帝相愛褻，故帝恣之。迎后親戚入宮，賞賜人百數十萬。以世祖耀靈殿處后家屬。帝被廢，后貶爲王妃。

海陵王王妃名韶明，琅邪臨沂人，太常慈女也。永明八年，納爲臨汝公夫人。鬱林卽位，爲新安王妃。延興元年，爲皇后。其年，降爲海陵王妃。

明敬劉皇后諱惠端，彭城人，光祿大夫道弘孫也。太祖爲高宗納之。建元三年，除西昌侯夫人。永明七年，卒，葬江乘縣張山。延興元年，贈宣城王妃。高宗卽位，追尊爲敬皇后。贈父通直郎景猷金紫光祿大夫，母王氏平陽鄉君。永泰元年，高宗崩，改葬，祔于興安陵。

東昏褚皇后名令璩，河南陽翟人，太常澄女也。建武二年，納爲皇太子妃。明年，謁敬后廟。東昏卽位，爲皇后。帝寵潘妃，后不被遇。黄淑儀生太子誦，東昏廢，竝爲庶人。〔二〕

和帝王皇后名蕣華，琅邪臨沂人，太尉儉孫也。初爲隨王妃。中興元年，爲皇后。帝禪位，后降爲妃。

史臣曰：后妃之德，著自風謠，義起閨房，而道化天下。繅盆獻種，罔非耕織，佩管晨興，與子同事，可以光熙闈業，作儷公侯。孝、昭二后，竝有賢明之訓，不得母臨萬國。寶命方昌，椒庭虛位，有婦人焉，空慕周興，禎符顯瑞，徒萃徽名。若使掖作同休，〔三〕陰敎遠燮，則馬、鄧風流，復存乎此。太祖創命，宮禁貶約，毁宋明之紫極，革前代之踰奢，衣不文繡，色無紅采，永巷貧空，有同素室。世祖嗣位，運藉休平，壽昌前興，鳳華晚搆，香柏文檉，花梁繡柱，雕金鏤寶，頗用房帷，〔一三〕趙瑟吳趨，承閑奏曲，歲費傍恩，足使充牣，事由私蓄，無損國儲。高宗仗數矯情，〔一四〕外行儉陋，內奉宮業，〔一五〕曾莫云改。東昏喪道，侈風大扇，銷糜海內，以贍浮飾，哲婦傾城，同符殷、夏。嗚呼！所以垂戒於方來〔也〕。〔一六〕

贊曰：宣武孝則，識有先知。高昭誕武，世載母儀。裴穆儲闈，位亦從隳。明敬典册，配在宗枝。秋宮亦遽，軒景前虧。文安廢主，百憂已離，中興秉制，揖讓弘規。

校勘記

〔一〕諱道止　「止」南監本、毛本、殿本、局本作「正」，御覽一百四十三引同。毛本、局本「正」字下有小注，云宋本作「止」。按南史后妃傳亦作「止」。

〔二〕魏司徒陳矯後　錢大昕廿二史考異云：「當云司徒矯，不宜更安『陳』字。」按南史后妃傳無「陳」字。

〔三〕宣帝從任在外　「任」南監本、殿本、局本作「仕」。毛本亦作「任」，下有小注，云一作「仕」。按御覽一百四十三引、元龜八百八十並作「任」，南史后妃傳亦作「任」。

〔四〕昇明三年追贈竟陵公國太夫人　「三年」南史后妃傳作「二年」。按蕭道成父蕭承之贈散騎常侍、金紫光祿大夫亦在昇明二年，疑作「二年」是。

〔五〕母桓氏上〔虞〕都鄉君　據南監本、局本補。按南史后妃傳亦作「上虞都鄉君」。

〔六〕祖朴之　「朴」南監本作「封」，南史同。

〔七〕舊顯陽昭陽〔二〕殿　據南監本、局本補。按南史亦有「二」字。

〔八〕吳郡韓藺英　「藺」南監本、毛本、殿本、局本並作「蘭」，南史同。按毛本、局本蘭字下有小注，云宋本作「藺」。

〔九〕〔宋〕明帝世　據南監本、局本補。按南史有「宋」字。

〔一〇〕而后牀帷陳設故舊釵鑷十餘枚　「牀」原作「宋」，據南監本、毛本、殿本、局本改正。按南史作「而后牀帷陳故，古舊釵鑷十餘枚」。御覽一百四十三、一百四十九、七百十八引南齊書略同南史。疑此「設」字乃「故」字之譌，「而后牀帷陳故」爲一讀，「故舊」二字屬下爲句。

〔一一〕黃淑儀生太子誦東昏廢竝爲庶人　按南史「誦」下有「而卒」二字，「竝」字上有「后及誦」三字。

〔一二〕若使掖作同休　「掖作」南監本、局本作「掖阼」。按掖作不辭，疑作「掖阼」是。

〔一三〕頗用房帷　「頗用」南監本作「燭照」。

〔一四〕高宗仗數矯情　「仗」南監本作「挾」。

〔一五〕內奉宮業　南監本作「奉己之制」。

〔一六〕所以垂戒於方來〔也〕　據殿本補。

南齊書卷二十一

列傳第二

文惠太子

文惠太子長懋字雲喬，世祖長子也。世祖年未弱冠而生太子，爲太祖所愛。姿容豐潤，小字白澤。宋元徽末，隨世祖在郢，世祖還鎭盆城拒沈攸之，使太子勞接將帥，親侍軍旅。除祕書郎，不拜。授輔國將軍，遷晉熙王撫軍主簿。事寧，世祖遣太子還都，太祖方創霸業，心存嫡嗣，謂太子曰：「汝還，吾事辦矣。」處之府東齋，令通文武賓客。勑荀伯玉曰：「我出行日，城中軍悉受長懋節度。我〔雖不行，內外直防及諸門甲兵，悉令長懋〕時時履行。」〔一〕轉祕書丞，以與宣帝諱同，不就，改除中書郎，遷黃門侍郎，未拜。昇明三年，太祖將受禪，世祖已還京師，以襄陽兵馬重鎭，不欲處他族，出太子爲持節、都督雍梁二州郢州之竟陵司州之隨郡軍事、左中郎將、寧蠻校尉、雍州刺史。建元元年，封南郡王，邑二千戶。

江左未有嫡皇孫封王，始自此也。進號征虜將軍。

先是，梁州刺史范柏年誘降晉壽亡命李烏奴討平氐賊楊城、蘇道熾等，〔三〕頗著威名。沈攸之事起，柏年遣將陰廣宗領軍出魏興聲援京師，而候望形勢，事平，朝廷遣王玄邈代之。烏奴勸柏年據漢中不受命，柏年計未決，玄邈已至，柏年遲回魏興不肯下，太子慮其爲變，乃遣說柏年，許啓爲府長史，柏年乃進襄陽，因執誅之。柏年，梓潼人，徙居華陽，世爲土豪，知名州里。宋泰始中，氐寇斷晉壽道，柏年以倉部郎假節領數百人慰勞通路，自益州道報命。除晉壽太守。討平氐賊，遂爲梁州。柏年彊立，善言事，以應對爲宋明帝所知。旣被誅，巴西太守柳弘稱啓太祖，勑答曰：「柏年幸可不爾，爲之恨恨！」

時襄陽有盜發古塚者，相傳云是楚王塚，大獲寶物玉屐、玉屏風、竹簡書、青絲編。簡廣數分，長二尺，皮節如新。盜以把火自照，後人有得十餘簡，以示撫軍王僧虔，僧虔云是科斗書考工記，周官所闕文也。是時州遣按驗，頗得遺物，故有同異之論。

會北虜南侵，上慮當出樊、沔。二年，徵爲侍中、中軍將軍，置府，鎮石頭。穆妃薨，成服日，車駕出臨喪，朝議疑太子應出門迎。左僕射王儉曰：「尋禮記服問『君所主夫人妻、太子、嫡婦』，言國君爲此三人爲主喪也。今鑾輿臨降，自以主喪而至，雖因事撫慰，義不在弔，南郡以下不應出門奉迎。但尊極所臨，禮有變革，權去杖經，移立戶外，足表情敬，無煩止哭。皇太子既一宮之主，自應以車駕幸宮，依常奉候。既當成服之日，吉凶不容相干，宜以衰幘行事。望拜止哭，率由舊章。尊駕不以臨弔，奉迎則惟常體，求之情禮，如爲可安。」解侍中。上以太子哀疾，不宜居石頭山障，移鎭西州。四年，遷使持節、都督南徐兗二州諸軍事、征北將軍、南徐州刺史。世祖卽位，爲皇太子。

初，太祖好左氏春秋，太子承旨諷誦，以爲口實。既正位東儲，善立名尙，禮接文士，畜養武人，皆親近左右，布在省闥。永明三年，於崇正殿講孝經，少傅王儉以擿句令太〔子〕僕周顒撰爲義疏。〔三〕五年冬，太子臨國學，親臨策試諸生，於坐問少傅王儉曰：「曲禮云『無不敬』。尋下之奉上，可以盡禮，上之接下，慈而非敬。今總同敬名，將不爲昧？」儉曰：「鄭玄云『禮主於敬』，便當是尊卑所同。」太子曰：「若如來通，則忠惠可以一名，孝慈不須別稱。」儉曰：「尊卑號稱，不可悉同，愛敬之名，有時相次。忠惠之異，誠以聖旨，孝慈互舉，竊有徵據。禮云『不勝喪比於不慈不孝』，此則其義。」太子曰：「資敬奉君，資愛事親，兼此二塗，唯在一極。今乃移敬接下，豈復在三之義？」儉曰：「資敬奉君，必同至極，移敬逮下，不慢而已。」太子曰：「敬名雖同，深淺既異，而文無差別，彌復增疑。」儉曰：「繁文不可備設，略言深淺已見。傳云『不忘恭敬，民之主也』。書云『奉先思孝，接下思恭』。此又經典明文，互相起發。」太子問金紫光祿大夫張緒，緒曰：「愚謂恭敬是立身之本，尊卑所以竝同。」太子曰：「敬雖立身之本，要非接下之稱。尙書云『惠鮮鰥寡』，何不言恭敬鰥寡邪？」緒曰：「今別言之，居然有恭惠之殊，總開記首，所以共同斯稱。」竟陵王子良曰：「禮者敬而已矣。自上及下，愚謂非嫌。」太子曰：「本不謂有嫌，正欲使言與事符，輕重有別耳。」臨川王映曰：「先舉必敬，以明大體，尊卑事數，備列後章，亦當不以總略而礙。」太子又以此義問諸學生，謝幾卿等十一人，竝以筆對。太子問王儉曰：「周易乾卦本施天位，而說卦云『帝出乎震』。震本非天，義豈相主？」〔四〕儉曰：「乾健震動，天以運動爲德，故言『帝出震』。」〔五〕太子曰：「天以運動爲德，君自體天居位，震雷爲象，豈體天所出？」儉曰：「主器者莫若長子，故受之以震，萬物出乎震，故亦帝所與焉。」儉又諮太子曰：「孝經『仲尼居，曾子侍』。夫孝理弘深，大賢方盡其致，何故不授顏子，而寄曾生？」太子曰：「曾生雖德慙體二，而色養盡禮，去物尙近，接引非隔，弘宣規教，義在於此。」儉曰：「接引非隔，弘宣雖易，去聖轉遠，其事彌輕。既云『人能弘道』，將恐人輕道廢。」太子曰：「理既有在，不容以人廢言，而況中賢之才，弘上聖之教，寧有壅塞之嫌。」臨川王映諮曰：「孝爲德本，常是所疑，德施萬善，孝由天性，自然之理，豈因積習？」太子曰：「不因積習而至，所以可爲德本。」映曰：「率由斯至，不俟明德，大孝榮親，〔六〕衆德光備，以此而言，豈得爲本？」太子曰：「孝有深淺，德有小大，因其分而爲本，何所稍疑。」〔七〕太子以長年臨學，亦前代未有也。

明年，上將訊丹陽所領囚，〔八〕及南北二百里內獄，詔曰：「獄訟之重，政化所先。太子立年作貳，宜時詳覽，此訊事委以親決。」太子乃於玄圃園宣猷堂錄三署囚，原宥各有差。上晚年好遊宴，尙書曹事亦分送太子省視。

太子與竟陵王子良俱好釋氏，立六疾館以養窮民。風韻甚和，〔九〕而性頗奢麗。宮內殿堂，皆雕飾精綺，過於上宮。開拓玄圃園，與臺城北塹等。其中樓觀塔宇，多聚奇石，妙極山水。慮上宮望見，〔一〇〕乃傍門列脩竹，內施高鄣，〔一一〕造游牆數百閒，〔一二〕施諸機巧，宜須鄣蔽，須臾成立，若應毀(撤)〔撤〕，〔一三〕應手遷徙。善製珍玩之物，織孔雀毛爲裘，光彩金翠，過於雉頭矣。〔一四〕以晉明帝爲太子時立西池，乃啓世祖引前例，求東田起小苑，上許之。永明中，二宮兵力全實，太子使宮中將吏更番役築，宮城苑巷，制度之盛，觀者傾京師。上性雖嚴，多布耳目，太子所爲，無敢啓者。後上幸豫章王宅，還過太子東田，見其彌亘華遠，壯麗極目，於是大怒，收監作主帥，太子懼，皆藏匿之，由是見責。

太子素多疾，體又過壯，常在宮內，簡於遨遊。玩弄羽儀，多所僭儗，雖咫尺宮禁，而上終不知。十年，豫章王嶷薨，太子見上友于既至，造碑文奏之，未及鐫勒。十一年春正月，太子有疾，上自臨視，有憂色。疾篤，上表曰：「臣地屬元良，業微三善，光道樹風，於焉蓋闕，晨宵悩懼，有若臨淵。攝生舛和，構離痾疾，大漸惟幾，顧陰待謝，守器難永，視膳長違，仰戀慈顏，內懷感哽。竊惟死生定分，理不足悲，伏願割無已之悼，損旣往之傷，寶衞聖躬，同休七百，臣雖沒九泉，無所遺恨。」時年三十六。〔一五〕太子年始過立，久在儲宮，得參政事，內外百司，咸謂旦暮繼體，及薨，朝野驚惋焉。上幸東宮，臨哭盡哀，詔斂以衮冕之服，謚曰文惠，葬崇安陵。世祖履行東宮，見太子服翫過制，大怒，勑有司隨事毀除，以東田殿堂爲崇虛館。鬱林立，追尊爲文帝，廟稱世宗。

初太子內懷惡明帝，密謂竟陵王子良曰：「我意色中殊不悅此人，當由其福德薄所致。」子良便苦救解。後明帝立，果大相誅害。

史臣曰：上古之世，父不哭子，壽夭悠悠，尙嗟恆事。況夫正體東儲，方樹年德，重基累葉，載茂皇家，守器之君，已知耕稼，雖溫文具美，〔一六〕交弘盛迹，武運將終，先期夙殞，傳之幼少，以速顚危，推此而論，亦有冥數矣。

贊曰：二象垂則，三星麗天。樹嫡惟長，義匪求賢。方爲守器，植命不延。

校勘記

〔一〕我〔雖不行內外直防及諸門甲兵悉令長懋〕時時履行　據南監本、毛本、殿本、局本補。按毛本、局本「長懋」下有小注，云「宋本無已上一十六字」。

〔二〕討平氏賊楊城蘇道熾等　「楊城」通鑑齊高帝建元元年作「楊成」。

〔三〕少傅王儉以擿句令太〔子〕僕周顒撰爲義疏　據南史齊文惠太子傳補。按百官志東宮職僚有太子僕，顒本傳亦言文惠在東宮，顒爲太子僕。

〔四〕義豈相主　南監本、局本作「義豈相當」，南史齊文惠太子傳作「義當相左」。

〔五〕故言帝出震　南史「出」下有「乎」字。

〔六〕大孝棨親　「大」原譌「夫」，各本不譌，今改正。

〔七〕何所稍疑　「稍」元龜二百六十作「稱」。

〔八〕上將訊丹陽所領囚　「丹陽」百衲本原作「丹楊」，今據南監本、殿本改。按此丹陽指丹陽尹也。

〔九〕風韻甚和　按「風」字上應有「太子」二字，文義乃足。通鑑有「太子」二字。

〔一〇〕慮上宮望見　「宮」字下南監本、局本有「中」字，南史同。

〔一一〕內施高鄣　「內」南史作「外」。

〔一二〕造游牆數百閒　「牆」南監本、局本作「觀」，南史同。按此謂以游牆作鄣蔽也。「牆」作「觀」，或後人習見「游觀」字，以意改之耳。

〔一三〕若應毁（撤）〔撤〕　據殿本及南史改。

〔一四〕過於雉頭矣　御覽六百九十四、九百二十四引「頭」字下有「遠」字，南史同。

〔一五〕時年三十六　「時」字上南史有「薨於東宮」四字，文意乃足。

〔一六〕雖温文具美　「温文」二字原闕，據各本補。

南齊書卷二十二

列傳第三

豫章文獻王

豫章文獻王嶷字宣儼，太祖第二子。寬仁弘雅，有大成之量，太祖特鍾愛焉。起家爲太學博士、長城令，入爲尚書左民郎、錢唐令。太祖破薛索兒，改封西陽，以先爵賜爲晉壽縣侯。除通直散騎侍郎，以偏憂去官。桂陽之役，太祖出頓新亭壘，板嶷爲寧朔將軍，領兵衞從。休範率士卒攻壘南，嶷執白虎幡督戰，屢摧却之。事寧，遷中書郎。

尋爲安遠護軍、武陵內史。時沈攸之責賧，伐荆州界內諸蠻，遂(反)〔及〕五溪，〔一〕禁斷魚鹽。羣蠻怒，酉溪蠻王田頭擬殺攸之使，攸之責賧千萬，頭擬輸五百萬，發氣死。其弟婁侯篡立，頭擬子田都走入獠中，於是蠻部大亂，抄掠平民，至郡城下。〔嶷〕遣隊主張莫兒率將吏擊破之。〔二〕田都自獠中請立，而婁侯懼，亦歸附。嶷誅婁侯於郡獄，命田都繼其父，蠻衆乃安。

入爲宋從帝車騎諮議參軍、府掾，〔三〕轉驃騎，仍遷從事中郎。詣司徒袁粲，粲謂人曰：「後來佳器也。」

太祖在領軍府，嶷居（淸）〔靑〕溪宅。〔四〕蒼梧王夜中微行，欲掩襲宅內，嶷〔令〕左右儛刀戟於中庭，〔五〕蒼梧從墻閒窺見，以爲有備，乃去。太祖帶南兗州，鎭軍府長史蕭順之〔六〕在鎭，憂危旣切，期渡江北起兵。嶷諫曰：「主上狂凶，人下不自保，單行道路，易以立功。外州起兵，鮮有克勝。物情疑惑，必先人受禍。〔七〕今於此立計，萬不可失。」蒼梧王殞，太祖報嶷曰：「大事已判，汝明可早入。」從帝卽位，轉侍中，總宮內直衞。

沈攸之之難，太祖入朝堂，嶷出鎭東府，加冠軍將軍。袁粲舉兵夕，丹陽丞王遜告變，〔八〕先至東府，嶷遣帳內軍主戴元孫二千人隨薛道淵等俱至石頭，焚門之功，元孫預焉。先是王蘊薦部曲六十人助爲城防，實以爲內應也。嶷知蘊懷貳，不給其仗，散處外省。及難作搜檢，皆已亡去。遷中領軍，加散騎常侍。

上流平後，世祖自尋陽還，嶷出爲使持節、都督江州豫州之新蔡晉熙二郡軍事、左將軍、江州刺史，常侍如故。給鼓吹一部。以定策功，改封永安縣公，千五百戶。

仍徙都督荆湘雍益梁寧南北秦八州諸軍事、〔九〕鎭西將軍、荆州刺史，持節、常侍如故。

時太祖輔政，〔嶷〕務在省約，〔一〇〕停府州儀迎物。初，沈攸之欲聚衆，開民相告，士庶坐執役者甚衆。嶷至鎭，一日遣三千餘人。見四五歲刑以下不連臺者，皆原遣。以市稅重濫，更定檮格，〔一一〕以稅還民。禁諸市調及苗籍。二千石官長不得與人爲（公）〔市〕，（宜）〔諸〕曹吏聽分番假。〔一二〕百姓甚悅。禪讓之閒，世祖欲速定大業，嶷依違其事，默無所言。建元元年，太祖卽位，赦詔未至，嶷先下令蠲除（國）〔部〕內昇明二年以前逋負。〔一三〕遷侍中、尙書令、都督揚南徐二州諸軍事、驃騎大將軍、開府儀同三司、揚州刺史，持節如故。封豫章郡王，邑三千戶。僕射王儉牋曰：「舊楚蕭條，仍歲多故，荒民散亡，寔須緝理。公臨莅甫爾，英風惟穆，江、漢來蘇，八州慕義。自庾亮以來，荆楚無復如此美政。古人朞月有成，而公旬日致治，豈不休哉！」

會北虜動，上思爲經略。乃詔曰：「神牧總司王畿，〔一四〕誠爲治要；荆楚領馭遐遠，任寄弘隆。自頃公私凋盡，綏撫之宜，尤重恒日。」復以爲都督荆湘雍益梁寧南北秦八州諸軍事、南蠻校尉、荆湘二州刺史，持節、侍中、將軍、開府如故。晉宋之際，刺史多不領南蠻，別以重人居之，至是有二府二州。荆州資費歲錢三千萬，布萬匹，米六萬斛，又以江、湘二州米十萬斛給鎭府，湘州資費歲七百萬，布三千匹，米五萬斛，南蠻資費歲三百萬，布萬匹，綿千斤，絹三百匹，米千斛，近代莫比也。尋給油絡俠望車。

二年春，虜寇司、豫二州，嶷表遣南蠻司馬崔慧景北討，又分遣中兵參軍蕭惠朗援司州，屯西關。虜軍濟淮攻壽春，分騎當出隨、鄧，衆以爲憂，嶷曰：「虜入春夏，非動衆時，令豫、司彊守遏其津要，彼見堅嚴，自當潰散，必不敢越二鎮而南也。」是時纂嚴，嶷以荊州隣接蠻、蜑，慮其生心，令鎮內皆緩服。既而虜竟不出樊、鄧，於壽春敗走。尋給班劒二十人。其夏，於南蠻園東南開館立學，上表言狀。置生四十人，取舊族父祖位正佐臺郎，年二十五以下十五以上補之，置儒林參軍一人，文學祭酒一人，勸學從事二人，行釋菜禮。以穀過賤，聽民以米當口錢，優評斛一百。

義陽劫帥張羣亡命積年，鼓行爲賊，義陽、武陵、天門、南平四郡界，被其殘破。沈攸之連討不能禽，乃首用之。攸之起事，羣從下郢，於路先叛，結寨於三溪，依據深險。嶷遣中兵參軍虞欣祖爲義陽太守，使降意誘納之，厚爲禮遺，〔三〕於坐斬首，其黨數百人皆散，四郡獲安。

入爲都督揚南徐二州諸軍事、中書監、司空、揚州刺史，持節、侍中如故。加兵置佐。以前軍臨川王映府文武配司空府。嶷以將還都，脩治廨宇及路陌，東歸部曲不得齎府州物出城。發江津，士女觀送數千人，皆垂泣。嶷發江陵感疾，至京師未瘳，上深憂慮，爲之大赦，三年六月壬子赦令是也。疾愈，上幸東府設金石樂，敕得乘輿至宮六門。

太祖崩，嶷哀號，眼耳皆出血。世祖卽位，進位太尉，置兵佐，解侍中，增班劍爲三十人。建元(年)中，〔一六〕世祖以事失旨，太祖頗有代嫡之意，而嶷事世祖恭悌盡禮，未嘗違忤顏色，故世祖友愛亦深。永明元年，領太子太傅，解中書監，餘如故。手啓上曰：「陛下以叡孝纂業，萬寓惟新，諸弟有序，臣屢荷隆愛，叨授台首，不敢固辭，俛仰祗寵，心魂如失。負重量力，古今同規。臣窮生如浮，質操空素，任居鼎右，已移氣序，自頃以來，宿疾稍纏，心慮恍惚，表於容狀，視此根候，常恐命不勝恩。加以星緯屢見災祥，雖脩短有恒，能不耿介。比心欲從俗，啓解今職，但厝辭爲鄙，或貽物誚，所以息意緘嘿，一委時運，而可復加寵榮，增其顚墜。且儲傅之重，實非恒選，遂使太子見臣必束帶，宮臣皆再拜，二三之宜，何以當此。陛下同生十餘，今唯臣而已，友于之愛，豈當獨臣鍾其隆遇。〔一七〕別奉啓事，仰祈恩照。臣近亦侍言太子，告意子良，具因王儉申啓，未知粗上聞未？福慶方隆，國祚永始，若天假臣年，得預人位，〔一八〕唯當請降貂璫，以飾微軀，永侍天顏，以惟畢世，此臣之願也。服之不衷，猶爲身災，況寵爵乎！殊榮厚恩，必誓以命請。」上答曰：「事中恐不得從所陳。」

宋氏以來，州郡秩俸及〔雜〕供給，〔一九〕多隨土所出，無有定准。嶷上表曰：「循革貴宜，損益資用，治在(風)〔夙〕均，〔二〇〕政由一典。伏尋郡縣長尉俸祿之制，雖有定科，而其餘資給，復由風俗，東北異源，西南各緒，習以爲常，因而弗變，緩之則莫非通規，澄之則靡不入罪。殊非約法明章，先令後刑之謂也。臣謂宜使所在各條公用公田秩石迎送舊典之外，守宰相承，有何供調，尙書精加洗覈，務令優衷。事在可通，隨宜開許，損公侵民，一皆（乙）〔止〕却，〔二〕明立定格，班下四方，永爲恒制。」從之。

嶷不參朝務，而言事密謀，多見信納。服闋，加侍中。二年，詔曰：「漢之梁孝，寵異列蕃，晉之文獻，秩殊恒序。況乃地侔前准，勳兼往式，雖天倫有本，而因事增情。宜廣田邑，用申恩禮。」增封爲四千戶。

宋元嘉世，諸王入齋閤，得白服帬帽見人主，唯出太極四（廟）〔廂〕，乃備朝服，〔三〕自（此）〔比〕以來，〔四〕此事一斷。上與嶷同生相友睦，宮內曲宴，許依元嘉。嶷固辭不奉敕，唯車駕幸第，乃白服烏紗帽以侍宴焉。啓自陳曰：「臣自還朝，便省儀刀，捉刀左右十餘亦省，唯郊外遠行，或復暫有，入殿亦省。服身今所牽仗，二俠轂，二白直，共七八十人。事無大小，臣必欲上啓，伏度聖心脫未委曲，或有言其多少，不附事實，仰希卽賜垂敕。」又啓：「揚州刺史舊有六白領合扇，二白拂，臣脫以爲疑，不審此當云何？行園苑中乘轝，出籬門外乘轝鳴角，皆相仍如此，非止於帶神州者，未審此當云何？方有行來，不可失衷。」上答曰：「儀刀、捉刀，不應省也。俠轂、白直，乃可共百四五十以還正是耳。亦不曾聞人道此。吾自不使諸王無仗，況復汝耶。在私園苑中乘此非疑。郊外鳴角及合扇幷拂，先乃有，不復施用，此來甚久。凡在鎮自異還京師，先廣州乃立鼓吹，交部遂有聾事，隨時而改，亦復有可得依舊者。汝若有疑，可與王儉諸人量衷，但令人臣之儀無失便行也。」

又啓曰：「臣拙知自處，闇於疑訪，常見素姓扶詔或著布屩，不意爲異。臣在西朝拜王，儀飾悉依宋武陵事例，有二鄣扇，仍此下都，脫不爲疑。小兒奴子，並青布袴衫，臣齋中亦有一人，意謂外庶所服，不疑與羊車相類。曲荷慈旨，今悉改易。臣昔在邊鎮，不無羽衞，自歸朝以來，便相分遣，俠轂、白直，格置三百許人，臣頃所引，不過一百。常謂京師諸王不煩牽仗，若郊外遠行，此所不論。有仗者非臣一人，所以不容方幅啓省，又因王儉備宣下情。臣出入榮顯，禮容優泰，第宇華曠，事乖素約，雖宋之遺製，恩處有在，猶深非服之慙。威衞之請，仰希曲照。」上荅曰：「傳詔臺家人耳，不足涉嫌。鄣扇吾識及以來未見，故有敕耳。小兒奴子，本非嫌也。吾有所聞，豈容不敕汝知，令物致議耶。吾已有敕，汝一人不省俠轂，但牽之。吾昨不通仗事，儉已道，吾即令荅，不煩有此啓。須閒言，自更一二。」

又啓曰：「違遠侍宴，將踰一紀，憂苦閒之。始得開顏。近頻侍座，不勝悲喜。(沽)〔沾〕飲過量，〔三四〕實欲仰示恩狎，令自下知見，以杜游塵。陛下留恩子弟，此情何異，外物政自殭生閒節，聲其厚薄。伏度或未上簡。臣前在東田，承恩過醉，實思歎往秋之謗，故言啓至切，亦令羣物聞之，伏願已照此心。前侍幸順之宅，〔三五〕臣依常乘車至仗後，監伺不能示臣可否，便互競啓（閒）〔聞〕，〔二六〕云臣車逼突黃屋麾旄，如欲相中。推此用意，亦何容易。仰賴慈明，即賜垂敕；不爾，臣終不知闇貽此累。比日禁斷整密，此自常理，外聲乃云起臣在華林，輒捉御刀，因此更嚴，度情推理，必不容爾，爲復上啓知耳。但風塵易至，和會實難，伏願猶憶臣石頭所啓，無生閒縫。比閑侍無次，略附茹亮口宣。臣由來華素，已具上簡，每欲存衷，意慮不周，或有乖當。〔二七〕且臣五十之年，爲翫幾時，爲此亦復不能以理內自（剝）〔制〕。〔二八〕北第舊邸，本自甚華，臣改脩正而已，小小製置，已自仰簡。往歲收合得少雜材，并蒙賜故板，啓榮內許作小眠齋，始欲成就，皆補接爲辦，無乖格製，要是檉柏之華，一時新淨。東府又有齋，亦爲華屋。而臣頓有二處住止，下情竊所未安。訊訪東宮玄圃，乃有柏屋，製甚古拙，內中無此齋，臣乃欲壞取以奉太子，非但失之於前，且補接既多，不可見移，亦恐外物或爲異論，不審可有垂許送東府齋理否？臣公家住止，率爾可安，臣之今啓，實無意識，亦無言者，太子亦不知臣有此屋，政以東宮無，而臣自處之，體不宜爾爾。所啓蒙允，臣便當敢成第屋，安之不疑。陛下若不照體臣心，便當永廢不脩。臣自謂今啓非但是自處宜然，實爲微臣往事，伏願必垂降許。伏見以諸王舉貨，屢降嚴旨，少拙營生，已應上簡。府州郡邸舍，非臣私有，今巨細所資，皆是公潤，臣私累不少，未知將來罷州之後，或當不能不試學營覓以自贍。連年惡疾餘，顧影單回，無事畜聚，唯逐手爲樂耳。」上答曰：「茹亮今啓汝所懷及見別紙，汝勞疾亦復那得不動，何意爲作煩長啓事！凡諸普赦，此意可尋，當不關汝一人也。宜有赦事，吾亦必道，頃見汝自更委悉，書不欲多及。屋事愼勿彊厝此意，白澤亦當不解何意爾。」

三年，文惠太子講孝經畢，〔嶷〕求解太傅，〔二九〕不許。皇孫婚竟，又陳解。詔曰：「公惟德惟行，無所厝辭。且魯且衞，其誰與二。方式範當時，流聲史籍。豈容屢秉撝謙，以乖期寄。」嶷常慮盛滿，又因(言)〔宮〕宴，〔三〇〕求解揚州授竟陵王子良。上終不許，曰：「畢汝一世，無所多言。」

世祖卽位後，頻發詔拜陵，不果行。遣嶷拜陵，還過延陵季子廟，觀沸井，有水牛突部伍，直兵執牛推問，不許，取絹一疋横繫牛角，放歸其家。爲治存寬厚，故得朝野歡心。

四年，唐寓之賊起，啓上曰：「此段小寇，出於兇愚，天網宏罩，理不足論。但聖明御世，幸可不爾，比藉聲聽，〔三一〕皆云有由而然。豈得不仰啓所懷，少陳心款。山海崇深，臣獲保安樂，公私情願，於此可見。齊有天下，歲月未久，澤沾萬民，其實未多，百姓猶險，〔三二〕懷惡者衆。陛下曲垂流愛，每存優旨。但頃小大士庶，每以小利奉公，不顧所損者大，(撻)〔擿〕籍檢工巧，〔三三〕督卹簡小塘，藏丁匿口，凡諸條制，實長怨府。此目前交利，非天下大計。一室之中，尙不可精，寓宙之內，何可周(視)〔洗〕。〔三四〕公家何嘗不知民多欺巧，古今政以不可細碎，故不爲此，實非乖理。但識理者百不有一，陛下弟兒大臣，猶不皆能伏理，況復天下悠悠萬品。怨積聚黨，兇迷相類，止於一處，何足不除，脫復多所，便成紜紜。久欲上啓，閑侍無因，謹陳愚管，伏願特留神思。」上答曰：「欺巧那可容！宋世混亂，以爲是不？蚊蟻何足爲憂，已爲義勇所破，官軍昨至，今都應散滅。吾政恨其不辮大耳，亦何時無亡命邪。」後乃詔聽復籍注。五年，進位大司馬。八年，給皁輪車。尋加中書監，固讓。

嶷身長七尺八寸，善持容範，文物衞從，禮冠百僚，每出入殿省，皆瞻望嚴肅。自以地位隆重，深懷退素，北宅舊有園田之美，乃盛脩理之。七年，啓求還第，上令世子子廉代鎮東府。上數幸嶷第。宋長寧陵隧道出第前路，上曰：「我便是入他冢墓內尋人。」乃徙其表闕騏驎於東崗上。騏驎及闕，形勢甚巧，宋孝武於襄陽致之，後諸帝王陵皆模範而莫及也。永明末，車駕數游幸，唯嶷陪從，上出新林苑，同輦夜歸，至宮門，嶷下輦辭出，上曰：「今夜行，無使爲尉司所呵也。」嶷對曰：「京輦之內，皆屬臣州，願陛下不垂過慮。」上大笑。上謀北伐，以虜所獻氈車賜嶷。每幸第清除，不復屏人。上敕外監曰：「我往大司馬第，是還家耳。」妃庾氏常有疾，瘳，上幸〔嶷邸〕，〔三五〕後堂設金石樂，宮人畢至。每臨幸，輒極日盡歡。嶷謂上曰：「古來言願陛下壽偕南山，或稱萬歲，此殆近貌言，如臣所懷，實願陛下極壽百年亦足矣。」上曰：「百年復何可得，止得東西一百，於事亦濟。」

十年，上封嶷諸子，舊例千戶，嶷欲五子俱封，啓減人五百戶。其年疾篤，表解職，不許，賜錢百萬營功德。嶷又啓曰：「臣自嬰今患，亟降天臨，醫徒術官，〔三六〕泉開藏府，慈寵優渥，備極人臣。生年疾迫，遽陰無幾。願陛下審賢與善，極壽蒼旻，彊德納和，爲億兆御。臣命違昌數，奄奪恩憐，長辭明世，伏涕嗚咽。」薨，年四十九。其日，上再視疾，至薨，乃還宮。詔曰：「嶷明哲至親，勳高業始，德懋王朝，道光區縣，奄至薨逝，痛酷抽割，不能自勝，奈何奈何！今便臨哭。九命之禮，宜備其制。斂以袞冕之服，溫明祕器，命服一具，衣一襲，喪事一依漢東平王故事，大鴻臚持節護喪事，大官朝夕送奠。大司馬、太傅二府文武悉停過葬。」

竟陵王子良啓上曰：「臣聞春秋所以稱王母弟者，以尊其所重故也。是以禮秩殊品，爵命崇異，在漢則梁王備出警入蹕之儀，在晉則齊王具殊服九命之贈。江左以來，尊親是闕，故致袞章之典，廢而不傳，寔由人缺其位，非禮虧省。齊王故事，與今不殊，締構王業，功迹不異，凡有變革隨時之宜者，政緣恩情有輕重，德義有厚薄，若事籌前規，禮無異則。且梁、齊闕令終之美，猶饗褒贈之榮；況故大司馬仁和著於天性，孝悌終於立身，節義表於勤王，寬猛彰於御物，奉上無艱劬之貌，接下無毀傷之容，淡矣止於淸貞，無喜愠之色，悠然栖於靜默，絕馳競之聲。詩云『靡不有初，鮮克有終』。夫終之者，理實爲難，在於今行，無廢斯德。東平樂於小善，河閒悅於詩書，勳績無聞，艱危不涉，尙致卓爾不羣，英聲萬代；況今協贊皇基，經綸霸始，功業高顯，淸譽逾彰，富貴隆重，廉潔彌峻，等古形今，孰類茲美。臣愚忖度，未有斯例。凡庶族同氣，愛睦尙少，豈有仰覩陛下垂友于之性若此者乎？共起布衣，俱登天貴，生平遊處，何事不同，分甘均味，何珍不等，未常覩貌而天心不懽，見形而聖儀不悅。爰及臨危捨命，親瞻喘息，萬分之際，沒在聖目，號哭動乎天地，感慟驚乎鬼神，乃至撤膳移寢，坐泣遷旦，神儀損秏，隔宿改容，奉瞻聖顏，誰不悲悚，歷古所未聞，記籍所不載。既有若斯之大德，實不可見典服之贈不彰，〔三七〕如其脫致虧忘，追改為煩，不令千載之下，物有遺恨。其德不具美者，尙荷嘉隆之命；況事光先烈者，寧可缺茲盛典。臣恐有識之人，容致其議。且庶族近代桓溫、庾亮之類，亦降殊命，伏度天心，已當有在。」

又詔曰：「寵章所以表德，禮秩所以紀功。愼終追遠，前王之盛策，累行疇庸，列代之通誥。故使持節、都督揚南徐二州諸軍事、大司馬、領太子太傅、揚州刺史、新除中書監、豫章王嶷，體道秉哲，經仁緯義，挺淸譽於弱齡，發韶風於早日，締綸霸業之初，翼讚皇基之始，孝睦著於鄉閭，忠諒彰乎邦邑。及秉德論道，總牧神甸，七教必荷，六府咸理，振風潤雨，無譽於時候，卹民拯物，有篤於矜懷，雍容廊廟之華，儀形列郡之觀，神凝自遠，具瞻允集。朕友于之深，情兼家國，方授以神圖，委諸廟勝，緝頌九紘，陪禪五岳。天不憖遺，奄焉薨逝，哀痛傷惜，震慟乎厥心。今先遠戒期，龜謀襲吉，宜加茂典，以協徽猷。可贈假黃鉞、都督中外諸軍事、丞相、揚州牧，綠綟綬，具九服錫命之禮，侍中、大司馬、太傅、王如故。給九旒鸞輅，黃屋左纛，虎賁班劍百人，轀輬車，前後部羽葆鼓吹，葬送儀依東平王故事。」

嶷臨終，召子子廉、子恪曰：「人生在世，本自非常，吾年已老，前路幾何。居今之地，非心期所及。性不貪聚，自幼所懷，政以汝兄弟累多，損吾暮志耳。無吾（欲）〔後〕，〔三八〕當共相勉厲，篤睦爲先。才有優劣，位有通塞，運有富貧，此自然理，無足以相陵侮。若天道有靈，汝等各自修立，灼然之分無失也。勤學行，守基業，治閨庭，尙閑素，如此足無憂患。聖主儲皇及諸親賢，亦當不以吾沒易情也。三日施靈，唯香火、槃水、干飯、〔三九〕酒脯、檳榔而已。朔望菜食一盤，加以甘菓，此外悉省。葬後除靈，可施吾常所乘轝扇繖。朔望時節，席地香火、槃水、酒脯、干飯、檳榔便足。雖才愧古人，意懷粗亦有在，不以遺財爲累。主衣所餘，小弟未婚，諸妹未嫁，凡應此用，本自茫然，當稱力及時，率有爲辦。事事甚多，不復甲乙。棺器及墓中，勿用餘物爲後患也。朝服之外，唯下鐵鐶刀一口。作冢勿令深，一一依格，莫過度也。後堂樓可安佛，供養外國二僧，餘皆如舊。與汝遊戲後堂船乘，吾所乘牛馬，送二宮及司徒，服飾衣裘，悉爲功德。」子廉等號泣奉行。

世祖哀痛特至，至冬乃擧樂宴朝臣，上歔欷流涕。諸王邸不得起樓臨瞰宮掖，上後登景陽，望見樓悲感，乃敕毀之。薨後，第庫無見錢，世祖敕貨雜物服飾得數百萬，起集善寺，月給第見錢百萬，至上崩乃省。

〔嶷〕性汎愛，〔四〇〕不樂聞人過失，左右有投書相告，置鞾中，竟不視，取火焚之。齋庫失火，燒荆州還資，評直三千餘萬，主局各杖數十而已。

羣吏中南陽樂藹、彭城劉繪、吳郡張稷最被親禮。藹與竟陵王子良牋曰：「道德以可久傳聲，風流以浸遠揮稱。〔四一〕雖復青簡締芳，未若玉石之不朽，飛翰圖藻，豈伊雕篆之無沫。丞相沖粹表於天真，淵照殆乎機象。經邦緯民之範，體國成務之規。故以業茂惟賢，功高則哲。神輝眇邈，叡算不追，感纏奉車，恨百留滯。下官夙稟名節，恩義軫慕，〔四二〕望墜結哀，輒欲率荆、江、湘三州僚吏，建碑壟首，庶徽猷有述，茂則方存。昔子香淳德，留銘江介，鉅平遺烈，墮淚漢南，況道尊前往，惠積聯緜者哉。下官今便反假，無由躬事刋斲，須至西州鳩集所資，託中書侍郎劉繪營辦。」

藹又與右率沈約書曰：「夫道宣餘烈，竹帛有時先朽，德孚遺事，金石更非後亡。丞相獨秀生民，傍照日月。標勝丘園，素履穆於忠義，譽應華衮，功迹著於弼諧。無得而稱，理絕照載。若夫日用闃寂，雖無取於錙銖，歲功宏達，諒有寄於衡石。竊承貴州士民，或建碑表，俾我荆南，閱感無地。且作紀江、漢，道基分陝，衣冠禮樂，咸被後昆。若其望碑盡禮，我州之舊俗，傾壥罷肆，鄙（士）〔土〕之遺風，〔四三〕庶幾弘烈或不泯墜。荆、江、湘三州策名不少，竝欲各率毫釐，少申景慕。斯文之託，歷選惟疑，必待文蔚辭宗，德僉茂履，非高明而誰？豈能騁無愧之辭，詶式瞻之望。吾西州窮士，一介寂寥，恩周榮譽，澤遍衣食，永惟道廕，日月就遠，緬尋遺烈，觸目崩心。常謂福齊南山，慶鍾仁壽，吾儕小人，貽塵帷蓋。豈圖一旦遂投此請。」約答曰：「丞相風道弘曠，獨秀生民，凝猷盛烈，方軌伊、旦。愍遺之感，朝野同悲。承當刊石紀功，傳華千載，宜須盛述，實允來談。郭有道漢末之匹夫，非蔡伯喈不足以偶三絕，謝安石素族之台輔，時無麗藻，迄乃有碑無文。況文獻王冠冕彝倫，儀形寓內，自非一世辭宗，難或與此。約閭閈鄙人，名不入第，欻酬今旨，便是以禮許人，聞命慙顏，已不覺汗之沾背也。」建武中，第二子子恪託約及太子詹事孔稚珪爲文。

子廉字景藹。初，嶷養魚復侯子響爲世子，子廉封永新侯，千戶。子響還本，子廉爲世子。除寧朔將軍、淮陵太守，太子中（書）舍人，〔四四〕前軍將軍。〔四五〕善撫諸弟子。十一年卒，贈侍中，謚哀世子。

第三子子操，泉陵侯。王侯出身官無定，准素姓三公長子一人爲員外郎。建武中，子操解褐爲給事中，自此齊末皆以爲例。永泰元年，南康侯子恪爲吳郡太守，避王敬則難奔歸，以子操爲寧遠將軍、吳郡太守。永元中，爲黃門郎。義師圍城，子操與弟宜陽侯子光卒於尚書都座。

第四子子行，洮陽侯，早卒。

子元琳嗣，〔四六〕今上受禪，詔曰：「褒隆往代，義炳彝則。朕當此樂推，思弘前典。豫章王元琳、故巴陵王昭（秀）冑子（周）〔同〕，〔四七〕齊氏宗國，高、武嫡胤，宜祚井邑，以傳世祀。降新淦縣侯，五百戶。」

史臣曰：楚元王高祖亞弟，無功漢世，東平憲王辭位永平，未及光武之業，〔四八〕梁孝惑於勝、詭，安平心隔晉運。蕃輔貴盛，地實高危，持滿戒盈，鮮能全德。〔豫章〕宰相之器，〔四九〕誠有天真，因心無矯，率由遠度，故能光贊二祖，內和九族，實同周氏之初，周公以來，則未知所匹也。

贊曰：堂堂烈考，德邁前蹤。移忠以孝，植友惟恭。帝載初造，我王奮庸。邦家有闕，我王彌縫。道深日用，事緝民雍。愛傳餘祀，聲流景鍾。

校勘記

〔一〕逐（反）〔及〕五溪　據毛本、局本改。

〔二〕〔嶷〕遣隊主張莫兒率將吏擊破之　「嶷」字據南監本、殿本及南史齊豫章文獻王嶷傳補。按子顯此卷雖不諱其父名，然儘量避免，此「嶷」字及下「嶷務在省約」、「嶷求解太傅」、「嶷性泛愛」之「嶷」字，疑皆後人所加。又按「張莫兒」南史及通鑑宋明帝泰豫元年並作「張英兒」。

〔三〕入爲宋從帝車騎諮議參軍府掾　按順帝作「從帝」，乃蕭子顯避梁諱改，南監本、殿本並已改爲「順帝」。

〔四〕嶷居（淸）〔青〕溪宅　據殿本改。按下王儉傳亦云「我今日以青溪爲鴻溝」。

〔五〕嶷〔令〕左右儛刀戟於中庭　據南監本、殿本補。

〔六〕鎭軍府長史蕭順之　「順之」二字原作「諱」，蓋子顯原文如此，今據殿本改。下同。

〔七〕必先人受禍　「禍」原譌「福」，今據南監本、殿本、局本及南史改正。

〔八〕丹陽丞王遜告變　「丹陽」，百衲本作「丹楊」，今據南監本、殿本改。

〔九〕仍徙都督荆湘雍益梁寧南北秦八州諸軍事　「湘」原譌「湖」，據局本及元龜二百六十七改正。

〔一〇〕〔嶷〕務在省約　據殿本補。按「在」南史及元龜六百八十九並作「存」。

〔一一〕更定樢格　張森楷校勘記云：「殿本作『樢格』，南監本、毛本、局本作『樢格』，二字形似，未知孰是。」按「樢」即「梟」字，「梟格」疑指稅收牌示之類。

〔一二〕二千石官長不得與人爲(公)〔市〕(宜)〔諸〕曹吏聽分番假　據南監本、殿本、局本改。

〔一三〕嶷先下令蠲除(國)〔部〕內昇明二年以前逋負　各本並譌，據南史改。

〔一四〕神牧總司王畿　按時嶷爲揚州刺史，揚州帝畿，所謂「京輦神皋」者，故稱揚州刺史爲「神牧」。同卷有「非止於帶神州者」、「總牧神甸」等語，「神州」、「神甸」，皆指揚州。文選任昉齊竟陵文宣王行狀「舊唯淮海，今則神牧」，義並同此。殿本依北監本改「神牧」爲「西關」，譌。

〔一五〕厚爲禮遺　「遺」原譌「遣」，據南監本、殿本及南史、元龜六百九十五改正。

〔一六〕建元(年)中　據殿本删。按南史無「年」字。

〔一七〕豈當獨臣鍾其隆遇　「獨」原譌「不」，據南監本、殿本改正。

〔一八〕得預人位　「人位」元龜二百九十四作「人伍」，義較長。

〔一九〕州郡秩俸及〔雜〕供給　據南史及通典食貨典補。

〔二〇〕治在(風)〔夙〕均　據南監本、殿本及通典食貨典改。

〔二一〕一皆(乙)〔止〕却　據南監本、毛本、殿本、局本改。

〔二二〕唯出太極四(廟)〔廂〕乃備朝服　據南監本、毛本、殿本、局本及通鑑齊武帝永明二年改。

〔二三〕自(此)〔比〕以來　據南監本、毛本、殿本、局本改。

〔二四〕(沽)〔沾〕飲過量　據南監本、毛本、殿本、局本改。

〔二五〕前侍幸順之宅　「順之」二字原作「諱」，蓋子顯原文如此。今從殿本改。

〔二六〕便互競啓(閑)〔閒〕　「閑」當作「閒」，各本並譌。今據元龜二百七十四改。

〔二七〕或有乖當　「乖當」各本並作「乖常」。按元龜二百七十四作「乖當」。

〔二八〕爲此亦復不能以理內自(剝)〔制〕　據南監本改。

〔二九〕〔嶷〕求解太傅　據南監本、殿本補。

〔三〇〕又因(言)〔宮〕宴　據南監本、殿本改。元龜二百九十四作「宴言」。

〔三一〕比藉聲聽　「比」原譌「此」，今據殿本改正。按南史及元龜二百八十八並作「比」。

〔三二〕百姓猶險　「猶」南監本、局本作「恃」。

〔三三〕(撻)〔擿〕籍檢工巧　各本並譌，據元龜二百八十八改正。

〔三四〕何可周(視)〔洗〕　「視」南史及元龜二百八十八作「洗」，是。今據改。

〔三五〕上幸〔嶷邸〕　各本並奪「嶷邸」二字，今據御覽六百八十七引及南史齊豫章文獻王嶷傳補。

〔三六〕醫徙術官　「徙」毛本作「徒」，南監本、殿本、局本作「走」，元龜二百七十六作「降」。

〔三七〕實不可見曲服之贈不彰　南監本「實」作「而」，無「不可見」三字。

〔三八〕無吾(欲)〔後〕　據毛本、殿本、局本改。按無吾後言吾亡後也。

〔三九〕干飯　「干」南監本作「盂」，下同。據張元濟校勘記，知原本「干」作「于」，影印時據殿本改爲

「千」，毛本亦作「于」。

〔四〇〕〔疑〕性汎愛　據殿本及南史齊豫章文獻王嶷傳補。

〔四一〕風流以浸遠揮稱　「揮」南監本、殿本作「際」，元龜二百七十二作「摽」。

〔四二〕恩義軫慕　「恩義」南監本、局本作「思義」，元龜二百七十二作「懷恩」。

〔四三〕鄙（土）〔士〕之遺風　據毛本、殿本、局本及元龜二百七十七改。

〔四四〕太子中（書）舍人　據南史刪。按百官志，齊東宮職僚有太子中舍人、太子舍人，無太子中書舍人。

〔四五〕前軍將軍　南史作「前將軍」。

〔四六〕子元琳嗣　錢大昕廿二史考異云：「按嶷子十六人，長子子廉，謚哀世子，未及嗣爵。嗣豫章之封者，嶷孫元琳也。南史以元琳爲子廉之子，今乃係元琳於洮陽侯子行之下，似元琳爲子行之子，而嗣封洮陽矣。子顯，嶷之第八子，述其家事，不宜有誤，蓋文簡而意不達爾。」

〔四七〕故巴陵王昭（秀）胄子（周）〔同〕　「秀」字據南史刪。按竟陵王子良子昭胄，襲封竟陵王，改封巴陵王，校書者不知，以文惠太子第三子昭秀封巴陵王，遂妄添一「秀」字耳。昭胄子同，梁受禪，降封監利侯，見竟陵王子良傳，此作「周」，譌。今據南監本、殿本及南史改。

〔四八〕未及光武之業　「未」原譌「本」，今據南監本、殿本、局本改正。

〔四九〕〔豫章〕宰相之器　據南監本、殿本補。

南齊書卷二十三

列傳第四

褚淵 淵弟澄 徐嗣 王儉

褚淵字彥回，河南陽翟人也。祖秀之，宋太常。父湛之，驃騎將軍，尙宋武帝女始安哀公主。

淵少有世譽，復尙文帝女南郡獻公主，〔一〕姑姪二世相繼。拜駙馬都尉，除著作佐郞，太子舍人，太宰參軍，太子洗馬，祕書丞。湛之卒，淵推財與弟，唯取書數千卷。襲爵都鄉侯。〔歷〕中書郞，〔二〕司徒右長史，吏部郞。宋明帝卽位，加領太子屯騎校尉，不受。遷侍中，知東宮事。轉吏部尙書，尋領太子右衞率，固辭。司徒建安王休仁南討義嘉賊，屯鵲尾，遣淵詣軍，選將帥以下勳階得自專決。事平，加驍騎將軍。

薛安都以徐州叛，虜頻寇淮、泗，遣淵慰勞北討衆軍。淵還啓帝言：「盱眙以西，戎備單寡，宜更配衣。汝陰、荆亭竝已圍逼，安豐又已不守，壽春衆力，止足自保，〔三〕若使遊騎擾壽陽，則江外危迫，歷陽、瓜步、鍾離、義陽皆須實力重戍，選有幹用者處之。」帝在藩，與淵以〔夙〕〔風〕素相善，〔四〕及卽位，深相委寄，事皆見從。改封雩都縣伯，邑五百戶。轉侍中，領右衞將軍，尋遷散騎常侍，丹陽尹。出爲吳興太守，〔五〕常侍如故，增秩千石，固辭增秩。明帝疾甚，馳使召淵，付以後事。帝謀誅建安王休仁，淵固諫，不納。復爲吏部尚書，領常侍、衞尉如故，不受，乃授右僕射，衞尉如故。淵以母年高羸疾，晨昏須養，固辭衞尉，不許。

明帝崩，遺詔以爲中書令、護軍將軍，加散騎常侍，與尚書令袁粲受顧命，輔幼主。淵同心共理庶事，當奢侈之後，務弘儉約，百姓賴之。接引賓客，未嘗驕倦。王道隆、阮佃夫用事，姧賂公行，淵不能禁也。

遭庶母郭氏喪，有至性，數日中，毁頓不可復識。朞年不盥櫛，惟泣涙處乃見其本質焉。〔六〕詔斷哭，禁弔客。葬畢，起爲中軍將軍，本官如故。

元徽二年，桂陽王休範反，淵與衞將軍袁粲入衞宮省，鎭集衆心。淵初爲丹陽，與從弟炤同載出，道逢太祖，淵舉手指太祖車謂炤曰：「此非常人也。」出爲吳興，太祖餉物別，淵又謂之曰：〔七〕「此人材貌非常，將來不可測也。」及顧命之際，引太祖豫焉。

太祖既平桂陽，遷中領軍，領南兗州，增戶邑。太祖固讓，與淵及衞軍袁粲書曰：「下官常人，志不及遠。隨運推斥，妄踐非涯，才輕任重，夙宵冰惕。近值國危，含氣同奮，況在下官，寧吝身命。履冒鋒炭，報効恒理，而褒嘉之典，偏見甄沐，貴登端戎，秩加爵土，瞻言霄衢，魂神震墜。下官奉上以誠，率性無矯，前後忝荷，未嘗固讓。至若今授，特深恇迫。寔以銜恩先旨，義兼陵闕，識蔽防萌，宗戚構禍，引詬歸咎，既已靦顏，乃復乘災求幸，藉亂取貴，斯實國家之恥，非臣子所忍也。且榮不可濫，寵不可昧，乞蠲中侯，請停增邑，庶保止足，輸効淮湄。如使伐匈奴，凱歸反斾，以此受爵，不復固辭矣。」淵、粲答曰：「來告穎亮，敬挹無已。謙貶居心，深承非飾，此誠此旨，久著言外，況復造席舒衿，迂翰緒意，推情顧己，信足書紳。但今之所宜商搉，必以輕重相推。世惟多難，事屬雕弊，四維恇擾，邊氓未安，國家費廣，府藏須備，北狄侵邊，憂虞交切。寓內含識，尙爲天下危心，相與共荷任寄若此，當可稍脩廉退不？求之懷抱，實謂不可。了其不可，理無固執。且勍寇窮凶，勢過原燎，釁逆倉卒，終古未聞，常時懼惑，當慮先定，結壘新亭，枕戈待敵，斷決之策，寔有由然。鋒鏑初交，元惡送首，總律制奇，判於此舉。裂邑萬戶，登爵槐鼎，亦何足少酬勳勞，粗塞物聽。今以近侍禁旅，進昇中侯，乘平隨牒，取此非叨。濟、河昔所履牧，鎭軍秩不逾本，詳校階序，愧在未優，就加沖損，特虧朝制。奉職數載，同舟無幾，劉領軍峻節霜明，臨危不顧，音迹未晞，奄成今古，迷途失偶，慟不及悲。戎謨內寄，恒務倍急，秉操辭榮，將復誰委？誠惟軍柄所期，自增茂圭社，誓貫朝廷，匹夫里語，尚欲信厚，君令必行，逡巡何路。凡位居物首，功在衆先，進退之宜，當與衆共。苟殉獨善，何以處物。受不自私，彌見至公。表裏詳究，無而後可。想體殊常，深思然納。」太祖乃受命。

其年，淵加尚書令、侍中，給班劍二十人，固讓令。三年，進爵爲侯，增邑千戶。服闋，改授中書監，侍中、護軍如故，給鼓吹一部。明年，淵後嫡母吳郡公主薨，毁瘠如初。葬畢，詔攝職，固辭。又以朞祭禮及，〔表〕解職，〔八〕並不許。

蒼梧酷暴稍甚，太祖與淵及袁粲言世事，粲曰：「主上幼年微過易改，伊、霍之事，非〔季〕代所行，〔九〕縱使功成，亦終無全地。」淵默然，歸心〔太祖〕。〔一〇〕及廢蒼梧，羣公集議，袁粲、劉秉既不受任，淵曰：「非蕭公無以了此。」手取書授太祖。太祖曰：「相與不肯，我安得辭！」事乃定。順帝立，〔一一〕改號衞將軍、開府儀同三司，侍中如故。甲仗五十人入殿。

沈攸之事起，袁粲懷貳，太祖召淵謀議，淵曰：「西夏釁難，事必無成；公當先備其內耳。」太祖密爲其備。事平，進中書監、司空，本官如故。

齊臺建，淵白太祖引何曾自魏司徒爲晉丞相，求爲齊官，太祖謙而不許。建元元年，進位司徒，侍中、中書監如故。封南康郡公，邑三千戶。淵固讓司徒。與僕射王儉書，欲依蔡謨事例。儉以非所宜言，勸淵受命，淵終不就。

淵美儀貌，善容止，俯仰進退，咸有風則。每朝會，百僚遠國〔使〕莫不延首目送之。〔一二〕宋明帝嘗歎曰：「褚淵能遲行緩步，便持此得宰相矣。」尋加尚書令，本官如故。二年，重申前命爲司徒，又固讓。

是年虜動，上欲發王公已下無官者爲軍，〔一三〕淵諫以爲無益實用，空致擾動，上乃止。朝廷機事，多與諮謀，每見從納，禮遇甚重。上大宴集，酒後謂羣臣曰：「卿等並宋時公卿，亦當不言我應得天子。」王儉等未及答，淵斂板曰：「陛下不得言臣不早識龍顏。」〔一四〕上笑曰：「吾有愧文叔，知公爲朱（祜）〔祐〕久矣。」〔一五〕

淵涉獵談議，善彈琵琶。世祖在東宮，賜淵金鏤柄銀柱琵琶。性和雅有器度，不妄舉動，宅嘗失火，煙焰甚逼，左右驚擾，淵神色怡然，索轝來徐去。輕薄子頗以名節譏之，以淵眼多白精，謂之「白虹貫日」，言爲宋氏亡徵也。

太祖崩，遺詔以淵爲錄尚書事。江左以來，無單拜錄者，有司疑立優策。尚書王儉議，以爲「見居本官，別拜錄，推理應有策書，而舊事不載。中朝以來，三公王侯，則優策竝設，官品第二，策而不優。優者襃美，策者兼明委寄。尚書職居天官，政化之本，〔故〕尚書令品雖第三，〔一六〕拜必有策。錄尚書品秩不見，而總任彌重，前代多與本官同拜，故不別有策。

郎事緣情，不容均之凡僚，宜有策書，用申隆寄。既異王侯，不假優文」。從之。尋增淵班劍爲三十人，五日一朝。

頃之寢疾。上相星連有變，淵憂之，表遜位。又因王儉及侍中王晏口陳於世祖，世祖不許。又啓曰：「臣顧惟凡薄，福過災生，未能以正情自安，遠慙彥輔。既內懷耿介，便覺晷刻難推。叨職未久，首歲便嬰疾篤，爾來沈痼，頻經危殆，彌深憂震。陛下曲存遲回，或謂僉議同異，此出於留慈每過，愛欲其榮。臣年四十有八，叨忝若此，以疾陳遜，豈駭聽察。總錄之任，江左罕授，上隣亞台，升降蓋微。〔一七〕今受祿弗辭，退絀斯願，於臣名器，非曰貶少，萬物耳目，皎然共見，寧足仰延聖慮，稍垂矜惜。臣若內飾廉譽，外循謙後，〔一八〕此則憲書行劾，刑綱是肅。〔一九〕臣赤誠不能行，亦幽明所不宥。區區寸心，歸啓以實。自杏寸陰，寔願方倍堯世。〔二〇〕昔王弘固請，乃於司徒爲衞將軍，宋氏行之不疑，當時物無異議，以臣方之，曾何足說。伏願恢闡宏猷，賜開亭造，則臣死之日，猶生之年。」乃改授司空，領驃騎將軍，侍中、錄尙書如故。

上遣侍中王晏黃門郎王秀之問疾。薨，家無餘財，負債至數十萬。詔曰：「司徒奄至薨逝，痛怛慟懷，比雖尫瘵，便力出臨哭。給東園祕器，朝服一具，衣一襲，錢二十萬，布二百疋，蠟二百斤。」

時司空掾屬以淵未拜，疑應爲吏敬不？王儉議：「依禮，婦在塗，聞夫家喪，改服而入。今掾屬雖未服勤，而吏節稟於天朝，宜申禮敬。」司徒府史又以淵既解職，而未恭後授，府猶應上服以不？儉又議：「依中朝士孫德祖從樂陵遷爲陳留，未入境，〔卒〕，〔二〕樂陵郡吏依見君之服，陳留迎吏依娶女有吉日齊衰弔，司徒府宜依居官制服。」

又詔曰：「夫褒德所以紀民，愼終所以歸厚。前王（習但）盛典，〔三〕咸必由之。故侍中、司徒、錄尚書事、新除司（徒）〔空〕、〔三〕領驃騎將軍、南康公淵，履道秉哲，鑒識弘曠。爰初弱齡，清風夙舉。登庸應務，具瞻允集。孝友著於家邦，忠貞彰於亮釆。佐命先朝，經綸王化，契闊屯夷，綢繆終始。總錄機衡，四門惟穆，諒以同規往古，式範來今。謙光彌遠，屢陳降挹，權從高旨，用虧大猷。將登上列，永翼聲教。天不憖遺，奄焉薨逝，朕用震慟于厥心。其贈公太宰，侍中、錄尚書、公如故。給節，加羽葆鼓吹，增班劍爲六十人。葬送之禮，悉依宋太保王弘故事。謚曰文簡。」先是庶姓三公輀車，未有定格。王儉議官品第一，皆加幢絡，自淵始也。又詔淵妻宋故巴西主埏隧暫啓，宜贈南康郡公夫人。

長子賁，字蔚先。解褐祕書郎。昇明中，爲太祖太尉從事中郎，司徒右長史，太傅戶曹屬，黃門郎，領羽林監，齊世子中庶子，領翊軍校尉。建元初，仍爲宮官，歷侍中。淵薨，服闕，見世祖，賁流涕不自勝，上甚嘉之，以爲侍中，領步兵校尉，〔長史〕左民尚書，〔二四〕散騎常侍，祕書監，不拜。六年，上表稱疾，讓封與弟蓁，世以爲賁恨淵失節於宋室，故不復仕。永明七年卒，詔賜錢三萬，布五十匹。

蓁字茂緒。永明中，解褐爲員外郎，出〔爲〕義興太守。〔二五〕八年，改封巴東郡侯。〔二六〕明年，表讓封還賁子霽，詔許之。建武末，爲太子詹事，度支尚書，領軍將軍。永元元年，卒，贈太常，謚穆。淵弟澄。

澄字彥道。初，湛之尚始安公主，薨，納側室郭氏，生淵，後尚吳郡公主，生澄。淵事主孝謹，主愛之，湛之亡，主表淵爲嫡。澄尚宋文帝女廬江公主，拜駙馬都尉。歷官清顯。善醫術，建元中，爲吳郡太守，豫章王感疾，太祖召澄爲治，立愈。尋遷左民尚書。淵薨，澄以錢萬一千，就招提寺贖太祖所賜淵白貂坐褥，壞作裘及纓，又贖淵介幘犀導及淵常所乘黃牛，永明元年，爲御史中丞袁彖所奏，免官禁錮，見原。遷侍中，領右軍將軍，以勤謹見知。其年卒。澄女爲東昏皇后。永元元年，追贈金紫光祿大夫。

時東陽徐嗣，〔二七〕醫術妙。有一傖父冷病積年，重茵累褥，牀下設鑪火，猶不差。嗣爲作治，盛冬月，令傖父髁身坐石，啓以百瓶水，從頭自灌。初與數十瓶，寒戰垂死，其子弟相守垂泣，嗣令滿數。得七八十瓶後，舉體出氣如雲蒸，嗣令徹牀去被，明日立能起行，云此大熱病也。又春月出南籬門戲，聞笪屋中有呻吟聲，嗣曰：「此病甚重，更二日不治，必死。」乃往視。一姥稱舉體痛，而處處有䵬黑無數，嗣還煑升餘湯送令服之，姥服竟，痛愈甚，跳投牀者無數，須臾，所䵬處皆拔出長寸許，〔二八〕乃以膏塗諸瘡口，三日而復，云此名釘疽也。事驗甚多，過於澄矣。

王儉字仲寶，琅琊臨沂人也。祖曇首，宋右光祿。父僧綽，金紫光祿大夫。儉生而僧綽遇害，爲叔父僧虔所養。數歲，襲爵豫（章）〔寧〕侯，〔二九〕拜受茅土，流涕嗚咽。幼有神彩，專心篤學，手不釋卷。丹陽尹袁粲聞其名，言之於明帝，尙陽羨公主，拜駙馬都尉。帝以儉嫡母武康公主同太初巫蠱事，〔三〇〕不可以爲婦姑，欲開塚離葬，儉因人自陳，密以死請，故事不行。

解褐祕書郎，太子舍人，超遷祕書丞。上表求校墳籍，依七略撰七志四十卷，上表獻之，表辭甚典。又撰定元徽四部書目。母憂，服闋爲司徒右長史。晉令，公府長史著朝服，宋大明以來著朱衣。儉上〔言〕宜復舊，〔三一〕時議不許。

蒼梧暴虐，儉憂懼，告袁粲求出，引晉新安主婿王獻之爲吳興例，補義興太守。還爲黃門郎，轉吏部郎。昇明二年，遷長兼侍中，〔三二〕以父終此職，固讓。

儉察太祖雄異，先於領府衣裾，〔三三〕太祖爲太尉，引爲右長史，恩禮隆密，專見任用。轉左長史。及太傅之授，儉所唱也。少有宰相之志，物議咸相推許。時大典將行，儉爲佐命，禮儀詔策，皆出於儉，褚淵唯爲禪詔文，〔三四〕使儉參治之。齊臺建，遷右僕射，領吏部，時年二十八。太祖從容謂儉曰：「我今日以青溪爲鴻溝。」對曰：「天應民從，〔三五〕庶無楚、漢之事。」建元元年，改封南昌縣公，食邑二千戶。明年，轉左僕射，領選如故。

上壞宋明帝紫極殿，以材柱起宣陽門。儉與褚淵及叔父僧虔連名上表諫曰：「臣聞德者身之基，儉者德之輿。春臺將立，晉卿秉議，北宮肇構，漢臣盡規。彼二君者，或列國常侯，或守文中主，尙使諫諍在義卽悅，況陛下聖哲應期，臣等職司隆重，敢藉前誥，竊乃有心。陛下登庸宰物，節省之敎旣昭，龍袞琁極，簡約之訓彌遠。乾華外構，采椽不斲，紫極故材，爲宣陽門，臣等未譬也。夫移心疾於股肱，非良醫之美；畏影迹而馳騖，豈靜處之方？且又三農在日，千畛咸事，輟望歲之勤，興土木之役，非所以宣昭大猷，光示遐邇。若以門居宮南，重陽所屬，年月稍久，漸就淪胥，自可隨宜脩理而合度，改作之煩，於是乎息。所啓謬合，請付外施行。」上手詔酬納。宋世外六門設竹籬，是年初，有發白虎樽者，言「白門三重門，竹籬穿不完」。〔三六〕上感其言，改立都墻。儉又諫，上答曰：「吾欲令後世無以加也。」朝廷初基，制度草創，儉識舊事，問無不答。上歎曰：「詩云：『維嶽降神，生甫及申。』今亦天爲我生儉也。」

其年，儉固請解選，表曰：「臣遠尋終古，近察身事，邀恩幸藉，未見其倫。何者？子房之遇漢后，公達之逢魏君，史籍以爲美談，君子稱其高義。二臣才堪王佐，理非曲私，兩主專杖威武，有傷寬裕，豈與庸流之人，憑含弘之澤者，同年而語哉？預在有心，胡寧無感。如使傾宗殞元，有益塵露，猶當畢志驅馳，仰訓萬一，豈容稍在形飾，〔三七〕以徇常事。九流任要，風猷所先，玉石朱素，〔三八〕由斯而定。臣亦不謂文案之閒都無微解，至於品裁臧否，特所未閑。雖存自勗，識不副意，兼竊而任，彼此俱壅，專情本官，庶幾髣髴。且前代掌選，未必其在代來，〔三九〕何爲於今，非臣不可。傾心奉國，匪復退讓之與，預同休戚，寧俟位任爲親。陛下若不以此理賜期，豈仰望於殊眷。頻冒嚴威，分甘尤戾。」見許。加侍中，固讓，復散騎常侍。

上曲宴羣臣數人，各使効伎藝，褚淵彈琵琶，王僧虔彈琴，沈文季歌子夜，張敬兒舞，王敬則拍張。儉曰：「臣無所解，唯知誦書。」因跪上前誦相如封禪書。上笑曰：「此盛德之事，吾何以堪之。」後上使陸澄誦孝經，自「仲尼居」而起。儉曰：「澄所謂博而寡要，臣請誦之。」乃誦「君子之事上」章。上曰：「善！張子布更覺非奇也。」

尋以本官領太子詹事，加兵二百人。〔四〇〕上崩，遺詔以儉爲侍中、尙書〔令〕、(左)鎭軍將軍。〔四一〕世祖卽位，給班劒二十人。永明元年，進號衞軍將軍，〔四二〕參掌選事。二年，領國子祭酒、丹陽尹，本官如故。給鼓吹一部。三年，領國子祭酒。叔父僧虔亡，儉表解職，不許。又領太子少傅，本州中正，解丹陽尹。舊太子敬二傅同，至是朝議接少傅以賓友之禮。

是歲，省總明觀，於儉宅開學士館，悉以四部書充儉家，又詔儉以家爲府。四年，以本官領吏部。儉長禮學，諳究朝儀，每博議，證引先儒，罕有其例。八坐丞郎，無能異者。令史諮事，賓客滿席，儉應接銓序，傍無留滯。十日一還學，監試諸生，巾卷在庭，劒衞令史儀容甚盛。作解散髻，斜插幘簪，朝野慕之，相與放効。儉常謂人曰：「江左風流宰相，唯有謝安。」蓋自比也。世祖深委仗之，士流選用，奏無不可。

五年，卽本號開府儀同三司，固讓。六年，重申前命。先是詔儉三日一還朝，尙書令史出外諮事，上以往來煩數，復詔儉還尙書下省，月聽十日出外。儉啓求解選，不許。七年，乃上表曰：「臣比年辭選，具簡天明，〔四三〕款言彰於侍接，丹誠布於朝野，物議不以爲非，聖心未垂矜納。臣聞知慧不如明時，求之微躬，實允斯義。妄庸之人，沈浮無取，命偶休泰，遂踐康衢。秋葉辭條，不假風飆之力；太陽躋景，無俟螢爝之暉。晦往明來，五德遞運，聖不獨治，八元亮采。臣逢其時，而叨其位，常總端右，亟管銓衡。事涉兩朝，歲綿一紀。盛年已老，孫孺巾冠。人物徂遷，逝者將半。三考無聞，九流寂寞。能官之詠，輟響於當時；大車之刺，方興於來日。若夫珥貂衣袞之貴，四輔六教之華，誠知匪服，職務差簡，端揆雖重，猶可勉勵。至於品藻之任，尤懼其阻。夙宵罄竭，屢試無庸。歲月之久，近世罕比。非唯悔吝在身，故乃惟塵及國。方今多士盈朝，羣才競爽，選衆而授，古亦何人。冒陳微翰，必希天照。至敬無文，不敢煩黷。」見許。改領中書監，參掌選事。

其年疾，上親臨視，薨，年三十八。吏部尚書王晏啓及儉喪，上答曰：「儉年德富盛，志用方隆，豈意暴疾，不展救護，便爲異世，奄忽如此，痛酷彌深。其契闊艱運，義重常懷，言尋悲切，不能自勝。痛矣奈何！往矣奈何！」詔衞軍文武及臺所兵仗可悉停待葬。〔四四〕又詔曰：「愼終追遠，列代通規，褒德紀勳，彌峻恒策。故侍中、中書令、〔四五〕太子少傅、領國子祭酒、衞軍將軍、開府儀同三司南昌公儉，體道秉哲，風宇淵曠。肇自弱齡，清猷自遠。登朝應務，民望斯屬。草昧皇基，協隆鼎祚；宏謨盛烈，載銘彝篆。及贊朕躬，徽績光茂。忠圖令範，造次必彰。四門允穆，百揆時序。宗臣之重，情寄兼常。方正位論道，永釐袞職，弼茲景化，以贊隆平。天不憖遺，奄焉薨逝，朕用震慟于厥心。可追贈太尉，侍中、中書監、公如故。給節，加羽葆鼓吹，增班劒爲六十人。葬禮依故太宰文簡公褚淵故事。冢墓材官營辦。謚文憲公。」

儉寡嗜慾，唯以經國爲務，車服塵素，家無遺財。手筆典裁，爲當時所重。少撰古今喪服集記幷文集，並行於世。今上受禪，下詔爲儉立碑，降爵爲侯，千戶。

儉弟遜，昇明中，爲丹陽丞，告劉秉事，不蒙封賞。建元初，爲晉陵太守，有怨言，儉慮爲禍，因褚淵啓聞。中丞陸澄依事舉奏。詔曰：「儉門世載德，竭誠佐命，特降刑書，宥遜以遠。」徙永嘉郡，道伏誅。

史臣曰：褚淵、袁粲，俱受宋明帝顧託，粲既死節於宋氏，而淵逢興運，世之非責淵者衆矣。臣請論之：夫湯、武之迹，異乎堯、舜，伊、呂之心，亦非稷、契。降此風規，未足爲證也。自金、張世族，袁、楊鼎貴，委質服義，皆由漢氏，膏腴見重，事起於斯。魏氏君臨，年祚短促，服褐前代，宦成後朝。晉氏登庸，與之從事，名雖魏臣，實爲晉有，故主位雖改，臣任如初。自是世祿之盛，習爲舊準，羽儀所隆，人懷羨慕，君臣之節，徒致虛名。貴仕素資，皆由門慶，平流進取，坐至公卿，則知殉國之感無因，保家之念宜切。市朝亟革，寵貴方來，陵闕雖殊，顧眄如一。中行、智伯，未有異遇。褚淵當泰始初運，清塗已顯，數年之閒，不患無位，既以民望而見引，亦隨民望而去之。夫爵祿既輕，有國常選，恩非己獨，責人以死，斯故人主之所同謬，世情之過差也。

贊曰：猗歟褚公，德素內充。民譽不爽，家稱克隆。從容佐世，貽議匪躬。文憲濟濟，輔相之體。稱述霸王，綱維典禮。期寄兩朝，綢繆宮陛。

校勘記

〔一〕復尚文帝女南郡獻公主　按文選卷五十八王儉褚淵碑文云「選尚餘姚公主」，而本傳下文又云「淵妻宋故巴西主」。南史褚彥回傳亦云「又詔彥回妻宋故巴西主」。錢大昕廿二史考異云：「蓋初封餘姚公主，進封南郡，齊受禪，又例降封巴西，封號雖異，其實一人也。」

〔二〕〔歷〕中書郎　據南監本、毛本、殿本、局本補。按「中書郎」文選王儉褚淵碑文作「中書侍郎」。

〔三〕止足自保　「止」原譌「王」，據毛本、殿本、局本改正。

〔四〕與淵以（夙）〔風〕素相善　據南監本、殿本及南史褚彥回傳改。按通鑑宋明帝泰始七年亦作「風素」，胡注云「風素相善者，以其風標雅素而與之善也。蕭子顯齊書『風』作『夙』」。是胡氏所見本亦作「夙」也。

〔五〕出爲吳興太守　「吳興太守」南史、通鑑、元龜二百並作「吳郡太守」。通鑑胡注云：「蕭子顯齊書淵傳云爲吳興太守。按吳郡，近畿大郡也，吳興，次郡也，淵以大尚書出守，當得大郡，吳郡爲是。」殿本考證據通鑑胡注，亦以作「吳興」爲誤。今按梁、陳之制，丹陽尹與會稽、吳郡、吳興太守品俱第五，胡氏大郡次郡之說不足據。且齊世如王敬則、張瓌、何戢、謝朏等皆以尚書、侍中出守吳興，非獨褚淵也。文選王儉褚淵碑文云：「丹陽京輔，遠近攸則，吳興襟帶，實惟股肱，頻作二守，並加蟬冕。」足證作「吳興」之不誤。

〔六〕惟泣淚處乃見其本質焉　「泣淚」毛本、局本作「沾淚」，殿本作「哭泣」。

〔七〕淵又謂之曰　「謂之曰」南監本、殿本作「謂人曰」，南史作「語人曰」。

〔八〕〔表〕解職　據殿本、局本及南史補。

〔九〕非〔季〕代所行　據南監本、殿本補。

〔一〇〕歸心〔太祖〕　據南監本、殿本補。

〔一一〕順帝立　按蕭子顯避梁武帝父順之諱，順字皆爲從，此「順帝」原文必作「從帝」，後來校書者以意改易耳。

〔一二〕百僚遠國〔使〕莫不延首目送之　據南監本、殿本及南史、元龜八百八十三補。

〔一三〕上欲發王公已下無官者爲軍　按南史「爲軍」作「從軍」。

〔一四〕陛下不得言臣不早識龍顏　「得」原譌「待」，據南監本、殿本、局本及南史改正。

〔一五〕知公爲朱(祐)〔祜〕久矣　據局本改。按今本後漢書朱祜傳章懷注云：「東觀記『祜』作『福』，避安帝諱。」劉攽刊誤云：「案注引東觀記安帝諱，則此人當名祜。」

〔一六〕〔故〕尚書令品雖第三　據元龜四百七十一、通典職官典補。

〔一七〕升降蓋微　元龜三百三十一作「升降紫微」。

〔一八〕外循謙後　元龜三百三十一作「外脩謙德」。

〔一九〕刑綱是肅　元龜三百三十一作「刑綱是嬰」。

〔二〇〕寔顧方倍堯世　「方」南監本、殿本、局本及元龜三百三十一作「萬」，毛本作「万」。

〔二一〕未入境〔卒〕　據元龜五百七十七補。

〔二二〕前王(習但)盛典　據元龜三百十八刪。

〔二三〕新除司(徒)〔空〕　據南監本改。殿本考證萬承蒼云：「按褚淵新除之官乃司空，非司徒也。諸本並誤。」按萬氏未核對南監本，故云「諸本並誤」。元龜三百十八亦作「司空」。

〔二四〕領步兵校尉(長史)左民尚書　張森楷校勘記云：「長史官無所繫，南史無之，疑是衍文。」今據刪。

〔二五〕出〔爲〕義興太守　據南監本、殿本、局本補。

〔二六〕改封巴東郡侯　南史褚蓁傳同。錢大昕廿二史考異云：「彥回本封南康郡公，蓁初襲父爵，至是以南康爲王國，而改蓁爲巴東公，見齊武帝諸子傳。此云郡侯，恐誤。」

〔二七〕時東陽徐嗣　張森楷校勘記云：「徐嗣卽徐嗣伯，南史附張劭傳。按『東陽』當作『東海』。」

〔二八〕所斸處皆拔出長寸許　按南史張邵傳附徐嗣伯傳述徐嗣伯醫術甚詳，云「所斸處皆拔出釘長寸許」，此脫一「釘」字。

〔二九〕襲爵豫（章）〔寧〕侯　南史王曇首傳云儉襲爵豫寧縣侯，文選任昉王文憲集序亦云儉襲封豫寧侯。按宋書州郡志，豫章太守領縣十二，有豫寧侯相，作「豫寧」是，今據改。

〔三〇〕帝以儉嫡母武康公主同太初巫蠱事　王鳴盛十七史商榷云：「按儉父僧綽傳尚東陽獻公主，此云武康，恐誤。」張森楷校勘記云：「宋書王僧綽傳及二凶傳並云僧綽尚東陽獻公主，此稱武康，豈改封歟？」今按文選任昉王文憲集序及元龜七百五十三並作「武康」，蓋始封武康，進封東陽耳。

〔三一〕儉上〔言〕宜復舊　據南監本、毛本、殿本、局本補。

〔三二〕遷長兼侍中　殿本「長」下有「史」字，考證云：「監本脫『史』字，從南史增入。」按南史王儉傳：「昇明二年，爲長史兼侍中。」錢大昕廿二史考異云：「長兼者，未正授之稱。晉書劉隗傳『太興初，長兼侍中』，孔愉傳『長兼中書令』，是長兼之名，自晉已有之矣。南史添一『史』字，試問儉所授者，何府之長史乎？此傳前後多有『長史』字，當由後人轉寫相涉而誤，非延壽本文也。南齊書本無此字，或轉據南史增益之，不獨昧於官制，亦大非闕疑之旨。」

〔三三〕先於領府衣裾　錢大昕廿二史考異云：「時齊祖爲中領軍，故曰領府。」洪頤煊諸史考異云：「衣裾致敬，禮無明文，以南史王儉傳證之，此下當有脫文。」

〔三四〕褚淵唯爲禪詔文　按南史「文」作「又」，屬下讀。

〔三五〕天應民從　「民從」殿本作「民順」。按蕭子顯避梁諱，順字皆改作從，殿本作「順」，乃校書者以意改易也。

〔三六〕白門三重門竹籬穿不完　「三重門」通鑑齊高帝建元二年作「三重關」。按關與完古韻同部，作「關」是。

〔三七〕豈容稍在形飾　「在」元龜四百六十四作「存」。

〔三八〕玉石朱素　元龜四百六十四作「玉石朱紫」。

〔三九〕未必其在代來　「其」南監本、殿本、局本作「具」。

〔四〇〕加兵二百人　南監本及南史作「三百人」。

〔四一〕遺詔以儉爲侍中尚書〔令〕(左)鎮軍將軍　據南史及文選任昉王文憲集序增删。按鎮軍將軍無左右之號。

〔四二〕進號衞軍將軍　「衞軍將軍」南史及元龜三百十八、三百三十一、文選任昉王文憲集序並作「衞將軍」。按百官志有衞將軍，無衞軍將軍。然下文領國子祭酒、衞軍將軍，元龜三百十八亦作

「衞軍將軍」。

〔四三〕具簡天明　「天明」各本並作「天朝」，惟元龜四百六十四同作「天明」。按具簡天明卽簡在帝心之意，作「天朝」者譌。

〔四四〕詔衞軍文武及臺所兵仗可悉停待葬　按「衞軍」元龜三百十八作「衞將軍」。南史「所」下有「給」字，「仗」下無「可」字。

〔四五〕中書令　張森楷校勘記云：「上云領中書監，不云領中書令，『令』當是『監』之譌。」

南齊書卷二十四

列傳第五

柳世隆　張瓌

柳世隆字彥緒，河東解人也。祖憑，馮翊太守。父叔宗，早卒。世隆少有風器，伯父元景，宋大明中爲尚書令，獨賞愛之，異於諸子。言於孝武帝，得召見，帝曰：「三公一人，是將來事也。」海陵王休茂爲雍州，辟世隆爲迎主簿。除西陽王撫軍法曹行參軍，出爲虎威將軍、〔一〕上庸太守。帝謂元景曰：「卿昔以虎威之號爲隨郡，今復以授世隆，使卿門世不絕公也。」元景爲景和所殺，世隆以在遠得免。

泰始初，諸州反叛，世隆以門禍獲申，事由明帝，乃據郡起兵，遣使應朝廷。弘農人劉僧驎亦聚衆應之。收合萬人，奄至襄陽萬山，爲孔道存所破，衆皆奔散，僅以身免，逃藏民間，事平乃出。還爲尚書儀曹郎，明帝嘉其義心，發詔擢爲太子洗馬，出爲寧遠將軍、巴西梓潼太守。還爲越騎校尉，轉建平王鎮北諮議參軍，領南泰山太守，轉司馬、東海太守，入爲通直散騎常侍。

尋爲晉熙王安西司馬，加寧朔將軍。時世祖爲長史，與世隆相遇甚懽。太祖之謀渡廣陵也，令世祖率衆下，同會京邑，世隆與長流蕭景先等戒嚴待期，事不行。

是時朝廷疑憚沈攸之，密爲之防，府州器械，皆有素蓄。世祖將下都，劉懷珍白太祖曰：「夏口是兵衝要地，宜得其人。」太祖納之，與世祖書曰：「汝既入朝，當須文武兼資人與汝意合者，委以後事，世隆其人也。」世祖舉世隆自代。轉爲武陵王前軍長史、江夏內史、行郢州事。

昇明元年冬，攸之反，遣輔國將軍中兵參軍孫同、寧朔將軍中兵參軍武寶、龍驤將軍騎兵參軍朱君拔、寧朔將軍沈惠眞、龍驤將軍騎兵參軍王道起三萬人爲前驅，〔三〕又遣司馬冠軍劉攘兵領寧朔將軍外兵參軍公孫方平、龍驤將軍騎兵參軍朱靈眞、〔三〕沈僧敬、龍驤將軍高茂二萬人次之，又遣輔國將軍王靈秀、〔四〕丁珍東、寧朔將軍中兵參軍王彌之、〔五〕寧朔將軍外兵參軍楊景穆二千匹騎分兵出夏口，據魯山。攸之乘輕舸從數百人先大軍下住白螺洲，坐胡床以望其軍，有自驕色。既至郢，以郢城弱小不足攻，遣人告世隆曰：「被太后令，當暫還都。卿既相與奉國，想得此意。」世隆使人答曰：「東下之師，久承聲問。郢城小鎮，自守而已。」攸之將去，世隆遣軍於西渚挑戰，攸之果怒，令諸軍登岸燒郭邑，築長圍攻道，顧謂人曰：「以此攻城，何城不剋！」晝夜攻戰，世隆隨宜拒應，衆皆披却。世祖初下，與世隆別，曰：「攸之一旦爲變，焚夏口舟艦沿流而東，則坐守空城，不可制也。雖留攻城，不可卒拔。卿爲其內，我爲其外，乃無憂耳。」至是世祖遣軍主桓敬、陳胤叔、苟元賓等八軍據西塞，令堅壁以待賊疲。慮世隆危急，遣腹心胡元直潛使入郢城通援軍消息，內外並喜。尚書符曰：

沈攸之出自壟畝，寂寥累世。故司空沈公，以從父宗廕，愛之若子，羽翼吹噓，得昇官次。景和昏悖，猜畏柱臣，而攸之凶忍，趣利樂禍，請銜詔旨，躬行反噬。又攸之與譚金、童泰壹等暴寵狂朝，並爲心膂，同功共體，世號「三侯」。當時親昵，情過管、鮑，仰遭革運，凶黨懼戮，攸之反善圖全，用得自免。〔六〕既殺從父，又虐良朋，雖呂布販君，酈寄賣友，方之斯人，未足爲酷。泰始開闢，網漏吞舟，略其凶險，取其搏噬，故階亂獲全，〔七〕因禍興福。

攸之稟性空淺，躁而無謀，濃湖土崩，本非己力，彭城、下邳，望旗宵遁，再(紹)〔棄〕王師，〔八〕久應肆法，值先帝宥其回溪之恥，冀有封崤之捷，故得幸會推遷，頻煩顯授。內端戎禁，外綏萬里。聖去鼎湖，遠頒顧命，託寄崇深，義感金石。而攸之始奉國諱，喜形于顔，普天同哀，己以爲慶。累登蕃岳，自郢遷荆。晉熙王以皇弟代鎮，地尊望重，攸之斷割候迎，肆意陵略。料擇士馬，簡算器械，權撥精鋭，並取自隨。郢城所留，十不遺一。專恣鹵奪，罔顧國典。踐荆已來，恆用姦數，既懷異志，興造無端。乃蹙迫羣蠻，騷擾山谷，揚聲討伐，盡戶上丁。〔九〕蟻聚郭邑，伺國衰盛，從來積年，求不解甲。〔一〇〕遂四野百縣，路無男人，耕田載租，皆驅女弱。自古酷虐，未聞於此。

昔歲桂陽内奰，宗廟阽危。攸之任官上流，兵彊地廣，勤王之舉，寔宜悉行。裁遣羸弱，不滿三千，至郢州稟受節度，欲令判否之日，委罪晉熙。招誘劍客，羈絆行侣，竄叛入境，輒加擁護，逋亡出界，必遣窮追。視吏若讎，遇民如草，峻太半之賦，暴參夷之刑，鞭箠國士，全用虜法，一人逃亡，闔宗捕逮。〔一一〕皇朝赦令，初不遵奉，曠蕩之澤，長隔彼州，人懷怨望，十室而九。今乃舉兵内侮，姦回外熾，斯寔惡熟罪成之辰，決癰潰疽之日。幕府過荷朝寄，義百常憤，董御元戎，龔行天罰。

今遣新除使持節郢州司州之義陽諸軍事平西將軍郢州刺史聞喜縣開國侯黄回、員外散騎常侍輔國將軍驍騎將軍重安縣開國子軍主王敬則、屯騎校尉長壽縣開國男軍主王宜與、屯騎校尉陳承叔、右軍將軍葛陽縣開國男彭文之、驃騎行參軍振武將軍邰宰，〔一二〕精甲二萬，銜其首旆。又遣散騎常侍游擊將軍（臨）湘〔南〕縣開國男呂安國、〔一三〕持節寧朔將軍越州刺史孫曇瓘、屯騎校尉寧朔將軍崔慧景、寧朔將軍左軍將軍新亭侯任候伯、龍驤將軍虎賁中郎將尹略、屯騎校尉南城令曹虎頭、輔國將軍驍騎將軍蕭順之、〔一四〕新除寧朔將軍游擊將軍下邳縣開國子垣崇祖等，舳艫二萬，駱驛繼邁。又遣屯騎校尉苟元賓、撫軍參軍郭文考、撫軍中兵參軍程隱儁、奉朝請諸襲光等，輕艓一萬，截其（精）〔津〕要。〔一五〕驍騎將軍周盤龍、後將軍成買、輔國將軍王勑勤、屯騎校尉王洪範等，鐵騎五千，步道繼進，先據陸路，斷其走伏。持節、督雍梁二州郢州之竟陵司州之隨郡諸軍事、征虜將軍、寧蠻校尉、雍州刺史、襄陽縣開國侯、新除鎮軍將軍張敬兒，志節慷慨，卷甲樊、鄧，水步俱馳，破其巢窟。持節、督司州諸軍事、征虜將軍、司州刺史、領義陽太守、范陽縣侯姚道和，義烈梗槩，投袂方隅，風馳電掩，襲其輜重。萬里建旆，四方飛旆，莫不總率衆師，雲翔雷動。人神同憤，遠邇并心。

今皇上聖明，將相仁愛，約法三章，寬刑緩賦，年登歲阜，家給人足，上有惠民之澤，下無樂亂之心。攸之不識天時，妄圖大逆，舉無名之師，驅讎怨之衆，是以朝野審其易取，含識判其成禽。彼土士民，罹毒日久，今復相逼迫，投赴鋒刃。交戰之日，蘭艾難分，去就在機，望思先曉，無使一人迷疑，而九族就禍也。弘宥之典，有如皎日。

郢城既不可攻，而平西將軍黃回軍至西陽，乘三層艦，作羌胡伎，泝流而進。攸之素失人情，本逼以威力，初發江陵，已有叛者，至是稍多。攸之日夕乘馬歷營撫慰，而去者不息。攸之大怒，召諸軍主曰：「我被太后令，建義下都，大事若剋，白紗帽共著耳；如其不振，朝廷自誅我百口，不關餘人。比軍人叛散，皆卿等不以爲意。我亦不能問叛身，自今軍中有叛者，軍主任其罪。」於是一人叛，遣十人追，竝去不反。莫敢發覺，咸有異計。劉攘兵射書與世隆許降，世隆開門納之。攘兵燒營而去，火起乃覺。攸之怒，銜鬚咀之。收攘兵兄子天賜、女壻張平虜斬之。〔一六〕軍旅大散。攸之渡魯山岸，猶有數十匹騎自隨。宣令軍中曰：「荆州城中大有錢，可相與還取，以爲資糧。」郢城未有追軍，而散軍畏蠻抄，更相聚結，可二萬人，隨攸之，將至江陵，乃散。世隆乃遣軍副劉僧驎道追之。

攸之已死，徵爲侍中。仍遷尚書右僕射，封貞陽縣侯，邑二千戶。出爲左將軍、吳郡太守，加秩中二千石。丁母憂。太祖踐阼，起爲使持節、都督南豫司二州諸軍事、平南將軍、南豫州刺史，進爵爲公。上手詔與司徒褚淵曰：「向見世隆毀瘠過甚，殆欲不可復識，非直使人惻然，實亦世珍國寶也。」淵答曰：「世隆至性純深，哀過乎禮。事陛下在危盡忠，喪親居憂，杖而後起，立人之本，二理同極，加榮增寵，足以厲俗敦風。」

建元二年，進號安南將軍。是時虜寇壽陽，上敕世隆曰：「歷陽城大，恐不可卒治，正宜斷隔之，深爲保固。處分百姓，若不將家守城，單身亦難可委信也。」尋又敕曰：「吾更歷陽外城，若有賊至，卽勒百姓守之，故應勝割棄也。」垣崇祖既破虜，上欲罷併二豫，敕世隆曰：「比思江西蕭索，二豫兩辦爲難。議者多云省一足一，於事爲便。吾謂非乃乖謬。卿以爲云何？可具以聞。」尋授後將軍、尙書右僕射，不拜。世隆性愛涉獵，啓太祖借祕閣書，上給二千卷。

三年，出爲使持節、督南兗兗徐青冀五州軍事、安北將軍、南兗州刺史。江北畏虜寇，搔動不安。上敕世隆曰：「比有北信，賊猶治兵在彭城，年已垂盡，或當未必送死。然豺狼不可以理推，爲備或不可懈。彼郭既無關要，用宜開除，使去金城三十丈政佳耳。發民治之，無嫌。若作三千人食者，已有幾米？可指牒付信還。民間若有丁多而細口少者，悉令戍，非疑也。」又敕曰：「昨夜得北使啓，鍾離間賊已渡淮，既審送死，便當制加剿撲。卿好參候之，有急令諸小戍還鎭，不可賊至不覺也。賊既過淮，不容遽退散，〔一七〕要應有處送死者，定攻壽陽，吾當遣援軍也。」又遣軍助世隆，幷給軍糧。

虜退，上欲土斷江北，又敕世隆曰：「呂安國近在西，土斷郢、司二境上雜民，大佳，民殆無驚恐。近又令垣豫州斷其州內，商得崇祖啓事，已行竟，近無云云，殊稱前代舊意。卿視兗部中可行此事不？若無所擾，春便就手也。」其見親委如此。

世祖卽位，加散騎常侍。世隆善卜，別龜甲，價至一萬。永明建號，世隆題州齋壁曰

「永明十一年」。謂典籤李黨曰：「我不見也。」入爲侍中、護軍將軍，遷尚書右僕射，領太子右率，雍州大中正，不拜，改授散騎常侍，尚書左僕射，中正如故。

湘州蠻動，遣世隆以本官總督伐蠻衆軍，仍爲使持節、都督湘州諸軍事、鎮南將軍、湘州刺史，常侍如故。世隆至鎮，以方略討平之。在州立邸治生，爲中丞庾杲之所奏，詔原不問。復入爲尚書左僕射，領衞尉，不拜。仍轉尚書令。

世隆少立功名，晚專以談義自業。善彈琴，世稱柳公雙璅，爲士品第一。常自云馬矟第一，清談第二，彈琴第三。在朝不干世務，垂簾鼓琴，風韻清遠，甚獲世譽。以疾遜位，改授侍中，衞將軍，不拜，轉左光祿大夫，侍中如故。

九年，卒，時年五十。詔給東園祕器，朝服一具，衣一襲，錢一十萬，布三百匹，蠟三百斤。又詔曰：「故侍中左光祿大夫貞陽公世隆，秉德居業，才兼經緯。少播清徽，長弘美譽。入參內禁，出贊西牧，專寄郢郊，剋挫巨猾，超越前勳，功著一代。及總任方州，民頌寬德，翼敎崇闥，朝稱元正。忠謨嘉猷，簡于朕心，雅志素履，邈不可踰。將登鉉味，用燮鴻化，奄至薨殞，震慟良深。贈司空，班劍三十人，〔一八〕鼓吹一部，侍中如故。謚曰忠武。」上又敕吏部尚書王晏曰：「世隆雖抱疾積歲，志氣未衰，冀醫藥有効，痊差可期。不謂一旦便爲異世，痛怛之深，此何可言。其昔在郢，誠心夙(閑)〔悃〕，〔一九〕全保一蕃，勳業克著。尋准契闊，增泣悲咽。卿同在情，亦當無已已耶！」

世隆曉數術，於倪塘創墓，與賓客踐履，十往五往，常坐一處。及卒，墓正取其坐處焉。〔二〇〕著龜經祕要二卷行於世。

長子悅，早卒。

張瓌，字祖逸，吳郡吳人也。祖裕，宋金紫光祿大夫。父永，右光祿大夫。曉音律，宋孝武問永以太極殿前鍾聲嘶，永答「鍾有銅滓」。乃扣鍾求其處，鑿而去之，聲遂清越。

瓌解褐江夏王太尉行參軍，署外兵，隨府轉爲太傅五官，爲義恭所遇。遷太子舍人，中書郎，驃騎從事中郎，司徒右長史。初，永拒桂陽賊於白下，潰散，阮佃夫等欲加罪，太祖固申明之，瓌由此感恩自結。轉通直散騎常侍，驍騎將軍。遭父喪，還吳持服。

昇明元年，劉秉有異圖，弟遐爲吳郡，潛相影響。因沈攸之事難，聚衆三千人，治攻具。太祖密遣殿中將軍卞白龍令瓌取遐。諸張世有豪氣，瓌宅中常有父時舊部曲數百。遐召瓌，瓌僞受旨，與叔恕領兵十八人入郡，與防郡隊主彊弩將軍郭羅雲進中齋取遐，遐踰窗而走，瓌部曲顧憲子手斬之，郡內莫敢動者。獻捷，太祖以告領軍張沖，〔二一〕沖曰：「瓌以百口一擲，出手得盧矣。」卽授輔國將軍、吳郡太守，封褱義成縣侯，邑千戶。太祖故以嘉名錫之。除冠軍將軍、東海東莞二郡太守，不拜。建元元年，增邑（爲）二百戶。〔三〕尋改封平都。三遷侍中，加領步兵校尉。二年，遷都官尙書，領校尉如故。出爲征虜將軍、吳興太守。三年，烏程令顧昌玄有罪，褱坐不糾，免官。明年，爲度支尙書。世祖卽位，爲冠軍將軍、鄱陽王北中郎長史、襄陽相、行雍州府州事，隨府轉征虜長史。四年，仍爲持節、督雍梁南北秦四州郢州之竟陵司州之隨郡軍事、輔國將軍、雍州刺史，尋領寧蠻校尉。還爲左民尙書，領右軍將軍，遷冠軍將軍、大司馬長史。

十年，轉太常。自陳衰疾，願從閑養，明年，轉散騎常侍、光祿大夫。頃之，上欲復用褱，乃以爲後將軍、南東海太守，秩中二千石，行南徐州府州事，又行河東王國事。到官，復稱疾，還爲散騎常侍、光祿大夫。鬱林卽位，加金章紫綬。隆昌元年，給親信二十人。鬱林廢，朝臣到宮門參承高宗，褱託脚疾不下。〔三〕海陵立，加右將軍。高宗疑外蕃起兵，以褱鎭石頭，督衆軍事。褱見朝廷多難，遂恆臥疾。建武元年，轉給事中、光祿大夫，親信如故。月加給錢二萬。二年，虜盛，詔褱以本官假節督廣陵諸軍事、行南兗州事，虜退乃還。

褱居室豪富，伎妾盈房，有子十餘人，常云「其中要應有好者」。建武末，屢啓高宗還吳，見許。優游自樂，或有譏褱衰暮畜伎，褱曰：「我少好音律，老而方解。平生嗜欲，無復一存，唯未能遣此處耳。」

高宗疾甚，防疑大司馬王敬則，以瓌素著幹略，授平東將軍、吳郡太守，以爲之備。及敬則反，瓌遣將吏三千人迎拒於松江，聞敬則軍鼓聲，一時散走，瓌棄郡逃民閒。事平，瓌復還郡，爲有司所奏，免官削爵。

永元初，爲光祿大夫。尋加前將軍，金章紫綬。三年，義師下，東昏假瓌節，戍石頭。義師至新亭，瓌棄城走還宮。梁初復爲光祿。天監四年卒。

史臣曰：文以附衆，武以立威，元帥之才，稱爲國輔。沈攸之十年治兵，白首舉事，荆楚上流，方江東下。斯驅除之巨難，帝王之大敵。柳世隆勢居中夏，年淺位輕，首抗全師，孤城挑攻，臨埤授策，曾無汗馬，勍寇乖沮，力屈於高墉，亂轍爭先，降奔郢路，〔三〕陸遜之破玄德，不是過也。及世道清寧，出牧內佐，體之以風素，居之以雅德，固興家之盛美也。

贊曰：忠武匡贊，實號兼資。廟堂析理，高壘搴旗。游藝善術，安絃拂龜。義成祚土，功立帝基。

校勘記

〔一〕出爲虎威將軍　錢大昕廿二史考異云：「『虎威』監本作『武威』。」今按南史亦避唐諱作「武威」。

〔二〕龍驤將軍騎兵參軍王道起三萬人爲前驅　「騎兵」宋書沈攸之傳作「中兵」。

〔三〕龍驤將軍騎兵參軍朱靈眞　「朱靈眞」宋書沈攸之傳作「朱靈寶」。

〔四〕又遣輔國將軍王靈秀　張熷讀史舉正云：「南史作中兵參軍王靈秀，此失『中兵參軍』四字。」

〔五〕寧朔將軍中兵參軍王彌之　「王彌之」宋書沈攸之傳作「王珍之」。疑當從宋書。

〔六〕攸之反善圖全用得自免　宋書沈攸之傳作「攸之狡猾用數，圖全賣禍」。

〔七〕故階亂獲全　宋書沈攸之傳「故」下有「得」字，文義較充。

〔八〕再〔紹〕〔棄〕王師　據南監本、毛本、殿本、局本改。

〔九〕盡戶上丁　南監本作「盡戶發上」，宋書沈攸之傳同。殿本作「盡戶土丁」，「土」乃「上」之形譌。局本作「盡戶發丁」。

〔一〇〕求不解甲　「求」宋書沈攸之傳作「永」。

〔一一〕閫宗捕逮　「捕逮」宋書沈攸之傳作「補代」。

〔一二〕驃騎行參軍振武將軍郤宰　「郤宰」南監本、殿本作「邵宰」。按宋書沈攸之傳作「召宰」。

〔一三〕又遣散騎常侍游擊將軍〔臨〕湘〔南〕縣開國男呂安國　據宋書沈攸之傳改。按呂安國傳，安國於宋泰始四年改封湘南縣男。

〔一四〕輔國將軍驍騎將軍蕭順之　「順之」二字原作「諱」，毛本注「鸞」字，殿本依北監本改爲「鸞」。錢大昕廿二史考異云：「今以宋書沈攸之傳考之，乃蕭順之，非齊明帝也。」今改作「順之」。

〔一五〕截其(精)〔津〕要　據宋書沈攸之傳改。

〔一六〕女壻張平虜　「張平虜」南監本、毛本、殿本、局本並作「張平慮」。按通鑑宋順帝昇明二年亦作「張平虜」，疑作「慮」者誤。

〔一七〕不容邇退散　「邇」元龜二百作「爾」。按邇與爾通，然此當作「爾」，謂不容便爾退散也。

〔一八〕班劍三十人　「三十人」南史柳元景傳弟子世隆附傳及元龜四百六十一並作「二十人」。

〔一九〕誠心夙(閒)〔悃〕　據南監本、毛本、殿本、局本改。

〔二〇〕墓正取其坐處焉　御覽五百五十八引作「墓工圖墓，取其坐處焉」。殿本考證王祖庚云：「南史云『墓工圖墓，正取其坐處焉』，文義較明，此省『墓工圖』三字，未合。」

〔二一〕太祖以告領軍張沖　「領軍」南史作「左軍」，通鑑宋順帝昇明二年云「以告瓌從父領軍沖」。今按沖本傳但言沖爲左軍將軍，不云曾爲領軍將軍，疑作「左軍」爲是。

〔二二〕增邑(爲)二百戶　據元龜三百七十九删。按張森楷校勘記云：「上既云邑千戶，此增邑，不當云爲二百戶，疑『爲』字衍文。」

〔三三〕壞託脚疾不下　「不下」各本並作「不至」。

〔三四〕降奔郢路　周星詒校勘記云：「『降奔』下奪一字。」按上云「力屈於高墉」，此當云「降奔於郢路」，疑奪一「於」字。

南齊書卷二十五

列傳第六

垣崇祖　張敬兒

垣崇祖字敬遠，下邳人也。族姓豪彊，石虎世，自略陽徙之於鄴。曾祖敞，爲慕容德僞吏部尚書。祖苗，宋武征廣固，率部曲歸降，仍家下邳，官至龍驤將軍、汝南新蔡太守。父詢〔之〕，〔一〕積射將軍，宋孝武世死事，贈冀州刺史。

崇祖年十四，有幹略，伯父豫州刺史護之謂門宗曰：「此兒必大成吾門，汝等不及也。」刺史劉道隆辟爲主簿，厚遇之。除新安王國上將軍。景和世，道隆求出爲梁州，啓轉崇祖爲義陽王征北行參軍，與道隆同行，使還下邳召募。

明帝立，道隆被誅。薛安都反，明帝遣張永、沈攸之北討，安都使將裴祖隆、李世雄據下邳。祖隆引崇祖共拒戰，會青州援軍主劉(珍)〔彌〕之背逆歸降，〔二〕祖隆士衆沮敗，崇祖與親近數十人夜救祖隆，與俱走還彭城。虜既陷徐州，崇祖仍爲虜將游兵琅邪閒不復歸，虜不能制。密遣人於彭城迎母，欲南奔，事覺，虜執其母爲質。崇祖妹夫皇甫肅兄婦，薛安都之女，故虜信之。肅仍將家屬及崇祖母奔朐山，崇祖因將部曲據之，遣使歸命。太祖在淮陰，板爲朐山戍主，送其母還京師，明帝納之。

朐山邊海孤險，人情未安。崇祖常浮舟舸於水側，有急得以入海。軍將得罪亡叛，具以告虜。虜僞圀城都將東徐州刺史成固公始得靑州，聞叛者說，遣步騎二萬襲崇祖，屯洛要，去朐山城二十里。崇祖出送客未歸，城中驚恐，皆下船欲去。崇祖還，謂腹心曰：「賊比擬來，本非大舉，政是承信一說，易遣誑之。今若得百餘人還，事必濟矣。但人情一駭，〔三〕不可斂集。卿等可急去此二里外大叫而來，唱『艾塘義人已得破虜，須戍軍速往，相助逐退』。」船中人果喜，爭上岸，崇祖引入據城，遣羸弱入島。令人持兩炬火登山鼓叫。虜參騎謂其軍備甚盛，乃退。

崇祖啓明帝曰：「淮北士民，力屈胡虜，南向之心，日夜以冀。崇祖父伯並爲淮北州郡，門族布在北邊，百姓所信，一朝嘯咤，事功可立。〔第〕名位尙輕，〔四〕不足威衆，乞假名號，以示遠近。」明帝以爲輔國將軍、北琅邪蘭陵二郡太守。亡命司馬從之謀襲郡，〔五〕崇祖討捕斬之。數陳計算，欲克復淮北。

時虜聲當寇淮南，明帝以問崇祖，崇祖因啓「宜以輕兵深入，出其不意，進可立不世之勳，退可絕其窺窬之患」。帝許之。崇祖將數百人入虜界七百〔里〕，〔六〕據南城，固蒙山，扇動郡縣。虜率大衆攻之，其別將梁湛母在虜，虜執其母，使湛告部曲曰：「大軍已去，獨住何爲！」於是衆情離阻，一時奔退。崇祖謂左右曰：「今若俱退，必不獲免。」乃住後力戰，大敗〔追者〕而歸。〔七〕以久勞，封下邳縣子。

泰豫〔九〕〔元〕年，〔八〕行徐州事，徙戍龍沮，在朐山南。崇祖啓斷水〔清〕〔注〕平地，〔九〕以絕虜馬。帝以問劉懷珍，云可立。崇祖率將吏塞之，未成。虜主謂僞彭城鎭將平陽公曰：「龍沮若立，國之恥也，以死爭之。」數萬騎掩至。崇祖馬槊陷陣不能抗，乃築城自守。會天雨十餘日，虜乃退。龍沮竟不立。歷盱眙、平陽、東海三郡太守，將軍如故。轉邵陵王南中郞司馬，復爲東海太守。

初，崇祖遇太祖於淮陰，太祖以其武勇，善待之。崇祖謂皇甫肅曰：「此眞吾君也，吾今逢主矣，所謂千載一時。」遂密布誠節。元徽末，太祖憂慮，令崇祖受旨卽以家口託皇甫肅，勒數百人將入虜界，更聽後旨。會蒼梧廢，太祖召崇祖領部曲還都，除游擊將軍。

沈攸之事平，以崇祖爲持節、督兖青冀三州諸軍事，累遷冠軍將軍、兖州刺史。太祖踐阼，謂崇祖曰：「我新有天下，夷虜不識運命，必當動其蟻衆，以送劉昶爲辭。賊之所衝，必在壽春。能制此寇，非卿莫可。」徙爲使持節、監豫司二州諸軍事、豫州刺史，將軍如故。封望蔡縣侯，〔一〇〕七百戶。

建元二年，虜遣僞梁王郁豆眷及劉昶，馬步號二十萬，寇壽春。崇祖召文武議曰：「賊衆我寡，當用奇以制之。當脩外城以待敵，城既廣闊，非水不固，今欲堰肥水却淹爲三面之險，諸君意如何？」衆曰：「昔佛狸侵境，宋南平王士卒完盛，以郭大難守，退保內城。今日之事，十倍於前。古來相承，不築肥堰，皆以地形不便，積水無用故也。若必行之，恐非事宜。」崇祖曰：「卿見其一，不識其二。若捨外城，賊必據之，外脩樓櫓，內築長圍，四周無礙，表裏受敵，此坐自爲擒。守郭築堰，是吾不諫之策也。」乃於城西北立堰塞肥水，堰北起小城，周爲深塹，使數千人守之。崇祖謂長史封延伯曰：「虜貪而少慮，必悉力攻小城，圖破此堰。見塹狹城小，謂一往可剋，當以蟻附攻之。放水一激，急踰三峽，事窮奔透，自然沈溺。此豈非小勞而大利邪？」虜衆由西道集堰南，分軍東路肉薄攻小城。崇祖著白紗帽，肩轝上城，手自轉式。至日晡時，決小史埭。水勢奔下，虜攻城之衆，漂墜塹中，人馬溺死數千人，衆皆退走。

初，崇祖在淮陰，見上，便自比韓信、白起，咸不信，唯上獨許之，崇祖再拜奉旨。及破虜啓至，上謂朝臣曰：「崇祖許爲我制虜，果如其言。其恆自擬韓、白，今眞其人也。」進爲都督號平西將軍，增封爲千五百戶。崇祖聞陳顯達李安民皆增給軍儀，啓上求鼓吹横吹。上敕曰：「韓、白何可不與衆異。」給鼓吹一部。

崇祖慮虜復寇淮北，啓徙下蔡戍於淮東。其冬，虜果欲攻下蔡，既聞內徙，乃揚聲平除故城。衆疑虜當於故城立戍，崇祖曰：「下蔡去鎭咫尺，虜豈敢置戍；實欲除此故城。政恐奔走殺之不盡耳。」虜軍果夷掘下蔡城，崇祖自率衆渡淮與戰，大破之，追奔數十里，〔一〕殺獲千計。

上遣使入關參虜消息還，敕崇祖曰：「卿視吾是守江東而已邪？所少者食，卿但努力營田，自然平殄殘醜。」敕崇祖脩治（苟）〔芍〕陂田。〔二〕

世祖卽位，徵爲散騎常侍、左衞將軍。俄詔留本任，加號安西。仍遷五兵尙書，領驍騎將軍。初，豫章王有盛寵，世祖在東宮，崇祖不自附結。及破虜，詔使還朝，與共密議，世祖疑之，曲加禮待，酒後謂崇祖曰：「世間流言，我已豁諸懷抱，自今已後，富貴見付也。」崇祖拜謝。崇祖去後，上復遣荀伯玉口敕，以邊事受旨夜發，不得辭東宮，世祖以崇祖心誠不實，〔三〕銜之。太祖崩，慮崇祖爲異，便令內轉。永明元年四月九日，詔曰：「垣崇祖凶詬險躁，少無行業。昔因軍國多虞，採其一夫之用。大運光啓，頻煩升擢，溪壑靡厭，（恐）〔浸〕以彌廣。〔四〕去歲在西，連謀境外，無君之心，已彰遐邇。特加遵養，庶或悛革。而猜貳滋甚，志興亂階，隨與荀伯玉驅合不逞，窺窬非覬，構扇邊荒，互爲表裏。寧朔將軍孫景育究悉姦計，具以啓聞。除惡務本，刑茲罔赦。便可收掩，肅明憲辟。」死時年四十四。子惠隆，徙番禺卒。

張敬兒，南陽冠軍人也。本名苟兒，宋明帝以其名鄙，改焉。父醜，爲郡將軍，官至節府參軍。

敬兒年少便弓馬，有膽氣，好射虎，發無不中。南陽新野風俗出騎射，而敬兒尤多膂力，求入隊爲曲阿戍驛將，州差補府將，還爲郡馬隊副，轉隊主。稍官寧蠻府行參軍。〔一五〕隨同郡人劉胡領軍伐襄陽諸山蠻，深入險阻，所向皆破。又擊湖陽蠻，〔一六〕官軍引退，蠻賊追者數千人，敬兒單馬在後，衝突賊軍，數十合，殺數十人，箭中左腋，賊不能抗。

平西將軍山陽王休祐鎮壽陽，求善騎射人。敬兒自占見寵，爲長〔史〕兼行參軍，〔一七〕領白直隊。泰始初，除寧朔將軍，隨府轉參驃騎軍事，署中兵。領軍討義嘉賊，與劉胡相拒於鵲尾洲，啓明帝乞本郡，事平，爲南陽太守，將軍如故。初，王玄謨爲雍州，土斷敬兒家屬舞陰，敬兒至郡，復還冠軍。

三年，薛安都子柏令、環龍等竊據順陽、廣平，〔一八〕略義成、扶風界，刺史巴陵王休若遣敬兒及新野太守劉攘兵攻討，合戰，破走之。徙爲順陽太守，將軍如故。

南陽蠻動，復以敬兒爲南陽太守。遭母喪還家，朝廷疑桂陽王休範，密爲之備，乃起敬兒爲寧朔將軍、越騎校尉。桂陽事起，隸太祖頓新亭，賊矢石既交，休範白服乘輦往勞樓下，城中望見其左右人兵不多，敬兒與黃回白太祖曰：「桂陽所在，備防寡闕，若詐降而取之，此必可擒也。」太祖曰：「卿若能辦事，當以本州相賞。」敬兒相與出城南，放仗走，大呼稱降，休範喜，召至輦側，回陽致太祖密意，休範信之。回目敬兒，敬兒奪取休範防身刀，斬休範首，休範左右數百人皆驚散，敬兒馳馬持首歸新亭。除驍騎將軍，加輔國將軍。

太祖以敬兒人位既輕，〔一九〕不欲便使爲襄陽重鎮，敬兒求之不已，乃微動太祖曰：「沈攸之在荊州，公知其欲何所作？不出敬兒以防之，恐非公之利也。」太祖笑而無言，乃以敬兒爲持節、督雍梁二州郢司二郡軍事、雍州刺史，〔二〇〕將軍如故，封襄陽縣侯，二千戶。部伍泊沔口，敬兒乘舴艋過江，詣晉熙王燮。中江遇風船覆，左右丁壯者各泅走，餘二小吏沒艙下，叫呼「官」，敬兒兩掖挾之，隨船覆仰，常得在水上，如此翻覆行數十里，方得迎接。失所持節，更給之。

沈攸之聞敬兒上，遣人伺覘。見雍州迎軍儀甚盛，慮見掩襲，密自防備。敬兒至鎮，厚結攸之，信饋不絕。得其事迹，密白太祖。攸之得太祖書翰，論選用方伯密事，輒以示敬兒，以爲反閒，敬兒終無二心。元徽末，襄陽大水，平地數丈，百姓資財皆漂沒，襄陽虛耗。太祖與攸之書，令賑貸之，攸之竟不歷意。

敬兒與攸之司馬劉攘兵情款，及蒼梧廢，敬兒疑攸之當因此起兵，密以問攘兵，攘兵無所言，寄敬兒馬鐙一隻，敬兒乃爲之備。昇明元年冬，攸之反，遣使報敬兒，敬兒勞接周至，爲設酒食，謂之曰：「沈公那忽使君來，君殊可命。」乃列仗於廳事前斬之，集部曲，(傾)〔偵〕攸之下，〔三〕當襲江陵。

時攸之遺太祖書曰：

吾聞魚相忘於江湖，人相忘於道術，彼我可謂通之矣。大明之中，謬奉聖主，忝同侍衞，情存契闊，義著斷金，乃分帛而衣，等粮而食。值景和昏暴，心爛形燋，若斯之苦，寧可言盡。吾自分碎首於閤下，足下亦懼滅族於舍人。爾時盤石之心既固，義無貳計，蹴迫時難，相引求全。天道矜善，此理不空。結姻之始，實關於厚。及明帝龍飛，諸人皆爲鬼矣。吾與足下，得蒙大造，親過夙眷，遇若代臣，錄其心迹，復忝驅使，臨崩之日，吾豫在遺託，加榮授寵，恩深位高。雖復情謝古人，粗識忠節，誓心仰報，期之必死。此誠志竟未申遂，先帝登遐，微願永奪。自爾已來，與足下言面殆絕，非唯分張形跡，自然至此，脫枉一告，未常不對紙流涕，豈願相詒於今哉。苟有所懷，不容不白。

初得賢子蹟疏，〔三〕云得家信，云足下有廢立之事，安國寧民，此功巍巍，非吾等常人所能信也。俄奉皇太后假令，云足下潛構深略，獨斷懷抱，一何能壯。但冠雖弊，不可承足，蓋共尊高故耳。足下交結左右，親行殺逆，以免身患。卿當謂龍逢、比干，癡人耳。凡廢立大事，不可廣謀，但袁、褚遺寄，劉又國之近戚，數臣地籍實爲膏腴，人位並居時望，若此不與議，復誰可得共披心胷者哉？昏明改易，自古有之，豈獨大宋中屯邪？

前代盛典，煥盈篇史，請爲足下言之。羣公共議，宜啓太后，奉令而行，當以王禮出第。足下乃可不通大理，要聽君子之言，豈可罔滅天理，一何若茲？孝經云「資於事父以事君」。縱爲宗社大計，不爾，寧不識有君親之意邪？乃復慮以家危，啗以爵賞，小人無狀，遂行弑害。吾雖寡識，竊求古比，豈有爲臣而有近日之事邪？使一旦荼毒，身首分離，生自可恨，死者何罪？且有登齋之賞，此科出於何文？凡在臣隸，誰不惋駭。華夷扣心，行路泣血。乃至不殯，使流蟲在戶，自古以來，此例有幾？衞國微小，故有弘演，不圖我宋，獨無其人。撫膺惆悵，不能自已。足下與向之殺者何異？人情易反，還成嗟悲，爲子君者，無乃難乎！蹊田之譬，豈復有異？管仲有言，君善未嘗不諫。足下諫諍不聞，甘崔杼之罪，〔二三〕何惡逆之苦！〔二四〕

昔太甲還位，伊不自疑；昌邑之過，不可稱數，霍光荷託，尚共議於朝班，然後廢之。由有湯沐之施，〔二五〕論者不以劫主爲名。桓溫之心，未忘於篡，海西失道，人倫頓盡，廢之以公，猶禮處之。當溫彊盛，誰能相抗，尚畏懼於形跡，四海不愜，未嘗有樂推之者。伊尹、霍光，名高於臣節，桓氏亦得免於脅奪，凡是諸事，布於書策，若此易曉，豈待指掌。卿常言比跡夷、叔，如何一旦行過桀、跖邪？

聖明啓運，蒼生重造，普天率土，誰不歌抃，實是披心罄節、奉公忘私之日。而卿大收宮妓，劫奪天藏，器械金寶，必充私室，移易朝舊，布置私黨，被甲入殿，內外宮閤管籥，悉關家人。吾不知子孟、孔明遺訓如此？王、謝、陶、庾行此舉止？

且朱方帝鄉，非親不授，足下非國戚也，一旦專縱自樹，云是兒守臺城，父居東府，一家兩錄，何以異此？知卿防固重複，猜畏萬端，言以禦遠，實爲防內。若德允物望，夷貊猶可推心共處，如其失理乖道，金城湯池無所用也。文長以戈戟自衞，何解滅亡。吳起有云：「義禮不脩，舟中之人皆讎也。」足下既無伍員之痛，苟懷貪惏，而有賊宋之心，吾寧捐申包之節邪？

聞求忠臣者必出孝子之門，卿忠孝於斯盡矣！今竊天府金帛以行姦惠，盜國權爵以結人情，且授非其理，合我則賞，此事已復不可恆用，用之既訖，恐非忠策。且受者不感，識者不知，不能遏姦折謀，誠節慨惋。隔硋數千，無因自對，不能知復何情顏，當與足下敍平生舊款？吾聞前哲絕交，不出惡言，但此自陳名節於胷心，因告別於千載。放筆增歎，公私潸淚，想不深怪往言。然天下耳目，豈伊可誣。抑亦當自知投杖無疆，爲必先及。

太祖出頓新亭，報攸之書曰：

辱足下誚書，交道不終，爲恥已足。欲下便來，何故多罔君子。

吾結髮入仕，豈期遠大，蓋感子路之言，每不擇官而宦。逮文帝之世，初被聖明鑒賞；及孝武之朝，復蒙英主顧眄。因此感激，未能自反。及與足下斂袂定交，款著分好，何嘗不勸慕古人國士之心，務重前良忠貞之節。至於契闊杯酒，殷勤攜袖，薦女成姻，志相然諾，義信之篤，誰與閒之。又乃景和陵虐，事切憂畏，明帝正位，運同休顯，啓臆論心，安危豈貳。元徽之季，聽高道慶邪言，欲相討伐，發威施赦，已行外內。于時臣子鉗口，道路以目。吾以分交義重，患難宜均，犯陵白刃，以相任保。悖主手敕，今封送相示。豈不畏威，念周旋之義耳。推此陰惠，何愧懷抱，不云足下猥含禍詖。前遣王思文所牒朝事，蓋情等家國，共詳衷否，虛心小大，必以先輸。問張雍州遷代之日，將欲誰擬？本是逆論來事，非欲代張，乃封此示張，激使見怒。若張惑一言，果興怨恨，事負雅素，君子所不可爲，況張之奉國，忠亮有本，情之見與，意契不貳邪？又張雍州啓事，稱彼中蠻動，兼民遭水患，敕令足下思經拯之計。吾亦有白，論國如家，布情而往，每思虛達。事之相接，恆必猜離。反謂無故遣信，此乃覘察。平諒之襟，動則相阻，傷負心期，自誰作故？先時足下遣信，尋盟敦舊，厲以篤終，吾止附還白，申罄情本，契然遠要，方固金石。今日舉錯，定是誰亟久言邪？

元徽末德，埶亡禋祀，〔三六〕足下備聞，無待亟述。太后惟憂，式遵前誥，興毀之略，事屬鄙躬。黜昏樹明，實惟前則，寧宗靜國，何愧前脩。廢立有章，足下所允，冠弊之譏，將以何語？封爲郡王，寧爲失禮？景和無名，方之不愈乎？龍逢自匹夫之美，伊、霍則社稷之臣，同異相乘，非吾所受也。登齋有賞，壽寂已蒙之於前；同謀獲功，明皇亦行之於昔。此則接踵成事，誰敢異之。

謂其大收宮女，劫奪天藏，器械金寶，必充私室。必若虛設市虎，亦可不翅此言；若以此詐民，天下豈患無眼。心苟無瑕，非所耿介。甲杖之授，事既舊典，豈見有任鎮邦家，勳經定主，而可得出入輕單，不資寵衞！斯之患慮，豈直身憂。祗奉此恩，職惟事理。

朱方之牧，公卿僉意，吾亦謂徽勳之次，無忝一州。且魏、晉舊事，帝鄉蕃職，何嘗豫州必曹，司州必馬？折膠受柱，在體非愧。袁粲據石頭，足下無不可；吾之守東府，來告便謂非。動容見疾，頻笑入戾，乃如是乎！

袁粲、劉秉，受遇深重，家國既安，不思撫鎮，遂與足下表裏潛規，據城之夜，豈顧社稷。幸天未長亂，宗廟有靈，卽與褚衞軍協謀義斷，以時殄滅。想足下聞之，悵然孤沮。小兒忝侍中，代來之澤，遇直上臺，便呼一家兩錄。發不擇言，良以太甚。吾之方寸，古列共言，〔二七〕乃以陶、庾往賢，大見譏責，足下自省，詎得以此見貽邪？比蹤夷、叔，論吾則可，行過桀、蹠，無乃近誣哉！

謂吾不朝，此則良誨，朝之與否，想更問之。足下受先帝之恩施，擁戎西州，鼎湖之日，率土載奔，而宴安中流，酣飲自若，卽懷狼望，陵侮皇朝。晉熙殿下，以皇弟代鎮，而斷割候迎，罔蔑宗子，驅略士馬，(志)〔悉〕以西上，〔二八〕郢中所遺，(示)〔僅〕餘劣弱。〔二九〕昔徵茅不入，猶動義師；況荆州物產，雍、崏、交、梁之會，自足下爲牧，薦獻何品？良馬勁卒，彼中不無，良皮美罽，商賂所聚，前後貢奉，多少何如？唯聞太官時納飲食耳。桂陽之難，坐觀成敗，自以雍容漢南，西伯可擬。賴原卽天世，〔三〇〕非望亦消。

又招集逋亡，斷遏行侶，治舟試艦，恆以朝廷爲旗的，秣馬按劍，常願天下有風塵，爲人臣者，固若是邪！至乃不遵制書，敕下如空，國恩莫行，命令擁隔，詔除郡縣，輒自板代，罷官去職，禁還京師。凶人出境，無不千里尋躡，而反募臺將，來必厚加給賞。太妃遣使市馬，齎寶往蜀，足下悉皆斷折，以爲私財，此皆遠邇共聞，暴於視聽。

主上叡明當璧，寓縣同慶，絕域奉贄，萬國通書，而盤桓百日，始有單騎，事存送往，於此可徵。不朝如此，誰應受誚？反以見呵，非所反側。今乃勒兵以闚象館，長戟以指魏闕，不亦爲忠臣孝子之所痛心疾首邪？賢子元琰獲免虎口，及凌波西邁，吾所發遣。猶推素懷，不畏嗤嗤。足下尙復滅君臣之紀，況吾布衣之交乎？遂事不諫，既往難咎。今六師西向，爲足下憂之。

（攸之與兼長史江乂別駕傅宣等守江陵城敬兒軍中力授因以爲別）敬兒告變使至，太祖大喜，進號鎭軍將軍，加散騎常侍，改爲都督，給鼓吹一部。〔三〕攸之於郢城敗走，其子元琰與兼長史江乂、別駕傅宣等守江陵城。敬兒軍至白水，〔三〕元琰聞城外鶴唳，謂是叫聲，心懼欲走。其夜，乂、宣開門出奔，城潰，元琰奔寵洲，見殺。百姓既相抄敓，敬兒至江陵，誅攸之親黨，沒入其財物數十萬，悉以入私。攸之於湯渚村自經死，居民送首荊州，敬兒使楯擊之，蓋以青繖，徇諸市郭，乃送京師。進號征西將軍，爵爲公，增邑爲四千戶。

敬兒於襄陽城西起宅，聚財貨。又欲移羊叔子墮淚碑，於其處立臺，綱紀諫曰：「羊太傅遺德，不宜遷動。」敬兒曰：「太傅是誰？我不識也。」敬兒弟恭兒，不肯出官，常居上保村中，與居民不異。敬兒呼納之甚厚，恭兒月一出覲敬兒，輒復去。恭兒本名猪兒，隨敬兒改名也。

初，敬兒既斬沈攸之，使報隨郡太守劉道宗，聚衆得千餘人，立營頓。司州刺史姚道和不殺攸之使，密令道宗罷軍。及攸之圍郢，道和遣軍頓堇城爲郢援，事平，依例蒙爵賞。敬兒具以啓聞。建元元年，太祖令有司奏道和罪，誅之。道和字敬邕，羌主姚興孫也。父萬壽，僞鎭東大將軍，降宋武帝，卒於散騎侍郎。道和出身爲孝武安北行佐，有世名，頗讀書史。常誑人云：「祖天子，父天子，身經作皇太子。」元徽中爲游擊將軍，隨太祖新亭破桂陽賊有功，爲撫軍司馬，出爲司州，疑怯無斷，故及於誅。

三年，徵敬兒爲護軍將軍，常侍如故。敬兒武將，不習朝儀，聞當內遷，乃於密室中屏人學揖讓答對，空中俯仰，如此竟日，妾侍竊窺笑焉。太祖卽位，授侍中，中軍將軍。以敬兒秩窮五等，一仍前封。建元二年，遷散騎常侍，車騎將軍，置佐史。太祖崩，敬兒於家竊泣曰：「官家大老天子，可惜！太子年少，向我所不及也。」遺詔加敬兒開府儀同三司，將拜，謂其妓妾曰：「我拜後，應開黃閤。」因口自爲皷聲。既拜，王敬則戲之，呼爲褚淵。敬兒曰：

「我馬上所得，終不能作華林閤動也。」敬則甚恨。

敬兒始不識書，晚既爲方伯，乃習學讀孝經、論語。於新林慈姥廟爲妾乞兒呪神，自稱三公。然而意知滿足，初得鼓吹，羞便奏之。

初娶前妻毛氏，生子道文。後娶尚氏，尚氏有美色，敬兒棄前妻而納之。尚氏猶居襄陽宅不自隨，敬兒慮不復外出，乃迎家口悉下至都。啓世祖，不蒙勞問，敬兒心疑。及垣崇祖死，愈恐懼，妻謂敬兒曰：「昔時夢手熱如火，而君得南陽郡。元徽中，夢半身熱，而君得本州。今復夢舉體熱矣。」有閹人聞其言，說之。事達世祖。敬兒又遣使與蠻中交關，世祖疑其有異志。永明元年，敕朝臣華林八關齋，於坐收敬兒。敬兒左右雷仲顯知有變，抱敬兒而泣。敬兒脫冠貂投地曰：「用此物誤我。」少日，伏誅。詔曰：「敬兒蠢茲邊裔，昏迷不脩。屬值宋季多難，頗獲野戰之力。拔迹行伍，超登非分。而愚躁無已，矜伐滋深。往莅本州，久苞異志。在昔含弘，庶能懲革。位班三槐，秩窮五等，懷音靡聞，姦回屢構。去歲迄今，嫌貳滋甚。鎮東將軍敬則、丹陽尹安民每侍接之日，陳其凶狡，必圖反噬。朕猶謂恩義所感，本質可移。頃者已來，釁戾遂著，自以子弟在西，足動殊俗，招扇羣蠻，規擾樊、夏。假託妖巫，用相震惑，妄設徵祥，潛圖問鼎。履霜於開運之辰，堅冰於嗣業之世，此而可忍，孰不可容！天道禍淫，逆謀顯露。建康民湯天獲商行入蠻，備覩姦計，信驛書翰，證驗炳明。便可收掩，式正刑辟；同黨所及，特皆原宥。」子道文，武陵內史，道暢，征虜功曹，道固弟道休，竝伏誅。少子道慶，見宥。後數年，上與豫章王嶷三日曲水內宴，舴艋船流至御坐前覆沒，上由是言及敬兒，悔殺之。

恭兒官至員外郎。在襄陽，聞敬兒敗，將數十騎走入蠻中，收捕不得。後首出，上原其罪。

史臣曰：平世武臣，立身有術，若非愚以取信，則宜智以自免，心迹無阻，乃見優容。崇祖恨結東朝，敬兒情疑鳥盡，嗣運方初，委骨嚴憲。若情非發憤，事無感激，功名之閒，不足為也。

贊曰：崇祖為將，志懷馳逐。規搔淮部，立勳豫牧。敬兒莅雍，深心防楚。豈不劬勞，實興師旅。烹犬藏弓，同歸異緒。

「賴原卽大世」，疑。

校勘記

〔一〕父詢〔之〕　據南監本、毛本、殿本、局本補。

〔二〕會青州援軍主劉(珍)〔彌〕之背逆歸降　據南監本、殿本改。洪頤煊諸史考異云：「案宋書薛安都傳『青州刺史沈文秀遣劉彌之、張靈慶、崔僧琁三軍應安都，彌之等至下邳，改計歸順』。『珍』是『彌』字之譌。」

〔三〕但人情一駭　原作「但一人情駭」，據各本並參考通鑑宋明帝泰始三年及元龜三百六十三乙正。

〔四〕〔第〕名位尚輕　據南監本、局本補。

〔五〕亡命司馬從之謀襲郡　張森楷校勘記云：「此卽司馬順之也，蕭子顯避梁諱改。」

〔六〕崇祖將數百人入虜界七百〔里〕　據南監本、殿本、局本及通鑑宋明帝泰始七年補。

〔七〕大敗〔追者〕而歸　據南監本、殿本、局本補。

〔八〕泰豫(九)〔元〕年　按泰豫止一年，明「九」乃「元」字之譌，今改正。

〔九〕崇祖啓斷水(清)〔注〕平地　各本並譌，據元龜四百三十六改。

〔一〇〕封望蔡縣侯　「蔡」原譌「秦」，各本不譌，今改正。

〔一一〕追奔數十里　「里」原譌「百」，今據南監本、殿本、局本改正。

〔一二〕敕崇祖脩治(苟)〔芍〕陂田　據局本改。按錢大昕廿二史考異云「苟」當作「芍」，局本據錢說改。

又按御覽三百三十三引及元龜五百三並作「芍陂」。

〔一三〕世祖以崇祖心誠不實　「心誠不實」南監本、局本作「不盡誠心」。

〔一四〕(恐)〔浸〕以彌廣　據南監本、殿本改。

〔一五〕稍官寧蠻府行參軍　「官」原譌「宦」，各本不譌，今改正。

〔一六〕又擊湖陽蠻　「湖陽」南史張敬兒傳、元龜三百九十五作「胡陽」。

〔一七〕爲長(史)兼行參軍　據南史張敬兒傳刪。參閱卷二十三王儉傳校勘記第三十一條。

〔一八〕薛安都子柏令環龍等竊據順陽廣平　張森楷校勘記云：「據子顯齊書避諱例，『順陽』疑原作『從陽』。」

〔一九〕太祖以敬兒人位既輕　「位」原譌「依」，各本不譌，今改正。

〔二〇〕乃以敬兒爲持節督雍梁二州郢司二郡軍事雍州刺史　錢大昕廿二史考異云：「按雍州刺史常兼督郢州之竟陵，司州之隨郡，非盡督司、郢二州也。柳世隆傳稱『持節督雍梁二州郢州之竟陵司州之隨郡諸軍事、征虜將軍、寧蠻校尉、雍州刺史、新除鎮軍將軍張敬兒』，蓋得其實。此傳但云郢、司二郡，殊未核也。敬兒初鎮雍州，官征虜將軍，本傳亦未之及。」

〔二一〕(傾)〔偵〕伺之下　「傾」南監本、殿本作「頓」，皆「偵」字之形譌。今據通鑑改。按通鑑胡注云：「偵，候也。」

〔二二〕初得賢子賾疏　「賾」原作「諱」，據殿本改。

〔二三〕甘崔杼之罪　「甘」字原闕，據各本補。

〔二四〕何惡逆之苦　「苦」南監本、局本作「甚」。

〔二五〕由有湯沐之施　「由」南監本作「猶」。按由猶通。

〔二六〕埶亡禋祀　「埶」原譌「執」，今據南監本、殿本、局本改正。

〔二七〕古列共言　張森楷校勘記云：「『古列』疑當作『古烈』。」

〔二八〕（志）〔悉〕以西上　據南監本、殿本、局本改。

〔二九〕（示）〔僅〕餘劣弱　據南監本、殿本、局本改。

〔三〇〕賴原卽大世　「大世」殿本作「夭世」，百衲本作「天世」，卷末曾鞏校語又作「大世」。按「大世」如云「大命」、「大故」之類。「賴原卽大世」，猶言幸賴桂陽王休範已死。

〔三一〕（攸之與兼長史江乂別駕傳宣等守江陵城敬兒軍中力授因以爲別）至給鼓吹一部　南監本無「攸之與兼長史江乂」至「給鼓吹一部」五十七字，今參照南史張敬兒傳刪去「攸之與兼長史江乂」至「因以爲別」二十七字。

〔三二〕〔與兼長史江乂別駕傳宣等守江陵城敬兒〕軍至白水　據南監本補。

南齊書卷二十六

列傳第七

王敬則　陳顯達

王敬則，晉陵南沙人也。母爲女巫，生敬則而胞衣紫色，謂人曰：「此兒有鼓角相。」敬則年長，兩腋下生乳各長數寸。夢騎五色師子。年二十餘，善拍張。補刀戟左右。景和使敬則跳刀，高與白虎幢等，如此五六，接無不中。補俠轂隊主，領細鎧左右。與壽寂之同斃景和。明帝卽位，以爲直閤將軍。坐捉刀入殿啓事，繫尙方十餘日，乃復直閤。除奮武將軍，封重安縣子，邑三百五十戶。敬則少時於草中射獵，有虫如烏豆集其身，擿去乃脫，其處皆流血。敬則惡之，詣道士卜，道士曰：「不須憂，此封侯之瑞也。」敬則聞之喜，故出都自効，至是如言。

泰始初，以敬則爲龍驤將軍、軍主，隨寧朔將軍劉懷珍征壽春，殷琰遣將劉從築四壘於死虎，〔二〕懷珍遣敬則以千人繞後，直出橫塘，賊衆驚退。除奉朝請，出補（東武）暨陽令。〔三〕敬則初出都，〔至〕陸主山下，〔三〕宗侶十餘船同發，敬則船獨不進，乃令弟入水推之，見一烏漆棺。敬則曰：「爾非凡器。若是吉善，使船速進。吾富貴，當改葬爾。」船須臾去。敬則既入縣，收此棺葬之。

軍荒之後，縣有一部劫逃紫山中爲民患，〔四〕敬則遣人致意劫帥，可悉出首，當相申論。治下廟神甚酷烈，百姓信之，敬則引神爲誓，必不相負。劫帥既出，敬則於廟中設會，於座收縛，曰：「吾先啓神，若負誓，還神十牛。今不違誓。」即殺十牛解神，并斬諸劫，百姓悅之。遷員外郎。

元徽二年，隨太祖拒桂陽賊於新亭，敬則與羽林監陳顯達、寧朔將軍高道慶乘舸艒於江中迎戰，大破賊水軍，焚其舟艦。事寧，帶南泰山太守，右俠轂主，轉越騎校尉，安成王車騎參軍。〔五〕

蒼梧王狂虐，左右不自保，敬則以太祖有威名，歸誠奉事。每下直，輒往領府。〔六〕夜著青衣，扶匐道路，爲太祖聽察蒼梧去來。太祖命敬則於殿內伺機，未有定日。既而楊玉夫等危急殞帝，敬則時在家，玉夫將首投敬則，敬則馳詣太祖。太祖慮蒼梧所誑，不開門。敬則於門外大呼曰：「是敬則耳。」門猶不開。乃於牆上投進其首，太祖索水洗視，視竟，乃戎服出。

敬則從入宮，至承明門，門郎疑非蒼梧還，敬則慮人覘見，以刀環塞窐孔，呼開門甚急。衞尉丞顏靈寶窺見太祖乘馬在外，竊謂親人曰：「今若不開內領軍，天下會是亂耳。」門開，敬則隨太祖入殿。明旦，四貴集議，敬則拔白刃在床側跳躍曰：「官應處分，誰敢作同異者！」昇明元年，遷員外散騎常侍、輔國將軍、驍騎將軍、領臨淮太守，增封爲千三百戶，知殿內宿衞兵事。

沈攸之事起，進敬則號冠軍將軍。太祖入守朝堂，袁粲起兵夕，領軍劉韞、直閤將軍卜伯興等於宮內相應，戒嚴將發。敬則開關掩襲，皆殺之。殿內竊發盡平，敬則之力也。遷右衞將軍，常侍如故。增封爲二千五百戶，尋又加五百戶。又封敬則子元遷爲東鄉侯，邑三百七十戶。齊臺建，爲中領軍。

太祖將受禪，材官薦易太極殿柱，從帝欲避土，不肯出宮遜位。明日，當臨軒，帝又逃宮內。敬則將轝入迎帝，啓譬令出。帝拍敬則手曰：「必無過慮，當餉輔國十萬錢。」

建元元年，出爲使持節、散騎常侍、都督南兗兗徐青冀五州軍事、平北將軍、南兗州刺史，封尋陽郡公，邑三千戶。加敬則妻懷氏爵爲尋陽國夫人。二年，進號安北將軍。虜寇淮、泗，敬則恐，委鎮還都，百姓皆驚散奔走，上以其功臣，不問，以爲都官尚書、撫軍。

尋遷使持節、散騎常侍、安東將軍、吳興太守。郡舊多剽掠，有十數歲小兒於路取遺物，殺之以徇，自此道不拾遺，郡無劫盜。又錄得一偷，召其親屬於前鞭之，令偷身長掃街路，久之乃令偷舉舊偷自代，諸偷恐爲其所識，皆逃走，境內以淸。出行，從市過，見屠肉枅，〔七〕歎曰：「吳興昔無此枅，是我少時在此所作也。」

遷護軍將軍，常侍如故，以家爲府。三年，以改葬去職，詔贈敬則母尋陽公國太夫人。改授侍中、撫軍將軍。太祖遺詔敬則以本官領丹陽尹。尋遷爲使持節、散騎常侍、都督會稽東陽新安臨海永嘉五郡軍事、鎭東將軍、會稽太守。永明二年，給鼓吹一部。

會土邊帶湖海，民丁無士庶皆保塘役，敬則以功力有餘，悉評斂爲錢，〔八〕送臺庫以爲便宜，上許之。竟陵王子良啓曰：

伏尋三吳內地，國之關輔，百度所資。民庶彫流，日有困殆，蠶農罕獲，饑寒尤甚，富者稍增其饒，貧者轉鍾其弊，可爲痛心，難以辭盡。頃錢貴物賤，殆欲兼倍，凡在觸類，莫不如茲。稼穡難劬，〔九〕斛直數〔十〕，〔一〇〕（今）機杼勤苦，〔一一〕匹裁三百。所以然者，實亦有由。年常歲調，既有定期，僮卹所上，咸是見直。〔一二〕東閒錢多剪鑿，〔一三〕鮮復完者，公家所受，必須員大，以兩代一，困於所貿，鞭捶質繫，益致無聊。

臣昔忝會稽，粗閑物俗，塘丁所上，本不入官。良由陂湖宜壅，橋路須通，均夫訂直，民自爲用。若甲分毁壞，則年一脩改；若乙限堅完，則終歲無役。今郡通課此直，悉以還臺，租賦之外，更生一調。致令塘路崩蕪，湖源泄散，害民損政，實此爲劇。

建元初，狡虜游魂，軍用殷廣。浙東五郡，丁稅一千，乃有質賣妻兒，以充此限，道路愁窮，不可聞見。所逋尙多，收上事絕，臣登具啓聞，〔一四〕卽蒙蠲原。而此年租課，三分逋一，明知徒足擾民，實自弊國。愚謂塘丁一條，宜還復舊，在所逋卹，優量原除。凡應受錢，不限大小，仍令在所，折市布帛。若民有雜物，是軍國所須者，聽隨價准直，不必(其)〔一〕應送錢，〔一五〕於公不虧其用，在私實荷其渥。

昔晉氏初遷，江左草創，絹布所直，十倍於今，賦調多少，因時增減。永初中，官布一匹，直錢一千，而民間所輸，聽爲九百。漸及元嘉，物價轉賤，私貨則束直六千，〔一六〕官受則匹准五百，所以每欲優民，必爲降落。今入官好布，匹堪百餘，其四民所送，猶依舊制。昔爲刻上，今爲刻下，氓庶空儉，豈不由之。

救民拯弊，莫過減賦。時和歲稔，尙爾虛乏，儻值水旱，寧可熟念。且西京熾強，實基三輔，東都全固，寔賴三河，歷代所同，古今一揆。石頭以外，裁足自供府州，方山以東，深關朝廷根本。夫股肱要重，不可不卹。宜蒙寬政，少加優養。略其目前小利，取其長久大益，無患民貲不殷，國財不阜也。宗臣重寄，咸云利國，竊如愚管，未見可安。

上不納。

三年，進號征東將軍。宋廣州刺史王翼之子妾路氏，剛暴，數殺婢，翼之子法明告敬則，〔一七〕敬則付山陰獄殺之，路氏家訴，爲有司所奏，山陰令劉岱坐棄市刑。敬則入朝，上謂敬則曰：「人命至重，是誰下意殺之？都不啓聞？」敬則曰：「是臣愚意。臣知何物科法，見背後有節，便言應得殺人。」劉岱亦引罪，上乃赦之。敬則免官，以公領郡。

明年，遷侍中、中軍將軍。尋與王儉俱即本號開府儀同三司，儉既固讓，敬則亦不即受。七年，出爲使持節、散騎常侍、都督豫州郢州之西陽司州之汝南二郡軍事、征西大將軍、豫州刺史，開府如故。進號驃騎。十一年，遷司空，常侍如故。世祖崩，遺詔改加侍中。高宗輔政，密有廢立意，隆昌元年，出敬則爲使持節、都督會稽東陽臨海永嘉新安五郡軍事、會稽太守，本官如故。海陵王立，進位太尉。

敬則名位雖達，不以富貴自遇，危拱傍遑，略不嘗坐，〔一八〕接士庶皆吳語，而殷勤周悉。初爲散騎使虜，於北館種楊柳，後員外郎虞長耀北使還，敬則問：「我昔種楊柳樹，今若大小？」長耀曰：「虜中以爲甘棠。」敬則笑而不答。

世祖御座賦詩，敬則執紙曰：「臣幾落此奴度內。」世祖問：「此何言？」敬則曰：「臣若知書，不過作尙書都令史耳，那得今日？」敬則雖不大識書，而性甚警黠，臨州郡，令省事讀辭，下敎判決，皆不失理。

明帝即位，進大司馬，增邑千戶。臺使拜授日，雨大洪注，敬則文武皆失色，一客在傍曰：「公由來如此，昔拜丹陽吳興時亦然。」敬則大悅，曰：「我宿命應得雨。」乃列羽儀，備朝服，道引出聽事拜受，意猶不自得，吐舌久之，至事竟。

帝既多殺害，敬則自以高、武舊臣，心懷憂恐。帝雖外厚其禮，而內相疑備，數訪問敬則飲食體幹堪宜，聞其衰老，且以居內地，故得少安。三年中，遣蕭坦之將齋仗五百人，行武進陵。敬則諸子在都，憂怖無計。上知之，遣敬則世子仲雄入東安慰之。仲雄善彈琴，當時新絕。江左有蔡邕焦尾琴，在主衣庫，上敕五日一給仲雄。仲雄於御前鼓琴作懊儂曲歌曰：「常歎負情儂，郎今果行許！」帝愈猜愧。

永泰元年，帝疾，屢經危殆。以張瓌爲平東將軍、吳郡太守，置兵佐，密防敬則。內外傳言當有異處分。敬則聞之，竊曰：「東今有誰？秖是欲平我耳！」諸子怖懼，第五子幼隆遣正員將軍徐嶽密以情告徐州行事謝朓爲計，若同者，當往報敬則。朓執嶽馳啓之。敬則城局參軍徐庶家在京口，其子密以報庶，庶以告敬則五官王公林。公林，敬則族子，常所委信。公林勸敬則急送啓賜兒死，單舟星夜還都。敬則令司馬張思祖草啓，既而曰：「若爾，諸郎在都，要應有信，且忍一夕。」其夜，呼僚佐文武樗蒲賭錢，謂衆曰：「卿諸人欲令我作何計？」莫敢先荅。防閤丁興懷曰：「官秖應作耳。」敬則不作聲。明旦，召山陰令王詢、臺（侍）〔傳〕御史鍾離祖願，〔九〕敬則橫刀跂坐，問詢等「發丁可得幾人？傳庫見有幾錢物？」詢荅「縣丁卒不可上」。祖願稱「傳物多未輸入」。敬則怒，將出斬之。王公林又諫敬則曰：「官是事皆可悔，惟此事不可悔！官詎不更思！」敬則唾其面曰：「小子！我作事，何關汝小子！」乃起兵。

上詔曰：「謝朓啓事騰徐嶽列如右。王敬則稟質凶猾，本謝人綱。直以宋季多艱，頗有膂力之用，驅獎所至，遂升榮顯。皇運肇基，預聞末議，功非匡國，賞實震主。爵冠執珪，身登衣衮，固以風雅作刺，〔一〇〕縉紳側目。而溪谷易盈，鴟梟難改，猜心內駭，醜辭外布。永明之朝，履霜有漸，隆昌之世，堅冰將著，從容附會，朕有力焉。及景歷惟新，推誠盡禮，中使相望，軒冕成陰。迺嫌跡愈興，禍圖茲構，收合亡命，結黨聚羣，外候邊警，內伺國隙。元遷兄弟，中萃淵藪，姦契潛通，將謀竊發。朓即姻家，嶽又邑子，取據匪他，昭然以信。方、邵之美未聞，韓、彭之釁已積。此而可容，孰寄刑典！便可即遣收掩，肅明國憲。大辟所加，其父子而已；凡諸詿誤，一從蕩滌。」收敬則子員外郎世雄、〔一一〕記室參軍季哲、太子洗馬幼隆、太子舍人少安等，於宅殺之。長子黃門郎元遷，爲寧朔將軍，領千人於徐州擊虜，敕徐州刺史徐玄慶殺之。

敬則招集配衣，二三日便發，欲劫前中書令何胤還爲尚書令，長史王弄璋、司馬張思祖止之。乃率實甲萬人過浙江，謂思祖曰：「應須作檄。」思祖曰：「公今自還朝，何用作此。」敬則乃止。

朝廷遣輔國將軍前軍司馬左興盛、後軍將軍直閤將軍崔恭祖、輔國將軍劉山陽、龍驤將軍直閤將軍馬軍主胡松三千餘人，築壘於曲阿長岡，右僕射沈文季爲持節都督，屯湖頭，備京口路。

敬則〔以〕舊將舉事，〔二〕百姓檐篙荷鍤隨逐之，十餘萬衆。至晉陵，南沙人范脩化殺縣令公上延孫以應之。敬則至武進陵口，慟哭乘肩轝而前。遇興盛、山陽二砦，盡力攻之。興盛使軍人遙告敬則曰：「公兒死已盡，公持許底作？」官軍不敵欲退，而圍不開，各死戰。胡松領馬軍突其後，白丁無器仗，皆驚散，敬則軍大敗。敬則索馬，再上不得上，興盛軍〔客〕〔容〕袁文曠斬之，〔三〕傳首。是時上疾已篤，敬則倉卒東起，朝廷震懼。東昏侯在東宮，議欲叛，使人上屋望，見征虜亭失火，謂敬則至，急裝欲走。有告敬則者，敬則曰：「檀公三十六策，走是上計。汝父子唯應急走耳。」敬則之來，聲勢甚盛，裁少日而敗，時年七十餘。〔四〕

封左興盛新吳縣男，崔恭祖遂興縣男，劉山陽湘陰縣男，胡松沙陽縣男，各四百戶，賞平敬則也。又贈公上延孫爲射聲校尉。

陳顯達，南彭城人也。宋孝武世，爲張永前軍幢主。景和中，以勞歷驅使。泰始初，〔二五〕以軍主隸徐州刺史劉懷珍北征，累至東海王板行參軍，員外郎。泰始四年，封彭澤縣子，邑三百戶。歷馬頭、義陽二郡太守，羽林監，濮陽太守。

隸太祖討桂陽賊於新亭壘，劉勔大桁敗，賊進杜姥宅，及休範死，太祖欲還衞宮城，或諫太祖曰：「桂陽雖死，賊黨猶熾，人情難固，不可輕動。」太祖乃止。遣顯達率司空參軍高敬祖自查浦渡淮緣石頭北道入承明門，屯東堂。宮中恐動，得顯達(乃)至，〔乃〕稍定。〔二六〕顯達出杜姥宅，大戰破賊。矢中左眼，拔箭而鏃不出，地黃村潘嫗善禁，先以釘釘柱，嫗禹步作氣，釘即時出，乃禁顯達目中鏃出之。封豐城縣侯，邑千戶。轉游擊將軍。

尋爲使持節、督廣交越三州湘州之廣興軍事、輔國將軍、平越中郎將、廣州刺史，進號冠軍。沈攸之事起，顯達遣軍援臺，長史到遁、司馬諸葛導謂顯達曰：「沈攸之擁衆百萬，勝負之勢未可知，不如保境蓄衆，分遣信驛，密通彼此。」顯達於座手斬之，遣表疏歸心太祖。進使持節、左將軍。軍至巴丘，而沈攸之平。除散騎常侍、左衞將軍，轉前將軍、太祖太尉左司馬。齊臺建，爲散騎常侍，左衞將軍，領衞尉。太祖卽位，遷中護軍，增邑千六百戶，轉護軍將軍。顯達啓讓，上答曰：「朝廷爵人以序。卿忠發萬里，信誓如期，雖屠城殄國之勳，無以相加。此而不賞，典章何在。若必未宜爾，吾終不妄授。於卿數士，意同家人，豈止於君臣邪？過明，與王、李俱祗召也。」上卽位後，御膳不宰牲，顯達上熊烝一盤，上卽以充飯。

建元二年，虜寇壽陽，淮南江北百姓搔動。上以顯達爲使持節、散騎常侍、都督南兗兗徐靑冀五州諸軍事、平北將軍、南兗州刺史。之鎭，虜退。上敕顯達曰：「虜經破散後，當無復犯關理。但國家邊防，自應過存備豫。宋元嘉二十七年後，江夏王作南兗，徙鎭盱眙，沈司空亦以孝建初鎭彼，政當以淮上要於廣陵耳。卿謂前代此處分云何？今僉議皆云卿應據彼地，吾未能決。乃當以擾動文武爲勞。若是公計，不得憚之。」事竟不行。

遷都督益寧二州軍事、安西將軍、益州刺史，領宋寧太守，持節、常侍如故。世祖卽位，進號鎭西。益部山險，多不賓服。大度村獠，前後刺史不能制，顯達遣使責其租賧，獠帥曰：「兩眼刺史尙不敢調我！」遂殺其使。顯達分部將吏，聲將出獵，夜往襲之，男女無少長皆斬之。自此山夷震服。廣漢賊司馬龍駒據郡反，顯達又討平之。

永明二年，徵爲侍中、護軍將軍。顯達累任在外，經太祖之憂，及見世祖，流涕悲咽，上亦泣，心甚嘉之。

五年，荒人桓天生自稱桓玄宗族，與雍、司二州界蠻虜相扇動，據南陽故城。上遣顯達假節，率征虜將軍戴僧靜等水軍向宛、葉，雍、司衆軍受顯達節度。〔二七〕天生率虜衆萬餘人攻舞陰，舞陰戍主輔國將軍殷公愍擊殺其副張麒麟，天生被瘡退走。仍以顯達爲使持節、散騎常侍、都督雍梁南北秦郢州之竟陵司州之隨郡軍事、鎮北將軍，領寧蠻校尉、雍州刺史。顯達進據舞陽城，遣僧靜等先進，與天生及虜再戰，大破之，官軍還。數月，天生復出攻舞陰，殷公愍破之，天生還竄荒中，遂城、平氏、白土三城賊稍稍降散。〔二八〕

八年，進號征北將軍。其年，仍遷侍中、鎮軍將軍，尋加中領軍。出爲使持節、散騎常侍、都督江州諸軍事、征南大將軍、江州刺史，給鼓吹一部。顯達謙厚有智計，自以人微位重，每遷官，常有愧懼之色。有子十餘人，誡之曰：「我本志不及此，汝等勿以富貴陵人！」〔二九〕家既豪富，諸子與王敬則諸兒，並精車牛，麗服飾。當世快牛稱陳世子青，王三郎烏，呂文顯折角，江瞿曇白鼻。顯達謂其子曰：「麈尾扇是王謝家（許）〔物〕，〔三〇〕汝不須捉此自逐。」

十一年秋，虜動，詔屯樊城。世祖遺詔，卽本號開府儀同三司。隆昌元年，遷侍中、車騎將軍，開府如故，置兵佐。豫廢鬱林之勳，延興元年，爲司空，進爵公，增邑千戶，甲仗五十人入殿。高宗卽位，進太尉，侍中如故，改封鄱陽郡公，邑三千戶，加兵二百人，給油絡車。建武二年，虜攻徐、司，詔顯達出頓，往來新亭白下，以爲聲勢。

上欲悉除高、武諸孫，微言問顯達，荅曰：「此等豈足介慮。」上乃止。顯達建武世心懷不安，深自貶匿，車乘朽故，導從鹵簿，皆用羸小，不過十數人。侍宴，酒後啓上曰：「臣年已老，富貴已足，唯少枕枕死，特就陛下乞之。」上失色曰：「公醉矣。」以年禮告退，〔三〕不許。

是時虜頻寇雍州，衆軍不捷，失沔北五郡。永泰元年，乃遣顯達北討。詔曰：「晉氏中微，宋德將謝，蕃臣外叛，要荒內侮，天未悔禍，左衽亂華，巢穴神州，逆移年載。朕嗣膺景業，踵武前王，靜言隆替，思乂區夏。但多難甫夷，恩化肇洽，興師擾衆，非政所先，用戢遠圖，權綏北略，冀戎夷知義，懷我好音。而凶醜剽狡，專事侵掠，驅扇異類，蟻聚西偏，乘彼自來之資，撫其天亡之會，軍無再駕，民不重勞，傳檄以定三秦，一麾而臣禹迹，在此舉矣。且中原士庶，久望皇威，乞師請援，結軌馳道。信不可失，時豈終朝。宜分命方嶽，因茲大號。侍中太尉顯達，可蹔輟槐陰，指授羣帥。」中外纂嚴。加顯達使持節，向襄陽。

永元元年，顯達督平北將軍崔慧景衆軍四萬，圍南鄉堺馬圈城，去襄陽三百里，攻之四十日，虜食盡，噉死人肉及樹皮，外圍既急，虜突走，斬獲千計。官軍競取城中絹，不復窮追。顯達入據其城，遣軍主莊丘（累）〔黑〕進取南鄉縣，〔三〕故從陽郡治也。〔三〕虜主元宏自領十餘萬騎奄至，顯達引軍渡水西據鷹子山築城，人情沮敗。虜兵甚急，軍主崔恭祖、胡松以烏布幔盛顯達，數人檐之，逕道從分磧山出均水口，臺軍緣道奔退，死者三万餘人。左軍將張千戰死，〔三四〕追贈游擊將軍。顯達素有威名，著於蠻虜，至是大損喪焉。御史中丞范岫奏免顯達官，朝議優詔荅曰：「昔衞、霍出塞，往往無功，馮、鄧入關，有時虧喪。況公規謨肅舉，期寄兼深，見可知難，無損威略。方振遠圖，廓清朔土。雖執憲有常，非所得議。」顯達表解職，不許，求降號，又不許。

以顯達爲都督江州軍事、江州刺史，鎭盆城，持節本官如故。初，王敬則事起，始安王遙光啓明帝慮顯達爲變，欲追軍還，事尋平，乃寢。顯達亦懷危怖。及東昏立，彌不樂還京師，得此授，甚喜。尋加領征南大將軍，給三望車。

顯達聞京師大相殺戮，又知徐孝嗣等皆死，傳聞當遣兵襲江州，顯達懼禍，十一月十五日，舉兵。令長史庾弘遠、司馬徐虎龍與朝貴書曰：

諸君足下：我太祖高皇帝叡哲自天，超人作聖，屬彼宋季，綱紀自頓，應禪從民，遘此基業。世祖武皇帝昭略通遠，克纂洪嗣，四關罷嶮，三河靜塵。鬱林海陵，頓孤負荷。明帝英聖，紹建中興。至乎後主，行悖三才，琴橫由席，繡積麻筵，淫犯先宮，穢興閨闥，皇陛爲市廛之所，雕房起征戰之門。任非華尙，寵必寒厮。江僕射兄弟，忠言屬薦，正諫繁興，覆族之誅，於斯而至。故乃犴噬之刑，四剽於海路，家門之釁，一起於中都。蕭、劉二領軍，竝升御座，共稟遺詔，宗戚之苦，諒不足談，渭陽之悲，何辜至此。徐司空歷葉忠榮，淸簡流世，匡翼之功未著，傾宗之罰已彰。沈僕射年在懸車，將念机杖，歡歌園藪，絕影朝門，忽招陵上之罰，何万古之傷哉。遂使紫臺之路，絕縉紳之儔；纓組之閤，罷金、張之胤。悲哉！蟬冕爲賤寵之服。嗚呼！皇陛列劫豎之坐。

且天人同怨，乾象變錯，往歲三州流血，今者五地自動。昔漢池異色，胥王因之見廢；吳郡塹震，步生以爲姦倖。況事隆於往怪，釁倍於前虐，此而未廢，孰不可興？王僕射、王領軍、崔護軍，中維簡正，逆念剖心。蕭衞尉、蔡詹事、沈左衞，各負良家，共傷時嶮。先朝遺舊，志在名節，同列丹書，要同義舉。建安殿下秀德沖遠，寔允神器。昏明之舉，往聖流言。今忝役戎驅，亟請乞路。須京塵一靜，西迎大駕，歌舞太平，不亦佳哉！裴豫州宿遺誠言，久懷慷慨，計其勁兵，已登淮路；申司州志節堅明，分見迎合，總勒偏率，殿我而進；蕭雍州、房僧寄竝已纂邁，旌鼓將及；南兗州司馬崔恭祖壯烈超羣，嘉驛屢至，佇聽烽諜，〔三五〕共成脣齒；荆郢行事蕭、張二賢，莫不案劍滄風，橫戈待節；關畿蕃守之儔，孰非義侶。

我太尉公體道合聖，杖德脩文，神武橫於七伐，雄略震於九綱。是乃從彼英序，還抗社稷。本欲鳴笳細錫，無勞戈刃。但忠黨有心，節義難遣。信次之閒，森然十萬。

飛旍咽於九派，列艦迷於三川，此蓋捧海澆螢，烈火消凍耳。吾子其擇善而從之，無令竹帛空爲後人笑也。

朝廷遣後軍將軍胡松、驍騎將軍李叔獻水軍據梁山；左衞將軍左興盛假節，加征虜將軍，督前鋒軍事，屯新亭；輔國將軍驍騎將軍徐世摽領兵屯杜姥宅。顯達率衆數千人發尋陽，與胡松戰於採石，大破之，京邑震恐。十二月十三日，顯達至新林築城壘，左興盛率衆軍爲拒戰之計。其夜，顯達多置屯火於岸側，潛軍渡取石頭北上襲宮城，遇風失曉，十四日平旦，數千人登落星崗，新亭軍望火，謂顯達猶在，既而奔歸赴救，屯城南。宮掖大駭，閉門守備。顯達馬矟從步軍數百人，於西州前與臺軍戰，再合，大勝，手殺數人，矟折，官軍繼至，顯達不能抗，退走至西州（從）〔後〕烏榜村，〔三六〕爲騎官趙潭注矟刺落馬，斬之於籬側，血湧湔籬，似淳于伯之被刑也。時年七十二。顯達在江州，遇疾不治，尋而自差，意甚不悅。是冬連大雪，梟首於朱雀，而雪不集之。諸子皆伏誅。

史臣曰：光武功臣所以能終其身名者，非唯不任職事，亦以繼奉明、章，心尊正嫡，君安乎上，臣習乎下。王、陳拔迹奮飛，則建元、永明之運；身極鼎將，則建武、永元之朝。勳非往時，位踰昔等，禮授雖重，情分不交。加以主猜政亂，危亡慮及，舉手扞頭，人思自免。干戈既用，誠淪犯上之跡，敵國起於同舟，況又疏於此者也？

贊曰：糾糾敬則，臨難不惑。功成殿寢，誅我蝥賊。顯達孤根，應義南蕃。威揚寵盛，鼎食高門。王虧河、兖，陳挫襄、樊。

嗚笳細錫 疑

校勘記

〔一〕殷琰遣將劉從築四壘於死虎　洪頤煊諸史考異云：「宋書殷琰傳『以殿中將軍劉順爲司馬』，又『是月，劉順、柳倫、皇甫道烈、龐天生等馬步八千人，東據宛唐，去壽陽三百里』。劉從即劉順，蓋避梁諱而改。」

〔二〕出補(東武)暨陽令　據南監本删。

〔三〕敬則初出都〔至〕陸主山下　據南監本、殿本、毛本、局本補。

〔四〕縣有一部劫逃紫山中爲民患　「紫」南監本作「入」。

〔五〕安成王車騎參軍　「安成」原作「安城」，據南史改。按宋順帝初封安成王，元徽二年進號車騎將軍，敬則時爲其參軍。

〔六〕每下直輒往領府　「領府」各本並作「領軍府」。按領軍府可省稱領府，王儉傳「儉察太祖雄異，先於領府衣裾」，垣榮祖傳「領府去臺百步」，皆其例也。

〔七〕見屠肉枅　桂馥札樸云：「廣韻枅，承衡木也。按南齊書王敬則傳云云，馥以爲屠家稱肉，用枅以承衡。」

〔八〕悉評斂爲錢　「評」通典作「課」。

〔九〕稼穡難劬　「難」通典作「艱」。

〔一〇〕斛直數〔十〕　據通典補。按南監本、毛本、殿本、局本作「斛直數倍」，「倍」字蓋涉上「殆欲兼倍」而譌。

〔一一〕（今）機杼勤苦　據通典删。

〔一二〕僮卹所上咸是見直　「僮卹」通典作「僮賃」。

〔一三〕東閒錢多剪鑿　「東閒」南監本、殿本、局本作「民閒」。按通典亦作「東閒」，五朝人稱會稽諸郡爲東，此東閒指東五郡也。

〔一四〕臣登具啓聞　「登」殿本譌「等」。按登具啟聞，謂登時具啓以聞也。殿本作「等」，殆後人不曉登字之義，以意改之耳。

〔一五〕不必（其）〔一〕應送錢　據南監本、毛本、殿本、局本改。通典作「盡」，元龜二百八十八作「更」。

〔一六〕私貨則東直六千　通典作「私貨則匹直六百」。

〔一七〕翼之子法明告敬則　「法明」南史、元龜二百九作「法朗」。

〔一八〕危拱傍遑略不嘗坐　「嘗坐」南監本、毛本、殿本、局本作「衿裾」。

〔一九〕臺(侍)〔傳〕御史鍾離祖願　「臺侍御史」通鑑齊明帝永泰元年作「臺傳御史」，胡注云「臺傳御史，臺所遣督諸郡錢穀者」。今據改。

〔二〇〕固以風雅作刺　「固」原作「故」，各本並作「固」，今改正。

〔二一〕收敬則子員外郎世雄　通鑑胡注云：「此卽敬則世子仲雄也。『仲』『世』二字必有一誤。」

〔二二〕敬則〔以〕舊將舉事　各本並有「以」字，此脫，今據補。

〔二三〕興盛軍(客)〔容〕袁文曠斬之　據南監本、毛本、殿本、局本及南史改。按通鑑亦作「軍客」，胡注云：「齊書王敬則傳作『軍容』。南史有軍容、馬容，如桓康爲齊高帝軍容，蕭摩訶馬容陳智深斬陳叔陵，蓋皆簡拔魁健有武藝之士，使之前驅，以壯軍馬之容，故以爲名。」

〔二四〕時年七十餘　按南史作「時年六十四」。

〔二五〕泰始初　「泰始」原譌「太始」，今據殿本改正。

〔二六〕得顯達(乃)至〔乃〕稍定　據南監本、毛本、殿本、局本及元龜三百四十四改。

〔二七〕雍司衆軍受顯達節度　「受」原譌「授」，各本不譌，今改正。

〔二八〕遂城平氏白土三城賊稍稍降散　「遂城」原譌「萃城」，據南監本、殿本、局本改正。「平氏」原譌「平民」，據局本改正。「白土」原譌「日土」，據局本改正。

〔二九〕我本志不及此汝等勿以富貴陵人　「此汝」二字原譌倒，各本不譌，今乙正。

〔三〇〕麈尾扇是王謝家（許）〔物〕　據殿本及元龜八百十七改。

〔三一〕以年禮告退　「禮」殿本作「老」。按通鑑胡注云：「禮，大夫七十而致事，時顯達年已七十矣。」是作「禮」不譌，作「老」者，後人妄改也。

〔三二〕遣軍主莊丘（累）〔黑〕進取南鄉縣　據南監本、殿本、局本及南史、通鑑齊東昏侯永元元年改。按莊丘複姓，黑其名也。

〔三三〕故從陽郡治也　「從陽」殿本作「順陽」。按此蕭子顯避梁諱改。

〔三四〕左軍將張千戰死　「張千」各本並作「張干」。按通鑑齊東昏侯永元元年：「左將軍張千戰死。」考異云：「魏書作『張千達』，今從齊書。」

〔三五〕佇聽烽諜　「佇」原譌「所」，今據南監本、局本改正。

〔三六〕退走至西州（從）〔後〕烏榜村　據南監本、殿本、局本及南史、通鑑改。按通鑑作「走至西州後」，無「烏榜村」三字。胡注云：「據蕭子顯齊書，顯達走至西州後烏榜村。」

南齊書卷二十七

列傳第八

劉懷珍　李安民　王玄載 弟玄邈

劉懷珍字道玉，平原人，漢膠東康王後也。〔一〕祖昶，宋武帝平齊，以爲青州治中，至員外常侍。伯父奉伯，宋世爲陳南頓二郡太守。懷珍幼隨奉伯至壽陽，豫州刺史趙伯符出獵，百姓聚觀，懷珍獨避不視，奉伯異之，曰：「此兒方興吾宗。」

本州辟主簿。元嘉二十八年，亡命司馬順則聚黨東陽，州遣懷珍將數千人掩討平之。〔二〕宋文帝召問破賊事狀，懷珍讓功不肯當，親人怪問焉，懷珍曰：「昔國子尼恥陳河閒之級，吾豈能論邦域之捷哉！」時人稱之。

江夏王義恭出鎮盱眙，道遇懷珍，以應對見重，取爲驃騎長兼墨曹行參軍。〔三〕尋除振武將軍、長廣太守。孝建初，爲義恭大司馬參軍、直閤將軍。懷珍北州舊姓，門附殷積，啓上門生千人充宿衞，孝武大驚，召取青、冀豪家私附得數千人，士人怨之。〔四〕隨府轉太宰參軍。

大明二年，虜圍泗口城，青州刺史顏師伯請援。孝武遣懷珍將步騎數千赴之，於麋溝湖與虜戰，破七城。拜建武將軍、樂陵河閒二郡太守，賜爵廣晉縣侯。明年，懷珍啓求還，孝武荅曰：「邊維須才，未宜陳請。」竟陵王誕反，郡豪民王弼勸懷珍應之，懷珍斬弼以聞，孝武大喜，除豫章王子尙車騎參軍，加龍驤將軍。

泰始初，除寧朔將軍、東安東莞二郡太守，率龍驤將軍王敬則、姜產步騎五千討壽陽。〔五〕廬江太守王仲子南奔，〔六〕賊遣僞廬江太守劉道蔚五千人頓建武澗，築三城。懷珍遣軍主段僧愛等馬步三百餘人掩擊斬之。引軍至晉熙，僞太守閻湛拒守，〔七〕劉子勛遣將王仲虯步卒萬人救之，懷珍遣馬步三千人襲擊仲虯，大破之於莫邪山，遂進壽陽。又遣王敬則破殷琰將劉從等四壘於橫塘死虎，懷珍等乘勝逐北，頓壽春長邏門。宋明帝嘉其功，除羽林監、屯騎校尉，將軍如故。懷珍請先平賊，辭讓不受。建安王休仁濃湖與賊相持，久未決。明帝召懷珍還，拜前將軍，加輔國將軍，領軍向青山助擊劉胡，事平，除游擊將軍，輔國將軍如故。

青州刺史沈文秀拒命，明帝遣其弟文炳宣喩，使懷珍領馬步三千人隨文炳俱行。未至，薛安都引虜，徐、兗已沒，張永、沈攸之於彭城大敗。勅懷珍步從盱眙自淮陰濟淮救永等，而官軍爲虜所逐，相繼奔歸，懷珍乃還。三年春，敕懷珍權鎭山陽。

先是明帝遣青州刺史明僧暠北征，僧暠遣將於王城築壘，以逼沈文秀，塹壁未立，爲文秀所破，仍進攻僧暠。帝使懷珍率龍驤將軍王廣之五百騎，步卒二千人，沿海救援，至東海，而僧暠已退保東萊，懷珍進據朐城，衆心恟懼，或欲且保郁州。懷珍謂衆曰：「卿等傳文秀厚賂胡師，規爲外援，察其徒黨，何能必就左衽。齊士庶見於(民)〔名〕義積葉，〔八〕聲介一馳，東萊可飛書而下，何容阻軍緩邁止於此邪？」遂進至黔陬。僞高密、平昌二郡太守潰走，懷珍遣朝廷意，送致文炳，文秀終不從命，焚燒郭邑。百姓聞懷珍至，皆喜。僞長廣太守劉桃根領數(十)〔千〕人戍不其城，〔九〕懷珍引軍次洋水，衆皆曰：「文秀今遊騎〔滿〕境內，〔一〇〕宜堅壁伺隙。」懷珍曰：「今衆少糧單，我懸彼固，政宜簡精銳，掩其不備耳。」遣王廣之將百騎襲陷其城，桃根走。僞東萊太守鞠延僧數百人據城，劫留高麗獻使。懷珍又遣寧朔將軍明慶符與廣之擊降延僧，遣高麗使詣京師。文秀聞諸城皆敗，乃遣使張靈碩請降，懷珍乃還。

其秋，虜遂侵齊，圍歷城、梁鄒二城，游騎至東陽，擾動百姓。冀州刺史崔道固、兗州刺史劉休賓告急。休賓，懷珍從弟也。朝廷以懷珍爲使持節、都督徐兗二州軍事、輔國將軍、平胡中郎將、徐州刺史，封艾縣侯，邑四百戶，督水步四十餘軍赴救。二城既沒，乃止。

改授寧朔將軍、竟陵太守，轉巴陵王征西司馬，領南義陽太守。建平王景素爲荆州，仍徙右軍司馬，遷南郡太守，加寧朔將軍。明帝手詔懷珍曰：「卿性忠讜，平所（葬）〔仗〕賴。〔二〕在彼與年少共事，不可深存受益。景素（而）〔兒〕乃佳，〔三〕但不能接物，頗亦墮事，卿每諫之。」懷珍奉旨。帝寢疾，又詔懷珍曰：「卿不應乃作景素佐，才舊所寄，今徵卿參二衞直。」會帝崩，乃爲安成王撫軍司馬，領南高平太守。

朝廷疑桂陽王休範，中書舍人〔王〕道隆宣旨，〔三〕以懷珍爲冠軍將軍、豫章太守。懷珍曰：「休範雖有禍萌，安敢便發，若終爲寇，必請奉律吞之。〔四〕今者賜使，恐成猜迫。」固請不就，乃除黄門郎，領虎賁中郎將、青州大中正。桂陽反，加懷珍前將軍，守石頭。爲使持節、督豫司二州郢州之西陽軍事、冠軍將軍、豫州刺史。建平王景素反，懷珍遣子靈哲領兵赴京師。昇明元年，進號征虜將軍。

沈攸之在荆楚，朝議疑惑，懷珍遣宂從僕射張護使郢，致誠於世祖，幷陳計策。及攸之起兵，衆謂當沿流直下，懷珍謂僚佐曰：「攸之矜躁夙著，虐加楚服，必當阻兵中流，聲劫幼主，不敢長驅決勝明矣。」遣子靈哲領馬步數千人衞京師。攸之遣使許天保說結懷珍，懷珍斬之，送首於太祖。太祖送示攸之。進號左將軍，徙封中宿縣侯，增邑六百戶。攸之圍郢城，懷珍遣建寧太守張謨、游擊將軍裴仲穆〔統〕蠻漢軍萬人出西陽，〔五〕破賊前鋒公孫方平軍數千人，收其器甲。進平南將軍，增督南豫、北徐二州，增邑爲千戶。

初，孝武世，太祖爲舍人，懷珍爲直閤，相遇早舊。懷珍假還青州，上有白驄馬，齧人，不可騎，送與懷珍別。懷珍報上百匹絹。或謂懷珍曰：「蕭君此馬不中騎，是以與君耳。君報百匹，不亦多乎？」懷珍曰：「蕭君局量堂堂，寧應負人此絹。吾方欲以身名託之，豈計錢物多少。」

太祖輔政，以懷珍內資未多，二年冬，徵爲都官尚書，領前軍將軍，以第四子寧朔將軍晃代爲豫州刺史。或疑懷珍不受代，太祖曰：「我布衣時，懷珍便推懷投款，況在今日，寧當有異？」晃發經日，而疑論不止。上乃遣軍主房靈民領百騎追送晃，謂靈民曰：「論者謂懷珍必有異同，我期之有素，必不應爾。卿是其鄉里，故遣卿行，非唯衞新，亦以迎故也。」懷珍還，仍授相國右司馬。建元元年，轉左衞將軍，加給事中，改霄城侯，〔增〕邑二百戶。〔一六〕明年，加散騎常侍。

虜寇淮、肥，以本官加平西將軍，假節，西屯巢湖，爲壽春勢援，虜退乃還。懷珍年老，以禁旅辛勤，求爲閑職，轉光祿大夫，常侍如故。其冬，虜寇朐山，授使持節、安北將軍，本官如故，領兵救援。未至，事寧，解安北、持節。

四年，疾篤，上表解職，上優詔答許，別量所授。其夏，卒。年六十三。遺言薄葬。世祖追贈散騎常侍、鎮北將軍、雍州刺史，謚曰敬侯。

子靈哲，字文明。解褐王國常侍、行參軍，尚書直郎，齊臺步兵校尉，建元初，歷寧朔將軍，臨川王前軍諮議，廬陵内史，齊郡太守，前軍將軍。

靈哲所生母嘗病，靈哲躬自祈禱，夢見黄衣老公曰：「可取南山竹笋食之，疾立可愈。」靈哲驚覺，如言而疾瘳。

嫡母崔氏及兄子景煥，泰始中沒虜，靈哲爲布衣，不聽樂。及懷珍卒，當襲爵，靈哲固辭以兄子在虜中，存亡未測，無容越當茅土，朝廷義之。靈哲傾産私贖嫡母及景煥，累年不能得。世祖哀之，令北使告虜主，虜主送以還南，襲懷珍封爵。

靈哲永明初歷護軍長史，東中郎諮議，領中直兵，出爲寧朔將軍、巴西梓潼二郡太守，西陽王左軍司馬。隆昌元年，卒，年四十九。

李安民，蘭陵承人也。祖嶷，〔一七〕衞軍參軍。父欽之，殿中將軍，補薛令。安民隨父之縣，元嘉二十七年沒虜，率部曲自拔南歸。

太〔祖〕初逆，〔一八〕使安民領支軍。降義師，板建威將軍，補魯爽左軍。及爽反，安民遁還京師，除領軍行參軍，遷左衞殿中將軍。大明中，虜侵徐、兗，以安民爲建威府司馬、無鹽令。除殿中將軍，領軍討漢川互蠻賊。

晉安王子勛反，明帝除安民武衞將軍、領水軍，補建安王司徒城局參軍，擊赭圻、湖白荻浦、獺窟，皆捷，除積射將軍、軍主。張興世據錢溪，糧盡，爲賊所逼。安民率舟乘數百，越賊五城，送米與興世。僞軍主沈仲、王張引軍自鱭口欲斷江，安民進軍合戰破之。又擊鵲尾、江城，皆有功。事平，明帝大會新亭，勞接諸軍主，樗蒲官賭，安民五擲皆盧，帝大驚，目安民曰：「卿面方如田，封侯狀也。」安民少時貧窶，有一人從門過，相之曰：「君後當大富貴，與天子交手共戲。」至是安民尋此人，不知所在。

從張永、沈攸之討薛安都於彭城，軍敗，安民在後拒戰，還保下邳。除寧朔將軍，戍淮陽城。論鱭口功，封邵武縣子，食邑四百戶。復隨吳喜、沈攸之擊虜，達睢口，戰敗，還保宿豫。淮北既沒，明帝敕留安民戍(甬)〔角〕城。〔一九〕除寧朔將軍、冗從僕射。戍泗口，領舟軍緣淮游防，至壽春。虜遣僞長社公連營十餘里寇汝陰，豫州刺史劉勔擊退之，虜荆亭戍主昇乞奴棄城歸降，〔二〇〕安民率水軍攻前，破荆亭，絕其津逕。遷寧朔將軍、冠軍司馬、廣陵太守、行南兗州事。太祖在淮〔陰〕，〔二一〕安民遙相結事，明帝以爲疑，徙安民爲劉韞冠軍司馬、寧遠將軍、京兆太守，又除寧朔將軍、司州刺史，領義陽太守，竝不拜，重除本職，又不拜，改授寧朔將軍、山陽太守。泰始末，淮北民起義欲南歸，以安民督前鋒軍事，又請援接，不克，還。除越騎校尉，復爲寧朔將軍、山陽太守。

三巴擾亂，太守張澹棄涪城走，以安民假節、都督討蜀軍事、輔師將軍。五獠亂漢中，敕安民回軍至魏興，事寧，還至夏口。

元徽初，除督司州軍事、司州刺史，領義陽太守，假節、將軍如故。別敕安民曰：「九江須防，邊備宜重，今有此授，以增鄢郢之勢，無所致辭也。」及桂陽王休範起事，安民出頓，遣軍援京師。徵〔授〕左將軍，〔三〕加給事中。建平王景素作難，冠軍黃回、游擊將軍高道慶、輔國將軍曹欣之等皆密遣致誠，而游擊將軍高道慶領衆出討，太祖慮其有變，使安民及南豫州刺史段佛榮行以防之。安民至京〔口〕，〔三〕破景素軍於葛橋。景素誅，留安民行南徐州事。城局參軍王迴素爲安民所親，〔四〕盜絹二匹，安民流涕謂之曰：「我與卿契闊備嘗，今日犯王法，此乃卿負我也。」於軍門斬之，厚爲斂祭，軍府皆震服。

授冠軍將軍，驍衞將軍，〔三〕不拜。轉征虜將軍、東中郎司馬、行會稽郡事。安民將東，太祖與別宴語，淹留日夜。安民密陳宋運將盡，曆數有歸。蒼梧縱虐，太祖憂迫無計，安民白太祖欲於東奉江夏王躋起兵，太祖不許，乃止。蒼梧廢，太祖徵安民爲使持節督北討軍事、冠軍將軍、南兗州刺史。沈攸之反，太祖召安民以本官鎮白下，治城隍。加征虜將軍。

進軍西討，又進前將軍。行至盆城，沈攸之平，仍授督郢州司州之義陽諸軍事、郢州刺史，持節、將軍如故。昇明三年，遷左衞將軍，領衞尉。太祖卽位，爲中領軍，封康樂侯，邑千戶。

宋泰始以來，內外頻有賊寇，將帥已下，各募部曲，屯聚京師，安民上表陳之，以爲「自非淮北常備，其外餘軍，悉皆輸遣，若親近宜立隨身者，聽限人數。」上納之，故詔斷衆募。時王敬則以勳誠見親，至於家國密事，上唯與安民論議，謂安民曰：「署事有卿名，我便不復細覽也。」尋爲領軍將軍。

虜寇壽春，至馬頭。詔安民出征，加鼓吹一部。虜退，安民沿淮進壽春。先是宋世亡命王元初聚黨六合山僭號，自云垂手過膝。州郡討不能擒，積十餘年。安民遣軍偵候，生禽元初，斬建康市。加散騎常侍。

其年，虜又南侵，詔安民持節履行緣淮清泗諸戍屯軍。虜攻朐山、漣口、（甬）〔角〕城，〔二六〕安民頓泗口，分軍應赴。三年，引水步軍入清，於淮陽與虜戰，〔二七〕破之。虜退。安民知有伏兵，乃遣族弟馬軍主長文二百騎爲前驅，自與軍副周盤龍、崔文仲係其後，分軍隱林。〔二八〕及長文至宿豫，虜見衆少，數千騎遮之。長文且退且戰，引賊向大軍，安民率盤龍等趨兵至，合戰於孫溪渚戰父彎側，虜軍大敗，赴清水死不可勝數。虜遣其葱頭公送攻車材至布丘，左軍將軍孫文顯擊破走之，燒其車材。

淮北四州聞太祖受命，咸欲南歸。至是徐州人桓摽之、兗州人徐猛子等，合義衆數萬，柴險求援。〔二九〕太祖詔曰：「青徐四州，〔三〇〕義舉雲集。安民可長轡遐馭，指授羣帥。」安民赴救留遲，虜急兵攻摽之等皆沒，上甚責之。

太祖崩，遺詔加侍中。世祖卽位，遷撫軍將軍、丹陽尹。永明二年，遷尚書左僕射，將軍如故。安民時屢啓密謀見賞，又善結尚書令王儉，故世傳儉啓有此授。尋上表以年疾求退，改授散騎常侍、金紫光祿大夫，將軍如故。四年，爲安東將軍、吳興太守，常侍如故。卒官，年五十八。賻錢十萬，布百匹。

吳興有項羽神護郡聽事，太守不得上。太守到郡，必須祀以軛下牛。安民奉佛法，不與神牛，著屐上聽事。又於聽上八關齋。〔三一〕俄而牛死，葬廟側，今呼爲「李公牛冢」。及安民卒，世以神爲祟。

詔曰：「安民歷位內外，庸績顯著。忠亮之誠，每簡朕心。敷政近畿，方申任寄。奄至殞喪，痛傷于懷。贈鎭東將軍，鼓吹一部，常侍、太守如故。諡曰肅侯。」

王玄載字彥休，下邳人也。〔三二〕祖宰，爲北地太守。〔三三〕父蕤，東莞太守。

玄載解褐江夏王國侍郎、太宰行參軍。泰始初，爲長水校尉。隨張永征彭城，臺軍大敗，玄載全軍據下邳城拒虜，假冠軍將軍。官軍新敗，人情恐駭，以玄載士望，板爲徐州刺史、持節、監徐州豫州梁郡軍事、寧朔將軍、平胡中郎將，尋又領山陽、東海二郡太守。五年，督青、兗二州刺史，將軍、東海郡如故。七年，復爲徐州，督徐兗二州、鍾離太守，將軍、郎將如故。遷左軍將軍。仍爲寧朔將軍、歷陽太守，改持節、都督二豫、冠軍將軍、南豫州刺史，太守如故。遷撫軍司馬。出爲持節、督梁南北秦三州軍事、冠軍將軍、西戎校尉、梁秦二州刺史。進號征虜將軍。尋徙督益寧二州、益州刺史、建寧太守，將軍、持節如故。沈攸之〔之〕難，〔三四〕玄載起義送誠，進號後軍將軍，封鄂縣子。徵散騎常侍，領後軍，未拜，建元元年，爲左民尚書，鄂縣子如故。會虜動，南兗州刺史王敬則奔京師，上遣玄載領廣陵，加平北將軍、假節、行南兗州事，本官如故。事寧，爲光祿大夫、員外散騎常侍。永明四年，爲持節監兗州緣淮諸軍事、平北將軍、兗州刺史。六年，卒，時年七十六。謚烈子。

玄載夷雅好玄言，脩士操，在梁益有清績，西州至今思之。

從弟玄謨子瞻，〔三五〕宋明帝世，爲黃門郎，素輕世祖。世祖時在大牀寢，瞻謂豫章王曰：「帳中物亦復隨人寢興。」世祖銜之，未嘗形色。建元元年，爲冠軍將軍、永嘉太守，詣闕跪拜不如儀，爲守寺所列。有司以啓世祖，世祖召瞻入東宮，仍送付廷尉殺之。遣左右口啓上曰：「父辱子死，王瞻傲慢朝廷，臣輒以收治。」太祖曰：「語郎，此何足計！」既聞瞻已死，乃默無言。

瞻兄寬，宋世與瞻竝爲方伯，至是瞻雖坐事，而寬位待如舊也。寬泰始初爲隨郡，值西方反，父玄謨在都，寬棄郡歸，明帝加賞，使隨張永討薛安都。寬辭以母猶存，在西爲賊所執，請得西行。遂襲破隨郡，斬僞太守劉師念，拔其母。事平，明帝嘉之，使圖畫寬形。建元初，爲散騎常侍、光祿大夫，領前軍將軍。永明元年，爲太常。坐於宅殺牛，免官。後爲光祿大夫。三年，卒。

玄載弟玄邈，字彥遠，初爲驃騎行軍參軍，太子左積弩將軍，射聲校尉。泰始初，遷輔國將軍、清河廣（平）〔川〕二郡太守，〔二六〕幽州刺史。青州刺史沈文秀反，玄邈欲向朝廷，慮見掩襲，乃詣文秀求安軍頓。文秀令頓城外，玄邈卽立營壘，至夜拔軍南奔赴義，比曉，文秀追不復及。明帝以爲持節、都督青州、青州刺史，將軍如故。

太祖鎭淮陰，爲帝所疑，遣書結玄邈。玄邈長史房叔安勸玄邈不相答和。罷州還，太祖以經途〔令〕人要之，〔二七〕玄邈雖許，旣而嚴軍直過，還都啓帝，稱太祖有異謀，太祖不恨也。昇明中，太祖引爲驃騎司馬、冠軍將軍、太山太守，玄邈甚懼，而太祖待之如初。遷散騎常侍、驍騎將軍，冠軍如故。

出爲持節、都督梁南秦二州軍事、征虜將軍、西戎校尉、梁南秦二州刺史，兄弟同時爲方伯。封河陽縣侯。建元元年，進號右將軍，侯如故。亡命李烏奴作亂梁部，陷白馬戍。玄邈率東從七八百人討之，不克，慮不自保，乃使人僞降烏奴，告之曰：「王使君兵衆羸弱，棄仗妾於城內，攜愛妾二人去已數日矣。」烏奴喜，輕兵襲州城，玄邈設伏擊破之，烏奴挺身走。太祖聞之，曰：「玄邈果不負吾意遇也。」

還爲征虜將軍、長沙王後軍司馬、南東海太守。遷都官尚書。世祖卽位，轉右將軍、豫章王太尉司馬，出爲冠軍將軍、臨川內史，秩中二千石。還爲前軍司徒司馬、散騎常侍、太子右率。永明七年，爲持節、都督兗州緣淮軍事、平北將軍、兗州刺史，未之任，轉大司馬，〔三八〕加後將軍。八年，轉太常，遷散騎常侍、右衞將軍，出爲持節、監徐州軍事、平北將軍，〔三九〕徐州刺史。

十一年，建康蓮華寺道人釋法智與州民周盤龍等作亂，四百人夜攻州城西門，登梯上城，射殺城局參軍唐穎，遂入城內。軍主耿虎、徐思慶、董文定等拒戰，至曉，玄邈率百餘人登城便門，奮擊，生擒法智、盤龍等。玄邈坐免官。鬱林卽位，授撫軍將軍，遷使持節、安西將軍、歷陽南譙二郡太守。延興元年，加散騎常侍，尋轉中護軍。高宗使玄邈往江州殺晉安王子懋，玄邈苦辭不行，及遣王廣之往廣陵取安陸王子敬，玄邈不得已奉旨。給鼓吹置佐。建武元年，遷持節、都督南兗兗徐青冀五州軍事、平北將軍、南兗州刺史，轉護軍將軍，加散騎常侍。四年，卒，年七十二。贈安北將軍、雍州刺史。諡曰壯侯。

同族王文和，宋鎮北大將軍仲德兄孫也。景和中，爲義陽王昶征北府主簿。昶於彭城奔虜，部曲皆散，文和獨送至界上。昶謂之曰：「諸人皆去，卿有老母，何不去邪！」文和乃去。昇明中，爲巴陵內史。沈攸之事起，文和斬其使，馳白世祖告變，棄郡奔郢城。永明中，歷青、冀、兗、益四州刺史，平北將軍。

史臣曰：宋氏將季，離亂日兆，家懷逐鹿，人有異圖，故蓄岳阻兵之機，州郡觀釁之會。此數子皆宿將舊勳，與太祖比肩爲方伯，年位高下，或爲先輩。而薦誠君側，奉義萬里，以此知樂推之非妄，信民心之有歸。玄載兄弟門從，世秉誠烈，不爲道家所忌，斯今之耿氏也。

贊曰：霄城報馬，分義先推。靈哲守讓，方軌丁、韋。李佐東土，謀發天機。王爲清政，其風不衰。玄邈簡脫，早背同歸。

校勘記

〔一〕漢膠東康王後也　「康王」下南監本、殿本有「寄」字。

〔二〕亡命司馬順則聚黨東陽州遣懷珍將數千人掩討平之　「東陽」原譌「東揚」，今據局本及南史、元龜四百三十一改正。按東陽，城名，「州」字屬下讀。晉書地理志云羊穆之爲青州刺史，築東陽城而居之，元帝渡江，始置北青州，鎮東陽城。司馬順則聚黨東陽，卽此東陽城也。殿本旣譌「陽」爲「揚」，而萬承蒼作考證又誤以「州」字屬上讀，遂謂「司馬順則作亂在元嘉二十八年，不應有東揚州之稱，未詳所謂」，傎矣。洪頤煊諸史考異亦云「東揚」當作「東陽」，卽晉書地理志所云之東陽城。然洪氏亦以「州」字屬上讀，則猶未達一閒也。

〔三〕取爲驃騎長兼墨曹行參軍　各本「長」下衍「史」字，南史、元龜七百二十七同。按長兼者，未正授之稱，參閱卷二十三王儉傳校勘記第三十二條。

〔四〕士人怨之　南監本、殿本作「土人怨之」。

〔五〕率龍驤將軍王敬則姜產步騎五千討壽陽　張森楷校勘記云：「『姜產』宋書恩倖傳作『姜產之』。」

〔六〕廬江太守王仲子南奔　張森楷校勘記云：「『王仲子』宋書鄧琬傳作『王子仲』。」

〔七〕僞太守閻湛拒守　張森楷校勘記云：「『閻湛』宋書鄧琬傳作『閻湛之』。」

〔八〕齊士庶見於(民)〔名〕義積葉　據南監本、局本及元龜三百六十三改。

〔九〕僞長廣太守劉桃根領數(十)〔千〕人戍不其城　據殿本及元龜三百六十三改。按殿本「不」譌「守」。

〔一〇〕文秀今遊騎〔滿〕境內　據南監本、局本及元龜三百六十三補。

〔一一〕平所(葬)〔仗〕賴　據南監本、殿本、局本改。按元龜二百作「委賴」。

〔一二〕景素(而)〔兒〕乃佳　據南監本、殿本、局本改。按元龜無「而」字。

〔一三〕中書舍人〔王〕道隆宣旨　據南監本、殿本、局本補。按王道隆於宋明帝泰始中爲通事舍人，見宋書恩倖傳。

〔一四〕必請奉律吞之　按「奉」字下元龜四百四有「命」字。

〔一五〕〔統〕鑾漢軍萬人出西陽　「統」字各本並脫，據元龜三百五十一補。按元龜「出」上有「步」字。

〔一六〕〔增〕邑二百戶　據南監本、殿本補。

〔一七〕祖嶷　錢大昕廿二史考異云：「子顯父名嶷，此書於『嶷』字亦不避。」

〔一八〕太(祖)初逆　據局本刪。按宋劉劭卽位，改元太初，史敍劉劭時事，多稱「太初」。如周山圖傳「宋武帝伐太初」，王奂傳殷叡祖元素「坐染太初事誅」，顧歡傳「後太初弒逆」，皆是也。南監本、殿本作「太子劭逆」，乃後人以意改耳。參閱卷四十四徐孝嗣傳校記第一條引錢大昕說。

〔一九〕明帝敕留安民戍(甬)〔角〕城　各本並作「甬」，據通鑑胡注改，參閱卷十四州郡志上校記第九條。

〔二〇〕虜荆亭戍主昇乞奴棄城歸降　「荆亭戍主昇乞奴」宋書吳喜傳作「長社戍主帛乞奴」。

〔二一〕太祖在淮〔陰〕　據南史補。

〔二二〕徵〔授〕左將軍　據南監本、毛本、殿本、局本補。

〔二三〕安民至京〔口〕　據南監本、殿本、局本及元龜三百五十一補。

〔二四〕城局參軍王迴素爲安民所親　「迴」南史作「回」。御覽二百九十六引作「迴」，元龜四百一同。

〔二五〕驍衞將軍　張森楷校勘記云：「按百官志有驍騎將軍、衞將軍、衞軍將軍，而無驍衞將軍，此必有譌。」

〔二六〕虜攻朐山連口(甬)〔角〕城　據通鑑胡注改。

〔二七〕引水步軍入清於淮陽與虜戰　「清」南監本、局本作「屯」，連下讀。「於」殿本作「至」。

〔二八〕分軍隱林　「林」字下元龜四百二十有「中」字。

〔二九〕柴險求援　張森楷校勘記云：「毛本、局本作『柴』，南監本、殿本作『砦』，按柴砦古今字。」

〔三〇〕青徐四州　「四」原譌「泗」，各本並誤，今據元龜四百四十五改正。按州郡志無「泗州」。

〔三一〕又於聽上八關齋　「上」字下御覽六百五十四、八百八十二引並有「設」字。

〔三二〕下邳人也　張森楷校勘記云：「宋書王玄謨傳云太原祁人，後徙新興，不云下邳人。玄謨自稱老傖，即是玄載從兄，宗從兄弟，不應郡地各異。」

〔三三〕祖宰僞北地太守　「宰」宋書王玄謨傳作「牢」，爲上谷太守。

〔三四〕沈攸之〔之〕難　據南監本、殿本、局本補。

〔三五〕從弟玄謨子瞻　張森楷校勘記云：「宋書王玄謨傳云玄謨以泰始四年卒，年八十一。此書云玄載以永明六年卒，年七十六。是玄載後玄謨二十年死，且少於玄謨二十五歲，當云『從兄』，不當云『從弟』也。」

〔三六〕清河廣〔平〕〔川〕二郡太守　張森楷校勘記云：「『廣平』宋書沈文秀傳作『廣川』。」按宋書州郡志，冀州有廣川郡，作『廣川』是，今據改。

〔三七〕太祖以經途〔令〕人要之　據南監本、殿本、局本補。按元龜二百十二、三百七十一並作「太祖以經途又要之」。

〔三八〕轉大司馬　張森楷校勘記云：「『大司馬』下有奪文。時豫章王嶷爲大司馬，玄邈蓋爲其參佐。」

〔三九〕平北將軍　此與下「遷持節都督南兗兗徐青冀五州軍事平北將軍」之「平北將軍」，原並譌「北平將軍」，各本不譌，今乙正。

南齊書卷二十八

列傳第九

崔祖思　劉善明　蘇侃　垣榮祖

崔祖思字敬元，清河東武城人，崔琰七世孫也。祖諲，宋冀州刺史。父僧護，州秀才。

祖思少有志氣，好讀書史。初州辟主簿，與刺史劉懷珍於堯廟祠神，〔一〕廟有蘇侯像。懷珍曰：「堯聖人，而與雜神爲列，欲去之，何如？」祖思曰：「蘇峻今日可謂四凶之五也。」懷珍遂令除諸雜神。

太祖在淮陰，祖思聞風自結，爲上輔國主簿，甚見親待，參豫謀議。除奉朝請，安成王撫軍行參軍，員外正員郎，冀州中正。宋朝初議封太祖爲梁公，祖思啓太祖曰：「讖書云『金刀利刃齊刈之』。今宜稱齊，實應天命。」從之。轉爲相國從事中郎，遷齊國內史。建元元年，轉長兼給事黃門侍郎。

上初卽位，祖思啓陳政事曰：「禮誥者，人倫之襟冕，帝王之樞柄。自古開物成務，必以教學爲先。世不習學，民忘志義，〔二〕悖競因斯而興，禍亂是焉而作。故篤俗昌治，莫先道教，不得以夷（禍）〔險〕革慮，〔三〕儉泰移業。今無員之官，空受祿力。三載無考績之効，九年闕登黜之序。國儲以之虛匱，民力爲之凋散。能否無章，涇渭混流。宜大廟之南，弘脩文序；〔四〕司農以北，廣開武校。臺〔府〕州國，〔五〕限外之職，問其所樂，依方課習，各盡其能。月供僮幹，如先充給。若有廢墮，遣還故郡。殊經奇藝，待以不次，士脩其業，必有異等，民識其利，能無勉勵。」

又曰：「漢文集上書囊以爲殿帷，身衣弋綈，以韋帶劍，愼夫人衣不曳地，惜中（民）〔人〕十家之產，〔六〕不爲露臺。劉備取帳鉤銅鑄錢以充國用。魏武遣女，皁帳，婢十人，東阿婦以繡衣賜死，王景興以淅米見誚。〔七〕宋武節儉過人，張妃房唯碧綃蚊幬，三齊茵席，五盞盤桃花米飯。殷仲文勸令畜伎，荅云『我不解聲』。仲文曰『但畜自解』，又荅『畏解，故不畜』。歷觀帝王，未嘗不以約素興，侈麗亡也。伏惟陛下，體唐成儉，踵虞爲樸。寢殿則素木卑構，膳器則陶瓢充御。瓊簪玉筯，碎以爲塵，珍裘繡服，焚之如草。斯實風高上代，民偃下世矣。然教信雖孚，氓染未革，宜加甄明，以速歸厚。詳察朝士，有柴車蓬館，高以殊等；雕牆華輪，卑其稱謂。馳禽荒色，長違清編，嗜音酣酒，守官不徙。物識義方，且懼且勸，則調風變俗，不俟終日。」

又曰：「憲律之重，由來尚矣。故曹參去齊，〔八〕唯以獄市爲寄，餘無所言。路溫舒言『秦有十失，其一尚在，治獄之吏是也』。寔宜清置廷尉，茂簡三官，寺丞獄主，彌重其選，研習律令，删除繁苛。詔獄及兩縣，一月三訊，觀貌察情，欺枉必達。使明愼用刑，無忝大易，寧失不經，靡愧周書。〔九〕漢來治律有家，子孫並世其業，聚徒講授，至數百人。故張、于二氏，絜譽文、宣之世；陳、郭兩族，流稱武、明之朝。決獄無寃，慶昌枝裔，槐衮相襲，蟬紫傳輝。今廷尉律生，乃令史門戶，族非咸、弘，庭缺于訓。刑之不措，抑此之由。如詳擇篤厚之士，〔一〇〕使習律令，試簡有徵，擢爲廷尉僚屬。苟官世其家而不美其績，〔一一〕鮮矣；廢其職而欲善其事，未之有也。若劉累傳守其業，庖人不乏龍肝之饌，斷可知矣。」

又曰：「樂者動天地，感鬼神，正情性，立人倫，其義大矣。按前漢編戶千萬，太樂伶官方八百二十九人，孔光等奏罷不合經法者四百四十一人，正樂定員，唯置三百八十八人。今戶口不能百萬，而太樂雅、鄭，元徽時校試千有餘人，後堂雜伎，不在其數，糜廢力役，〔一二〕傷敗風俗。今欲撥邪歸道，莫若罷雜伎，王庭唯置鍾虡、羽戚、登歌而已。如此，則官充給養，國反淳風矣。」

又曰：「論儒者以德化爲本，談法者以刻削爲體。道教治世之粱肉，刑憲亂世之藥石，故以教化比雨露，名法方風霜。是以有恥且格，敬讓之樞紐；令行禁止，爲國之關楗。然則天下治者，賞罰而已矣。賞不事豐，所病於不均；罰不在重，所困於不當。如令甲勳少，乙功多，賞甲而捨乙，天下必有不勸矣；丙罪重，丁眚輕，罰丁而赦丙，天下必〔有〕不悛矣。〔一三〕是賞罰空行，無當乎勸沮。將令見罰者寵習之臣，受賞者仇讎之士，戮一人而萬國懼，賞匹夫而四海悅。」

又曰：「籍稅以厚國，國虛民貧；廣田以實廩，國富民贍。堯資用天之儲，實拯懷山之數。〔一四〕湯憑分地之積，以勝流金之運。近代魏置典農，而中都足食；晉開汝、潁，而汴河委儲。今將掃闢咸、華，題鏤龍漠，宜簡役敦農，開田廣稼。時罷山池之威禁，深抑豪右之兼擅，則兵民優贍，可以出師。」

又曰：「古者左史記言，右史記事，故君舉必書，盡直筆而不汚；上無妄動，知如絲之成綸。今者著作之官，起居而已；述事之徒，褒諛爲體。世無董狐，書法必隱；時闕南史，直筆未聞。」

又〔曰〕：「廢諫官，〔則〕聽納靡依。〔一五〕雖課勵朝僚，徵訪芻輿，莫若推舉質直，職思其憂。夫越任于事，在言爲難；當官而行，處辭或易。物議既以無言望己，己亦當以吞默慙人。中丞雖謝咸、玄，未有全廢劾簡；廷尉誠非釋之，寧容都無訊牒。故知與其謬人，寧不廢職，目前之明効也。漢徵貢禹爲諫大夫，矢言先策，夏侯勝狂直拘繫，出補諷職，伐柯非遐，行之卽善。」

又曰：「天地無心，賦氣自均，寧得誕秀往古，而獨寂寥一代，將在知與不知，用與不用耳。夫有賢而不知，知賢而不用，用賢而不委，委賢而不信，此四者，古今之通患也。今誠重郭隗而招劇辛，任鮑叔以求夷吾，則天下之士，不待召而自至矣。」上優詔報答。

尋遷寧朔將軍、冠軍司馬，領齊郡太守、本官如故。是冬，虜動，遷冠軍將軍、軍主，屯淮上。二年，進號征虜將軍，軍主如故。仍遷假節、督青冀二州刺史，將軍如故。少時，卒。上歎曰：「我方欲用祖思，不幸，可惜。」詔賻錢三萬，布五十匹。

祖思宗人文仲，初辟州從事。泰始初，爲薛安都平北主簿，拔難歸國。元徽初，從太祖於新亭拒桂陽賊，著誠効，除游擊將軍。沈攸之事起，助豫章王鎭東府，歷驃騎諮議，出爲徐州刺史。建元初，封建陽縣子，三百戶。二年，虜攻鍾離，文仲擊破之。又遣軍主崔孝伯等過淮攻拔虜茬眉戍，殺戍主龍得侯及僞陽平太守郭杜羝，館陶令張德，濮陽令王明。時虜攻殺馬頭太守劉從，〔一六〕上曰：「破茬眉，足相補。」文仲又遣軍主陳靖攻虜竹邑戍主白仲都，又遣軍主崔延叔攻僞淮陽太守梁惡，竝殺之。三年，淮北義民桓磊魄於抱犢固與虜戰，大破之。文仲馳啓，上敕曰：「北閒起義者衆，深恐良會不再至，卿善獎沛中人，若能一時攘袂，當遣一佳將直入也。」文仲在政，爲百姓所憚。除黄門郎，領越騎校尉，改封隨縣。嘗獻太祖纏鬚繩一枚，上爲納受。永明元年，爲太子左率，累至征虜將軍、冠軍司馬、汝陰太守。四年，卒。贈後將軍、徐州刺史。謚襄子。

劉善明，平原人。鎮北將軍懷珍族弟也。父懷民，宋世爲齊北海二郡太守。元嘉末，青州飢荒，人相食，善明家有積粟，躬食饘粥，開倉以救鄉里，多獲全濟，百姓呼其家田爲「續命田」。

少而靜處讀書，刺史杜驥聞名候之，辭不相見。年四十，刺史劉道隆辟爲治中從事。父懷民謂善明曰：「我已知汝立身，復欲見汝立官也。」善明應辟。仍舉秀才。宋孝武見其對策強直，甚異之。

泰始初，徐州刺史薛安都反，青州刺史沈文秀應之。時州治東陽城，善明家在郭內，不能自拔。伯父彌之詭說文秀求自効，文秀使領軍主張靈慶等五千援安都。彌之出門，密謂部曲曰：「始免禍坑矣。」行至下邳，起義背文秀。善明從伯懷恭爲北海太守，據郡相應。善明密契收集門宗部曲，得三千人，夜斬關奔北海。族兄乘民又聚衆渤海以應朝廷。而彌之尋爲薛安都所殺，明帝贈輔國將軍、青州刺史。以乘民爲寧朔將軍、冀州刺史，善明爲寧朔長史、北海太守，除尚書金部郎。乘民病卒，〔一七〕仍以善明爲綏遠將軍、冀州刺史。文秀既降，除善明爲屯騎校尉，出爲海陵太守。郡境邊海，無樹木，善明課民種楡檟雜菓，遂獲其利。還爲後軍將軍、直閤。

五年，青州沒虜，善明母陷北，虜移置桑乾。善明布衣蔬食，哀戚如持喪。明帝每見，爲之歎息，時人稱之。轉寧朔將軍、巴西梓潼二郡太守。善明以母在虜中，不願西行，涕泣固請，見許。朝廷多哀善明心事。元徽初，遣北使，朝議令善明舉人，善明舉州鄉北平田惠紹使虜，贖得母還。

幼主新立，羣公秉政，善明獨結事太祖，委身歸誠。二年，出爲輔國將軍、西海太守、行青冀二州刺史。至鎮，表請北伐，朝議不同。善明從弟僧副，與善明俱知名於州里。泰始初，虜暴淮北，僧副將部曲二千人東依海島，太祖在淮陰，壯其所爲，召與相見，引(至)〔爲〕安成王撫軍參軍。〔一八〕蒼梧肆暴，太祖憂恐，常令僧副微行伺察聲論。使僧副密告善明及東海太守垣崇祖曰：「多人見勸北固廣陵，恐一旦動足，非爲長算。今秋風行起，卿若能與垣東海微共動虜，則我諸計可立。」善明曰：「宋氏將亡，愚智所辨。故胡虜若動，反爲公患。公神武世出，唯當靜以待之，因機奮發，功業自定。不可遠去根本，自貽猖蹷。」〔一九〕遣部曲健兒數十人隨僧副還詣領府，太祖納之。蒼梧廢，徵善明爲冠軍將軍、太祖驃騎諮議、南東海太守、行南徐州事。

沈攸之反，太祖深以爲憂。善明獻計曰：「沈攸之控引八州，縱情蓄斂，收衆聚騎，營造舟仗，苞藏賊志，於焉十年。性既險躁，才非持重，而起逆累旬，遲回不進。豈應有所待也？一則闇於兵機，二則人情離怨，三則有掣肘之患，四則天奪其魄。本慮其剽勇，長於一戰，疑其輕速，掩襲未備。今六師齊奮，諸侯同舉。昔謝晦失理，不鬭自潰；盧龍乖道，雖衆何施。且袁粲、劉秉，賊之根本，根本既滅，枝葉豈久。此是已籠之鳥耳。」事平，太祖召善明還都，謂之曰：「卿策沈攸之，雖復張良、陳平，適如此耳。」仍遷散騎常侍，領長水校尉，黃門郎，領後軍將軍、太尉右司馬。齊臺建，爲右衞將軍，辭疾不拜。

司空褚淵謂善明曰：「高尙之事，乃卿從來素意。今朝廷方相委待，詎得便學松、喬邪？」善明曰：「我本無宦情，〔三〇〕既逢知己，所以勠力驅馳，願在申志。今天地廓清，朝盈濟濟，〔三一〕鄙懷既申，不敢昧於富貴矣。」太祖踐阼，以善明勳誠，欲與善明祿，召謂之曰：「淮南近畿，國之形勢，〔三二〕自非親賢，不使居之。卿爲我臥治也！」代高宗爲征虜將軍、淮南宣城二郡太守，遣使拜授，封新淦伯，〔三三〕邑五百戶。

善明至郡，上表陳事曰：「周以三聖相資，再駕乃就。漢値海內無主，累敗方登。魏挾主行令，實踰二紀。晉廢立持權，遂歷四世。景祚攸集，如此之難者也。陛下凝暉自天，照湛神極，睿周萬品，道洽無垠。故能高嘯閑軒，鯨鯢自翦，垂拱雲帝，九服載晏，靡一戰之勞，無半辰之棘，苞池江海，籠苑嵩岱，神祇樂推，普天歸奉，二三年間，允膺寶命，胄臨皇曆，正位宸居，開闢以來，未有若斯之盛者也。夫常勝者無憂，恒成者好怠。故雖休勿休，姬旦作誥；安不忘危，尼父垂範。今皇運草創，萬化始基，乘宋季葉，政多澆苛，億兆倒懸，仰齊蘇振。臣早蒙殊養，志輸肝血，徒有其誠，曾闕埃露。夙宵慙戰，如墜淵谷，不識忌諱，謹陳愚管，瞽言芻議，伏待斧鉞。」所陳事凡十一條：其一，以爲「天地開創，人神慶仰，宜存問遠方，宣廣慈澤」。其二，以爲「京師浩大，遠近所歸，宜遣醫藥，問其疾苦。年九十以上及六疾不能自存者，隨宜量賜」。其三，以爲「宋氏赦令，蒙原者寡。愚謂〔今〕下赦書，〔一四〕宜令事實相副」。其四，以爲「匈奴未滅，劉昶猶存，秋風揚塵，容能送死。境上諸城，宜應嚴備，特簡雄略，以待事機，資實所須，皆宜豫辦」。其五，以爲「宜除宋氏大明泰始以來諸苛政細制，〔一五〕以崇簡易」。其六，以爲「凡諸土木之費，且可權停」。其七，以爲「帝子王姬，宜崇儉約」。其八，以爲「宜詔百官及府州郡縣，各貢讜言，以弘唐虞之美」。其九，以爲「忠貞孝悌，宜擢以殊階，清儉苦節，應授以民政」。其十，以爲「革命惟始，天地大慶，宜時擇才辨，北使匈奴」。其十一，以爲「交州險夐，要荒之表，宋末政苛，遂至怨叛。今大化創始，宜懷以恩德，未應遠勞將士，搖動邊氓。且彼土所出，唯有珠寶，實非聖朝所須之急。討伐之事，謂宜且停」。

又撰賢聖雜語奏之，託以諷諫。上答曰：「省所獻雜語，竝列聖之明規，衆智之深軌。卿能憲章先範，纂鏤情識，忠款既昭，淵誠肅著，當以周旋，無忘聽覽也。」又諫起宣陽門；表陳宜明守宰賞罰；立學校，制齊禮；廣開賓館，以接荒民。〔二六〕上又答曰：「具卿忠讜之懷。夫賞罰以懲守宰，飾館以待遐荒。皆古之善政，吾所宜勉。更撰新禮，或非易制。國學之美，已敕公卿。宣陽門今敕停。寡德多闕，思復有聞。」

善明身長七尺九寸，質素不好聲色，所居茅齋斧木而已，牀榻几案，不加剗削。少與崔祖思友善，祖思出爲青、冀二州，善明遺書曰：「昔時之遊，于今邈矣。或攜手春林，或負杖秋澗，逐清風於林杪，追素月於園垂，如何故人，徂落殆盡。足下方擁旄北服，吾剖竹南甸，相去千里，閡以江山，人生如寄，來會何時。嘗覽書史，數千年來，略在眼中矣。歷代參差，萬理同異。夫龍虎風雲之契，亂極必夷之幾，古今豈殊，此實一揆。日者沈攸之擁長蛇於外，粲、秉復爲異識所推；〔二七〕唯有京鎮，創爲聖基。遂乃擢吾爲首佐，授吾以大郡，付吾關中，委吾留任。既不辨有抽劍兩城之用，橫槊搴旗之能，徒以挈瓶小智，名參佐命，常恐朝露一下，深恩不酬。憂深責重，轉不可據，還視生世，倍無次緒。藿羹布被，猶篤鄙好，惡色憎聲，暮齡尤甚。出蕃不與台輔別，入國不與公卿遊，孤立天地之閒，無猜無託，唯知奉主以忠，事親以孝，臨民以潔，居家以儉。足下今鳴笳舊鄉，衣繡故國，宋季荼毒之悲已蒙蘇泰，河朔倒懸之苦方須救拔。遣遊辯之士，爲鄉導之使，輕裝啓行，經營舊壤，(今)〔令〕泗上歸業，〔二八〕稷下還風，君欲誰讓邪？聊送諸心，敬申貧贈。」

建元二年卒，年四十九。遺命薄殯。贈錢三萬，布五十匹。又詔曰：「善明忠誠夙亮，幹力兼宣，豫經夷嶮，勤績昭著。不幸殞喪，痛悼于懷。贈左將軍、豫州刺史，謚烈伯。」子滌嗣。善明家無遺儲，唯有書八千卷。太祖聞其清貧，賜滌家葛塘屯穀五百斛。

善明從弟僧副，官至前將軍，封豐陽男，三百戶。永明四年，爲巴西梓潼二郡太守，〔二九〕卒。

蘇侃字休烈，〔三〇〕武邑人也。祖護，本郡太守。父端，州治中。

侃涉獵書傳，出身正員將軍，補長城令。薛安都反，引侃爲其府參軍，使掌書記。安都降虜，侃自拔南歸。除積射將軍。遇太祖在淮上，便自委結。上鎮淮陰，以侃詳密，取爲冠軍錄事參軍。是時張永、沈攸之(反)〔敗〕後，〔三一〕新失淮北，始遣上北戍，不滿千人，每歲秋冬閒，邊淮騷動，恒恐虜至。上廣遣偵候，安集荒餘，又營繕城府。上在兵中久，見疑於時，乃作塞客吟以喻志曰：「寶緯紊宗，神經越序。德晦河、晉，力宣江、楚。雲雷兆壯，天山繇武。直髮指秦關，凝精越漢渚。秋風起，塞草衰，〔三〕鵰鴻思，邊馬悲。平原千里顧，但見轉蓬飛。星嚴海淨，月澈河明。清輝映幕，素液凝庭。金笳夜厲，羽轊晨征。斡晴潭而悵泗，柑松洲而悼情。蘭涵風而瀉豔，菊籠泉而散英。曲繞首燕之歎，吹軫絕越之聲。欷園琴之孤弄，想庭藿之餘馨。青關望斷，白日西斜。恬源靚霧，壟首暉霞。戒旋鷁，躍還波，情綿綿而方遠，思裊裊而遂多。粵擊秦中之筑，因爲塞上之歌。歌曰：朝發兮江泉，日夕兮陵山。驚飆兮瀄汨，淮流兮潺湲。胡埃兮雲聚，楚旆兮星懸。愁墉兮思宇，惻愴兮何言。定寰中之逸鑒，審雕陵之迷泉。悟樊籠之或累，悵遐心以栖玄。」侃達上此旨，更自勤勵。委以府事，深見知待。

元徽初，巴西人李承明作亂，太祖議遣侃銜使慰勞，還除羽林監，加建武將軍。桂陽之難，上復以侃爲平南錄事，領軍主，從頓新亭，使分金銀賦賜諸將。事寧，除步兵校尉，出爲綏虜將軍、山陽太守，清脩有治理，百姓懷之。進號龍驤將軍，除前軍將軍。沈攸之事起，除侃游擊將軍，遷太祖驃騎諮議，領錄事，除黃門郎，復爲太祖太尉諮議。

侃事上既久，備悉起居，乃與丘巨源撰蕭太尉記，載上征伐之功。以功封新建縣侯，五百戶。齊臺建，爲黃門郎，領射聲校尉，任以心膂。上即位，佩撰聖皇瑞命記一卷奏之。建元元年，卒，年五十三。上惜之甚至，追贈輔國將軍、梁南秦二州刺史，謚質侯。

弟烈，字休文，初爲東莞令，張〔永〕鎮軍中兵，〔三三〕累至山陽太守，寧朔將軍，游擊將軍。袁粲起事，太祖先遣烈助防城，仍隨諸將平石頭，封吉陽縣男。建元中，爲假節、督巴州軍事、巴州刺史、巴東太守，寧朔將軍如故。永明中，至平西司馬、陳留太守，卒官。

垣榮祖字華先，〔三四〕下邳人，五兵尚書崇祖從父兄也。父諒之，宋北中郎府參軍。榮祖少學騎馬及射，或謂之曰：「武事可畏，何不學書。」榮祖曰：「昔曹操、曹丕上馬橫槊，下馬談論，此於天下可不負飲食矣。君輩無自全之伎，何異犬羊乎！」

宋孝建中，州辟主簿，〔爲〕後軍參軍。〔三五〕伯父豫州刺史護之子襲祖爲淮陽太守，宋孝武以事徙之嶺南，護之不食而死。帝疾篤，又遣使殺襲祖，襲祖臨死，與榮祖書曰：「弟常勸我危行言遜，今果敗矣。」

明帝初即位，四方反，除榮祖冗從僕射，遣還徐州說刺史薛安都曰：「天之所廢，誰能興之。使君今不同八百諸侯，如民所見，非計中也。」安都曰：「天命有在，今京都無百里地，莫論攻圍取勝，自可拍手笑殺。且我不欲負孝武。」榮祖曰：「孝武之行，足致餘殃。今雖天下雷同，正是速死，無能爲也。」安都曰：「不知諸人云何，我不畏此。大蹄馬在近，急便作計。」榮祖被拘不得還，因收集部曲，爲安都將領。假署冠軍將軍。安都引虜入彭城，榮祖攜家屬南奔朐山，虜遣騎追之不及。榮祖懼得罪，乃逃遁淮上。太祖在淮陰，榮祖歸附，上保持之。及明帝崩，太祖書送榮祖詣僕射褚淵，除寧朔將軍、東海太守。淵謂之曰：「蕭公稱卿幹略，故以此郡相處。」

榮祖善彈，彈鳥毛盡而鳥不死。海鵠羣翔，榮祖登城西樓彈之，無不折翅而下。除晉熙王征虜、安成王車騎中兵，左軍將軍。元徽末，太祖欲渡廣陵，榮祖諫曰：「領府去臺百步，公走，人豈不知。若單行輕騎，廣陵人一旦閉門不相受，公欲何之？公今動足下牀，便恐卽有扣臺門者，公事去矣。」及蒼梧廢，除寧朔將軍、淮南太守，進輔國將軍，除游擊將軍、太祖驃騎諮議，輔國將軍、西中郎司馬、汝陰太守，除冠軍將軍，給事中，驍騎將軍。預佐命勳，封將樂縣子，三百戶，以其祖舊封封之。〔三六〕出爲持節、督青冀二州刺史，冠軍如故。遷黃門郎。

永明二年，爲冠軍將軍、尋陽相、南新蔡太守。作大形棺材盛仗，〔三七〕使鄉人田天生、王道期載渡江北。監奴有罪，告之，有司奏免官削爵付東冶，案驗無實見原。爲安陸王平西諮議，帶江陵令，仍遷司馬、河東內史。遷持節、督緣淮諸軍事、冠軍將軍、兗州刺史，領東平太守、兗州大中正。

巴東王子響事，方鎮皆啓稱子響爲逆，榮祖曰：「此非所宜言。政應云劉寅等孤負恩獎，逼迫巴東，使至於此。」時諸啓皆不得通，事平後，上乃省視，以榮祖爲知言。九年，卒，年五十七。

（子）〔從父〕閎，〔三八〕宋孝建初，爲威遠將軍、汝南新蔡太守，據梁山拒丞相義宣賊，以功封西都縣子。累遷龍驤將軍、司州刺史。義嘉事起，明帝使閎出守盱眙，領兵北討薛道（樹）〔標〕，〔三九〕破之。封樂鄉縣男，〔四〇〕三百戶。昇明初，爲散騎常侍，領長水校尉，與豫章王對直殿省，遷右衞將軍。太祖卽位，以心誠封爵如舊，加給事中，領驍騎將軍。累遷金紫光祿大夫。〔四一〕年七十六，永明五年，卒，諡定（子）。〔四二〕

榮祖從弟歷生，亦爲驍騎將軍。宋泰始初，薛安都反，以女婿裴祖隆爲下邳太守，歷生時請假還北，謀殺祖隆，舉城應朝廷，事發奔走。歷官太子右率。性苛暴，好行鞭捶。與始安王遙光同反，伏誅。

史臣曰：太祖作牧淮、兗，始基霸業，恩威北被，感動三齊。青、冀豪右，崔、劉望族，先覩人雄，希風結義。夫諫江都之略，似任光之言，雖議不獨興，理成合契，蓋帷幙之臣也。

贊曰：淮鎮北州，獲在崔、劉。獻書上議，帝念忠謀。侃奉潛躍，皇瑞是鳩。垣方帶礪，削免虛尤。

校勘記

〔一〕與刺史劉懷珍於堯廟祠神　殿本考證云：「『刺史劉懷珍』南史作『刺史垣護之』。」

〔二〕民忘志義　「忘」殿本作「罔」。按元龜五百二十九亦作「忘」。

〔三〕不得以夷〔禍〕〔險〕革慮　據元龜五百二十九改。按下云「儉泰移業」，夷與險，儉與泰，皆相對成文。

〔四〕弘脩文序　「弘」原譌「引」，各本皆由宋諱缺筆而譌，今據南史及元龜五百二十九改正。

〔五〕臺〔府〕州國　據通鑑齊高帝建元元年補。按南監本、殿本作「臺州列國」，亦譌。

〔六〕惜中〔民〕〔人〕十家之產　張森楷校勘記云：「『中民』原作『中人』，此後人妄改。」按張說是，各本皆未正，今據改。

〔七〕王景興以淅米見誚　「淅米」南史作「析米」，元龜五百二十九作「折米」。按景興，王朗字，三國魏志王朗傳裴松之注引魏畧，太祖嘲朗曰「不能效君昔在會稽折秔米飯也」云云，字亦作「折」。

〔八〕故曹參去齊　「去」原譌「云」，今據南監本、殿本及元龜五百二十九改正。

〔九〕寧失不經靡愧周書　殿本考證云「寧失不經乃虞書文，非周書也。」

〔一〇〕如詳擇篤厚之士　「厚」字原闕，今據各本補。

〔一一〕苟官世其家　「家」毛本、局本作「守」。

〔一二〕糜廢力役　「廢」元龜五百二十九作「費」。

〔一三〕天下必〔有〕不悛矣　「有」字各本不脫，今補。

〔一四〕實拯懷山之數　「拯」原譌「極」，今據毛本、殿本、局本改正。

〔一五〕又〔曰〕廢諫官〔則〕聽納靡依　據元龜五百二十九補。　按上條論史官，此條論諫官，補一「曰」字，則條例明晳矣。

〔一六〕時虜攻殺馬頭太守劉從　按劉從卽劉順，子顯避梁諱改。

〔一七〕乘民病卒　錢大昕廿二史考異云：「按劉懷慰傳云父乘民死於義嘉事難，與此互異，當有一誤。」

〔一八〕引〔至〕〔爲〕安成王撫軍參軍　據南監本、殿本、局本改。

〔一九〕自貽猖蹷　「蹷」南監本、殿本作「蹶」。

〔二〇〕我本無宦情　「宦」原譌「官」，今據南監本、殿本、局本改正。

〔二一〕朝盈濟濟　南史、元龜四百七作「朝廷濟濟」。按此「朝盈」二字疑譌倒。

〔二二〕國之形勢　「形勢」御覽二百五十九引作「形勝」，元龜二百亦作「形勝」，疑作「形勝」是。

〔二三〕封新淦伯　「新淦」原作「新塗」，據局本改。廿二史考異云「塗」當作「淦」。然按南史、元龜二百並作「新塗」。洪頤煊諸史考異云：「案宋書恩倖傳李道兒新塗縣侯，梁書簡文帝紀新塗公大成爲山陽郡公，南史袁顗傳景和元年封新塗縣子，此必有新塗縣，而宋、齊志失書。」今用錢說。

〔二四〕愚謂〔今〕下赦書　據殿本及元龜四百七補。

〔二五〕以爲宜除宋氏大明泰始以來諸苛政細制　「泰始」原譌「太始」，今據毛本、殿本、局本改正。

〔二六〕廣開賓館以接荒民　「荒民」南監本作「鄰國」，南史同。

〔二七〕粲秉復爲異識所推　「秉」字下原本闕「復爲異」三字，「推」譌「祖」，今據各本補改。

〔二八〕〔今〕〔令〕泗上歸業　據南監本、殿本改。

〔二九〕爲巴西梓潼二郡太守　「潼」原譌「橦」，今據南監本、局本改正。

〔三〇〕蘇侃字休烈　錢大昕廿二史考異云：「祥瑞志『侃』作『偘』，偘卽侃之俗體。侃字休烈，而弟名烈，亦可疑也。」

〔三一〕是時張永沈攸之〔反〕〔敗〕後　據南監本、殿本、局本及元龜二百改。

〔三二〕塞草衰　「塞」原譌「寒」，今據南監本、殿本、局本改正。

〔三三〕張〔永〕鎮軍中兵　「永」字原闕，今據各本補。

〔三四〕垣榮祖字華先　「垣」原譌「桓」，今據南監本、殿本、局本改正。

〔三五〕〔爲〕後軍參軍　據南監本、殿本、局本補。

〔三六〕以其祖舊封封之　「以其」二字原本漫漶，今據各本補。

〔三七〕作大形棺材盛仗　「仗」原譌「伏」，今據南監本、殿本、局本改正。

〔三八〕（子）〔從父〕閎　據南監本、殿本、局本改。

〔三九〕領兵北討薛道（樹）〔標〕　據毛本、殿本、局本改。

〔四〇〕封樂鄉縣男　張森楷校勘記云：「宋書殷琰傳作『樂鄉縣侯』。據上已封西都縣子，進爵應爲縣侯，當依宋書爲是。」

〔四一〕累遷金紫光祿大夫　王懋竑讀書記疑云：「齊書、南史敍垣閎事，自金紫光祿大夫外，所歷官無一同者。」

〔四二〕謚定（子）　張森楷校勘記云：「南史作『謚定，子愔伯襲爵』，『子』字屬下句，南史是，此文有脫誤。」今刪「子」字。

南齊書卷二十九

列傳第十

呂安國 全景文　周山圖　周盤龍　王廣之

呂安國，廣陵廣陵人也。宋大明末，安國以將領見任，隱重有幹局，爲劉勔所稱。泰始二年，勔征殷琰於壽春，安國以建威將軍爲勔軍副。衆軍擊破琰長史杜叔寶軍於橫塘，安國抄斷賊糧道，燒其運車，多所傷殺。琰衆奔退，勔遣安國追之，先至壽春。琰閉門自守，安國與輔國將軍垣閎屯據城南，於是衆軍繼至。安國勳第一，封彭澤縣男，未拜，明年，改封鍾武縣，加邑爲四百戶。累至寧朔將軍、義陽太守。四年，又改封湘南縣男。虜陷汝南，司州失守，以安國爲督司州諸軍事、寧朔將軍、司州刺史。六年，義陽立州治，仍領義陽太守。稍遷右軍將軍，假輔師將軍。元徽二年，爲晉熙王征虜司馬，輔師將軍如故。轉游擊將軍。三年，出爲持節、都督青兗冀三州緣淮前鋒諸軍事、輔師將軍、兗州刺史。明年，進號冠軍將軍，還爲游擊將軍，加散騎常侍、征虜將軍。

沈攸之事起，太祖以安國爲湘州刺史，征虜將軍如故。先是王蘊罷州，南中郎將南陽王翽未之鎮，蘊寧朔長史庾佩玉權行州事，朝廷先遣南中郎將中兵參軍臨湘令韓幼宗領軍防州。沈攸之〔之〕難，〔一〕二人各相疑阻，佩玉輒殺幼宗。平西將軍黄回至郢州，遣軍主任候伯行湘州事，又殺佩玉。候伯與回同〔衞將〕軍袁粲謀石頭事，〔二〕回令候伯水軍乘舸往赴，會衆軍已至，不得入。太祖令安國至鎮，收候伯誅之。尋進號前將軍。（太）〔建〕元元年，〔三〕進爵，〔四〕增邑六百戶。轉右衞將軍，加給事中。

二年，虜寇邊，上遣安國出司州，安集民戶。詔曰：「郢、司之閒，流雜繁廣，宜並加區判，定其隸屬。參詳兩州，事無專任，安國可蹔往經理。」以本官使持節、總荆郢諸軍北討事，屯義陽西關。虜未至，安國移屯沔口以俟應接。改封湘鄉。世祖卽位，授使持節、散騎常侍、平西將軍、司州刺史，領義陽太守。永明二年，徙都督南兗兗徐青冀五州諸軍事、平北將軍、南兗州刺史，仍爲都督、湘州刺史。四年，湘川蠻動，安國督州兵討之。

有疾，徵爲光祿大夫，加散騎常侍。安國欣有文授，謂其子曰：「汝後勿作袴褶驅使，單衣猶恨不稱，當爲朱衣官也。」上遣中書舍人茹法亮敕安國曰：「吾恒憂卿疾病，應有所須，勿致難也。」明年，遷都官尚書，領太子左率。六年，遷領軍將軍。安國累居將率，在朝以宿舊見遇。尋遷散騎常侍、金紫光祿大夫、兗州中正，給扶。上又敕茹法亮曰：「吾見呂安國疾狀，自不宜勞，且脚中既恒惡，扶人至吾前，於禮望殊成有虧，吾難敕之。其人甚諱病，卿可作私意向，其若好差不復須扶人，依例入，幸勿牽勉。」八年，卒，年六十四。贈使持節、鎮北將軍、南兗州刺史，常侍如故。給鼓吹一部。謚肅侯。

時舊將帥又有吳郡全景文，字弘達。少有氣力，與沈攸之同載出都，到奔牛埭，於岸上息，有人相之：「君等皆方伯人，行當富貴也。」景文謂攸之曰：「富貴或可一人耳，今言皆然，此殆妄言也。」景文仍得將領爲軍主。孝建初，爲竟陵王驃騎行參軍，以功封漢水侯。除員外郎，積射將軍。

泰始二年，爲假節、寧朔將軍、冗從僕射、軍主。隨前將軍劉亮討破東賊於晉陵，除長水校尉，假輔國將軍。北討薛索兒於破釜，領水軍斷賊糧運。仍隨太祖於葛冢石梁，再戰皆有功。南賊相持未決，敕景文隸劉亮拒劉胡，攻圍力戰，身被數十創，除前軍將軍，封孝寧縣侯，邑六百戶。除寧朔將軍，游擊將軍，假輔師將軍，高平太守，鎮軍、安西二府司馬，驍騎將軍。元徽末，出爲南豫州刺史、歷陽太守，輔國將軍如故。遷征虜將軍、南琅邪濟陰二郡太守、軍主，尋加散騎常侍。

建元元年，以不預佐命，國除，授南琅邪太守，常侍、將軍如故。遷光祿大夫，征虜將軍、臨川王征西司馬、南郡太守。還，累遷爲給事中，光祿大夫。永明九年，卒。

周山圖字季寂，義興義鄉人也。少貧微，傭書自業。有氣幹，〔五〕爲吳郡晉陵防郡隊主。宋孝武伐太初，山圖豫勳，賜爵關中侯。兗州刺史沈僧榮鎭瑕丘，與山圖有舊，以爲己建武府參軍。竟陵王誕據廣陵反，僧榮遣山圖領二百人詣沈慶之受節度，事平論勳，爲中書舍人戴明寶所抑。泰始初，爲殿中將軍。四方反叛，僕射王彧舉山圖將領，呼與語，甚悅，使領百舸爲前驅。(舉)〔與〕軍主佼長生等攻破賊湖白、赭圻二城。〔六〕除員外郎，加振武將軍。豫平濃湖，追賊至西陽還，明帝賞之，賜苑西宅一區。

鎭軍將軍張永征薛安都於彭城，山圖領二千人迎運至武原，〔七〕爲虜騎所追，合戰，多所傷殺。虜圍轉急，山圖據城自固，然後更結陣死戰，突圍出，虜披靡不能禁。衆稱其勇，呼爲「武原將」。及永軍大敗，山圖收散卒得千餘人，守下邳城。還除給事中、冗從僕射、直閤將軍。

山圖好酒多失，明帝數加怒誚，後遂自改。出爲錢唐新城戍。是時豫州淮西地新沒虜，更於歷陽立鎮，五年，以山圖爲龍驤將軍、歷陽令，領兵守城。

初，臨海亡命田流，自號「東海王」，逃竄會稽鄞縣邊海山谷中，立屯營，分布要害，官軍不能討。明帝遣直後聞人襲說降之，授流龍驤將軍，流受命，將黨與出，行達海鹽，放兵大掠而反。是冬，殺鄞令耿猷，東境大震。六年，敕山圖將兵東屯浹口，廣設購募。流爲其副暨挐所殺，别帥杜連、梅洛生各擁衆自守。〔八〕至明年，山圖分兵掩討，皆平之。

豫章賊張鳳，聚衆康樂山，斷江劫抄。臺軍主李雙、蔡保數遣軍攻之，連年不禽。至是軍主毛寄生與鳳戰於豫章江，大敗。明帝復遣山圖討之。山圖至，先羸兵偃衆，遣幢主龐嗣厚遺鳳，要出會聚，聽以兵自衞，鳳信之。行至望蔡，山圖設伏兵於水側，擊斬鳳首，衆百餘人東首降。〔九〕除寧朔將軍、漣口戍主。山圖遏漣水築西城，斷虜騎路，并以溉田。

元徽三年，遷步兵校尉，加建武將軍。轉督高平下邳淮陽淮西四郡諸軍事、寧朔將軍、淮南太守。盜發桓溫塚，大獲寶物。客竊取以遺山圖，山圖不受，簿以還官。遷左中郎將。

太祖輔政，山圖密啓曰：「沈攸之久有異圖，公宜深爲之備。」太祖笑而納之。武陵王贊爲郢州，太祖令山圖領兵衞送。世祖與晉熙王爕自郢下，以山圖爲後防。攸之事起，世祖爲西討都督，啓山圖爲軍副。世祖留據盆城，衆議以盆城城小難固，不如還都。山圖曰：「今據中流，爲四方勢援，大衆致力，川岳可爲。城隍小事，不足難也。」世祖使城局參軍劉皆、陳淵委山圖以處分事。山圖斷取行旅船板，以造樓櫓，立水栅，旬日皆辦。世祖甚嘉之。授前軍將軍，加寧朔將軍，進號輔國將軍。

攸之攻郢城，世祖令山圖量其形勢。山圖曰：「攸之見與隣鄉，亟同征伐，悉其爲人。性度險刻，無以結固士心。如頓兵堅城之下，適所以爲離散之漸耳。」攸之既敗，平西將軍黃回乘輕舸從白服百餘人在軍前下緣流叫，湓城中恐，須臾知是回凱歸，乃安。世祖謂山圖曰：「周公前言，可謂明於見事矣。」還都，太祖遣山圖領部曲，鎮京城，鎮戍諸軍，悉受節度。遷游擊將軍，輔國如故。建元元年，封廣晉縣男，邑三百戶。

出爲假節、督兖青冀三州徐州東海朐山軍事、寧朔將軍、兖州刺史。百姓附之。二年，進號輔國將軍。其秋，虜動，上策虜必不出淮陰，乃敕山圖曰：「知卿綏邊撫戎，甚有次第，應變算略，悉以相委。恐列醜未必能送死，卿丈夫無可藉手耳。」虜果寇朐山，爲玄元度、盧紹之所破。〔一〇〕虜於淮陽。〔一一〕是時淮北四州起義，上使山圖自淮入清，倍道應赴。敕山圖曰：「卿當盡相帥馭理，每存全重，天下事，唯同心力，山岳可摧。然用兵當使背後無憂慮；若後冷然無横來處，閉目痛打，無不摧碎。吾政應鑄金，待卿成勳耳。若不藉此平四州，非丈夫也。努力自運，勿令他人得上功。」會義衆已爲虜所沒，山圖拔三百家還淮陰。表移東海郡治漣口，又於石鱉立陽平郡，皆見納。

世祖踐阼，遷竟陵王鎭北司馬，帶南平昌太守，將軍如故。以盆城之舊，出入殿省，甚見親信。義鄉縣長風廟神姓鄧，先經爲縣令，死遂發靈。山圖啓乞加神位輔國將軍。上答曰：「足狗肉便了事，何用階級爲？」轉黃門郎，領羽林四廂直衞。山圖於新林立墅舍，晨夜往還。上謂之曰：「卿罷萬人都督，而輕行郊外。自今往墅，可以仗身自隨，以備不虞。」及疾，上手敕參問，遣醫給藥。永明元年，卒，年六十四。詔賜朝服一具，衣一襲。

周盤龍，北蘭陵蘭陵人也。宋世土斷，屬東平郡。〔一二〕盤龍膽氣過人，尤便弓馬。泰始初，隨軍討赭圻賊，躬自鬭戰，陷陣先登。累至龍驤將軍，積射將軍，封晉安縣子，邑四百戶。元徽二年，桂陽賊起，盤龍時爲冗從僕射、騎官主、領馬軍主，隨太祖頓新亭，與屯(驟)〔騎〕校尉黃回出城南，〔一三〕與賊對陣，尋引還城中，合力拒戰。事寧，除南東莞太守，加前軍將軍，稍至驍騎將軍。昇明元年，出爲假節、督交廣二州軍事、征虜將軍、平越中郎將、廣州刺史，未之官，預平石頭。二年，沈攸之平，司州刺史姚道和懷貳被徵，以盤龍督司州軍事、司州刺史、假節，〔一四〕將軍如故。改封沌陽縣。太祖卽位，進號右將軍。〔一五〕

建元二年，虜寇壽春，以盤龍爲軍主、假節，助豫州刺史垣崇祖決水漂潰。〔一六〕盤龍率輔國將軍張倪馬步軍於西澤中奮擊，殺傷數萬人，獲牛馬輜重。上聞之喜，詔曰：「醜虜送死，敢寇壽春，崇祖、盤龍正勒義勇，乘機電奮，水陸斬擊，填川蔽野。師不淹晨，西蕃剋定。斯實將率用命之功，文武爭伐之力。〔一七〕凡厥勳勤，宜時銓序，可符列(言)〔上〕。」〔一八〕盤龍愛妾杜氏，上送金釵鑷二十枚，手敕曰「餉周公阿杜」。轉太子左率。改授持節，軍主如故。

明年，虜寇淮陽，圍(甬)〔角〕城。〔一九〕先是上遣軍主成買戍(甬)〔角〕城，〔二○〕謂人曰：「我今作(甬)〔角〕城戍，我兒當得一子。」或問其故？買曰：「(甬)〔角〕城與虜同岸，危險具多，我豈能使虜不敢南向。我若不沒虜，則應破虜。兒不作孝子，便當作世子也。」至虜圍買數重，上遣領軍將軍李安民爲都督救之。敕盤龍曰：「(甬)〔角〕城漣口，賊始復進，〔二一〕西道便是無賊，卿可率馬步下淮陰就李領軍。〔二二〕鍾離船少，政可致衣仗數日糧，軍人扶淮步下也。」買與虜拒戰，手所傷殺無數。晨朝早起，手中忽見有數升血，其日遂戰死。

盤龍子奉叔單馬率二百餘人陷陣，虜萬餘騎張左右翼圍繞之，一騎走還，報奉叔已沒，盤龍方食，棄筯，馳馬奮矟，直奔〔虜陣，自稱「周公來！」〕〔二三〕虜素畏盤龍驍名，即時披靡。時奉叔已大殺虜，得出在外，盤龍不知，乃衝東擊西，奔南突北，賊衆莫敢當。奉叔見其父久不出，復躍馬入陣。父子兩匹騎，縈攪數萬人，虜衆大敗。盤龍父子由是名播北國。形甚羸訥，而臨軍勇果，諸將莫逮。

永明元年，遷征虜將軍、南琅邪太守。三年，遷右衛將軍，加給事中。五年，轉大司馬，〔二四〕加征虜將軍、濟陽太守。世祖數講武，（帝）〔常〕令盤龍領〔馬〕軍，校（尉）騎騁矟。〔二五〕後以疾爲光祿大夫。尋出爲持節、都督兗州緣淮諸軍事、平北將軍、兗州刺史。進爵〔爲〕侯。〔二六〕

（甬）〔角〕城戍將張蒲，〔二七〕與虜潛相構結，因大霧乘船入清中採樵，載虜二十餘人，藏仗竿下，〔二八〕直向城東門，防門不禁，仍登岸拔白爭門。戍主皇甫仲賢率軍主孟靈寶等三十餘人於門拒戰，斬三人，賊衆被創赴水，而虜軍馬步至城外已三千餘人，阻塹不得進。淮陰軍主王僧（虔）〔慶〕等領五百人赴救，〔二九〕虜衆乃退。坐爲有司所奏，詔白衣領職。八座尋奏復位。加領東平太守。

盤龍表年老才弱，不可鎭邊，求解職，見許，還爲散騎常侍、光祿大夫。世祖戲之曰：「卿著貂蟬，何如兜鍪？」盤龍曰：「此貂蟬從兜鍪中出耳。」十一年，病卒，年七十九。贈安北將軍、兗州刺史。

子奉叔，勇力絕人，隨盤龍征討，所在爲暴掠。世祖使領軍東討唐寓之，奉叔畏上威嚴，檢勒部下，不敢侵斥。爲東宮直閤。鬱林在西州，奉叔密得自進。及卽位，與直閤將軍曹道剛爲心膂。道剛驍騎將軍，加冠軍將軍；奉叔游擊將軍，加輔國將軍：竝監殿內直衞。少日，仍遷道剛爲黃門郎，高宗固諫不納。奉叔善騎馬，帝從其學騎射，尤見親寵，得入後宮。尋加領淮陵太守、兗州中正。道剛加南濮陽太守。隆昌元年，除黃門郎，未拜，仍出爲持節、都督青冀二州軍事、冠軍將軍、青州刺史。時帝謀誅宰輔，故出奉叔爲外援，除道剛中軍司馬、青冀二州中正，本官如故。

奉叔就帝求千戶侯，許之。高宗輔政，以爲不可，封曲江縣男，三百戶，奉叔大怒，於衆中攘刀厲目，高宗說喻之，乃受。奉叔辭畢將之鎭，部伍已出。高宗慮其一出不可復制，與蕭諶謀，稱敕召奉叔於省內殺之，勇士數人拳擊久之乃死。啓帝云：「奉叔慢朝廷。」帝不獲已，可其奏。高宗廢帝之日，道剛直閤省，蕭諶先入戶，若欲論事，兵人隨後奄進，以刀刺之，洞胷死，(同)〔因〕進宮內廢帝。〔三〇〕

奉叔弟世雄，永元中，爲西江督護。陳顯達事後，世雄殺廣州刺史蕭季敞，稱季敞同逆，送首京師。廣州刺史顏翾討殺之。

王廣之字林之，沛郡相人也。少好弓馬，便捷有勇力。初爲馬隊主。宋大明中，以功補本縣令，殿中，龍驤，強弩將軍，驃騎中兵，南譙太守。

泰始初，除寧朔將軍、軍主，隸寧朔將軍劉懷珍征殷琰於壽春。琰將劉從築壘拒守，臺軍相守移日。〔三〕琰遣長史杜叔寶領五千人運車五百乘援從。懷珍遣廣之及軍主辛慶祖、黃回、千道連等要擊於橫塘。寶結營拒戰，廣之等肉薄攻營，自晡至日沒，大敗之，殺傷千餘人，遂退，燒其運車。從聞之，棄壘奔走。時合肥城反，官軍前後受敵，都督劉勔召諸軍主會議。廣之曰：「請得將軍所乘馬往平之。」勔以馬與廣之，廣之去三日，攻剋合肥賊。

仍隨懷珍討淮北。時明帝遣青州刺史明僧暠北征至三城，爲沈文秀所攻。廣之將步騎三千餘人，緣海救之，俱引退。廣之又進軍襲文秀所置長廣太守劉桃根，桃根棄城走。軍還，封安蠻縣子，三百戶。尋改蒲圻。除建威將軍、南陽太守，不之官。除越騎校尉，龍驤將軍、鍾離太守。遷爲左軍將軍，加寧朔將軍、高平太守。又除游擊將軍，寧朔如故。加給事中，冠軍將軍。討宋建平，先登京口，改封寧都縣子，五百戶。太祖廢蒼梧，出廣之爲假節、督徐州軍事、徐州刺史、鍾離太守，冠軍如故。

沈攸之事起，廣之留京師，豫平石頭，仍從太祖頓新亭，進號征虜將軍。太祖誅黃回。回弟駟及從弟馬、兄子奴亡逸。太祖與廣之書曰：「黃回雖有微勳，而罪過轉不可容。近遂啓請御大小二輿爲刺史服飾。吾乃不惜爲其啓聞，政恐得輿，復求畫輪車。此外罪不可勝數，弟自悉之。今啓依法。」令廣之於江西搜捕駟等。建元元年，〔進〕爵〔爲〕侯，食邑（爲）千戶。〔二〕轉散騎常侍、左軍將軍。

北虜動，明年，詔假廣之節，出淮上。廣之家在彭、沛，啓上求招誘鄉里部曲，北取彭城，上許之。以廣之爲使持節、都督淮北軍事、平北將軍、徐州刺史。廣之引軍過淮，無所剋獲，坐免官。尋除征虜將軍，加散騎常侍、太子右率。世祖卽位，遷長沙王鎭軍司馬，南東海太守，司徒司馬，尋陽相，〔三〕南新蔡太守，安陸王北中郎左軍司馬、廣陵太守，將軍如故。出爲持節、都督徐州諸軍事、徐州刺史，將軍如故。還爲光祿大夫、左將軍、司徒司馬。遷右衞將軍，轉散騎常侍，前將軍。〔四〕世祖見廣之子珍國應堪大用，謂廣之曰：「卿可謂老蜂也。」廣之曰：「臣不敢辭。」上大笑。除游擊將軍，不拜。

十一年，虜動，假廣之節，招募。隆昌元年，遷給事中、左衞將軍。時豫州刺史崔慧景密與虜通，有異志。延興元年，以廣之爲持節、督豫州郢州之西陽司州之汝南二郡軍事、平西將軍、豫州刺史。預廢鬱林勳，增封三百戶。高宗誅害諸王，遣廣之征安陸王子敬於江陽，給鼓吹一部。事平，仍改授使持節、散騎常侍、都督江州諸軍事、鎭南將軍、江州刺史。進封應城縣公，食邑二千戶。建武二年，虜圍司州，遣廣之持節督司州征討，解圍。廣之未

至百餘里，虜退，乃還。明年，遷侍中、鎭軍將軍，給扶。四年，卒。年七十三。追贈散騎常侍、車騎將軍，謚曰莊公。〔三五〕

史臣曰：公侯扞城，守國之所賓也。必須久習兵事，非一戰之力。安國等致劾累朝，聲勸克舉，竝識時變，咸知附託。盤龍驍勇，獨冠三軍，匈奴之憚飛將，曾不若也。壯矣哉！

贊曰：安國舊將，協同遷社，同禆九江，翊從中夏。盤龍殺敵，洞開胡馬。廣之末年，旌旄騾把。

校勘記

〔一〕沈攸之〔之〕難　張森楷校勘記云：「『難』字上奪『之』字。」按元龜四百四十九疊「之」字，今據補。

〔二〕候伯與回同〔衞將〕軍袁粲謀石頭事　據元龜四百四十七補。按時袁粲爲尙書令、衞將軍。

〔三〕(太)〔建〕元元年　據南史及元龜三百七十九改。

〔四〕進爵　南史下有「爲侯」二字。按安國前封鍾武縣男，進爵則爲侯矣，無「爲侯」二字，義亦自明。

〔五〕有氣幹　「氣」毛本、局本作「器」。

〔六〕（舉）〔與〕軍主佼長生等攻破賊湖白赭圻二城　據元龜三百五十一改。

〔七〕山圖領二千人迎運至武原　「運」御覽四百三十五引作「軍」，元龜三百九十二、三百九十五亦作「軍」。疑作「軍」是。

〔八〕別帥杜連梅洛生各擁衆自守　「杜連」毛本、局本作「杜運」。

〔九〕衆百餘人束首降　「束首」南監本、局本作「束手」。

〔一〇〕爲玄元度盧紹之所破　「玄元度」原譌「元玄度」，各本同譌，今據魏虜傳及魏書蕭道成傳乙正。按通鑑齊高帝建元二年「朐山戍主玄元度嬰城固守」，胡注引孫愐曰「玄，姓也」。

〔一一〕虜於淮陽　按下有脫文。

〔一二〕北蘭陵蘭陵人也宋世土斷屬東平郡　錢大昕廿二史考異云：「按史稱南蘭陵者，南徐州之蘭陵也；稱北蘭陵者，徐州之蘭陵也。宋志徐州蘭陵郡領昌慮、承、合鄉三縣，不見蘭陵縣，疑志有脫漏矣。宋泰始以後，淮北陷沒，僑立淮南，土斷改屬東平，故齊志無北蘭陵之名也。」

〔一三〕與屯（驟）〔騎〕校尉黃回出城南　殿本考證云：「百官志無屯驟校尉，南史黃回傳作『屯騎校尉』，當從之。」今據改。

〔一四〕假節　「假」字原闕，據各本補。

〔一五〕進號右將軍　「右」字原闕，據各本補。

〔一六〕助豫州刺史垣崇祖決水漂潰　「潰」局本及元龜三百五十一並作「瀆」。

〔一七〕文武爭伐之力　「伐」原譌「乏」，各本不譌，今改正。

〔一八〕可符列(言)〔上〕　據南監本、殿本、局本改。

〔一九〕圍(南)〔角〕城　據南史及元龜三百九十五、四百二十五、八百四十七、九百五十一改。

〔二〇〕上遣軍主成買戍(甬)〔角〕城　「甬城」南史及元龜並作「角城」，通鑑胡注亦云「甬城」當作「角城」，今據改。下同。

〔二一〕(甬)〔角〕城漣口賊始復進　「賊始復」三字原闕，據各本補。

〔二二〕卿可率馬步下淮陰就李領軍　「淮陰」南史作「淮陽」。「就李領」三字原闕，據元龜四百二十五補。按李安民爲領軍將軍，故稱李領軍，各本作「就安民軍」，恐非子顯原文，今從元龜。

〔二三〕馳馬奮矟直奔〔虜陣自稱周公來〕　據御覽四百三十五引補。

〔二四〕轉大司馬　南史云「爲大司馬」。錢大昕廿二史考異云：「此時豫章王嶷爲大司馬，盤龍何以得代之，蓋爲嶷府之僚佐，史脫其文耳。」

〔二五〕(帝)〔常〕令盤龍領〔馬〕軍校(尉)騎驍矟　據南監本、殿本、局本改。

〔二六〕進爵〔爲〕侯　據局本、南史補。

〔二七〕(甬)〔角〕城戍將張蒲　據元龜四百五十改。

〔二八〕藏仗笏下　「仗」南監本、殿本作「伏」。殿本考證云：「『伏』汲古閣本作『仗』。按字書，笏是竹器，但可藏仗，未可藏人，似當以仗爲是。」

〔二九〕淮陰軍主王僧（虔）〔慶〕等領五百人赴救　據局本及元龜四百五十改。

〔三〇〕（同）〔因〕進宮內廢帝　據南監本、殿本、局本改。

〔三一〕臺軍相守移日　「守」南監本、毛本、殿本、局本作「拒」。

〔三二〕〔進〕爵〔爲〕侯食邑（爲）千戶　據南監本、殿本、局本改。

〔三三〕尋陽相　「相」原譌「柏」，各本並譌，今改正。按王敬則封尋陽郡公，故改太守爲相。曹虎傳「領尋陽相」，垣榮祖傳「爲尋陽相」，丘靈鞠傳「出爲鎭南長史、尋陽相」，皆是也。

〔三四〕轉散騎常侍前將軍　「前將軍」南史作「前軍將軍」。

〔三五〕謚曰莊公　「莊公」南監本、殿本、局本作「壯公」。

南齊書卷三十

列傳第十一

薛淵　戴僧靜　桓康尹略　焦度　曹虎

薛淵，河東汾陰人也。宋徐州刺史安都從子。本名道淵，避太祖偏諱改。安都以彭城降虜，親族皆入北。太祖鎭淮陰，淵遁來南，委身自結。果幹有氣力。太祖使領部曲，備衞帳內，從征伐。元徽末，以勳官至輔國將軍，右軍將軍，驍騎將軍、軍主，封竟陵侯。沈攸之難起，太祖入朝堂，豫章王嶷代守東府，使淵領軍屯司徒左府，〔一〕分備京邑。袁粲據石頭，豫章王嶷夜登西門遙呼淵，淵驚起，率軍赴難，先至石頭焚門攻戰。事平，明旦衆軍還集杜姥宅，街路皆滿，宮門不開，太祖登南掖門樓處分衆軍各還本頓，至食後，城門開，淵方得入見太祖，且喜且泣。太祖卽位，增邑爲二千五百戶。除淮陵太守，〔二〕加寧朔將軍，驍騎將軍如故。尋爲直閤將軍，冠軍將軍。仍轉太子左率。

虜遣僞將薛道摽寇壽春，太祖以道摽淵之親近，敕齊郡太守劉懷慰曰：「聞道摽分明來，其兒婦竝在都，與諸弟無復同生者，凡此類，無爲不多方悞之，縱不全信，足使豺狼疑惑。」令爲淵書與道摽示購之之意，虜得書，果追道摽，遣他將代之。

世祖卽位，遷左衞將軍。初，淵南奔，母索氏不得自拔，改嫁長安楊氏，淵私遣購贖，梁州刺史崔慧景報淵云：「索在界首，遣信拘引，已得拔難。」淵表求解職至界上迎之，見許。改授散騎常侍、征虜將軍。淵母南歸事竟無實。永明元年，淵上表解職送貂蟬。詔曰：「遠隔殊方，聲問難審。淵憂迫之深，固辭朝列。昔東關舊典，猶通婚宦；況母出有差，音息時至，依附前例，不容申許。便可斷表，速還章服。」淵以贖母既不得，又表陳解職，詔不許。後虜使至，上爲淵致與母書。

車駕幸安樂寺，淵從駕乘虜橋，先是勑羌虜橋不得入仗，爲有司所奏，免官，見原。四年，出爲持節、督徐州諸軍事、徐州刺史，將軍如故。明(帝)〔年〕，遷右軍司馬，〔三〕將軍如故，轉大司馬，濟陽太守，〔四〕將軍如故。七年，爲給事中、右衞將軍，以疾解職。歸家，不能乘車，去車脚，使人轝之而去，爲有司所糾，見原。

八年，爲右將軍、大司馬，〔五〕領軍討巴東王子響。子響軍主劉超之被捕急，以眠褥雜物十餘種賂淵自逃，淵匿之軍中，爲有司所奏，詔原。十年，爲散騎常侍，將軍如故。世祖崩，朝廷慮虜南寇，假淵節，軍主、本官如故。尋加驍騎將軍，假節、本官如故。隆昌元年，出爲持節、督司州軍事、司州刺史，右將軍如故。延興元年，進號平北將軍，未拜，卒。明帝即位，方有詔賻錢五萬，布五百匹，剋日舉哀。

戴僧靜，會稽永興人也。祖飾，宋景平中，與富陽孫法先謀亂伏法，〔六〕家口徙青州。僧靜少有膽力，便弓馬。事刺史沈文秀，俱沒虜。後將家屬叛還淮陰，太祖撫畜之，常在左右。僧靜於都載錦出，爲歐陽戍所得，繫兗州獄，〔七〕太祖遣薛淵餉僧靜酒食，以刀子置魚腹中。僧靜與獄吏飲酒，既醉，以刀刻械，手自折鏁，發屋而出。歸，太祖匿之齋內，以其家貧，年給穀千斛。虜圍角城，遣僧靜戰盪，數捷，補帳內軍主。隨還京師，勳階至積射將軍、羽林監。

沈攸之事起，太祖入朝堂，僧靜爲軍主從，袁粲據石頭。太祖遣僧靜將腹心先至石頭，時蘇烈據倉城，僧靜射書與烈，夜縋入城。粲登城西南門，（烈）〔列〕燭火處分，〔八〕臺軍至，射之，火乃滅，回登東門。其黨輔國將軍孫曇瓘驍勇善戰，每盪一合，輒大殺傷，官軍死者百餘人。軍主王天生殊死拒戰，故得相持。自亥至丑，有流星赤色照地墜城中，僧靜率力攻倉門，身先士卒，衆潰，僧靜手斬粲，於是外軍燒門入。初，粲大明中與蕭惠開、周朗同車行，逢大桁開，駐車共語。惠開取鏡自照曰：「(元)〔無〕年可仕。」〔九〕朗執鏡良久曰：「視死如歸。」粲最後曰：「當至三公而不終也。」僧靜以功除前軍將軍，寧朔將軍。將士戰亡者，太祖爲斂祭焉。

昇明二年，除游擊將軍。沈攸之平，論封諸將，以僧靜爲興平縣侯，邑千戶。太祖卽位，增邑千二百戶。除南濟陰太守，本官如故。除輔國將軍，改封建昌。建元二年，遷驍騎將軍，加員外常侍，轉太子左衞率。

世祖踐阼，出爲持節、督徐州諸軍事、冠軍將軍、北徐州刺史。買牛給貧民令耕種，甚得荒情。遷給事中、太子右率。尋加通直常侍。永明五年，隸護軍陳顯達，討荒賊桓天生於比陽。僧靜與平西司馬韓孟度、華山太守康元隆前進，未至比陽四十里，頓深橋。天生引虜步騎十萬奄至，僧靜合戰大破之，殺獲萬計。天生退還比陽，僧靜進圍之。天生軍出城外，僧靜又擊破之，天生閉門不復出，僧靜力疲乃退。除征虜將軍、南中郎司馬、淮南太守。

八年，巴東王子響殺僚佐，世祖召僧靜使領軍向江陵，僧靜面啓上曰：「巴東王年少，長史捉之太急，忿不思難故耳。天子兒過誤殺人，有何大罪。官忽遣軍西上，〔一〇〕人情惶懼，無所不至，僧靜不敢奉敕。」上不荅而心善之。

徙爲廬陵王中軍司馬、高平太守，將軍如故。九年，卒。詔曰：「僧靜志懷貞果，誠著艱難。剋殄西墉，勳彰運始。奄致殞喪，惻愴傷懷。賻錢五萬，布百匹。謚壯侯。」

僧靜同郡餘姚人陳胤叔，本名承叔，避宣帝諱改。彊辯果捷，便刀楯。初爲左夾轂隊將。泰始初，隨太祖東討，遂歸身隨從征伐，小心愼事，以功見賞。封當陽縣子。官至太子左率。啓世祖以鍜箭鏃用鐵多，不如鑄作。東冶令張候伯以鑄鏃鈍，不合用，事不行。永明三年，卒。

桓康，北蘭陵承人也。勇果驍悍。宋大明中，隨太祖爲軍容。從世祖在贛縣。泰始初，世祖起義，爲郡所縶，衆皆散。康裝檐，一頭貯穆后，一頭貯文惠太子及竟陵王子良，自負置山中。與門客蕭欣祖、楊璆之、皐分喜、潛三奴、向思奴四十餘人相結，破郡獄出世祖。郡追兵急，康等死戰破之。隨世祖起義，摧堅陷陣，膂力絕人，所經村邑，恣行暴害。江南人畏之，以其名怖小兒，畫其形以辟瘧，無不立愈。見擢爲世祖冠軍府參軍，除殿中將軍，武騎常侍，出補襄賁令。桂陽事起，康棄縣還都就太祖，會事平，除員外郎。

元徽五年七月六日夜，少帝微行至領軍府，帝左右人曰：「一府人皆眠，何不緣牆入。」帝曰：「我今夕欲一處作適，待明日夜。」康與太祖所養健兒盧荒、向黑於門閒聽得其語。明夕，王敬則將帝首至，扣門，康謂是變，與荒、黑踰下，拔白欲出。〔一〕仍隨入宮。〔二〕太祖鎮東府，除康武陵王中兵、寧朔將軍，帶蘭陵太守，常衞左右。

太祖誅黃回，回時將爲南兗州，部曲數千，遣收，恐爲亂。〔三〕召入東府，停外齋，使康將數十人數回罪，然後殺之。回初與屯騎校尉王宜與同石頭之謀，〔四〕太祖隱其事，猶以重兵付回而配以腹心。宜與拳捷，善舞刀楯，回嘗使十餘人以水交灑，不能著。既慮宜與反己，乃先撤其軍將，宜與不與，回發怒不從處分，擅斬之。諸將因此白太祖，以回握彊兵，必遂反覆。康請獨往刺之，太祖曰：「卿等何疑（其使）〔甚，彼〕無能爲也。」〔五〕及回被召上車，愛妾見赤光冠其頭至足，苦捉留，回不肯止。時人爲之語曰：「欲侜張，問桓康。」

除後軍將軍，直閤將軍，南濮陽太守，寧朔如故。建元元年，封吳平縣伯，〔六〕五百戶。轉輔國將軍，左軍將軍，游擊將軍，太守如故。太祖謂康曰：「卿隨我日久，未得方伯，亦當未解我意，政欲與卿先共滅虜耳。」虜動，遣康行，假節。尋進冠軍將軍。三年春，於淮陽與虜戰，大破之，進兵攻陷虜樊諧城。太祖喜，敕康迎淮北義民，不剋。明年，以康爲持節、督青冀二州東徐之東莞琅邪二郡朐山戍北徐之東海漣口戍諸軍事、青冀二州刺史，冠軍如故。世祖卽位，轉驍騎將軍，復前軍郡。其年，卒。詔曰：「康昔預南勳，義兼常懷，倍深惻愴。凶事所須，厚加料理。」年五十七。

淮南人尹略，少伏事太祖，晚習騎射，以便捷見使爲將。昇明中，爲虎賁中郎、越騎校尉。建元初，封平固男，〔一七〕三百戶。永明八年，爲游擊將軍，討巴東王子響，見害。贈輔國將軍、梁州刺史。

焦度字文續，〔一八〕南安氐人也。祖文珪，避難至襄陽，宋元嘉中，僑立天水郡略陽縣，乃屬焉。

度以歸國，補北館客。孝武初，青州刺史顏師伯出鎭，臺差度領幢主送之。〔一九〕索虜寇青州，師伯遣度領軍與虜戰於沙溝杜梁，度身破陣，大捷。師伯板爲己輔國府參軍。虜遣清水公拾賁敕文寇淸口，度又領軍救援，刺虜騎將豹皮公墮馬，獲其具裝鎧矟，手殺數十人。

師伯啓孝武稱度氣力弓馬竝絕人，帝召還充左右。見度身形黑壯，謂師伯曰：「眞健物也。」除西陽王撫軍長兼行參軍，補晉安王子勛夾轂隊主，隨鎮江州。子勛起兵，以度爲龍驤將軍，領三千人爲前鋒，屯赭圻。每與臺軍戰，常自排突，所向無不勝。事敗，逃宮亭湖中爲寇賊。朝廷聞其勇，甚憂患之，使江州刺史王景文誘降度等，〔度〕將部曲出首，〔二〇〕景文以爲己鎮南參軍，尋領中直兵，厚待之。隨景文還都，常在府州內。景文被害夕，度大怒，勸景文拒命，景文不從。明帝不知也。

〔以〕度武勇，〔二一〕補晉熙王燮防閤，除征虜鎧曹行參軍，隨鎮夏口。武陵王贊代燮爲郢州，度仍留鎮，爲贊前軍〔參軍〕。〔二二〕沈攸之事起，轉度中直兵，加寧朔將軍、軍主。太祖又遣使假度輔國將軍、屯騎校尉。攸之大衆至夏口，將直下都，留偏兵守郢城而已。度於城樓上肆言罵辱攸之，至自發露〔形體穢辱之〕，〔二三〕故攸之怒，改計攻城。度親力戰，攸之衆蒙楯將登，度令投以穢器，賊衆不能冒，至今呼此樓爲「焦度樓」。事寧，度功居多，轉後軍將軍，封東昌縣子，東宮直閤將軍。爲人朴澀，欲就太祖求州，比及見，意色甚變，竟不得一語。太祖以其不閑民事，竟不用。建元四年，乃除淮陵太守，本官如故。度見朝廷貴（賤）〔戚〕，〔二四〕說郢城事，宣露如初。好飲酒，醉輒暴怒。上常使人節之。年雖老，而氣力如故。尋除游擊將軍。永明元年，卒，年六十一。贈輔國將軍、梁秦二州刺史。

子世榮，永明中爲巴東王防閤。子響事，世榮避奔雍州，世祖嘉之，以爲始興中兵參軍。

曹虎字士威，下邳下邳人也，本名虎頭。宋明帝末，爲直廂。桂陽賊起，隨太祖出新亭壘出戰，先斬一級持還，由是識太祖。太祖爲領軍，虎訴勳，補防殿隊主，直西齋。蒼梧廢明日，虎欲出外避難，遇太祖在東中華門，問虎何之？虎因曰：「故欲仰覓明公耳。」仍留直衞。

太祖鎭東府，以虎與戴僧靜各領白直三百人。累至屯騎校尉，帶南城令。豫平石頭，封羅江縣男，除前軍將軍。上受禪，增邑爲四百戶。直閤將軍，領細仗主。尋除寧朔將軍、東莞太守。建元元年冬，虎啓乞度封侯官，尚書奏侯官戶數殷廣，乃改封監利縣。二年，除游擊將軍，本官如故。

及彭、沛義民起，遣虎領六千人入渦。沈攸之橫吹一部，京邑之絕，虎啓以自隨。義民久不至，〔三五〕虎乃攻虜別營破之。將士貪取俘執，反爲虜所敗，死亡二千人。

世祖卽位，除員外常侍，遷南中郎司馬，加寧朔將軍、南新蔡太守。永明元年，徙爲安成王征虜司馬，餘官如故。明年，江州蠻動，敕虎領兵戍尋陽，板輔國將軍，伐蠻軍主。又領尋陽相。尋除游擊將軍，輔國、軍主如故。世祖以虎頭名鄙，敕改之。

六年四月，荒賊桓天生復引虜出據隔城，遣虎督數軍討之。虎令輔國將軍朱公恩領騎百匹及前行踏伏，值賊遊軍，因合戰破之。遂進至隔城。賊黨拒守，虎引〔兵〕圍柵，〔二六〕絕其走路，須臾，候騎還報虜援已至，尋而天生率馬步萬餘人迎戰，虎奮擊大敗之，獲二千餘人。明日，遂攻隔城拔之，斬僞虎威將軍襄城太守帛烏祝，復殺二千餘人，賊棄平氏城退走。

（十一）〔七〕年，遷冠軍將軍，〔二七〕驍騎如故。明年，遷太子左率，轉西陽王冠軍司馬、廣陵太守。上敕虎曰：「廣陵須心腹，非吾意可委者，不可得處此任。」隨郡王子隆代巴東王子響爲荆州，備軍容西上，以虎爲輔國將軍、鎭西司馬、南平內史。十一年，收雍州刺史王奐，敕領步騎數百，步道取襄陽。仍除持節、督梁南北秦沙四州諸軍事、西戎校尉、梁南秦二州刺史，將軍如故。尋進號征虜將軍。鬱林即位，進號前將軍。隆昌元年，遷督雍州郢州之竟陵司州之隨郡軍事、冠軍將軍、雍州刺史。建武元年，進號右將軍。二年，進督爲監，〔二八〕進號平北將軍，爵爲侯，增邑三百戶。

四年，虜寇沔北，虎聚軍襄陽，與南陽太守房伯玉不協，不急赴救，末乃移頓樊城。虜主元宏遺虎書曰：「皇帝謝僞雍州刺史：神運兆中，皇居闡洛。化總元天，方融八表。而南有未賓之吳，治爲兩主之隔。幽顯含嗟，人靈雍（泰）〔閼〕。〔二九〕且漢北江邊，密爾乾縣，故先動鳳駕，整我神邑。卿進無陳平歸漢之智，退闕關羽殉節之忠，嬰閉窮城，憂頓長沔，機勇兩缺，何其嗟哉。朕比乃欲造卿，逼宂未果，且還新都，饗厥六戎，入彼春月，遲遲揚旆，善脩爾略，以俟義臨。」虎使人答書曰：「自金精失道，皇居徙縣，喬木空存，茂草方鬱。七狄交侵，五胡代起，顧瞻中原，每用弔焉。知棄皐蘭，隨水瀍澗，伊川之象，爰在茲日。古人有云：『匪宅是卜，而鄰是卜。』樊、漢無幸，咫尺殊風，折膠入塞，乘秋犯邊，親屬窮於斬殺，士女困於虔劉。與彼蠢左，共爲脣齒，仁義弗聞，苛暴先露。乃復改易氈裘，妄自尊大。我皇開運，光宅區夏，而式亂逋逃，棄同即異。每欲出車鞠旅，以征不庭，所冀干戚兩階，叛命來格，遂復遊魂不戢，乾沒孔熾。〔三〇〕孤總連率，任屬方邵，組甲十萬，雄戟千羣，以此戡難，何往不克。主上每矜率土，哀彼民黎，使不戰屈敵，兵無血刃。故部勒小戍，閉壁清野，抗威遵養，庶能懷音。若遂迷復，知進忘退，當金鉦戒路，雲旗北掃，長驅燕代，併羈名王，使少卿忽諸，頭曼不祀。兵交無遠，相爲憫然。」

永泰元年，遷給事中，右衞將軍，持節，隸都督陳顯達停襄陽伐虜。度支尚書崔慧景於鄧地大敗，虜追至沔北。元宏率十萬衆，從羽儀華蓋，圍樊城。虎閉門固守。虜去城數里立營頓，設氈屋，復再圍樊城，臨沔水，望襄陽岸乃去。虎遣軍主田安之等十餘軍出逐之，頗相傷殺。東昏即位，遷前將軍，鎭軍司馬。永元元年，始安王遙光反，虎領軍屯青溪中橋。〔三〕事寧，轉散騎常侍、右衞將軍。

虎形幹甚毅，善於誘納，日食荒客常數百人。晚節好貨賄，吝嗇，在雍州得見錢五千萬，伎女食醬菜，無重肴。每好風景，輒開庫拍張向之。帝疑虎舊將，兼利其財，新除未及拜，見殺。時年六十餘。和帝中興元年，追贈安北將軍、徐州刺史。

史臣曰：解厄鴻門，資舞陽之氣；納降饗旅，仗虎侯之力。觀茲猛毅，藉以風威，未必投車挾輈，然後勝敵。故桓康之聲，所以震懾江蠡也。

贊曰：薛辭親愛，歸身淮涘。戴類千秋，與言帝子。桓勇焦壯，爪牙之士。虎守西邊，功虧北鄙。

校勘記

〔一〕使淵領軍屯司徒左府　「左府」南史作「右府」。

〔二〕除淮陵太守　「淮陵」南史作「淮陰」。

〔三〕明(帝)〔年〕遷右軍司馬　據殿本改。錢大昕廿二史考異云：「此時明帝尚未即位，當有舛譌。考明帝紀，永明五年爲右將軍、豫州刺史，淵殆爲其府司馬耳。當云遷明帝右軍司馬。」局本依錢說改爲「遷明帝右軍司馬」。今按上云「四年，出爲持節督徐州諸軍事徐州刺史」，下云「明年」，卽永明五年，正蕭鸞爲右將軍豫州刺史時，與錢說合。殿本據北監本作「明年」，錢氏殆未校北監本，故不悟「帝」字爲「年」字之譌耳。

〔四〕轉大司馬濟陽太守　錢大昕廿二史考異云：「按齊世除大司馬者，唯豫章王嶷、王敬則二人，非淵所得授此。蓋蒙上右軍司馬之文，由右軍司馬轉爲大司馬府之司馬也。」

〔五〕爲右將軍大司馬　按當亦爲大司馬參佐，史有奪文。元龜四百五十五作「右將軍左司馬」，然下文有「將軍如故」、「右將軍如故」語，則不當爲右將軍左司馬也。

〔六〕與富陽孫法先謀亂伏法　「孫法先」宋書文帝紀作「孫法光」，褚淡之傳作「孫法亮」。

〔七〕繫兖州獄　「兖州」南史作「南兖州」。

〔八〕（烈）〔列〕燭火處分　據殿本、局本及南史改。

〔九〕（元）〔無〕年可仕　據殿本、局本改。按南監本作「无年可仕」，元與无形近而譌也。

〔一〇〕官忽遣軍西上　「官」南監本、毛本、殿本、局本作「今」，譌。

〔一一〕拔白欲出　南監本、毛本、殿本、局本作「拔白刃欲出」。張元濟校勘記云：「拔白爭門，見周盤龍傳，不必加『刃』字。」

〔一二〕仍隨入宮 「隨」字下南監本有「太祖」二字。

〔一三〕遣收恐爲亂 「遣」南監本、毛本、殿本、局本作「欲」。

〔一四〕回初與屯騎校尉王宜與同石頭之謀 「王宜與」南監本、局本作「王宜興」，宋書袁粲傳亦作「王宜興」。

〔一五〕卿等何疑(其使)〔甚彼〕無能爲也 據南監本、殿本、局本改。

〔一六〕封吳平縣伯 「吳平縣伯」南史作「吳平縣侯」。

〔一七〕封平固男 「平固」南監本、毛本、殿本、局本並作「平周」，譌。按宋書州郡志江州南康郡領平固侯相，若平周，則爲梁州北巴西太守所領縣矣。

〔一八〕焦度字文續 「文續」南史作「文績」。

〔一九〕青州刺史顏師伯出鎭臺差度領幢主送之 「臺差」二字各本並作「滑臺」，屬上爲句，南史同。按青州不當治滑臺，顏師伯亦無出鎭滑臺事，作「滑臺」譌。

〔二〇〕〔度〕將部曲出首 據元龜四百二十二補。

〔二一〕〔以〕度武勇 據南監本、毛本、殿本、局本補。

〔二二〕爲贊前軍〔參軍〕 據南監本、殿本、局本補。按元龜三百五十一及南史焦度傳並有「參軍」二字。

〔二三〕至自發露〔形體穢辱之〕　據南監本、殿本、局本及南史補。

〔二四〕度見朝廷貴(賤)〔戚〕　據南監本、毛本、殿本、局本改。

〔二五〕義民久不至　「至」原譌「望」，各本不譌，今改正。

〔二六〕虎引〔兵〕圍栅　據元龜三百五十一補。

〔二七〕(十一)〔七〕年遷冠軍將軍　張森楷校勘記：「按下有十一年收王奐云云，則此不得云是十一年，疑是七年之譌。」按張說是。下云明年隨郡王子隆代巴東王子響爲荆州，備軍容西上，以虎爲輔國將軍云云，子隆代子響爲荆州在永明八年，明此爲「七年」之譌，今據改。

〔二八〕二年進督爲監　錢大昕廿二史考異云：「宋書百官志，晉世都督諸軍爲上，監諸軍次之，督諸軍爲下。」

〔二九〕人靈雍(泰)〔閼〕　據南監本、殿本、局本改。按「雍」南監本、殿本、局本作「壅」，雍與壅通，今不改。

〔三〇〕乾沒孔熾　「乾沒」南監本、局本作「亂猾」。按「乾沒」見史記酷吏張湯傳。

〔三一〕虎領軍屯青溪中橋　「青溪中橋」南史作「青溪大橋」。

南齊書卷三十一

列傳第十二

江謐　荀伯玉

江謐字令和，濟陽考城人也。祖秉〔之〕，〔一〕臨海太守，宋世淸吏。父徽，尙書都官郞，吳令，爲太初所殺。謐繫尙方，孝武平京邑，乃得出。解褐奉朝請，輔國行參軍，于湖令，强濟稱職。宋明帝爲南豫州，〔二〕謐傾身奉之，爲帝所親待。卽位，以爲驃騎參軍。弟蒙貌醜，帝常召見狎侮之。

謐轉尙書度支郞，俄遷右丞，兼比部郞。泰始四年，江夏王義恭第十五女卒，年十九，未笄。禮官議從成人服，諸王服大功。左丞孫夐重奏：「禮記女子十五而笄，鄭云應年許嫁者也。〔三〕其未許嫁者，則二十而笄。射慈云十九猶爲殤。禮官違越經典，於禮無據。」博士太常以下結免贖論；謐坐杖督五十，奪勞百日。謐又奏：「夐先不研辨，混同謬議。准以事例，亦宜及咎。」霣又結免贖論。詔「可」。

出爲建平王景素冠軍長史、長沙內史，行湘州事。政治苛刻。僧遵道人與諶情款，隨諶莅郡，犯小事，餓繫郡獄，僧遵裂三衣食之，旣盡而死。爲有司所奏，徵還。明帝崩，遇赦得免。爲正員郎，右軍將軍。

太祖領南兗州，諶爲鎭軍長史、廣陵太守，入爲游擊將軍。性流俗，善趨勢利。元徽末，朝野咸屬意建平王景素，諶深自委結，景素事敗，僅得免禍。蒼梧王廢後，物情尚懷疑惑，諶獨竭誠歸事太祖，以本官領尚書左丞。昇明元年，遷黃門侍郎，左丞如故。沈攸之事起，議加太祖黃鉞，諶所建也。事平，遷吏部郎，稍被親待。遷太尉諮議，領錄事參軍。齊臺建，爲右衞將軍。建元元年，遷侍中，出爲臨川王平西長史、冠軍將軍、長沙內史、行湘州留事，先遣之鎭，旣而驃騎豫章王嶷領湘州，以諶爲長史，將軍、內史、知州留事如故。封永新縣伯，四百戶。三年，爲左民尚書。諸皇子出閤用文武主帥，〔四〕皆以委諶。尋敕曰：「江諶寒士，誠當不得競等華儕。然甚有才幹，堪爲委遇，可遷掌吏部。」

諶才長刀筆，所在事辦。太祖崩，諶稱疾不入，衆頗疑其怨不豫顧命也。世祖卽位，諶又不遷官，以此怨望。時世祖不豫，諶詣豫章王嶷請閒曰：「至尊非起疾，東宮又非才，公今欲作何計？」世祖知之，出諶爲征虜將軍、鎭北長史、南東海太守。未發，上使御史中丞沈沖奏謐前後罪曰：「謐少懷輕躁，長習諂薄，交無義合，行必利動。特以奕世更局，見擢宋朝，而阿諛內外，貨賂公行，咎盈憲簡，戾彰朝聽，輿金輦寶，取容近習。以沈攸之地勝兵強，終當得志，委心託身，歲暮相結。以劉景素親屬望重，物應樂推，獻誠薦子，窺窬非望。時艱網漏，得全首領。太祖匡飭天地，方（知）〔弘〕遠圖，〔五〕薄其（艱）〔難〕洗之瑕，〔六〕許其革音之効，加以非分之寵，推以不次之榮，列迹勳良，比肩朝德。以往者微勤，刀筆小用，賞廁河山，任忝出入。輕險之性，在貴彌彰；貪昧之情，雖富無滿。重莅湘部，顯行斷盜；及居銓衡，肆意受納。連席同乘，皆詖黷舊侶；密筵閑讌，必貨賄常客。理合升進者，以為己惠；事宜貶退者，並稱中旨。謂販鬻威權，姦自不露，〔七〕欺主罔上，（奸）〔謗〕議可掩。〔八〕先帝寢疾彌留，人神憂震。謐〔託〕病私舍，〔九〕曾無變容。國諱經旬，甫暫入殿，參訪遺詔，覘忖時旨。以身列朝流，宜蒙兼帶，先顧不逮，舊位無加，遂崇飾惡言，肆醜縱悖，譏誹朝政，訕毀皇猷，遍蚩忠賢，歷詆台相。至於蕃岳入授，列代恆規，勳戚出撫，前王彝則。而謐妄發樞機，坐構嗣論。復敢貶謗儲后，不顧辭端，毀折宗王，每窮舌杪。皆云詣誓乖禮，崇樹失宜，仰指天，俯畫地，希幸災故，以申積憤。犯上之跡既彰，反噬之情已著。請免官削爵土，收送廷尉獄治罪。」詔賜死，時年五十二。

子介，建武中，為吳令，治亦深切。民間榜死人髑髏為謐首，〔介〕棄官而去。〔一〇〕

荀伯玉字弄璋，廣陵人也。祖永，南譙太守，父闓之，給事中。

伯玉少爲柳元景撫軍板行參軍，南徐州祭酒，晉安王子勛鎭軍行參軍。泰始初，子勛舉事，伯玉友人孫沖爲將帥，伯玉隸其驅使，封新亭侯。事敗，伯玉還都賣卜自業。建平王景素聞而招之，伯玉不往。

太祖鎭淮陰，伯玉歸身結事，爲太祖冠軍刑獄參軍。太祖爲明帝所疑，及徵爲黃門郎，深懷憂慮。伯玉勸太祖遣數十騎入虜界，安置標榜，於是虜游騎數百履行界上，太祖以聞，猶懼不得留，令伯玉卜，伯玉斷卦不成行，而明帝詔果復太祖本任，由是見親待。從太祖還都，除奉朝請。令伯玉看宅，知家事。世祖罷廣興還，立別宅，遣人於大宅掘樹數株，伯玉不與，馳以聞。太祖曰：「卿執之是也。」轉太祖平南府，晉熙王府參軍。太祖爲南兗州，伯玉轉爲上鎭軍中兵參軍，帶廣陵令。除羽林監，不拜。

初，太祖在淮南，伯玉假還廣陵，夢上廣陵城南樓上，有二青衣小兒語伯玉云：「草中肅，九五相追逐。」伯玉視城下人頭上皆有草。泰始七年，伯玉又夢太祖乘船在廣陵北渚，見上兩掖下有翅不舒。伯玉問何當舒，上曰：「却後三年。」伯玉夢中自謂是呪師，向上唾呪之，凡六呪，有六龍出，兩掖下翅皆舒，還而復斂。元徽二年，而太祖破桂陽，威名大震。五年而廢蒼梧。太祖謂伯玉曰：「卿時乘之夢，今且効矣。」

昇明初，仍爲太祖驃騎中兵參軍，除步兵校尉，不拜。仍帶濟陽太守，中兵如故。霸業既建，伯玉忠勤盡心，常衞左右。加前軍將軍。隨太祖太尉府轉中兵，將軍、太守如故。建元元年，封南豐縣子，四百戶。轉輔國將軍，武陵王征虜司馬，太守如故。徙爲安成王冠軍司馬，轉豫章王司空諮議，太守如故。

世祖在東宮，專斷用事，頗不如法。任左右張景眞，使領東宮主衣食官穀帛，賞賜什物，皆御所服用。景眞於南澗寺捨身齋，有元徽紫皮袴褶，餘物稱是。於樂遊設會，伎人皆著御衣。又度絲錦與崐崘舶營貨，輒使傳令防送過南州津。世祖拜陵還，景眞白服乘畫舴艋，坐胡牀，觀者咸疑是太子。內外祗畏，莫敢有言。伯玉謂親人曰：「太子所爲，官終不知，豈得顧死蔽官耳目。我不啓聞，誰應啓者？」因世祖拜陵後密啓之。上大怒，檢校東宮。世祖還至方山，日暮將泊。豫章王於東府乘飛鷁東迎，具白上怒之意。世祖夜歸，上亦停門籥待之，二更盡，方入宮。上明日遣文惠太子、聞喜公子良宣敕，以景眞罪狀示世祖。稱太子令，收景眞殺之。世祖憂懼，稱疾月餘日。上怒不解。晝臥太陽殿，王敬則直入，叩頭啓上曰：「官有天下日淺，太子無事被責，人情恐懼，願官往東宮解釋之。」太祖乃幸宮，召諸王以下於玄圃園爲家宴，致醉乃還。

上嘉伯玉盡心，愈見親信，軍國密事，多委使之。時人爲之語曰：「十敕五令，不如荀伯玉命。」世祖深怨伯玉。上臨崩，指伯玉謂世祖曰：「此人事我忠，我身後，人必爲其作口過，汝勿信也。可令往東宮長侍白澤，小却以南兖州處之。」

伯玉遭父憂，除冠軍將軍、南濮陽太守，未拜，除黄門郎，本官如故。世祖轉爲豫章王太尉諮議，太守如故。俄遷散騎常侍，太守如故。伯玉憂懼無計，上聞之，以其與垣崇祖善，慮相扇爲亂，加意撫之，伯玉乃安。永明元年，垣崇祖誅，伯玉并伏法。

初，善相墓者見伯玉家墓，謂其父曰：「當出暴貴而不久也。」伯玉後聞之，曰：「朝聞道，夕死可矣。」死時年五十。

史臣曰：君老不事太子，義烈之遺訓也。欲夫專心所奉，在節無貳，雖人子之親，尚宜自別，則偏黨爲論，豈或傍啓。察江、荀之行也，雖異術而同亡。以古道而居今世，難乎免矣。

贊曰：讒口禍門，荀言亟盡。時淸主異，拌合同殞。

校勘記

〔一〕祖秉〔之〕 據南監本、殿本、局本補。按江秉之宋書、南史並有傳。

〔二〕宋明帝爲南豫州 「南豫州」南史江秉之傳孫謐附傳作「兗州」。按宋明帝於大明元年出爲使持節都督徐兗二州豫州之梁郡諸軍事，永光元年又出爲南豫州刺史，其年卽位。謐傾身奉之，當在明帝爲南豫州時。

〔三〕鄭云應年許嫁者也 「應年」二字原譌倒，各本同，今據南史乙正。按禮內則「十有五年而笄」，鄭注云「謂應年許嫁者」。

〔四〕諸皇子出閤用文武主帥 「帥」原譌「師」，今據南監本、殿本、局本改正。

〔五〕方(知)〔弘〕遠圖 據元龜四百七十九改。

〔六〕薄其(艱)〔難〕洗之瑕 據元龜四百七十九、四百八十二改。

〔七〕姦自不露 元龜四百八十二作「姦回不露」，四百八十九作「奸狀不露」。

〔八〕(奸)〔謗〕議可掩 據元龜四百八十二改。

〔九〕謐〔託〕病私舍 據南監本及元龜四百七十九補。

〔一〇〕〔介〕棄官而去 據南史及元龜七百七補。

南齊書卷三十二

列傳第十三

王琨　張岱　褚炫　何戢　王延之　阮韜

王琨，琅邪臨沂人也。祖薈，晉衞將軍。父懌，不慧，侍婢生琨，名爲崑崙。懌後娶南陽樂玄女，無子，改琨名，立以爲嗣。

琨少謹篤，爲從伯司徒謐所愛。宋永初中，武帝以其娶桓脩女，除郎中，駙馬都尉，奉朝請。元嘉初，從兄侍中華有權寵，以門戶衰弱，待琨如親，數相稱薦。爲尙書儀曹郎，州治中。累至左軍諮議，領錄事，出爲宣城太守，司徒從事中郎，義興太守。歷任皆廉約。還爲北中郎長史，黃門郎，寧朔將軍，東陽太守。孝建初，遷廷尉卿，竟陵王驃騎長史，加臨淮太守，轉吏部郎。吏曹選局，貴要多所屬請，琨自公卿下至士大夫，例爲用兩門生。江夏王義恭嘗屬琨用二人，後復遣屬琨，答不許。

出爲持節、都督廣交二州軍事、建威將軍、平越將軍、〔一〕平越中郎〔將〕、〔二〕廣州刺史。南土沃實，在任者常致巨富，世云「廣州刺史但經城門一過，便得三千萬」也。琨無所取納，表獻祿俸之半。州鎮舊有鼓吹，又啓輸還。及罷任，孝武知其淸，問還資多少？琨曰：「臣買宅百三十萬，餘物稱之。」帝悅其對。爲廷尉，加給事中，轉寧朔將軍長史、歷陽內史。上以琨忠實，徙爲寵子新安王東中郎長史，〔三〕加輔國將軍，遷右衞將軍，度支尙書。出爲永嘉王左軍、始安王征虜二府長史，加輔國將軍、廣陵太守，皆孝武諸子。泰始元年，遷度支尙書，尋加光祿大夫。

初，從兄華孫長襲華爵爲新建侯，嗜酒多諐失。琨上表曰：「臣門姪不休，從孫長是故左衞將軍嗣息，少資常猥，猶冀晚進。頃更昏酣，業身無檢。故衞將軍華忠肅奉國，善及世祀；而長負釁承封，將傾基緒。嗣小息佟閑立保退，不乖素風，如蒙拯立，則存亡荷榮，私祿更搆。」

出爲冠軍將軍、吳郡太守，遷中領軍。坐在郡用朝舍錢三十六萬營餉二宮諸王及作絳襖奉獻軍用，〔左〕遷光祿大夫，〔四〕尋加太常及金紫，加散騎常侍。廷尉虞龢議社稷合爲一神，琨案舊糾駮。時龢深被親寵，朝廷多琨強正。

明帝臨崩，出爲督會稽東陽新安臨海永嘉五郡軍事、左軍將軍、會稽太守，常侍如故。

坐誤竟囚，降號冠軍。元徽中，遷金紫光祿，(引)〔弘〕訓太僕，〔五〕常侍如故。本州中正，加特進。從帝卽位，〔六〕進右光祿大夫，常侍餘如故。從帝遜位，琨陪位及辭廟，皆流涕。太祖卽位，領武陵王師，加侍中，給親信二十人。

時王儉爲宰相，屬琨用東海郡迎吏。琨謂信人曰：「語郎，三臺五省，皆是郎用人；外方小郡，當乞寒賤，省官何容復奪之。」〔七〕遂不過其事。

琨性既古愼，而儉嗇過甚，家人雜事，皆手自操執。公事朝會，必夙夜早起，簡閱衣裳，料數冠幘，如此數四，世以此笑之。尋解王師。

建元四年，太祖崩，琨聞國諱，牛不在宅，去臺數里，遂步行入宮。朝士皆謂琨曰：「故宜待車，有損國望。」琨曰：「今日奔赴，皆應爾。」遂得病，卒。贈左光祿大夫，餘如故。年八十四。

張岱字景山，吳郡吳人也。祖敞，晉度支尚書，父茂度，宋金紫光祿大夫。

岱少與兄太子中舍人寅、〔八〕新安太守鏡、征北將軍永、弟廣州刺史辨俱知名，謂之張氏五龍。鏡少與光祿大夫顏延之鄰居，顏談議飲酒，喧呼不絕；而鏡靜翳無言聲。後延之於籬邊聞其與客語，〔九〕取胡床坐聽，辭義淸玄，延之心服，謂賓客曰：「彼有人焉。」由此不復酣叫。寅、鏡名最高，永、辨、岱不及也。

郡舉岱上計掾，不行，州辟從事。累遷南平王右軍主簿，尙書水部郎。出補東遷令。時殷沖爲吳興，謂人曰：「張東遷親貧須養，所以栖遲下邑。然名器方顯，終當大至。」隨王誕於會稽起義，以岱爲建威將軍，輔國長史，行縣事。事平，爲司徒左西曹。母年八十，籍注未滿，岱便去官從實還養，有司以岱違制，將欲糾舉。宋孝武曰：「觀過可以知仁，不須案也。」累遷撫軍諮議參軍，領山陰令，職事閑理。

巴陵王休若爲北徐州，未親政事，以岱爲冠軍諮議參軍，領彭城太守，行府、州、國事。後臨海王爲征虜廣州，豫章王爲車騎揚州，晉安王爲征虜南兖州，岱歷爲三府諮議、三王行事，與典籤主帥共事，事舉而情得。或謂岱曰：「主王旣幼，執事多門，而每能緝和公私，云何致此？」岱曰：「古人言一心可以事百君。我爲政端平，待物以禮，悔吝之事，無由而及。明闇短長，更是才用之多少耳。」

入爲黃門郎，遷驃騎長史，領廣陵太守。新安王子鸞以盛寵爲南徐州，割吳郡屬焉。高選佐史，孝武帝召岱謂之曰：「卿美效夙著，〔一〇〕兼資宦已多。今欲用卿爲子鸞別駕，總刺史之任，無謂小屈，終當大伸也。」帝崩，累遷吏部郎。

明帝初，四方反，帝以岱堪幹舊才，除使持節、督西豫州諸軍事、輔國將軍、西豫州刺史。尋徙爲冠軍將軍、北徐州刺史，都督北討諸軍事，並不之官。泰始末，爲吳興太守。元徽中，遷使持節、督益寧二州軍事、冠軍將軍、益州刺史。數年，益土安其政。徵侍中，領長水校尉，度支尚書，領左軍，遷吏部尚書。王儉爲吏部郎，時專斷曹事，岱每相違執，及儉爲宰相，以此頗〔不〕相善。〔一〕

兄子瓌、弟恕，誅吳郡太守劉遐。太祖欲以恕爲晉陵郡，岱曰：「恕未閑從政，美錦不宜濫裁。」太祖曰：「恕爲人，我所悉。且又與瓌同勳，自應有賞。」岱曰：「若以家貧賜祿，此所不論；語功推事，臣門之恥。」

尋加散騎常侍。建元元年，出爲左將軍、吳郡太守。太祖知岱歷任清直，至郡未幾，手敕岱曰：「大邦任重，乃未欲回換，但總戎務殷，宜須望實，今用卿爲護軍。」加給事中。岱拜竟，詔以家爲府。陳疾。明年，遷金紫光祿大夫，領鄱陽王師。

世祖卽位，復以岱爲散騎常侍、吳興太守，秩中二千石。岱晚節在吳興，更以寬恕著名。遷使持節監南兗兗徐青冀五州諸軍事、〔二〕後將軍、南兗州刺史，常侍如故。未拜，卒。年七十一。岱初作遺命，分張家財，封置箱中，家業張減，隨復改易，如此十數年。贈本官，諡貞子。

褚炫字彥緒，河南陽翟人也。祖秀之，宋太常。父法顯，鄱陽太守。兄炤，字彥宣，少秉高節，一目眇，官至國子博士，不拜。常非從兄淵身事二代，聞淵拜司徒，歎曰：「使淵作中書郎而死，不當是一名士〔邪！名〕德不昌，〔三〕遂令有期頤之壽。」

炫少清簡，爲從舅王景文所知。從兄淵謂人曰：「從弟廉勝獨立，乃十倍於我也。」宋義陽王昶爲太常，板炫補五官，累遷太子舍人，撫軍車騎記室，正員郎。

從宋明帝射雉，至日中，無所得。帝甚猜羞，召問侍臣曰：「吾旦來如皐，遂空行，可笑。」座者莫答。炫獨曰：「今節候雖適，而雲露尙凝，〔四〕故斯羣之禽，驕心未警。但得神駕游豫，羣情便爲載懽。」帝意解，乃於雉場置酒。遷中書侍郎，司徒右長史。

昇明初，炫以清尙，與劉俁、謝朏、江斆入殿侍文義，號爲「四友」。遷黃門郎，太祖驃騎長史，遷侍中，復爲長史。齊臺建，復爲侍中，領步兵校尉。以家貧，建元初，出補東陽太守，加秩中二千石。還，復爲侍中，領步兵。凡三爲侍中。出爲竟陵王征北長史，加輔國將軍，尋徙爲冠軍長史、江夏內史，將軍如故。

永明元年，爲吏部尙書。炫居身清立，非吊問不雜交遊，論者以爲美。及在選部，門庭蕭索，賓客罕至。出行，左右捧黃紙帽箱，風吹紙剝僅盡。罷江夏還，得錢十七萬，於石頭幷分與親族，病無以市藥。表自陳解，改授散騎常侍，領安成王師。國學建，以本官領博士，未拜，卒，無以殯斂。時年四十一。贈太常，謚曰貞子。

何戢字慧景，廬江灊人也。祖尚之，宋司空。父偃，金紫光祿大夫，被遇於宋武。選戢尚山陰公主，拜駙馬都尉。解褐祕書郞，太子中舍人，司徒主簿，新安王文學，祕書丞，中書郞。

景和世，山陰主就帝求吏部郞褚淵入內侍己，淵見拘逼，終不肯從，與戢同居止月餘日，由是特申情好。明帝立，遷司徒從事中郞，從建安王休仁征赭圻，板轉戢司馬，除黃門郞，出爲宣威將軍、東陽太守，吏部郞。元徽初，褚淵參朝政，引戢爲侍中，時年二十九。戢以年未三十，苦辭內侍，表疏屢上，時議許之。改授司徒左長史。

太祖爲領軍，與戢來往，數置歡譙。上好水引䴵，戢令婦女躬自執事以設上焉。久之，復爲侍中，遷安成王車騎長史，加輔國將軍、濟陰太守，行府、州事。出爲吳郡太守，以疾歸。爲侍中，祕書監，仍轉中書令，太祖相國左長史。建元元年，遷散騎常侍，太子詹事，尋改侍中，詹事如故。上欲轉戢領選，問尚書令褚淵，以戢資重，欲加常侍。淵曰：「宋世王球從侍中中書令單作吏部尚書，資與戢相似。頃選職方昔小輕，〔一五〕不容頓加常侍。聖旨每以蟬冕不宜過多，臣與王儉既已左珥，若復加戢，則八座便有三貂。若帖以驍、游，亦爲不少。」乃以戢爲吏部尚書，加驍騎將軍。

戢美容儀，動止與褚淵相慕，時人呼爲「小褚公」。家業富盛，性又華侈，衣被服飾，極爲奢麗。三年，出爲左將軍、吳興太守。

上頗好畫扇，宋孝武賜戢蟬雀扇，善畫者顧景秀所畫。時陸探微、顧彥先皆能畫，〔一六〕歎其巧絶。戢因王晏獻之，上令晏厚酬其意。

四年，卒。時年三十六。贈散騎常侍、撫軍，太守如故。謚懿子。女爲鬱林王后，又贈侍中、光祿大夫。

王延之字希季，琅邪臨沂人也。祖裕，〔一七〕宋左光祿儀同三司。父昇之，都官尚書。延之出繼伯父秀才粲之。

延之少而靜默，不交人事。州辟主簿，不就。舉秀才。〔除〕北中郎法曹行參軍，〔一八〕轉署外兵尙書外兵部，〔一九〕司空主簿，並不就。除中軍建平王主簿、記室，仍度司空、北中郎二府，轉祕書丞，西陽王撫軍諮議，州別駕，尋陽王冠軍、安陸王後軍司馬，加振武將軍，出爲安遠護軍，武陵內史，不拜。宋明帝爲衞軍，延之轉爲長史，加宣威將軍。司徒建安王休仁征赭圻，轉延之爲左長史，加寧朔將軍。

延之淸貧，居宇穿漏。褚淵往候之，見其如此，具啓明帝，帝卽敕材官爲起三閒齋屋。遷侍中，領射聲校尉，未拜，出爲吳郡太守。罷郡還，家產無所增益。除吏部尙書，侍中，領右軍，並不拜。復爲吏部尙書，領驍騎將軍，出爲後軍將軍、吳興太守。遷都督浙東五郡、會稽太守。轉侍中，祕書監，晉熙王師。遷中書令，師如故。未拜，轉右僕射。昇明二年，轉左僕射。

宋德旣衰，太祖輔政，朝野之情，人懷彼此。延之與尙書令王僧虔中立無所去就，時人爲之語曰：「二王持平，不送不迎。」太祖以此善之。三年，出爲使持節、都督江州豫州之新蔡晉熙二郡諸軍事、安南將軍、江州刺史。建元二年，〔二〇〕進號鎭南將軍。

延之與金紫光祿大夫阮韜，俱宋領軍劉湛外甥，並有早譽。湛甚愛之，曰：「韜後當爲第一，延之爲次也。」延之甚不平。每致餉下都，韜與朝士同例。太祖聞其如此，與延之書曰：「韜云卿未嘗有別意，當緣劉家月旦故邪？」在州祿俸以外，一無所納，獨處齋內，吏民罕得見者。

四年，遷中書令，右光祿大夫，本州大中正。轉左僕射，光祿、中正如故。尋領竟陵王師。永明二年，陳疾解職，世祖許之。轉特進，右光祿大夫，王師、中正如故。其年卒，年六十四。追贈散騎常侍，右光祿大夫、特進如故。謚簡子。

延之家訓方嚴，不妄見子弟，雖節歲問訊，皆先克日。子倫之，〔三〕見兒子亦然。永明中，爲侍中。世祖幸琅邪城，倫之與光祿大夫全景文等二十一人坐不參承，爲有司所奏。詔倫之親爲陪侍之職，而同外惰慢，〔三〕免官，景文等贖論。建武中，至侍中，領前軍將軍，都官尚書，領游擊將軍，卒。

阮韜字長明，陳留人，晉金紫光祿大夫裕玄孫也。韜少歷清官，爲南兖州別駕，刺史江夏王劉義恭逆求資費錢，韜曰：「此朝廷物。」執不與。宋孝武選侍中四人，竝以風貌。王彧、謝莊爲一雙，韜與何偃爲一雙。常充兼假。泰始末，爲征南江州長史。桂陽王休範在鎭，數出行遊，韜性方峙，未嘗隨從。至散騎常侍，金紫光祿大夫，領始興王師。永明二年，卒。

史臣曰：內侍樞近，世爲華選，金璫熲耀，朝之麗服，久忘儒藝，專授名家。加以簡擇少姿，簪貂冠冕，基蔭所通，後才先貌，事同謁者，以形骸爲官，斯違舊矣。辟彊之在漢朝，幼有妙察；仲宣之處魏國，見貶容陋。何戢之讓，雖未能深識前古之美，與夫尸官靦服者，何等級哉！

贊曰：萬石祗愼，琨既爲倫。五龍一氏，張亦繼荀。炫淸褚族，戢遺何姻。延之居簡，名峻王臣。

校勘記

〔一〕平越將軍　按宋書百官志有四平將軍，無平越將軍。廣州刺史往往帶平南將軍軍號，「平越」疑「平南」之譌。

〔二〕平越中郎〔將〕　張森楷校勘記云：「有平越中郎將，無平越中郎。」按通典職官典「平越中郎將，晉武帝置，理廣州，主護南越」。此脫一「將」字，今補。

〔三〕徙爲寵子新安王東中郎長史　「東中郎」南史作「北中郎」。按宋書始平孝敬王子鸞傳，大明四年爲東中郎將、吳郡太守。五年，遷北中郎將、南徐州刺史。琨蓋並歷二府。

〔四〕〔左〕遷光祿大夫　據南監本、局本及南史、元龜六百七十九補。按殿本作「乃左遷光祿大夫」。

〔五〕（引）〔弘〕訓太僕　按宋明恭王皇后，元徽初爲皇太后，稱弘訓宮。「引訓」當作「弘訓」，各本並由宋諱缺筆而譌，今據改。

〔六〕從帝卽位　順帝作「從帝」，乃子顯避梁諱改，南監本、殿本已改爲「順帝」。下同。

〔七〕省官何容復奪之　「容」字原闕，據南監本、毛本、殿本、局本補。按「容」元龜四百五十九作「用」。

〔八〕伷少與兄太子中舍人寅　「寅」宋書張茂度傳、張敷傳並作「演」。此蓋子顯避梁武帝嫌名改。

〔九〕後延之於籬邊聞其與客語　「聞」原譌「間」，今據南監本、殿本、局本改正。

〔一〇〕卿美效夙著　「效」御覽二百五十九引作「望」。

〔一一〕以此頗〔不〕相善　據南監本、毛本、殿本、局本及南史、元龜四百七十八補。

〔一二〕遷使持節監南兗兗徐青冀五州諸軍事　「徐」字原闕，今據各本補。

〔一三〕不當是一名士〔邪名〕德不昌　據南監本、毛本、殿本、局本及南史、通鑑齊高帝建元元年補。

〔一四〕而雲露尙凝　「露」南監本、殿本、局本作「霧」。

〔一五〕頃選職方昔小輕　「頃」御覽六百八十八引作「領」，南史亦作「領」。

〔一六〕時陸探微顧彥先皆能畫　「顧彥先」御覽九百四十四引梁書按當作齊書作「顧寶先」。按顧寶先，顧琛次子，見宋書、南史顧琛傳。南史云寶先大明中爲尚書水部郎。又南史王曇首傳子僧虔附傳云：「吳郡顧寶先卓越多奇，自以伎能，僧虔乃作飛白以示之。」蓋僧虔善書，寶先能書畫，故作飛白以示之也。或又作「顧寶光」，見法書要錄卷五竇臮述書賦注及歷代名畫記卷一、卷六。歷代名畫記云：「宋有陸探微、顧寶光。」又云：「顧寶光，吳郡人。善書畫，大明中爲尚書水部郎。」是寶先、寶光實一人也。疑此當依御覽引作「顧寶先」。或作「顧寶光」者，殆光與先形近致譌耳。若顧彥先，名榮，乃晉初人，陸機有代顧彥先贈婦詩，見文選，不得與陸探微同時也。

〔一七〕祖裕　按王延之祖南史有傳，作「王裕之」。

〔一八〕〔除〕北中郎法曹行參軍　據元龜六百五十補。

〔一九〕轉署外兵尚書外兵部　按轉署外兵謂轉爲北中郎將府外兵曹參軍也。「尚書外兵部」不可解，疑是衍文。

〔二〇〕建元二年　「二年」南史作「元年」。

〔二一〕子倫之　「倫之」南史作「綸之」。

〔二二〕而同外情慢　「外」南監本、殿本、局本作「衆」。

南齊書卷三十三

列傳第十四

王僧虔　張緒

王僧虔，琅邪臨沂人也。祖珣，晉司徒。伯父太保弘，宋元嘉世爲宰輔。賓客疑所諱，弘曰：「身家諱與蘇子高同。」父曇首，右光祿大夫。曇首兄弟集會諸子孫，弘子僧達下地跳戲，僧虔年數歲，獨正坐採蠟燭珠爲鳳凰。弘曰：「此兒終當爲長者。」

僧虔弱冠，弘厚，善隸書。宋文帝見其書素扇，歎曰：「非唯跡逾子敬，方當器雅過之。」除祕書郎，太子舍人。退默少交接，與袁淑、謝莊善。轉義陽王文學，太子洗馬，遷司徒左西屬。

兄僧綽，爲太初所害，親賓咸勸僧虔逃。僧虔涕泣曰：「吾兄奉國以忠貞，撫我以慈愛，今日之事，苦不見及耳。若同歸九泉，猶羽化也。」孝武初，出爲武陵太守。兄子儉於中途得病，僧虔爲廢寢食。同行客慰喻之。僧虔曰：「昔馬援處兒姪之閒一情不異，鄧攸於弟子更逾所生，吾實懷其心，誠未異古。亡兄之胤，不宜忽諸。若此兒不救，便當回舟謝職，無復遊(官)〔宦〕之興矣。」〔一〕還爲中書郎，轉黄門郎，太子中庶子。

孝武欲擅書名，僧虔不敢顯跡。大明世，常用掘筆書，〔二〕以此見容。出爲豫章王子尚撫軍長史，遷散騎常侍，復爲新安王子鸞北中郎長史、南東海太守，行南徐州事，二蕃皆帝愛子也。

尋遷豫章内史。入爲侍中，遷御史中丞，領驍騎將軍。甲族向來多不居憲臺，〔三〕王氏以分枝居烏衣者，位宦微減，僧虔爲此官，乃曰：「此是烏衣諸郎坐處，我亦可試爲耳。」復爲侍中，領屯騎校尉。泰始中，出爲輔國將軍、吳興太守，秩中二千石。王獻之善書，〔四〕爲吳興郡，及僧虔工書，又爲郡，論者稱之。

徙爲會稽太守，秩中二千石，將軍如故。中書舍人阮佃夫(家)在會(下)〔稽〕，〔五〕請假東歸。客勸僧虔以佃夫要倖，宜加禮接。僧虔曰：「我立身有素，豈能曲意此輩。彼若見惡，當拂衣去耳。」佃夫言於宋明帝，使御史中丞孫敻奏：「僧虔前莅吳興，多有謬命，檢到郡至遷，凡用功曹五官主簿至二禮吏署三傳及度與弟子，合四百四十八人。又聽民何係先等一百十家爲舊門。委州檢削。」坐免官。

尋以白衣兼侍中，出監吳郡太守，遷使持節、都督湘州諸軍事、建武將軍、行湘州事，仍轉輔國將軍，湘州刺史。所在以寬惠著稱。巴峽流民多在湘土，僧虔表割益陽、羅、湘西三縣緣江民立湘陰縣，從之。

元徽中，遷吏部尚書。高平檀珪罷沅南令，僧虔以爲征北板行參軍。訴僧虔求祿不得，與僧虔書曰：「五常之始，文武爲先，文則經緯天地，武則撥亂定國。僕一門雖謝文通，乃忝武達。羣從姑叔，三媾帝室，祖兄二世，糜軀奉國，而致子姪餓死草壤。去冬今春，頻荷二敕，既無中人，屢見蹉奪。經涉五朔，踰歷四晦，書牘十二，接覲六七，遂不荷潤，反更曝鰓。九流繩平，自不宜獨苦一物，蟬腹龜腸，爲日已久。飢虎能嚇，人遽與肉；餓麟不噬，誰爲落毛。去冬乞豫章丞，爲馬超所爭；今春蒙敕南昌縣，爲史偃所奪。二子勳蔭人才，有何見勝。若以貧富相奪，則分受不如。〔身〕雖孤微，〔六〕百世國士，姻媾位宦，亦不後物。尚書同堂姊爲江夏王妃，檀珪同堂姑爲南譙王妃；尚書婦是江夏王女，檀珪祖姑嬪長沙景王；尚書伯爲江州，檀珪祖亦爲江州；尚書從兄出身爲後軍參軍，檀珪父釋褐亦爲中軍參軍。僕於尚書，人地本懸，至於婚宦，不肯殊絕。〔七〕今通塞雖異，猶忝氣類，尚書何事乃爾見苦？泰始之初，八表同逆，一門二世，粉骨衛主，殊勳異績，已不能甄，常階舊途，復見侵抑。」僧虔報書曰：「征北板比歲處遇小優，殷主簿從此府入崇禮，何儀曹卽代殷，亦不見訴爲苦。足下積屈，一朝超升，政自小難。泰始初勤苦十年，自未見其賞，而頓就求稱，亦何可遂。吾與足下素無怨憾，何以相侵苦，直是意有佐佑耳。」珪又書曰：「昔荀公達漢之功臣，晉武帝方爵其玄孫。夏侯惇魏氏勳佐，金德初融，亦始就甄顯，方賞其孫，封樹近族。羊叔子以晉泰始中建策伐吳，至咸寧末，方加褒寵，封其兄子。卞望之以咸和初殞身國難，至興寧末，方崇禮秩，官其子孫。蜀郡主簿田混，黃初末死故君之難，咸康中方擢其子孫。似不以世代遠而被棄，年世疎而見遺。檀珪百罹六極，造化罕比，五喪停露，百口轉命，存亡披迫，本希小祿，無意階榮。自古以來有沐食侯，近代有王官。府佐非沐食之職，參軍非王官之謂。質非匏瓜，實羞空懸。殷、何二生，或是府主情味，或是朝廷意旨，豈與悠悠之人同口而語。使僕就此職，尚書能以郎見轉不？若使日得五升祿，則不恥執鞭。」僧虔乃用爲安城郡丞。珪，宋安南將軍韶孫也。

僧虔尋加散騎常侍，轉右僕射。昇明元年，遷尚書僕射，尋轉中書令，左僕射。二年，爲尚書令。僧虔好文史，解音律，以朝廷禮樂多違正典，民間競造新聲雜曲，時太祖輔政，僧虔上表曰：「夫懸鍾之器，〔八〕以雅爲用；凱容之禮，八佾爲儀。今總章羽佾，音服舛異。又歌鍾一肆，克諧女樂，以歌爲務，非雅器也。大明中，卽以宮懸合和鞞、拂，節數雖會，慮乖雅體，將來知音，或譏聖世。若謂鍾舞已諧，重違成憲，更立歌鍾，不參舊例。四縣所奏，謹依雅條，卽義沿理，如或可附。又今之淸商，實由銅爵，三祖風流，遺音盈耳，京、洛相高，江左彌貴。諒以金石干羽，事絕私室，桑、濮、鄭、衞，訓隔紳冕，中庸和雅，莫復於斯。而情變聽移，稍復銷落，十數年閒，亡者將半。自頃家競新哇，人尚謠俗，務在噍殺，不顧音紀，流宕無崖，未知所極，排斥正曲，崇長煩淫。士有等差，無故不可去樂；禮有攸序，長幼不可共聞。故喧醜之制，日盛於廛里；風味之響，獨盡於衣冠。宜命有司，務勲功課，緝理遺逸，迭相開曉，所經漏忘，悉加補綴。曲全者祿厚，藝妙者位優。利以動之，則人思刻厲。反本還源，庶可跂踵。」事見納。

建元元年，轉侍中，撫軍將軍，丹陽尹。二年，進號左衞將軍，固讓不拜。改授左光祿大夫，侍中、尹如故。郡縣獄相承有上湯殺囚，僧虔上疏言之曰：「湯本以救疾，而實行寃暴，或以肆忿。若罪必入重，自有正刑；若去惡宜疾，則應先啓。豈有死生大命，而潛制下邑。愚謂治下囚病，必先刺郡，求職司與醫對共診驗；遠縣，家人省視，然後處理。〔九〕可使死者不恨，生者無怨。」上納其言。

僧虔留意雅樂，昇明中所奏，雖微有釐改，尚多遺失。是時上始欲通使，僧虔與兄子儉書曰：「古語云『中國失禮，問之四夷』。計樂亦如。苻堅敗後，東〔晉〕始備金石樂，〔一〇〕故知不可全誣也。北國或有遺樂，誠未可便以補中夏之闕，且得知其存亡，亦一理也。但鼓吹舊有二十一曲，今所能者十一而已，意謂北使會有散役，得今樂署一人粗別同異者，充此使限。雖復延州難追，其得知所知，亦當不同。若謂有此理者，可得申吾意上聞否？試爲思之。」事竟不行。

太祖善書，及卽位，篤好不已。與僧虔賭書畢，謂僧虔曰：「誰爲第一？」僧虔曰：「臣書第一，陛下亦第一。」上笑曰：「卿可謂善自爲謀矣。」示僧虔古迹十一袠，就求能書人名。僧虔得民間所有，袠中所無者，吳大皇帝、景帝、歸命侯書，桓玄書，及王丞相導、領軍洽、中書令珉、張芝、索靖、衞伯儒、張翼十二卷奏之。〔二〕又上羊欣所撰能書人名一卷。

其年冬，遷持節、都督湘州諸軍〔事〕、〔三〕征南將軍、湘州刺史，侍中如故。清簡無所欲，不營財產，百姓安之。世祖卽位，僧虔以風疾欲陳解，會遷侍中、左光祿大夫、開府儀同三司。僧虔少時羣從宗族竝會，客有相之者云：「僧虔年位最高，仕當至公，餘人莫及也。」及授，僧虔謂兄子儉曰：「汝任重於朝，行當有八命之禮，我若復此授，則一門有二台司，實可畏懼。」乃固辭不拜，上優而許之。改授侍中、特進、左光祿大夫。客問僧虔固讓之意，僧虔曰：「君子所憂無德，不憂無寵。吾衣食周身，榮位已過，所慙庸薄無以報國，豈容更受高爵，方貽官謗邪！」兄子儉爲朝宰，起長梁齋，制度小過，僧虔視之不悅，竟不入戶，儉卽毁之。〔三〕

永明三年，薨。僧虔頗解星文，〔夜〕坐見豫章分野當有事故，〔一四〕時僧虔子慈爲豫章內史，慮其有公事。少時，僧虔薨，慈棄郡奔赴。僧虔時年六十。追贈司空，侍中如故。謚簡穆。

其論書曰：「宋文帝書，自云可比王子敬，時議者云『天然勝羊欣，功夫少於欣』。王平南廙，右軍叔，過江之前以爲最。〔一五〕亡曾祖領軍書，右軍云『弟書遂不減吾』。變古制，今唯右軍、領軍；不爾，至今猶法鍾、張。亡從祖中書令書，子敬云『弟書如騎騾，駸駸恆欲度驊騮前』。庾征西翼書，少時與右軍齊名，右軍後進，庾猶不分，在荆州與都下人書云：『小兒輩賤家雞，皆學逸少書，須吾下，當比之。』張翼，王右軍自書表，晉穆帝令翼寫題後答，右軍當時不別，久後方悟，云『小人幾欲亂眞』。張芝、索靖、韋誕、鍾會、二衞竝得名前代，無以辨其優劣，唯見其筆力驚異耳。張澄當時亦呼有意。郗愔章草亞於右軍。郗嘉賓草亞於二王，緊媚〔過〕其父。〔一六〕桓玄自謂右軍之流，論者以比孔琳之。謝安亦入能書錄，亦自重，爲子敬書嵇康詩。羊欣書見重一時，親受子敬，行書尤善，正乃不稱名。孔琳之書天然放縱，極有筆力，規矩恐在羊欣後。丘道護與羊欣俱面受子敬，故當在欣後。范曄與蕭思話同師羊欣，後小叛，既失故步，爲復小有意耳。蕭思話書，羊欣之影，風流趣好，殆當不減，筆力恨弱。謝綜書，其舅云緊生起，是得賞也，恨少媚好。謝靈運乃不倫，遇其合時，亦得入流。賀道力書亞丘道護。庾昕學右軍，〔一七〕亦欲亂眞矣。」又著書賦，傳於世。

第九子寂，字子玄，性迅動，好文章，讀范滂傳，未常不歎挹。王融敗後，賓客多歸之。建武初，欲獻中興頌，兄志謂之曰：「汝膏粱年少，何患不達，不鎮之以靜，將恐貽譏。」寂乃止。初爲祕書郎，卒，年二十一。

僧虔宋世嘗有書誡子曰：

知汝恨吾不許〔汝〕學，〔一八〕欲自悔厲，或以闔棺自欺，或更擇美業，且得有慨，亦慰窮生。但亟聞斯唱，未覩其實。請從先師聽言觀行，冀此不復虛身。吾未信汝，非徒然也。往年有意於史，取三國志聚置床頭，百日許，復徙業就玄，自當小差於史，〔一九〕猶未近彷彿。曼倩有云：「談何容易。」見諸玄，志爲之逸，腸爲之抽，專一書，轉誦數十家注，自少至老，手不釋卷，尚未敢輕言。汝開老子卷頭五尺許，〔二〇〕未知輔嗣何所道，平叔何所說，馬、鄭何所異，指例何所明，而便盛於麈尾，自呼談士，此最險事。設令袁令命汝言易，謝中書挑汝言莊，張吳興叩汝〔言〕老，〔二一〕端可復言未嘗看邪？談故如射，前人得破，後人應解，不解即輸賭矣。且論注百氏，荊州八袠，又才性四本，聲無哀樂，皆言家口實，如客至之有設也。汝皆未經拂耳瞥目。豈有庖廚不脩，而欲延大賓者哉？就如張衡思侔造化，郭象言類懸河，不自勞苦，何由至此？汝曾未窺其題目，未辨其指歸；六十四卦，未知何名；莊子衆篇，何者內外；八袠所載，凡有幾家；四本之稱，以何爲長。而終日欺人，人亦不受汝欺也。由吾不學，無以爲訓。然重華無嚴父，放勳無令子，亦各由己耳。汝輩竊議亦當云：「何日不學？〔二二〕在天地閒可嬉戲，何忽自課謫？幸及盛時逐歲暮，何必有所減？」汝見其一耳，不全爾也。設令吾學如馬、鄭，亦必甚勝；復倍不如今，亦必大減。致之有由，從身上來也。〔汝〕今壯年，〔二三〕自勤數倍許勝，劣及吾耳。世中比例舉眼是，〔二四〕汝足知此，不復具言。

吾在世，雖乏德素，要復推排人閒數十許年，故是一舊物，人或以比數汝等耳。即化之後，若自無調度，誰復知汝事者？舍中亦有少負令譽弱冠越超清級者，于時王家門中，優者則龍鳳，劣者猶虎豹，失蔭之後，豈龍虎之議？況吾不能爲汝蔭，政應各自努力耳。或有身經三公，蔑爾無聞；布衣寒素，卿相屈體。或父子貴賤殊，兄弟聲名異。何也？體盡讀數百卷書耳。吾今悔無所及，欲以前車誡爾後乘也。汝年入立境，方應從宦，〔二五〕兼有室累，牽役情性，何處復得下帷如王郎時邪？爲可作世中學，取過一生耳。試復三思，勿諱吾言。猶捶撻志輩，冀脫萬一，未死之閒，望有成就者，不知當有益否？各在爾身己切，（身）豈復關吾邪？〔二六〕鬼唯知愛深松茂柏，寧知子弟毀譽事！因汝有感，故略敍胸懷矣。〔二七〕

張緒字思曼，吳郡吳人也。祖茂度，會稽太守。父寅，〔二八〕太子中舍人。

緒少知名，清簡寡欲，叔父鏡謂人曰：「此兒，今之樂廣也。」州辟議曹從事，舉秀才。建平王護軍主簿，右軍法曹行參軍，司空主簿，撫軍、南中郎二府功曹，尚書倉部郎。都令史諮郡縣米事，緒蕭然直視，不以經懷。除巴陵王文學，太子洗馬，北中郎參軍，太子中舍人，本郡中正，車騎從事中郎，中書郎，州治中，黃門郎。宋明帝每見緒，輒歎其清淡。轉太子中庶子，本州大中正，遷司徒左長史。吏部尚書袁粲言於帝曰：「臣觀張緒有正始遺風，宜爲宮職。」復轉中庶子，領翊軍校尉，轉散騎常侍，領長水校尉，尋兼侍中，遷吏部郎，參掌大選。元徽初，東宮罷，選曹擬舍人王儉格外記室，緒以儉人地兼美，宜轉祕書丞，從之。緒又遷侍中，（中）郎如故。〔二九〕

緒忘情榮祿，朝野皆貴其風，嘗與客閑言，一生不解作諾。時袁粲、褚淵秉政，有人以緒言告粲、淵者，即出緒爲吳郡太守，緒初不知也。遷爲祠部尚書，復領中正，遷太常，加散騎常侍，尋領始安王師。〔三〇〕昇明二年，遷太（子）〔祖〕太傅長史，〔三一〕加征虜將軍。

齊臺建，轉散騎常侍，世子詹事。建元元年，轉中書令，常侍如故。緒善言，素望甚重。

太祖深加敬異。僕射王儉謂人曰：「北士中覔張緒，過江未有人，不知陳仲弓、黃叔度能過之不耳？」車駕幸莊嚴寺聽僧達道人講，〔三二〕座遠，不聞緒言，上難移緒，乃遷僧達以近之。

尋加驍騎將軍。欲用緒爲右僕射，以問王儉，儉曰：「南士由來少居此職。」褚淵在座，啓上曰：「儉年少，或不盡憶。江左用陸玩、顧和，皆南人也。」儉曰：「晉氏衰政，不可以爲准則。」上乃止。四年，初立國學，以緒爲太常卿，領國子祭酒，常侍、中正如故。緒既遷官，上以王延之代緒爲中書令，時人以此選爲得人，比晉朝之用王子敬、王季琰也。

緒長於周易，言精理奧，見宗一時。常云何平叔所不解易中七事，〔三三〕諸卦中所有時義，是其一也。

世祖卽位，轉吏部尚書，祭酒如故。永明元年，遷金紫光祿大夫，領太常。明年，領南郡王師，加給事中，太常如故。三年，轉太子詹事，師、給事如故。緒每朝見，世祖目送之。謂王儉曰：「緒以位尊我，我以德貴緒也。」遷散騎常侍，金紫光祿大夫、師如故。給親信二十人。復領中正。長沙王晃屬選用吳興聞人邕爲州議曹，緒以資籍不當，執不許。晃遣書佐固請之，緒正色謂晃信曰：「此是身家州鄉，殿下何得見逼！」七年，竟陵王子良領國子祭酒，世祖敕王晏曰：「吾欲令司徒辭祭酒以授張緒，物議以爲云何？」子良竟不拜。以緒領國子祭酒，光祿、師、中正如故。

緒口不言利，有財輒散之。淸言端坐，或竟日無食，門生見緒飢，爲之辦飡，然未嘗求也。卒時年六十八。遺命作蘆葭轜車，靈上置杯水香火，不設祭。從弟融敬重緒，事之如親兄，齎酒於緒靈前酌飮，慟哭曰：「阿兄風流頓盡！」追贈散騎常侍、特進、金紫光祿大夫。謚簡子。

子克，〔三四〕蒼梧世，正員郎，險行見寵，坐廢錮。克弟允，永明中，安西功曹，淫通殺人，伏法。允兄充，永明元年，爲武陵王友，坐書與尙書令王儉，辭旨激揚，爲御史中丞到撝所奏，免官禁錮。論者以爲有恨於儉也。

案建元初，中詔序朝臣，欲以右僕射擬張岱。褚淵謂「得此過優，若別有忠誠，特進升引者，別是一理，仰由裁照」。詔「更量」。說者旣異，今兩記焉。

史臣曰：王僧虔有希聲之量，兼以藝業。戒盈守滿，〔發〕〔屈己〕自容，〔三五〕方軌諸公，〔三六〕實平世之良相。張緒凝衿素氣，自然標格，搢紳端委，朝宗民望。夫如緒之風流者，豈不謂之名臣！

贊曰：簡穆長者，其義恢恢。聲律草隸，爕理三台。思曼廉靜，自絕風埃。遊心爻繫，物允清才。

校勘記

〔一〕無復遊(官)〔宦〕之興矣　據局本及元龜八百五十一改。

〔二〕常用掘筆書　「掘」各本並作「拙」。按古「拙」字亦作「掘」，見史記貨殖列傳徐廣注，今不改。

〔三〕甲族向來多不居憲臺　「向來」殿本作「由來」。按御覽二百二十六、永樂大典六千八百三十二引並作「由來」，南史、通典食貨典亦作「由來」。

〔四〕王獻之善書　「王」字上南史有「始」字。

〔五〕中書舍人阮佃夫〔家〕在會(下)〔稽〕　據南監本、殿本、局本補改。

〔六〕〔身〕雖孤微　據南監本、毛本、殿本、局本補。

〔七〕不肯殊絕　「肯」南監本、殿本、局本作「至」。

〔八〕夫懸鍾之器　「懸鍾」元龜五百六十六、宋書樂志作「鍾懸」。按王僧虔此表宋書樂志引全文，此有刪節，文句亦多異。

〔九〕然後處理　「理」元龜四百七十一作「治」。

〔一〇〕東〔晉〕始備金石樂　據南監本、毛本、殿本、局本補。

〔一一〕吳大皇帝至十二卷奏之　張森楷校勘記云：「南史作『十一卷』，以上所述有十一人，疑作『十一卷』爲是。」今按法書要錄引此，無桓玄，有晉安帝，張芝前又列韋仲將名，正爲十二人也。

〔一二〕都督湘州諸軍〔事〕　據毛本、局本補。

〔一三〕儉卽毀之　「卽」下南監本有「日」字

〔一四〕〔夜〕坐見豫章分野當有事故　據南監本、殿本、局本補。

〔一五〕過江之前以爲最　元龜八百六十一「江」下有「右軍」二字，是。蓋謂在過江之後，右軍之前，以王廙爲最也。按法書要錄云：「王平南廙，是右軍叔，自過江東，右軍之前，惟廙爲最。」文較明析。

〔一六〕緊媚〔過〕其父　據元龜八百六十一及法書要錄補。

〔一七〕庾昕學右軍　「庾昕」法書要錄作「康昕」。又要錄引羊欣所撰古來能書人名，亦云「胡人康昕，工隸草」。按自漢以來，康居人之留居中國者，皆以康爲氏。既云「胡人康昕」，疑作「康」是。

〔一八〕知汝恨吾不許〔汝〕學　據南監本、殿本、局本及元龜八百十七補。

〔一九〕復從業就玄自當小差於史　按元龜八百十七疊「玄」字。

〔二〇〕汝開老子卷頭五尺許　按下云「馬鄭何所異」。梁玉繩瞥記云：「馬、鄭未嘗注老。王西莊光祿云『老子』當作『老易』，蓋是也。」

〔二一〕張吳興叩汝〔言〕老　據南監本、殿本、局本補。

〔二二〕何日不學　「何日」南監本、殿本及南史、元龜八百十七作「阿越」。

〔二三〕〔汝〕今壯年　據南史及元龜八百十七補。

〔二四〕世中比例舉眼是　「是」字上元龜八百十七有「皆」字。

〔二五〕方應從官　「官」南史作「宦」。

〔二六〕（身）豈復關吾邪　據南史刪。按元龜八百十七、永樂大典六千八百三十二皆無「身」字。

〔二七〕故略敍胸懷矣　南監本、殿本無「矣」字，元龜八百十七作「耳」。

〔二八〕父寅　「寅」南監本、局本及南史並作「演」。此子顯避梁武帝嫌名改。

〔二九〕（中）郎如故　張森楷校勘記云：「上文未言爲中郎，疑衍『中』字，郎如故謂吏部郎如故也。」按張說是，今據刪。

〔三〇〕尋領始安王師　「安」原譌「建」，各本不譌，今改正。

〔三一〕昇明二年遷太（子）〔祖〕太傅長史　南史云：「昇明二年，自祠部尚書爲齊高帝太傅長史。」按蕭道成謚高皇帝，廟號太祖，明「太子」乃「太祖」之譌，各本皆未正，今改。

〔三二〕聽僧達道人講　「講」字下南史有「維摩」二字。

〔三三〕常云何平叔所不解易中七事 南史同。錢大昕廿二史考異云：「三國志注引管輅别傳，云『何尚書自言不解易九事』，南史伏曼容傳亦云『何晏疑易中九事』，此云七事，未知孰是。」

〔三四〕子克 「克」南史作「完」。

〔三五〕（發）〔屈〕己自容 據南監本、毛本、殿本、局本改。

〔三六〕方軌諸公 「軌」原譌「埶」，今據毛本、殿本、局本改正。按南監本作「之」。

南齊書卷三十四

列傳第十五

虞玩之　劉休　沈沖　庾杲之　王諶

虞玩之字茂瑤，會稽餘姚人也。祖宗，晉庫部郎。父玫，通直常侍。玩之少閑刀筆，汎涉書史，解褐東海王行參軍，烏程令。路太后外親朱仁彌犯罪，依法錄治。〔太后〕怨訴孝武，〔一〕坐免官。泰始中，除晉熙國郎中令，尚書起部郎，通直郎。元徽中，爲右丞。時太祖參政，與玩之書曰：「張華爲度支尚書，事不徒然。今漕藏有闕，吾賢居右丞，已覺金粟可積也。」玩之上表陳府庫錢帛，器械役力，所懸轉多，〔二〕興用漸廣，慮不支歲月。朝議優報之。遷安成王車騎錄事，轉少府。

太祖鎭東府，朝野致敬，玩之猶躡屐造席。太祖取屐視之，訛黑斜銳，蔑斷，以芒接之。問曰：「卿此屐已幾載？」玩之曰：「初釋褐拜征北行佐買之，著已二十年，貧士竟不辦易。」太祖善之，引爲驃騎諮議參軍。霸府初開，賓客輻湊，太祖留意簡接，玩之與樂安任遐，俱以應對有席上之美，齊名見遇。遐字景遠，好學，有義行，兼與太祖素游，褚淵、王儉竝見親愛。官至光祿大夫，永元初卒。

玩之遷驍騎將軍，黃門郎，領本部中正。〔三〕上患民閒欺巧，及即位，敕玩之與驍騎將軍傅堅意檢定簿籍。建元二年，詔朝臣曰：「黃籍，民之大紀，國之治端。自頃氓俗巧僞，爲日已久，至乃竊注爵位，盜易年月，增損三狀，貿襲萬端。或戶存而文書已絕，或人在而反託死（板）〔叛〕，〔四〕停私而云隸役，身強而稱六疾。編戶齊家，少不如此。皆政之巨蠹，教之深疵。比年雖却籍改書，終無得實。若約之以刑，則民僞已遠；若綏之以德，則勝殘未易。卿諸賢竝深明治體，可各獻嘉謀，以振澆化。又臺坊訪募，此制不近，優刻素定，閑劇有常。宋元嘉以前，茲役恆滿，大明以後，樂補稍絕。或緣寇難頻起，軍蔭易多，民庶從利，投坊者寡。然國經未變，朝紀恆存，相揆而言，隆替何速。此急病之洪源，晷景之切患，以何科算，革斯弊邪？」玩之上表曰：「宋元嘉二十七年八條取人，孝建元年書籍，衆巧之所始也。元嘉中，故光祿大夫傅隆，年出七十，猶手自書籍，躬加隱校。隆何必有石建之愼，高柔之勤，蓋以世屬休明，服道脩身故耳。今陛下日旰忘食，未明求衣，詔逮幽愚，謹陳妄說。古之共治天下，唯良二千石，今欲求治取正，其在勤明令長。凡受籍，縣不加檢合，但封送州，州檢得實，方却歸縣。吏貪其賂，民肆其姦，姦彌深而却彌多，賂愈厚而答愈緩。自泰始三年至元徽四年，揚州等九郡四號黃籍，共却七萬一千餘戶。于今十一年矣，而所正者猶未四萬。神州奧區，尚或如此，江、湘諸部，倍不可念。愚謂宜以元嘉二十七年籍爲正。民惰法既久，今建元元年書籍，宜更立明科，一聽首悔，迷而不反，依制必戮。使官長審自檢校，必令明洗，然後上州，永以爲正。若有虛昧，州縣同咎。今戶口多少，不減元嘉，而板籍頓闕，弊亦有以。自孝建已來，入勳者衆，其中操干戈衞社稷者，三分殆無一焉。勳簿所領，而詐注辭籍，浮遊世要，非官長所拘錄，復爲不少。尋蘇峻平後，庾亮就温嶠求勳簿，而嶠不與，以爲陶侃所上，多非實錄。尋物之懷私，無世不有，宋末落紐，此巧尤多。又將位既衆，舉卹爲祿，實潤甚微，而人領數萬，如此二條，天下合役之身，已據其太半矣。又有改注籍狀，詐入仕流，（苦）〔昔〕爲人役者，〔五〕今反役人。又生不長髮，便謂爲道〔人〕，〔六〕塡街溢巷，是處皆然。或抱子并居，竟不編戶，遷徙去來，公違土斷。屬役無滿，流亡不歸。寧喪終身，疾病長臥。法令必行，自然競反。又四鎭戍將，有名寡實，隨才部曲，無辨勇懦，署位借給，巫媪比肩，彌山滿海，皆是私役。行貨求位，其塗甚易，募役卑劇，何爲投補？坊吏之所以盡，百里之所以單也。今但使募制明信，滿復有期，民無逕路，則坊可立表而盈矣。爲治不患無制，患在不行，不患不行，患在不久。」上省玩之表，納之。乃別置板籍官，〔七〕置令史，限人一日得數巧，以防懈怠。於是貨賂因緣，籍注雖正，猶強推却，以充程限。至世祖永明八年，謫巧者戍緣淮各十年，百姓怨望。世祖乃詔曰：「夫簡貴賤，辨尊卑者，莫不取信於黄籍。豈有假器濫榮，竊服非分。故所以澄革虚妄，式允舊章。然釁起前代，過非近失，既往之愆，不足追咎。自宋昇明以前，皆聽復注。其有謫役邊疆，各許還本。此後有犯，嚴加翦治。」

玩之以久（官年）〔宦衰〕疾，〔八〕上表告退，曰：「臣聞負重致遠，力窮則困，竭誠事君，智盡必傾，理固然也。四十仕進，七十懸車，壯則驅馳，老宜休息。臣生於晉，長於宋，老於齊，世歷三代，朝市再易。臣以宋元嘉二十八年爲王府行佐，於玆三十年矣。自頃以來，衰耗漸篤。爲性不懶惰，而倦怠頓來。耳目本聰明，而聾瞶轉積。脚不支身，喘不緒氣。景刻不推，朝晝不保。大功兄弟，四十有二人，通塞壽夭，唯臣獨存。朝露未光，寧堪長久。且知足不辱，臣已足矣。稟命飢寒，不求富貴，銅山由命，臣何恨焉，久甘之矣。直道事人，不免縲紲，屬遇聖明，知其非罪，臣之幸厚矣。授命於道消之晨，効節於百揆之日，臣忠之効也。慶降於文明之初，〔九〕荷澤於天飛之運，臣命之偶也。不謀巧宦而位至九卿，德慙李陵而忝居門下。〔一〇〕堯舜無窮，臣亦通矣。年過六十，不爲夭矣。榮期之三樂，東平之一善，臣俱盡之矣。經昏踐亂，涉艱履危，仰聖德以求全，憑賢輔以申節，未嘗厭屈於勳權，畏溺於狐鼠，臣立身之本，於斯不虧。在其壯也，當官不讓。及其衰矣，豪露靡因。伏願慈臨，賜臣骸骨。非爲希高慕古，愛好泉林。特以丁運孤貧，養禮多闕，風樹之感，夙自纏心，庶天假其辰，得二三年閒，掃守丘墓，以此歸全，始終之報遂矣。」上省玩之表，許之。

玩之於人物好臧否，宋末，王儉舉員外郎孔逷使虜，玩之言論不相饒，逷、儉並恨之。至是玩之東歸，儉不出送，朝廷無祖餞者。玩之歸家起大宅，數年卒。其後員外郎孔瑄就儉求會稽五官，儉方盥，投皂莢於地，曰：「卿鄉俗惡。虞玩之至死(治)〔煩〕人。」〔一〕

孔逷字世遠，玩之同郡人。好典故學。與王儉至交。昇明中，爲齊臺尚書儀曹郎，太祖謂之曰：「卿儀曹才也。」儉爲宰相，逷嘗謀議帷幙，每及選用，頗失鄉曲情。儉從容啓上曰：「臣有孔逷，猶陛下之有臣也。」永明中，爲太子家令，卒。時人呼孔逷、何憲爲王儉三公。

憲字子思，廬江人也。以強學見知。母鎮北長史王敷之女，聰明有訓識。憲爲本州別駕。永明十年，使于虜中。

劉休字弘明，〔二〕沛郡相人也。祖徽，正員郎。父超，九眞太守。

休初爲駙馬都尉，奉朝請，宋明帝〔湘〕東國常侍。〔一三〕好學諳憶，不爲帝所知。襲祖封南鄉侯。友人陳郡謝儼同丞相義宣反，休坐匿之，被繫尚方七年，孝武崩，乃得出。隨弟欽爲羅縣。太始初，諸州反，休筮明帝當勝，靜處不預異謀。數年，還投吳喜爲輔師府錄事參軍，喜稱其才，進之明帝，得在左右。板桂陽王征北參軍。

帝頗有好尚，尤嗜飲食，休多藝能，爰及鼎味，問無不解。後宮孕者，帝使筮其男女，無不如占。帝素肥，痿不能御內，諸王妓妾懷孕，使密獻入宮，生子之後，閉其母於幽房，前後十數。從帝，桂陽王休範子也。〔一四〕蒼梧王亦非帝子，陳太妃先爲李道兒妾，故蒼梧微行，嘗自稱爲李郎焉。帝憎婦人妬，尙書右丞榮彥遠以善棊見親，〔一五〕婦妬傷其面，帝曰：「我爲卿治之，何如？」彥遠率爾應曰：「聽聖旨。」其夕，遂賜藥殺其妻。休妻王氏亦妬，帝聞之，賜休妾，敕與王氏二十杖。令休於宅後開小店，使王氏親賣掃箒皂莢以辱之。其見親如此。

尋除員外郎，領輔國司馬、中書通事舍人，帶南城令。除尙書中兵郎，給事中，舍人、令如故。除安成王撫軍參軍，〔一六〕出爲都水使者，南康相。〔休〕善言治體，〔一七〕而在郡無異績。還爲正員郎，邵陵王南中郎錄事、建威將軍、新蔡太守。隨轉左軍府，加鎭蠻護軍，將軍、太守如故。遷諮議，司馬，進寧朔將軍，鎭蠻護軍、太守如故。徙尋陽太守，將軍、司馬如故。後遷長史。沈攸之難，〔一八〕世祖挾晉熙邵陵二王軍府鎭盆城，休承奉軍費，事寧，仍遷邵陵王安南長史，除黃門郎，寧朔將軍，前軍長史，齊臺散騎常侍。

建元初，爲御史中丞。頃之，休啓曰：「臣自塵榮南憲，星晷交春，謬聞弱奏，劾無空月。豈唯不能使蕃邦斂手，豪右屏氣，乃遣聽已暴之辜，替網觸羅之鳥。而猶以此，里失鄉黨之和，〔九〕朝絕比肩之顧，覆背騰其喉脣，武人厲其觜吻。怨之所聚，勢難久堪，議之所裁，孰懷其允。臣竊尋宋世載祀六十，歷職斯任者五十有三，校其年月，不過盈歲。於臣叨濫，宜請骸骨。」上曰：「卿職當國司，以威裁爲本，而忽憚世誚。卿便應辭之事始，何可獲惰晚節邪？」

宋末，上造指南車，以休有思理，使與王僧虔對共監試。元嘉世，羊欣受子敬正隸法，世共宗之，右軍之體微古，不復見貴。休始好此法，至今此體大行。四年，出爲豫章內史，加冠軍將軍。卒，年五十四。

沈沖字景綽，吳興武康人也。祖宣，新安太守。父懷文，〔廣陵太守〕。〔一〇〕沖解褐衞尉五官，轉揚州主簿。宋大明中，懷文有文名，沖亦涉獵文義。轉西陽王撫軍法曹參軍，尋舉秀才，還爲撫軍正佐，兼記室。及懷文得罪被繫，沖兄弟行謝，情哀貌苦，見者傷之。柳元景欲救懷文，言於帝曰：「沈懷文三子塗炭不可見，願陛下速正其罪。」帝竟殺之。元景爲之歎息。沖兄弟以此知名。

泰始初，以母老家貧，啓明帝得爲永興令。遷巴陵王主簿，除尚書殿中郎。元徽中，出爲晉安王安西記室參軍，還爲司徒主簿，山陰令，轉司徒錄事參軍。世祖爲江州，沖爲征虜長史、尋陽太守，甚見委遇。世祖還都，使沖行府、州事。遷領軍長史。建元初，轉驃騎諮議參軍，領錄事，未及到任，轉黃門郎，仍遷太子中庶子。世祖在東宮，待以恩舊。及卽位，轉御史中丞，侍中，冠軍廬陵王子卿爲郢州，以沖爲長史、輔國將軍、江夏內史，行府、州事。隨府轉爲安西長史、南郡內史，行荆州府事，將軍如故。永明四年，徵爲五兵尚書。

沖與兄淡、淵名譽有優劣，世號爲「署鼓兄弟」。淡、淵竝歷御史中丞，兄弟三人，皆爲司直，晉、宋未有也。中丞案裁之職，被憲者多結怨。淵永明中彈吳興太守袁彖，建武中，彖從弟昂爲中丞，到官數日，奏彈淵子績父在儭白幰車，免官禁錮。沖母孔氏在東，隣家失火，疑爲人所焚爇，大呼曰：「我三兒皆作御史中丞，與人豈有善者！」

世祖方欲任沖，沖西下至南州而卒。時年五十一。上甚惜之。喪還，詔曰：「沖喪柩至止，惻愴良深。以其昔在南蕃，特兼憫悼。」車駕出臨沖喪，詔曰：「沖貞詳閑理，志局淹正。誠著蕃朝，績彰出內。〔二〕不幸早世，朕甚悼之。」追贈太（保）〔常〕，〔三〕謚曰恭子。

庾杲之字景行，新野人也。祖深之，雍州刺史。父粲，司空參軍。

杲之少而貞立，學涉文義。起家奉朝請，巴陵王征西參軍。郢州舉秀才，除晉熙王鎮西外兵參軍，世祖征虜府功曹，尚書駕部郎。清貧自業，食唯有韭葅、瀹韭、生韭雜菜，或戲之曰：「誰謂庾郎貧，食鮭常有二十七種。」言三九也。仍爲世祖撫軍中軍記室，遷員外散騎常侍，正員郎，遷中書郎，領荆、湘二州中正。轉尚書左丞，常侍、領中正如故。

出爲王儉衞軍長史，時人呼儉府爲入芙蓉池。〔三〕儉謂人曰：「昔袁公作衞軍，欲用我爲長史，雖不獲就，要是意向如此。今亦應須如我輩人也。」乃用杲之。遷黄門郎，兼御史中丞，尋卽正。

杲之風範和潤，善音吐。世祖令對虜使，兼侍中。〔四〕上每歎其風器之美，王儉在座，曰：「杲之爲蟬冕所照，更生風采。陛下故當與其卽眞。」帝意未用也。永明中，諸王年少，不得妄與人接，敕杲之與濟陽江淹五日一詣諸王，使申遊好。尋又遷廬陵王中軍長史，遷尚書吏部郎，參大選事。轉太子右衞率，加通直常侍。

九年，卒。臨終上表曰：「臣昨夜及旦，更增氣疾，自省綿痼，頃刻危殆，無容復臥。任居隆顯，玷塵明世，乞解所忝，待終私庭。臣以凡庸，謬徼昌運，奬擢之厚，千載難逢。且年踰知命，志事榮顯，脩夭有分，無所厝言。若天鑒微誠，蹔借餘曆，傾宗殞元，陳力無遠。仰違庭闕，伏枕哽戀。迻貂蟬及章。」詔不許。杲之歷在上府，以文學見遇。上造崇虛館，使爲碑文。卒時年五十一，上甚惜之。謚曰貞子。

時會稽孔廣，字淹源，亦美姿制。歷州治中，卒。

王諶字仲和，東海郯人也。祖萬慶，〔三〕員外常侍。父元閔，護軍司馬。宋大明中，沈曇慶爲徐州，辟諶爲迎主簿，又爲州迎從事，湘東王國常侍，鎭北行參軍，州、國、府主皆宋明帝也。除義陽王征北行參軍，又除度明帝衞軍府。諶有學義，累爲帝蕃佐。及卽位，除司徒參軍，帶薛令，兼中書舍人，見親遇，常在左右。諶見帝所行慘僻，屢諫不從，請退，坐此見怒，繫尙方，少日出。尋除尙書殿中郎，徙記室參軍，正員郎，薛令如故。遷兼中書郎，晉平王驃騎板諮議，出爲湘東太守，秩中二千石，未拜，坐公事免。復爲桂陽王驃騎府諮議參軍，中書郎。

明帝好圍棊，置圍棊州邑，以建安王休仁爲圍棊州都大中正，諶與太子右率沈勃、尙書水部郎庾珪之、彭城丞王抗四人爲小中正，朝請褚思莊、傅楚之爲清定訪問。

出爲臨川內史，還爲尙書左丞。尋以本官領東觀祭酒，卽明帝所置總明觀也。遷黃門，轉正員常侍，輔國將軍，江夏王右軍長史，冠軍將軍。轉給事中，廷尉卿，未拜。建元中，武陵王曄爲會稽，以諶爲征虜長史行事，冠軍如故。永明初，遷豫章王太尉司馬，將軍如故。

世祖與諶相遇於宋明之世，欲委任，〔二六〕爲輔國將軍、晉安王南中郎長史、淮南太守，行府、州事。五年，除黃門郎，領驍騎將軍，遷太子中庶子，驍騎如故。諶貞正和謹，朝庭稱爲善人，多與之厚。八年，轉冠軍將軍、長沙王車騎長史，徙廬陵王中軍長史，將軍如故。西陽王子明在南兗州，長史沈憲去職，上復徙諶爲征虜長史，行南兗府、州事，將軍如故。諶少貧，嘗自紡績，及通貴後，每爲人說之，世稱其志達。九年，卒。年六十九。

史臣曰：鶉居鷇飲，裁樹司牧，板籍之起，尙未分民，所以愛字之義深，納隍之意重也。季世以後，務盡民力，量財品賦，以自奉養。下窮而上不卹，世澆而事愈變。故有竊名簿閥，忍賊肌膚，生濫死乖，趨避繩網。積虛累謬，已數十年，欺蔽相容，官民共有，爲國之道，良宜矯革。若令優役輕傜，則斯詐自弭；明糾羣吏，則茲僞不行。空閱舊文，徒成民幸。是以崔琰之譏魏武，謝安之論京師，斷民之難，豈直遠在周世〔哉〕？〔二七〕

贊曰：玩之止足，爲論未光。劉休善筮，安臥南湘。沖獲時譽，杲信珪璋。諶惟舊序，並用興王。

校勘記

〔一〕〔太后〕怨訴孝武　據南監本、殿本、局本及南史補。

〔二〕所懸轉多　「所懸」南監本、殿本及南史並作「州縣」，譌。按所懸轉多謂所懸欠轉多也，元龜四百六十七亦作「所懸」。

〔三〕領本部中正　張森楷校勘記云：「『部』疑『郡』字之譌。」

〔四〕或人在而反託死(板)〔叛〕　據南監本及南史改。言人在而在籍上妄注死叛也。

〔五〕(苦)〔昔〕爲人役者　按下云「今反役人」，則「苦」當作「昔」，形之譌也。各本並譌，今據通典食貨典、元龜四百八十六改。

〔六〕又生不長髮便謂爲道〔人〕　據通典食貨典補。按南北朝人稱僧爲道人，見南史梁弘景傳。

〔七〕乃別置板籍官　「板」南史、通典食貨典、元龜四百八十六作「校」。

〔八〕玩之以久（官年）〔官衰〕疾　據南監本、殿本及南史改。

〔九〕慶降於文明之初　「慶降」殿本作「降慶」，元龜八百九十九作「慶隆」。

〔一〇〕德慙李陵而忝居門下　殿本考證云：「『李陵』二字有疑。」按張森楷校勘記云：「按太史公報任少卿書有『僕與李陵，俱居門下』之語，非誤也。」

〔一一〕虞玩之至死（治）〔煩〕人　據南監本、殿本、局本改。按御覽九百六十引及元龜四百七十八亦作「煩」。

〔一二〕劉休字弘明　「弘」宋本避諱缺筆作「引」，今據南監本、殿本、局本改正。

〔一三〕宋明帝〔湘〕東國常侍　據南監本、殿本、局本及南史補。

〔一四〕從帝桂陽王休範子也　從帝卽順帝，子顯避梁諱改，南監本、殿本已改爲「順帝」。

〔一五〕尚書右丞滎彥遠　「滎彥遠」南監本、局本作「羅彥遠」。

〔一六〕除安成王撫軍參軍　按「安成」原作「安城」。據宋書順帝紀改正。

〔一七〕〔休〕善言治體　據南監本、殿本、局本補。

〔一八〕沈攸之難　按「沈攸之」下當疊一之「字」。

〔一九〕里失鄉黨之和　「里」原譌「理」，今據毛本、殿本、局本改正。

〔二〇〕父懷文〔廣陵太守〕　據南監本、毛本、殿本、局本補。

〔二一〕績彰出內　「出內」南監本、殿本作「出守」。

〔二二〕進贈太（保）〔常〕　據南監本、殿本、局本及南史改。

〔二三〕時人呼儉府爲入芙蓉池　殿本作「時人呼入儉府爲芙蓉池」。

〔二四〕兼侍中　南史云「嘗兼侍中夾侍」。錢大昕廿二史考異云：「此『兼』字當讀去聲，蓋假職未眞授之稱，與一人兼兩職之兼有別。」

〔二五〕祖萬慶　殿本考證云：「南史無『萬』字。」

〔二六〕欲委任　「欲」元龜二百十一作「故」，義較長。

〔二七〕豈直遠在周世〔哉〕　據殿本、局本補。

南齊書卷三十五

列傳第十六

高帝十二王

高帝十九男：昭皇后生武帝、豫章文獻王嶷；謝貴嬪生臨川獻王映、長沙威王晃；羅太妃生武陵昭王曅；任太妃生安成恭王暠；陸脩儀生鄱陽王鏘、晉熙王銶；袁脩容生桂陽王鑠；何太妃生始興簡王鑑、宜都王鏗；區貴人生衡陽王鈞；張淑妃生江夏王鋒、河東王鉉；李美人生南平王銳；第九、第十三、第十四、第十七皇子早亡。衡陽王鈞出繼元王後。

臨川獻王映字宣光，太祖第三子也。宋元徽四年，解褐著作佐郎，遷撫軍行參軍，南陽王文學。沈攸之事難，太祖時領南徐州，以映爲寧朔將軍，鎭京口。事寧，除中軍諮議、從事中郎、輔國將軍、淮南宣城二郡太守，並不拜。仍爲假節、（都）督南兗兗徐青冀五州諸軍事、行〔南〕兗州刺史，〔一〕將軍如故。尋除給事黄門侍郎，領前軍將軍，仍復爲冠軍將軍、南兗州刺史，假節（都）督，復爲監軍，〔二〕督五州如故。

齊臺建，宋帝詔封映及弟晃、曅、暠、鏘、鑠、鑑並爲開國縣公，各千五百戶，未及定上字，而太祖踐阼。以映爲使持節、都督荆湘雍益梁寧南北秦八州諸軍事、平西將軍、荆州刺史。封臨川王，食邑例二千戶。又領湘州刺史。豫章王嶷既留鎭陝西，映亦不行。改授散騎常侍、都督揚南徐二州諸軍事、前將軍、揚州刺史，持節如故。國家初創，映以年少臨神州，吏治聰敏，府州曹局，皆重足以奉禁令，自宋彭城王義康以後未之有也。

出爲都督荆湘雍益梁巴寧南北秦九州諸軍事、鎭西將軍、荆州刺史，持節、常侍如故。給鼓吹一部。以國憂解散騎常侍，進號征西。永（興）〔明〕元年，〔三〕入爲侍中，驃騎將軍。二年，給油絡車。五年，即本號開府儀同三司。七年，薨。映善騎射，解聲律，工左右書左右射，應接賓客，風韻韶美，朝野莫不惋惜焉。時年三十二。詔賜東園祕器，朝服一具，衣一襲。贈司空。九子，皆封侯。

長子子晉，歷東陽吳興二郡太守，祕書監，領後軍將軍。永元初，爲侍中，遷左民尙書。

坐從妹祖日不拜，爲有司所奏，事留中，子晉遂不復拜。梁王定京邑，猶服侍中服。入梁爲輔國將軍、高平太守。第二子子游，州陵侯。解褐員外郎，太子洗馬，歷琅邪、晉陵二郡太守，黃門侍郎。好音樂，解絲竹雜藝。梁初坐閨門淫穢及殺人，爲有司所奏，請議禁錮。〔四〕子晉謀反，兄弟並伏誅。

長沙威王晃字宣明，太祖第四子也。少有武力，爲太祖所愛。宋世解褐祕書郎邵陵王友，不拜。昇明二年，代兄映爲寧朔將軍、淮南宣城二郡太守。初，沈攸之事起，晃便弓馬，多從武容，〔五〕燻赫都街，時人爲之語曰：「煥煥蕭四繖。」

其年，遷爲持節、監豫司二州〔郢州〕之西陽諸軍事、〔六〕西中郎將、豫州刺史。太祖踐祚，〔七〕晃欲用政事，〔八〕輒爲典籤所裁，晃執殺之，上大怒，手詔賜杖。尋遷使持節、都督南徐兗二州諸軍事、後將軍、南徐州刺史。世祖爲皇太子，拜武進陵，於曲阿後湖鬭隊，使晃御馬軍，上聞之，又不悅。入爲侍中、護軍將軍，以國憂，解侍中，加中軍將軍。

太祖臨崩，以晃屬世祖，處以輦轂近蕃，勿令遠出。永明元年，上遷南徐州刺史竟陵王子良爲南兗州，以晃爲使持節、都督南徐兗二州諸軍事、鎮軍將軍、南徐州刺史。入爲散騎常侍，中書監。諸王在京都，唯置捉刀左右四十人，晃愛武飾，罷徐州還，私載數百人仗還都，爲禁司所覺，投之江水。世祖禁諸王畜私仗，〔七〕聞之大怒，〔九〕將糾以法。豫章王嶷於御前稽首流涕曰：「晃罪誠不足宥。陛下當憶先朝念白象。」〔白象〕，晃小字也。〔一〇〕上亦垂泣。太祖大漸時，誡世祖曰：「宋氏若不骨肉相圖，他族豈得乘其衰弊，汝深戒之。」故世祖終無異意。然晃亦不見親寵。當時論者以世祖優於魏文，減於漢明。

尋加晃鎭軍將軍，轉丹陽尹，常侍、將軍如故。又爲侍中、護軍將軍，鎭軍如故。尋進號車騎將軍，侍中如故。給油絡車，鼓吹一部。八年，薨，年三十一。賜東園祕器，朝服一具，衣一襲。卽本號，贈開府儀同三司。

世祖嘗幸鍾山，晃從駕，以馬矟刺道邊枯蘖，上令左右數人引之，銀纏皆卷聚，而矟不出。乃令晃復馳馬拔之，應手便去。每遠州獻駿馬，上輒令晃於華林中調試之。太祖常曰：「此我家任城也。」世祖緣此意，故謚曰威。

武陵昭王曅字宣照，〔一一〕太祖第五子也。母羅氏，從太祖在淮陰，以罪誅，〔曅年四歲，思慕不異成人〕，故曅見愛。〔一二〕初除冠軍將軍，轉征虜將軍。曅剛穎儁出，工弈棊，與諸王共作短句，詩學謝靈運體，以呈上，報曰：「見汝二十字，諸兒作中最爲優者。但康樂放蕩，作體不辨有首尾，安仁、士衡深可宗尚，顏延之抑其次也。」

建元三年，〔一三〕出爲持節、都督會稽東陽新安永嘉臨海五郡軍事、會稽太守，將軍如故。上遣儒士劉瓛往郡，爲曅講五經。世祖卽位，進號左將軍，入爲中書令，將軍如故。轉散騎常侍，太常卿。又爲中書令，遷祠部尚書，常侍並如故。

曅無寵於世祖，未嘗處方嶽，數以語言忤旨。世祖幸豫章王嶷東田宴諸王，獨不召曅。嶷曰：「風景殊美，（令）〔今〕日甚憶武陵。」〔一四〕上乃呼之。曅善射，屢發命中，顧謂四坐曰：「手何如？」上神色甚怪。嶷曰：「阿五常日不爾，今可謂仰藉天威。」帝意乃釋。後於華林賭射，上敕曅疊破，凡放六箭，五破一皮，賜錢五萬。又於御席上舉酒勸曅，曅曰：「陛下嘗不以此處許臣。」上回面不答。

久之，出爲江州刺史，常侍如故。上以曅方出外鎭，求曅宅給諸皇子。曅曰：「先帝賜臣此宅，使臣歌哭有所。陛下欲以州易宅，臣請〔不〕以宅易州。」〔一五〕至鎭百餘日，典籤趙渥之啓曅得失，於是徵還爲左民尚書。

俄轉前將軍，太常卿，累不得志。冬節問訊，諸王皆出，曅獨後來，上已還便殿，聞曅至，引見問之。曅稱牛羸，不能取路。上敕車府給副御牛一頭。敕主客：「自今諸王來不隨例者，不得復爲通。」

以公事還過竟陵王子良宅，冬月道逢乞人，脫襦與之。子良見曅衣單，薦襦於曅。曅曰：「我與向人亦復何異！」尙書令王儉詣曅，曅留儉設食，柈中菘菜鮑魚而已。又名後堂山爲「首陽」，蓋怨貧薄也。

尋爲丹陽尹，常侍、將軍如故。始不復置行事，得自親政。轉侍中，護軍將軍。給油絡車。又給扶二人。世祖臨崩，遺詔爲衞將軍，開府儀同三司，給鼓吹一部。大行在殯，竟陵王子良在殿內，太孫未立，衆論喧疑。曅衆中言曰：「若立長則應在我，立嫡則應在太孫。」鬱林旣立，甚見憑賴。隆昌元年，年二十八，薨。賜東園祕器，朝服。贈司空，侍中如故。給節，班劒二十人。

安成恭王暠字宣曜，太祖第六子也。建元二年，除冠軍將軍，鎭石頭戍，領軍事。四年，出爲使持節、督江州豫州之晉熙諸軍事、南中郎將、江州刺史。永明元年，進號征虜將軍。明年，爲左衞將軍。尋遷侍中，領步兵校尉。轉中書令。五年，遷祠部尙書，領驍騎將軍。六年，出爲南徐州刺史。九年，遷散騎常侍，祕書監，領石頭戍事。暠性淸和多疾，其夏䓲，年二十四。贈撫軍將軍，常侍如故。

鄱陽王鏘字宣韶，太祖第七子也。建元四年，世祖卽位，以鏘爲使持節、督雍梁南北秦四州郢州之竟陵司州之隨郡軍事、北中郎將、寧蠻校尉、雍州刺史。永明二年，進號征虜將軍。四年，爲左衞將軍，遷侍中，領步兵校尉。七年，轉征虜將軍，丹陽尹。尋加散騎常侍，進號撫軍。出爲江州刺史，常侍如故。九年，始親府、州事。加使持節、督江州諸軍事、安南將軍，置佐史，常侍如故。先是二年省江州府，至是乃復。十一年，爲領軍，常侍如故。

鏘和悌美令，有寵於世祖，領軍之授，齊室諸王所未爲。鏘在官理事無壅，當時稱之。車駕遊幸，常甲仗衞從，恩待次豫章王嶷。其年，給油絡車。隆昌元年，轉尚書右僕射，常侍如故。俄遷侍中、驃騎將軍、開府儀同三司，領兵置佐。

鏘雍容得物情，爲鬱林王所依信。鬱林心疑高宗，諸王問訊，獨留鏘謂之曰：「公聞鸞於法身何如？」〔一六〕鏘曰：「臣鸞於宗戚最長，且受寄先帝。臣等年皆尚少，朝廷之幹，唯鸞一人，願陛下無以爲慮。」鬱林退謂徐龍駒曰：「我欲與公共計取鸞，公旣不同，我不能獨辦，且復小聽。」及鬱林廢，鏘竟不知。

延興元年，進位司徒，侍中驃騎如故。高宗鎭東府，權勢稍異，鏘每往，高宗常屣履至車迎鏘。語及家國，言淚俱下，鏘以此推信之。而宮臺內皆屬意於鏘，勸鏘入宮發兵輔政。制局監謝粲說鏘及隨王子隆曰：「殿下但乘油壁車入宮，出天子置朝堂，二王夾輔號令，粲等閉城門上仗，誰敢不同？東城人政共縛送蕭令耳。」子隆欲定計，鏘以上臺兵力既悉度東府，且慮事難捷，意甚猶豫。馬隊主劉巨，世祖時舊人，詣鏘請閒，叩頭勸鏘立事。鏘命駕將入，復回還內與母陸太妃別，日暮不成行。數日，高宗遣二千人圍鏘宅害鏘，謝粲等皆見殺。鏘時年二十六。凡諸王被害，皆以夜遣兵圍宅，或斧關排牆叫噪而入，家財皆見封籍焉。

桂陽王鑠字宣朗，太祖第八子也。永明二年，出爲南徐州刺史，鎭京口。歷代鎭府，鑠出蕃，始省軍府。四年，加散騎常侍。六年，遷中書令，度支尙書。七年，轉中書令，加散騎常侍。時鄱陽王鏘好文章，鑠好名理，時人稱爲「鄱桂」。十年，遷太常，常侍如故。鑠淸羸有冷疾，常枕臥。世祖臨視，賜床帳衾褥。隆昌元年，加前將軍。給油絡車，並給扶侍二人。海陵立，轉侍中、撫軍將軍，領兵置佐。

鄱陽王見害，鏘遷中軍將軍，開府儀同三司。鏘不自安，至東府詣高宗還，謂左右曰：「向錄公見接慇懃，流連不能已，而貌有慙色，此必欲殺我。」三更中，兵至見害。時年二十五。

始興簡王鑑字宣徹，太祖第十子也。初封廣興王，後國隨郡改名。永明二年，世祖始以鑑爲持節、都督益寧二州軍事、前將軍、益州刺史。

廣漢什邡民段祖以錞于獻鑑，古禮器也。高三尺六寸六分，圍二尺四寸，圓如筩，銅色黑如漆，甚薄。上有銅馬，以繩縣馬，令去地尺餘，灌之以水，又以器盛水於下，以芒莖當心跪注錞于，以手振芒，則其聲如雷，清響良久乃絕。古所以節樂也。五年，鑑獻龍角一枚，長九尺三寸，色紅，有文。八年，進號安西將軍。

明年，爲散騎常侍，祕書監，領石頭戍事。上以與鑑久別，車駕幸石頭宴會賞賜。尋遷左衞將軍，未拜，遇疾。上爲南康王子琳起青陽巷第新成，車駕與後宮幸第樂飲，其日鑑疾甚，上遣騎問疾相繼，爲之詔止樂。薨，年二十一。遺贈中軍將軍，本官新除悉如故。

江夏王鋒字宣穎，太祖第十二子。〔一七〕永明五年，爲輔國將軍，南彭城、平昌二郡太守。轉散騎常侍。七年，遷左衞將軍，仍轉侍中，領石頭戍事。九年，出爲徐州刺史。鬱林即位，加散騎常侍。隆昌元年，入爲侍中，領驍騎將軍，尋加祕書監。

鋒好琴書，有武力。高宗殺諸王，鋒遺書誚責，左右不爲通，高宗深憚之。不敢於第收鋒，使兼祠官於太廟，夜遣兵廟中收之。鋒出登車，兵人欲上車防勒，鋒以手擊却數人，皆應時倒地，於是敢近者遂逼害之。時年二十。

南平王銳字宣毅，太祖第十五子也。永明七年，爲散騎常侍，尋領驍騎將軍。明年，爲左民尚書。朝直勤謹，未嘗屬疾，上嘉之。十年，出爲持節、都督湘州諸軍事、南中郎將、湘州刺史，以此賞銳。鬱林即位，進號前將軍。

延興元年，害諸王，遣裴叔業平尋陽，仍進湘州。銳防閤周伯玉勸銳拒叔業，而府州力弱不敢動，銳見害，年十九。伯玉下獄誅。

宜都王鏗字宣嚴，〔一八〕太祖第十六子也。初除遊擊將軍。永明十年，遷左民尚書。十一年，爲持節、都督南豫司二州軍事、冠軍將軍、南豫州刺史，鎮姑熟。時有盜發晉大司馬桓溫女塚，得金蠶銀繭及珪璧〔等物。鏗使長史蔡約自往修復，纖毫不犯。〕〔一九〕鬱林卽位，進號征虜將軍。延興元年，見害，年十八。

晉熙王銶字宣攸，太祖第十八子也。永明十一年，除驍騎將軍。隆昌元年，出爲持節、督郢司二州軍事、冠軍將軍、郢州刺史。延興元年，進號征虜將軍。尋見害，年十六。

河東王鉉字宣胤，太祖第十九子也。隆昌元年，爲驍騎將軍。出爲徐州刺史，遷中書令。高宗誅諸王，以鉉年少才弱，故未加害。建武元年，轉爲散騎常侍，鎮軍將軍，置兵佐。建武之世，高、武子孫憂危，鉉每朝見，常鞠躬俯僂，不敢平行直視。尋遷侍中、衞將軍。鉉年稍長。四年，誅王晏，以謀立鉉爲名，免鉉官，以王還第，禁不得與外人交通。永泰元年，上疾暴甚，遂害鉉，時年十九。二子在孩抱，亦見殺。太祖諸王，鉉獨無後，衆竊寃之。乃使揚州刺史始安王遙光、臨川王子晉、竟陵王昭胄、太尉陳顯達、尚書令徐孝嗣、右僕射沈文季、尚書沈淵、沈約、王亮奏論鉉，帝答不許，再奏，乃從之。

史臣曰：陳思王表云「權之所存，雖疎必重；勢之所去，雖親必輕」。若夫六代之興亡，曹冏論之當矣。分珪命社，實寄宗城，就國之典，旣隨世革，卿士入朝，作貴蕃輔。皇王託體，同禀尊極，仕無常資，秩有恆數，禮地兼隆，易生（推擬）〔猜疑〕。〔一〇〕世祖顧命，情深尊嫡，淵圖遠算，意在無遺。〔一一〕豈不以羣王少弱，未更多難，高宗淸謹，同起布衣，故韜末命於近親，寄重權於疎戚，子弟布列，外有強大之勢，疎親中立，〔一二〕可息覬覦之謀，表裏相維，足固家國。曾不慮機能運衡，寡以制衆，〔宗族殲滅，一至於斯〕。〔一三〕曹植之言信之矣。

贊曰：高十二王，始建封植。獻、昭機警，威、江才力。恭、簡恬和，鄱、桂淸識。四王少盛，同規謹敕。

校勘記

〔一〕仍爲假節（都）督南兗兗徐靑冀五州諸軍事行〔南〕兗州刺史　「都」字據錢大昕說删，錢說詳下條。「南」字據南史補。

〔二〕假節（都）督復爲監軍　按宋書百官志，晉世都督諸軍爲上，監諸軍次之，督諸軍爲下。故曹虎傳云建武二年，進督爲監。錢大昕廿二史考異云：「此亦進督爲監也。上文『假節都督』字兩見，俱當爲『假節督』，誤衍『都』字耳。」今據删。

〔三〕永（興）〔明〕元年　據殿本及南史改。

〔四〕請議禁錮　張森楷校勘記云：「『請』疑當作『淸』。」

〔五〕多從武容　「武容」御覽四百九十五引及元龜二百七十一並作「武客」。

〔六〕監豫司二州〔郢州〕之西陽諸軍事　錢大昕廿二史考異云「當云監豫司二州郢州之西陽諸軍事」。今據補。

〔七〕太祖踐祚　「祚」殿本、局本作「阼」。

〔八〕晃欲用政事　「用」南監本、局本作「親」，殿本作「陳」。按南史作「晃每陳政事」。

〔九〕（上）聞之大怒　據南監本删。

〔一〇〕〔白象〕晃小字也　據南監本、殿本、局本補。

〔一一〕武陵昭王曅字宣照　「宣照」南史作「宣昭」。

〔一二〕〔曅年四歲思慕不異成人〕故曅見愛　據毛本、殿本、局本補。

〔一三〕建元三年　「三年」南史作「二年」。

〔一四〕（令）〔今〕日甚憶武陵　據南監本、毛本、殿本、局本及元龜二百七十四改。

〔一五〕臣請〔不〕以宅易州　據南監本、殿本、局本及南史補。

〔一六〕公聞鸞於法身何如　「鸞」原作「諱」，據南監本、殿本改。下同。

〔一七〕太祖第十二子　「二」原譌「三」，毛本同，它本不譌，今改正。按本傳敍云「第九、第十三、第十四、第十七皇子早亡」，明「三」乃「二」字之譌。

〔一八〕宜都王鏗字宣嚴　王鳴盛十七史商榷云：「案豫章王已字宣嚴，二王皆高帝子，不應同字，必有一誤。」

〔一九〕得金蠶銀繭及珪璧〔等物鑑使長史蔡約自往修復纖毫不犯〕　據南監本、毛本、殿本、局本補。

〔二〇〕易生（推擬）〔猜疑〕　據南監本、毛本、殿本、局本改。

〔二一〕意在無遺　南史作「意在求安」。

〔二二〕疎親中立　「疎親」南監本、殿本及南史並作「支庶」。

〔二三〕曾不慮機能運衡寡以制衆〔宗族殲滅一至於斯〕　據南監本、殿本、毛本、局本及南史補。按「寡以制衆」南監本、殿本、局本及南史並作「權可制衆」。「一至於斯」毛本、局本作「一至於此」。

南齊書卷三十六

列傳第十七

謝超宗　劉祥

謝超宗，陳郡陽夏人也。祖靈運，宋臨川內史。父鳳，元嘉中坐靈運事，同徙嶺南，早卒。超宗元嘉末得還。與慧休道人來往，好學，有文辭，盛得名譽。解褐奉朝請。新安王子鸞，孝武帝寵子，超宗以選補王國常侍。王母殷淑儀卒，超宗作誄奏之，帝大嗟賞。曰：「超宗殊有鳳毛，恐靈運復出。」轉新安王撫軍行參軍。

泰始初，爲建安王司徒參軍事，尚書殿中郎。三年，都令史駱宰議策秀才考格，五問並得爲上，四、三爲中，二爲下，一不合與第。超宗議以爲「片辭折獄，寸言挫衆，魯史褒貶，孔論興替，皆無俟繁而後秉裁。夫表事之淵，析理之會，豈必委牘方切治道。非患對不盡問，患以恒文弗奇。必使一通峻正，寧劣五通而常；與其俱奇，必使一亦宜採。」詔從宰議。

遷司徒主簿，丹陽丞。建安王休仁引爲司徒記室，正員郎，兼尚書左丞中郎。以直言忤僕射劉康，〔一〕左遷通直常侍。太祖爲領軍，數與超宗共屬文，愛其才翰。衞將軍袁粲聞之，謂太祖曰：「超宗開亮迥悟，善可與語。」取爲長史、臨淮太守。粲旣誅，太祖以超宗爲義興太守。昇明二年，坐公事免。詣東府門自通，其日風寒慘厲，太祖謂四座曰：「此客至，使人不衣自暖矣。」超宗旣坐，飲酒數甌，辭氣橫出，太祖對之甚歡。板爲驃騎諮議。及卽位，轉黃門郎。

有司奏撰立郊廟歌，敕司徒褚淵、侍中謝朏、散騎侍郎孔稚珪、太學博士王咺之、總明學士劉融、何法冏、〔二〕何曇秀十人並作，超宗辭獨見用。

爲人仗才使酒，多所陵忽。在直省常醉，上召見，語及北方事，超宗曰：「虜動來二十年矣，佛出亦無如何！」以失儀出爲南郡王中軍司馬。超宗怨望，謂人曰：「我今日政應爲司驢。」爲省司所奏，以怨望免官，禁錮十年。司徒褚淵送湘州刺史王僧虔，閤道壞，墜水；僕射王儉嘗牛驚，跣下車。超宗撫掌笑戲曰：「落水三公，墮車僕射。」前後言誚，稍布朝野。世祖卽位，使掌國史，除竟陵王征北諮議參軍，領記室。愈不得志。超宗娶張敬兒女爲子婦，上甚疑之。永明元年，敬兒誅，超宗謂丹陽尹李安民曰：「往年殺韓信，今年殺彭越，尹欲何計？」安民具啓之。上積懷超宗輕慢，使兼中丞袁彖奏曰：

風聞征北諮議參軍謝超宗，根性浮險，率情躁薄。仕近聲權，務先諂狎。人裁疎黜，亟便詆賤。卒然面譽，旋而背毁。疑閒台賢，每窮詭舌。訕貶朝政，必聲凶言。腹誹口謗，莫此之甚；不敬不諱，罕與爲二。

輒攝白從王永先到臺辨問「超宗有何罪過，詣諸貴皆有不遜言語，並依事列對」。永先列稱：「主人超宗恒行來詣諸貴要，每多觸忤，言語怨懟。與張敬兒周旋，許結姻好，自敬兒死後，惋歎忿慨。今月初詣李安民，語論『張敬兒不應死』。安民道『敬兒書疏，墨迹炳然，卿何忽作此語』？其中多有不遜之言，小人不悉盡羅縷諳憶。」如其辭列，則與風聞符同。超宗罪自已彰，宜附常准。

超宗少無行檢，〔三〕長習民慝。狂狡之跡，聯代所疾；迷慠之釁，累朝點觸。〔四〕剗容掃轍，久埋世表。〔五〕屬聖明廣愛，忍禍舒慈，〔六〕捨之憲外，許以改過。野心不悛，在有方驕；才性無親，處恩彌戾。遂遘扇非端，〔七〕空生怨懟，恣罵毒於京輔之門，揚凶悖於卿守之席。此而不翦，國章何寄？此而可貸，孰不可容？請以見事免超宗所居官，解領記室。輒勒外收付廷尉法獄治罪。超宗品第未入簡奏，臣輒奉白簡以聞。

世祖雖可其奏，以彖言辭依違，大怒，使左丞王逡之奏曰：

臣聞行父盡忠，無禮斯疾；農夫去草，見惡必耘。所以振纓稱良，登朝著績，未有尸位存私，而能保其榮名者也。

今月九日，治書侍御史臣司馬侃啓彈征北諮議參軍事謝超宗，稱「根性昏動，率心險放，悖議爽眞，囂辭犯實，親朋忍聞，衣冠掩目，輒收付廷尉法獄治罪」。處劾雖重，文辭簡略，事入主書，被却還外。其晚，兼御史中丞臣袁彖改奏白簡，始粗詳備。厥初隱衞，寔彖之由。尋超宗植性險戾，稟行凶詖，豺狼野心，久暴遐邇。張敬兒潛圖反噬，罰未塞釁，而稱怨痛枉，形于言貌。協附姦邪，疑閒勳烈，構扇異端，譏議時政，行路同忿，有心咸疾。而阿昧苟容，輕文略奏。又彈事舊體，品第不簡，而釁戾殊常者，皆命議親奏，以彰深釁。況超宗罪愈四凶，〔八〕過窮南竹，雖下輒收，而文止黃案，沈浮乎見，〔九〕輕重相乖，此而不糾，憲綱將替。

彖才識疎淺，質幹無聞，憑戚昇榮，因慈荷任。不能克己厲情，少酬恩獎，撓法容非，用申私惠。何以糾正邦違，式明王度？臣等參議，請以見事免彖所居官，解兼御史中丞，輒攝曹依舊下禁止視事如故。

治書侍御史臣司馬侃雖承稟有由，而初無疑執，亦合及咎。請杖督五十，奪勞百日。令史卑微，不足申盡，啓可奉行。

侃奏彈之始，臣等竝卽經見加推糾，案入主書，方被却檢，疎謬之釁，伏追震悚。

詔曰：「超宗釁同大逆，罪不容誅。象匿情欺國，愛朋罔主，事合極法，特原收治，免官如案，禁錮十年。」超宗下廷尉，一宿髮白皓首。詔徙越州，行至豫章，上敕豫章內史虞悰曰：「謝超宗令於彼賜自盡，勿傷其形骸。」

明年，超宗門生王永先又告超宗子才卿死罪二十餘條。上疑其虛妄，以才卿付廷尉辯，以不實見原。永先於獄自盡。

劉祥字顯徵，東莞莒人也。祖式之，吳郡太守。父敳，太宰從事中郎。祥宋世解褐爲巴陵王征西行參軍，歷驃騎中軍二府，太祖太尉東閤祭酒，驃騎主簿。建元中，爲冠軍征虜功曹，爲府主武陵王曅所遇。除正員外。

祥少好文學，性韻剛疎，輕言肆行，不避高下。司徒褚淵入朝，以腰扇鄣日，祥從側過，曰：「作如此舉止，羞面見人，扇鄣何益？」淵曰：「寒士不遜。」祥曰：「不能殺袁、劉，安得免寒士？」永明初，遷長沙王鎮軍，板諮議參軍，撰宋書，譏斥禪代，尚書令王儉密以啓聞，上銜而不問。歷鄱陽王征虜，豫章王大司馬諮議，臨川王驃騎從事中郎。

祥兄整爲廣州，卒官，祥就整妻求還資，事聞朝廷。於朝士多所貶忽。王奐爲僕射，祥與奐子融同載，行至中堂，見路人驅驢，祥曰：「驢！汝好爲之，如汝人才，皆已令僕。」著連珠十五首以寄其懷。辭曰：

蓋聞興教之道，無尙必同；拯俗之方，理貴袪弊。故揖讓之禮，行乎堯舜之朝；干戈之功，盛於殷周之世。清風以長物成春，素霜以凋嚴戒節。

蓋聞鼓鼙懷音，待揚桴以振響；天地涵靈，資昏明以垂位。是以俊乂之臣，借湯、武而隆；英達之君，假伊、周而治。

蓋聞懸饑在歲，式羨藜藿之飽；重炎灼體，不念狐白之溫。故才以偶時爲劭；道以調俗爲尊。

蓋聞習數之功，假物可尋；探索之明，循時則缺。故班匠日往，繩墨之伎不衰；大道常存，機神之智永絕。

蓋聞理定於心，不期俗賞；情貫於時，無悲世辱。故芬芳各性，不待汨渚之哀；明白爲寶，無假荆南之哭。

蓋聞百仞之臺，不挺陵霜之木；盈尺之泉，時降夜光之寶。故理有大而乖權；物有微而至道。

蓋聞忠臣赴節，不必在朝；列士匡時，義存則幹。故包胥垂涕，不荷肉食之謀；

王歆投身，不主廟堂之算。

蓋聞智出乎身，理無或困；聲係於物，才有必窮。故陵波之羽，不能淨浪；盈岫之木，無以輟風。

蓋聞良寶遇拙，則奇文不顯；達士逢讒，則英才滅耀。故墜葉垂蔭，明月爲之隔輝；堂宇留光，蘭燈有時不照。

蓋聞跡慕近方，必勢遺於遠大；情係驅馳，固理忘於肥遯。是以臨川之士，時結羨網之悲；負肆之氓，不抱屠龍之歎。

蓋聞數之所隔，雖近則難；情之所符，雖遠則易。是以陟歎流霜，時獲感天之誠；泣血從刑，而無悟主之智。

蓋聞妙盡於識，神遠則遺；功接於人，情微則著。故鍾鼓在堂，萬夫傾耳；大道居身，有時不遇。

蓋聞列草深岫，不改先冬之悴；植松澗底，無奪後凋之榮。故展禽三黜，而無下愚之譽；千秋一時，而無上智之聲。

蓋聞希世之寶，違時則賤；偉俗之器，無聖必淪。故鳴玉黜於楚岫，章甫窮於越人。

蓋聞聽絕於聰，非疾響所握；〔一〇〕神閉於明，非盈光所燭。故破山之雷，不發聾夫之耳；朗夜之輝，不開矇叟之目。

有以祥連珠啓上者，上令御史中丞任遐奏曰：「祥少而狡異，長不悛徒，請謁絕於私館，反脣彰於公庭，輕議乘輿，歷貶朝望，肆醜無避，縱言自若。厥兄浮櫬，天倫無一日之悲，南金弗獲，嫂姪致其輕絕，孤舟夐反，存沒相捐，遂令暴客掠奪骸柩，行路流歎，有識傷心。攝祥門生孫狼兒列『祥頃來飲酒無度，言語闌逸，道說朝廷，亦有不遜之語，實不避左右，非可稱紙墨。兄整先爲廣州，於職喪亡，去年啓求迎喪，還至大雷，聞祥與整妻孟爭計財物瞋忿，祥仍委前還，後未至鵲頭，其夜遭劫，內人並爲凶人所淫略』。如所列與風聞符同。請免官付廷尉。」

上別遣敕祥曰：「卿素無行檢，朝野所悉。輕棄骨肉，侮蔑兄嫂，此是卿家行不足，乃無關他人。卿才識所知，蓋何足論。位涉清途，於分非屈。何意輕肆口噦，詆目朝士，造席立言，必以貶裁爲口實。冀卿年齒已大，能自感厲，日望悛革。如此所聞，轉更增甚，諠議朝廷，不避尊賤，肆口極辭，彰暴物聽。近見卿影連珠，寄意悖慢，彌不可長。卿不見謝超宗，其才地二三，故在卿前，事殆是百分不一。我當原卿性命，令卿萬里思愆。卿若能改革，當令卿得還。」

獄鞫祥辭。祥對曰：「被問『少習狡異，長而不悛，頃來飲酒無度，輕議乘輿，歷貶朝望，每肆醜言，無避尊賤』。迂答奉旨。囚出身入官，二十餘年，沈悴草萊，無明天壤。皇運初基，便蒙抽擢，祭酒主簿，竝皆先朝相府。聖明御寓，榮渥彌隆，諮議中郎，一年再澤。廣筵華宴，必參末（例）〔列〕，〔一〕朝半問訊，時奉天暉。囚雖頑愚，豈不識恩？有何怨望，敢生譏議？囚歷府以來，伏事四王：武陵功曹，凡涉二載；長沙諮議，故經少時；奉隸大司馬，竝被恩拂，驃騎中郎，親職少日；臨川殿下不遺蟲蟻，賜參辭華。司徒殿下文德英明，四海傾屬。囚不涯卑遠，隨例問訊，時節拜覲，亦沾眄議。自餘令王，未被祗拜，既不經伏節，理無厚薄。敕旨製書，令有疑則啓。囚以天日懸遠，未敢塵穢。私之疑事，衞將軍臣儉，宰輔聖朝，令望當世，囚自斷才短，密以諮儉，儉爲折衷，紙迹猶存。未解此理云何敢爲『歷貶朝望』。云囚『輕議乘輿』，爲向誰道？若向人道，則應有主甲，豈有事無髣髴，空見羅謗？囚性不耐酒，親知所悉，強進一升，便已迷醉。」其餘事事自申。乃徙廣州。

祥至廣州，不得意，終日縱酒，少時病卒，年三十九。

祥從祖兄彪，祥曾祖穆之正胤。建元初，降封南康縣公，〔二〕虎賁中郎將。永明元年，坐廟墓不脩削爵。後爲羽林監。九年，又坐與亡弟母楊別居，不相料理，楊死不殯葬，崇聖寺尼慧首剃頭爲尼，以五百錢爲買棺材，以泥洹轝送葬劉墓。爲有司所奏，事寢不出。

史臣曰：魏文帝云「文人不護細行」，古今之所同也。由自知情深，在物無競，身名之外，一槩可蔑。既徇斯道，其弊彌流，聲裁所加，取忤人世。向之所以貴身，翻成害己。故通人立訓，爲之而不恃也。

贊曰：超宗蘊文，（粗）〔祖〕構餘芬。〔三〕劉祥慕異，言亦不羣。違朝失典，流放南濆。

校勘記

〔一〕以直言忤僕射劉康　按時無僕射劉康，惟劉秉於後廢帝時爲尙書僕射，疑「劉康」乃「劉秉」之譌。

〔二〕何法冏　南史作「何法圖」。

〔三〕超宗少無行檢　「行檢」各本並作「士行」。

〔四〕累朝點觸　「點」各本並作「黈」。

〔五〕久埋世表　「埋」原譌「理」，今據南監本、殿本、局本改正。

〔六〕忍禍舒慈　「舒」各本並作「宣」。

〔一七〕遂遘扇非端　「遘」原作「遻」，不成字，張元濟校勘記云恐是「遘」字，今據張說改。按遘通構。各本作「逋」，非。

〔一八〕況超宗罪愈四凶　「愈」殿本作「逾」。

〔一九〕沈浮彑見　「彑」原譌「牙」，今據局本改正。按彑卽互字。南監本、殿本作「幷」，非。

〔二〇〕非疾響所握　「握」南監本、殿本、局本作「達」。

〔二一〕必參末（例）〔列〕　張森楷校勘記云當作「末列」，今據改。

〔二二〕降封南康縣公　「南康縣公」南史作「南康縣侯」，元龜二百九十三同。

〔二三〕（粗）〔祖〕構餘芬　殿本考證萬承蒼云：「『粗』疑當作『祖』，謂有靈運之餘芬也。祖構二字見三都賦序。」今據改。

南齊書卷三十七

列傳第十八

到撝　劉悛　虞悰　胡諧之

到撝字茂謙，彭城武原人也。祖彥之，宋驃騎將軍。父仲度，驃騎從事中郎。

撝襲爵建昌公。起家爲太學博士，除奉車都尉，試守延陵令，非所樂，去官。除新安王北中郎行參軍，坐公事免。除新安王撫軍參軍，未拜，新安王子鸞被殺，仍除長兼尙書左民郎中。明帝立，欲收物情，以撝功臣後，〔一〕擢爲太子洗馬。除王景文安南諮議參軍。

撝資籍豪富，厚自奉養，宅宇山池，京師第一，妓妾姿藝，皆窮上品。才調流贍，善納交遊，〔二〕庖廚豐腆，多致賓客。愛妓陳玉珠，明帝遣求，不與，逼奪之，撝頗怨望。帝令有司誣奏撝罪，付廷尉，將殺之。撝入獄，數宿鬚鬢皆白。免死，繫尙方，奪封與弟賁。撝由是屏斥聲玩，更以貶素自立。〔三〕

帝除撝爲羊希恭寧朔府參軍，〔四〕從劉韞輔國、王景文鎭南參軍，竝辭疾不就。尋板假明威將軍，仍除桂陽王征南參軍，轉通直郎，解職。帝崩後，弟賁表讓封還撝，朝議許之。遷司徒左西屬，又不拜。居家累年。

弟遁，元徽中爲寧遠將軍、輔國長史、南海太守，在廣州。昇明元年，沈攸之反，刺史陳顯達起兵以應朝廷，遁以猶預見殺。遁家人在都，從野夜歸，見兩三人持堊刷其家門，須臾滅，明日而遁死問至。撝遑懼，詣太祖謝，即板爲世祖中軍諮議參軍。建元初，遷司徒右長史，〔五〕出爲永嘉太守，爲黃門郎，解職。世祖即位，遷太子中庶子，不拜。又除長沙王中軍長史，司徒左長史。宋世，上數遊會撝家，同從明帝射雉郊野，渴倦，撝得早青瓜，與上對剖食之。上懷其舊德，意眄良厚。至是一歲三遷。

永明元年，加輔國將軍，轉御史中丞。車駕幸丹陽郡宴飲，撝恃舊，酒後狎侮同列，言笑過度，爲左丞庾杲之所糾，贖論。三年，復爲司徒左長史，轉左衞將軍。隨王子隆帶彭城郡，撝問訊，不修民敬，爲有司所舉，免官。久之，白衣兼御史中丞。轉臨川王驃騎長史，司徒左長史，遷五兵尚書，出爲輔國將軍、廬陵王中軍長史。母憂去官，服未終，八年，卒，年五十八。

弟賁，初爲衞尉主簿，奉車都尉。昇明初，爲中書郎，太祖驃騎諮議。建元中，爲征虜司馬，卒。

賁弟坦，解褐本州西曹。昇明二年，亦爲太祖驃騎參軍。歷豫章王鎭西驃騎二府諮議。坦美鬚髯，與世祖豫章王有舊。坦仍隨府轉司空太尉〔參軍〕。〔六〕出爲晉安內史，還又爲大司馬諮議，中書郎，卒。

劉悛字士操，彭城安上里人也。彭城劉同出楚元王，分爲三里，以別宋氏帝族。祖穎之，汝南新蔡二郡太守。父勔，司空。

劉延孫爲南徐州，初辟悛從事，隨父勔征竟陵王誕於廣陵，以功拜駙馬都尉，轉宗慤寧蠻府主簿，建安王司徒騎兵參軍。復隨父勔征殷琰於壽春，於橫塘、死虎累戰皆勝。歷遷員外郎，太尉司徒二府參軍，代世祖爲尙書庫部郎。遷振武將軍、蜀郡太守，未之任，復從父勔征討，假寧朔將軍，拜鄱陽縣侯世子。轉桂陽王征北中兵參軍，與世祖同直殿內，爲明帝所親待，由是與世祖款好。

遷通直散騎侍郎，出爲安遠護軍、武陵內史。郡南江古堤，〔七〕久廢不緝。悛脩治未畢，而江水忽至，百姓棄役奔走，悛親率厲之，於是乃立。漢壽人邵榮興六世同爨，表其門閭。悛強濟有世調，善於流俗。蠻王田僮在山中，年垂百餘歲，南譙王義宣爲荆州，僮出謁。至是又出謁悛。明帝崩，表奔赴，敕帶郡還都。吏民送者數千人，悛人人執手，係以涕泣，百姓感之，贈送甚厚。

仍除散騎侍郎。桂陽難，加寧朔將軍，助守石頭。父勔於大桁戰死，悛時疾病，扶伏路次，號哭求勔屍。〔勔屍〕項後傷缺，〔八〕悛割髮補之。持〔哭〕〔喪〕墓側，〔九〕冬月不衣絮。太祖代勔爲領軍，素與勔善，書譬悛曰：「承至性毁瘵，轉之危慮，深以酸怛。終哀全生，先王明軌，豈有去縑纊，徹溫席，以此悲號，得終其孝性邪？當深顧往旨，少自抑勉。」

建平王景素反，太祖總衆軍出頓玄武湖。悛初免喪，太祖欲使領支軍，召見悛兄弟，皆羸削改貌，於是乃止。除中書郎，行宋南陽八王事，轉南陽王南中郎司馬、長沙內史，行湘州事。未發，霸業初建，悛先致誠節。沈攸之事起，加輔國將軍。世祖鎭盆城，上表西討，求悛自代。世祖既不行，悛除黃門郎，行吳郡事。尋轉晉熙王撫軍中軍二府長史，行揚州事。出爲持節、督廣州、廣州刺史，將軍如故。襲爵鄱陽縣侯。世祖自尋陽還，遇悛於舟渚閒，歡宴敍舊，停十餘日乃下。遣文惠太子及竟陵王子良攝衣履，脩父友之敬。

太祖受禪，國除。進號冠軍將軍。平西記室參軍夏侯恭叔上書，以柳元景中興功臣，劉勔殞身王事，宜存封爵。詔曰：「與運隆替，自古有之，朝議已定，不容復厝意也。」初，蒼梧廢，太祖集議中華門，見悛，謂之曰：「君昨直耶？」悛答曰：「僕昨乃正直，而言急在外。」至是上謂悛曰：「功名之際，人所不忘。卿昔於中華門答我，何其欲謝世事？」悛曰：「臣世受宋恩，門荷齊眷，非常之勳，非臣所及。進不遠怨前代，退不孤負聖明，敢不以實仰答。」

遷太子中庶子，領越騎校尉。時世祖在東宮，(再)〔每〕幸悛坊，〔一○〕閑言至夕，賜屏風帷帳。世祖卽位，改領前軍將軍，中庶子如故。征北竟陵王子良帶南兗州，以悛爲長史，加冠軍將軍、廣陵太守。

轉持節、都督司州諸軍事、司州刺史，將軍如故。悛父勔討殷琰，平壽陽，無所犯害，百姓德之，爲立碑祀。悛步道從壽陽之鎭，過勔碑，拜敬泣涕。初，義陽人夏伯宜殺剛陵戍主叛渡淮，虜以爲義陽太守。悛設討購誘之，虜□州刺史謝景殺伯宜兄弟、北襄城太守李榮公歸降。悛於州治下立學校，得古禮器銅罍、銅甑、山罍樽、〔一一〕銅豆鍾各二口，獻之。

遷長兼侍中。車駕數幸悛宅。宅盛治山池，造甕牖。世祖著鹿皮冠，被悛菟皮衾，於牖中宴樂，以冠賜悛，至夜乃去。後悛從駕登蔣山，上數歎曰：「貧賤之交不可忘，糟糠之妻不下堂。」顧謂悛曰：「此況卿也。世言富貴好改其素情，吾雖有四海，今日與卿盡布衣之適。」悛起拜謝。遷冠軍將軍，司徒左長史。尋以本官行北兗州緣淮諸軍事。徙始興王前軍長史、平蠻校尉、蜀郡太守，將軍如故，行益州府、州事。郡尋改爲內史。隨府轉安西。悛治事嚴辦，以是會旨。

宋代太祖輔政，有意欲鑄錢，以禪讓之際，未及施行。建元四年，奉朝請孔覬上鑄錢均貨議，〔一二〕辭證甚博。其略以爲「食貨相通，理勢自然。李悝曰『糴甚貴傷民，甚賤傷農』。民傷則離散，農傷則國貧。甚賤與甚貴，其傷一也。三吳國之關閫，比歲被水潦而糴不貴，是天下錢少，非穀穰賤，此不可不察也。鑄錢之弊，在輕重屢變。重錢患難用，而難用爲累輕；輕錢弊盜鑄，而盜鑄爲禍深。民所盜鑄，嚴法不禁者，由上鑄錢惜銅愛工也。惜銅愛工者，謂錢無用之器，以通交易，務欲令輕而數多，使省工而易成，不詳慮其爲患也。自漢鑄五銖錢，至宋文帝，歷五百餘年，制度世有廢興，而不變五銖錢者，明其輕重可法，得貨之宜。以爲宜開置泉府，方牧貢金，〔一三〕大興鎔鑄。錢重五銖，一依漢法。府庫已實，國用有儲，乃量奉祿，薄賦稅，則家給民足。頃盜鑄新錢者，皆效作翦鑿，不鑄大錢也。摩澤淄染，始皆類故；交易之後，渝變還新。良民弗皆淄染，〔一四〕不復行矣。所鬻賣者，皆徒失其物。盜鑄者，復賤買新錢，淄染更用，反覆生詐，循環起姦，此明主尤所宜禁而不可長也。若官鑄已布於民，（使）〔便〕嚴斷翦鑿，〔一五〕小輕破缺無周郭者，悉不得行，官錢細小者，稱合銖兩，銷以爲大。利貧良之民，塞姦巧之路。錢貨既均，遠近若一，百姓樂業，市道無爭，衣食滋殖矣。」時議者多以錢貨轉少，宜更廣鑄，重其銖兩，以防民姦。太祖使諸州郡大市銅〔炭〕，〔一六〕會晏駕事寢。永明八年，悛啓世祖曰：「南廣郡界蒙山下，有城名蒙城，可二頃地，有燒鑪四所，高一丈，廣一丈五尺。從蒙城渡水南百許步，平地掘土深二尺，得銅。又有古掘銅坑，深二丈，並居宅處猶存。鄧通，南安人，漢文帝賜嚴道縣銅山鑄錢，今蒙山近青衣水南，青衣(在)〔左〕側並是故秦之嚴道地。〔一七〕青衣縣又改名漢嘉。且蒙山去南安二百里，案此必是通所鑄。近喚蒙山獠出，云『甚可經略』。此議若立，潤利無極。」并獻蒙山銅一片，又銅石一片，平州鐵刀一口。上從之。遣使入蜀鑄錢，得千餘萬，功費多，乃止。

悛仍代始興王鑑爲持節、監益寧二州諸軍事、益州刺史，將軍如故。悛既藉舊恩，尤能悅附人主，承迎權貴。賓客閨房，供費奢廣。罷廣、司二州，傾資貢獻，家無留儲。在蜀作金浴盆，餘金物稱是。罷任，以本號還都，欲獻之，而世祖晏駕，鬱林新立，悛奉獻減少，鬱林知之，諷有司收悛付廷尉，將加誅戮。高宗啓救之，見原，禁錮終身。雖見廢黜，而賓客日至。

悛婦弟王法顯同宋桂陽事，遂啓別居，終身不復見之。

海陵王卽位，以白衣除兼左民尚書，尋除正。高宗立，加領驍騎將軍，復故官，駙馬都尉。建武二年，虜主侵壽陽，詔悛以本官假節出鎮濼湖，遷散騎常侍、右衞將軍。虜寇旣盛，悛又以本官出屯新亭。

悛歷朝皆見恩遇。太祖爲鄱陽王鏘納悛妹爲妃，高宗又爲晉安王寶義納悛女爲妃，自此連姻帝室。王敬則反，悛出守琅邪城，轉五兵尚書，領太子左衞率。未拜，明帝崩，東昏卽位，改授散騎常侍，領驍騎將軍，尚書如故。衞送山陵，卒，年六十一。贈太常，常侍、都尉如故。謚曰敬。

虞悰字景豫，會稽餘姚人也。祖嘯父，晉左民尚書。父秀之，黃門郎。

悰少而謹敕，有至性。秀之於都亡，悰東出奔喪，水漿不入口。州辟主簿，建平王參軍，尚書儀曹郎，太子洗馬，領軍長史，正員郎，累至州治中，別駕，黃門郎。

初，世祖始從宦，家尚貧薄，悰推國士之眷，數相分與，每行，必呼上同載，上甚德之。昇明中，世祖爲中軍，引悰爲諮議參軍，遣吏部郎江謐持手書謂悰曰：「今因江吏郎有白，以君情顧，意欲相屈。」建元初，轉太子中庶子，遷後軍長史（領爲太子中庶子），〔一八〕領步兵校尉，鎮北長史、寧朔將軍、南東海太守。尋爲豫章內史，將軍如故。悰治家富殖，奴婢無游手，雖在南土，而會稽海味無不畢致焉。遷輔國將軍、始興王長史、平蠻校尉、蜀郡太守。轉司徒司馬，將軍如故。

悰善爲滋味，和齊皆有方法。豫章王嶷盛饌享賓，謂悰曰：「今日肴羞，寧有所遺不？」悰曰：「恨無黃頷臛，何曾食疏所載也。」遷散騎常侍，太子右率。永明八年，大水，百官戎服救太廟，悰朱衣乘車鹵簿，於宣陽門外行馬內驅打人，爲有司所奏，見原。上以悰布衣之舊，從容謂悰曰：「我當令卿復祖業。」轉侍中，朝廷咸驚其美拜。遷祠部尚書。世祖幸芳林園，就悰求扁米粣。悰獻粣及雜肴數十轝，太官鼎味不及也。上就悰求諸飲食方，悰秘不肯出，上醉後體不快，悰乃獻醒酒鯖鮓一方而已。出爲冠軍將軍，車騎長史，轉度支尚書，領步兵校尉。

鬱林立，改領右軍將軍，揚州大中正，兼大匠卿。起休安陵，於陵所受局下牛酒，坐免官。隆昌元年，以白衣領職。鬱林廢，悰竊歎曰：「王、徐遂縛袴廢天子，天下豈有此理邪？」延興元年，復領右軍。明帝立，悰稱疾不陪位。帝使尚書令王晏賫廢立事示悰，以悰舊人，引參佐命。悰謂晏曰：「主上聖明，公卿勠力，寧假朽老以匡贊惟新乎？不敢聞命。」朝議欲糾之，僕射徐孝嗣曰：「此亦古之遺直。」衆議乃止。

悰稱疾篤還東，上表曰：「臣族陋海區，身微稽〔士〕，（屬）〔猥〕屬興運，〔一九〕荷竊稠私，徒越星紀，終慙報答。衞養乖方，抱疾嬰固，寢瘵以來，倏踰旬朔，頻加醫治，曾未瘳損。惟此朽頓，理難振復，乞解所職，盡療餘辰。」詔賜假百日。轉給事中，光祿大夫，尋加正員常侍。永元元年，卒。時年六十五。

悰性敦實，與人知識，必相存訪，親疎皆有終始，世以此稱之。

從弟袠，矢志不仕。〔一〇〕王敬則反，取袠監會稽郡，而軍事悉付寒人張靈寶，郡人攻郡殺靈寶，袠以不豫事得全。

胡諧之，豫章南昌人也。祖廉之，治書侍御史。父翼之，州辟不就。

諧之初辟州從事主簿，臨賀王國常侍，員外郎，撫軍行參軍，晉熙王安西中兵參軍，南梁郡太守。以器局見稱。徙邵陵王南中郎中兵，領汝南太守，不拜。除射聲校尉，州別駕。除左軍將軍，不拜。仍除邵陵王左軍諮議。

世祖頓盆城，使諧之守尋陽城，及爲江州，復以諧之爲別駕，委以事任。文惠太子鎭襄陽，世祖以諧之心腹，出爲北中郎征虜司馬、扶風太守，爵關內侯。在鎭毗贊，甚有心力。建元二年，還爲給事中，驍騎將軍，本州中正，轉黃門郎，領羽林監。永明元年，轉守衞尉，中正如故。明年，加給事中。三年，遷散騎常侍，太子右率。五年，遷左衞將軍，加給事中，中正如故。

諧之風形瓌潤，善自居處，兼以舊恩見遇，朝士多與交遊。六年，遷都官尚書。上欲遷諧之，嘗從容謂諧之曰：「江州有幾侍中邪？」諧之答曰：「近世唯有程道惠一人而已。」上曰：「當令有二。」後以語尚書令王儉，儉意更異，乃以爲太子中庶子，領左衞率。

諧之兄謨之亡，諧之上表曰：「臣私門罪釁，早備荼苦。兄弟三人，共相撫鞠，嬰孩抱疾，得及成人。長兄臣諶之，復早殞沒，與亡第二兄臣謨之銜戚家庭，得蒙訓長，情同極蔭。何圖一旦奄見棄放，吉凶分違，不獲臨奉，乞解所職。」詔不許。改衞尉，中庶子如故。

八年，上遣諧之率禁兵討巴東王子響於江陵，兼長史行事。臺軍爲子響所敗，有司奏免官，權行軍事如故。復爲衞尉，領中庶子，本州中正。

諧之有識計，每朝廷官缺及應遷代，密量上所用人，皆如其言，虞悰以此稱服之。十年，轉度支尚書，領衞尉。明年，卒，年五十一。贈右將軍、豫州刺史。謚曰肅。

史臣曰：送錢贏兩，言此無忘，一筍之懷，報以都尉，千金可失，貴在人心。夫謹而信，汎愛衆，其爲利也博矣。況乎先覺潛龍，結厚於布素，隨才致位，理固然也。

贊曰：到藉豪華，晚懷虛素。虞生富厚，侈不違度。劉實朝交，胡乃蕃故，頡頏亮采，康衢騁步。

校勘記

〔一〕以撝功臣後　「撝」原譌「爲」，今據南監本、殿本及南史改正。

〔二〕善納交遊　「交」原譌「文」，今據南監本、殿本、局本及南史、元龜九百四十六改正。

〔三〕更以貶素自立　「貶素」元龜八百九十七作「貞素」。

〔四〕帝除撝爲羊希恭寧朔府參軍　張森楷校勘記云：「『恭』字衍文，宋書紀傳可證。」

〔五〕建元初遷司徒右長史　「建元初」下南史有「國除」二字。蓋宋齊遞嬗之際，凡所受宋世封爵，例當廢除也。「右長史」南史作「左長史」。

〔六〕坦仍隨府轉司空太尉〔參軍〕　「參軍」二字原闕，據各本補。

〔七〕郡南江古堤　南史作「郡南古江堤」。

〔八〕〔勔屍〕項後傷缺　據南監本、殿本、局本補。按南監本「後」譌「復」。

〔九〕持〔哭〕〔喪〕墓側　據南監本、局本改。

〔一〇〕(再)〔每〕幸悛坊　據南監本、毛本、殿本、局本及南史改。

〔一一〕山罍樽　南監本、北監本、局本及南史均作「豳山銅罍樽」。宋本與殿本作「山罍樽」。按出土古器有山罍樽，無豳山銅罍樽，作山罍樽不誤。

〔一二〕奉朝請孔覬上鑄錢均貨議　「孔覬」南監本、殿本及南史、元龜五百並作「孔顗」。按通鑑齊武帝永明八年亦作「孔顗」。考異云「齊紀作『孔覬』，今從齊書、南史」，則所見本亦作「孔顗」也。

〔一三〕方牧貢金　「牧」原譌「收」，今據毛本、殿本、局本及南史改正。按通典食貨典作「督」。

〔一四〕良民弗皆淄染　「弗皆」通典食貨典作「不習」。

〔一五〕(使)〔便〕嚴斷翦鑿　各本並譌，據通鑑改。

〔一六〕太祖使諸州郡大市銅〔炭〕　據南監本、殿本及南史、通鑑補。

〔一七〕青衣(在)〔左〕側竝是故秦之嚴道地　據南史改。按張森楷校勘記云「在側」當作「左側」。

〔一八〕遷後軍長史(領爲太子中庶子)　據南監本、殿本、局本删。按張森楷校勘記云：「此七字是衍文。」

〔一九〕身微稽〔士〕(屬)〔猥〕屬輿運　據南監本、毛本、殿本、局本改。按毛本「稽」譌「相」。

〔二〇〕矢志不仕　「矢」原譌「失」，今據南監本、殿本、局本改正。

南齊書卷三十八

列傳第十九

蕭景先　蕭赤斧 子穎胄

蕭景先，南蘭陵蘭陵人，太祖從子也。祖爰之，員外郎。父敬宗，始興王國中軍。

景先少遭父喪，有至性，太祖嘉之。及從官京邑，常相提攜。解褐爲海陵王國上軍將軍，補建陵令，還爲新安王國侍郎，桂陽國右常侍。

太祖鎭淮陰，景先以本官領軍主自隨，防衞城內，委以心腹。除後軍行參軍，邛縣令，員外郎。與世祖款暱，世祖爲廣興郡，啓太祖求景先同行，除世祖寧朔府司馬，自此常相隨逐。世祖爲鎭西長史，以景先爲鎭西長流參軍，除寧朔將軍，隨府轉撫軍中兵參軍，尋除諮議，領中兵如故。昇明初，爲世祖征虜府司馬，領新蔡太守，隨上鎭盆城。沈攸之事平，還都，除寧朔將軍，驍騎將軍，仍爲世祖撫軍中軍二府司馬，兼左衞將軍。建元元年，遷太子左衞率，封新吳縣伯，邑五百戶。景先本名道先，乃改避上諱。

出爲持節、督司州軍（州）事、〔一〕寧朔將軍、司州刺史，領義陽太守。是冬，虜出淮、泗，增司部邊戍兵。義陽人謝天蓋與虜相構扇，景先言於督府，驃騎豫章王遣輔國將軍中兵參軍蕭惠朗二千人助景先。惠朗依山築城，斷塞關隘，討天蓋黨與。虜尋遣僞南部尚書頞跋屯汝南，洛州刺史昌黎王馮莎屯淸丘。景先嚴備待敵。豫章王又遣寧朔將軍王僧炳、前軍將軍王應之、龍驤將軍莊明三千人屯義陽關外，爲聲援。虜退，進號輔國將軍。景先啓稱上德化之美。上答曰：「風淪俗敗，二十餘年，以吾當之，豈得頓掃。幸得數載盡力救蒼生者，必有功於萬物也。治天下者，雖聖人猶須良佐，汝等各各自竭，不憂不治也。」

世祖卽位，徵爲侍中，領左軍將軍，尋兼領軍將軍。景先事上盡心，故恩寵特密。初西還，上坐景陽樓召景先語故舊，唯豫章王一人在席而已。轉中領軍。車駕射雉郊外行游，景先常甲仗從，廉察左右。尋進爵爲侯。領太子詹事，本官如故。遭母喪，詔超起爲領軍將軍。〔二〕遷征虜將軍、丹陽尹。

五年，荒人桓天生引蠻虜於雍州界上，司部以北，人情騷動。上以景先諳究司土，詔曰：「得雍州刺史張瓌啓事，蠻虜相扇，容或侵軼。蜂蠆有毒，宜時剿蕩。可遣征虜將軍丹陽尹景先總率步騎，直指義陽。可假節，司州諸軍皆受節度。」景先至鎮，屯軍城北，百姓乃安，牛酒來迎。

軍未還，遇疾，遺言曰：「此度疾病，異於前後，自省必無起理。但夙荷深恩，今謬充戎寄，闇弱每事不稱，上慙慈旨。便長違聖世，悲哽不知所言。可爲作啓事，上謝至尊，粗申愚心。毅雖成長，素闕訓範。貞等幼稚，未有所識。方以仰累聖明，非殘息所能陳謝。自丁荼毒以來，妓妾已多分張，所餘醜猥數人，皆不似事。可以明月、佛女、桂支、佛兒、玉女、美玉上臺，美滿、豔華奉東宮。私馬有二十餘匹，牛數頭，可簡好者十匹、牛二頭上臺，馬五匹、牛一頭奉東宮，大司馬、司徒各奉二匹，驃騎、鎮軍各奉一匹。應私仗器，亦悉輸臺。六親多未得料理，可隨宜溫卹，微申素意。所賜宅曠大，恐非毅等所居，須喪服竟，可輸還臺。劉家前宅，久聞其貨，可合率市之，直若短少，啓官乞足。三處田，勤作，自足供衣食。力少，更隨宜買麤猥奴婢充使。不須餘營生。周旋部曲還都，理應分張，其久舊勞勤者，應料理，隨宜啓聞乞恩。」卒，時年五十。上傷惜之，詔曰：「西信適至，景先奄至喪逝，悲懷切割，自不勝任。今便舉哀。賻錢十萬，布二百匹。」景先喪還，詔曰：「故假節征虜將軍丹陽尹新吳侯景先，器懷開亮，幹局通敏。綢繆少長，義兼勳戚。誠著夷險，績茂所司。方升寵榮，用申任寄。奄至喪逝，悲痛良深。可贈侍中、征北將軍、南徐州刺史。給鼓吹一部。假節、侯如故。謚曰忠侯。」

子毅，以勳戚子，少歷清官。太子舍人，洗馬，隨王友，永嘉太守，大司馬諮議參軍，南康太守，中書郎。建武初，爲撫軍司馬，遷北中郎司馬。虜動，領軍守琅邪城。毅性奢豪，好弓馬，爲高宗所疑忌。王晏事敗，幷陷誅之。遣軍圍宅，毅時會賓客奏伎，聞變，索刀未得，收人突進，挾持毅入與母別，出便殺之。

蕭赤斧，南蘭陵人，太祖從祖弟也。祖隆子，衞軍錄事參軍。父始之，冠軍中兵參軍。赤斧歷官爲奉朝請，以和謹爲太祖所知。宋大明初，竟陵王誕反廣陵，赤斧爲軍主，隸沈慶之，圍廣陵城，攻戰有勳，事寧，封永安亭侯，食邑三百七十戶。除車騎行參軍，出補晉陵令，員外郎，丹楊令，還除晉熙王撫軍中兵參軍，出爲建威將軍、錢唐令。遷正員郎。赤斧治政爲百姓所安，吏民請留之，時議見許，改除寧朔將軍。

太祖輔政，以赤斧爲輔國將軍、左軍會稽司馬，輔鎭東境。遷黃門郎，淮陵太守。從帝遜位，〔三〕於丹陽故治立宮，上令赤斧輔送，至薨乃還。建元初，遷武陵王冠軍長史，驃騎司馬，南東海太守，輔國將軍並如故。遷長兼侍中，祖母喪去職。起爲冠軍將軍、寧蠻校尉。出爲持節、督雍梁南北秦四州郢州之竟陵司州之隨郡軍事、雍州刺史，本官如故。在州不營產利，勤於奉公。

遷散騎常侍，左衞將軍。世祖親遇與蕭景先相比。封南豐縣伯，邑四百戶。遷給事中，太子詹事。赤斧夙患渴利，永明三年會，世祖使甲仗衞三廂，赤斧不敢辭，疾甚，數日卒，年五十六。家無儲積，無絹爲衾，上聞之，愈加惋惜。詔賻錢五萬，上材一具，布百匹，蠟二百斤。追贈金紫光祿大夫。謚曰懿伯。子穎胄襲爵。

穎胄字雲長，弘厚有父風。起家祕書郎。太祖謂赤斧曰：「穎胄輕朱被身，覺其趨進轉美，足慰人意。」遷太子舍人。遭父喪，感脚疾，數年然後能行。世祖有詔慰勉，賜醫藥。除竟陵王司徒外兵參軍，晉熙王文學。

穎胄好文義，弟穎基好武勇，世祖登烽火樓，詔羣臣賦詩。穎胄詩合旨，上謂穎胄曰：「卿文弟武，宗室便不乏才。」除明威將軍、安陸內史。遷中書郎。上以穎胄勳戚子弟，除左將軍，知殿內文武事，得入便殿。出爲新安太守，吏民懷之。隆昌元年，永嘉王昭粲爲南徐州，以穎胄爲南東海太守，行南徐州事。轉持節、督青冀二州軍事、輔國將軍、青冀二州刺史。不行，除黃門郎，領四廂直。遷衞尉。

高宗廢立，潁胄從容不爲同異，乃引潁胄預功。建武二年，進爵侯，增邑爲六百戶。賜潁胄以常所乘白牛。

上慕儉〔約〕，〔四〕欲鑄壞太官元日上壽銀酒鎗，〔五〕尚書令王晏等咸稱盛德。潁胄曰：「朝廷盛禮，莫過三元。此一器既是舊物，不足爲侈。」帝不悅。後預曲宴，銀器滿席。潁胄曰：「陛下前欲壞酒鎗，恐宜移在此器也。」〔六〕帝甚有慙色。

冠軍江夏王寶玄鎭石頭，以潁胄爲長史，行石頭戍事。復爲衞尉。出爲冠軍將軍、廬陵王後軍長史、廣陵太守、行南兗州府州事。是年虜動，揚聲當飲馬長江。帝懼，敕潁胄移居民入城，百姓驚恐，席卷欲南渡。潁胄以賊勢尚遠，不即施行，虜亦尋退。仍爲持節、督南兗〔兖〕徐青冀(荆)五州諸軍事、輔國將軍、南兗州刺史。〔七〕

和帝爲荆州，以潁胄爲冠軍將軍、西中郎長史、南郡太守、行荆州府、州事。東昏侯誅戮羣公，委任厮小，崔、陳敗後，方鎭各懷異計。永元二年十月，尚書令臨湘侯蕭懿及弟衞尉暢見害，先遣輔國將軍、巴西梓潼二郡太守劉山陽領三千兵受旨之官，就潁胄共襲雍州。雍州刺史梁王將起義兵，慮潁胄不識機變，遣使王天虎詣江陵，聲云山陽西上，並襲荆、雍。書與潁胄，(或)勸同義舉。〔八〕潁胄意猶未決。初，山陽出(爲)南州，〔九〕謂人曰：「朝廷以白虎幡追我，亦不復還矣。」席卷妓妾，盡室而行。至巴陵，遲回十餘日不進。梁王復遣天虎賫書與穎胄，陳設其略。是時或云山陽謀殺穎胄，以荊州同義舉，穎胄乃與梁王定契，斬王天虎首，送示山陽。發百姓車牛，聲云起步軍征襄陽。十一月十八日，山陽至江津，單車白服，從左右數十人，詣穎胄，穎胄使前汝陽太守劉孝慶、前永平太守劉熙曅、鎧曹參軍蕭文照、前建威將軍陳秀、輔國將軍孫末伏兵城內。山陽入門，卽於車中亂斬之。副軍主李元履收餘衆歸附。遣使蔡道猷馳驛送山陽首於梁王，乃發教纂嚴，分部購募。東昏聞山陽死，發詔討荊、雍。贈山陽寧朔將軍、梁州刺史。

穎胄有器局，旣唱大事，虛心委己，衆情歸之。加穎胄右將軍，都督行留諸軍事，置佐史，本官如故。西中郎司馬夏侯詳加征虜將軍。遣寧朔將軍王法度向巴陵。穎胄獻錢二十萬，米千斛，鹽五百斛。諮議宗塞、別駕宗夬獻穀二千斛，〔一〇〕牛二頭。換借富貲，以助軍費。長沙寺僧業富，沃鑄黃金爲龍數千兩，埋土中，歷相傳付，稱爲下方黃鐵，莫有見者，乃取此龍，以充軍實。

十二月，移檄：

西中郎府長史、都督行留諸軍事、右軍將軍、南郡太守、南豐縣開國侯蕭穎胄，司馬、征虜將軍、新興太守夏侯詳告京邑百官，諸州郡牧守：

夫運不常夷，有時而陂；數無恒剝，否極則亨。昔商邑中微，彭、韋投袂；漢室方昬，虛、牟効節。故風聲永樹，卜世長久者也。昔我太祖高皇帝德範生民，功格天地，仰緯彤雲，俯臨紫極。世祖嗣興，增光前業，雲雨之所沾被，日月之所出入，莫不舉踵來王，交臂納貢。鬱林昬迷，顛覆厥序，俾我大齊之祚，翦焉將墜。高宗明皇帝建道德之盛軌，垂仁義之至蹤，紹二祖之鴻基，繼三五之絕業。昧旦丕顯，不明求衣，故奇士盈朝，異人輻湊。若迺經禮緯樂之文，定鼎作洛之制，非雲如醴之祥，白質黑章之瑞，諒以則天比大，無德稱焉。而嗣主不綱，窮肆陵暴，十諐畢行，三風咸襲。喪初而無哀貌，在慼而有喜容。酣酒嗜音，罔懲其侮。讒賊狂邪，是與比周。遂令親賢嬰荼毒之誅，宰輔受葅醢之戮。江僕射、蕭、劉領軍、徐司空、沈僕射、曹右衞，或外戚懿親，或皇室令德，或時宗民望，或國之虎臣，竝勳彰中興，功比申、邵，〔一〕秉鈞贊契，受遺先朝。咸以名重見疑，正直貽斃，害加黨族，虐及嬰孺。曾無渭陽追遠之情，不顧本枝殲落之痛。信必見疑，忠而獲罪，百姓業業，罔知攸暨。崔慧景內逼淫刑，外不堪命，驅土崩之民，爲免死之計，倒戈回刃，還指宮闕。城無完守，人有異圖。賴蕭令君勳濟宗祏，〔二〕業拯蒼氓，四海蒙一匡之德，億兆憑再造之功。江夏王拘迫威強，牽制巨力，迹屈當時，迺心可亮。竟不能內恕探情，〔三〕顯加鴆毒。蕭令〔君〕自以親惟族長，〔四〕任實宗臣，至誠苦言，朝夕獻入，讒醜交構，漸見疎疑，浸潤成災，奄離怨酷。用人之功，以寧社稷，刈人之身，以騁淫濫。

台輔既誅，姦小競用，梅蟲兒、茹法珍妖忍愚戾，窮縱醜惡，販鬻主威，以爲家勢，營惑嗣主，恣其妖虐。宮女千餘，裸服宣婬，孽臣數十，袒裼相逐。帳飲闤肆之閒，宵遊街陌之上，提挈羣豎，以爲歡笑。

劉山陽潛受凶旨，規肆狂逆，天誘其衷，卽就梟翦。

夫天生蒸民，樹之以君，使司牧之，勿使失性。豈有尊臨寓縣，毒遍黔首，絕親戚之恩，無君臣之義，功重者先誅，勳高者速斃。九族內離，四夷外叛，封境日蹙，戎馬交馳，帑藏既空，百姓已竭，不卹不憂，慢遊是好。民怨於下，天懲於上，故熒惑襲月，孽火燒宮，妖水表災，震蝕告沴。七廟阽危，三才莫紀，大懼我四海之命，永淪于地。

南康殿下體自高宗，天挺英懿。食葉之徵，著於弱年；當璧之祥，兆乎綺歲。億兆顒顒，咸思戴奉。且勢居上游，任總連帥，家國之否，寧濟是當。莫府身備皇宗，忝荷顧託，憂深責重，誓淸時難。今命冠軍將軍、西中郎諮議、領中直兵參軍、軍主楊公則，寧朔將軍、領中兵參軍、軍主王法度，冠軍將軍、諮議參軍、軍主龐翽，輔國將軍、諮議參軍、領別駕、軍主宗夬，輔國將軍、諮議參軍、軍主樂藹等，領勁卒三萬，陵波電邁，逕造秣陵。冠軍將軍、領諮議、中直兵參軍、軍主蔡道恭，輔國將軍、中直兵參軍、右軍府司馬、軍主席闡文，輔國將軍、中直兵參軍、軍主任漾之，寧朔將軍、中直兵參軍、軍主韓孝仁，寧朔將軍、中直兵參軍、軍主朱斌，中直兵參軍、軍主宗冰之，建威將軍、中直兵參軍、軍主朱景舒，寧朔將軍、中直兵參軍、軍主庾域，寧遠將軍、軍主庾略等，被甲二萬，直指建業。輔國將軍、武寧太守、軍主鄧元起，輔國將軍、前軍將軍、軍主王世興等，鐵騎一萬，分趨白下。征虜將軍、領司馬、新興太守夏侯詳，寧朔將軍、諮議參軍、軍主柳忱，寧朔將軍、領中兵參軍、軍主劉孝慶，建威將軍、軍主、江陵令江詮等，帥組甲五萬，駱驛繼發。雄劔高麾，則五星從流；長戟遠指，則雲虹變色。天地爲之矞皇，山淵以之崩沸。莫府親貫甲胄，授律中權，董帥熊羆之士十有五萬，征鼓紛沓，雷動荆南。寧朔將軍、南康王友蕭穎達領虎旅三萬，抗威後拒。蕭雍州勳業蓋世，謀猷淵肅，既痛家禍，兼憤國難，泣血枕戈，誓雪怨酷，精卒十萬，已出漢川。張郢州節義慷慨，悉力齊奮。江州邵陵王、湘州張行事、王司州皆遠近懸契，不謀而同，竝勒驍猛，指景風驅。舟艦魚麗，萬里蓋水，車騎雲屯，平原霧塞。以同心之士，伐倒戈之衆，盛德之師，救危亡之國，何征而不服，何誅而不克哉！

今兵之所指，唯在梅蟲兒、茹法珍二人而已。諸君德載累世，勳著先朝，屬無妄之時，居道消之運，〔五〕受迫羣豎，念有危懼。大軍近次，當各思拔迹，來赴軍門。檄到之日，有能斬送蟲兒、法珍首者，封二千戶開國縣侯。若迷惑凶黨，敢拒軍鋒，刑茲無赦，戮及宗族。賞罰之信，有如皦日，江水在此，余不食言。

遣冠軍將軍楊公則向湘州。王法度不進軍，免官。公則進剋巴陵，仍向湘州。〔一六〕遣寧朔將軍劉坦行湘州事。

穎胄遣人謂梁王曰：「時月未利，當須來年二月。今便進兵，恐非良策。」梁王曰：「今坐甲十萬，粮用自竭。況藉以義心，一時驍鋭。且太白出西方，杖義而動，天時人謀，無有不利。昔武王伐紂，行逆太歲，豈復待年月邪？」穎胄乃從。遣西中郎參軍鄧元起率衆向夏口。

三年正月，和帝爲相國，穎胄領左長史，進號鎮軍將軍。於是始選用方伯。梁王屢表勸和帝即尊號，梁州刺史柳惔、竟陵太守曹景宗並勸進。穎胄使別駕宗夬撰定禮儀，上尊號，改元，於江陵立宗廟、南北郊，州府城門悉依建康宮，置尚書五省，以城南射堂爲蘭臺，南郡太守爲尹。建武中，荆州大風雨，龍入柏齋中，柱壁上有爪足處，刺史蕭遙欣恐畏，不敢居之。至是以爲嘉祐殿。〔一七〕中興元年三月，穎胄爲侍中、尚書令，假節、都督如故。尋領吏部尚書，監八州軍事，行荆州刺史，本官如故。左丞樂藹奏曰：「敕旨以軍旅務殷，且停朝直。竊謂匪懈于位，義昭夙興，國容舊典，不可頓闕。與兼右丞江詮等參議，八座丞郎以下宜五日一朝，有事郎坐侍下鼓，〔一八〕無事許從實還外。」奏可。

梁王義師出沔口，郢州刺史張沖據城拒守。楊公則定湘州，行事張寶積送江陵，率軍會夏口。巴西太守魯休烈、巴東太守蕭惠訓遣子璝拒義師。穎胄遣汝陽太守劉孝慶進峽口，與巴東太守任漾之、宜都太守鄭法紹禦之。時軍旅之際，人情未安，穎胄府長史張熾從絳衫左右三十餘人，入千秋門，城內驚恐，疑有同異。御史中丞奏彈熾，詔以贖論。

穎胄弟穎孚在京師，廬陵人脩靈祐竊將南上，〔一九〕於西昌縣山中聚兵二千人，襲郡，內史謝篹奔豫章。穎孚、靈祐據郡求援，穎胄遣寧朔將軍范僧簡入湘州南道援之。僧簡進剋安成，仍以為輔國將軍、安成內史。拜穎孚為冠軍將軍、廬陵內史。合二郡兵，出彭蠡口。東昏侯遣軍主彭盆、劉希祖三千人受江州刺史陳伯之節度，南討二郡義兵，仍進取湘州。南康太守王丹保郡應盆等。穎孚聞兵至，望風奔走。前內史謝篹復還郡。劉希祖至安成，攻戰七日，城陷，范僧簡見殺。希祖仍為安成內史。穎孚收散卒據西昌，謝篹又遣軍攻之，衆敗，奔湘州。以穎孚為督湘東衡陽零陵桂陽營陽五郡、湘東內史，假節、將軍如故。尋病卒。後脩靈祐又合餘衆攻篹，篹復敗走豫章，劉希祖亦以郡降。

湘東內史王僧粲亦拒義，自稱平西將軍、湘州刺史，以南平鎮軍主周敷為長史，率前軍襲湘州，去州百餘里。楊公則長史劉坦守州城，遣軍主尹法略拒之，屢戰不勝。及聞建康城平，僧粲散走，乃斬之。南康太守王丹亦爲郡人所殺。

郢城降，義師衆軍東下。八月，魯休烈蕭璝破汶陽太守劉孝慶等於峽口，巴東太守任漾之見殺，遂至上明，江陵大震。穎胄恐，馳告梁王曰：「劉孝慶爲蕭璝所敗，宜遣楊公則還援根本。」梁王曰：「公則今泝流上荆，鞭長之義耳。蕭璝、魯休烈烏合之衆，尋自退散。政須荆州少時持重。良須兵力，兩弟在雍，指遣往徵，不爲難至。」穎胄乃追贈任漾之輔國將軍、梁州刺史。遣軍主蔡道恭假節屯上明拒蕭璝。

時梁王已平郢、江二鎭。穎胄輔帝出居上流，有安重之勢。素能飲酒，噉白肉鱠至三升，既聞蕭璝等兵相持不決，憂慮感氣，十二月壬寅夜，卒。遺表曰：「臣疹患數日，不謂便至困篤，氣息綿微，待盡而已。臣雖庸薄，忝籍葭莩，過受先朝殊常之眷，循寵礪心，誓生以死。屬皇業中否，天地分崩，總率諸侯，翼奉明聖。賴社稷靈長，大明在運，故兵之所臨，無思不服。今四海垂平，干戈行戢，方希陪翠華，奉法駕，反東都，觀舊物。不幸遘疾，奄辭明世，懷此深恨，永結泉壤。竊惟王業至重，萬機甚大，登之實難，守之未易。陛下富於春秋，當遠尋祖宗創業艱難，殷鑒季末顚覆厥緒，思所以念始圖終，康此兆庶。征東大將軍臣衍，〔二〇〕元勳上德，光贊天下，陛下垂拱仰成，則風流日化，臣雖萬沒，無所遺恨。」時年四十。和帝出臨哭。詔贈侍中、丞相，本官如故。前後部羽葆鼓吹，班劍三十人。轀輬車，黃屋左纛。梁王圍建康城，住在石頭，和帝密詔報穎胄凶問，祕不發喪。及城平，識者聞之，知天命之有在矣。

梁天監元年，詔曰：「念功惟德，歷代所同，追遠懷人，彌與事篤。齊故侍中、丞相、尚書令穎胄，風格峻遠，器宇淵邵，清猷盛業，問望斯歸。締構義始，肇基王迹，契闊屯夷，載形心事。朕膺天改命，光宅區宇，望岱瞻河，永言增慟。可封巴東郡公，邑三千戶，本官如故。」喪還，今上車駕臨哭渚次。詔曰：「齊故侍中、丞相、尚書令穎胄葬送有期，前代所加殊禮，依晉王導、齊豫章王故事，可悉給。謚曰獻武。」范僧簡贈交州刺史。

史臣曰：魏氏基於用武，夏侯諸曹，竝以戚族而爲將相。夫股肱爲義，既有常然，肺腑之重，兼存宗寄。豐沛之閒，貴人滿市，功臣所出，多在南陽。夫貞幹所以成務，非虛言也。

贊曰：新吳事武，簡在帝心。南豐治政，迹顯亡衾。鎮軍茂績，機識弘深，荆南立主，嚮義漢陰。

校勘記

〔一〕出爲持節督司州軍(州)事　據元龜三百七十九、三百九十刪。

〔二〕詔超起爲領軍將軍　「超起」元龜八百六十二作「起復」。

〔三〕從帝遜位　按從帝卽順帝，蕭子顯避梁諱改，南監本、殿本已改爲「順帝」。

〔四〕上慕儉〔約〕　據南監本、殿本補。

〔五〕欲鑄壞太官元日上壽銀酒鎗　「官」原譌「宮」，各本不譌，今改正。「銀酒鎗」御覽八百十二引作「銀酒鐺」。按說文「鐺，鎗鐺也」。集韻「鐺，斧屬，通作鎗」。蓋鎗卽鎗鐺，今之鐺也。說詳桂馥札樸。

〔六〕恐宜移在此器也　「在」原譌「左」，今據南監本、殿本、局本改正。

〔七〕仍爲持節督南兗〔兗〕徐青冀(荆)五州諸軍事輔國將軍南兗州刺史　按南兗州督五州，有兗州，無荆州，各本同譌，今改正。

〔八〕(或)勸同義舉　據南監本刪。

〔九〕山陽出(爲)南州　據南史刪。按南州卽姑孰，見通鑑考異。

〔一〇〕別駕宗夬獻穀二千斛　「夬」原譌「史」，各本並譌，今改正。下同。按宗夬，梁書、南史並有傳。

〔一一〕功比申邵　「申邵」南監本、毛本、殿本、局本作「周邵」。

〔一二〕賴蕭令君勳濟宗祏　「祏」原譌「祐」，今據南監本、殿本、局本改正。

〔一三〕竟不能內恕探情　「探」元龜四百十六作「深」。

〔一四〕蕭令〔君〕自以親惟族長　據元龜四百十六補。

〔一五〕居道消之運　「道消」南監本作「中否」。

〔一六〕仍向湘州　「州」原譌「川」，今據南監本、殿本、局本改正。

〔一七〕至是以爲嘉祐殿　「嘉祐殿」御覽一百七十五引作「嘉福殿」，南史及元龜二百三同。

〔一八〕有事郎坐侍下鼓　「郎」局本作「郎」。

〔一九〕廬陵人脩靈祐竊將南上　殿本考證云：「『靈祐』南史作『景智』。」按張森楷校勘記云：「按梁書蕭穎達傳作循景智及宗人靈祐，則靈祐、景祐是二人，館臣合以爲一，誤矣。循脩古寫形極相似。」

〔二〇〕征東大將軍臣衍　「衍」原作「諱」，殿本據北監本改「衍」，今從之。

南齊書卷三十九

列傳第二十

劉瓛 弟璡　陸澄

劉瓛字子珪，沛國相人，晉丹陽尹惔六世孫也。祖弘之，給事中。父惠，治書御史。瓛初州辟祭酒主簿。宋大明四年，舉秀才，兄璲亦有名，先應州舉，至是別駕東海王元曾與瓛父惠書曰：「比歲賢子充秀，〔一〕州閭可謂得人。」除奉朝請，不就。

少篤學，博通五經。聚徒教授，常有數十人。丹陽尹袁粲於後堂夜集，瓛在座，粲指庭中柳樹謂瓛曰：「人謂此是劉尹時樹，每想高風；今復見卿淸德，可謂不衰矣。」薦爲祕書郎，不見用。除邵陵王郡主簿，安陸王國常侍，安成王撫軍行參軍，公事免。瓛素無宦情，自此不復仕。除車騎行參軍，南彭城郡丞，尙書祠部郎，並不拜。袁粲誅，瓛微服往哭，並致賻助。

太祖踐阼，召瓛入華林園談語，謂瓛曰：「吾應天革命，物議以爲何如？」瓛對曰：「陛下誠前軌之失，加之以寬厚，雖危可安；若循其覆轍，雖安必危矣。」既出，帝顧謂司徒褚淵曰：「方直乃爾！學士故自過人。」敕瓛使數入，而瓛自非詔見，未嘗到宮門。

上欲用瓛爲中書郎，使吏部尚書何戢喻旨。戢謂瓛曰：「上意欲以鳳池相處，恨君資輕，可且就前除，少日當轉國子博士，便卽後授。」瓛曰：「平生無榮進意，今聞得中書郎而拜，豈本心哉！」後以母老闕養，重拜彭城郡丞。謂司徒褚淵曰：「自省無廊廟之才，所願唯保彭城丞耳。」上又以瓛兼總明觀祭酒，除豫章王驃騎記室參軍，丞如故，瓛終不就。武陵王曅爲會稽太守，上欲令瓛爲曅講，除會稽郡丞，學徒從之者轉衆。

永明初，竟陵王子良請爲征北司徒記室。瓛與張融、王思遠書曰：「奉敎使恭召，會當停公事，但念生平素抱，有乖恩顧。吾性拙人閒，不習仕進，昔嘗爲行佐，便以不能及公事免黜，此皆眷者所共知也。量己審分，不敢期榮。夙嬰貧困，加以疎懶，衣裳容髮，有足駭者。中以親老供養，褰裳徒步，脫爾逮今，二代一紀。先朝使其更自脩正，勉厲於階級之次，見其繿縷，或復賜以衣裳，袁、褚諸公咸加勸勵，終不能自反也。一不復爲，安可重爲哉？昔人有以冠一免不重加於首，每謂此得進止之儀。古者以賢制爵，或有秩滿而辭老，以庸制祿，或有（徐令上文長）〔身病而求歸〕者，〔三〕永瞻前良，在己何若。又上下年尊，益不願居官次，廢晨昏也。先朝爲此，曲申從許，故得連年不拜榮授，而帶帖薄祿。既習此歲久，又齒長疾侵，豈宜攝齋河閒之聽，廁迹東平之僚？本無絕俗之操，亦非能偃蹇爲高，此又諸賢所當深察者也。近奉初敎，便自希得託迹於客遊之末，而固辭榮級，其故何耶？以古之王侯大人，或以此延四方之士，甚美者則有輻湊燕路，慕君王之義，驤鑣魏闕，高公子之仁，繼有追申、白而入楚，羡鄒、枚而遊梁，吾非敢叨夫曩賢，庶欲從九九之遺蹤。既於聞道集泮不殊，而幸無職司拘礙，可得奉溫凊，展私計，志在此爾。」除步兵校尉，並不拜。

瓛姿狀纖小，儒學冠於當時，京師士子貴遊莫不下席受業。性謙率通美，不以高名自居。遊詣故人，唯一門生持胡床隨後，主人未通，便坐問答。住在檀橋，瓦屋數閒，上皆穿漏。學徒敬慕，不敢指斥，呼爲青溪焉。竟陵王子良親往脩謁。七年，表世祖爲瓛立館，以揚烈橋故主第給之，生徒皆賀。瓛曰：「室美爲人災，此華宇豈吾宅邪？幸可詔作講堂，猶恐見害也。」未及徙居，遇病，子良遣從瓛學者彭城劉繪、從陽范縝將廚於瓛宅營齋。〔三〕及卒，門人受學〔者〕並弔服臨送。〔四〕時年五十六。

瓛有至性，祖母病疽經年，手持膏藥，漬指爲爛。母孔氏甚嚴明，謂親戚曰：「阿稱便是今世曾子。」阿稱，瓛小名也。年四十餘，未有婚對。建元中，太祖與司徒褚淵爲瓛娶王氏女。王氏椓壁掛履，土落孔氏牀上，孔氏不悅，瓛卽出其妻。及居父喪，〔五〕不出廬，足爲之屈，杖不能起。今上天監元年，下詔爲瓛立碑，謚曰貞簡先生。所著文集，皆是禮義，行於世。

初，瓛講月令畢，謂學生嚴植曰：「江左以來，陰陽律數之學廢矣。吾今講此，曾不得其髣髴。」時濟陽蔡仲熊禮學博聞，謂人曰：「凡鍾律在南，不容復得調平。昔五音金石，本在中土；今旣來南，土氣偏陂，音律乖爽。」〔瓛亦以爲然〕。〔六〕仲熊歷安西記室，尙書左丞。

瓛弟璡。

璡字子璥。方軌正直。宋泰豫中，爲明帝挽郎。舉秀才，建平王景素征北主簿，深見禮遇。邵陵王征虜安南行參軍。建元初，爲武陵王曅冠軍征虜參軍。曅與僚佐飲，自割鵝炙。璡曰：「應刃落俎，膳夫之事，殿下親執鸞刀，下官未敢安席。」因起請退。與友人孔澈同舟入東，〔七〕澈留目觀岸上女子，璡舉席自隔，不復同坐。豫章王太尉板行佐。兄瓛夜隔壁呼璡共語，璡不答，方下牀著衣立，然後應。瓛問其久，璡曰：「向束帶未竟。」其立操如此。文惠太子召璡入侍東宮，每上事，輒削草。尋署中兵，兼記室參軍大司馬軍事，〔八〕射聲校尉，卒官。

陸澄字彥淵，吳郡吳人也。祖劭，〔九〕臨海太守。父瑗，州從事。

澄少好學，博覽無所不知，行坐眠食，手不釋卷。起家太學博士，中軍衞軍府行佐，太宰參軍，補太常丞，郡主簿，北中郎行參軍。

宋泰始初，爲尚書殿中郎，議皇后諱及下外，〔一〇〕皆依舊稱姓。左丞徐爰案司馬孚議皇后不稱姓，春秋逆王后于齊，澄不引典據明，而以意立議，坐免官，白衣領職。郎官舊有坐杖，有名無實，澄在官積前後罰，一日并受千杖。轉通直郎，兼中書郎，尋轉兼左丞。

泰始六年，詔皇太子朝賀服袞冕九章，澄與儀曹郎丘仲起議：「服冕以朝，實著經文。秦除六冕，漢明還備。魏晉以來，不欲令臣下服袞冕，故位公者加侍官。今皇太子禮絕羣后，宜遵聖王盛典，革近代之制。」尋轉著作正員郎，兼官如故。除安成太守，轉劉韞撫軍長史，加綏遠將軍、襄陽太守，並不拜。仍轉劉秉後軍長史、東海太守。遷御史中丞。

建元元年，驃騎諮議沈憲等坐家奴客爲劫，子弟被劾，憲等晏然。左丞任遐奏澄不糾，請免澄官。澄上表自理曰：

周稱舊章，漢言故事，爰自河雒，降逮淮海，朝之憲度，動尙先準。若乃任情違古，率意專造，豈謂酌諸故實，擇其茂典？

案遐啓彈新除諮議參驃騎大將軍軍事沈憲、太子庶子沈曠幷弟息，敕付建康，而憲被使，曠受假，俱無歸罪事狀。臣以不糾憲等爲失。伏尋晉、宋左丞案奏，不乏於時，其及中丞者，從來殆無。王獻之習達朝章，近代之宗，其爲左丞，彈司徒屬王濛憚罰自解，屬疾遊行，初不及中丞。桓祕不奔山陵，左丞鄭襲不彈祕，直彈中丞孔欣時，又云別攝蘭臺檢校，此徑彈中丞之謂。唯左丞庾登之奏鎭北檀道濟北伐不進，致虎牢陷沒，蕃岳宰臣，引咎謝愆，而責帥之劾，曾莫奏聞，請收治道濟，免中丞何萬歲。夫山陵情敬之極，北伐專征之大，祕霸季之貴，道濟元勳之盛，所以咎及南司，事非常憲，然祕事猶非及中丞也。今若以此爲例，恐人之貴賤，事之輕重，物有其倫，不可相方。

左丞江奧彈段景文，又彈裴方明；左丞甄法崇彈蕭珍，又彈杜驥，又彈段國，又彈范文伯；左丞羊玄保又彈蕭汪；左丞殷景熙彈張仲仁；兼左丞何承天彈呂萬齡。並不歸罪，皆爲重劾。凡茲十彈，差是憲、曠之比，悉無及中丞之議。左丞荀萬秋、劉藏、江謐彈王僧朗、王雲之、陶寶度，不及中丞，最是近例之明者。謐彈在今龕暨之後，事行聖照。遠取十奏，近徵二案，自宜依以爲體，豈得捨而不遵？

臣竊此人乏，謬奉國憲。今遐所糾，既行一時，若默而不言，則向爲來准，後人被繩，方當追請，〔一〕素飡之責，〔二〕貽塵千載。所以備舉顯例，弘通國典，〔三〕雖有愚心，不在微躬。請出臣表付外詳議。若所陳非謬，裁由天鑒。

詔委外詳議。尚書令褚淵奏：「宋世左丞荀伯子彈彭城令張道欣等，坐界劫累發不禽，免道欣等官；中丞王准不糾，〔一四〕亦免官。左丞羊玄保彈豫州刺史管義之譙梁羣盜，免義之官；中丞傅隆不糾，亦免隆官。左丞羊玄保又彈兗州刺史鄭從之濫上布及加課租綿，免從之官；中丞傅隆不糾，免隆官。左丞陸展彈建康令丘珍孫、丹陽尹孔山士劫發不禽，免珍孫、山士官；中丞何勗不糾，亦免勗官。左丞劉矇彈青州刺史劉道隆失火燒府庫，免道隆官；中丞蕭惠開不糾，免惠開官。左丞徐爰彈右衞將軍薛安都屬疾不直，免安都官；中丞張永結免。〔一五〕澄謏聞膚見，貽撓後昆，上掩皇明，下籠朝識，請以見事免澄所居官。」詔曰：「澄表據多謬，不足深劾，可白衣領職。」

明年，轉給事中，祕書監，遷吏部。四年，復爲祕書監，領國子博士。遷都官尚書。出爲輔國將軍、鎮北鎮軍二府長史，廷尉，領驍騎將軍。永明元年，轉度支尚書。尋領國子博士。時國學置鄭王易，杜服春秋，何氏公羊，麋氏穀梁，鄭玄孝經。澄謂尚書令王儉曰：「孝經，小學之類，不宜列在帝典。」乃與儉書論之曰：

易近取諸身，遠取諸物，彌天地之道，通萬物之情。自商瞿至田何，其閒五傳。年未爲遠，無訛雜之失；秦所不焚，無崩壞之弊。雖有異家之學，同以象數爲宗。數百年後，乃有王弼。王濟云弼所悟者多，何必能頓廢前儒。若謂易道盡於王弼，方須大論，意者無乃仁智殊見。〔四〕〔且易〕道無體不可以一體求，〔一六〕屢遷不可以一遷執也。晉太興四年，太常荀崧請置周易鄭玄注博士，行乎前代，于時政由王、庾，皆儁神清識，能言玄遠，捨輔嗣而用康成，豈其妄然。太元立王肅易，〔一七〕當以在玄、弼之閒。元嘉建學之始，玄、弼兩立。逮顏延之爲祭酒，黜鄭置王，意在貴玄，事成敗儒。今若不大弘儒風，則無所立學，衆經皆儒，惟易獨玄，玄不可棄，儒不可缺。謂宜竝存，所以合無體之義。且弼於注經中已舉繫辭，故不復別注。今若專取弼易，則繫說無注。

左氏太元取服虔，而兼取賈逵經，〔由〕服傳無經，〔一八〕雖在注中，而傳又有無經者故也。今留服而去賈，則經有所闕。案杜預注傳，王弼注易，俱是晚出，竝貴後生。杜之異古，未如王之奪實，祖述前儒，特舉其違。又釋例之作，所弘惟深。〔一九〕

穀梁太元舊有麋信注，顏益以范寗，麋猶如故。顏論閏分范注，當以同我者親。常謂穀梁劣；公羊爲注者又不盡善。竟無及公羊之有何休，恐不足兩立。必謂范善，便當除麋。

世有一孝經，題爲鄭玄注，觀其用辭，不與注書相類。案玄自序所注衆書，亦無孝經。

儉答曰：「易體微遠，實貫羣籍，施、孟異聞，周、韓殊旨，豈可專據小王，便爲該備？依舊存鄭，高同來說。元凱注傳，超邁前儒，若不列學官，其可廢矣。賈氏注經，世所罕習，穀梁小書，無俟兩注，存麋略范，率由舊式。凡此諸義，竝同雅論。疑孝經非鄭所注，僕以此書明百行之首，實人倫所先，七略、藝文竝陳之六藝，不與蒼頡、凡將之流也。鄭注虛實，前代不嫌，意謂可安，仍舊立置。」

儉自以博聞多識，讀書過澄。澄曰：「僕年少來無事，唯以讀書爲業。且年已倍令君，令君少便鞅掌王務，雖復一覽便諳，然見卷軸未必多僕。」儉集學士何憲等盛自商略，澄待儉語畢，〔二〇〕然後談所遺漏數百千條，〔二一〕皆儉所未覩，儉乃歎服。儉在尚書省，出巾箱机案雜服飾，令學士隸事，事多者與之，人人各得一兩物，澄後來，更出諸人所不知事復各數條，幷奪物將去。

轉散騎常侍，祕書監，吳郡中正，光祿大夫。加給事中，中正如故。尋領國子祭酒。以竟陵王子良得古器，小口方腹而底平，可將七八升，〔二二〕以問澄，澄曰：「北名服匿，〔二三〕單于以與蘇武。」子良後詳視器底，有字髣髴可識，如澄所言。隆昌元年，以老疾，轉光祿大夫，加散騎常侍，未拜，卒。年七十。謚靖子。

〔澄〕當世稱爲碩學，〔二四〕讀易三年不解文義，欲撰宋書竟不成，王儉戲之曰：「陸公，書廚也。」家多墳籍，人所罕見。撰地理書及雜傳，死後乃出。

澄弟鮮，得罪宋世，當死。澄於路見舍人王道隆，叩頭流血，以此見原。揚州主簿顧測以兩奴就鮮質錢，鮮死，子晫誣爲賣券，〔三五〕澄爲中丞，測與書相往反，後又箋與太守蕭緬云：「澄欲遂子弟之非，〔三六〕未近義方之訓，此趨販所不爲，況搢紳領袖，儒宗勝達乎？」測遂爲澄所排抑，世以此少之。

時東海王摛，亦史學博聞，歷尚書左丞。竟陵王子良校試諸學士，唯摛問無不對。永明中，天忽黃色照地，衆莫能解。摛云是榮光。世祖大悅，用爲永陽郡。

史臣曰：儒風在世，立人之正道；聖哲微言，百代之通訓。洙泗既往，義乖七十；稷下橫論，屈服千人。自後專門之學興，命氏之儒起，石渠朋黨之事，白虎同異之說，六經五典，各信師言，嗣守章句，期乎勿失。西京儒士，莫有獨擅；東都學術，鄭賈先行。康成生炎漢之季，訓義優洽，一世孔門，褒成竝軌，故老以爲前脩，後生未之敢異。而王肅依經辯理，與碩相非，爰興聖證，據用家語，外戚之尊，多行晉代。江左儒門，參差互出，雖於時不絕，而罕復專家。晉世以玄言方道，宋氏以文章閒業，服膺典藝，斯風不純，二代以來，爲教衰矣。

建元肇運，戎警未夷，天子少爲諸生，(昊)〔端〕拱以思儒業，〔二七〕載戢干戈，遽詔庠序。永明纂襲，克隆均校，王儉爲輔，長於經禮，朝廷仰其風，胄子觀其則，由是家尋孔教，人誦儒書，執卷欣欣，此焉彌盛。建武繼立，因循舊緒，時不好文，輔相無術，學校雖設，前軌難追。劉瓛(成)〔承〕馬、鄭之(異)〔後，一〕時學徒以爲師範。〔二八〕虎門初闢，法駕親臨，待問無五更之禮，充庭闕蒲輪之御，身終下秩，道義空存，斯故進賢之責也。其餘儒學之士，多在卑位，或隱世辭榮者，別見他篇云。

贊曰：儒宗義肆，紛綸子珪。升堂受業，事越關西。璡居闇室，立操無攜。彥淵書史，疑問窮稽〔二九〕。

「徐令上文」疑。

校勘記

〔一〕比歲賢子充秀　「比」原譌「此」，今據南監本、殿本改正。按南史亦作「此」，李慈銘南史札記云「此」當作「比」。又按「賢子」殿本、局本作「賢才」。

〔二〕或有(徐令上文長)〔身病而求歸〕者　據南監本、毛本、殿本、局本改。

〔三〕從陽范縝　按從陽卽順陽，蕭子顯避梁諱改，南監本、毛本、殿本並已改爲「順陽」。

〔四〕門人受學〔者〕並弔服臨送　據南監本、殿本、局本補。

〔五〕及居父喪　「父喪」南史作「母憂」。

〔六〕〔瓛亦以爲然〕　據南監本、殿本補。　按南史亦有此五字。

〔七〕與友人孔澈同舟入東　「孔澈」南史作「孔逿」。

〔八〕兼記室參軍大司馬軍事　張森楷校勘記云：「『參軍』之『軍』字疑衍。」

〔九〕祖卲　「卲」南史作「劭」。

〔一〇〕議皇后諱及下外　張森楷校勘記云：「南史作『議皇后諱班下』，無『外』字。」

〔一一〕方當追請　「請」元龜五百十九作「諝」。

〔一二〕素湌之責　「責」原譌「貴」，今據南監本、殿本、局本改正。

〔一三〕弘通國典　「弘」宋本避諱缺筆成「引」，各本皆未正，今據元龜五百十九改正。

〔一四〕中丞王准不糾　「准」南監本、殿本、局本並作「淮」。按元龜五百十九亦作「淮」，准淮形近，未知孰是。

〔一五〕中丞張永結免　元龜五百十九作「中丞張永結不糾，亦免永結官」。按張永，宋書附張茂度傳，於孝武帝大明八年，召爲御史中丞。結免卽江謐傳「博士太常以下結免贖論」之「結免」。宋書無張永結其人，元龜誤。

〔一六〕〔四〕〔且易〕道無體不可以一體求　據元龜五百九十九改。按「道」下原闕二字，各本作「異傳」。「四道異傳」不可解，當依元龜改。

〔一七〕太元立王肅易　「太元」各本譌作「泰元」，下「左氏太元取服虔」，「穀梁太元舊有麋信注」，亦譌作「泰元」，今並據晉書孝武帝紀改正。

〔一八〕〔由〕服傳無經　據元龜五百九十九補。

〔一九〕所弘惟深　「弘」宋本避諱缺筆成「引」，各本並譌，今據元龜五百九十九改正。

〔二〇〕澄待儉語畢　「待」原譌「侍」，今據南監本、殿本、局本及御覽六百十二引、元龜六百一改正。

〔二一〕然後談所遺漏數百千條　按「千」疑「十」之譌。

〔二二〕可將七八升　「將」元龜六百一、七百九十八作「容」，南史亦作「容」。

〔二三〕北名服匿　「北」殿本、局本作「此」。

〔二四〕〔澄〕當世稱爲碩學　據南監本及南史補。

〔二五〕子暐誣爲賣券　按「暐」各本並作「暉」，南史亦作「暉」，惟御覽五百引作「暐」，疑作「暉」是。「賣券」南史作「買券」。

〔二六〕澄欲遂子弟之非　「遂」字原闕，今據各本補。按御覽五百引「遂」作「成」。

〔三七〕（昊）〔端〕拱以思儒業　據南監本、毛本、殿本、局本改。

〔三八〕劉瓛（成）〔承〕馬鄭之（異）〔後一〕時學徒以爲師範　據南監本、殿本改。

〔三九〕彥淵書史疑問窮稽　殿本考證萬承蒼云："按彥淵當是王摛字，齊書無摛傳，南史附摛於王湛傳後，不載其字，有云『竟陵王子良校書諸學士，唯摛問無不對』。此云『疑問窮稽』，想必謂摛也。"今按蕭子顯此贊前云「儒宗義肆，紛論子珪」，指劉瓛，後云「彥淵書史，疑問窮稽」，指陸澄，劉瓛字子珪，陸澄字彥淵也。萬說非是。

南齊書

梁蕭子顯撰

第三册

卷四〇至卷五九（傳）

中華書局

南齊書卷四十

列傳第二十一

武十七王

武帝二十三男：穆皇后生文惠太子、竟陵文宣王子良；張淑妃生廬陵王子卿、魚復侯子響；周淑儀生安陸王子敬、建安王子眞；阮淑媛生晉安王子懋、衡陽王子峻；王淑儀生隨郡王子隆；蔡婕妤生西陽王子明；樂容華生南海王子罕；傅充華生巴陵王子倫；謝昭儀生邵(陽)〔陵〕王子貞；〔一〕江淑儀生臨賀王子岳；庾昭容生西陽王子文；荀昭華生南康王子琳；顏婕妤生永陽王子珉；宮人謝生湘東王子建；何充華生南郡王子夏；第六、十二、十五、二十二皇子早亡。子珉建武中繼衡陽元王後。

竟陵文宣王子良字雲英，世祖第二子也。初，沈攸之難，〔二〕隨世祖在盆城，板寧朔將軍。仍爲宋邵陵王左軍行參軍，轉主簿，安南記室參軍，邵陵王友，王名友，不廢此官。〔三〕遷安南長史。

昇明三年，爲使持節、都督會稽東陽臨海永嘉新安五郡、輔國將軍、會稽太守。宋世元嘉中，皆責成郡縣；孝武徵求急速，以郡縣遲緩，始遣臺使，自此公役勞擾。太祖踐阼，子良陳之曰：

前臺使督逋切調，恒聞相望於道。及臣至郡，亦殊不疎。凡此輩使人，既非詳愼懃順，或貪險崎嶇，要求此役。朝辭禁門，情態卽異；暮宿村縣，威福便行。但令朱鼓裁完，鈹槊微具，顧眄左右，叱咤自專。擿宗斷族，排輕斥重，脅遏津埭，恐喝傳郵。破崗水逆，商旅半引，逼令到下，先過己船。浙江風猛，公私畏渡，脫舫在前，驅令俱發。呵蹙行民，固其常理。侮折守宰，出變無窮。既瞻郭望境，便飛下嚴符，但稱行臺，未顯所督。先訶彊寺，却攝羣曹，開亭正檢，便振荆革。其次絳標寸紙，一日數至；徵村切里，俄刻十催。〔四〕四鄉所召，莫辨枉直，孩老士庶，具令付獄。或尺布之逋，曲以當匹；百錢餘稅，且增爲千。或誑應質作尙方，寄繫東冶，萬姓駭迫，人不自固。遂漂衣敗力，競致兼漿。值今夕酒諧肉飫，卽許附申赦格；〔五〕明日禮輕貨薄，便復不入恩科。筐貢微闕，(總)〔箠〕撻肆情，〔六〕風塵毀謗，隨忿而發。及其犹蒜轉積，鵝粟漸盈，遠則分鬻他境，近則託貿吏民。反請郡邑，助民(由)〔申〕緩，〔七〕回刺言臺，推信在所。如聞頃者令長守牧，離此每實，非復近歲。愚謂凡諸檢課，宜停遣使，密織州郡，則指賜勑〔令〕，〔八〕遙外鎮宰，明下條源，既各奉別旨，人競自罄。雖復臺使盈湊，會取正屬所〔辦〕，〔九〕徒相疑憒，反更淹懈。

凡預衣冠，荷恩盛世，多以闇緩貽侮，少爲欺猾入罪。若類以宰牧乖政，則觸事難委，不容課逋上綱，偏覺非才。但賒促差降，各限一期。如乃事速應緩，自依違糾坐之。坐之〔之〕科，〔一〇〕不必須重，但令必行，期在可肅。且兩裝之船，充擬千緒；三坊寡役，呼訂萬計。每一事之發，彌晨方辦，粗計近遠，率遣一部，職散人領，無減二十，舟船所資，皆復稱是。長江萬里，費固倍之。較略一年，脫得省者，息船優役，寔爲不少。兼折姦減竊，遠近暫安。

封聞喜縣公，邑千五百戶。〔一一〕

子良敦義愛古。郡民朱百年有至行，先卒，賜其妻米百斛，蠲一民給其薪蘇。郡閤下有虞翻舊牀，罷任還，乃致以歸。後於西邸起古齋，多聚古人器服以充之。夏禹廟盛有禱祀，子良曰：「禹泣辜表仁，菲食旌約，服黻果粽，足以致誠。」使歲獻扇簟而已。

建元二年，穆妃薨，去官。仍爲征虜將軍、丹陽尹。開私倉賑屬縣貧民。明年，上表曰：「京尹雖居都邑，而境壤兼跨，廣袤周輪，幾將千里。縈原抱隰，其處甚多，舊遏古塘，非唯一所。而民貧業廢，地利久蕪。近啓遣五官殷濔、典籤劉僧瑗到諸縣循履，得丹陽、溧陽、永世等四縣解，幷村耆辭列，堪墾之田，合計荒熟有八千五百五十四頃，脩治塘遏，可用十一萬八千餘夫，一春就功，便可成立。」上納之。會遷官，事寢。

是年，始制東宮官僚以下官敬子良。世祖卽位，封竟陵郡王，邑二千戶。爲使持節、都督南徐兗二州諸軍事、鎭北將軍、南徐州刺史。永明元年，徙爲侍中、都督南兗兗徐青冀五州、征北將軍、南兗州刺史，持節如故。給油絡車。明年，入爲護軍將軍，兼司徒，領兵置佐，侍中如故。鎭西州。三年，給鼓吹一部。四年，進號車騎將軍。

子良少有清尙，禮才好士，居不疑之地，傾意賓客，天下才學皆遊集焉。善立勝事，夏月客至，爲設瓜飮及甘果，著之文敎。士子文章及朝貴辭翰，皆發敎撰錄。

是時上新親政，水旱不時。子良密啓曰：

臣思水潦成患，良田沃壤，變爲汙澤；農政告祥，因高肆務，播植旣周，繼以旱虐。黔庶呼嗟，相視褫氣。夫國資於民，民資於食，匪食匪民，何以能政？臣每一念此，寢不便席。本始中，郡國大旱，宣帝下詔除民租。今聞所在逋餘尙多，守宰嚴期，兼夜課切，新稅力尚無從，故調於何取給？政當相驅爲盜耳。愚謂逋租宜皆原除，少降停恩，微紓民命。

自宋道無章，王風陵替，竊官假號，駢門連室。今左民所檢，動以萬數，漸漬之來，非復始適，一朝洗正，理致沸騰。小人之心，罔思前咎，〔一二〕董之以威，〔一三〕反怨後罰，獸窮則觸，事在匪輕。齊有天下日淺，恩洽未布，一方或飢，當加優養。愚謂自可依源削除，未宜便充猥役。且部曹檢校，誠存精密，令史奸黠，鮮不容情。情既有私，理或枉謬。耳目有限，羣狡無極。變易是非，居然可見。詳而後取，於事未遲。

明詔深矜獄囿，恩文累墜。今科網嚴重，稱爲峻察。負罪離釁，充積牢戶。暑時鬱蒸，加以金鐵。聚憂之氣，足感天和。民之多怨，非國福矣。

頃土木之務，甚爲殷廣，雖役未及民，勤費已積。炎旱致災，或由於此。皇明載遠，書軌未一，緣淮帶江，數州地耳，以魏方漢，猶一郡之譬，〔一四〕以今比古，復爲遠矣。何得不愛其民，緩其政，救其危，存其命哉？

湘區奧密，蠻寇熾彊，如聞南師未能挫戮。百姓齊民，積年塗炭，疽食侵淫，邊虞方重。交州敻絕一垂，寔惟荒服，恃遠後賓，固亦恒事。自青德啓運，款關受職，置之度外，不足絓言。今縣軍遠伐，經途萬里，衆寡事殊，客主勢異，以逸待勞，全勝難必。

又緣道調兵，以足軍力，民丁烏合，事乖習銳。廣州積歲無年，越州兵糧素乏，加以發借，必致恇擾。愚謂叔獻所請，不宜聽從；取亂侮亡，更俟後會。雖緩歲月，必有可禽之理，差息發動費役之勞。劉楷見甲以助湘中，威力既舉，蟻寇自服。

詔折租布，二分取錢。子良又啓曰：

臣一月入朝，六登玫陛，廣殿稠人，裁奉顏色，縱有所懷，豈敢自達。比天眚亟見，地孽亟臻，民下妖訛，好生噂啫。穀價雖和，比室飢嗛；縑纊雖賤，駢門裸質。臣一念此，每入心骨。三吳奧區，地惟河、輔，百度所資，罕不自出，宜在蠲優，使其全富。而守宰相繼，務在裒剋，圍桑品屋，以准貲課。致令斬樹發瓦，以充重賦，破民財產，要利一時。東郡使民，年無常限，在所相承，准令上直。每至州臺使命，切求懸急，應充猥役，必由窮困。乃有畏失嚴期，自殘軀命，亦有斬絕手足，以避傜役。生育弗起，殆爲恒事。守長不務先富民，而唯言益國，豈有民貧於下，而國富於上邪？

又泉鑄歲遠，類多翦鑿，江東大錢，十不一在。公家所受，必須輪郭〔完全〕，〔一五〕遂買本一千，加子七百，猶求請無地，棰革相繼。尋完者爲用，既不兼兩，回復遷貿，會非委積，（縱）〔徒〕令小民每嬰困苦。〔一六〕且錢帛相半，爲制永久，或聞長宰須令輸直，進違舊科，退容姦利。

八屬近縣，既在京畿，發借徵調，寔煩他邑，民特尤貧，連年失稔，草衣藿食，稍有流亡。今農政就興，宜蒙賑給，若逋課未上，許以申原。

兖豫二藩，雖曰舊鎮，往屬兵虞，累棄鄉土。密邇寇庭，下無安志。編草結菴，不違涼暑；扶淮聚落，〔一七〕靡有生向。俱禀人靈，獨絕溫飽，而賦斂多少，尚均沃實。謂凡在荒民，應加蠲減。

又司市之要，自昔所難。頃來此役，不由才舉，竝條其重貲，許以賈衒。前人增估求俠，後人加稅請代，如此輪回，終何紀極？兼復交關津要，共相脣齒，愚野未閑，必加陵誑，罪無大小，橫沒貲載。凡求試穀帛，類非廉謹，未解在事所以開容？

夫獄訟惟平，畫一在制，雖恩家得罪，必宜申憲，鼎姓貽釁，最合從網。若罰典惟加賤下，辟書必蠲世族，懼非先王立理之本。

尚書列曹，上應乾象。如聞命議所出，先諮於都，都既下意，然後付郎，謹寫關行。愚謂郎官尤宜推擇。

宋運告終，戎車屢駕，寄名軍牒，動竊數等。故非分充朝，資奉殷積。廣、越邦宰，梁、益郡邑，參差調補，寔允事機。〔一八〕且此徒宂雜，罕遵王憲，嚴加廉視，隨違彈斥，一二年閒，可減太半。

五年，正位司徒，給班劍二十人，侍中如故。移居雞籠山邸，集學士抄五經、百家，依皇覽例爲四部要略千卷。招致名僧，講語佛法，〔一九〕造經唄新聲，道俗之盛，江左未有也。

世祖好射雉，子良諫曰：

鑾轝亟動，天蹕屢巡，陵犯風烟，驅馳野澤。萬乘至重，一羽甚微。從甚微之懽，忽至重之誡。頃郊郛以外，科禁嚴重，匪直芻牧事罷，遂乃窀掩殆廢。且田月向登，桑時告至，士女呼嗟，易生噂議，棄民從欲，理未可安。曩時巡幸，必盡威防，領軍景先、詹事赤斧堅甲利兵，左右屯衞。今馳騖外野，交侍疎闊，晨出晚還，頓遺淸道，此實愚臣最所震迫。

狡虜玩威，甫獲款關，二漢全富，猶加曲待。如聞使臣，頻亦怨望，前會東宮，遂形言色。昔宋氏遣使，舊列階下，劉纘銜使，始登朝殿。今旣反命，宜賜優禮。

伏謂中堂雲構，實惟峻絕，櫓陛深嚴，事隔凉暑，而別爲一室，如或有疑。邊帶廣途，訛言孔熾，毁立之易，過於轉圓，若依舊制通敞，實允觀聽。

頃市司驅扇，租估過刻，吹毛求瑕，廉察相繼，被以小罪，責以重備。愚謂宜勑有司，更詳優格。

臣年方朝賢，齒未相及，以管窺天，猶知失得，廊廟之士，豈闇是非。未聞一人開一說爲陛下憂國家，非但面從，亦畏威耳。臣若不啓，陛下於何聞之？

先是六年，左衞、殿中將軍邯鄲超上書諫射雉，世祖爲止。久之，超竟被誅。永明末，上將射雉。子良諫曰：

忽聞外議，伏承當更射雉。臣下情震越，心懷憂悚，猶謂疑妄，事不必然。伏度陛下以信心明照，(故)所以傾金寶於禪靈，〔二〇〕仁愛廣洽，得使禽魚養命於江澤，豈惟國慶民懽，乃以翺翔治樂。夫衞生保命，人獸不殊；重軀愛體，彼我無異。故禮云「聞其聲不食其肉，見其生不忍其死」。且萬乘之尊，降同匹夫之樂，夭殺無辜，傷仁害福之本。菩薩不殺，壽命得長。施物安樂，自無恐怖。不惱衆生，身無患苦。臣見功德有此果報，所以日夜劬懃，厲身奉法，實願聖躬康御若此。每至寢夢，脫有異見，不覺身心立就燋爛。陛下常日捨財脩福，臣私心顒顒，尚恨其少，豈可今日〔有〕見此事？〔二一〕一損福業，追悔便難。臣此啓聞，私心實切。若是大事，不可易改，亦願陛下照臣此誠，曲垂三思。況此嬉遊之閒，非關當否，而動輒傷生，實可深愼。

臣聞子孝奉君，臣忠事主，莫不靈祇通感，徵祥證登。臣近段仰啓，賜希受戒，天心洞遠，誠未達勝善之途，而聖恩遲疑，尙未垂履曲降尊極，豈可今月復隨此事？臣不隱心，卽實上啓。

雖不盡納，而深見寵愛。

又與文惠太子同好釋氏，甚相友悌。子良敬信尤篤，數於邸園營齋戒，大集朝臣衆僧，至於賦食行水，或躬親其事，世頗以爲失宰相體。勸人爲善，未嘗厭倦，以此終致盛名。尋代王儉領國子祭酒，辭不拜。八年，給三望車。九年，京邑大水，吴興偏劇，子良開倉賑救，貧病不能立者於第北立廨收養，給衣及藥。十年，領尚書令。尋爲使持節、都督揚州諸軍事、揚州刺史，本官如故。尋解尚書令，加中書監。

文惠太子薨，世祖檢行東宮，見太子服御羽儀，多過制度，上大怒，以子良與太子善，不啓聞，頗加嫌責。

世祖不豫，詔子良甲仗入延昌殿侍醫藥。子良啓進沙門於殿戶前誦經，世祖爲感夢見優曇鉢華，子良按佛經宣旨使御府以銅爲華，插御床四角。日夜在殿內，太孫間日入參承。〔三〕世祖暴漸，內外惶懼，百僚皆已變服，物議疑立子良，俄頃而蘇，問太孫所在，因召東宮器甲皆入。遺詔使子良輔政，高宗知尚書事。子良素仁厚，不樂世務，乃推高宗。詔云：「事無大小，悉與鸞參懷。」〔三〕子良所志也。太孫少養於子良妃袁氏，甚著慈愛，既懼前不得立，自此深忌子良。大行出太極殿，子良居中書省，帝使虎賁中郎將潘敞領二百人仗屯太極西階防之。成服後，諸王皆出，子良乞停至山陵，不許。

進位太傅，增班劍爲三十人，本官如故。解侍中。隆昌元年，加殊禮，劍履上殿，入朝不趨，贊拜不名。進督南徐州。其年疾篤，謂左右曰：「門外應有異。」遣人視，見淮中魚萬數，皆浮出水上向城門。尋薨，時年三十五。帝常慮子良有異志，及薨，甚悅。詔給東園溫明秘器，斂以衮冕之服。東府施喪位，大鴻臚持節監護，太官朝夕送祭。又詔曰：「褒崇明德，前王令典，追遠尊親，沿情所隆。故使持節、都督揚州諸軍事、中書監、太傅、領司徒、揚州刺史、竟陵王、新除督南徐州，體睿履正，神鑒淵邈。道冠民宗，具瞻允集。肇自弱齡，孝友光備。爰及贊契，協升景業。爕曜台階，五教克宣。敷奏朝端，〔四〕百揆惟穆。寄重先顧，任均負圖。諒以齊暉二南，同規往哲。方憑保祐，永翼雍熙。天不慭遺，奄焉薨逝。哀慕抽割，震于厥心。今龜謀襲吉，先遠戒期。宜崇嘉制，式弘風烈。可追崇假黃鉞、侍中、都督中外諸軍事、太宰、領大將軍、揚州牧，綠綟綬，備九服錫命之禮。使持節、中書監、王如故。給九旒鸞輅，黃屋左纛，轀輬車，前後部羽葆鼓吹，挽歌二部，虎賁班劍百人，葬禮依晉安平王孚故事。」初，豫章王嶷葬金牛山，文惠太子葬夾石，子良臨送，望祖硎山，悲感歎曰：「北瞻吾叔，前望吾兄，死而有知，請葬茲地。」既薨，遂葬焉。

所著內外文筆數十卷，雖無文采，多是勸戒。建武中，故吏范雲上表爲子良立碑，事不行。子昭胄嗣。

昭胄字景胤。汎涉有父風。永明八年，自竟陵王世子爲寧朔將軍、會稽太守。鬱林初，爲右衞將軍，未拜，遷侍中，領右軍將軍。建武三年，復爲侍中，領驍騎將軍，轉散騎常侍，太常。以封境邊虜，(建)〔永〕元元年，〔二五〕改封巴陵王。

先是王敬則事起，南康侯子恪在吳郡，高宗慮有同異，召諸王侯入宮。晉安王寶義及江陵公寶覽等住中書省，高、武諸孫住西省，敕人各兩左右自隨，過此依軍法，孩抱者乳母隨入。其夜太醫煮藥，都水辦數十具棺材，須三更當悉殺之。子恪奔歸，二更達建陽門刺啓。時刻已至，而帝眠不起，中書舍人沈徽孚與帝所親左右單景雋共謀少留其事，須臾帝覺，景雋啓子恪已至，驚問曰：「未邪？」景雋具以事荅。明日悉遣王侯還第。建武以來，高、武王侯居常震怖，朝不保夕，至是尤甚。

及陳顯達起事，王侯復入宮。昭胄懲往時之懼，與弟永新侯昭穎逃奔江西，變形爲道人。崔慧景舉兵，昭胄兄弟出投之。慧景事敗，昭胄兄弟首出投臺軍主胡松，各以王侯還第。不自安，謀爲身計。子良故防閤桑偃爲梅蟲兒軍副，結前巴西太守蕭寅，謀立昭胄。昭胄許事克用寅爲尚書左僕射、護軍將軍。以寅有部曲，大事皆委之。時胡松領軍在新亭，寅遣人說之，云「須昏人出，〔二六〕寅等便率兵奉昭胄入臺，閉城號令。昏人必還就將軍，將軍但閉壘不應，則三公不足得也。」松又許諾。會東昏新起芳樂苑，月許日不復出遊，偃等議募健兒百餘人從萬春門入突取之，昭胄以爲不可。偃同黨王山沙慮事久無成，以事告御刀徐僧重。寅遣人殺山沙於路，吏於麝幐中得其事迹，昭胄兄弟與同黨皆伏誅。昭穎官至寧朔將軍、彭城太守。梁王定京邑，追贈昭胄散騎常侍、撫軍將軍，昭穎黄門郎。梁受禪，降封昭胄子同監利侯。〔二七〕

廬陵王子卿字雲長，世祖第三子也。建元元年，封臨汝縣公，千五百戶。兄弟四人同封。世祖卽位，爲持節、都督郢州司州之義陽軍事、冠軍將軍、郢州刺史。永明元年，徙都督荆湘益寧梁南北秦七州、安西將軍、荆州刺史，持節如故。始興王鑑爲益州，子卿解督。〔二八〕子卿在鎭，營造服飾，多違制度。上勑之曰：「吾前後有勑，非復一兩過，道諸王不得作乖體格服飾，汝何意都不憶吾勑邪？忽作瑇瑁乘具，何意？已成不須壞，可速送下。純銀乘具，乃復可爾，何以作鐙亦是銀？可卽壞之。忽用金薄裹箭脚，何意？亦速壞去。凡諸服章，自今不啓吾知復專輒作者，後有所聞，當復得痛杖。」又曰：「汝比在都，讀學不就，年轉成長，吾日冀汝美，勿得勑如風過耳，使吾失氣。」

五年，入爲侍中、撫軍將軍，未拜，仍爲中護軍，侍中如故。六年，遷秘書監，領右衞將軍，尋遷中軍將軍，侍中並如故。十年，進號車騎將軍。俄遷使持節、都督南豫〔豫〕司三州軍事、〔二九〕驃騎將軍、南豫州刺史，侍中如故。子卿之鎭，道中戲部伍爲水軍，上聞之，大怒，殺其典籤。遣宜都王鏗代之。子卿還第，至崩，不與相見。

鬱林卽位，復爲侍中、驃騎將軍。隆昌元年，轉衞將軍、開府儀同三司，置兵佐。鄱陽王鏘見害，以子卿代爲司徒，領兵置佐。尋復見殺，時年二十七。

魚復侯子響字雲音，世祖第四子也。豫章王嶷無子，養子響，後有子，表留爲嫡。世祖卽位，爲輔國將軍、南彭城臨淮二郡太守，見諸王不致敬。子響勇力絕人，關弓四斛力，數在園池中帖騎馳走竹樹下，身無虧傷。旣出繼，車服異諸王，每入朝，輒忿怒，拳打車壁。世祖知之，令車服與皇子同。

永明三年，遷右衞將軍。仍出爲使持節、都督豫州郢州之西陽〔司州之〕汝南二郡軍事、〔三〇〕冠軍將軍、豫州刺史。明年，進號右將軍。進〔督〕南豫州之歷陽、淮南、潁川、汝陽四郡。〔三一〕入爲散騎常侍，右衞將軍。六年，有司奏：「子響體自聖明，出繼宗國。大司馬臣嶷昔未有胤，所以因心鞠養。陛下弘天倫之愛，臣嶷深猶子之恩，遂乃繼體扶疏，世祚垂改，茅蔣菴蔚，冢嗣莫移，誠欣惇睦之風，實虧立嫡之敎。臣等參議，子響宜還本。」乃封巴東郡王，遷中護軍，常侍如故。尋出爲江州刺史，常侍如故。

七年，遷使持節、都督荊湘雍梁寧南北秦七州軍事、鎭軍將軍、荊州刺史。子響少好武，在西豫時，自選帶仗左右六十人，皆有膽幹。至鎭，數在內齋殺牛置酒，與之聚樂。令內人私作錦袍絳襖，欲餉蠻交易器仗。長史劉寅等連名密啓，上勅精檢。寅等懼，欲秘之。子響聞臺使至，不見勅，召寅及司馬席恭穆、諮議參軍江愈、殷曇粲、中兵參軍周彥、典籤吳脩之、王賢宗、魏景淵於琴臺下詰問之。寅等無言。脩之曰：「既以降勅旨，政應方便答塞。」景淵曰：「故應先檢校。」子響大怒，執寅等於後堂殺之。以啓無江愈名，欲釋之，而用命者已加戮。上聞之怒，遣衞尉胡諧之、游擊將軍尹略、中書舍人茹法亮領齋仗數百人，檢捕羣小。勅：「子響若東首自歸，可全其性命。」

諧之等至江津，築城燕尾洲，遣傳詔石伯兒入城慰勞。子響曰：「我不作賊，長史等見負，今政當受殺人罪耳。」乃殺牛具酒饌，餉臺軍。而諧之等疑畏，執錄其吏。子響怒，遣所養數十人收集府州器仗，令二千人從靈溪西渡，克明旦與臺軍對陣南岸。子響自與百餘人袍騎，將萬鈞弩三四張，宿江堤上。明日，凶黨與臺軍戰，子響於堤上放弩，亡命王充天等蒙楯陵城,〔三二〕臺軍大敗,尹略死之,官軍引退。上又遣丹陽尹蕭順之領兵繼至,〔三三〕子響部下恐懼,各逃散,子響乃白服降,賜死。時年二十二。臨死,啓上曰:「劉寅等入齋檢仗,具如前啓。臣罪既山海,〔三四〕分甘斧鉞。奉敕遣胡諧之、茹法亮賜重勞,其等至,竟無宣旨,便建旗入津,對城南岸築城守。臣累遣書信喚法亮渡,乞白服相見,其永不肯,羣小懼怖,遂致攻戰,此臣之罪也。臣此月二十五日束身投軍,希還天闕,停宅一月,臣自取盡,可使齊代無殺子之譏,臣免逆父之謗。既不遂心,今便命盡,臨啓哽塞,知復何陳。」有司奏絕子響屬籍,削爵土,收付廷尉法獄治罪。賜爲蛸氏。諸所連坐,別下考論。贈劉寅侍中,席恭穆輔國將軍、益州刺史,江愈、殷(雲)〔曇〕粲黃門郎,〔三五〕周彥驍騎將軍。寅字景蕤,高平人也。有文義而學不閑世務。席恭穆,安定焉氏人,關隴豪族。

上憐子響死,後遊華林園,見猿對跳子鳴嘯,上留目久之,因嗚咽流涕。豫章王嶷上表曰:「臣聞將而必戮,炳自春秋,罄于甸人,著於經禮,猶懷不忍之言,尚有如倫之痛。豈不事因法往,情以恩留。故庶人蛸子響,識懷靡樹,見淪不逞,肆憤一朝,取陷凶德,遂使迹隣非孝,事近無君,身膏草野,未云塞釁。但轘矢倒戈,歸罪司戮,卽理原心,亦既迷而知返。釁骨不收,辜魂莫赦,撫事惟往,載傷心目。昔閔榮伏戾,愴動墳園;思荆就辟,側懷丘墓。

皆兩臣釁結於明時，二主議加於盛世，積代用之爲美，〔三六〕歷史不以云非。伏願一下天矜，爰詔蛸氏，使得安兆末郊，旋窆餘麓，微列葦輤之容，〔三七〕薄申封樹之禮。豈伊窮骸被德，實且天下歸仁。臣屬忝皇枝，偏留友睦，以臣繼別未安，子響言承出命，提攜鞠養，俯見成人，雖輟胤蕃條，歸體琁蕚，循執之念不移，傅訓之憐何已。敢冒宸嚴，布此悲乞。」上不許。先是貶爲魚復侯。〔三八〕

安陸王子敬字雲端，世祖第五子也。初封應城縣公。永明二年，出爲持節、監南兖兖徐青冀五州、北中郎將、南兖州刺史。四年，進號右軍。〔三九〕明年，徙都督荆湘梁雍南北秦六州軍事、平西將軍、荆州刺史，持節如故。尋進號安西將軍。七年，徵侍中，護軍將軍。十年，轉散騎常侍、撫軍將軍、丹陽尹。十一年，進車騎將軍。尋給鼓吹一部。隆昌元年，遷使持節、都督南兖兖徐青冀五州、征北大將軍、南兖州刺史。延興元年，加侍中。高宗除諸蕃王，遣中護軍王玄邈、征九江，王廣之襲殺子敬，〔四〇〕時年二十三。

晉安王子懋字雲昌，世祖第七子也。初封江陵公。永明三年，爲持節、都督南豫豫司三州、南中郎將、南豫州刺史。魚復侯子響爲豫州，子懋解督。四年，進號征虜將軍。南豫新置，力役寡少，加子懋領宣城太守。明年，爲監南兗兗徐青冀五州軍事、後將軍、南兗州刺史，持節如故。六年，徙監湘州、平南將軍、湘州刺史。明年，加持節、都督。八年，進號鎭南將軍。撰春秋例苑三十卷奏之，世祖嘉之，勑付秘閣。九年，親府州事。十年，入爲侍中，領右衞將軍。十一年，遷散騎常侍，中書監。未拜，仍爲使持節、都督雍梁南北秦四州郢州之竟陵司州之隨郡軍事、征北將軍、雍州刺史，給鼓吹一部。豫章王喪服未畢，上以邊州須威望，許得奏之。

鬱林即位，即本號爲大將軍。子懋見幼主新立，密懷自全之計。令作部造器仗。陳顯達時爲征虜，屯襄陽，欲脅取以爲將帥。顯達密啓，高宗徵顯達還。隆昌元年，遷子懋爲都督江州刺史，留西楚部曲助鎭襄陽，單將白直俠轂自隨。顯達入(朝)〔別〕，〔四二〕子懋謂曰：「朝廷令身單身而反，身是天王，豈可過爾輕率。今猶欲將二三千人自隨，公意何如？」顯達曰：「殿下若不留部曲，便是大違勑旨，其事不輕。且此閒人亦難可收用。」子懋默然，顯達因辭出便發去，子懋計未立，還鎭尋陽。

延興元年，加侍中。聞鄱陽隨郡二王見殺，欲起兵赴難。母阮在都，遣書欲密迎上，阮報其兄于瑤之爲計，〔四二〕瑤之馳告高宗。於是纂嚴，遣平西將軍王廣之南北討，使軍主裴叔業與瑤之先襲尋陽，聲云爲郢州行司馬。〔四三〕子懋知之，遣三百人守盆城。叔業泝流（下）〔直〕上，〔四四〕至夜回下襲盆城。城局參軍樂賁開門納之。子懋率府州兵力，先已具船於稽亭渚，聞叔業得盆城，乃據州自衞。子懋部曲多雍土人，皆踊躍願奮，叔業畏之，遣于瑤之說子懋曰：「今還都，必無過憂，政當作散官，不失富貴也。」〔子〕懋既不出兵攻叔業，〔四五〕衆情稍沮。中兵參軍于琳之，瑤之兄也。說子懋重賂叔業，子懋使琳之往。琳之因說叔業請取子懋，叔業遣軍主徐玄慶將四百人隨琳之入州城，僚佐皆奔散，琳之從二百人拔（日）〔白〕入齋，〔四六〕子懋罵曰：「小人何忍行此事。」琳之以袖鄣面，使人害之。時年二十三。

初，子懋鎮雍，世祖勑以邊略曰：「吾比連得諸處啓，所說不異，虜必無敢送死理，然爲其備，不可暫懈。今秋犬羊輩越逸者，其亡滅之徵。吾今亦行密纂集，須有分明指的，便當有大處分。今普勑鎮守，並部偶民丁，有事卽（使）〔便〕應接運，〔四七〕已勑更遣，想行有至者，汝共諸人量覔，可使人數往南（門）〔陽〕舞陰諸要處參覘。〔四八〕糧食最爲根本，更不憂人仗，常行視驛亭馬，不可有廢闕。並約語諸州，當其堺皆爾，不如法，卽問事。」〔四九〕又曰：「吾勑荆、郢二鎮，各作五千人陣，本擬應接彼耳。賊若送死者，更卽呼取之。已勑子眞，魚繼宗、殷公愍至鎮，〔五〇〕可以公愍爲城主，三千人配之便足。汝可好以階級在意，勿得人求，或超五三階。及文章詩筆，〔三二〕乃是佳事，然世務彌爲根本，可常憶之。汝所啓仗，此悉是吾左右御仗也，云何得用之。品格不可乖，吾自當優量覓送。」先是啓求所好書，上又曰：「知汝常以書讀在心，足爲深欣也。」賜子懋杜預手所定左傳及古今善言。

隨郡王子隆字雲興，世祖第八子也。有文才。初封枝江公。永明三年，爲輔國將軍、南琅邪彭城二郡太守。明年，遷江州刺史，未拜，唐寓之賊平，遷爲持節、督會稽東陽新安臨海永嘉五郡、東中郎將、會稽太守。遷長兼中書令。

子隆娶尚書令王儉女爲妃，上以子隆能屬文，謂儉曰：「我家東阿也。」儉曰：「東阿重出，實爲皇家蕃屏。」未及拜，仍遷中護軍，轉侍中、左衞將軍。八年，代魚復侯子響爲使持節、都督荆雍梁寧南北秦六州、鎭西將軍、荆州刺史，給鼓吹一部。其年，始興王鑑罷益州，進號督益州。九年，親府州事。十一年，晉安王子懋爲雍州，子隆復解督。鬱林立，進號征西將軍。隆昌元年，爲侍中、撫軍將軍，領兵置佐。延興元年，轉中軍大將軍，侍中如故。

子隆年二十一，而體過充壯，常服蘆茹丸以自銷損。高宗輔政，謀害諸王，世祖諸子中，子隆最以才兒見憚，故與鄱陽王鏘同夜先見殺。文集行於世。

建安王子眞字雲仙，世祖第九子也。永明四年，爲輔國將軍、南琅邪彭城二郡太守。遷持節、督南豫司二州軍事、冠軍將軍、南豫州刺史，領宣城太守。進號南中郎將。六年，以府州稍實，表解領郡。七年，進號右將軍，遷丹陽尹，將軍如故。轉左衞將軍。七年，遷中護軍，仍出爲持節、都督郢司二州軍事、平西將軍、郢州刺史。鬱林立，進號安西將軍。隆昌元年，爲散騎常侍、護軍將軍。延興元年，轉鎭軍將軍，領兵置佐，常侍如故。其年見殺，年十九。

西陽王子明字雲光，世祖第十子也。永明元年，封武昌王。三年，失國璽，改封西陽。六年，爲持節、都督南兗兗徐青冀五州軍事、冠軍將軍、南兗州刺史。八年，進號征虜將軍。十年，進左將軍，仍爲督會稽東陽臨海永嘉新安五郡軍事、會稽太守，將軍如故。子明風姿明淨，士女觀者，咸嗟嘆之。鬱林初，進號平東將軍。隆昌元年，爲右將軍、中書令。延興元年，遷侍中，領驍騎將軍，右軍如故。建武元年，轉撫軍將軍，領兵置佐。二年，誅蕭諶，誣子明及弟子罕子貞與謀同謀，見害。年十七。

南海王子罕字雲華，世祖第十一子也。永明六年，爲北中郎將、南琅邪彭城二郡太守。上初以白下地帶江山，徙琅邪郡自金城治之，子罕始鎮此城。十年，爲持節、都督南兗兗徐青冀五州軍事、征虜將軍、南兗州刺史。鬱林卽位，進號後將軍。隆昌元年，遷散騎常侍、右衞將軍。建武元年，轉護軍將軍。二年，見殺。年十七。

巴陵王子倫字雲宗，世祖第十三子也。永明七年，爲持節、都督南豫司二州軍事、南中郎將、南豫州刺史。十年，遷北中郎將、南琅邪彭城(刺史)二郡太守。〔五三〕鬱林卽位，以南彭城祿力優厚，奪子倫與中書舍人綦母珍之，更以南蘭陵代之。隆昌元年，遷散騎常侍、左將軍。延興元年，遣中書舍人茹法亮殺子倫，子倫正衣冠出受詔，曰：「鳥之將死，其鳴也哀；人之將死，其言也善。先朝昔滅劉氏，今日之事，理數固然。君是身家舊人，今銜此使，當由事不獲已。」法亮不敢荅而退。年十六。

邵陵王子貞字雲松，世祖第十四子也。永明十年，爲東中郎將、吳郡太守。鬱林卽位，進號征虜將軍，還爲後將軍。建武二年，見誅。年十五。

臨賀王子岳字雲嶠，世祖第十六子也。永明七年封。高宗誅世祖諸子，唯子岳及弟六人在後，世呼爲七王。朔望入朝，上還後宮，輒嘆息曰：「我及司徒諸兒子皆不長，高、武子孫日長大。」永泰元年，上疾甚，絕而復蘇。於是誅子岳等。延興建〔武〕中，〔五三〕凡三誅諸王，每一行事，高宗輒先燒香火，嗚咽涕泣，衆以此輒知其夜當相殺戮也。子岳死時，年十四。

西陽王子文字雲儒，世祖第十七子也。永明七年，封蜀郡王。建武中，改封西陽王。永泰元年，見殺。年十四。

衡陽王子峻字雲嵩，世祖第十八子也。永明七年，封〔蜀〕〔廣〕漢郡王。〔五四〕建武中，改封。永泰元年，見殺。年十四。

南康王子琳字雲璋，世祖第十九子也。母荀氏，盛寵。子琳鍾愛。永明七年，封宣城王。明年，上改南康公褚蓁以封子琳。永泰元年，見殺。年十四。

湘東王子建字雲立，世祖第二十一子也。母謝氏，無寵，世祖度爲尼。高宗卽位，使還母。子建，永泰元年見殺，年十三。

南郡王子夏字雲廣，世祖第二十三子也。上春秋高，子夏最幼，寵愛過諸子。初，世祖夢金翅鳥下殿庭，搏食小龍無數，乃飛上天。永泰元年，子夏誅。年七歲。

史臣曰：民之勞逸，隨所遭遇，習以成性，有識斯同。帝王子弟，生長尊(手)〔貴〕，〔五五〕薪禽之道未知，富厚之圖已極。齠年稚齒，養器深宮，習趨拜之儀，受文句之學，坐躡搢紳，傍絕交友，情僞之事，不經耳目，憂懼之道，未涉胸衿，雖卓爾天悟，自得懷抱，孤寡爲識，所陋猶多。朝出閨閫，暮司方岳，帝子臨州，親民尚小，年序次第，宜屏皇家，防驕剪逸，積代恒典，平允之情，操捶貽慮。故輔以上佐，簡自帝心，勞舊左右，用爲主帥，州國府第，先令後行，飲食遊(屆)〔居〕，〔五六〕動應聞啓，端拱守祿，遵承法度，張弛之要，莫敢厝言，行事執其權，典籤掣其肘，苟利之義未申，專違之咎已及。處地雖重，行己莫由，威不在身，恩未接下，倉卒一朝，艱難總集，望其釋位扶危，不可得矣。路溫舒云：「秦有十失，其一尚存。」斯宋氏之餘風，在齊而彌弊也。

贊曰：武十七王，文宣令望，愛才悅古，仁信溫良，宗英是寄，遺惠未忘。廬陵犯色，安陸括囊。晉安早悟，隨郡雕章。建賀湘海，二陵二陽，幼蕃盛寵，南郡南康。

校勘記

〔一〕謝昭儀生邵(陽)〔陵〕王子貞　據南史改。

〔二〕初沈攸之難　按「沈攸之」下當疊一「之」字。蓋六朝人名下之「之」字，往往可省略。

〔三〕不廢此官　「不」各本作「尋廢此官」。按南史云：「時宋道衰謝，諸王微弱，故不廢此官。」作「不廢」是。

〔四〕徵村切里俄刻十催　按通典食貨典作「遠村深里，頃刻十催」。

〔五〕即許附申赦格　「赦」字原闕，今據南監本、殿本、局本補。

〔六〕(總)〔筆〕撻肆情　據南監本、毛本、殿本、局本改。

〔七〕反請郡邑助民(由)〔申〕緩　據元龜二百八十八改。按宋本元龜作「反請郡邑助申容緩」。

〔八〕則指賜勑〔令〕　據元龜二百八十八補。

〔九〕會取正屬所〔辦〕　據通鑑齊高帝建元元年補。按通鑑胡注云：「謂使者雖多，亦當取辦於所屬也。」

〔一〇〕坐之〔之〕科　據南監本、殿本、局本補。

〔一一〕封聞喜縣公邑千五百戶　「千五百戶」當依文選任昉齊竟陵文宣王行狀作「千戶」，「五百」二字衍。按下云「世祖即位，封竟陵王，邑二千戶」，任昉齊竟陵王行狀云「武皇帝嗣位，進封竟陵郡王，食邑加千戶」。前封縣公，食邑千戶，進封郡王，加食千戶，正合二千戶之數。

〔一二〕罔思前咎　「咎」南監本、毛本、殿本、局本作「恩」。元龜二百八十八作「過」。

〔一三〕董之以威　「董」字原闕，據各本補。按元龜二百八十八作「申」。

〔一四〕猶一郡之譬　按「猶」字下元龜二百八十八有「有」字。

〔一五〕必須輪郭〔完全〕　據南監本及元龜五百補。

〔一六〕（縱）〔徒〕令小民每嬰困苦　據南監本、殿本、局本改。

〔一七〕扶淮聚落　南監本、毛本、殿本、局本作「扶淮聚洛」，元龜二百八十八作「扶攜流落」，未知孰是。

〔一八〕寔允事機　「允」原譌「充」，今據南監本、殿本、局本改正。

〔一九〕講語佛法　「語」南監本、局本作「論」。

〔二〇〕（故）所以傾金寶於禪靈　據南監本、殿本、局本刪。

〔二一〕豈可今日〔有〕見此事　據元龜二百八十八補。

〔二二〕太孫閒日入參承　按南監本無「承」字。

〔二三〕悉與鸞參懷　「鸞」原作「諱」，今據殿本改。

〔二四〕敷奏朝端　「朝端」二字原譌倒，各本同，今據文選任昉齊竟陵文宣王行狀乙正。

〔二五〕（建）〔永〕元元年　張森楷校勘記云：「建元是高帝年號，此當是永元之譌。」今據南史改。

〔二六〕云須昏人出　「云」原譌「法」，各本不譌，今改正。按通鑑胡注云：「以帝昏狂，指斥爲昏人。」

〔二七〕降封昭胄子同監利侯　「同」百衲本作「周」，據南監本、殿本及南史改。

〔二八〕始興王鑑爲益州子卿解督　南史云：「始興王爲益州，子卿解督。」錢大昕廿二史考異云：「按齊書本云都督荆、湘、益、寧、梁、南、北秦七州，則益州在所督之內，其云解督者，特解益州，非去都督之號也。」今按始興王鑑傳，鑑爲益州刺史，持節都督益寧二州軍事，則子卿解督當解益寧二州之督。

〔二九〕都督南豫〔豫〕司三州軍事　按南豫州刺史例兼督南豫、豫、司三州軍事，明此脫一「豫」字，今補。

〔三〇〕都督豫州郢州之西陽〔司州之〕汝南二郡軍事　錢大昕廿二史考異云：「按州郡志，郢州但有汝南縣，隸江夏郡，而無汝南郡。以明帝紀、崔慧景、王廣之、蕭遙欣、蕭遙昌諸傳證之，知當云司州之汝南，傳脫『司州之』三字。」今據補。

〔三一〕進〔督〕南豫州之歷陽淮南潁川汝陽四郡　錢大昕廿二史考異云「進」下當有「督」字，今據補。錢氏又云：「州郡志潁川、汝陽二郡皆屬豫州，不屬南豫。」

〔三二〕亡命王充天等蒙楯陵城　「王充天」殿本、局本及南史並作「王衝天」。

〔三三〕上又遣丹陽尹蕭順之領兵繼至　「順之」二字原作「諱」，今據殿本改。

〔三四〕臣罪既山海　「既」通鑑齊武帝永明八年作「踰」。

〔三五〕江愈殷(雲)〔曇〕粲黃門郎　據殿本、局本改。

〔三六〕積代用之爲美　「代」字原闕，今據南監本、殿本、局本補。「用」原譌「周」，今據南監本、殿本、局本改正。

〔三七〕徽列葦輤之容　「輤」殿本作「輾」。張元濟校勘記云：「作『輤』是，見禮記雜記。」按禮記雜記：「其輤有裧。」鄭注云：「輤，載柩將殯之車飾也。」

〔三八〕先是貶爲魚復侯　「先是」二字南監本無。

〔三九〕進號右軍　「右軍」南監本、殿本、局本作「右將軍」。

〔四〇〕遣中護軍王玄邈征九江王廣之襲殺子敬　「征九江」，南監本作「江州刺史」，亦通。

〔四一〕顯達入(朝)〔别〕　據南監本、殿本、局本改。

〔四二〕阮報其兄于瑤之爲計　「兄」南監本、局本及南史並作「同產弟」。

〔四三〕聲云爲郢州行司馬　「行」原譌「衍」，今據殿本改正。按南監本、局本作「郢府行司馬」。通鑑齊明帝建武元年作「郢府司馬」。

〔四四〕叔業泝流(下)〔直〕上　據南監本、殿本、局本改。

〔四五〕〔子〕懋既不出兵攻叔業　「子」字各本並脫，據南史、通鑑補。

〔四六〕琳之從二百人拔(日)〔白〕入齋　據元龜九百四十三改。按拔白入齋謂拔白刃入齋也，周盤龍傳有「拔白爭門」語可證，曰與白形近而譌。它本並作「拔刃」，疑後人以意改之。

〔四七〕有事卽（使）〔便〕應接運　據元龜一百九十六改。按各本「運」作「連」，譌。

〔四八〕可使人數往南（門）〔陽〕舞陰諸要處參覘　據南監本、殿本、局本及元龜一百九十六改。

〔四九〕不如法卽問事　「問事」南監本作「周章」。

〔五〇〕魚繼宗殷公愍至鎭　「殷公愍」原譌「設公愍」，各本並譌，今據元龜一百九十六改正。按殷公愍亦見陳顯達傳。

〔五一〕或超五三階及文章詩筆　按殿本、局本「階」下有「級」字，「及」字屬下讀。南監本及元龜一百九十六「階」下有「級」字，無「及」字。

〔五二〕遷北中郎將南琅邪彭城（刺史）二郡太守　錢大昕廿二史考異云：「『刺史』二字衍，蓋罷南豫而領二郡守也。」今據刪。

〔五三〕延興建〔武〕中　據南監本、毛本、殿本、局本補。

〔五四〕封（蜀）〔廣〕漢郡王　據毛本、殿本、局本及南史改。

〔五五〕生長尊（手）〔貴〕　據殿本、局本及南史改。

〔五六〕飲食遊（屈）〔居〕　據毛本、殿本、局本及南史改。

南齊書卷四十一

列傳第二十二

張融　周顒

張融字思光，吳郡吳人也。祖禕，晉琅邪王國郎中令。父暢，宋會稽太守。融年弱冠，道士同郡陸脩靜以白鷺羽麈尾扇遺融，曰：「此旣異物，以奉異人。」宋孝武聞融有早譽，解褐爲新安王北中郎參軍。孝武起新安寺，僚佐多儭錢帛，〔一〕融獨儭百錢。帝曰：「融殊貧，當序以佳祿。」出爲封溪令。從叔永出後渚送之，曰：「似聞朝旨，汝尋當還。」融曰：「不患不還，政恐還而復去。」廣越嶂嶮，獠賊執融，將殺食之，融神色不動，方作洛生詠，賊異之而不害也。浮海至交州，於海中作海賦曰：

蓋言之用也，情矣形乎。使天形寅內敷，情敷外寅者，〔二〕言之業也。吾遠職荒官，將海得地，行關入浪，宿渚經波，傅懷樹觀，長滿朝夕，東西無里，南北如天，反覆懸烏，表裏菟色。壯哉水之奇也，奇哉水之壯也。故古人以之頌其所見，吾問翰而賦之焉。當其濟興絕感，豈覺人在我外，木生之作，君自君矣。

分渾始地，判氣初天。作成萬物，爲山爲川。總川振會，導海飛門。爾其海之狀也，之相也：〔三〕則窮區沒渚，萬里藏岸，控會河、濟，朝總江、漢。回混浩潰，巔倒發濤。浮天振遠，灌日飛高。摐麤江撞則八紘摧隤，鼓怒則九紐折裂。搶於活長風以舉波，漷音郭天地而爲勢。瀄音蟄澤于及涾音沓洽音合，來往相拲麤合。汨于突湥音突潏於渤渤，窣紆狀石成窟。西衝虞淵之曲，東振湯谷之阿。若木於是乎倒覆，折扶桑而爲渣在牙。濩濼音藥潤音門渾，涫於官淜於和磤於磊雍，渤非勃淬音卒淪音崙澊音尊，灡淺龍浤于拱。湍轉則日月似驚，浪動而星河如覆。〔四〕既烈太山與崑崙相壓而共潰，又盛雷車震漢破天以折轂。

淃於員漣涴於卯瀨於嬾，輾轉縱橫。揚珠起玉，流鏡飛明。是其回堆曲浦，欹關弱渚之形勢也。沙嶼相接，洲島相連。東西南北，如滿于天。梁禽楚獸，胡木漢草之所生焉。長風動路，深雲暗道之所經焉。苕苕蔕蔕，窅〔窅〕翳翳。〔五〕晨烏宿音秀於東隅，落河浪其西界。茫沆于剛汴河，汩于突磈于磊漫無官桓。旁踞委岳，横竦危巒。重彰岌岌，攢嶺聚立。嵂呂兀礧音窟碄呂今嶔欽，架石相陰。嶐嶊徒罪陁陁，横出旁入。嵬嵬支罪磊磊，若相追而下及。峯勢縱橫，〔六〕岫形參錯。或如前而未進，乍非遷而已却。天抗暉於東曲，日倒麗於西阿。嶺集雪以懷鏡，巖照春而自華。

江洚許江洦洦許百，漈于曷巖拍芬百嶺。觸山磯石，汙瀉于各瀵音寒況于朗。碨於磊泱於朗渨泂音阿，流柴磹五感反阢五窟。頓浪低波，硲苦降磽苦交硄苦江，〔七〕折嶺挫峯，窂浪硠音郎（拉）〔搚〕，〔八〕崩山相磕苦合。萬里藹藹，極路天外。雹戰雷奔，倒地相礚。獸門象逸，魚路鯨奔。水遽龍魄，陸振虎霓。却瞻無後，向望（行）〔何〕前。〔九〕長尋高眺，唯水與天。若乃山橫蹴浪，風倒摧波。磊若驚山竭嶺以竦石，鬱若飛煙奔雲以振霞。〔一〇〕連瑤光而交綵，接玉繩以通華。

爾乎夜滿深霧，晝密長雲，高河滅景，萬里無文。山門幽暖，岫戶葐蒀。九天相掩，玉地交氛。〔一一〕汪汪橫橫音皇，沆沆于剛浩浩音害。〔一二〕淬灥貴潰大人之表，泱於朗蕩君子之外。風沫相排，日閉雲開。浪散波合，岳起山隤。

若乃漉沙構白，熬波出素。積雪中春，飛霜暑路。爾其奇名出錄，詭物無書。高岸乳鳥，橫門產魚。〔一三〕則何儸音羅鱅音容鮨音詣，鯡音非魜音人鰊音果鮹音滑。哄日吐霞，吞河漱月。氣開地震，聲動天發。噴灑噦於月噫於戒，流雨而揚雲。喬髗壯脊，架岳而飛墳。蜓音挺動崩五山之勢，瞷矣簡睔矣觥煥七曜之文。蟕蠵瑁蚌，〔一四〕綺貝繡螺。玄珠互綵，綠紫相華。遊風秋瀨，泳景登春。伏鱗漬綵，昇魵洗文。

若乃春代秋緒，歲去冬歸。〔一五〕柔風麗景，晴雲積暉。起龍塗於靈步，翔螭道之神飛。浮微雲之如曹，落輕雨之依依。觸巧塗而磩去紺遠，抵欒木以激揚。浪相礴傍各而起千狀，波獨湧乎驚萬容。蘋藻留映，荷芰提陰。扶容曼綵，秀遠華深。明藕移玉，清蓮代金。眄芬芳於遙渚，汎灼爍於長潯。浮艫雜軸，遊舶交艘。帷軒帳席，〔一六〕方遠連高。入驚波而箭絕，振排天之雄飆。越湯谷以逐景，渡虞淵以追月。徧萬里而無時，浹天地於揮忽。雕隼飛而未半，鯤龍趠貪敎而不逮。舟人未及復其喘，已周流宇宙之外矣。

陰鳥陽禽，春毛秋羽。遠翅風遊，高翮雲舉。翔歸棲去，連陰日路。瀾漲波渚，陶玄浴素。長紘四斷，〔一七〕平表九絕。雉翥成霞，鴻飛起雪。合聲鳴侶，並翰翻羣。飛關溢繡，流浦照文。

爾夫人微亮氣，小白如淋。涼空澄遠，增漢無陰。照天容於鮷渚，〔一八〕鏡河色於魦潯。括蓋餘以進廣，浸夏洲以洞深。形每驚而義維靜，跡有事而道無心。於是乎山海藏陰，雲塵入岫。天英偏華，日色盈秀。則若士神中，琴高道外。袖輕羽以衣風，逸玄裾於雲帶。筵秋月於源潮，帳春霞於秀瀨。曬蓬萊之靈岫，望方壺之妙闕。樹遏日以飛柯，嶺回峯以蹴月。空居無俗，素館何塵。谷門風道，林路雲員。

若乃幽崖隑於夾陿倉夾，隈隩之窮，駿波虎浪之氣，激勢之所不攻。有卉有木，爲灌爲叢。絡糅網雜，結葉相籠。通雲交拂，連韻共風。蕩洲礉去角岸，而千里若崩，衝崖沃島，其萬國如戰。振駭氣以擺雷，飛雄光以倒電。

若夫增雲不氣，流風斂聲。瀾文復動，波色還驚。明月何遠，沙裏分星。至其積珍全遠，架寶諭深。瓊池玉壑，珠岫珂岑。合日開夜，舒月解陰。珊瑚開纈，瑠璃竦華。丹文鏡色，雜照冰霞。洪洪潰潰，浴干日月。淹漢星墟，滲河天界。風何本而自生，雲無從而空滅。籠麗色以拂烟，〔一九〕鏡懸暉以照雪。

爾乃方員去我，混然落情。氣暄而濁，化靜自淸。心無終故不滯，志不敗而無成。旣覆舟而載舟，固以死而以生。弘㒺狥於人獸，導至本以充形。雖萬物之日用，諒何緯其何經。道湛天初，機茂形外。亡有所以而有，非膠有於生末。亡無所以而無，信無心以入太。不動動是使山岳相崩，不聲聲故能天地交泰。行藏虛於用舍，應感亮於圓會。仁者見之謂之仁，達者見之謂之達。咶者幾於上善，吾信哉其爲大矣。

融文辭詭激，獨與衆異。後還京師，以示鎭（國）〔軍〕將軍顧覬之，〔二〇〕覬之曰：「卿此賦實超玄虛，但（悵）〔恨〕不道鹽耳。」〔二一〕融卽求筆注之曰：「漉沙構白，熬波出素。積雪中春，飛霜暑路。」此四句，後所足也。

覬之與融兄有恩好，覬之卒，融身負墳土。在南與交阯太守卞展有舊，展於嶺南爲人所殺，融挺身奔赴。

舉秀才，對策中第，爲尙書殿中郎，不就，爲儀曹郎。〔三〕泰始五年，明帝取荆、郢、湘、雍四州射手，叛者斬亡身及家長者，家口沒奚官。元徽初，郢州射手有叛者，融議家人家長罪所不及，亡身刑五年。

尋請假奔叔父喪，道中罰幹錢敬道鞭杖五十，寄繫延陵獄。大明五年制，二品清官行僮幹杖，不得出十。爲左丞孫緬所奏，免官。尋復位，攝祠、倉部二曹。領（事）〔軍〕劉勔戰死，〔三〕祠曹議「上應哭勔不」，融議「宜哭」。於是始舉哀。倉曹又以「正月俗人所忌，太倉爲可開不」，融議「不宜拘束小忌」。尋兼掌正厨，融見宰殺，回車徑去，自表解職。

爲安成王撫軍倉曹參軍，轉南陽王友。融父暢先爲丞相長史，義宣事難，暢爲王玄謨所錄，將殺之。玄謨子瞻爲南陽王前軍長史，融啓求去官，不許。

融家貧願祿，初與從叔征北將軍永書曰：「融昔稱幼學，早訓家風，雖則不敏，率以成性。布衣韋席，〔四〕弱年所安，簞食瓢飲，不覺不樂。但世業淸貧，民生多待，〔五〕榛栗棗脩，女贄旣長，束帛禽鳥，男禮已大。勉身就官，十年七仕，不欲代耕，何至此事。昔求三吳一丞，雖屢舛錯。〔二六〕今聞南康缺守，願得爲之。融不知階級，階級亦可不知，融政以求丞不得，所以求郡，求郡不得，亦可復求丞。」又與吏部尚書王僧虔書曰：「融，天地之逸民也。進不辨貴，退不知賤，兀然造化，忽如草木。實以家貧累積，孤寡傷心，八姪俱孤，二弟頗弱，撫之而感，古人以悲。豈能山海陋祿，申融情累。〔二七〕阮籍愛東平土風，融亦欣晉平閑外。」時議以融非治民才，竟不果。

辟太祖太傅掾，歷驃騎豫章王司空諮議參軍，遷中書郎，非所好，乞爲中散大夫，不許。融風止詭越，坐常危膝，行則曳步，翹身仰首，意制甚多。隨例同行，常稽遲不進。太祖素奇愛融，爲太尉時，時與融款接，見融常笑曰：「此人不可無一，不可有二。」卽位後，手詔賜融衣曰：「見卿衣服麤故，誠乃素懷有本；交爾藍縷，亦虧朝望。今送一通故衣，意謂雖故，乃勝新〔也〕。〔二八〕是吾所著，已令裁減稱卿之體。并履一量。」

融與吏部尚書何戢善，往詣戢，誤通尚書劉澄。融下車入門，乃曰：「非是。」至戶外，望澄，又曰：「非是。」既造席，視澄曰：「都自非是。」〔二九〕乃去。其爲異如此。

又爲長沙王鎭軍、竟陵王征北諮議，並領記室，司徒從事中郎。永明二年，總明觀講，敕朝臣集聽。融扶入就榻，私索酒飲之，難問既畢，乃長嘆曰：「嗚呼！仲尼獨何人哉！」爲御史中丞到撝所奏，免官，尋復。〔三〇〕融形貌短醜，精神清澈。王敬則見融革帶垂寬，殆將至骼，〔三一〕謂之曰：「革帶太急。」融曰：「既非步吏，急帶何爲？」

融假東出，世祖問融住在何處？融答曰：「臣陸處無屋，舟居非水。」後日上以問融從兄緒，緒曰：「融近東出，未有居止，權牽小船，於岸上住。」上大笑。虜中聞融名，上使融接北使李道固，就席，道固顧之而言曰：「張融是宋彭城長史張暢子不？」融嚬蹙久之，曰：「先君不幸，名達六夷。」豫章王大會賓僚，融食炙始〔行〕畢，〔三二〕行炙人便去，融欲求鹽蒜，口終不言，〔三三〕方搖食指，〔三四〕半日乃息。出入朝廷皆拭目驚觀之。八年，朝臣賀衆瑞公事，〔三五〕融扶入拜起，復爲有司所奏，見原。遷司徒右長史。

竟陵張欣時爲諸暨令，坐罪當死。欣時父興世宋世討南譙王義宣，官軍欲殺融父暢，興世以袍覆暢而坐之，以此得免。興世卒，融著高履負土成墳。至是融啓竟陵王子良，乞代欣時死。子良答曰：「此乃是長史美事，恐朝有常典，不得如長史所懷。」遷黃門郎，太子中庶子，司徒左長史。融有孝義，忌月三旬不聽樂，事嫂甚謹。宋丞相〔義宣〕起事，〔三六〕父暢以不同將見殺，司馬竺超民諫免之。暢臨終謂諸子曰：「昔丞相事難，吾緣竺司馬得活，爾等必報其子弟。」後超民孫微冬月遭母喪，居貧，融往弔之，悉脫衣以爲賻，披牛被而反。常以兄事徵。豫章王嶷、竟陵王子良薨，自以身經佐吏，哭輒盡慟。

建武四年，病卒。年五十四。遺令建白旌無旒，〔三七〕不設祭，令人捉麈尾登屋復魂。曰：

「吾生平所善，自當凌雲一笑。」三千買棺，無製新衾。左手執孝經、老子，右手執小品法華經。妾二人，哀事畢，各遣還家。又曰：「以吾平生之風調，何至使婦人行哭失聲，不須暫停閨閣。」

融玄義無師法，而神解過人，白黑談論，鮮能抗拒。永明中，遇疾，為（問）〔門〕律自序曰：〔三八〕「吾文章之體，多為世人所驚，汝可師耳以心，不可使耳為心師也。夫文豈有常體，但以有體為常，政當使常有其體。丈夫當删詩書，制禮樂，何至因循寄人籬下。且中代之文，道體闕變，尺寸相資，彌縫舊物。吾之文章，體亦何異，何甞顛溫涼而錯寒暑，綜哀樂而橫歌哭哉？政以屬辭多出，比事不羈，不阡不陌，非途非路耳。然其傳音振逸，鳴節竦韻，或當未極，亦已極其所矣。汝若復別得體者，吾不拘也。吾義亦如文，造次乘我，顛沛非物。吾無師無友，不文不句，頗有孤神獨逸耳。義之為用，將使性入清波，塵洗猶沐。無得釣聲同利，舉價如高，俾是道場，險成軍路。吾昔嗜僧言，多肆法辯，此盡遊乎言笑，而汝等無幸。」又云：「人生之口，正可論道說義，惟飲與食。此外如樹（銅為）〔網焉〕。〔三九〕吾每以不爾為恨，爾曹當振綱也。」

臨卒，又戒其子曰：「手澤存焉，父書不讀！況父音情，婉在其韻。吾意不然，別遺爾音。吾文體英絕，變而屢奇，既不能遠至漢魏，故無取嗟晉宋。豈吾天挺，蓋不隤家聲。汝若不看，父祖之意欲汝見也。可號哭而看之。」融自名集爲玉海。司徒褚淵問玉海名，融答：「玉以比德，海崇上善。」文集數十卷行於世。

張氏知名，前有敷、演、鏡、暢，後有充、融、卷、稷。

周顒字彥倫，汝南安城人。晉左光祿大夫顗七世孫也。祖虎頭，員外常侍。父恂，歸鄉相。

顒少爲族祖朗所知。解褐海陵國侍郎。益州刺史蕭惠開賞異顒，攜入蜀，爲厲鋒將軍，帶肥鄉、成都二縣令。〔四〇〕轉惠開輔國府參軍，將軍、令如故。仍爲府主簿。常謂惠開性太險峻，每致諫，惠開不悅，答顒曰：「天險地險，王公設險，但問用險何如耳。」隨惠開還都。

宋明帝頗好言理，〔四一〕以顒有辭義，引入殿內，親近宿直。帝所爲慘毒之事，顒不敢顯諫，輒誦經中因緣罪福事，帝亦爲之小止。轉安成王撫軍行參軍。元徽初，出爲剡令，有恩惠，百姓思之。〔四二〕還歷邵陵王南中郎三府參軍。太祖輔政，引接顒。顒善尺牘，沈攸之送絕交書，太祖口授令顒裁答。轉齊臺殿中郎。

建元初，爲長沙王參軍，後軍參軍，山陰令。縣舊訂滂民，以供雜使。顒言之於太守聞喜公子良曰：「竊見滂民之困，困實極矣。役命有常，祗應轉竭，蹙迫驅催，莫安其所。險者或竄避山湖，困者自經溝瀆爾。亦有摧臂斮手，苟自殘落，販傭貼子，權赴急難。每至滂使發動，遵赴常促，輒有柤杖被錄，〔四三〕稽顙階垂，泣涕告哀，不知所振。〔四四〕下官未嘗不臨食罷筯，當書偃筆，爲之久之，愴不能已。交事不濟，不得不就加捶罰，見此辛酸，時不可過。山陰邦治，事倍餘城；然略聞諸縣，亦處處皆躓。唯上虞以百戶一滂，大爲優足，過此列城，不無凋罄。宜應有以普救倒懸，設流開便，則轉患爲功，得之何遠。」還爲文惠太子中軍錄事參軍，隨府轉征北。文惠在東宮，顒還正員郎，〔四五〕始興王前軍諮議。直侍殿省，復見賞遇。

顒音辭辯麗，出言不窮，宮商朱紫，發口成句。汎涉百家，長於佛理。著三宗論。立空假名，立不空假名。設不空假名難空假名，設空假名難不空假名。假名空難二宗，又立假名空。西涼州智林道人遺顒書曰：「此義旨趣似非始開，妙聲中絕六七十載。貧道年二十時，便得此義，竊每歡喜，無與共之。年少見長安耆老，多云關中高勝乃舊有此義，當法集盛時，能深得斯趣者，本無多人。過江東略是無一。貧道捉麈尾來四十餘年，東西講說，謬重一時，餘義頗見宗錄，唯有此塗白黑無一人得者，爲之發病。非意此音猥來入耳，始是眞實行道第一功德。」其論見重如此。

顒於鍾山西立隱舍，休沐則歸之。轉太子僕，兼著作，撰起居注。遷中書郎，兼著作如故。常遊侍東宮。少從外氏車騎將軍臧質家得衞恒散隸書法，學之甚工。文惠太子使顒書玄圃茅齋壁，國子祭酒何胤以倒薤書求就顒換之，顒笑而答曰：「天下有道，丘不與易也。」

每賓友會同，顒虛席晤語，辭韻如流，聽者忘倦。兼善老、易，與張融相遇，輒以玄言相滯，彌日不解。清貧寡欲，終日長蔬食，雖有妻子，獨處山舍。衞將軍王儉謂顒曰：「卿山中何所食？」顒曰：「赤米白鹽，綠葵紫蓼。」文惠太子問顒：「菜食何味最勝？」顒曰：「春初早韭，秋末晚菘。」時何胤亦精信佛法，無妻妾。太子又問顒：「卿精進何如何胤？」顒曰：「三塗八難，共所未免。然各有其累。」太子曰：「所累伊何？」對曰：「周妻何肉。」其言辭應變，皆如此也。

轉國子博士，兼著作如故。太學諸生慕其風，爭事華辯。後何胤言斷食生，〔四六〕猶欲食（肉）白魚、䱇脯、糖蟹，〔四七〕以爲非見生物。疑食蚶蠣，使學生議之。學生鍾岏曰：「䱇之就脯，驟於屈伸，蟹之將糖，躁擾彌甚。仁人用意，深懷如怛。至於車螯蚶蠣，眉目內闕，慙渾沌之奇，礦殼外緘，非金人之愼。不悴不榮，曾草木之不若；無馨無臭，與瓦礫其何算。故宜長充庖廚，永爲口實。」竟陵王子良見岏議，大怒。

胤兄點，亦遁節清信。顒與書，勸令菜食。曰：「丈人之所以未極遐蹈，或在不近全菜邪？脫灑離析之討，鼎俎網罟之興，載〔之簡〕策，〔四八〕其來寔遠。誰敢干議？觀聖人之設膳脩，仍復爲之品節，蓋以茹毛飲血，與生民共始，縱而勿裁，將無厓畔。善爲士者，豈不以恕己爲懷？是以各靜封疆，罔相陵軼。〔四九〕況乃變之大者，莫過死生；生之所重，無踰性命。性命之於彼極切，滋味之在我可賒，而終身朝晡，資之以永〔歲〕，〔五〇〕彼就宛殘，莫能自列，〔五一〕我業久長，吁哉可畏。且區區微卵，脆薄易矜，〔五二〕歂彼弱麑，顧步宜愍。觀其飲喙飛沈，〔五三〕使人(物)憐悼，〔五四〕況可心心撲褫，〔五五〕加復恣忍吞嚼。〔五六〕至乃野牧盛羣，閉豢重圈，量肉揣毛，以俟枝剝，〔五七〕如土委地，僉謂常理，(百)〔可〕爲愴息，〔五八〕事豈一塗。若云三世理誣，則幸矣良快，如使此道果然，而〔受〕形未息，〔五九〕則一往一來，一生一死，輪迴是常事。〔六〇〕雜報如家，人天如客，遇客日尠，在家日多，吾儕信業，未足長免，則傷心之慘，行亦(息念)〔自及〕。〔六一〕丈人於血氣之類，雖無身踐，至於晨鳧夜鯉，〔六二〕不能不取備屠門。財貝之〔一〕經盜手，〔六三〕猶爲廉士所棄；生性之一啓鸞刀，寧復慈心所忍。騶虞雖飢，非自死之草不食，聞其風豈不使人多愧。〔六四〕衆生之稟此形質，以畜肌膂，皆由其積壅癡迷，沈流莫反，報受穢濁，歷苦酸長，此甘與肥，皆無明之報聚也。何至復引此滋腴，自汙腸胃。丈人得此有素，聊復寸言發起耳。」

顒卒官時，會王儉講孝經未畢，舉曇濟自代，〔六五〕學者榮之。官爲給事中。

史臣曰：弘毅存容，至仁表貌，汲黯剛戇，崔琰聲姿，然後能不憚雄桀，亟成譏犯。張融標心託旨，全等塵外，吐納風雲，不論人物，而干君會友，〔六六〕敦義納忠，誕不越檢，常在名教。若夫奇偉之稱，則虞翻、陸績不得獨擅於前也。

贊曰：思光矯矯，萬里千仞。升同應諧，黜同解擯。務在連衡，不謀銷印。彥倫辭辯，苦節清韻。白馬橫掩，雲梯獨振。

張融海賦文多脫誤，諸本同。

校勘記

〔一〕僚佐多儭錢帛　南史云「僚佐儭者，多至一萬」。錢大昕廿二史考異云：「儭與嚫同，廣韻嚫，嚫施也。」按釋氏要覽卷上嚫錢條云：「梵語達嚫拏，此云財施。今略達拏，但云嚫。」又五分律云：

「食後施衣物，名達嚫。」

〔二〕使天形寅內敷情敷外寅者　黃侃云：「『天』當作『夫』。兩『寅』字皆當作『演』，史避梁武嫌名。」

〔三〕爾其海之狀也之相也　藝文類聚八引無「之相也」三字。

〔四〕浪動而星河如覆　「而」藝文類聚引作「則」。

〔五〕窅〔窅〕翳翳　據南監本、毛本、殿本、局本補。

〔六〕峯勢縱橫　藝文類聚引作「峯勢崇高」。

〔七〕碚硂硄　按此句奪一字，各本並同。

〔八〕窂浪硠(拉)〔揞〕　據南監本、毛本、殿本、局本改。

〔九〕却瞻無後向望(行)〔何〕前　據藝文類聚改。按無後與何前相對成文，作「何」是。

〔一〇〕鬱若飛煙奔雲以振霞　「霞」藝文類聚引作「柯」。

〔一一〕九天相掩玉地交氛　「玉」各本作「王」。殿本考證云：「諸本同。按『王』疑作『五』。」黃侃亦云應作「五」。

〔一二〕沆沆浩浩　黃侃云「浩浩」應作「滜滜」。

〔一三〕橫門產魚　「門」藝文類聚作「開」。

〔一四〕蟕蠵瑁蛑　「瑁蛑」藝文類聚作「瑇瑁」。

〔一五〕歲去冬歸　「冬」字原闕，據各本補。

〔一六〕帷軒帳席　「帷」字原闕，據各本補。

〔一七〕長紘四斷　「四」原譌「而」，各本不譌，今改正。

〔一八〕照天容於鮮渚　「渚」字原闕，據各本補。

〔一九〕籠麗色以拂烟　「籠」字原闕，據南監本、殿本、局本補。

〔二〇〕以示鎭(國)〔軍〕將軍顧覬之　張森楷校勘記云：「百官志無鎭國將軍，疑有譌。」按宋書顧覬之傳，覬之死後，追贈鎭軍將軍。御覽五百九十九引、南史及元龜八百五十並作「鎭軍將軍」，今據改。又按「覬」各本並譌「凱」，今據南史改正，下同。

〔二一〕但(悵)〔恨〕不道鹽耳　據南監本、殿本、局本及南史改。

〔二二〕爲儀曹郎　南史「爲」上有「改」字。

〔二三〕領(事)〔軍〕劉勔戰死　據南史、元龜四百五十六改。

〔二四〕布衣葦席　「葦席」南史作「韋帶」。元龜九百作「韋帶」，九百五作「葦席」。

〔二五〕民生多待　「民」南史、元龜九百、九百五並作「人」。

〔二六〕雖屢舛錯　「屢」殿本作「屬」，南史、元龜九百、九百五亦作「屬」。

〔二七〕申融情累　「申」原譌「甲」，今據南監本、殿本、局本及南史改正。

〔二八〕乃勝新〔也〕　據南監本、殿本、局本及南史補。

〔二九〕都自非是　「自」原譌「目」，今據南監本、殿本、局本改正。

〔三〇〕免官尋復　「復」下南監本、局本及南史、元龜九百四十四並有「職」字。

〔三一〕殆將至骼　「骼」南史及元龜九百四十四作「髀」。按疑作「髀」是。

〔三二〕融食炙始〔行〕畢　據南監本、殿本、局本及南史補。

〔三三〕口終不言　「口」原譌「白」，據南監本、殿本、局本及南史、元龜九百四十四改正。

〔三四〕方搖食指　「指」原譌「貨」，據南監本、殿本、局本及南史、元龜九百四十四改正。

〔三五〕朝臣賀衆瑞公事　「瑞」原譌「端」，今據南監本、殿本、局本及南史、元龜九百三十改正。

〔三六〕宋丞相〔義宣〕起事　據南監本、殿本、局本補。

〔三七〕遺令建白旌無旒　「旌」御覽五百四十九引作「旐」，南史同。按古喪禮有明旌，禮記檀弓「銘，明旌也」，謂書死者之銘於旌。此云白旌，謂不書名於旌也，「旌」字不譌。

〔三八〕爲〔問〕〔門〕律自序曰　據元龜八百十七改。按高逸顧歡傳云「司徒從事中郎張融作門律」，問與門形近而譌。各本皆未正，南史亦同譌。

〔三九〕此外如樹〔銅爲〕〔網焉〕　據南監本、殿本、局本改。

〔四〇〕帶肥鄉成都二縣令　錢大昕廿二史考異云：「按宋齊二志，成都無肥鄉縣。」

〔四一〕宋明帝頗好言理　「言理」南史作「玄理」。

〔四二〕百姓思之　「之」原譌「遠」，各本不譌，今改正。

〔四三〕輒有柤杖被錄　「錄」原譌「綠」，各本不譌，今改正。

〔四四〕不知所振　「振」原譌「俶」，今據毛本、殿本、局本改正。

〔四五〕顒還正員郎　「還」南史作「遷」。

〔四六〕後何胤言斷食生　「言斷食生」南監本作「亦斷食肉」。

〔四七〕猶欲食〔肉〕白魚鮰脯糖蟹　據南監本刪。按南史亦無「肉」字。

〔四八〕載〔之簡〕策　據元龜八百二十一補。

〔四九〕罔相陵軼　「軼」廣弘明集三十作「轢」。

〔五〇〕資之以永〔歲〕　據廣弘明集補。按南監本、殿本、局本作「資之以味」，殆原脫「歲」字，後人以「資之以永」不可解，遂改「永」爲「味」耳。

〔五一〕莫能自列　「列」廣弘明集作「伸」。

〔五二〕脆薄易矜　「矜」各本作「矝」。按段注說文「矝」字作「矜」，云从矛令聲。是矜有憐音，不必改作「矝」也。

〔五三〕觀其飮喙飛沈　「飛沈」南監本、殿本及元龜八百二十一並作「飛行」。

〔五四〕使人（物）憐悼　據元龜、廣弘明集删。按南監本、殿本、局本作「人應憐悼」。

〔五五〕況可心心撲褫　「心心」元龜、廣弘明集作「甘心」。

〔五六〕加復恣忍吞嚼　「恣忍」廣弘明集作「恣意」。

〔五七〕以俟枝剝　「俟」毛本、殿本作「挨」，按元龜、廣弘明集並作「俟」，作「挨」非。「枝」元龜、廣弘明集作「支」。按枝支通，枝剝猶言支解，殿本考證謂「枝」疑作「披」，非。

〔五八〕（百）〔可〕爲愴息　據元龜、廣弘明集改。

〔五九〕而〔受〕形未息　據南史何尙之傳孫胤附傳及廣弘明集補。

〔六〇〕輪迴是常事　「輪迴是」三字原闕，今據南監本、毛本、殿本、局本補。按元龜作「斯爲常事」。廣弘明集作「一往一來，生死常事」。

〔六一〕行亦（息念）〔自及〕　據南監本、局本及南史、元龜改。按廣弘明集作「行亦自念」。

〔六二〕至於晨鳧夜鯉　「晨鳧夜鯉」廣弘明集作「升鳧沈鯉」。

〔六三〕財貝之〔一〕經盜手　據廣弘明集補。

〔六四〕聞其風豈不使人多愧　「風」字下南監本、殿本有「者」字。「愧」字下廣弘明集有「恥」字。

〔六五〕擧曇濟自代　按禮志上有國子助敎謝曇濟，當卽其人，疑此脫一「謝」字。

〔六六〕而干君會友　「干」南監本、殿本、局本作「事」。

南齊書卷四十二

列傳第二十三

王晏　蕭諶　蕭坦之　江祏

王晏字士彥，琅邪臨沂人也。祖弘之，通直常侍。父普曜，祕書監。

晏，宋大明末起家臨賀王國常侍，員外郎，巴陵王征北板參軍，安成王撫軍板刑獄，隨府轉車騎。

晉熙王燮爲郢州，晏爲安西主簿。世祖爲長史，與晏相遇。府轉鎭西，板晏記室諮議。沈攸之事難，鎭西職僚皆隨世祖鎭盆城，上時權勢雖重，而衆情猶有疑惑，晏便專心奉事，軍旅書翰皆委焉。性甚便僻，漸見親侍。〔一〕乃留爲上征虜撫軍府板諮議，領記室。從還都，遷領軍司馬，中軍從事中郎。常在上府，參議機密。建元初，轉太子中庶子。世祖在東宮，專斷朝事，多不聞啓，晏慮及罪，稱疾自疎。尋領射聲校尉，不拜。世祖卽位，轉長兼侍中，意任如舊。

永明元年，領步兵校尉，遷侍中祭酒，校尉如故。遭母喪，起爲輔國將軍、司徒左長史。晏父普曜藉晏勢宦，多歷通官。晏尋遷左衞將軍，加給事中。未拜，而普曜卒，居喪有稱。起冠軍將軍、司徒左長史、濟陽太守，未拜，遷衞尉，將軍如故。四年，轉太子詹事，加散騎常侍。六年，轉丹陽尹，常侍如故。晏位任親重，朝夕進見，言論朝事，自豫章王嶷、尚書令王儉皆降意以接之，而晏每以疎漏被上呵責，連稱疾久之。上以晏須祿養，七年，轉爲江州刺史，晏固辭不願出外，見許，留爲吏部尚書，領太子右衞率。終以舊恩見寵。時〔尚書〕令王儉雖貴而疎，〔二〕晏既領選，權行臺閣，與儉頗不平。儉卒，禮官議諡，上欲依王導諡爲「文獻」，晏啓上曰：「導乃得此諡，但宋以來，不加素族。」出謂親人曰：「平頭憲事已行矣。」〔三〕八年，改領右衞將軍，陳疾自解。

上欲以高宗代晏領選，〔四〕手敕問之。晏啓曰：「鸞清幹有餘，〔五〕然不諳百氏，恐不可居此職。」上乃止。明年，遷侍中，領太子詹事，本州中正，又以疾辭。十年，改授散騎常侍、金紫光祿大夫，給親信二十人，中正如故。十一年，遷右僕射，領太孫右衞率。世祖崩，遺旨以尚書事付晏及徐孝嗣，令久於其職。鬱林即位，轉左僕射，中正如故。隆昌元年，加侍中。高宗謀廢立，晏便響應推奉。延興元年，轉尚書令，加後將軍，侍中、中正如故。封曲江縣侯，邑千戶。給鼓吹一部，甲仗五十人入殿。高宗與晏宴於東府，語及時事，晏抵掌曰：「公常言晏怯，今定何如？」建武元年，進號驃騎大將軍，給班劍二十人，侍中、令、中正如故。又加兵百人，領太子少傅，進爵為公，增邑為二千戶。以虜動，給兵千人。

晏為人篤於親舊，為世祖所稱。至是自謂佐命惟新，言論常非薄世祖故事，衆始怪之。高宗雖以事際須晏，而心相疑斥，料簡世祖中詔，得與晏手敕三百餘紙，皆是論國家事，以此愈猜薄之。初即位，始安王遙光便勸誅晏，帝曰：「晏於我有勳，且未有罪。」遙光曰：「晏尚不能為武帝，安能為陛下。」帝默然變色。時帝常遣心腹左右陳世範等出塗巷採聽異言，由是以晏為事。晏輕淺無防慮，望開府，數呼相工自視，云當大貴。與賓客語，好屏人清閑，〔六〕上聞之，疑晏欲反，遂有誅晏之意。傖人鮮于文粲與晏子德元往來，密探朝旨，告晏有異志。世範等又啓上云：「晏謀因四年南郊，與世祖故舊主帥於道中竊發。」會虎犯郊壇，帝愈懼。未郊一日，敕停行。元會畢，乃召晏於華林省誅之。下詔曰：「晏閭閻凡伍，少無持操，階緣人乏，班齒宦途。世祖在蕃，搜揚擢用，棄略疵瑕，遂升要重。而輕跳險銳，在貴彌著，猜忌反覆，觸情多端。故以兩宮所弗容，十手所共指。既內愧于心，外懼憲牘，掩迹陳痾，多歷年載。頻授蕃任，輒辭請不行，事似謙虛，情實詭伏。隆昌以來，運集艱難，匡贊之功，頗有心力。迺爵冠通侯，位登元輔，綢繆恩寄，朝莫均焉。谿壑可盈，無厭將及。視天畫地，遂懷異圖。廣求卜相，取信巫覡。論薦黨附，遍滿臺府。令大息德元淵藪亡命，同惡相濟，劍客成羣。弟詡凶愚，遠相脣齒，信驛往來，密通要契。去歲之初，奉朝〔請〕鮮于文粲備告姦謀。〔七〕朕以信必由中，義無與貳，推誠委任，覬能悛改。而長惡易流，構扇彌大，與北中郎司馬蕭毅、臺隊主劉明達等剋期竊發。以河東王鉉識用微弱，可爲其主，得志之日，當守以虛器。明達諸辭列，炳然具存。昔漢后以反脣致討，魏臣以虯鬚爲戮，況無君之心既彰，陵上之迹斯著，此而可容，誰寘刑辟。並可收付廷尉，肅明國典。」晏未敗數日，於北山廟答賽，夜還，晏旣醉，部伍人亦飲酒，羽儀錯亂，前後十餘里中，不復相禁制，識者云「此勢不復久也」。

晏子德元，有意尚。至車騎長史。德元初名湛，世祖謂晏曰：「劉湛、江湛，並不善終，此非佳名也。」晏乃改之。至是與弟晉安王友德和俱被誅。

晏弟詡，永明中爲少府卿。六年，敕位未登黃門郎，不得畜女妓。詡與射聲校尉陰玄智坐畜妓免官，禁錮十年。敕特原詡禁錮。後出爲輔國將軍、始興內史。廣州刺史劉纘爲奴所殺，詡率郡兵討之。延興元年，授詡持節廣州刺史。詡亦篤舊。晏誅，上又遣南中郎司馬蕭季敞襲詡殺之。

蕭諶字彥孚，南蘭陵蘭陵人也。祖道清，員外郎。父仙伯，桂陽國（參）〔下〕軍。〔八〕

諶初爲州從事，晉熙國侍郎，左常侍。諶於太祖爲絕服族子，元徽末，世祖在郢州，欲知京邑消息，太祖遣諶就世祖宣傳謀計，留爲腹心。昇明中，爲世祖中軍刑獄參軍，東莞太守。以勳勤封安復縣男，三百戶。建元初，爲武陵王冠軍、臨川王前軍參軍，除尚書都官郎，建威將軍，臨川王鎭西中兵。世祖在東宮，諶領宿衞。太祖殺張景眞，世祖令諶口啓乞景眞命，太祖不悅，諶懼而退。世祖卽位，出諶爲大末令，未之縣，除步兵校尉，領射陽令，轉帶南濮陽太守，領御仗主。

永明二年，爲南蘭陵太守，建威將軍如故。復除步兵校尉，太守如故。世祖齋內兵仗悉付之，心膂密事，皆使參掌。除正員郎，轉左中郎將，後軍將軍，太守如故。世祖卧疾延昌殿，敕諶在左右宿直。上崩，遺敕諶領殿內事如舊。鬱林卽位，深委信諶，諶每請急出宿，帝通夕不得寐，諶還乃安。轉衞軍司馬，兼衞尉，加輔國將軍。丁母憂，敕還復本任，守衞尉。高宗輔政，有所匡諫，帝既在後宮不出，唯遣諶及蕭坦之遥進，〔九〕乃得聞達。諶回附高宗，勸行廢立，密召諸王典籤約語之，不許諸王外接人物。諶親要日久，衆皆憚而從之。鬱林被廢日，初聞外有變，猶密爲手敕呼諶，其見信如此。諶性險進無計略，及廢帝日，領兵先入後宮，齋內仗身素隸服諶，莫有動者。

海陵立，轉中領軍，進爵爲公，二千戶。甲仗五十人。入直殿內，月十日還府。建武元年，轉領軍將軍，左將軍，南徐州刺史，給扶，〔一〇〕進爵衡陽郡公，食邑三千戶。高宗初許事克用諶爲揚州，及有此授，諶恚曰：「見炊飯熟，推以與人。」王晏聞之曰：「誰復爲蕭諶作(塸)〔甌〕箭者。」〔一一〕諶恃勳重，干豫朝政，諸有選用，輒命議尚書使爲申論。上新即位，遣左右要人於外聽察，具知諶言，深相疑阻。

二年六月，上幸華林園，宴諶及尚書令王晏等數人盡歡。坐罷，留諶晚出，至華林閤，仗身執還入省，上遣左右莫智明數諶曰：「隆昌之際，非卿無有今日。今一門二州，兄弟三封，朝廷相報，政可極此。卿恒懷怨望，乃云炊飯已熟，合甑與人邪？今賜卿死。」諶謂智明曰：「天去人亦復不遠，我與至尊殺高、武諸王，是君傳語來去。我今死，還取卿。」於省殺之，至秋而智明死，見諶爲祟。詔曰：「蕭諶擢自凡庸，識用輕險，因藉倖會，早預驅馳。永明之季，曲頒恩紀。鬱林昏悖，頗立誠効。寵靈優渥，期遇兼隆，內總戎柄，外暢蕃威，兄弟榮貴，震灼朝野。曾不感佩殊荷，少答萬一。自以勳高伊、霍，事均難賞，才冠當時，恥居物後。矯制王權，與奪由己。空懷疑懼，坐構嫌猜。覘候宮掖，希覬非望。蔽上罔下之心，誣君不臣之跡，固以彰暴民聽，喧聒遐邇。遂潛散金帛，招集不逞，交結禁衛，互爲脣齒，密契戚邸，將肆姦逆。朕以其任寄既重，爵列河山，每加彌縫，弘以大信，庶能懷音，翻然悛改。而豺狼其性，凶謀滋甚。夫無將必戮，陽秋明義，況釁積禍盈，若斯之大。可收付廷尉，速正刑書。罪止元惡，餘無所問。」

諶好左道，吳興沈文猷相諶云：「相不減高(宗)〔帝〕。」〔一二〕諶喜曰：「感卿意，無爲人言也。」至是文猷伏誅。

諶兄誕，字彥偉，初爲殿中將軍。永明中爲建康令，與秣陵令司馬迪之同乘行，車前導四卒，左丞沈昭略奏：「凡有鹵簿官，共乘不得兼列騶寺。請免誕等官。」詔贖論。延興元年，自輔國徐州爲持節督司州刺史，將軍如故。明帝立，封安德侯，〔一三〕五百戶。進號冠軍。建武二年春，虜攻司州，誕盡力拒守，虜退。增封四百戶。徵左衞將軍。上欲殺諶，以誕在邊鎮拒虜，故未及行。虜退六旬，諶誅，遣黃門郎梁王爲司州別駕，使誅誕，束身受戮，家口繫尙方。

諶弟誄，與諶同豫廢立，爲寧朔將軍、東莞太守，轉西中郎司馬。建武初，封西昌侯，千戶。轉太子左率。領軍解司州圍還，同伏誅。

諶伯父仙民，官至太中大夫，卒。

蕭坦之，南蘭陵蘭陵人也。祖道濟，太中大夫。父欣祖，有勳於世祖，至武進令。

坦之與蕭諶同族。初爲殿中將軍，累至世祖中軍板刑獄參軍。以宗族見驅使。除竟陵王鎮北征北參軍，東宮直閤，以勲直爲世祖所知。〔一四〕除給事中，淮陵令，又除蘭陵令，〔一五〕給事中如故。尙書起部郎，司徒中兵參軍。世祖崩，坦之隨太孫文武度上臺，除射聲校尉，令如故。未拜，除正員郎，南魯郡太守。

少帝以坦之世祖舊人，〔一六〕親信不離，得入內見皇后。〔帝〕於宮中及出後堂雜戲狡獪，〔一七〕坦之皆得在側。或値醉後裸袒，坦之輒扶持諫喩。見帝不可奉，乃改計附高宗，密爲耳目。除晉安王征北諮議。隆昌元年，追錄坦之父勳，封臨汝縣男，食邑三百戶。徙征南諮議。

高宗謀廢少帝，旣與蕭諶及坦之定謀。帝腹心直閤將軍曹道剛疑外間有異，密有處分，諶未能發。始興內史蕭季敞、南陽太守蕭穎基（遷都尉）〔並應還都〕，〔一八〕諶欲待二蕭至，藉其勢力以舉事。高宗慮事變，以告坦之，坦之馳謂諶曰：「廢天子古來大事。比聞曹道剛、朱隆之等轉已猜疑。衞尉明日若不就事，無所復及。弟有百歲母，豈能坐聽禍敗，政應作餘計耳！」謀遑遽，明日遂廢帝，坦之力也。

海陵即位，除黃門郎、兼衞尉卿，進爵伯，增邑爲六百戶。建武元年，遷散騎常侍，右衞將軍，〔一九〕進爵侯，增邑爲千五百戶。明年，虜動，假坦之節，督徐州征討軍事。虜圍鍾離，春斷淮洲，〔二〇〕坦之擊破之。還加領太子中庶子，未拜，遷領軍將軍。永泰元年，爲侍中、領軍。

東昏立，爲侍中、領軍將軍。永元元年，遭母喪，起復職，加右將軍，置府。江祏兄弟欲立始安王遙光，密謂坦之，坦之曰：「明帝取天下，已非次第，天下人至今不服。今若復作此事，恐四海瓦解。我其不敢言。」持喪還宅。宅在東府城東，遙光起事，遣人夜掩取坦之，坦之科頭著褌踰牆走，從東冶僦渡南渡，間道還臺，假節督衆軍討遙光，屯湘宮寺。事平，遷尙書右僕射，丹陽尹，右〔將〕軍如故。〔二一〕進爵公，增邑千戶。

坦之肥黑無鬚，語聲嘶，時人號爲「蕭痖」。剛佷專執，羣小畏而憎之。遙光事平二十餘日，帝遣延明主帥黃文濟領兵圍坦之宅，殺之。子賞，祕書郎。亦伏誅。

坦之從兄翼宗，爲海陵郡，將發。坦之謂文濟曰：「從兄海陵宅故應無他？」文濟曰：「海陵宅在何處？」坦之告。文濟曰：「應得罪。」仍遣收之。檢家赤貧，唯有質錢帖子數百，還以啓帝，原死，繫尙方。

和帝中興元年，追贈坦之中〔軍〕將軍、〔二二〕開府儀同三司。

江祏字弘業，濟陽考城人也。祖遵，寧朔參軍。父德隣，〔二三〕司徒右長史。祏姑爲景皇后，少爲高宗所親，恩如兄弟。宋末，解褐晉熙國常侍，太祖徐州西曹，員外郎，高宗冠軍參軍，帶濡陽令，竟陵王征北參軍，尚書水部郎。高宗爲吳興，以祏爲郡丞，加宣威將軍，廬陵王中軍功曹記室，安陸王左軍諮議，領錄事，帶京兆太守。除通直郎，補南徐州別駕。

高宗輔政，委以心腹。隆昌元年，自正員郎補丹陽丞，中書郎。高宗爲驃騎，鎮東府，以祏爲諮議參軍，領南〔平〕昌太守，〔二四〕與蕭誄對直東府省內。時新立海陵，人情未服，高宗髀上有赤誌，常祕不傳，祏勸帝出以示人。晉壽太守王洪範罷任還，上袒示之，曰：「人皆謂此是日月相。卿幸無泄言。」洪範曰：「公日月之相在軀，如何可隱。轉當言之公卿。」上大悅。會直後張伯、尹瓚等屢謀竊發，祏、誄憂虞無計，每夕輒託事外出。及入纂議定，加祏寧朔將軍。高宗爲宣城王，太史密奏圖緯云「一號當得十四年」。祏入，帝喜以示祏曰：「得此復何所望。」及即位，遷守衞尉，將軍如故。封安陸縣侯，邑千戶。祏祖遵，以后父贈金紫光祿大夫；父德隣，以帝舅亦贈光祿大夫。

建武二年，遷右衞將軍，〔二五〕掌甲仗廉察。四年，轉太子詹事。祏以外戚親要，勢冠當時，遠致餉遺，或取諸王第名書好物。然家行甚睦，待子姪有恩意。

上寢疾，永泰元年，轉祏爲侍中、中書令，出入殿省。上崩，遺詔轉右僕射，祏弟衞尉祀爲侍中，敬皇后弟劉暄爲衞尉。東昏卽位，參掌選事。高宗雖顧命羣公，而意寄多在祏兄弟。至是更直殿內，動止關諮。永元元年，領太子詹事。劉暄遷散騎常侍，右衞將軍。祏兄弟與暄及始安王遙光、尚書令徐孝嗣、領軍蕭坦之六人，更日帖敕，時呼爲「六貴」。

帝稍欲行意，孝嗣不能奪，坦之雖時有異同，而祏堅意執制，帝深忿之。帝失德旣彰，祏議欲立江夏王寶玄。劉暄初爲寶玄郢州行事，〔二六〕執事過刻。有人獻馬，寶玄欲看之，暄曰：「馬何用看。」妃索煮肫，帳下諮暄，暄曰：「旦已煮鵞，不煩復此。」寶玄恚曰：「舅殊無渭陽之情。」暄聞之亦不悅。至是不同祏議，欲立建安王寶夤，密謀於遙光。遙光自以年長，屬當鼎命，微旨動祏。祏弟祀以少主難保，勸祏立遙光。暄以遙光若立，己失元舅之望，不肯同。故祏遲疑久不決。遙光大怒，遣左右黃曇慶於清溪橋道中刺殺暄，曇慶見暄部伍人多，不敢發。事覺，暄告祏謀，帝處分收祏兄弟。祀時直在內殿，疑有異，遣信報祏曰：「劉暄似有異謀，今作何計？」祏曰：「政當靜以鎭之耳。」俄而召祏入見，停中書省。初，直齋袁文曠以王敬則勳當封，祏執不與。帝使文曠取祏，以刀環築其心曰：「復能奪我封否？」祏、祀同日見殺。

祀字景昌，初爲南郡王國常侍，歷高祖驃騎東閤祭酒，祕書丞，晉安王鎭北長史，南東海太守，行府州事。治下有宣尼廟，久廢不脩，祀更開掃構立。

祀弟禧，居喪早卒。有子廞，字偉卿，年十二，聞收至，謂家人曰：「伯旣如此，無心獨存。」赴井死。

後帝於後堂騎馬致適，顧謂左右曰：「江祏若在，我當復能騎此不？」

暄字士穆，出身南陽國常侍。遙光起事，以討暄爲名。事平，暄遷領軍將軍，封平都縣侯，千戶。其年，又見殺。和帝中興元年，贈祏衞將軍，暄散騎常侍、撫軍將軍，並開府儀同三司，祀散騎常侍、太常卿。

史臣曰：士死知己，蓋有生所共情，雖愚智之品有二，而逢迎之運唯一。夫懷可知之才，受知人之眄，無慙外物，此固天理，其猶藏在中心，銜恩念報。況乎義早蕃僚，道同遇合，踰越勝己，顧邁先流，棄子如遺，曾微舊德，使狗之喻，人致前識，慙包疚心，〔三七〕我無其事。嗚呼！陸機所以賦豪士也。

贊曰：王蕭提契，世祖基之。欒羊食子，里克無辭。江、劉后戚，明嗣是維。廢興異論，終用乖疑。

校勘記

〔一〕漸見親侍　「侍」南史作「待」。

〔二〕時〔尚書〕令王儉雖貴而疎　據南監本、局本及南史補。按殿本無「尚書令」三字。

〔三〕平頭憲事已行矣　按通鑑胡注云：「平頭謂王字也。」

〔四〕上欲以高宗代晏領選　「高宗」原譌「高祖」，各本不譌，今改正。

〔五〕鸞清幹有餘　「鸞」原作「諱」，今從殿本改。

〔六〕好屏人清閑　「清閑」各本皆作「請閑」。按請閑與清閑義別。通鑑齊明帝建武四年亦作「清閑」。遙光傳「每與上久清閑」，義與此同。

〔七〕奉朝〔請〕鮮于文粲備告姦謀　據局本補。

〔八〕南蘭陵蘭陵人也至桂陽國〔參〕〔下〕軍　「南」下「蘭」字據各本補。「下」各本作「參」，據南史改。

〔九〕唯遣諶及蕭坦之遙進　「遙進」通鑑齊明帝建武元年作「逕進」，疑作「逕進」是。

〔一〇〕給扶　「扶」原譌「特」，今據南監本、殿本、局本改正。

〔一一〕誰復爲蕭諶作(堰)〔甌〕篰者　據南監本、殿本、局本改。

〔一二〕相不減高(宗)〔帝〕　據南史及通鑑齊明帝建武二年改。按高宗乃明帝廟號，時明帝未死，安得稱其廟號？

〔一三〕封安德侯　「安德侯」南史作「安復侯」。按宋書州郡志冀州平原郡有安德令，非侯國。江州安成郡有安復侯相，宋末蕭諶封此，及諶進爵衡陽郡公，復以此封諶兄誕也。作「安復」是。

〔一四〕以勤直爲世祖所知　殿本考證王祖庚云：「按通鑑云『嘗爲東宮直閤，爲世宗所知』。注云『既爲東宮直閤，則從世宗爲是，東宮亦有直閤將軍』。據此，則『祖』字訛也。」今按南史云「以勤直爲文惠所知」，世宗卽文惠廟號。

〔一五〕又除蘭陵令　「除」南監本、局本作「遷」。

〔一六〕少帝以坦之世祖舊人　「世祖」南史作「文惠」，此亦當改「世宗」。

〔一七〕〔帝〕於宮中及出後堂雜戲狡獪　據南監本、殿本、局本及南史補。

〔一八〕始與內史蕭季敞南陽太守蕭穎基(遷都尉)〔並應還都〕　據南監本、殿本、局本及南史改。按通鑑作「皆內遷」。

〔一九〕右衞將軍　南史作「左衞將軍」。

〔二〇〕春斷淮洲　按文有譌奪，不可解。

〔二一〕右〔將〕軍如故　據元龜三百七十一補。按坦之前加右將軍，置府。

〔二二〕追贈坦之中〔軍〕將軍　據南監本、殿本、局本及南史補。

〔二三〕父德隣　殿本考證云：「南史作『德驎』。」

〔二四〕領南〔平〕昌太守　洪頤煊諸史考異云：「案南史作『領南平昌太守』。州郡志南昌，縣名，屬豫章郡，此當從南史作『南平昌』爲正。」今據洪說補一「平」字。

〔二五〕遷右衞將軍　南史作「左衞將軍」。

〔二六〕劉暄初爲寶玄郢州行事　洪頤煊諸史考異云：「案文選頭陀寺碑『寧遠將軍長史江夏內史行事彭城劉君，諱諠』，注引蕭子顯齊書亦作『劉諠』。」

〔二七〕慙包疢心　黃侃云：「『包』當作『色』。」

南齊書卷四十三

列傳第二十四

江斅　何昌寓　謝瀹　王思遠

江斅字叔文，濟陽考城人也。祖湛，宋左光祿大夫、儀同三司。父恁，著作郎，爲太〔祖〕〔初〕所殺。〔一〕斅母文帝女淮陽公主。幼以戚屬召見，孝武謂謝莊曰：「此小兒方當爲名器。」

少有美譽。桂陽王休範臨州，辟迎主簿，不就。尙孝武女臨汝公主，拜駙馬都尉。除著作郎，太子舍人，丹陽丞。時袁粲爲尹，見斅歎曰：「風流不墜，政在江郎。」數與晏賞，留連日夜。遷安成王撫軍記室，祕書丞，中書郎。斅庶祖母王氏老疾，斅視膳甞藥，七十餘日不解衣。及累居內官，每以侍養陳請，朝廷優其朝直。尋轉安成王驃騎從事中郎。初，湛娶褚秀之女，被遣，褚淵爲衞軍，重斅爲人，先通音意，引爲長史。加寧朔將軍。從帝立，〔二〕

隨府轉司空長史，領臨淮太守，將軍如故。轉太尉從事中郎。齊臺建，爲吏部郎。太祖卽位，斅以祖母久疾連年，臺閣之職，永廢溫凊，啓乞自解。

初，宋明帝勑斅出繼從叔愻，爲從祖(渟)〔淳〕後。〔三〕於是僕射王儉啓：「禮無(從)〔後〕小宗之文，〔四〕近世緣情，皆由父祖之命，未有既孤之後，出繼宗族也。雖復臣子一揆，而義非天屬。江忠簡胤嗣所寄，唯斅一人，傍無眷屬。斅宜還本。若不欲江愻絕後，可以斅小兒繼愻爲孫。」尙書參議，謂「閒世立後，禮無其文。荀顗無子立孫，墜禮之始。何琦又立此論，〔五〕義無所據」。於是斅還本家，詔使自量立後者。

出爲寧朔將軍、豫章內史，還除太子中庶子，領驍騎將軍。未拜，門客通贓利，世祖遣信檢覈，斅藏此客而躬自引咎，上甚有怪色。王儉從容啓上曰：「江斅若能治郡，此便是具美耳。」上意乃釋。永明初，仍爲豫章王太尉諮議，領錄事，遷南郡王友，竟陵王司徒司馬。斅好文辭，圍棊第五品，爲朝貴中最。遷侍中，領本州中正。司徒左長史，中正如故。五年，遷五兵尙書。明年，出爲輔國將軍、東海太守，加秩中二千石，行南徐州事。

七年，徙爲侍中，領驍騎將軍，尋轉都官尙書，領驍騎將軍。王晏啓世祖曰：「江斅今重登禮閣，兼掌六軍，慈渥所覃，寔有優忝。但語其事任，殆同閑輩。天旨既欲升其名位，愚謂以侍中領驍騎，望實清顯，有殊納言。」上曰：「斅常啓吾，爲其鼻中惡。今既以何胤、王瑩還門下，故有此回換耳。」鬱林卽位，遷掌吏部。隆昌元年，爲侍中，領國子祭酒。鬱林廢，朝臣皆被召入宮，斅至雲龍門，託藥醉吐車中而去。明帝卽位，改領祕書監，又改領晉安王師。

建武二年，卒，年四十四。遺令儉約葬，不受賻贈。詔賻錢三萬，布百匹。子脩啓遵斅令，讓不受。詔曰：「斅貽厥之訓，送終以儉，立言歸善，益有嘉傷，可從所請。」贈散騎常侍、太常，謚曰敬子。

何昌寓字儼望，廬江灊人也。祖叔度，吳郡太守。父佟之，〔六〕太常。昌寓少而淹厚，爲伯父司空尙之所遇。宋建安王休仁爲揚州，辟昌寓州主簿。遷司徒行參軍，太傅五官，司徒東閤祭酒，尙書儀曹郎。建平王景素爲征北南徐州，昌寓又爲府主簿，以〔夙〕〔風〕素見重。〔七〕母老求祿，出爲湘東太守，加秩千石。

爲太祖驃騎功曹。昌寓在郡，景素被誅，昌寓痛之。至是啓太祖曰：

伏尋故建平王，因心自遠，忠孝基性，徽和之譽，早布國言，勝素之情，夙洽民聽。世祖綢繆，太宗眷異，朝中貴人，野外賤士，雖聞見有殊，誰不悉斯事者？

元徽之間，政關羣小，構扇異端，共令傾覆。殷勲之非，古人所悼，況蒼梧將季，能無銜惑。一年之中，藉者再三，有必巓之危，無蹔立之安，行路寒心，往來蹐蹐。而王夷慮坦然，委之天命，惟謙惟敬，專誠奉國，閨無執戟之衞，門闕衣介之夫，此五尺童子所見，不假闓曲言也。一淪疑似，身名頓滅，寃結淵泉，酷貫穹昊。時經隆替，歲改三元，曠蕩之惠亟申，被枉之澤未流。俱沐溫光，獨酸霜露。

明公鋪天地之施，散雲雨之潤，物無巨細，咸被慶渥。若今日不蒙照滌，則爲萬代寃魂。昌寓非敢慕慷慨之士，激揚當世，實義切於心，痛入骨髓。瀝腸紓憤，仰希神照，辯明枉直，亮王素行，使還名帝籍，歸靈舊塋，死而不泯，豈忘德於黃壚。分軀碎首，不足上謝。

又與司空褚淵書曰：

天下之可哀者有數，而埋寃於黃泉者爲甚焉。何者？百年之壽，同於朝露，揮忽去留，寧足道哉！政欲闔棺之日，不隕令名，竹帛傳芳烈，鐘石紀清英。是以昔賢甘心於死所者也。若懷忠抱義，而負枉冥冥之下，時主未之矜，卿相不爲言，良史濡翰，將被以惡名，豈不痛哉！豈不痛哉！

竊尋故建平王，地屬親賢，德居宗望，道心惟沖，睿性天峻。散情風雲，不以塵務嬰衿，明發懷古，惟以琴書娛志。言忠孝，行惇愼，二公之所深鑒也。前者阮、楊連黨，搆此紛紜，雖被明於朝貴，愈結怨於羣醜。覘察繼蹤，疑防重著，小人在朝，詩史所歎，少一句清識歙涕。王每永言終日，氣淚交橫。既推信以期物，故日去其備衞，朱門蕭條，示存典刑而已。求解徐州，以避北門要任，苦乞會稽，貪處東甌閑務，此竝彰於事迹。與公道味相求，期心有素，方共經營家國，劬勞王室，何圖時不我與，契闊屯昏，忠誠弗亮，罹此百殃。

歲朔亟流，已經四載。皇命惟新，人沾天澤，而幽然深酷，未蒙照明。封殯卑雜，窮魂莫寄，昭穆不序，松柏無行。事傷行路，痛結幽顯。吾等叩心泣血，實有望於聖時。公以德佐世，欲物得其所，豈可令建平王枉直不分邪？田叔不言梁事，袁絲諫止淮南，以兩國釁禍，尙回帝意，豈非親親之義，寧從敦厚。而今疑〔以〕〔似〕未辨，〔八〕爲世大戮。若使王心跡得申，亦示海內理寃枉，明是非。〔九〕〔夫〕存亡國，〔一〇〕繼絕世，周漢之通典，有國之所急也。昔叔向之理，恃祁大夫而獲亮，戾太子之寃，資車丞相而見察。幽靈有知，豈不眷眷於明顧？碎首抽脅，自謂不殞。

淵答曰：「追風古人，良以嘉歎。但事既昭晦，理有逆從。〔一一〕建平初阻，元徽未悖，專欲委咎阮、楊，彌所致疑。于時正亦謬參此機，若審如高論，其愧特深。」太祖嘉其義，轉爲記室，遷司徒左西、太尉戶曹屬，中書郎，王儉衞軍長史。儉謂昌寓曰：「後任朝事者，非卿而誰？」永明元年，竟陵王子良表置友、學官，〔二〕以昌寓爲竟陵王文學，以清信相得，意好甚厚。轉揚州別駕，豫章王又善之。遷太子中庶子，出爲臨川內史。除廬陵王中軍長史，未拜，復爲太子中庶子，領屯騎校尉。遷吏部郎，轉侍中。

臨海王昭秀爲荆州，以昌寓爲西中郎長史、輔國將軍、南郡太守，行荆州事。明帝遣徐玄慶西上害蕃鎭諸王，玄慶至荆州，欲以便宜從事。昌寓曰：「僕受朝廷意寄，翼輔外蕃，何容以殿下付君一介之使。若朝廷必須殿下還，當更聽後旨。」昭秀以此得還京師。

建武二年，爲侍中，領長水校尉，轉吏部尚書。復爲侍中，領驍騎將軍。四年，卒。年五十一。贈太常，謚簡子。

昌寓不雜交遊，通和汎愛。歷郡皆清白，士君子多稱之。

謝瀹字義潔，陳郡陽夏人也。祖弘微，宋太常。父莊，金紫光祿大夫。瀹四兄颺、朏、顥、嵸，世謂謝莊名兒爲風、月、景、山、水。顥字仁悠，少簡靜。解褐祕書郎，累至太祖驃騎從事中郎。建元初，爲吏部郎，至太尉從事中郎。永明初，高選友、學，〔三〕以顥爲竟陵王友。至北中郎長史。卒。

瀹年七歲，王彧見而異之，言於宋孝武，孝武召見於稠人廣衆之中，瀹舉動閑詳，應對合旨，帝甚悅。詔尚公主，值景和敗，事寢。僕射褚淵聞瀹年少淸正不惡，以女結婚，厚爲資送。

解褐車騎行參軍，遷祕書郎，司徒祭酒，丹陽丞，撫軍功曹。世祖爲中軍，引爲記室。齊臺建，遷太子中舍人。建元初，轉桂陽王友。以母老須養，出爲安成內史。還爲中書郎。衞軍王儉引爲長史，雅相禮遇。除黃門郎，兼掌吏部。尋轉太子中庶子，領驍騎將軍，轉長(史)兼侍中。〔四〕瀹以晨昏有廢，固辭不受。世祖敕令速拜，別停朝直。

遷司徒左長史，出爲吳興太守。長城縣民盧道優家遭劫，誣同縣殷孝悌等四人爲劫，瀹收付縣獄考正。孝悌母駱詣登聞訴稱孝悌爲道優所誹謗，橫劾爲劫，一百七十三人連名保徵，在所不爲申理。瀹聞孝悌母訴，乃啓建康獄覆，道優理窮款首，依法斬刑。有司奏免瀹官。瀹又使典藥吏煑湯，失火，燒郡外齋南廂屋五間。又輒鞭除身，爲有司所奏，詔並贖論。在郡稱爲美績。母喪去官。

服闋，爲吏部尚書。高宗廢鬱林，領兵入殿，左右驚走報瀹。瀹與客圍棊，每下子，輒云「其當有意」。竟局，乃還齋臥，竟不問外事也。明帝卽位，瀹又屬疾不視事。後上讌會，功臣上酒，尙書令王晏等興席，瀹獨不起，曰：「陛下受命，應天從民，〔五〕王晏妄叨天功以爲己力。」上大笑解之。座罷，晏呼瀹共載還令省，欲相撫悅。瀹又正色曰：「君巢窟在何處？」晏初得班劍，瀹謂之曰：「身家太傅裁得六人。君亦何事一朝至此。」晏甚憚之。

加領右軍將軍。兄朏在吳興，論啓公〔齊〕〔事〕稽晚，〔六〕瀹輒代爲啓，上見非其手迹，被問，見原。轉侍中，領太子中庶子，豫州中正。永泰元年，轉散騎常侍，太子詹事。其年卒。年四十五。贈金紫光祿大夫。謚簡子。

初，兄朏爲吳興，瀹於征虜渚送別，朏指瀹口曰：「此中唯宜飮酒。」瀹建武之初，專以長酣爲事，與劉瑱沈昭略以觴酌交飮，各至數斗。

世祖嘗問王儉，當今誰能爲五言詩？儉對曰：「謝朏得父膏腴，江淹有意。」上起禪靈寺，勑瀹撰碑文。

王思遠，琅邪臨沂人。尙書令晏從弟也。父羅雲，平西長史。思遠八歲，父卒，祖弘之及外祖新安太守羊敬元，〔七〕並栖退高尙，故思遠少無仕心。

宋建平王景素辟爲南徐州主簿，深見禮遇。景素被誅，左右離散，思遠親視殯葬，手種松柏。與廬江何昌寓、沛郡劉璡上表理之，事感朝廷。景素女廢爲庶人，思遠分衣食以相資贍，年長，爲備笄總，訪求素對，傾家送遣。

除晉熙王撫軍行參軍，安成王車騎參軍。建元初，爲長沙王後軍主簿，尚書殿中郎，出補竟陵王征北記室參軍，府遷司徒，仍爲錄事參軍。遷太子中舍人，文惠太子與竟陵王子良素好士，並蒙賞接。思遠求出爲遠郡，除建安內史。長兄思玄卒，思遠友于甚至，表乞自解，不許。及祥日，又固陳，世祖乃許之。除中書郎，大司馬諮議。

世祖詔舉士，竟陵王子良薦思遠及吳郡顧暠之、陳郡殷叡。邵陵王子貞爲吳郡，世祖除思遠爲吳郡丞，以本官行郡事，論者以爲得人。以疾解職，還爲司徒諮議參軍，領錄事，轉黃門郎。出爲使持節、都督廣交越三州諸軍事、寧朔將軍、平越中郎將、廣州刺史。高宗輔政，不之任，仍遷御史中丞。臨海太守沈昭略贓私，思遠依事劾奏，高宗及思遠從兄晏、昭略叔父文季請止之，思遠不從，案事如故。

建武中，遷吏部郎。思遠以從兄晏爲尚書令，不欲竝居內臺權要之職，上表固讓。曰：「近頻煩歸啓，實有微槩。陛下矜遇之厚，古今罕儔。臣若孤恩，誰當勠力。既自誓輕〔軀〕命，〔一八〕不復以塵黷爲疑，〔一九〕正以臣與晏地惟密親，必不宜俱居顯要。慺慺丹赤，守之以死。臣實庸鄙，無足獎進。陛下甄拔之旨，要是許其一節。臣果不能以理自固，有乖則哲之明。犯冒之尤，誅責在己，謬賞之私，惟塵聖鑒。權其輕重，寧守褊心。且亦緣陛下以德御下，故臣可得以禮進退。伏願思垂拯宥，不使零墜。今若祗膺所忝，三公不足爲泰，犯忤之後，九泉未足爲劇。而臣苟求刑戮，自棄富榮，愚夫不爲，臣亦庶免。此心此志，可怜可矜。如其上命必行，請罪非理，聖恩方置之通塗，而臣固求擯壓，自愍自悼，不覺涕流。謹冒鈇鉞，悉心以請。窮則呼天，仰祈一照。」〔一〇〕上知其意，乃改授司徒左長史。

初，高宗廢立之際，思遠與晏閑言，謂晏曰：「兄荷世祖厚恩，今一旦贊人如此事，彼或可以權計相須，未知兄將來何以自立。若及此引決，猶可不失後名。」晏不納。及拜驃騎，集會子弟，謂思遠兄思微曰：「隆昌之末，阿戎勸吾自裁，若從其語，豈有今日。」思遠遽應曰：「如阿戎所見，猶未晚也。」及晏敗，故得無他。

思遠清脩，立身簡潔。衣服牀筵，窮治素淨，賓客來通，輒使人先密覘視，衣服垢穢，方便不前，形儀新楚，乃與促膝。雖然，既去之後，猶令二人交帚拂其坐處。上從祖弟季敞性甚豪縱，上心非之。謂季敞曰：「卿可數詣王思遠。」

上旣誅晏，遷爲侍中，掌優策及起居注。永元二年，遷度支尚書。未拜，卒。年四十九。贈太常，謚貞子。

思遠與顧暠之友善。暠之卒後家貧，思遠迎其兒子，〔一一〕經卹甚至。

翯之字士明。少孤，好學有義行。初舉秀才，歷官府閤。永明末，爲太子中舍人，兼尙書左丞。隆昌初，爲安西諮議，兼著作，與思遠竝屬文章。建武初，以疾歸家，高宗手詔與思遠曰：「此人殊可惜。」就拜中散大夫。卒，年四十九。

思微，永元中爲江州長史，爲陳伯之所殺。

史臣曰：德成爲上，藝成爲下。觀夫二三子之治身，豈直淸體雅業，取隆基構；行禮蹈義，可以勉物風規云。君子之居世，所謂美矣！

贊曰：江纂世業，有聞時陂。何申舊主，辭出乎義。謝獻壽觴，載色載刺。思遠退食，冲心篤寄。

校勘記

〔一〕爲太（祖）〔初〕所殺　據局本改。南監本、殿本作「爲太子劭所殺」。按太子劭卽元凶劭，劭卽位，改元太初，史敍劭事，多稱「太初」。參閱徐孝嗣傳校記引錢大昕說。

〔二〕從帝立　按從帝卽順帝，子顯避梁諱改，南監本、殿本已改爲「順帝」。

〔三〕爲從祖(渟)〔淳〕後　據殿本改。按南史江夷傳曾孫斅附傳亦作「淳」，渟與淳形近而譌。

〔四〕禮無(從)〔後〕小宗之文　據南監本、殿本、局本及南史改。

〔五〕何琦又立此論　「何琦」南監本、局本作「何期」。按何琦晉書有傳，然傳中未載其曾立閒世立後之論。

〔六〕父佟之　張森楷校勘記云：「『佟之』梁書何敬容傳作『攸之』。宋書江湛傳有侍中何攸之，卽其人也。何尙之傳作『悠之』。」

〔七〕以(夙)〔風〕素見重　據南監本、殿本、局本及南史、元龜二百九十二、七百二十七、八百三改。

〔八〕而今疑(以)〔似〕未辨　據局本及元龜八百七十五改。

〔九〕若使王心跡得申亦示海內理寃枉明是非　按元龜八百七十五作「若使王心跡弗申，亦示海內無以理寃枉，明是非」。

〔一〇〕〔夫〕存亡國　據元龜八百七十五補。

〔一一〕理有逆從　按「從」卽「順」字，蕭子顯避梁諱改。

〔一二〕竟陵王子良表置友學官　「友學」南監本、殿本作「文學」。按東晉、南朝有諸王友、諸王文學官，此謂蕭子良表置諸王友、諸王文學官也，「友」字不譌。

〔一三〕高選友學　「友學」各本並作「文學」，譌，說見上。

〔一四〕轉長（史）兼侍中　張森楷校勘記云：「『史』字衍文。」今據删。參閱第二十三卷校記第三十二條。

〔一五〕應天從民　按「從」即「順」字，蕭子顯避梁諱改。「民」毛本作「命」，與上「陛下受命」之「命」字複，譌。

〔一六〕論啓公（齊）〔事〕稽晚　據南監本、殿本、局本改。

〔一七〕祖弘之及外祖新安太守羊敬元　「弘」原作「引」，蓋因宋時刻書避弘字諱闕筆而譌，今據南監本、殿本、局本改正。

〔一八〕既自誓輕〔軀〕命　據南監本、殿本、局本補。

〔一九〕不復以塵黷爲疑　「黷」南監本、殿本作「黜」。

〔二〇〕仰祈一照　「祈」原譌「斯」，各本不譌，今改正。

〔二一〕思遠迎其兒子　「兒子」南史及元龜八百三作「妻子」。

南齊書卷四十四

列傳第二十五

徐孝嗣　沈文季

徐孝嗣字始昌，東海郯人也。祖湛之，宋司空；父聿之，著作郎；並爲太(祖)〔初〕所殺。〔一〕孝嗣在孕得免。幼而挺立，風儀端簡。八歲，襲爵枝江縣公，〔二〕見宋孝武，升階流涕，迄于就席。帝甚愛之。尙康樂公主。泰始二年，西討解嚴，車駕還宮，孝嗣登殿不著靺，爲治書御史蔡准所奏，〔三〕罰金二兩。拜駙馬都尉，除著作郎，母喪去官。爲司空太尉二府參軍，安成王文學。〔四〕孝嗣姑適東莞劉舍，舍兄藏爲尙書左丞，孝嗣往詣之。藏退語舍曰：「徐郎是令僕人，三十餘可知矣。汝宜善自結。」

昇明中，遷太祖驃騎從事中郎，帶南彭城太守，隨府轉爲太尉諮議參軍，太守如故。齊臺建，爲世子庶子。建元初，國除，出爲晉陵太守，還爲太子中庶子，領長水校尉。未拜，爲寧朔將軍、聞喜公子良征虜長史，遷尚書吏部郎，太子右衞率，轉長史。〔五〕善趨步，閑容止，與太宰褚淵相埒。世祖深加待遇。尚書令王儉謂人曰：「徐孝嗣將來必爲宰相。」轉充御史中丞。世祖問儉曰：「誰可繼卿者？」儉曰：「臣東都之日，其在徐孝嗣乎！」〔六〕出爲吳興太守，儉贈孝嗣四言詩曰：「方軌叔茂，追清彥輔。柔亦不（吐）〔茹〕，剛亦不（茹）〔吐〕。」〔七〕時人以比蔡子尼之行狀也。在郡有能名。會王儉亡，上徵孝嗣爲五兵尚書。

其年，上敕儀曹令史陳淑、王景之、朱玄眞、陳義民撰江左以來儀典，令諮受孝嗣。明年，遷太子詹事。從世祖幸方山。上曰：「朕經始此山之南，復爲離宮之所。故應有邁靈丘。」靈丘山湖，新林苑也。孝嗣答曰：「繞黃山，款牛首，乃盛漢之事。今江南未曠，〔八〕民亦勞止，願陛下少更留神。」上竟無所脩立。竟陵王子良甚善之。子良好佛法，使孝嗣及廬江何胤掌知齋講及衆僧。轉吏部尚書。尋加右軍將軍，轉領太子左衞率。臺閣事多以委之。

世祖崩，遺詔轉右僕射。隆昌元年，遷散騎常侍、前將軍、丹陽尹。高宗謀廢鬱林，以告孝嗣，孝嗣奉旨無所藎賀。高宗入殿，孝嗣戎服隨後。鬱林既死，高宗須太后令，孝嗣於袖中出而奏之，高宗大悅。以廢立功，封枝江縣侯，食邑千戶。給鼓吹一部，甲仗五十人入殿。轉左僕射，常侍如故。明帝卽位，加侍中、中軍大將軍，定策勳，進爵爲公，增封二千戶。給班劍二十人，加兵百人。舊拜三公乃臨軒，至是帝特詔與陳顯達、王晏竝臨軒拜授。北虜動，詔孝嗣假節頓新亭。時王晏爲令，民情物望，不及孝嗣也。晏誅，轉尚書令，領本州中正，餘悉如故。孝嗣愛好文學，賞託清勝。器量弘雅，不以權勢自居，故見容建武之世。恭己自保，朝野以此稱之。

初，孝嗣在率府，晝臥齋北壁下，夢兩童子遽云「移公床」。孝嗣驚起，聞壁有聲，行數步而壁崩壓床。建武四年，即本號開府儀同三司。孝嗣聞有詔，斂容謂左右曰：「吾德慚古人，位登袞職，將何以堪之。明君可以理奪，必當死請。若不獲命，正當角巾丘園，待罪家巷耳。」固讓不受。

是時連年虜動，軍國虛乏。孝嗣表立屯田曰：「有國急務，兵食是同，一夫輟耕，於事彌切。故井陌疆里，長轂盛於周朝，屯田廣置，勝戈富於漢室。降此以還，詳略可見。但求之自古，爲論則賒；卽以當今，宜有要術。竊尋緣淮諸鎮，皆取給京師，費引既殷，漕運艱澀。聚粮待敵，每(若)〔苦〕不周，〔九〕利害之基，莫此爲急。臣比訪之故老及經彼宰守，淮南舊田，觸處極目，陂遏不脩，咸成茂草。平原陸地，彌望尤多。今邊備既嚴，戍卒增衆，遠資餽運，近廢良疇，士多飢色，可爲嗟歎。愚欲使刺史二千石躬自履行，隨地墾闢。精尋灌溉之源，善商肥确之異。州郡縣戍主帥以下，悉分番附農。今水田雖晚，方事菽麥，菽麥二種，益是北土所宜，彼人便之，不減粳稻。開創之利，宜在及時。所啓允合，請即使至徐、兗、司、豫，爰及荆、雍，各當境規度，勿有所遺。別立主曹，專司其事。田器耕牛，臺詳所給。歲終言殿最，明其刑賞。此功克舉，庶有弘益。若緣邊足食，則江南自豐，權其所饒，略不可計。」事御見納。時帝已寢疾，兵事未已，竟不施行。

帝疾甚，孝嗣入居禁中，臨崩受遺託，重申開府之命。加中書監。永元初輔政，自尚書下省出住宮城南宅，不得還家。帝失德稍彰，孝嗣不敢諫諍。及江祏見誅，內懷憂恐，然未嘗表色。始安王遙光反，衆情遑惑，見孝嗣入，宮內乃安。〔然〕羣小用事，〔一〇〕亦不能制也。進位司空，固讓。求解丹陽尹，不許。

孝嗣文人，不顯同異，名位雖大，故得未及禍。虎賁中郎將許准有膽力，〔一一〕領軍隸孝嗣，陳說事機，勸行廢立。孝嗣遲疑久之，謂必無用干戈理，須少主出遊，閉城門召百僚集議廢之，雖有此懷，終不能決。羣小亦稍憎孝嗣，勸帝召百僚集議，因誅之。冬，召孝嗣入華林省，遣茹法珍賜藥，孝嗣容色不異，少能飲酒，藥至斗餘，方卒。乃下詔曰：「周德方熙，『三監』迷叛，漢歷載昌，宰臣構戾，皆身膏斧鉞，族同煙燼。殷鑒上代，垂戒後昆。徐孝嗣憑藉世資，早蒙殊遇，階緣際會，遂登台鉉。匡翼之誠無聞，諂黷之迹屢著。沈文季門世〔一二〕原闕」

沈文季字(伯)〔仲〕達，〔一三〕吳興武康人。父慶之，宋司空。

文季少以寬雅正直見知。孝建二年，〔一四〕起家主簿，〔一五〕徵祕書郎。〔一六〕以慶之勳重，大明五年，封文季爲山陽縣五等伯。轉太子舍人，新安王北中郎主簿，西陽王撫軍功曹，江夏王太尉東曹掾，〔一七〕遷中書郎。慶之爲景和所殺，兵仗圍宅，收捕諸子。文季長兄文叔謂文季曰：「我能死，爾能報。」遂自縊。文季揮刀馳馬去，收者不敢追，遂得免。

明帝立，起文季爲寧朔將軍，遷太子右衞率，建安王司徒司馬。赭圻平，爲宣威將軍，廬江王太尉長史。出爲寧朔將軍、征北司馬、廣陵太守。轉黃門郎，領長水校尉。明帝宴會朝臣，以南臺御史賀臧爲柱下史，〔一八〕糾不醉者。文季不肯飲酒，被驅下殿。

晉平王休祐爲南徐州，帝問褚淵須幹事人爲上佐，淵舉文季。轉寧朔將軍、驃騎長史、南東海太守。休祐被殺，雖用薨禮，僚佐多不敢至。文季獨往省墓展哀。出爲臨海太守。元徽初，遷散騎常侍，領後軍將軍，轉祕書監。出爲吳興太守。文季飲酒至五斗，妻王氏，王錫女，飲酒亦至三斗。文季與對飲竟日，而視事不廢。

昇明元年，沈攸之反，太祖加文季爲冠軍將軍，督吳興錢塘軍事。攸之先爲景和銜使殺慶之。至是文季收殺攸之弟新安太守登之，誅其宗族。加持節，進號征虜將軍，改封略陽縣侯，邑千戶。明年，遷丹陽尹，將軍如故。齊國初建，爲侍中，領祕書監。建元元年，轉太子右衞率，侍中如故。改封西豐縣侯，食邑千二百戶。

文季風采稜岸，善於進止。司徒褚淵當世貴望，頗以門戶裁之，文季不爲之屈。世祖在東宮，於玄圃宴會朝臣。文季數舉酒勸淵，淵甚不平，啓世祖曰：「沈文季謂淵經爲其郡，數加淵酒。」文季曰：「惟桑與梓，必恭敬止。豈如明府亡國失土，不識枌榆。」遂言及虜動，淵曰：「陳顯達、沈文季當今將略，足（要）委以邊事。」〔九〕文季諱稱將門，因是發怒，啓世祖曰：「褚淵自謂是忠臣，未知身死之日，何面目見宋明帝？」世祖笑曰：「沈率醉也。」中丞劉休舉其事，見原。後豫章王北宅後堂集會，文季與淵並（喜）〔善〕琵琶，〔一〇〕酒闌，淵取樂器，爲明君曲。文季便下席大唱曰：「沈文季不能作伎兒。」豫章王嶷又解之曰：「此故當不損仲容之德。」淵顏色無異，曲終而止。

文季尋除征虜將軍，侍中如故。遷散騎常侍，左衞將軍，征虜如故。世祖卽位，轉太子詹事，常侍如故。永明元年，出爲左將軍、吳郡太守。三年，進號平東將軍。四年，遷會稽太守，將軍如故。是時連年檢籍，百姓怨望。富陽人唐寓之僑居桐廬，父祖相傳圖墓爲業。寓之自云其家墓有王氣，山中得金印，轉相誑惑。三年冬，寓之聚黨四百人，於新城水斷商旅，黨與分布近縣。新城令陸赤奮、桐廬令王天愍棄縣走。寓之向富陽，抄略人民，縣令何洵告魚浦子邏主從係公，發魚浦村男丁防縣。永興遣西陵戍主夏侯曇羨率將吏及戍左右埭界人起兵赴救。寓之遂陷富陽。會稽郡丞張思祖遣臺使孔矜、王萬歲、張繇等配以器仗將吏白丁，防衞永興等十屬。文季亦遣器仗將吏救援錢塘。寓之至錢塘，錢塘令劉彪、戍主聶僧貴遣隊主張玕於小山拒之，力不敵，戰敗。寓之進抑浦登岸，焚郭邑，彪棄縣走。文季又發吳、嘉興、海鹽、鹽官民丁救之。賊分兵出諸縣，鹽官令蕭元蔚、諸暨令陵琚之並逃走，餘杭令樂琰戰敗乃奔。是春，寓之於錢塘僭號，置太子，以新城戍爲天子宮，縣廨爲太子宮。弟紹之爲揚州刺史。錢塘富人柯隆爲尚書僕射、中書舍人，領太官令。獻鋌數千口爲寓之作仗，加領尚方令。分遣其黨高道度徐寇東陽，東陽太守蕭崇之、長山令劉國重拒戰見害。崇之字茂敬，太祖族弟。至是臨難，貞正果烈。追贈冠軍將軍，太守如故。賊遂據郡。又遣僞會稽太守孫泓取山陰，時會稽太守王敬則朝正，故寓之謂乘虛可襲。泓至浦陽江，郡丞張思祖遣浹口戍主湯休武拒戰，大破之。上在樂遊苑，聞寓之賊，謂豫章王嶷曰：「宋明初，九州同反，鼠輩但作，看蕭公雷汝頭。」遣禁兵數千人，馬數百匹東討。賊衆烏合，畏馬。官軍至錢塘，一戰便散，禽斬寓之，進兵平諸郡縣。

臺軍乘勝，百姓頗被抄奪。軍還，上聞之，收軍主前軍將軍陳天福棄市，左軍將軍中宿縣子劉明徹免官削爵付東冶。天福，上寵將也，既伏誅，內外莫不震肅。天福善馬矟，至今諸將法之。

御史中丞徐孝嗣奏曰：「風聞山東羣盜，剽掠列城，雖匪日而殄，要暫干王略。郡縣闕攻守之宜，倉府多侵秏之弊，舉善懲惡，應有攸歸。吳郡所領鹽官令蕭元蔚、桐廬令王天愍、新城令陸赤奮等，縣爲(百)〔白〕劫破掠，〔二一〕竝不經格戰，委職散走。〔二二〕元蔚、天愍還臺，赤奮不知所在。又錢塘令劉彪、富陽令何洵，乃率領吏民(相)〔拒〕戰不敵，〔二三〕未委歸臺。餘建德、壽昌，在劫斷上流，不知被劫掠不？吳興所領餘杭縣被劫破，令樂琰乃率吏民徑戰不敵，委走出都。會稽所領諸暨縣，爲劫所破，令陵琚之不經格戰，委城奔走，不知所在。案元蔚等妄藉天私，作司近服，昧斯隱慝，職啓虔劉。會稽郡丞張思祖謬因承乏，總任是尸，涓誠罔効，終焉無紀。平東將軍吳郡太守文季、征虜將軍吳興太守西昌侯鸞，〔二四〕任屬關、河，威懷是寄。輒下禁止彪、琰、洵、思祖、文季視事如故，鸞等結贖論。」〔二五〕詔元蔚等免，思祖、鸞、文季原。

文季固讓會稽之授，轉都官尚書，加散騎常侍。出爲持節、督郢州司州之義陽諸軍事、左將軍、郢州刺史。還爲散騎常侍，領軍將軍。世祖謂文季曰：「南士無僕射，多歷年所。」文季對曰：「南風不競，非復一日。」文季雖不學，發言必有辭采，當世稱其應對。尤善籩及彈棊，簺用五子。

以疾遷金紫光祿大夫，加親信二十人，常侍如故。轉侍中，領太子詹事，遷中護軍，侍中如故。以家爲府。隆昌元年，復爲領軍將軍，侍中如故。豫廢鬱林，高宗欲以文季爲江州，遣左右單景雋宣旨，文季口自陳讓，稱年老不願外出，因問右執法有人未，景雋還具言之。延興元年，遷尚書右僕射。

明帝卽位，加領太子詹事，增邑五百戶。尚書令王晏嘗戲文季爲吳興僕射。文季答曰：「琅邪執法，似不出卿門。」尋加散騎常侍，僕射如故。建武二年，虜寇壽春，豫州刺史豐城公遙昌嬰城固守，數遣輕兵相抄擊，明帝以爲憂，詔文季領兵鎭壽春。文季入城，止游兵(一)〔不〕聽出，〔二六〕洞開城門，嚴加備守，虜軍尋退，百姓無所傷損。增封爲千九百戶。尋加護軍將軍，僕射、常侍如故。

王敬則反，詔文季領兵屯湖頭，備京路。永元元年，轉侍中、左僕射，將軍如故。始安王遙光反，其夜，遣三百人於宅掩取文季，欲以爲都督，而文季已還臺。明日，與尚書令徐孝嗣守衞宮城，戎服共坐南掖門上。時東昏已行殺戮，孝嗣深懷憂慮，欲與文季論世事，〔二七〕文季輒引以他辭，終不得及。事寧，加鎭軍將軍，置府。侍中、僕射如故。

文季見世方昏亂，託以老疾，不豫朝機。兄子昭略謂文季曰：「阿父年六十爲員外僕射，欲求自免，豈可得乎？」文季笑而不答。〔見〕〔同〕孝嗣被害。〔二八〕其日先被召見，文季知敗，舉動如常，登車顧曰：「此行恐往而不反也。」於華林省死，時年五十八。朝野寃之。中興元年，贈侍中、司空，謚忠憲。

兄子昭略，有剛氣。昇明末，爲相國西曹〔掾〕，〔二九〕太祖賞之，及卽位，謂王儉曰：「南士中有沈昭略，何職處之？」儉曰：「臣已有擬。」奏轉前軍將軍，上不欲違，可其奏。尋遷爲中書郎。永明初，歷太尉大司馬從事中郎，驃騎司馬，黃門郎。南郡王友、學華選，〔三〇〕以昭略爲友，尋兼左丞。元年，出爲臨海太守，御史中丞。昭略建武世嘗〔酒〕酣〔酒以自晦〕，與謝瀟善。〔三一〕累遷侍中，冠軍將軍，撫軍長史。永元元年，始安王遙光起兵東府，執昭略於城內。昭略〔潛自南出，濟淮還臺。至是與〕文季俱被召入華林省。〔三二〕茹法珍等進藥酒，昭略怒罵徐孝嗣曰：「廢昏立明，古今令典。宰相無才，致有今日。」以甌擲面破，曰「作破面鬼」。死時年四十餘。

弟昭光，聞收至，家人勸逃去，昭光不忍捨母，遂見獲，殺之。中興元年，贈昭略太常，昭光廷尉。

史臣曰：爲邦之訓，食惟民天，足食足兵，民信之矣。〔三三〕屯田之略，實重戰守。若夫充國耕殖，用殄羌戎，韓浩、棗祗，亦建華夏置典農之官，興大佃之議。金城布險，峻壘綿壃，飛芻輓粒，事難支繼。一夫不耕，或鍾飢餒，緣邊戍卒，坐甲千羣。故宜盡收地利，因兵務食。緩則躬耕，急則從戰。歲有餘粮，則紅食可待。前世達治，言之已詳。江左以來，不暇遠策，王旅外出，未嘗宿飽，四郊嬰守，懼等松芻。縣兵所救，經歲引日，淩風泙水，轉漕艱長。傾窖底之儲，盡倉敖之粟，流馬木牛，尙深前弊，田積之要，唯在江淮。郡國同興，遠不周急。故吳氏列戍南濱，屯農水右，魏世淮北大佃，而石橫開漕，〔三四〕皆輔車相資，易以待敵。〔三五〕孝嗣當蹙境之晨，薦希行之計，王無外略，民困首領，觀機而動，斯議殆爲空陳，惜矣！

贊曰：文忠作相，器範先標。有容有業，可以立朝。豐城歷仕，〔三六〕音儀孔昭。爲舟等溺，在運同消。

校勘記

〔一〕竝爲太(祖)〔初〕所殺　據局本改。南監本、殿本作「爲太子劭所殺」。錢大昕廿二史考異云：「予謂『太祖』乃『太初』之譌。元凶僭號，改元太初，史敍元凶朝事，多稱太初。王僧虔傳云兄僧綽爲太初所害，與此文同。刊本譌爲『太祖』，後人以意改爲『太子劭』耳。」

〔二〕襲爵枝江縣公　南史同。錢大昕廿二史考異云：「按湛之封枝江縣侯，身後亦未見加封之文，其子何以得襲公爵？又考宋書州郡志，枝江止云侯相，不云公相，疑此誤也。」

〔三〕爲治書御史蔡淮所奏　「蔡淮」殿本作「蔡準」。按「淮」卽「準」字，蓋避宋順帝諱改。南監本、局本譌「蔡淮」。

〔四〕安成王文學　「成」原譌「武」，今據南監本、毛本、殿本、局本改正。

〔五〕轉長史　按云轉長史而不繫府名，明有奪譌。南史作「轉長史兼侍中」，亦有譌，疑當作「轉長兼侍中」，南史衍一「史」字也。參閱第二十三卷校記第三十二條。

〔六〕臣東都之日其在徐孝嗣乎　按東都之日卽謂致仕之日，蓋引漢二疏歸老故鄉，公卿大夫故人邑子爲設祖道供帳東都門故事。文選張協詠史詩「藹藹東都門，羣公祖二疏」，南史虞玩之傳中丞劉休與親知書「而東都之送，殊不藹藹」，皆是也。通鑑齊武帝永明七年胡三省注以周以洛陽爲東都釋之，恐非。

〔七〕柔亦不〔吐〕〔茹〕剛亦不〔茹〕〔吐〕　據南監本、局本改，與詩大雅烝民合。

〔八〕今江南未曠　「曠」殿本、局本作「廣」。

〔九〕聚粮待敵每〔若〕〔苦〕不周　各本同譌，據元龜五百三改。

〔一〇〕〔然〕羣小用事　據南監本、殿本、局本補。

〔一一〕虎賁中郎將許准有膽力　「許准」南監本、殿本、局本作「許準」。按「准」卽「準」字，蓋避宋順帝諱改。

〔一二〕沈文季門世　此下原本缺一頁，各本同。原本每頁十八行，每行十八字。按南史徐羨之傳族孫孝嗣附傳未錄詔書全文，下云：「于時凡被殺者，皆取其蟬冕，剝其衣服，衆情素敬孝嗣，得無所侵。長子演，尙齊武帝女武康公主，位太子中庶子。第三子況，尙明帝女山陰公主，並拜駙馬都尉。俱見殺。孝嗣之誅，衆人懼，無敢至者，唯會稽魏溫仁奔赴，以私財營喪事，當時稱之。初，孝嗣復故封，使故吏吳興丘歡筮之，當傳幾世。歡曰：『恐不終尊身。』孝嗣容色甚惡，徐曰：『緣有此慮，故令卿決之。』中興元年，和帝贈孝嗣太尉。二年，改葬，宣德太后詔贈班劍四十人，加羽葆鼓吹，謚曰文忠，改封餘干縣公。」足補本書之缺。又元龜二百十：「和帝中興元年，以故侍中、中書監徐孝嗣謀廢東昏未決，並子演遇害，贈太尉，侍中、中書監如故。二年，孝嗣改葬，宣德太后詔贈班劍四十人，加羽葆鼓吹，謚文忠，改封餘干縣公。贈子演侍中，謚簡世子；況散騎侍郎。」疑所據乃齊書傳文。

〔一三〕沈文季字(伯)〔仲〕達　據南史、元龜二百十改。按沈文季爲沈文叔之弟，作「字仲達」是。

〔一四〕孝建二年　「二年」元龜二百十作「三年」。

〔一五〕起家主簿　元龜作「起家辟州主簿」。

〔一六〕徵秘書郎　「徵」元龜作「遷」。按自「沈文季字伯達」至「起家主簿徵」，凡三十六字，原本在闕頁內，今據各本補。

〔一七〕江夏王太尉東曹掾　「尉」原譌「祖」，各本不譌，今改正。

〔一八〕以南臺御史賀臧爲柱下史　「賀臧」南監本、殿本及南史並作「賀咸」。

〔一九〕足（要）委以邊事　據南監本、殿本、局本及元龜九百十七刪。

〔二〇〕文季與淵並（喜）〔善〕琵琶　據南監本、殿本、局本及元龜九百十七改。

〔二一〕爲（百）〔白〕劫破掠　南監本、局本作「爲首劫破掠」，今據元龜五百十九改。按「白劫」卽倖臣劉係宗傳所云「白賊唐寓之起」之「白賊」，百與白形近而譌。

〔二二〕委職散走　「散走」二字原譌「故是」，各本不譌，今改正。

〔二三〕乃率領吏民（相）〔拒〕戰不敵　據元龜五百十九改。

〔二四〕征虜將軍吳興太守西昌侯鸞　「鸞」原作「諱」，今據殿本改。下同。

〔二五〕鸞等結贖論　「結」南監本、局本作「納」。

〔二六〕止游兵（一）〔不〕聽出　據元龜三百九十一、通鑑齊明帝建武二年改。

〔二七〕欲與文季論世事　「論」原譌「給」，今據南監本、殿本、局本及南史改正。

〔二八〕（見）〔同〕孝嗣被害　據南監本、殿本、局本改。

〔二九〕爲相國西曹〔掾〕　據南史、元龜二百十一補。

〔三〇〕南郡王友學華選　「友學華選」毛本、殿本、局本作「文學華選」，譌。參閱第四十三卷校記第十二條。

〔三一〕昭略建武世嘗〔酒〕酣〔酒以自晦〕與謝瀹善　據元龜八百三十六刪補。按南監本、殿本無「昭略建武世嘗酒酣與謝瀹善」十二字。又「善」字下原本空一字，毛本、局本注一「闕」字。

〔三二〕昭略〔潛自南出濟淮還臺至是與〕文季俱被召入華林省　據南監本、殿本補。

〔三三〕民信之矣　「信之」二字原譌倒，今據殿本乙正。按南監本、局本作「民斯信矣」。

〔三四〕魏世淮北大佃而石橫開漕　按「石橫」晉書食貨志作「橫石」。

〔三五〕易以待敵　「敵」原譌「商」，今據南監本、毛本、殿本、局本改正。

〔三六〕豐城歷仕　沈文季傳云封西豐縣侯，而贊乃云「豐城歷仕」，必有譌。按宋書州郡志，西豐、豐城皆侯國。據宗室蕭遙昌傳，遙昌於建元元年封豐城縣公，則沈文季之封自當在西豐。「豐城」疑「西豐」之譌。

南齊書卷四十五

列傳第二十六

宗室

衡陽元王道度　始安貞王道生 遙光　遙欣　遙昌　安陸昭王緬

衡陽元王道度，太祖長兄也。與太祖俱受學雷次宗。宣帝問二兒學業，次宗答曰：「其兄外朗，其弟內潤，皆良璞也。」隨宣帝征伐，仕至安定太守，卒於宋世。建元二年，追加封謚。〔一〕無子，太祖以第十一子鈞繼道度後。

鈞字宣禮。永明四年，爲江州刺史，加散騎常侍。母區貴人卒，居喪盡禮。六年，遷爲征虜將軍。八年，遷驍騎將軍，常侍如故。仍轉左衞將軍。鈞有好尚，爲世祖所知。兄弟中意遇次鄱陽王鏘。十年，轉中書令，領石頭戍事。遷散騎常侍，祕書監，領驍騎如故。不拜。隆昌元年，改加侍中，給扶。海陵立，轉撫軍將軍，侍中如故。尋遇害，年二十二。

明帝卽位，以永陽王子珉仍本國，繼元王爲孫。

子珉字雲輿，世祖第二十子也。永明七年，封義安王，後改永陽。永泰元年見害，年十四。復以武陵昭王曄第三子子坦奉元王後。

始安貞王道生字孝伯，太祖次兄也。宋世爲奉朝請，卒。建元元年，追封謚。建武元年，追尊爲景皇，妃江氏爲后。立寢廟於御道西，陵曰脩安。生子鳳、高宗、安陸昭王緬。

鳳字景慈，官至正員郎。卒於宋世。謚靖世子。明帝建武元年，贈侍中、驃騎將軍，開府儀同三司、始安靖王。改華林鳳莊門爲望賢門，太極東堂(書)〔畫〕鳳鳥，〔三〕題爲神鳥，而改鸞鳥爲神雀。子遙光嗣。

遙光字元暉。生有躄疾，太祖謂不堪奉拜祭祀，欲封其弟，世祖諫，乃以遙光襲爵。初爲員外郎，轉給事郎，太孫洗馬，轉中書郎，豫章內史，不拜。高宗輔政，遙光好天文候道，密懷規贊。隆昌元年，除驍騎將軍、冠軍將軍、南東海太守，行南徐州事。仍除南彭城太守，將軍如故。又除輔國將軍、吳興太守。高宗廢鬱林，又除冠軍將軍、南蠻校尉、西（平）中郎長史、〔三〕南郡太守。一歲之內，頻五除，並不拜。是時高宗欲即位，誅賞諸事唯遙光共謀議。

建武元年，以爲持節、都督揚南徐二州諸軍事、前將軍、揚州刺史。晉安王寶義爲南徐州，遙光求解督，見許。二年，進號撫軍將軍，〔四〕加散騎常侍，給通幰車鼓吹。遙光好吏事，稱爲分明。頗多慘害。足疾不得同朝（例）〔列〕，〔五〕常乘輿自望賢門入。每與上久清閑，言畢，上索香火，明日必有所誅殺。上以親近單少，憎忌高、武子孫，欲并誅之，遙光計畫參議，當以次施行。永泰元年，即本位爲大將軍，給油絡車。帝不豫，遙光數入侍疾，帝漸甚，河東王鉉等七王一夕見殺，遙光意也。

帝崩，遺詔加遙光侍中、中書令，給扶。永元元年，給班劒二十人，即本號開府儀同三司。遙光既輔政，見少主卽位，潛與江祏兄弟謀自樹立。弟遙欣在荆楚，擁兵居上流，密相影響。遙光當據東府號令，使遙欣便星速急下。潛謀將發，而遙欣病死。江祏被誅，東昏侯召遙光入殿，告以祏罪，遙光懼，還省便陽狂號哭，自此稱疾不復入臺。先是遙光行還入城，風飄儀繖出城外。

遙光弟遙昌先卒壽春，豫州部曲皆歸遙光；及遙欣喪還葬武進，停東府前〔渚〕，〔六〕荆州衆力送者甚盛。帝誅江祏後，慮遙光不自安，欲轉爲司徒還第，召入喻旨。遙光慮見殺，八月十二日晡時，收集二州部曲，於東府門聚人衆，街陌頗怪其異，莫知指趣也。遙光召親人丹陽丞劉渢及諸傖楚，欲以討劉暄爲名。夜遣數百人破東冶出囚，尚方取仗。又召驍騎將軍垣歷生，歷生隨信便至，勸遙光令率城內兵夜攻臺，輂萩燒城門，〔曰〕：「公但乘輿隨後，〔七〕反掌可得。」遙光意疑不敢出。天稍曉，遙光戎服出聽事，停輿處分上仗登城行賞賜。歷生復勸出軍，遙光不肯，望臺內自有變。

至日中，臺軍稍至，尚書符遙光曰：「逆從之數，〔八〕皎然有徵，干紀亂常，刑茲罔赦。蕭遙光宗室蚩庸，才行鄙薄，緹䘿可望，〔九〕天路何階。受遇自昔，恩加猶子，禮絕帝體，寵越皇季。旗章車服，窮千乘之尊；闉隍爽闓，踰百雉之制。及聖后在天，親受顧託，話言在耳，德音猶存，侮蔑天明，罔畏不義，無君之心，履霜有日。遂乃稱兵內犯，竊發京畿，自古巨釁，莫斯爲甚。今便分命六師，弘宣九伐。皇上當親御戎軒，弘此廟略。信賞必罰，有如大江。」於是戒嚴，曲赦京邑。領軍蕭坦之屯湘宮寺，鎮軍司馬曹虎屯淸溪大橋，太子右衞率左興盛屯東府東籬門。衆軍圍東城三面，燒司徒二府。遙光遣垣歷生從西門出戰，臺軍屢北，殺軍主桑天愛。

初，遙光起兵，問諮議參軍蕭暢，暢正色拒折不從，十五日，暢與撫軍長史沈昭略潛自南出，濟淮還臺，人情大沮。十六日，垣歷生從南門出戰，因棄矟降曹虎軍，虎命斬之。遙光大怒，於牀上自竦踊，使殺歷生兒。

其晚，臺軍射火箭燒東北角樓，至夜城潰。遙光還小齋，帳中著衣帢坐，秉燭自照，令人反拒，齋閤皆重關。左右竝踰屋散出。臺軍主劉國寶、時當伯等先入，遙光聞外兵至，吹滅火，扶匐下牀，〔一〇〕軍人排閤入，於暗中牽出斬首，時年三十二。遙光未敗一夕，城內皆夢羣蚍緣城四出，各各共說之，咸以爲異。臺軍入城，焚燒屋宇且盡。

遙光府佐司馬端爲掌書記，曹虎謂之曰：「君是賊非？」端曰：「僕荷始安厚恩，今死甘心。」虎不殺，執送還臺，徐世檦殺之。劉渢遁走還家園，爲人所殺。端，河內人。渢，南陽人，事繼母有孝行，弟溓事渢亦謹。

詔斂葬遙光屍，原其諸子。追贈桑天愛輔國將軍、梁州刺史。以江陵公寶覽爲始安王，奉靖王後。永元二年，爲持節、督湘州、輔國將軍、湘州刺史。

遙欣字重暉。宣帝兄西平太守奉之無後，以遙欣繼爲曾孫。除祕書郎，太子舍人，巴陵王文學，中書郎。延興元年，高宗樹置，以遙欣爲持節、督兗州緣淮軍事、寧朔將軍、兗州刺史。仍爲督豫州〔郢州〕之西陽司州之汝南二郡、〔一〕輔國將軍、豫州刺史，持節如故。未之任。建武元年，進號西中郎將，封聞喜縣公。遷使持節、都督荆雍益寧梁南北秦七州軍事、〔二〕右將軍、荆州刺史。改封曲江公。高宗子弟弱小，晉安王寶義有廢疾，故以遙光爲揚州居中，遙欣居陝西在外，權勢并在其門。遙欣好勇，聚畜武士，以爲形援。四年，進號平西將軍。永泰元年，以雍州虜寇，詔遙欣〔以〕本官領刺史，〔三〕寧蠻校尉，移鎮襄陽，虜退不行。永元元年卒，年三十一。贈侍中、司空，謚康公。葬用王禮。

遙昌字季暉。解褐祕書郎，太孫舍人，給事中，祕書丞。〔延〕興〔元〕元年，〔四〕除黃門侍郎，未拜，仍爲持節、督郢司二州軍事、寧朔將軍、郢州刺史。建武元年，進號冠軍將軍。封豐城縣公，千五百戶。未之鎮，徙督豫州郢州之西陽司州之汝南二郡軍事、征虜將軍、豫州刺史，持節如故。

二年，虜主元宏寇壽春，遣使呼城內人，遙昌遣參軍崔慶遠、朱選之詣宏。慶遠曰：「旌蓋飄颻，遠涉淮、泗，風塵慘烈，無乃上勞？」〔五〕宏曰：「六龍騰躍，倏忽千里，經途未遠，不足爲勞。」慶遠曰：「川境既殊，遠勞軒駕。屈完有言：『不虞君之涉吾地也，何故？』」宏曰：「故當有故。卿欲使我含瑕依違；爲欲指斥其事？」慶遠曰：「君包荒之德，本施北政，未承來議，無所含瑕。」宏曰：「朕本欲有言，會卿來問。齊（王）〔主〕廢立，〔一六〕有其例不？」慶遠曰：「廢昏立明，古今同揆。中興克昌，豈唯一代？主上與先武帝，非唯昆季，有同魚水。武皇臨崩，託以後事。嗣孫荒迷，廢爲鬱林，功臣固請，爰立明聖。上逼太后之嚴令，下迫羣臣之稽顙，俯從億兆，踐登皇極。未審聖旨，獨何疑怪？」宏曰：「聞卿此言，殊解我心。但哲婦傾城，何足可用。果如所言，武帝子弟今皆何在？」慶遠曰：「七王同惡，皆伏管、蔡之誅，其餘列蕃二十餘國，內升清階，外典方牧。哲婦之戒，古人所惑；然十亂盈朝，實唯文母。」宏曰：「如我所聞，靡有孑遺。卿言美而乖實，未之全信。」

宏又曰：「雲羅所掩，六合宜一。故往年與齊武有書，言今日之事，書似未達齊主，命也。南使〔既〕反，〔一七〕情有愴然，朕亦（保）〔休〕兵。〔一八〕此段猶是本意，不必專爲問罪。若如卿言，便可釋然。」慶遠曰：「見可而進，知難而退，聖人奇兵。今旨欲憲章聖人，不失（美無）〔舊好〕，〔一九〕豈不善哉！」宏曰：「卿爲欲朕和親？爲欲不和？」慶遠曰：「和親則二國交歡，蒼生再賴；不和則二國交怨，蒼生塗炭。和與不和，裁由聖衷。」宏曰：「朕來爲復遊行鹽境，北去洛都，率爾便至。亦不攻城，亦不伐塢，卿勿以爲慮。」宏設酒及羊炙雜果，又謂慶遠曰：「聽卿主克黜凶嗣，不違忠孝。何以不立近親，如周公輔成王，而苟欲自取？」慶遠答曰：「成王有亞聖之賢，故周公得輔而相之。今近蕃雖無悖德，未有成王之賢。霍光亦捨漢蕃親而遠立宣帝。」宏曰：「若爾，霍光嚮自立爲君，當復得爲忠臣不？」慶遠曰：「此非其類，乃可言宣帝立與不立義當云何。皇上豈得與霍光爲匹？若爾，何以不言『武王伐紂，何意不立微子而輔之，苟貪天下？』」宏大笑。明日引軍向城東，遣道登道人進城內施衆僧絹五百匹，慶遠、選之各袴褶絡帶。

遙昌，永泰元年卒。上愛遙昌兄弟如子，甚痛惜之。贈車騎將軍、儀同三司。帝以問徐孝嗣，孝嗣曰：「豐城本資尙輕，贈以班台，如爲小過。」帝曰：「卿乃欲存萬代准則，此我孤兄子，不得與計。」謚憲公。

安陸昭王緬字景業。善容止。初爲祕書郎，宋邵陵王文學，中書郎。建元元年，封安陸侯，邑千戶。轉太子中庶子，遷侍中。世祖卽位，遷五兵尙書，領前軍將軍，仍出爲輔國將軍、吳郡太守，少時，大著風績。竟陵王子良與緬書曰：「竊承下風，數十年來未有此政。」世祖嘉其能，轉持節、都督郢州司州之義陽軍事、冠軍將軍、郢州刺史。

永明五年，還爲侍中，領驍騎將軍，仍遷中領軍。明年，轉散騎常侍，太子詹事。出爲會稽太守，常侍如故。遷使持節、都督雍梁南北秦四州荆州之竟陵司州之隨郡軍事、左將軍、寧蠻校尉、雍州刺史。緬留心辭訟，親自隱卹，劫抄度口，皆赦遣許以自新，再犯乃加誅，爲百姓所畏愛。

九年，卒。詔賻錢十萬，布二百匹。喪還，百姓緣沔水悲泣設祭，於峴山爲立祠。贈侍中、衞將軍，持節、都督、刺史如故。給鼓吹一部。謚昭侯。年三十七。高宗少相友愛，時爲僕射，領衞尉，表求解衞尉，私第展哀，詔不許。每臨緬靈，輒慟哭不成聲。建武元年，贈侍中，司徒，安陸王，邑二千戶。

子寶晊嗣，爲持節、督湘州軍事、輔國將軍、湘州刺史。弟寶覽爲江陵公，寶宏汝南公，邑各千五百戶。二年，寶晊進號冠軍將軍。三年，寶宏改封宵城。〔二〇〕永元元年，以安陸郡邊虜，寶晊改封湘東王。進號征虜將軍。二年，爲左衞將軍。高宗兄弟一門皆尙吏事，寶晊粗好文章。義師下，寶晊在城內，東昏廢，寶晊望物情歸己，坐待法駕，既而城內送首詣梁王。宣德太后臨朝，以寶晊爲太常。寶晊不自安，謀反，兄弟皆伏誅。

史臣曰：太祖膺期御世，二昆夙殞，慶命傍流，追序蕃胙。安陸王緬以宗子戚屬，弱年進仕，典郡臨州，去有餘迹，遺愛在民。蓋因情而可感，學以從政，夫豈必然。

贊曰：太祖二昆，追樹雙蕃。元託繼胤，貞與子孫。竝用威福，自取亡存。安陸稱美，事表西魂。

校勘記

〔一〕建元二年追加封謚　「二年」南史作「元年」。

〔二〕太極東堂(書)〔畫〕鳳鳥　據御覽五百六十二引改。按南史亦作「畫」。

〔三〕西(平)中郎長史　據元龜二百六十九刪。

〔四〕二年進號撫軍將軍　「二年」南史作「三年」。

〔五〕足疾不得同朝(例)〔列〕　張森楷校勘記云：「『例』當作『列』，各本並譌。」今據改。

〔六〕停東府前〔渚〕　據南監本、殿本、局本及南史補。

〔七〕〔曰〕公但乘轝隨後　據南監本、局本及南史補。

〔八〕逆從之數　按「從」即「順」字，蕭子顯避諱改。

〔九〕緹裙可望　錢大昕十駕齋養新錄卷六云：「『裙』當作『羣』。續漢書五行志：『王莽末，天水童謠曰：出吳門，望緹羣，見一蹇人，言欲上天，令天可上，地上安得民。時隗囂起兵天水，欲爲天子，遂破滅。囂少病蹇。吳門，冀郭門也。緹羣，山名也。』遙光亦病蹇，故以隗囂況之。郡國志天水郡冀縣有緹羣山。

〔一〇〕扶匐下牀　按通鑑作「扶匐牀下」。

〔一一〕仍爲督豫州〔郢州〕之西陽司州之汝南二郡　錢大昕廿二史考異云：「當云督豫州郢州之西陽司州之汝南二郡，傳有脫文。」今據補。

〔一二〕都督荊雍益寧梁南北秦七州軍事　「梁」原譌「深」，今據毛本、殿本、局本改正。

〔一三〕詔遙欣〔以〕本官領刺史　據南監本、局本補。

〔一四〕〔延〕興（元）元年　據元龜二百七十九改。

〔一五〕無乃上勞　元龜六百五十九作「無乃勞止」。按疑作「勞止」是。

〔一六〕齊（王）〔主〕廢立　據南監本、殿本、局本及元龜六百五十九、通鑑齊明帝建武二年改。

〔一七〕南使〔既〕反　據元龜六百五十九補。

〔一八〕朕亦（保）〔休〕兵　據元龜六百五十九改。

〔一九〕不失（美無）〔舊好〕　據南監本、毛本、殿本、局本改。按元龜作「不失其美」。

〔二〇〕寶宏改封宵城　「宵城」南監本、局本作「霄城」。按宋書州郡志作「宵城」，齊書州郡志作「霄城」。依齊志，當作「霄城」。

南齊書卷四十六

列傳第二十七

王秀之　王慈　蔡約　陸慧曉 顧憲之　蕭惠基

王秀之字伯奮，琅邪臨沂人也。祖裕，宋左光祿大夫、儀同三司。父瓚之，金紫光祿大夫。

秀之幼時，裕愛其風采。起家著作佐郎，太子舍人。父卒，爲菴舍於墓下持喪，服闋復職。吏部尚書褚淵見秀之正潔，欲與結婚，秀之不肯，以此頻轉爲兩府外兵參軍。遷太子洗馬，司徒左西屬，桂陽王司空從事中郎。秀之知休範將反，辭疾不就。出爲晉平太守。至郡朞年，謂人曰：「此邦豐壤，祿俸常充。吾山資已足，豈可久留以妨賢路。」上表請代，時人謂「王晉平恐富求歸」。

還爲安成王驃騎諮議，轉中郎。又爲太祖驃騎諮議。昇明二年，轉左軍長史、尋陽太守，隨府轉鎭西長史、南郡太守。府主豫章王嶷旣封王，秀之遷爲司馬、河東太守，辭郡不受。加寧朔將軍，改除黃門郎，未拜，仍遷豫章王驃騎長史。〔王〕於荆州立學，〔一〕以秀之領儒林祭酒。遷寧朔將軍、南郡王司馬。復爲黃門郎，領羽林監。遷長沙王中軍長史。世祖卽位，爲太子中庶子，吏部郎，出爲義興太守，遷侍中祭酒，轉都官尚書。

初，秀之祖裕，性貞正。徐羨之、傅亮當朝，裕不與來往。及致仕隱吳興，與子瓚之書曰：「吾欲使汝處不競之地。」瓚之歷官至五兵尚書，未嘗詣一朝貴。江湛謂何偃曰：「王瓚之今便是朝隱。」及柳元景、顏師伯令僕貴要，瓚之竟不候之。至秀之爲尚書，又不與令王儉款接。三世不事權貴，時人稱之。轉侍中，領射聲校尉。

出爲輔國將軍、隨王鎭西長史、南郡內史。州西曹苟丕遺秀之交知書，〔三〕秀之拒不答。丕乃遺書曰：「僕聞居謙之位，旣刋于易；傲不可長，禮明其文。是以信陵致夷門之義，燕丹收荆卿之節，皆以禮而然矣。丈夫處世，豈可寂漠恩榮，空爲後代一丘土？足下業潤重光，聲居朝右，不脩高世之績，將何隔於愚夫？僕耿介當年，不通羣品，饑寒白首，望物嗟來。成人之美，春秋所善，薦我寸長，開君尺短，故推風期德，規於相益，實非碌碌有求於平原者也。僕與足下，同爲四海國士。夫盛衰迭代，理之恒數，名位參差，運之通塞，豈品德權行爲之者哉？第五之號，旣無易於驃騎；西曹之名，復何推於長史？足下見答書題久之，以君若此非典，何宜施之於國士？如其循禮，禮無不答，謹以相還，亦何犯於〔逆〕鱗哉？〔三〕君子處人，以德不以位，相如不見屈於澠池，毛遂安受辱於郢門，造敵臨事，僕必先於二子。未知足下之貴，足下之威，孰若秦、楚兩王？僕以德爲寶，足下以位爲寶，各寶其寶，於此敬宜。常聞古人交絕，不泄惡言，僕謂之鄙。無以〔相〕貽（離），〔四〕故薦貧者之贈。」平，潁川人。豫章王嶷爲荆州時，平獻書令減損奢麗，豫章王優敎酬答。尚書令王儉當世，〔五〕平又與儉書曰：「足下建高世之名，而不顯高世之迹，將何以書於齊史哉？」至是南郡綱紀啓隨王子隆請罪平，平上書自申。

秀之尋徵侍中，領游擊將軍。未拜，仍爲輔國將軍、吳興太守。秀之常云位至司徒左長史，可以止足矣。吳興郡隱業所在，心願爲之。到郡脩治舊山，移置輜重。隆昌元年，卒官。年五十三。謚曰簡子。

秀之宗人僧祐，太尉〔儉〕從祖兄也。〔六〕父遠，光祿勳。宋世爲之語曰：「王遠如屏風，屈曲從俗，能蔽風露。」而僧祐負氣不羣，儉常候之，辭不相見。世祖數閱武，僧祐獻講武賦，儉借觀，僧祐不與。竟陵王子良聞僧祐善彈琴，於座取琴進之，不肯從命。永明末，爲太子中舍人，在直屬疾，代人未至，僧祐委出，爲有司所奏，贖論。官至黃門郎。時衞軍掾孔逭亦抗直，著三吳決錄，不傳。

王慈字伯寶，琅邪臨沂人，司空僧虔子也。年八歲，外祖宋太宰江夏王義恭迎之內齋，施寶物恣聽所取，慈取素琴石硏，義恭善之。少與從弟儉共書學。除祕書郎，太子舍人，安成王撫軍主簿，轉記室。遷祕書丞，司徒左西屬，右長史，試守新安太守，黃門郎，太子中庶子，領射聲校尉，安成王冠軍，豫章王司空長史，司徒左長史，兼侍中。出爲輔國將軍、豫章內史，父憂去官。起爲建武將軍、吳郡太守。遷寧朔將軍，大司馬長史，重除侍中，領步兵校尉。

慈以朝堂諱榜，非古舊制，上表曰：「夫帝后之德，綢繆天地，君人之亮，蟬聯日月。至於名族不著，昭自方（篆）〔策〕，〔七〕號謚聿宣，載伊篇籍。所以魏臣據中以建議，晉主依經以下詔。朝堂榜誌，諱字懸露，義非綿古，事殷中世，〔八〕空失資敬之情，徒乖嚴配之道。若乃式功鼎臣，〔九〕贊庸元吏，或以勳崇，或由姓表。故孔悝見銘，謂標叔舅，子孟應圖，稱題霍氏。況以處一之重，列尊名以止仁；無二之貴，奮冲文而止敬。昔東平即世，孝章巡宮而灑泣；新野云終，和熹見似而流涕。感循舊類，尙或深心；矧觀徽跡，能無慣隱？今扃禁歆遼，動延車蓋，若使鑾駕紆覽，四時臨閱，豈不重增聖慮，用感宸衷？愚謂空彪簡第，〔一〇〕無益於匪躬；直(日)〔述〕朝堂，〔一一〕寧虧於夕惕。伏惟陛下保合萬國，齊聖羣生，當删前基之弊軌，啓皇齊之孝則。」詔付外詳議。博士李撝議：「據周禮，凡有新令，必奮鐸以警衆，乃退以憲之于王宮。注『憲，表懸之也』。」太常丞王僩之議：「尊極之名，宜率土同諱。目可得覩，口不可言。口不可言，則知之者絶，知之者絶，則犯觸必衆。」儀曹郎任昉議：「撝取證明之文，僩之卽情惟允。直班諱之典，爰自漢世，降及有晉，歷代無爽。今之諱榜，兼明義訓，『邦』之字『國』，實爲前事之徵。名諱之重，情敬斯極，故懸諸朝堂，搢紳所聚，將使起伏晨昏，不違耳目，禁避之道，昭然易從。此乃敬恭之深旨，何情(興)〔典〕之或廢？〔一二〕尊稱霍氏，理例乖方。居下以名，故以不名爲重，在上必諱，故以班諱爲尊。因心則理無不安，卽事則習行已久，謂宜式遵，無所創革。」慈議不行。

慈患脚，世祖敕王晏曰：「慈在職未久，既有微疾，不堪朝，又不能騎馬，聽乘車在仗後。」江左來少例也。以疾從閑任，轉冠軍將軍、司徒左長史。慈妻劉秉女。子觀，尙世祖長女吳縣公主，脩婦禮，姑未嘗交答。江夏王鋒爲南徐州，妃，慈女也，以慈爲冠軍將軍、東海太守，加秩中二千石，行〔南〕徐州府事。〔一三〕還爲冠軍將軍、廬陵王中軍長史，未拜，永明九年，卒。年四十一。

謝超宗嘗謂慈曰：「卿書何當及虔公？」慈曰：「我之不得仰及，猶雞之不及鳳也。」時人以爲名答。追贈太常，謚懿子。

蔡約字景撝，濟陽考城人也。祖廓，宋祠部尚書。父興宗，征西、儀同。

約少尚宋孝武女安吉公主，拜駙馬都尉，祕書郎，不拜。從帝車騎驃騎行參軍，〔一四〕通直郎，不就。遷太祖司空東閤祭酒，太尉主簿。齊臺建，爲世子中舍人，仍隨度東宮。轉鄱陽王友，竟陵王鎭北征北諮議，領記室，中書郎，司徒右長史，黃門郎，領本州中正。出爲新安太守，復爲黃門郎，領射聲校尉，通直常侍，領驍騎將軍，太子中庶子，領屯騎校尉。永明八年八月合朔，約脫武冠，解劍，於省眠，至下鼓不起，爲有司所奏，贖論。太孫立，領校尉如故。

出爲宜都王冠軍長史、淮南太守，行府州事。世祖謂約曰：「今用卿爲近蕃上佐，想副我所期。」約曰：「南豫密邇京師，不治自理。臣亦何人，爝火不息。」時諸王行事多相裁割，約在任，主佐之間穆如也。

遷司〔徒〕左長史。〔一五〕高宗爲錄尚書輔政，百僚屣履到席，約躡屐不改。〔一六〕帝謂江祏曰：「蔡氏故是禮度之門，故自可悅。」祏曰：「大將軍有揖客，復見於今。」建武元年，遷侍中。明年，遷西陽王撫軍長史，加冠軍將軍，徙廬陵王右軍長史，將軍如故。轉都官尚書，遷邵陵王師，加給事中，江夏王車騎長史，加征虜將軍，並不拜。好飲酒，夷淡不與世雜。遷太子詹事。永(明)〔元〕二年，卒。〔一七〕年四十四。贈太常。

陸慧曉字叔明，吳郡吳人也。祖萬載，侍中。父子眞，元嘉中爲海陵太守。時中書舍人秋當親幸，家在海陵，假還葬父，子眞不與相聞。當請發民治橋，又以妨農不許。彭城王義康聞而賞焉。自臨海太守眼疾歸，爲中散大夫，卒。

慧曉清介正立，不雜交游。會稽內史同郡張暢見慧曉童幼，〔一八〕便嘉異之。張緒稱之曰：「江東裴、樂也。」初應州郡辟，舉秀才，衞尉史，歷諸府行參軍。以母老還家侍養，十餘年不仕。太祖輔政，除爲尙書殿中郎。鄰族來相賀，慧曉舉酒曰：「陸慧曉年踰三十，婦父領選，始作尙書郎，〔一九〕卿輩乃復以爲慶邪？」

太祖表禁奢侈，慧曉撰答詔草，爲太祖所賞，引爲太傅東閤祭酒。建元初，仍遷太子洗馬。武陵王曅守會稽，上爲精選僚吏，以慧曉爲征虜功曹，與府參軍沛國劉璡同從述職。

行至吳，璡謂人曰：「吾聞張融與陸慧曉竝宅，其間有水，此水必有異味。」遂往，酌而飲之。廬江何點薦慧曉於豫章王嶷，補司空掾，加以恩禮。轉長沙王鎭軍諮議參軍。安陸侯緬爲吳郡，復禮異慧曉，慧曉求補緬府諮議參軍。遷始興王前將軍安西諮議，領冠軍錄事參軍，轉司徒從事中郎，遷右長史。時陳郡謝朏爲左長史，府公竟陵王子良謂王融曰：「我府二上佐，求之前世，誰可爲比？」融曰：「兩賢同時，便是未有前例。」子良於西邸抄書，令慧曉參知其事。

尋遷西陽王征虜、巴陵王後軍、臨汝公輔國三府長史，行府州事。〔二〇〕復爲西陽王左軍長史，領會稽郡丞，行郡事。隆昌元年，徙爲晉熙王冠軍長史、江夏內史，行郢州事。慧曉歷輔五政，治身清肅，僚佐以下造詣，趣起送之。或謂慧曉曰：「長史貴重，不宜妄自謙屈。」答曰：「我性惡人無禮，不容不以禮處人。」未嘗卿士大夫，或問其故，慧曉曰：「貴人不可卿，而賤者可卿。人生何容立輕重於懷抱！」終身常呼人位。

建武初，除西中郎長史，行事、內史如故。俄徵黃門郎，未拜，遷吏部郎。尙書令王晏選門生補內外要局，慧曉爲用數人而止，晏恨之。送女妓一人，欲與申好，慧曉不納。吏曹都令史歷政以來，諮執選事，慧曉任己獨行，未嘗與語。帝遣左右單景儁以事誚問，慧曉謂景儁曰：「六十之年，不復能諮都令史爲吏部郎也。上若謂身不堪，便當拂衣而退。」帝甚憚之。後欲用爲侍中，以形短小，乃止。出〔爲〕輔國將軍、〔二一〕晉安王鎭北司馬、征北長史、東海太守，行府州事。入爲五兵尚書，行揚州事。崔惠景事平，〔二二〕領右軍將軍，出監南徐州，少時，仍遷持節、督南兖兖徐青冀五州軍事、輔國將軍、南兖州刺史。至鎭俄爾，以疾歸，卒。年六十二。贈太常。

同郡顧憲之，字士思，宋鎭南將軍凱之孫也。〔二三〕性尤清直。永明六年，爲隨王東中郎長史、行會稽郡事。時西陵戍主杜元懿啓：「吳興無秋，會稽豐登，商旅往來，倍多常歲。西陵牛埭稅，官格日三千五百，元懿如卽所見，日可一倍，盈縮相兼，略計年長百萬。浦陽南北津及柳浦四埭，乞爲官領攝，一年格外長四百許萬。西陵戍前檢稅，無妨戍事，餘三埭自舉腹心。」世祖敕示會稽郡：「此詎是事？宜可訪察卽啓。」憲之議曰：

尋始立牛埭之意，非苟逼僦以納稅也。當以風濤迅險，人力不捷，屢致膠溺，濟急利物耳。既公私是樂，所以輸直無怨。京師航渡，卽其例也。而後之監領者，不達其本，各務己功，互生理外。或禁遏別道，或空稅江行，或撲船倍價，或力周而猶責，凡如此類，不經埭煩牛者上詳，被報格外十條，竝蒙停寢。從來諠訴，始得暫弭。案吳興頻歲失稔，今茲尤饉，去之從豐，〔二四〕良由饑棘。或徵貨貿粒，〔二五〕還拯親累。或〔提〕攜老弱，〔二六〕陳力餬口。埭司責稅，依格弗降。舊格新減，尙未議登，格外加倍，將以何術？〔二七〕皇慈恤隱，振廩蠲調，而元懿幸災搉利，重增困瘼，人而不仁，古今共疾。且比見加格置市者，前後相屬，非惟新加無贏，並皆舊格猶闕。愚恐元懿今啓，亦當不殊。若事不副言，懼貽譴詰，便百方侵苦，爲公賈怨。元懿稟性苛刻，已彰往効，任以物土，譬以狼將羊，其所欲舉腹心，亦當虎而冠耳。書云：「與其有聚斂之臣，寧有盜臣。」此言盜公爲損蓋微，斂民所害乃大也。今雍熙在運，草木含澤，其非事宜，仰如聖旨。然掌斯任者，應簡廉平，廉則不竊於公，平則無害於民矣。愚又以便宜者，蓋謂便於公，宜於民也。竊見頃之言便宜者，非能於民力之外，用天分地者〔也〕。〔二八〕率皆即日不宜於民，方來不便於公。名與實反，有乖政體。凡如此等，誠宜深察。

山陰一縣，課戶二萬，其民貲不滿三千者，殆將居半，刻又刻之，猶且三分餘一。凡有貲者，多是(土)〔士〕人復除。〔二九〕其貧極者，悉皆露戶役民。三五屬官，蓋惟分定，〔三〇〕百端輸調，又則常然。比衆局檢校，首尾尋續，橫相質累者，亦復不少。一人被攝，十人相追；一緒裁萌，千蘖互起。蠶事弛而農業廢，賤取庸而貴舉責，應公贍私，日不暇給，欲無爲非，其可得乎？死且不憚，矧伊刑罰；身且不愛，何況妻子。是以前檢未窮，後巧復滋，網辟徒峻，猶不能悛。竊尋民之多僞，實由宋季軍旅繁興，役賦殷重，不堪勤劇，倚巧祈優，積習生常，遂迷忘反。四海之大，黎庶之衆，心用參差，難卒澄一。化宜以漸，不可疾責，誠存不擾，藏疾納汙，實增崇曠，務詳寬簡，則稍自歸淳。又被符簡，病前後年月久遠，具事不存，〔三一〕符旨既嚴，不敢闇信。縣簡送郡，郡簡呈使，殊形詭狀，千變萬源。聞者忽不經懷，見者實足傷駭。兼親屬里伍，流離道路，時轉寒涸，事方未已。其士人婦女，彌難厝衷。不簡則疑其有巧，欲簡復未知所安。愚謂此條，宜〔委〕縣簡保，〔三二〕舉其綱領，略其毛目，〔三三〕乃囊漏，〔三四〕不出貯中，庶嬰疾沈痼者，重荷生造之恩也。

又永興、諸暨離唐寓之寇擾，公私殘盡，〔三五〕〔彌〕復特（彌）甚。〔三六〕儻值水旱，實不易念。〔三七〕俗諺云：「會稽打鼓送卹，吳興步檐令史。」會稽舊稱沃壤，今猶若此；吳興本是塉土，事在可〔知。因〕循餘弊，〔三八〕誠宜改張。沿元懿今啓，敢陳管見。

世祖並從之。由是深以方直見委。仍行南豫、南兗二州事，籤典咨事，未嘗與色，動遵法制。歷黃門郎，吏部郎。永元中，爲豫章內史。

蕭惠基，南蘭陵蘭陵人也。祖源之，宋前將軍。父思話，征西將軍、儀同三司。

惠基幼以外戚見江夏王義恭，歎其詳審，以女結婚。解褐著作佐郎，征北行參軍，尚書水部，左民郎。出爲湘東内史，除奉車都尉，撫軍車騎主簿。

泰始初，兄益州刺史惠開拒命，明帝遣惠基奉使至蜀，宣旨慰勞。惠開降而益州土人反，引氐賊圍州城。惠基於外宣示朝廷威賞，於是氐人邵虎、郝天賜等斬賊帥馬興懷以降。還爲太子中舍人。惠基西使千餘部曲，竝欲論功，惠基毁除勳簿，竟無所用。或問其此意，惠基曰：「我若論其此勞，則驅馳無已，豈吾素懷之本邪？」

出爲武陵内史，中書黄門郎。惠基善隸書及弈棊，太祖與之情好相得，早相器遇。桂陽之役，惠基姊爲休範妃，太祖謂之曰：「卿家桂陽遂復作賊。」太祖頓新亭壘，以惠基爲軍副，惠基弟惠朗親爲休範攻戰，惠基在城内了不自疑。出爲豫章太守。還爲吏部郎，遷長兼侍中。袁粲、劉秉起兵之夕，太祖以秉是惠基妹夫，時直在侍中省，遣王敬則觀其指趣，見惠基安靜不與秉相知，由是益加恩信。討沈攸之，加惠基輔國將軍，徙頓新亭。事寧，解軍號，領長水校尉。母憂去官。

太祖卽位，爲征虜將軍，衞尉。惠基就職少時，累表陳解，見許。服闋，爲征虜將軍、東陽太守，加秩中二千石。凡歷四郡，無所蓄聚。還爲都官尚書，轉掌吏部。永明三年，以久疾徙爲侍中，領驍騎將軍。尚書令王儉朝宗貴望，惠基同在禮閤，非公事不私覿焉。

五年，遷太常，加給事中。自宋大明以來，聲伎所尙，多鄭衞淫俗，雅樂正聲，鮮有好者。惠基解音律，尤好魏三祖曲及相和歌，每奏，輒賞悅不能已。當時能棊人琅邪王抗第一品，吳郡褚思莊、會稽夏赤松竝第二品。赤松思速，善於大行；思莊思遲，巧於鬬棊。宋文帝世，羊玄保爲會稽太守，帝遣思莊入東與玄保戲，因製局圖，還於帝前覆之。太祖使思莊與王抗交賭，自食時至日暮，一局始竟。上倦，遣還省，至五更方决。抗睡於局後，思莊達曉不寐。世或云：「思莊所以品第致高，緣其用思深久，人不能對也。」抗、思莊竝至給事中。永明中，敕抗品棊，竟陵王子良使惠基掌其事。

初，思話先於曲阿起宅，有閑曠之致。惠基常謂所親曰：「須婚嫁畢，當歸老舊廬。」立身退素，朝廷稱爲善士。明年卒，年五十九。追贈金紫光祿大夫。

弟惠休，永明四年，爲廣州刺史。罷任，獻奉傾資。上敕中書舍人茹法亮曰：「可問蕭惠休。吾先使卿宣敕答其勿以私祿足充獻奉。今段殊覺其下情厚於前後人。問之，故當不侵私邪？吾欲分受之也。」十一年，自輔國將軍、南海太守，爲徐州刺史。鬱林即位，進號冠軍將軍。建武二年，虜圍鍾離，惠休拒守。虜遣使仲長文眞謂城中曰：「聖上方脩文德，何故完城拒命？」參軍羊倫答曰：「獫狁孔熾，我是用急。」虜攻城，惠休拒戰破之。遷侍中，領步兵校尉，封建安縣子，五百戶。永元元年，徙吳興太守。徵爲右僕射。吳興郡項羽神舊酷烈，世人云「惠休事神謹，欲得美遷」。〔三九〕二年，卒。贈金紫光祿大夫。

惠休弟惠朗。善騎馬，同桂陽賊叛，太祖赦之，復加序用。永明九年，爲西陽王征虜長史，行南兗州事。典籤何益孫贓罪百萬，棄市，惠朗坐免官。

史臣曰：長揖上宰，廷折公卿，古稱遺直，希之未過。若夫根孤地危，峻情不屈，則其道雖行，其身永廢。故多借路求容，遜辭自貶。高流世業，不待旁通，直轡揚鑣，莫能天閼。王秀之世守家風，不降節於權輔，美矣哉！

贊曰：秀處邦朝，清心直己。伯寶世族，榮家爲美。約守先業，觀進知止。慧曉貞亮，斯焉君子。惠基惠和，時之選士。

校勘記

〔一〕〔王〕於荆州立學　據元龜七百十八補。

〔二〕州西曹苟平　「苟平」南監本、毛本、殿本、局本並譌「荀平」。元龜八百三十二作「苟丕」，丕即平字。按御覽四百三引作「荀丕」，南史豫章王嶷傳同。元龜二百七十四亦作「荀丕」，前後互異。丕，潁川人，荀氏爲潁川大族，疑作「荀」是。

〔三〕亦何犯於〔逆〕鱗哉　據南監本、局本補。

〔四〕無以〔相〕貽(離)　據南監本、殿本、局本改。

〔五〕尙書令王儉當世　「當世」南監本、殿本作「當事」。按元龜八百三十二亦作「當世」，南史豫章王嶷傳作「當朝」。

〔六〕太尉〔儉〕從祖兄也　據元龜七百八十一補。

〔七〕昭自方(篆)〔策〕　據南監本、毛本、殿本、局本改。

〔八〕事殷中世　「殷」元龜四百七十一作「啓」。

〔九〕若乃式功鼎臣　「式」各本並譌「武」，元龜不譌。按式功猶言表功，與下「贊庸」相對成文。

〔一〇〕懸諝空彪簡第　「彪」南監本、毛本、殿本、局本作「標」。按元龜作「彪」。

〔一一〕直(日)〔述〕朝堂　據南監本、殿本、局本改。

〔一二〕何情(興)〔典〕之或廢　據南監本、毛本、殿本、局本及元龜四百七十一改。

〔一三〕行〔南〕徐州府事　張森楷校勘記云：「當云行南徐州府事，各本並奪『南』字。」今據補。

〔一四〕從帝車騎驃騎行參軍　從帝卽順帝，子顯避梁諱改。南監本、殿本已改爲「順帝」。

〔一五〕遷司〔徒〕左長史　據南監本、毛本、殿本、局本補。

〔一六〕百僚屣履到席約躡屐不改　「屣履到席」南監本作「脫屐到席」，南史同。按元龜八百七十七作「百僚脫履到席，約躡履不改」。

〔一七〕永(明)〔元〕二年卒　據南史改。張森楷校勘記云：「上已有永明八年、建武元年，此當從南史。」

〔一八〕會稽內史同郡張暢　王鳴盛十七史商榷云：「暢爲會稽太守，南齊誤。」

〔一九〕婦父領選始作尚書郎　南史同。錢大昕廿二史考異云：「按婦父謂張岱也，子倕稱岱爲外祖可證。」按陸慧曉子倕南史有傳，云「幼爲外祖張岱所異」。

〔二〇〕尋遷西陽王征虜巴陵王後軍臨汝公輔國三府長史行府州事　南史同。錢大昕廿二史考異云：「按西陽王子明，永明六年除冠軍將軍、南兗州刺史，八年，進號征虜。臨汝公昭文，永明十年除輔國將軍、南豫州刺史。巴陵王子倫以永明七年除南中郎將、南豫州刺史，此云後軍，不同。蓋軍號遞遷，史家不能悉書也。」

〔二一〕出〔爲〕輔國將軍　據南監本、毛本、殿本、局本及南史補。

〔二二〕崔惠景事平　「崔惠景」南監本、殿本、局本作「崔慧景」。按慧惠古通用。

〔二三〕宋鎭南將軍凱之孫也　按「鎭南將軍」當作「鎭軍將軍」，「凱之」當作「顗之」。張森楷校勘記云：「梁書憲之本傳云『祖顗之，宋鎭軍將軍』，與宋書顧顗之傳『卒贈鎭軍將軍』文合，則非鎭南顧凱之也。形近而誤。」

〔二四〕去之從豐　「之」南監本、殿本、局本及南史並作「乏」。張元濟校勘記云：「按『之』指吳興言，若用『乏』字，則與下『饑棘』犯複。」按元龜六百八十八作「之」。

〔二五〕或徵貨貿粒　「貨」元龜五百四作「貸」。

〔二六〕或〔提〕攜老弱　據南監本、殿本、局本及元龜補。

〔二七〕將以何術　按元龜六百八十八作「將何以濟」。

〔二八〕用天分地者〔也〕　據南史及元龜五百四、六百八十八補。按殿本作「用天分地也」，無「者」字。

〔二九〕多是（土）〔士〕人復除　據南監本、殿本、局本及元龜五百四、六百八十八改。

〔三〇〕蓋惟分定　「定」字原闕，今據各本補。

〔三一〕具事不存　「具」南監本、毛本、殿本、局本及元龜並作「其」。按具事云云，乃當時習用語，如謝朓傳「並三表詔答，具事宛然」是也。作「其」譌。

〔三二〕宜〔委〕縣簡保　據南監本、殿本、局本及南史、元龜五百四補。

〔三三〕略其毛目　「毛目」二字原闕，據南監本、殿本、局本及南史補。

〔三四〕乃囊漏　南史、元龜六百八十八作「乃當有漏」。

〔三五〕公私殘盡　「盡」各本作「燼」，按盡燼通。

〔三六〕〔彌〕復特（彌）甚　據南監本、局本及南史、元龜改。

〔三七〕實不易念　「念」南監本及元龜並作「思」。

〔三八〕事在可〔知因〕循餘弊　據南監本、殿本、局本及南史、元龜五百四補。

〔三九〕欲得美遷　「欲」南監本、殿本、局本及南史並作「故」。

南齊書卷四十七

列傳第二十八

王融　謝朓

王融字元長，琅邪臨沂人也。祖僧達，中書令，曾高竝台輔。僧達答宋孝武云：「亡父亡祖，司徒司空。」父道琰，廬陵內史。母臨川太守謝惠宣女，惇敏婦人也。教融書學。

融少而神明警惠，博涉有文才。舉秀才。晉安王南中郎板行參軍，坐公事免。竟陵王司徒板法曹行參軍，遷太子舍人。融以父官不通，〔一〕弱年便欲紹興家業，啓世祖求自試。曰：「臣聞春庚秋蟀，集候相悲，露木風榮，臨年共悅。夫唯動植，且或有心；況在生靈，而能無感。臣自奉望宮闕，沐浴恩私，拔迹庸虛，參名盛列，纓劒紫複，趨步丹墀，歲時歸來，誇榮邑里。然無勳而官，昔賢曾議；不任而祿，有識必譏。臣所用慷慨憤懣，不遑自晏。〔二〕誠以深恩鮮報，聖主難逢，蒲柳先秋，光陰不待，貪及明時，展悉愚効，以酬陛下不世之仁。

若微誠獲信，短才見序，文武吏法，唯所施用。夫君道含弘，臣術無隱，翁歸乃居中自是，〔三〕充國曰『莫若老臣』。竊景前脩，敢蹈輕節。以冒不媒之鄙，式罄奉公之誠。抑又唐堯在上，不參二八，管夷吾耻之，臣亦耻之。願陛下裁覽。」遷祕書丞。

從叔儉，初有儀同之授，融贈詩及書，儉甚奇憚之，笑謂人曰：「穰侯印詎便可解？」尋遷丹陽丞，中書郎。虜使遣求書，朝議欲不與。融上疏曰：

臣側聞僉議，疑給虜書，如臣愚情，切有未喻。夫虜人面獸心，狼猛蜂毒，暴悖天經，虧違地義，逋竄燭幽，去來幽朔，綿周、漢而不悛，歷晉、宋其踰梗。豈有愛敬仁智，恭讓廉脩，慙犬馬之馴心，同鷹虎之反目。設稾秣有儲，筋竿足用，必以草竊關燧，寇擾邊疆；寧容款塞卑辭，承衣請朔。陛下務存遵養，不時侮亡，許其膜拜之誠，納裘之賮。況復願同文軌，儻見款遣，思奉聲教，方致猜拒。將使舊邑遺逸，未知所寘，衰胡餘噍，或能自推。一令蔓草難鉏，涓流泛酌，豈直疥癢輕痾，容爲心腹重患。

抑孫武之言也，困則數罰，窘則多賞，先暴而後畏其衆者，虜之謂乎？前中原士庶，雖淪懾殊俗，至於婚葬之晨，猶巾褠爲禮。而禁令苛刻，動加誅轘。于時獯粥初遷，犬羊尙結，卽心徒怨，困懼成逃。自其將卒奔離，資待銷闕，〔四〕北畏勍蠕，西逼南胡，民背如崩，勢絕防斷。於是曲從物情，僞竊章服，歷年將絕，隱蔽無聞。旣南向而泣者，日夜以覬；北顧而辭者，江淮相屬。凶謀歲窘，淺慮無方，於是稽顙郊門，問禮求樂。若來之以文德，賜之以副書，漢家軌儀，重臨畿輔，司隸傳節，復入關河，無待八百之師，不期十萬之衆，固其提漿佇俟，揮戈願倒，三秦大同，六漢一統。

又虜前後奉使，不專漢人，必介以匈奴，備諸覘獲。且設官分職，彌見其情，抑退舊苗，扶任種戚。師保則后族馮晉國，總錄則邽姓直勒渴侯，〔五〕台鼎則丘頹、苟仁端，執政則目凌、鉗耳。至於東都羽儀，西京簪帶，崔孝伯、程虞虯久在著作，李元和、郭季祐上于中書，李思沖飾虜淸官，游明根泛居顯職。今經典遠被，詩史北流，馮、李之徒，必欲遵尙；直勒等類，居致乖阻。何則？匈奴以氈騎爲帷牀，馳射爲餱糧，冠方帽則犯沙陵雪，服左衽則風驤鳥逝。若衣以朱裳，戴之玄（頠）〔頍〕，〔六〕節其揖讓，敎以翔趨，必同艱桎梏，等懼冰淵，婆娑蹶躃，困而不能前已。及夫春草水生，阻散馬之適，秋風木落，絕驅禽之歡，息沸脣於桑墟，別醍乳於冀俗，聽韶雅如聾聵，臨方丈若爰居，馮、李之徒，固得志矣，虜之凶族，其如病何？於是風土之思深，愎戾之情動，拂衣者連裾，抽鋒者比鏃，部落爭于下，酋渠危於上，我一舉而兼吞，卞莊之勢必也。且棘寶薦虞，晉疆彌盛，大鍾出智，宿氏以亡。帝略遠孚，無思不服，鑾光幸岱，匪暮斯朝。臣請收籍伊瀍，茲書復掌，猶取之內府，藏之外籯，於理有愜，卽事何損。若狂言足採，請決敕施行。

世祖答曰：「吾意不異卿。今所啓，比相見更委悉。」事竟不行。

永明末，世祖欲北伐，使毛惠秀畫漢武北伐圖，使融掌其事。融好功名，因此上疏曰：

臣聞情慉自中，事符則感，象構於始，機動斯彰。莊敬之道可宗，會揖讓其彌肅，勇烈之士足貴，應鼙鐸以增思。肇植生民，厥詳既緬，降及興運，維道有徵，莫不有所因循而升皇業者也。若夫膏腴既稱，天乙知五方之富，皮幣已列，帝劉測四海之尊。異封禪之文，則升中之典攸闓，嘆輿地之圖，乃席卷之庸是立。

伏惟陛下窮神盡聖，總極居中，偶化兩儀，均明二耀，拯玄綱於頹絕，反至道於澆淳，可謂區寓儀形，齊民先覺者也。臣亦遭逢，生此嘉運，鑿飲耕食，自幸唐年。而識用昏霾，經術疎淺，將薖且軸，豈蕨與薇。皇鑒燭幽，天高聽下，賞片言之或善，矜一物之失時，湔拂塵蒙，霑飾光價，拔足草廬，廁身朝序，復得拜賀歲時，瞻望日月，於臣心願，曾已畢矣。但千祀一逢，休明難再，思策鉛駑，樂陳涓壒。竊習戰陣攻守之術，農桑牧藝之書，申、商、韓、墨之權，伊、周、孔、孟之道。常願待詔朱闕，俯對青蒲，請閑宴之私，談當世之務。位賤人微，徒深傾款。

方今九服清怡，三靈和晏，木有附枝，輪無異轍，東鞮獻舞，南辮傳歌，羌、僰踰山，秦、屠越海，舌象翫委體之懃，輶譯厭瞻巡之數，固將開桂林於鳳山，創金城於西守。而蠢爾獯狄，敢讎大邦，假息關河，竊命函谷，淪故京之爽塏，變舊邑而荒涼，息反坫之儒衣，久伊川之被髮。北地殘氓，東都遺老，莫不茹泣吞悲，傾耳戴目，翹心仁政，延首王風。若試馳咫尺之書，具甄戎旅之卒，徇其墮城，納其降虜，可弗勞弦鏃，無待干戈。眞皇王之兵，征而不戰者也。臣乞以執殳先邁，式道中原，澄瀨瀦之恆流，〔七〕掃狼山之積霧，係單于之頸，屈左賢之膝，習呼韓之舊儀，拜鑾輿之巡幸。然後天移雲動，勒封岱宗，〔八〕咸五登三，〔九〕追蹤七十，百神肅警，萬國具僚，瑲弁星離，玉帛雲聚，集三燭於蘭席，聆萬歲之禎聲，豈不盛哉！豈不韙哉！

　　昔桓公志在伐莒，郭牙審其幽趣，魏后心存去漢，德祖究其深言。臣愚昧，忖誠不足以知微，然伏揆聖心，規模弘遠，既圖載其事，必克就其功。臣不勝歡喜。

圖成，上置琅邪城射堂壁上，遊幸輒觀視焉。

九年，上幸芳林薗禊宴朝臣，〔一〇〕使融爲曲水詩序，文藻富麗，當世稱之。

上以融才辯，十一年，使兼主客，接虜使房景高、宋弁。弁見融年少，問主客年幾？融曰：「五十之年，久踰其半。」因問：「在朝聞主客作曲水詩序。」景高又云：「在北聞主客此製，勝於顏延年，實願一見。」融乃示之。後日，宋弁於瑤池堂謂融曰：「昔觀相如封禪，以知漢武之德；今覽王生詩序，用見齊王之盛。」〔一〕融曰：「皇家盛明，豈直比蹤漢武；更慙鄙製，無以遠匹相如。」上以虜獻馬不稱，使融問曰：「秦西冀北，實多駿驥。而魏主所獻良馬，乃駑駘之不若。求名檢事，殊爲未孚。將旦旦信誓，有時而爽，駉駉之牧，〔二〕不能復嗣？」宋弁曰：「不容虛僞之名，當是不習土地。」融曰：「周穆馬跡徧於天下，若騏驥之性，因地而遷，則造父之策，有時而躓。」弁曰：「王主客何爲勤勤於千里？」〔三〕融曰：「卿國既異其優劣，聊復相訪。若千里日至，聖上當駕鼓車。」弁曰：「向意既須，必不能駕鼓車也。」融曰：「買死馬之骨，亦〔以〕郭隗之故。」〔四〕弁不能答。

融自恃人地，三十內望爲公輔。直中書省，夜歎曰：「鄧禹笑人。」行逢大航開，喧湫不得進。又歎曰：「車前無八騶卒，何得稱爲丈夫！」

朝廷討雍州刺史王奐，融復上疏曰：

臣每覽史傳，見憂國忘家，捐生報德者，未曾不撫卷歎息，以爲今古共情也。然或以片言微感，一飡小惠，參國士之眄，同布素之遊耳。豈有如臣，獨拔無聞之伍，過超非分之位，名器雙假，榮祿兩升，而宴安昊罷之晨，〔五〕優游旰食之日。所以敢布丹愚，仰聞宸聽。

今議者或以西夏爲念，臣竊謂之不爾。其故何哉？陛下聖明，羣臣悉力，從以制逆，〔一六〕上而御下，指開賞黜之言，微示生死之路，方域之人，皆相爲敵。既兵威遠臨，人不自保，雖窮鳥必啄，固等命於梁鶉，困獸斯驚，終並懸於廚鹿。凱師勞飲，固不待晨。臣之寸心，獨有微願。

自獫狁荐食，荒侮伊瀍，天道禍淫，危亡日至，母后內難，糧力外虛，〔一七〕謠言物情，屬當今會。若藉巫、漢之歸師，騁士卒之餘憤，取函谷如反掌，陵關塞若摧枯。但士非素蓄，無以即用，不教民戰，是實棄之。特希私集部曲，豫加習校。若蒙垂許，乞隸監省拘食人身，權備石頭防衞之數。臣少重名節，早習軍旅，若試而無績，伏受面欺之誅；用且有功，仰詶知人之哲。

會虜動，竟陵王子良於東府募人，板融寧朔將軍、軍主。融文辭辯捷，尤善倉卒屬綴，有所造作，援筆可待。子良特相友好，情分殊常。晚節大習騎馬。才地既華，兼藉子良之勢，傾意賓客，勞問周款，文武翕習輻湊之。〔一八〕招集江西傖楚數百人，並有幹用。

世祖疾篤暫絕，子良在殿內，太孫未入，融戎服絳衫，於中書省閤口斷東宮仗不得進，欲立子良。上既蘇，太孫入殿，朝事委高宗。融知子良不得立，乃釋服還省。歎曰：「公誤我。」鬱林深忿疾融，即位十餘日，收下廷尉獄，然後使中丞孔稚珪倚爲奏曰：「融姿性剛險，立身浮競，動迹驚羣，抗言異類。近塞外微塵，苦求將領，遂招納不逞，扇誘荒傖。狡筭聲勢，〔一九〕專行權利，反覆脣齒之閒，傾動頰舌之內。威福自己，無所忌憚，誹謗朝政，歷毀王公，謂己才流，無所推下，事曝遠近，使融依源據答。」融辭曰：「囚宦頑蔽，觸行多釁，但夙〔恭〕〔忝〕門素，〔二〇〕得奉教君子。爰自總髮，迄將立年，州閭鄉黨，見許愚慎，朝廷衣冠，謂無釁咎。過蒙大行皇帝奬育之恩，又荷文皇帝識擢之重，司徒公賜預士林，安陸王曲垂眄接。既身被國慈，必欲以死自効，前後陳伐虜之計，亦仰簡先朝。今段犬羊乍擾，紀僧眞奉宣先敕，賜語北邊動靜，令囚草撰符詔，于時卽因啓聞，希侍鑾輿。及司徒宣敕招募，同例非一，實以戎事不小，不敢承教。續蒙軍號，賜使招集，銜敕而行，非敢虛扇。且格取亡叛，不限傖楚，『狡笇聲勢』，〔二一〕應有形迹。『專行權利』，又無贓賄。『反覆脣齒之閒』，未審悉與誰言？『〔輕〕〔傾〕動頰舌之內』，〔二二〕不容都無主此。〔二三〕但聖主膺教，實所沐浴，自上甘露頌及銀甕啓、三日詩序、接虜〔使〕語辭，〔二四〕竭思稱揚，得非『誹謗』？且王公百司，唯賢是與，高下之敬，等秩有差，不敢踰濫，豈應『訾毀』？〔因〕〔囚〕才分本劣，〔二五〕謬被策用，悚怍之情，夙宵兢惕，未嘗誇示里閭，彰曝遠邇，自循自省，並愧流言。良由緣淺寡虞，致貽囂謗。伏惟明皇臨宇，普天蒙澤，戊寅赦恩，輕重必宥。百日曠期，始蒙旬日，一介罪身，獨嬰憲劾。若事實有徵，爰對有在，九死之日，無恨泉壤。」詔於獄賜死。時年二十七。臨死歎曰：「我若不爲百歲老母，當吐一言。」〔二六〕融意欲指斥帝在東宮時過失也。

融被收，朋友部曲參問北寺，相繼於道。融請救於子良，子良憂懼不敢救。融文集行於世。

謝脁字玄暉，陳郡陽夏人也。祖述，吳興太守。父緯，散騎侍郎。

脁少好學，有美名，文章清麗。解褐豫〔章〕王太尉行參軍，〔二六〕度隨王東中郎府，〔二七〕轉王儉衞軍東閤祭酒，太子舍人、隨王鎭西功曹，轉文學。

子隆在荆州，好辭賦，數集僚友，脁以文才，〔二八〕尤被賞愛，流連晤對，不捨日夕。長史王秀之以脁年少相動，密以啓聞。世祖敕曰：「侍讀虞雲自宜恆應侍接。脁可還都。」脁道中爲詩寄西府曰：「常恐鷹隼擊，秋菊委嚴霜。寄言罻羅者，寥廓已高翔。」遷新安王中軍記室。脁牋辭子隆曰：「脁聞潢汙之水，思朝宗而每竭；〔二九〕駑蹇之乘，希沃若而中疲。何則？皐壤搖落，對之惆悵；岐路東西，〔三〇〕或以嗚悒。〔況〕乃服義徒擁，〔三一〕歸志莫從，邈若墜雨，飄似秋蔕。〔三二〕脁實庸流，行能無算，屬天地休明，山川受納，褒採一介，搜揚小善，〔三三〕捨耒場圃，奉筆菟園。東亂三江，〔三四〕西浮七澤，契闊戎旃，從容讌語。長裾日曳，後乘載脂，榮立府廷，恩加顏色。沐髮晞陽，未測涯涘；撫臆論報，早誓肌骨。不悟滄溟(末)〔未〕

運，〔三五〕波臣自蕩；渤澥方春，旅翮先謝。清切蕃房，寂寥舊蓽。輕舟反泝，弔影獨留，白雲在天，龍門不見。去德滋永，思德滋深。唯待青江可望，候歸艎於春渚；朱邸方開，効蓬心於秋實。如其簪履或存，衽席無改，雖復身塡溝壑，猶望妻子知歸。攬涕告辭，悲來橫集。」

尋以本官兼尚書殿中郎。隆昌初，敕朓接北使，朓自以口訥，啓讓不當，不見許。〔三六〕高宗輔政，以朓爲驃騎諮議，領記室，掌霸府文筆。又掌中書詔誥，除祕書丞，未拜，仍轉中書郎。出爲宣城太守，以選復爲中書郎。

建武四年，出爲晉安王鎭北諮議、南東海太守，行南徐州事。啓王敬則反謀，上甚（善）〔嘉〕賞之。〔三七〕遷尚書吏部郎。朓上表三讓，中書疑朓官未及讓，以問祭酒沈約。約曰：「宋元嘉中，范曄讓吏部，朱脩之讓黃門，蔡興宗讓中書，竝三表詔答，具事宛然。近世小官不讓，遂成恆俗，恐此有乖讓意。王藍田、劉安西竝貴重，初（不）自〔不〕讓，〔三八〕今豈可慕此不讓邪？孫興公、孔覬竝讓記室，今豈可三署皆讓邪？謝吏部今授超階，讓別有意，豈關官之大小？撝讓之美，〔三九〕本出人情。若大官必讓，便與詣闕章表不異。例既如此，謂都自非疑。」〔四〇〕朓又啓讓，上優答不許。

朓善草隸，長五言詩，沈約常云「二百年來無此詩也」。敬皇后遷祔山陵，朓撰哀策文，齊世莫有及者。

東昏失德，江祏欲立江夏王寶玄，末更回惑，與弟祀密謂朓曰：「江夏年少輕脫，不堪負荷神器，不可復行廢立。始安年長入纂，不乖物望。非以此要富貴，政是求安國家耳。」遙光又（遺）〔遣〕親人劉渢密致意於朓，〔四一〕欲以爲肺腑。朓自以受恩高宗，非渢所言，不肯答。少日，遙光以朓兼知衞尉事，朓懼見引，卽以祏等謀告左興盛，〔四二〕興盛不敢發言。祏聞，以告遙光，遙光大怒，乃稱敕（見）〔召〕朓，〔四三〕仍回車付廷尉，與徐孝嗣、祏、暄等連名啓誅朓曰：「謝朓資性險薄，大彰遠近。王敬則往構凶逆，微有誠効，自爾昇擢，超越倫伍。而谿壑無厭，著於觸事。比遂扇動內外，處處姦說，妄貶乘輿，竊論宮禁，閒謗親賢，輕議朝宰，醜言異計，非可具聞。無君之心既著，共棄之誅宜及。臣等參議，宜下北里，肅正刑書。」詔：「公等啓事如此，朓資性輕險，久彰物議。直以彫蟲薄伎，見齒衣冠。昔在渚宮，構扇蕃邸，日夜縱諛，〔四四〕仰窺俯畫。及還京師，飜自宣露，江、漢無波，以爲己功。素論於茲而盡，縉紳所以側目。去夏之事，頗有微誠，賞擢曲加，踰邁倫序，感悅未聞，陵競彌著。遂復矯構風塵，妄惑朱紫，詆貶朝政，疑閒親賢。巧言利口，見醜前志，涓流纖孽，作戒遠圖。宜有少正之刑，以申去害之義。便可收付廷尉，肅明國典。」又使御史中丞范岫奏收朓，下獄死。時年三十六。

朓初告王敬則，敬則女爲朓妻，常懷刀欲報朓，朓不敢相見。及爲吏部郎，沈昭略謂朓曰：「卿人地之美，無忝此職。但恨今日刑于寡妻。」朓臨敗歎曰：「我不殺王公，王公由我而死。」

史臣曰：晉世遷宅江表，人無北歸之計，英霸作輔，芟定中原，彌見金德之不競也。元嘉再略河南，師旅傾覆，自此以來，攻伐寢議。雖有戰爭，事存保境。王融生遇永明，軍國寧息，以文敏才華，不足進取，經略心旨，殷勤表奏。若使宮車未晏，有事邊關，融之報効，或不易限。夫經國體遠，許久爲難，而立功立事，信居物右，其賈誼終軍之流亞乎！

贊曰：元長穎脫，拊翼將飛。時來運往，身沒志違。高宗始業，乃顧玄暉。逢昏屬亂，先蹈禍機。

校勘記

〔一〕融以父官不通　「官」南史、元龜九百作「宦」。

〔二〕不遑自晏　「晏」南監本作「安」。

〔三〕翁歸乃居中自是　「是」南監本、毛本、殿本、局本作「見」。按永樂大典六千八百三十一引作

「見」，藝文類聚五十三、元龜九百作「是」。

〔四〕資待銷闕　「待」南監本、殿本、局本作「峙」。嚴可均輯全齊文作「偫」。按字當作「偫」。說文：「偫，待也。」段注：「謂儲物以待用也。偫經典或作『峙』，或作『庤』。」

〔五〕總錄則邽姓直勒渴侯　按「直勒」依闕特勤碑當作「直勤」。

〔六〕戴之玄(頗)〔頍〕　據永樂大典六千八百三十一引改。張元濟校勘記云：「『頗』疑『頍』字之譌。詩小雅『有頍者弁』」。按張說與大典引合。南監本、毛本、殿本、局本作「冕」，非。

〔七〕澄澣渚之恆流　「澣渚」南監本、局本作「瀚渚」，藝文類聚五十九作「澣海」。按澣即瀚字。

〔八〕勒封岱宗　「勒」藝文類聚五十九作「升」。

〔九〕咸五登三　「咸」藝文類聚五十九、元龜四百八十二作「減」。按咸即減字。

〔一〇〕上幸芳林薗褉宴朝臣　「薗」南監本、毛本、殿本、局本並作「園」，惟永樂大典六千八百三十一引作「薗」。按「薗」乃「園」之俗字，敦煌戶籍計帳中屢見之，今不改。

〔一一〕用見齊王之盛　「齊王」南史、元龜八百三十四作「齊主」。

〔一二〕駉駉之牧　南史同。洪頤煊諸史考異云：「案毛詩『駉駉牡馬』，釋文『牡本作牧』。顏氏家訓書證篇，『駉駉牡馬，江南書皆作牝牡之牡，河北本悉爲放牧之牧』。此同河北本。」

〔一三〕王主客何爲懃懃於千里　「懃懃」南監本、局本作「殷勤」。

〔一四〕亦〔以〕郭隗之故　據南史、元龜八百三十四補。

〔一五〕而宴安昃罷之晨　「昃」原譌「具」，今據殿本改正。按昃卽昃字，「昃」與「具」形近而譌。

〔一六〕從以制逆　「從」卽「順」字，子顯避梁諱改，南監本、殿本已改作「順」。

〔一七〕糧力外虛　「糧」南監本作「兵」。

〔一八〕文武翕習輻湊之　「翕習」南監本作「翕翕」。

〔一九〕狡筭聲勢　「筭」字元龜五百二十一同，南監本、毛本、殿本、局本及南史並作「弄」。按下王融答辭亦有「狡笇聲勢」語，笇卽筭字，則作「筭」不譌。又按說文，筭字從竹弄，言常弄乃不誤也，則筭字本含有弄義矣。

〔二〇〕但夙〔恭〕〔忝〕門素　據毛本、殿本、局本及南史、元龜五百二十一改。

〔二一〕狡笇聲勢　「笇」南監本、毛本、殿本作「弄」。元龜五百二十一作「筭」，永樂大典六千八百三十一引作「算」。按笇卽筭字，作「笇」不譌，說見上。

〔二二〕(輕)〔傾〕動頰舌之內　據南監本、局本及南史改。

〔二三〕不容都無主此　「主」南監本、局本作「彼」。

〔二四〕接虜〔使〕語辭　據南監本、殿本、局本及南史、元龜五百二十一補。

〔二五〕(因)〔囚〕才分本劣　據毛本、殿本、局本及南史、元龜五百二十一改。

〔二六〕解褐豫〔章〕王太尉行參軍　據南監本、毛本、殿本、局本補。

〔二七〕度隨王東中郎府　「度」南監本作「遷」，毛本、殿本、局本作「歷」。按張元濟校勘記云「度」字不誤。

〔二八〕眺以文才　「文才」文選二十六謝玄暉暫使都夜發新林至京邑贈西府同僚詩李善注引作「才文」，元龜二百九十二亦作「才文」。

〔二九〕思朝宗而每竭　「思」文選四十謝玄暉拜中軍記室辭隨王牋作「願」。

〔三〇〕岐路東西　「東西」文選作「西東」。

〔三一〕〔況〕乃服義徒擁　據南監本、殿本、局本及南史、文選補。

〔三二〕飄似秋蔕　「飄」文選作「翩」。

〔三三〕搜揚小善　「搜」文選作「抽」。

〔三四〕東亂三江　「亂」毛本、殿本、局本作「泛」。按文選作「亂」，李善注引僞孔傳「正絕流曰亂」。作「泛」譌。

〔三五〕不悟滄溟（末）〔未〕運　據南監本、局本及南史、文選、元龜八百五十改。

〔三六〕啓讓不當不見許　按南監本無「不當不」三字，南史同。殿本無下「不」字。

〔三七〕上甚（善）〔嘉〕賞之　據南監本、毛本、殿本、局本改。

〔三八〕初(不)自〔不〕讓　據御覽二百十六、四百十二引及通典職官典、元龜四百六十四改。

〔三九〕撝讓之美　「讓」毛本、殿本、局本作「謙」。

〔四〇〕謂都自非疑　南監本無「自」字。

〔四一〕遙光又(遺)〔遣〕親人劉渢密致意於朓　據殿本、局本及南史改。

〔四二〕即以祏等謀告左興盛　張森楷校勘記云：「『左興盛』下，北監本、殿本有『劉暄』二字。」

〔四三〕乃稱敕(見)〔召〕朓　據南監本、毛本、殿本、局本改。

〔四四〕日夜縱誕　「縱誕」南監本、殿本作「從誕」。

南齊書卷四十八

列傳第二十九

袁彖　孔稚珪　劉繪

袁彖字偉才，陳郡陽夏人也。祖洵，吳郡太守。父覬，武陵太守。〔一〕彖少有風氣，好屬文及玄言。舉秀才，歷諸王府參軍，不就。覬臨終與兄顗書曰：「史公才識可嘉，足懋先基矣。」史公，彖之小字也。

服未闋，顗在雍州起事見誅，宋明帝投顗尸江中，不聽斂葬。彖與舊奴一人，微服潛行求尸，四十餘日乃得，密瘞石頭後崗，身自負土。懷其（父）〔文〕集，〔二〕未嘗離身。明帝崩後，乃改葬顗。從叔司徒粲、外舅征西將軍蔡興宗竝器之。〔三〕

除安成王征虜參軍，主簿，尚書殿中郎，出爲廬陵內史，豫州治中，太祖太傅相國主簿，祕書丞。議駁國史，檀超以天文志紀緯序位度，五行志載當時祥沴，二篇所記，事用相懸，日蝕爲災，宜居五行。超欲立處士傳。象曰：「夫事關業用，方得列其名行。今栖遁之士，排斥皇王，陵轢將相，此偏介之行，不可長風移俗，故遷書未傳，班史莫編。一介之善，無緣頓略，宜列其（性）〔姓〕業，〔四〕附出他篇。」

遷始興王友，固辭。太祖使吏部尚書何戢宣旨令就。遷中書郎，兼太子中庶子。又以中書兼御史中丞。轉黃門郎，兼中丞如故。坐彈謝超宗簡奏依違，免官。尋補安西諮議、南平內史。除黃門，未拜，仍轉長史、南郡內史，行荆州事。還爲太子中庶子，本州大中正。出爲冠軍將軍、監吳興郡事。

象性剛，甞以微言忤世祖，又與王晏不恊。世祖在便殿，用金柄刀子治瓜，晏在側曰：「外間有金刀之言，恐不宜用此物。」世祖愕然，窮問所以。晏曰：「袁象爲臣說之。」上銜怒良久，象到郡，坐逆用禄錢，〔五〕免官付東冶。世祖遊（孫）〔孫〕陵，〔六〕望東冶，曰：「中有一好貴囚。」數日，車駕與朝臣幸冶，履行庫藏，因宴飲，賜囚徒酒肉，敕見象與語，明日釋之。尋白衣行南徐州事，司徒諮議，衞軍長史，遷侍中。

象形體充腴，有異於衆。每從車駕射雉在郊野，數人推扶，乃能徒步。幼而母卒，養於伯母王氏，事之如親。閨門中甚有孝義。隆昌元年，卒。年四十八。謚靖子。

孔稚珪字德璋，會稽山陰人也。祖道隆，位侍中。父靈產，泰始中，罷晉安太守。有隱遁之懷，於禹井山立館，事道精篤，吉日於靜屋四向朝拜，涕泗滂沲。東出過錢塘北郭，輒於舟中遙拜杜子恭墓，自此至都，東向坐，不敢背側。元徽中，爲中散、太中大夫。頗解星文，好術數。太祖輔政，沈攸之起兵，靈產密白太祖曰：「攸之兵衆雖彊，以天時冥數而觀，無能爲也。」太祖驗其言，擢遷光祿大夫。以簏盛靈產上靈臺，令其占候。餉靈產白羽扇、素隱几。曰：「君性好古，故遺君古物。」

稚珪少學涉，有美譽。太守王僧虔見而重之，引爲主簿。州舉秀才。解褐宋安成王車騎法曹行參軍，轉尚書殿中郎。太祖爲驃騎，以稚珪有文翰，取爲記室參軍，與江淹對掌辭筆。遷正員郎，中書郎，尚書左丞。父憂去官，與兄仲智還居父山舍。仲智妾李氏驕妬無禮，稚珪白太守王敬則殺之。服闋，爲司徒從事中郎，州治中，別駕，從事史，本郡中正。

永明七年，轉驍騎將軍，復領左丞。遷黃門郎，左丞如故。轉太子中庶子，廷尉。江左相承用晉世張杜律二十卷，世祖留心法令，數訊囚徒，詔獄官詳正舊注。先是七年，尚書刪定郎王植撰定律章表奏之，曰：「臣尋晉律，文簡辭約，旨通大綱，事之所質，取斷難釋。張斐杜預同注一章，而生殺永殊。自晉泰始以來，唯斟酌參用。是則吏挾威福之勢，民懷不對之怨，所以溫舒獻辭於失政，絳侯忼慨而興歎。皇運革祚，道冠前王，陛下紹興，光開帝業。下車之痛，每惻上仁，滿堂之悲，有矜聖思。爰發德音，删正刑律，敕臣集定張杜二注。謹礪愚蒙，盡思詳撰，削其煩害，錄其允衷。取張注七百三十一條，杜注七百九十一條。或二家兩釋，於義乃備者，又取一百七條。其注相同者，取一百三條。集爲一書。凡一千五百三十二條，〔七〕爲二十卷。請付外詳校，擿其違謬。」從之。於是公卿八座參議，考正舊注。有輕重處，竟陵王子良下意，多使從輕。其中朝議不能斷者，制旨平決。至九年，稚珪上表曰：

臣聞匠萬物者以繩墨爲正，馭大國者以法理爲本。是以古之聖王，臨朝思理，遠防邪萌，深杜姦漸，莫不資法理以成化，明刑賞以樹功者也。伏惟陛下躡曆登皇，乘圖踐帝，天地更築，日月再張，五禮裂而復縫，六樂穨而爰緝。乃發德音，下明詔，降恤刑之文，申慎罰之典，敕臣與公卿八座共删注律。謹奉聖旨，諮審司徒臣子良，稟受成規，創立條緒。使兼監臣宋躬、兼平臣王植等抄撰同異，定其去取。詳議八座，裁正大司馬臣嶷。其中洪疑大議，衆論相背者，聖照玄覽，斷自天筆。始就成立律文二十卷，錄敍一卷，凡二十一卷。今以奏聞，請付外施用，宣下四海。

臣又聞老子、仲尼曰：「古之聽獄者，求所以生之；今之聽獄〔者〕，〔八〕求所以殺之。」「與其殺不辜，寧失有罪。」是則斷獄之職，自古所難矣。今律文雖定，必須用之；用失其平，不異無律。律書精細，文約例廣，疑似相傾，故誤相亂，一乖其綱，枉濫橫起。法吏無解，既多謬僻，監司不習，無以相斷，則法書徒明於帙裏，冤魂猶結於獄中。今府州郡縣千有餘獄，如令一獄歲枉一人，則一年之中，枉死千餘矣。〔九〕冤毒之死，上干和氣，聖明所急，不可不防。致此之由，又非但律吏之咎，列邑之宰，亦亂其經。或以軍勳餘力，或以勞吏暮齒，獷（猜）〔情〕濁氣，〔一〇〕忍并生靈，昏心狠態，吞剝氓物，虐理殘其命，曲文被其罪，冤積之興，復緣斯發。獄吏雖良，不能爲用。使于公哭於邊城，孝婦冤於遐外。陛下雖欲宥之，其已血濺九泉矣。

尋古之名流，多有法學。故釋之、定國，聲光漢臺；〔一一〕元（帝）〔常〕、文惠，〔一二〕績映魏閣。〔一三〕今之士子，莫肯爲業，縱有習者，世議所輕。良由空勳永歲，不逢一朝之賞，積學當年，終爲閭伍所蚩。將恐此書永墜下走之手矣。今若弘其爵賞，開其勸慕，課業宦流，班習胄子，拔其精究，〔一四〕使處內局，簡其才良，以居外仕，〔一五〕方岳咸選其能，邑長並擢其術，則皐繇之（謀）〔謨〕，〔一六〕指掌可致，杜鄭之業，鬱焉何遠。然後姦邪無所逃其刑，〔一七〕惡吏不能藏其詐，如身手之相驅，若絃栝之相接矣。

臣以疎短，謬司大理。陛下發自聖衷，憂矜刑網，御（延）〔廷〕奉訓，〔一八〕遠照民瘼。

臣謹仰述天官，伏奏雲陛。所奏繆允者，宜寫律上，國學置律助教，〔一九〕依五經例，國子生有欲讀者，策試上過高第，卽便擢用，使處法職，以勸士流。

詔報從納，事竟不施行。

轉御史中丞，遷驃騎長史，輔國將軍。建武初，遷冠軍將軍、平西長史、南郡太守。稚珪以虜連歲南侵，征役不息，百姓死傷。乃上表曰：

匈奴爲患，自古而然，雖三代智勇，兩漢權奇，筭略之要，二塗而已。一則鐵馬風馳，奮威沙漠；二則輕車出使，通驛虜庭。推而言之，優劣可覩。今之議者，咸以丈夫之氣，恥居物下，況我天威，寧可先屈？吳、楚勁猛，帶甲百萬，截彼鯨鯢，何往不碎？請和示弱，非國計也。臣以爲戎狄獸性，本非人倫，鴟鳴狼踞，不足喜怒，蜂目蠆尾，何關美惡。唯宜勝之以深權，制之以遠筭，弘之以大度，處之以蟊賊。豈足肆天下之忿，捐蒼生之命，發雷電之怒，爭蟲鳥之氣。百戰百勝，不足稱雄，橫尸千里，無益上國。而蟻聚蠶攢，〔二〇〕窮誅不盡，馬足毛羣，難與競逐。漢高橫威海表，窘迫長圍；孝文國富刑清，事屈陵辱；宣帝撫納安靜，朔馬不驚；光武卑辭厚禮，寒山無靄。是兩京四主，英濟中區，輸寶貨以結和，遣宗女以通好，長轡遠馭，子孫是賴。豈不欲戰，惜民命也。唯漢武藉五世之資，承六合之富，驕心奢志，大事匈奴。遂連兵積歲，轉戰千里，長驅瀚海，飲馬龍城，雖斬獲名王，屠走凶羯，而漢之(棄)〔卒〕甲十亡其九。〔二一〕故衞霍出關，千隊不反，貳師入(漢)〔漠〕，〔二二〕百旅頓降，李廣敗於前鋒，李陵沒於後陣，其餘奔北，不可勝數。遂使國儲空懸，戶口減半，好戰之功，其利安在？戰不及和，相去何若？

自西朝不綱，東晉遷鼎，羣胡沸亂，羌狄交橫，荆棘攢於陵廟，豺虎咆於宮闈，山淵反覆，黔首塗地，逼迫崩騰，開闢未有。是時得失，略不稍陳。近至元嘉，多年無事，末路不量，復挑彊敵。遂廼連城覆徙，虜馬飲江，青、徐(州)之際，〔二三〕草木爲人耳。建元之初，胡塵犯塞，永明之始，復結通和，十餘年間，邊候且息。

陛下張天造曆，駕日登皇，聲雷寓宙，勢壓河岳。而封豕殘魂，未屠劍首，長蛇餘喘，偷窺外甸，烽亭不靜，五載於斯。昔歲蟻壞，瘻食樊、漢，今茲蟲毒，浸淫未已。興師十萬，日費千金，五歲之費，寧可貲計。陛下何惜匹馬之驛，百金之賂，數行之詔，誘此凶頑，使河塞息肩，關境全命，蓄甲養民，以觀彼弊。我策若行，則爲不世之福；若不從命，不過如戰失一隊耳。或云「遣使不受，則爲辱命」。夫以天下爲量者，不計細恥，以四海爲任者，寧顧小節。一城之沒，尚不足惜；一使不反，曾何取慙？且我以權取貴，得我略行，何嫌其恥？所謂尺蠖之屈，以求伸也。臣不言遣使必得和，自有可和之理；猶如欲戰不必勝，而有可勝之機耳。今宜早發大軍，廣張兵勢，徵犀甲於岷峨，命樓船於浦海。使自青徂豫，候騎星羅，沿江入漢，雲陣萬里。據險要以奪其魂，斷糧道以折其膽，多設疑兵，使精悉而計亂，〔二四〕固列金湯，使神茹而慮屈。然後發衷詔，馳輕驛，辯辭重幣，陳列吉凶。北虜頑而愛奇，貪而好（古）〔貨〕，〔二五〕畏我之威，喜我之賂，畏威喜賂，願和必矣。陛下用臣之啓，行臣之計，何憂玉門之下，而無款塞之胡哉？

彼之言戰既慇懃，臣之言和亦慊闊。伏願察兩塗之利害，檢二事之多少，聖照玄省，灼然可斷。所表謬奏，希下之朝省，使同博議。臣謬荷殊恩，奉佐侯岳，敢肆瞽直，伏奏千里。

帝不納。徵侍中，不行，留本任。

稚珪風韻清踈，好文詠，飲酒七八斗。與外兄張融情趣相得，又與琅邪王思遠、廬江何點、點弟胤竝款交。不樂世務，居宅盛營山水，憑机獨酌，傍無雜事。門庭之內，草萊不剪，中有蛙鳴，或問之曰：「欲爲陳蕃乎？」稚珪笑曰：「我以此當兩部鼓吹，何必期效仲舉。」永元元年，爲都官尚書，遷太子詹事，加散騎常侍。三年，稚珪疾，東昏屏除，以牀轝走，因此疾甚，遂卒。年五十五。贈金紫光祿大夫。

劉繪字士章，彭城人，太常悛弟也。父勔，宋末權貴，門多人客，使繪與之共語，應接流暢。勔喜曰：「汝後若束帶立朝，可與賓客言矣。」解褐著作郎，太祖太尉行參軍。太祖見而歎曰：「劉公爲不亡也。」

豫章王嶷爲江州，以繪爲左軍主簿。隨鎮江陵，轉鎮西外兵曹參軍，驃騎主簿。繪聰警有文義，善隸書，數被賞召，進對華敏，僚吏之中，見遇莫及。琅邪王詡爲功曹，以吏能自進。嶷謂僚佐曰：「吾雖不能得應嗣陳蕃，然閤下自有二驥也。」復爲司空記室錄事，轉太子洗馬，大司馬諮議，領錄事。時豫章王嶷與文惠太子以年秩不同，物論謂宮、府有疑，繪苦求外出，爲南康相。郡事之暇，專意講說。上左右陳洪請假南還，問繪在郡何似？既而閒之曰：「南康是三州喉舌，應須治幹。豈可以年少講學處之邪？」徵還爲安陸王護軍司馬，轉中書郎，掌詔誥。敕助國子祭酒何胤撰治禮儀。

永明末，京邑人士盛爲文章談義，皆湊竟陵王西邸。繪爲後進領袖，機悟多能。時張融、周顒並有言工，融音旨緩韻，顒辭致綺捷，繪之言吐，又頓挫有風氣。時人爲之語曰：「劉繪貼宅，別開一門。」言在二家之中也。

魚復侯子響誅後，豫章王嶷欲求葬之，召繪言其事，使爲表。繪求紙筆，須臾便成。

嶷〔惟〕足八字，〔三六〕云「提攜鞠養，俯見成人」。乃歎曰：「禰衡何以過此。」後北虜使來，繪以辭辯，敕接虜使。事畢，當撰語辭。繪謂人曰：「無論潤色未易，但得我語亦難矣。」

事兄悛恭謹，與人語，呼爲「使君」。隆昌中，悛坐罪將見誅，繪伏闕請代兄死，高宗輔政，救解之。引爲鎭軍長史，轉黃門郎。高宗爲驃騎，以繪爲輔國將軍，諮議，領錄事，典筆翰。高宗即位，遷太子中庶子，出爲寧朔將軍、撫軍長史。

安陸王寶晊爲湘州，以繪爲冠軍長史、長沙內史，行湘州事，將軍如故。寶晊妃，悛女也。寶晊愛其侍婢，繪奪取，具以啓聞，寶晊以爲恨，與繪不協。

遭母喪去官。有至性，持喪墓下三年，食麄糲。服闋，爲寧朔將軍、晉安王征北長史、南東海太守，行南徐州事。繪雖豪俠，常惡武事，雅善博射，未甞跨馬。兄悛之亡，朝議贈平北將軍、雍州刺史，詔書已出，繪請尙書令徐孝嗣改之。

及梁王義師起，朝廷以繪爲持節、督雍梁南北秦四州郢州之竟陵司州之隨郡諸軍事、輔國將軍、領寧蠻校尉、雍州刺史。固讓不就。衆以朝廷昏亂，爲之寒心，繪終不受，東昏改用張欣泰。繪轉建安王車騎長史，行府國事。義師圍城，南兗州刺史張稷總城內軍事，與繪情款異常，將謀廢立，閑語累夜。東昏殞，城內遣繪及國子博士范雲等送首詣梁王於石頭，轉大司馬從事中郎。中興二年，卒。年四十五。繪撰能書人名，自云善飛白，言論之

際，頗好矜知。〔二七〕

弟瑱，字士溫。好文章，飲酒奢逸，不吝財物。榮陽毛惠遠善畫馬，瑱善畫婦人，世竝爲第一。官至吏部郎。先繪卒。

史臣曰：刑禮相望，勸戒之道，淺識言治，莫辯後先，故宰世之堤防，御民之羈絆。端簡爲政，貴在畫一，輕重屢易，手足無從。律令之本，文約旨曠，據典行罰，各用情求。舒慘之意既殊，寬猛之利亦異，辭有出沒，義生增損。舊尹之事，政非一途，後主所是，卽爲成用。張弛代積，稍至遷訛。故刑開二門，法有兩路，刀筆之態深，舞弄之風起。承喜怒之機隙，挾千金之奸利，剪韭復生，寧失有罪，抱木牢戶，未必非冤。下吏上司，文簿從事，辯聲察色，莫用衿府，申枉理讞，急不在躬，案法隨科，幸無咎悔。至於郡縣親民，百務萌始，以情矜過，曾不待獄，以律定罪，無細非諐。蓋由網密憲煩，文理相背。夫懲恥難窮，盜賊長有，欲求猛勝，事在或然，掃墓高門，爲利孰遠。故永明定律，多用優寬，治物不患仁心，見累於弘厚，爲令貴在必行，而惡其舛雜也。

贊曰：袁徇厥戚，猶子爲情。稚珪夷遠，奏諫罷兵。士章機悟，立行砥名。

校勘記

〔一〕父覬武陵太守　「太守」南史作「內史」。按宋書州郡志，郢州武陵郡置太守。

〔二〕懷其(父)〔文〕集　據南史改。按謂懷其伯父覬之文集也。

〔三〕外舅征西將軍蔡興宗　「外舅」南史作「祖舅」。按宋書蔡廓傳子興宗附傳，袁彖爲興宗姊之孫，故得稱祖舅；其後興宗又以女妻彖，故得稱外舅。兩書皆不誤。

〔四〕宜列其(性)〔姓〕業　據南監本、毛本、殿本、局本改。

〔五〕坐逆用祿錢　「逆用」南監本、毛本、殿本、局本作「過用」。按「逆」字不譌。逆用猶今言預支也。御覽四百八十三引亦作「逆用」。

〔六〕世祖遊〔孫〕陵　據南監本、殿本、局本補。

〔七〕凡一千五百三十二條　周星詒校勘記云：「當作『凡一千七百三十二條』，方與上列之數符合。」

〔八〕今之聽獄〔者〕　據南監本、殿本、局本及御覽六百三十八引補。

〔九〕則一年之中枉死千餘矣　「矣」南監本作「人」。

〔一〇〕獷(猜)〔情〕濁氣　據南監本、毛本、殿本、局本改。

〔一一〕聲光漢臺　「光」藝文類聚五十四作「著」。

〔一二〕元（帝）〔常〕文惠　「元常」原譌「元帝」，各本不譌，今改正。按元常，鍾繇字。文惠，高柔字。

〔一三〕績映魏閣　「映」藝文類聚作「應」。

〔一四〕拔其精究　「究」原譌「宼」，今據南監本、殿本、局本改正。

〔一五〕簡其才良以居外仕　「才」原譌「身」，今據南監本、殿本、局本改正。「仕」局本作「任」。

〔一六〕則臯繇之（謀）〔謨〕　據藝文類聚五十四改。按嚴可均輯全齊文亦依藝文類聚作「謨」。

〔一七〕然後姦邪無所逃其刑　「姦邪」藝文類聚作「姦人」。

〔一八〕御（延）〔廷〕奉訓　據局本改。

〔一九〕國學置律助教　「律」下殿本有「學」字。

〔二〇〕而蟻聚蠶攢　「蠶」南監本作「蠭」。

〔二一〕而漢之（棄）〔卒〕甲十亡其九　據元龜四百七改。按南監本亦作「棄甲」，疑卒字譌刻爲弃，又轉刻爲棄也。毛本、殿本、局本作「器甲」，疑後人臆改。

〔二二〕貳師入（漢）〔漠〕　「漢」當作「漠」，各本並譌，今改正。按嚴可均輯全齊文已改正。

〔二三〕青徐（州）之際　據毛本、殿本、局本及元龜四百七刪。

〔二四〕使精悉而計亂　「悉」各本作「銷」。按悉，盡也，銷亦盡也，字異而義同。

〔二五〕貪而好（古）〔貨〕　據殿本、局本改。

〔二六〕嶷〔惟〕足八字　據殿本及御覽五百九十九引補。

〔二七〕頗好矜知　「矜知」南監本、殿本作「矜詡」，元龜八百六十一作「矜衒」。

南齊書卷四十九

列傳第三十

王奐 從弟繢 張沖

王奐字彥孫，琅邪臨沂人也。祖僧朗，宋左光祿、儀同。〔一〕父粹，黃門郎。奐出繼從祖中書令球，故字彥孫。

解褐著作佐郎，太子舍人，安陸王冠軍主簿，太子洗馬，本州別駕，中書郎，桂陽王司空諮議，黃門郎。元徽元年，爲晉熙王征虜長史、江夏內史，遷侍中，領步兵校尉。復出爲晉熙王鎭西長史，加冠軍將軍、江夏武昌太守。徵祠部尚書，轉掌吏部。

昇明初，遷冠軍將軍、丹陽尹。初，王晏父普曜爲沈攸之長史，常慮攸之舉事，不得還。時奐爲吏部，轉普曜爲內職，晏深德之。及晏仕世祖府，奐從弟蘊反，世祖謂晏曰：「王奐宋家外戚，王蘊親同逆黨，既其羣從，豈能無異意。我欲具以啓聞。」晏叩頭曰：「王奐脩謹，保無異志。晏父母在都，請以爲質。」世祖乃止。

出爲吳興太守，秩中二千石，將軍如故。尋進號征虜將軍。建元元年，進號左將軍。明年，遷太常，領鄱陽王師，仍轉侍中，祕書監，領驍騎將軍。又遷征虜將軍、臨川王鎭西長史、領南蠻校尉、南郡內史。奐一歲三遷，上表固讓南蠻曰：「今天地初闢，萬物載新，荆蠻來威，巴濮不擾。但使邊民樂業，有司脩務，本府舊州，日就殷阜。臣昔遊西土，較見盈虛，曩日者戎燼之後，痍毁難復。雖復緝以善政，未及來蘇。今復割撤大府，制置偏校，崇望不足以助強，語實安能以相弊？且資力既分，職司增廣，衆勞務倍，文案滋煩。非獨臣見其難，竊以爲國計非允。」見許。於是罷南蠻校尉官。進號前將軍。

世祖卽位，徵右僕射。仍轉使持節監湘州軍事、前將軍、湘州刺史。永明二年，徙爲散騎常侍、江州刺史。初省江州軍府。四年，遷右僕射，本州中正。奐無學術，以事幹見處。遷尙書僕射，中正如故。校籍郎王植屬吏部郎孔琇之以校籍令史俞公喜求進署，矯稱奐意，植坐免官。

六年，遷散騎常侍，領軍將軍。奐欲請車駕幸府。上晚信佛法，御膳不宰牲。使王晏謂奐曰：「吾前去年爲斷殺事，不復幸詣大臣已判，無容欻爾也。」王儉卒，上用奐爲尙書令，〔二〕以問王晏。晏位遇已重，與奐不能相推，答上曰：「柳世隆有重望，〔三〕恐不宜在奐後。」乃轉爲左僕射，加給事中，出爲使持節、散騎常侍、都督雍梁南北秦四州郢州之竟陵司州之隨郡軍事、鎮北將軍、雍州刺史。上謂王晏曰：「奐於釋氏，實自專至。其在鎮或以此妨務，卿相見言次及之，勿道吾意也。」上以行北諸戍士卒多繿縷，送袴褶三千具，令奐分賦之。

十一年，奐輒殺寧蠻長史劉興祖，上大怒，使御史中丞孔稚珪奏其事曰：

雍州刺史王奐啓錄小府長史劉興祖，虛稱「興祖扇動山蠻，規生逆謀，誑言誹謗，言辭不遜」。敕使送興祖下都，奐慮所啓欺妄，於獄打殺興祖，詐啓稱自經死。止今體傷楗蒼黶，事暴聞聽。

攝興祖門生劉倪到臺辨問，列「興祖與奐共事，不能相和。自去年朱公恩領軍征蠻失利，興祖啓聞，以啓呈奐，奐因此便相嫌恨。若云興祖有罪，便應事在民間；民間恬然，都無事迹。去十年九月十八日，〔四〕奐使仗身三十人來，稱敕錄興祖付獄。安定郡蠻先在郡贓私，興祖既知其取與，卽牒啓，奐不問。興祖後執錄，奐仍令蠻領仗身於獄守視。興祖未死之前，於獄以物畫漆柈子中出密報家，道無罪，令啓乞出都一辨，萬死無恨」。又云：「奐駐興祖嚴禁信使，欲作方便，殺以除口舌。」又云：「奐意乃可。奐第三息彪隨奐在州，凡事是非皆干豫，〔五〕扇構密除興祖。」又云：「興祖家餉糜，中下藥，食兩口便覺，回乞獄子，食者皆大利。興祖大叫道『糜中有藥』。近獄之家，無人不聞。」又云：「奐治著興祖日急，判無濟理。十一月二十一日，奐使獄吏來報興祖家，道興祖於獄自經死。尸出，家人共洗浴之，見興祖頸下有傷，肩胛烏黶，陰下破碎，實非興祖自經死。家人及門義共見，非是一人。」重攝檢雍州都留田文喜，列與倪符同狀。興祖在獄，嗛苦望下，既蒙降旨，欣願始遂，豈容於此，方復自經？敕以十九日至，興祖以二十一日死，推理檢迹，灼然矯假。尋敕使送下，奐輒拒詔，所謗諸條，悉出奐意。毁故丞相若陳顯達，誹訕朝事，莫此之深。彪私隨父之鎮，敢亂王法，罪竝合窮戮。上遣中書舍人呂文顯、直閤將軍曹道剛領齋仗五百人收奐。敕鎮西司馬曹虎從江陵步道會襄陽。

奐子彪素凶剽，奐不能制。女婿殷叡懼禍，謂奐曰：「曹、呂今來，既不見眞敕，恐爲姦變，政宜錄取，馳啓聞耳。」奐納之。彪輒令率州內得千餘人，開鎮庫，取仗，配衣甲，出南堂陳兵，閉門拒守。奐門生鄭羽叩頭啓奐，乞出城迎臺使。〔奐〕曰：〔六〕「我不作賊，欲先遣啓自申。政恐曹、呂輩小人相陵藉，故且閉門自守耳。」彪遂出與虎軍戰，其黨范虎領二百人降臺軍，彪敗走歸。士人起義攻州西門，彪登門拒戰，却之。奐司馬黃瑤起、寧蠻長史裴叔業於城內起兵攻奐。奐聞兵入，還內禮佛，未及起，軍人遂斬之。年五十九。執彪及弟爽、彌、殷叡，皆伏誅。

詔曰：「逆賊王奐，險詖之性，自少及長。外飾廉勤，內懷凶慝，貽戾鄉伍，取棄衣冠。拔其文筆之用，擢以顯任，出牧樊阿，政刑弛亂。第三息彪矯弄威權，父子均勢。故寧蠻長史劉興祖忠於奉國，每事匡執，奐忿其異己，誣以訕謗，肆怒囚錄，然後奏聞。朕察奐愚詐，詔送興祖還都，乃懼姦謀發露，潛加殺害。欺罔既彰，中使辯覈，遂授兵登陴，逆捍王命。天威電掃，義夫咸奮，曾未浹辰，罪人斯獲，方隅克殄，漢南肅清。自非犯官兼預同逆謀，爲一時所驅逼者，悉無所問。」

奐長子太子中庶子融，融弟司徒從事中郎琛，於都棄市。餘孫皆原宥。

殷叡字文子，陳郡人。晉太常融七世孫也。宋元嘉末，祖元素坐染太初事誅。叡遺腹亦當從戮，外曾祖王僧朗啓孝武救之，得免。叡解〔文〕義，〔七〕有口才，司徒褚淵甚重之，謂之曰：「諸殷自荊州以來，無出卿右者。」叡斂容答曰：「殷族衰悴，誠不如昔，若此旨爲虛，故不足降；此旨爲實，彌不可聞。」奐爲雍州，啓叡爲府長史。

叡族父恒，字昭度，與叡同承融後。宋司空景仁孫也。恒及父道矜，竝有古風，以是見嗤於世，其事非一。恒，宋泰始初，爲度支尚書，坐屬父疾及身疾多，爲有司所奏。明帝詔曰：「殷道矜有生便病，〔八〕比更無橫病。〔九〕恒因愚習惰，〔一〇〕久妨清敍。左遷散騎常侍，領校尉。」恒歷官清顯，至金紫光祿大夫。建武中，卒。

奐弟仙女爲長沙王晃妃，世祖詔曰：「奐自陷逆節，長沙王妃男女並長，且奐又出繼，前代或當有准，〔一〕可特不離絕。」奐從弟績。

績字叔素，宋車騎將軍景文子也。弱冠，爲祕書郎，太子舍人，轉中書舍人。景文以此授超階，令績經年乃受。景文封江安侯，績襲其本爵，爲始平縣五等男。〔二〕遷祕書丞，司徒右長史。元徽末，除寧朔將軍、建平王征北長史、〔三〕南東海太守，黃門郎，寧朔將軍、東陽太守。世祖爲撫軍，吏部尚書張岱選績爲長史，呈選牒。太祖笑謂岱曰：「此可謂素望。」遷散騎常侍，驍騎將軍。

出補義興太守。輒錄郡吏陳伯喜付陽羨獄，欲殺之，縣令孔逭不知何罪，不受績敎，爲有司所奏，績坐白衣領職。遷太子中庶子，領驍騎，轉長（史）兼侍中。〔四〕世祖出射雉，績信佛法，稱疾不從駕。轉左民尚書，以母老乞解職，改授寧朔將軍、大司馬長史、淮陵太守。出爲宣城太守，秩中二千石。隆昌元年，遷輔國將軍、太傅長史，不拜。仍爲冠軍將軍、豫章內史。進號征虜。又坐事免官。除冠軍將軍，司徒左長史，散騎常侍，隨王師。除征虜將軍，驃騎長史，遷散騎常侍，太常。永元元年，卒。年五十三。謚靖子。

績女適安陸王子敬，世祖寵子。永明三年，納妃，脩外舅姑之敬。世祖遣文惠太子相隨往績家置酒設樂，公卿皆冠冕而至，當世榮之。

張沖字思約，吳郡吳人。父柬，通直郎。沖出繼從伯侍中景胤，〔一五〕小名查，父卲，小名梨。宋文帝戲景胤曰：「查何如梨。」景胤答曰：「梨是百果之宗，查何敢及。」

沖亦少有至性，辟州主簿，隨從叔永爲將帥，除綏遠將軍、盱眙太守。永征彭城，遇寒雪，軍人足脛凍斷者十七八，沖足指皆墮。除尚書駕部郎，桂陽王征南中兵，振威將軍。歷驃騎太尉南中郎參軍，不拜。遷征西從事中郎，通直郎，武陵王北中郎直兵參軍，長水校尉，除寧朔將軍，本官如故。遷左軍將軍，加寧朔將軍，輔國將軍。沖少從戎事，朝廷以幹力相待，故歷處軍校之官。出爲馬頭太守，徙盱眙太守，輔國將軍如故。永明六年，遷西陽王冠軍司馬。八年，爲假節、監青冀二州刺史事，〔一六〕將軍如故。沖父初卒，遺命曰：「祭我必以鄉土所產，無用牲物。」沖在鎭，四時還吳園中取果菜，流涕薦焉。仍轉刺史。

鬱林卽位，進號冠軍將軍。明帝卽位，以晉壽太守王洪（軌）〔範〕代沖。〔一七〕除黃門郎，加征虜將軍。建武二年，虜寇淮泗，假沖節，都督青冀二州北討諸軍事，本官如故。虜并兵攻司州，〔詔〕（除）青〔徐〕（右）出軍分其兵勢。〔一八〕沖遣軍主桑係祖由渣口攻拔虜建陵、驛馬、厚丘三城，多所殺獲。又與洪（軌）〔範〕遣軍主崔季延襲虜紀城，據之。沖又遣軍主杜僧護攻拔虜虎坑、馮時、即丘三城，驅生口輜重還，至溘溝，虜救兵至，緣道要擊，僧護力戰，大破之。

其年，遷廬陵王北中郎司馬、加冠軍將軍。未拜，豐城公遙昌爲豫州，上慮寇〔難〕未已，〔一九〕徙沖爲征虜長史、南梁郡太守。永泰元年，除江夏王前軍長史。東昏即位，出爲建安王征虜長史、輔國將軍、江夏內史，行郢州府州事。永元元年，遷持節、督豫州軍事、豫州刺史，代裴叔業。竟不行。明年，遷督南兗兗徐青冀五州、輔國將軍、南兗州刺史，持節如故。會司州刺史申希祖卒，以沖爲督司州軍事、冠軍將軍、司州刺史。裴叔業以壽春降虜，又遷沖爲督南兗兗徐青冀五州、南兗州刺史，持節、將軍如故。竝未拜。崔慧景事平，徵建安王寶夤還都，以沖爲督郢司二州、郢州刺史，持節、將軍如故。一歲之中，頻授四州，至此受任。其冬，進征虜將軍。封定襄侯，食邑千戶。

梁王義師起，東昏遣驍騎將軍薛元嗣、制局監暨榮伯領兵及粮運百四十餘船送沖，使拒西師。元嗣等懲劉山陽之敗，疑沖不敢進，停住夏口浦。聞義師將至，元嗣、榮伯相率入郢城。時竟陵太守房僧寄被代還至郢，東昏敕僧寄留守魯山，除驍騎將軍。僧寄謂沖曰：「臣雖未荷朝廷深恩，〔二〇〕實蒙先帝厚澤。蔭其樹者不折其枝，實欲微立塵効。」沖深相許諾，共結盟誓。乃分部拒守。遣軍主孫樂祖數千人助僧寄據魯山岸立城壘。

明年二月，梁王出沔口，圍魯山城。遣軍主曹景宗等過江攻郢城，未及盡濟，沖遣中兵參軍陳光靜等開門出擊，爲義師所破，光靜戰死，沖固守不出。景宗於是據石橋浦，連軍相續，下至加湖。東昏遣軍主巴西梓潼二郡太守吳子陽、光子衿、李文釗、陳虎牙等十三軍援郢，至加湖不得進，乃築城舉烽，城內亦舉火應之。而內外各自保，〔二〕不能相救。沖病死，元嗣、榮伯與沖子孜及長史江夏內史程茂固守。東昏詔贈沖散騎常侍、護軍將軍。假元嗣子陽節。

江水暴長，加湖城淹漬，義師乘高艦攻之，子陽等大敗散。〔三〕魯山城乏糧，軍人於磯頭捕細魚供食，密治輕船，將奔夏口。梁王命偏軍斷其取路，防備越逸。房僧寄病死，孫樂祖窘，以城降。

郢城被圍二百餘日，士庶病死者七八百家。〔三〕魯山既敗，程茂及元嗣等議降，使孜爲書與梁王。沖故吏青州治中房長瑜謂孜曰：「前使君忠貫昊天，操逾松竹。郎君但當端坐畫一，以荷析薪。若天運不與，幅巾待命，以下從使君。今若隨諸人之計，非唯郢州士女失高山之望，亦恐彼所不取也。」魯山陷後二日，元嗣等以郢城降。

東昏以程茂爲督郢司二州、輔國將軍、郢州刺史，元嗣爲督雍梁南北秦四州郢州之竟陵司州之隨郡、冠軍將軍、雍州刺史，竝持節。時郢魯二城(以)〔已〕降，〔三〕死者相積，竟無叛散。時以沖及房僧寄比臧洪之被圍也。贈僧寄益州刺史。

時新蔡太守席謙，永明中爲中書郎王融所薦。父恭穆，鎮西司馬，爲魚復侯所害。至是謙鎮盆城，聞義師東下，曰：「我家世忠貞，殞死不二。」爲陳伯之所殺。

史臣曰：石碏棄子，弘滅親之戒；鮑永晚降，知事新之節。王奐誠在靡貳，迹允嚴科；張沖未達天心，守迷義運。致危之理異，爲亡之事一也。

贊曰：王居北牧，子未克家。終成干紀，覆此冑華。張壘窮守，死如亂麻。爲悟既晚，辯見方賒。

除青右疑

校勘記

〔一〕祖僧朗宋左光祿儀同　錢大昕廿二史考異云：「當云『左光祿大夫開府儀同三司』，史省文。」

〔二〕上用奐爲尚書令　「上」字下南史有「欲」字，是。

〔三〕柳世隆有重望　「重望」原譌「動望」，各本不譌，今改正。按南史作「勳望」。

〔四〕去十年九月十八日　「去」南監本、殿本作「至」。張元濟校勘記云：「按稚珪奏在十一年，此追敍十年事，故云去。」

〔五〕凡事是非皆干豫　「事」毛本、局本作「州」。

〔六〕〔奐〕曰　據南監本、殿本、局本及南史補。

〔七〕叡解〔文〕義　據南監本、殿本、局本補。

〔八〕殷道矜有生便病　「有生便病」南監本作「生便有病」。

〔九〕比更無横病　「病」南監本、殿本、局本作「疾」。

〔一〇〕恆因愚習惰　「惰」原譌「情」，各本不譌，今改正。

〔一一〕前代或當有准　「准」原譌「淮」，今據南監本、殿本、局本改正。按准卽準字，乃避宋順帝諱改。

〔一二〕景文封江安侯續襲其本爵爲始平縣五等男　南史王續傳同，惟「江安侯」譌「曲安侯」。錢大昕廿二史考異云：「按景文傳云封江安縣侯，非曲安也。本爵之語，亦未詳。景文初襲伯父封建陵子，非始平男。」

〔一三〕建平王征北長史　「建」字原闕，今據各本補。

〔一四〕轉長（史）兼侍中　張森楷校勘記云「史」字衍文，今據删。參閲第二十三卷校記第三十二條。

〔一五〕沖出繼從伯侍中景胤　張森楷校勘記云：「按景胤是張敷字，此不稱名而稱字，殊不可解。據宋書張邵傳，敷、柬並邵子，而此云從伯，亦非。南史張邵傳孫沖附傳作『伯父敷』，是。」

〔一六〕爲假節監青冀二州刺史事　「刺史事」上御覽五百二十六引有「行」字。

〔一七〕以晉壽太守王洪（軌）〔範〕代沖　按芮芮傳作「王洪軌」。南史循吏傳、蠕蠕傳亦作「王洪軌」。然明帝紀、柳世隆傳、江祏傳、魏虜傳及南史齊高帝紀、江祏傳皆作「王洪範」。通鑑齊高帝建元元年「帝遣王洪範約柔然寇魏」。考異云：「齊書作『王洪軌』，今從齊紀。」今依通鑑改爲「王洪範」。下同。

〔一八〕虜幷兵攻司州〔詔〕（除）青〔徐〕（右）出軍分其兵勢　南監本、毛本、殿本、局本作「虜幷兵攻司州徐青，詔出軍分其勢」。按「徐青」二字當在「詔」字下。通鑑齊明帝建武二年：「先是，上以義陽危急，詔都督青、冀二州軍事張沖出軍攻魏，以分其勢。」蓋是時魏幷兵攻司州，故詔張沖出軍青、徐，以分魏之兵勢也。

〔一九〕上慮寇〔難〕未已　據元龜六百七十一補。

〔二〇〕臣雖未荷朝廷深恩　「臣」南監本作「下官」。

〔二一〕而內外各自保　「保」原譌「俣」，各本不譌，今改正。

〔二二〕子陽等大敗散　「散」南監本、局本作「走」。

〔二三〕士庶病死者七八百家　按通鑑齊和帝中興元年：「郢城民死者十七八。」考異云：「齊張沖傳云死者七八百家。按死者不可以家數，今從梁高祖紀及韋叡傳。」

〔二四〕時郢魯二城（以）〔已〕降　據南監本、殿本、局本改。

南齊書卷五十

列傳第三十一

文二王　明七王

文惠太子四男：安皇后生鬱林王昭業；宮人許氏生海陵恭王昭文；陳氏生巴陵王昭秀；褚氏生桂陽王昭粲。

巴陵王昭秀字懷尙，太子第三子也。永明中，封曲江公，千五百戶。十年，爲寧朔將軍、濟陽太守。鬱林卽位，封臨海郡王，二千戶。隆昌元年，爲使持節、都督荆雍益寧梁南北秦七州軍事、西中郎將、荆州刺史。延興元年，徵爲車騎將軍，衞京師，以永嘉王昭粲代之。

明帝建武二年，通直常侍庾曇隆啓曰：「周定雒邑，天子置畿內之民；漢都咸陽，三輔爲社稷之衞。中晉南遷，事移威弛，近郡名邦，多有國食。宋武創業，依擬古典，神州部內，不復別封。而孝武末年，分樹寵子，苟申私愛，有乖訓准。隆昌之元，特開母弟之貴，竊謂非古。聖明御寓，禮舊爲先，畿內限斷，宜遵昔制，賜茅授土，一出外州。」詔付尚書詳議。其冬，改封昭秀爲巴陵王。永泰元年見殺，年十六。

桂陽王昭粲，太子第四子也。鬱林立，以皇弟封永嘉郡王，南徐州刺史。延興元年，出爲使持節、都督荆雍益寧梁南北秦七州軍事、西中郎將、荆州刺史。明帝立，欲以聞喜公遙欣爲荆州，轉昭粲爲右將軍，中書令。建武二年，改封桂陽王。四年，遷太常，將軍如故。永泰元年見殺，年八歲。

明帝十一男：敬皇后生東昏侯寶卷，江夏王寶玄，鄱陽王寶寅，〔二〕和帝；殷貴嬪生巴陵隱王寶義，晉熙王寶嵩；袁貴妃生廬陵王寶源；管淑妃生邵陵王寶攸；〔三〕許淑媛生桂陽王寶貞。餘皆早夭。

巴陵隱王寶義字智勇，明帝長子也。本名明基。建武元年，爲持節、都督揚南徐州軍事、前將軍、揚州刺史。封晉安郡王，三千戶。寶義少有廢疾，不堪出人閒，故止加除授，仍以始安王遙光代之。轉寶義爲右將軍，領兵置佐，鎭石頭。二年，出爲使持節、都督南徐州軍事、鎭北將軍、南徐州刺史。東昏卽位，進征北大將軍，開府儀同三司，給(仗)〔扶〕。〔三〕永元元年，給班劒二十人。始安王遙光誅，爲都督揚南徐二州軍事、驃騎大將軍、揚州刺史，持節如故。東府被兵火，屋宇燒殘，帝方營宮殿，不暇脩葺，寶義鎭西州。三年，進位司徒。和帝西臺建，以爲侍中、司空，使持節、都督、刺史如故。梁王定京邑，宣德太后令以寶義爲太尉，領司徒。詔云：「不言之化，形于自遠。」時人皆云此實錄也。梁受禪，封謝沐縣公，尋封巴陵郡王，奉齊後。天監中薨。

江夏王寶玄字智深，明帝第三子也。建武元年，爲征虜將軍，領石頭戍事，封江夏郡王。仍出爲持節、都督郢司二州軍事、西中郎將、郢州刺史。永泰元年，還爲前將軍，領石頭戍事。未拜，東昏卽位，進號鎭軍將軍。永元元年，又進車騎將軍，代晉安王寶義爲使持節、都督南徐兗二州軍事、南徐兗二州刺史，將軍如故。

寶玄娶尚書令徐孝嗣女爲妃，孝嗣被誅離絕，少帝送少姬二人與之，〔四〕寶玄恨望，密有異計。明年，崔慧景舉兵，還至廣陵，遣使奉寶玄爲主。寶玄斬其使，因是發將吏防城。帝遣馬軍主戚平、外監黄林夫助鎭京口。慧景將渡江，寶玄密與相應，殺司馬孔矜、典籤呂承緒及平、林夫，開門納慧景。使長史沈佚之、諮議柳憕分部軍衆，乘八掆輿，手執絳麾幡，隨慧景至京師，住東城，百姓多往投集。慧景敗，收得朝野投寶玄及慧景軍名，帝令燒之，曰：「江夏尚爾，豈復可罪餘人。」寶玄逃奔數日乃出。帝召入後堂，以步鄣裹之，令羣小數十人鳴鼓角馳繞其外，遣人謂寶玄曰：「汝近圍我亦如此。」少日乃殺之。

廬陵王寶源字智淵，明帝第五子也。建武元年，爲北中郎將，鎭琅邪城，封廬陵郡王。遷右將軍，領石頭戍事，仍出爲使持節、都督南兗兗徐青冀五州軍事、後將軍、南兗州刺史。王敬則伏誅，徙寶源爲都督會稽東陽臨海永嘉新安五郡軍事、會稽太守，將軍如故。永元元年，進號安東將軍。和帝卽位，以爲侍中、車騎將軍、開府儀同三司，都督、太守如故。未拜，中興二年薨。

鄱陽王寶夤字智亮，明帝第六子也。建武初，封建安郡王。二年，爲北中郎將，鎭琅邪城。明年，出爲持節、都督江州軍事、南中郎將、江州刺史。東昏卽位，爲使持節、都督郢司二州軍事、征虜將軍、郢州刺史。尋進號前將軍。永元二年，徵爲撫軍，領石頭戍事，未拜。三年，爲車騎將軍、開府儀同三司，鎮石頭。

其秋，雍州刺史張欣泰等謀起事於新亭，殺臺內諸主帥，事在欣泰傳。難作之日，前南譙太守王靈秀奔往石頭，率城內將吏見力，去車脚載寶夤向臺城，百姓數千人皆空手隨後，京邑騷亂。寶夤至杜姥宅，日已欲暗，城門閉，城上人射之，衆棄寶夤逃走。寶夤逃亡三日，戎服詣草市尉，尉馳以啓帝，帝迎寶寅入宮問之。寶夤涕泣稱：「爾日不知何人逼使上車，仍將去，制不自由。」帝笑，乃復爵位。

和帝立，西臺以寶夤爲使持節、都督南徐兗二州軍事、衞將軍、南徐州刺史。少帝以爲使持節、都督荆益寧雍梁南北秦七州軍事、荆州刺史，將軍如故。宣德太后臨朝，梁王爲建安公，改封寶夤爲鄱陽王。中興二年，謀反誅。〔五〕

邵陵王寶攸字智宣，明帝第九子也。建武元年，封南平郡王。二年，改封。三年，爲北中郎將，鎮琅邪城。永元元年，爲持節、都督南北徐南兗青冀五州軍事、南兗州刺史，郎將如故。未拜，遷征虜將軍，領石頭戍事。丹楊尹，戍事如故。陳顯達事平，出爲持節、督江州軍事、左將軍、江州刺史。以本號還京師，授中〔軍〕將軍，〔六〕祕書監。中興二年，謀反，宣德太后令賜死。

晉熙王寶嵩字智靖，明帝第十子也。永元二年，爲冠軍將軍、丹楊尹。仍遷持節、都督南徐兗二州軍事、南徐州刺史，將軍如故。中興元年，和帝以爲中書令。明年，謀反伏誅。

桂陽王寶貞，明帝第十一子也。永元二年，爲中護軍、北中郎將，領石頭戍事。中興二年，謀反伏誅。

史臣曰：春秋書「鄭伯克段于鄢」，兄弟之恩離，君臣之義正。夫逆從有勢，〔七〕況親兼一體，道窮數盡，或容觸啄。而寶玄自尋干戈，欣受家難。曾不悟執柯所指，跗萼相從，以此而圖萬全，未知其髣髴也。

贊曰：文惠二王，于嗟夭殤。明子七國，終亦衰亡。

校勘記

〔一〕鄱陽王寶寅　「寶寅」殿本作「寶夤」。按下文亦作「寶夤」，又作「寶寅」，寅夤錯出。錢大昕廿二史考異云：「魏書作『寶寅』，不從夕。據其字智亮，當以『寅』爲是。」

〔二〕管淑妃生邵陵王寶攸　「寶攸」南史作「寶修」。下同。

〔三〕給（仗）〔扶〕　據南史改。

〔四〕少帝送少姬二人與之　錢大昕廿二史考異云：「按江夏王寶玄、鄱陽王寶夤二傳，皆前稱東昏，後稱少帝。裴叔業傳稱東昏爲少主，魏虜傳亦稱少帝。蕭坦之傳稱鬱林王爲少帝。茹法亮傳『二少帝並居西殿』，謂鬱林與海陵也。梁書江淹傳前稱蒼梧王爲少帝，後稱鬱林王爲少帝。」

〔五〕中興二年謀反誅　「謀反誅」南監本、殿本作「奔魏」。按和帝紀中興二年「鄱陽王寶寅奔虜」。不云「謀反誅」，與此異。錢大昕廿二史考異云：「按寶夤起兵不克奔魏，事見魏史。此云誅者，據梁人之詞，以爲寶夤已死，其在魏者僞也。」

〔六〕授中〔軍〕將軍　張森楷校勘記云：「應作『中軍將軍』，史奪『軍』字。」今據補。按百官志有中軍將軍，無中將軍。

〔七〕夫逆從有勢　按「從」即「順」字，子顯避梁諱改。南監本、殿本已改爲「順」字。

南齊書卷五十一

列傳第三十二

裴叔業　崔慧景　張欣泰

裴叔業，河東聞喜人，晉冀州刺史徽後也。徽子游擊將軍黎，遇中朝亂，子孫沒涼州，仕於張氏。黎玄孫先福，義熙末還南，至滎陽太守。叔業父祖晚渡。少便弓馬，有武幹。宋元徽末，累官爲羽林監，太祖驃騎行參軍。建元元年，除屯騎校尉。虜侵司豫二州，以叔業爲軍主征討，本官如故。

上初卽位，羣下各獻讜言。二年，叔業上疏曰：「成都沃壤，四塞爲固，古稱一人守隘，萬夫趑趄。雍、齊亂於漢世，譙、李寇於晉代，成敗之迹，事載前史。頃世以來，綏馭乖術，地惟形勢，〔一〕居之者異姓，國實武用，鎭之者無兵，致寇掠充斥，賧稅不斷。宜遣帝子之尊，臨撫巴蜀，總益、梁、南秦爲三州刺史。率文武萬人，先啓岷漢，分遣郡戍，皆配精力，搜盪山源，糾虔姦蠹。威令既行，民夷必服。」除寧朔將軍，軍主如故。永明四年，累至右軍將軍，東中郎諮議參軍。

高宗爲豫州，叔業爲右軍司馬，加建威將軍、軍主，領陳留太守。七年，爲王敬則征西司馬，將軍、軍主如故。隨府轉驃騎。在壽春爲佐數年。九年，爲寧蠻長史、廣平太守。雍州刺史王奐事難，叔業率部曲於城內起義。上以其有幹用，仍留爲晉安王征北諮議，領中兵，扶風太守，遷晉熙王冠軍司馬。延興元年，加寧朔將軍，司馬如故。

叔業早與高宗接事，高宗輔政，厚任叔業以爲心腹，使領軍掩襲諸蕃鎮，叔業盡心用命。建武二年，虜圍徐州，叔業以軍主隸右衞將軍蕭坦之救援。叔業攻虜淮栅外二城，剋之，賊衆赴水死甚衆。除黄門侍郎。上以叔業有勳誠，封武昌縣伯，五百戶。仍爲持節、督徐州軍事、冠軍將軍、徐州刺史。

四年，虜主寇沔北，上令叔業援雍州。叔業啓：「北人不樂遠行，唯樂侵伐虜堺，〔三〕則雍司之賊，自然分張，無勞動民向遠也。」上從之。叔業率軍攻虹城，獲男女四千餘人。徙督豫州、輔國將軍、豫州刺史，持節如故。

永泰元年，叔業領東海太守孫令終、新昌太守劉思効、馬頭太守李僧護等五萬人圍渦陽，虜南兗州所鎮，去彭城百二十里。僞兗州刺史孟表固守拒戰，叔業攻圍之，積所斬級高五丈，以示城內。又遣軍主蕭璝、成寶眞分攻龍亢戍，卽虜馬頭郡也。虜閉城自守。僞徐州刺史廣陵王率二萬人，騎五千匹，至龍亢，璝等拒戰不敵。叔業三萬餘人助之，數道攻虜。虜新至，營未立，於是大敗。廣陵王與數十騎走，官軍追獲其節。虜又遣僞將劉藻、高忽繼至，〔三〕叔業率軍迎擊破之，再戰，斬首萬級，獲生口三千人，器仗驢馬絹布千萬計。虜主聞廣陵王敗，遣僞都督王肅、大將軍楊大眼步騎十餘萬救渦陽，叔業見兵盛，夜委軍遁走。明日，官軍奔潰，虜追之，傷殺不可勝數，日暮乃止。叔業還保渦口，上遣使慰勞。

高宗崩，叔業還鎭。少主卽位，誅大臣，京師屢有變發。叔業登壽春城北望肥水，謂部下曰：「卿等欲富貴乎？我言富貴亦可辦耳。」永元元年，徙督南兗兗徐青冀五州軍事、南兗州刺史，將軍、持節如故。叔業見時方亂，不樂居近蕃，朝廷疑其欲反，叔業亦遣使參察京師消息，於是異論轉盛。叔業兄子植、颺竝爲直閤，殿內驅使。慮禍至，棄母奔壽陽，說叔業以朝廷必見掩襲。徐世檦等慮叔業外叛，遣其宗人中書舍人裴長穆宣旨，許停本任。叔業猶不自安，而植等說之不已，叔業憂懼，問計於梁王，梁王令遣家還都，自然無患。叔業乃遣子芬之等還質京師。明年，進號冠軍將軍。傳叔業反者不已，芬之愈懼，復奔壽春。於是發詔討叔業，遣護軍將軍崔慧景、征虜將軍豫州刺史蕭懿督水陸衆軍西討，頓軍小峴。叔業病困，植請救魏虜，送芬之爲質。叔業尋卒，虜遣大將軍李醜楊大眼二千餘騎入壽春。

初，虜主元宏建武二年至壽春，其下勸攻城。宏曰：「不須攻，後當降也。」植等皆還洛陽。

崔慧景字君山，〔清〕河東武城人也。〔四〕祖構，奉朝請。父系之，州別駕。

慧景初爲國子學生。宋泰始中，歷位至員外郎，稍遷長水校尉，寧朔將軍。太祖在淮陰，慧景與宗人祖思同時自結，太祖欲北渡廣陵，使慧景具船於陶家後渚，事雖不遂，以此見親。除前軍。沈攸之事平，仍出爲武陵王安西司馬、河東太守，使防扞陝西。昇明三年，豫章王爲荆州，慧景留爲鎭西司馬，兼諮議，太守如故。太祖受禪，封樂安縣子，三百戶。豫章王遣慧景奉表稱慶還京師，太祖召見，加意勞接。轉平西府司馬、南郡內史。仍遷爲南蠻長史，加輔國將軍，內史如故。先是蠻府置佐，資用甚輕，至是始重其選。

建元元年，虜動，豫章王遣慧景三千人頓方城，爲司州聲援。虜退，梁州賊李烏奴未平，以慧景爲持節、都督梁南北秦沙四州軍事、西戎校尉、梁南秦二州刺史，將軍如故。敕荆州資給發遣，配以實甲千人，步道從襄陽之鎭。初，烏奴屢爲官軍所破，走氐中，乘閒出，擾動梁、漢，據關城。遣使詣荆州請降，豫章王不許。遣中兵參軍王圖南率益州軍從劍閣掩討，大摧破之，烏奴還保武興。慧景發漢中兵衆，進頓白馬。遣支軍與圖南腹背攻擊，烏奴大敗，遂奔于武興。

世祖卽位，進號冠軍將軍。在州蓄聚，多獲珍貨。永明三年，以本號還。遷黃門郎，領羽林監。明年，遷隨王東中郎司馬，加輔國將軍。出爲持節、督司州軍事、冠軍將軍、司州刺史。母喪，詔起復本任。慧景每罷州，輒〔傾〕資獻奉，〔五〕動數百萬，世祖以此嘉之。九年，以本號徵還，轉太子左率，加通直常侍。明年，遷右衞將軍，加給事中。

是時虜將南侵，上出慧景爲持節、督豫州郢州之西陽司州之汝南二郡諸軍事、冠軍將軍、豫州刺史。鬱林卽位，進號征虜將軍。慧景以少主新立，密與虜交通，朝廷疑懼。高宗輔政，遣梁王至壽春安慰之，慧景遣密啓送誠勸進，徵還，爲散騎常侍，左衞將軍。建武二年，虜寇徐、豫，慧景以本官假節向鍾離，受王玄邈節度。尋加冠軍將軍。四年，遷度支尚書，領太子左率。

冬，虜主攻沔北五郡，假慧景節，率衆二萬，騎千匹，向襄陽。雍州衆軍竝受節度。永泰元年，慧景至襄陽，五郡已沒。加慧景平北將軍，置佐史，分軍助戍樊城。慧景頓渦口村，與太子中庶子梁王及軍主前寧州刺史董仲民、劉山陽、裴颺、傅法憲等五千餘人進行鄧城。前參騎還，稱虜軍且至。須臾，望數萬騎俱來，慧景據南門，梁王據北門，令諸軍上城上。時慧景等蓐食輕行，皆有饑懼之色。軍中北館客三人，走投虜，具告之。虜僞都督中軍大將軍彭城王元勰分遣僞武衞將軍元蚪趣城東南，斷慧景歸路，爲司馬孟斌向城東，僞右衞將軍播正屯城北，交射城內。梁王欲出戰，慧景曰：「虜不夜圍人城，待日暮自當去也。」既而虜衆轉盛，慧景於南門拔軍，衆軍不相知，隨後奔退。虜軍從北門入，劉山陽與部曲數百人斷後死戰，虜遣鎧馬百餘匹突取山陽，山陽使射手射之，三人倒馬，手殺十餘人，不能禁，且戰且退。慧景南出過鬧溝，軍人蹈藉，橋皆斷壞，虜軍夾路射之，軍主傅法憲見殺，赴溝死者相枕。山陽取襖杖塡溝，乘之得免。虜主率大衆追之，晡時，虜主至沔北，圍軍主劉山陽。山陽據城苦戰，至暮，虜乃退。衆軍恐懼，其夕皆下船還襄陽。

東昏卽位，改領右衞將軍，平北、假節如故。未拜。永元元年，遷護軍將軍，尋加侍中。陳顯達反，加慧景平南將軍，都督衆軍事，屯中堂。時輔國將軍徐世檦專勢號令，慧景備員而已。帝既誅戮將相，舊臣皆盡，慧景自以年宿位重，轉不自安。

明年，裴叔業以壽春降虜，改授慧景平西將軍，假節、侍中、護軍如故，率軍水路征壽陽。軍頓白下，將發，帝長圍屏除出琅邪城送之。帝戎服坐城樓上，召慧景單騎進圍內，無一人自隨者。裁交數言，拜辭而去。慧景既得出，甚喜。子覺爲直閤將軍，慧景密與期：四月慧景至廣陵，覺便出奔。〔六〕

慧景過廣陵數十里，召會諸軍主曰：「吾荷三帝厚恩，當顧託之重。幼主昏狂，朝廷壞亂，危而不扶，責在今日。欲與諸君共建大功，以安宗社，何如？」衆皆響應。於是回軍還廣陵，司馬崔恭祖守廣陵城，開門納之。帝聞變，以征虜將軍右衞將軍左興盛假節，督京邑水陸衆軍。慧景停二日，便收衆濟江集京口。江夏王寶玄又爲內應，合二鎭兵力，奉寶玄向京師。

臺遣驍騎將軍張佛護、直閤將軍徐元稱、屯騎校尉姚景珍、西中郎參軍徐景智、游盪〔軍〕主董伯珍、〔七〕騎官桓靈福等據竹里爲數城。寶玄遣信謂佛護曰：「身自還朝，君何意苦相斷遏？」佛護答曰：「小人荷國重恩，使於此創立小戍。殿下還朝，但自直過，豈敢干斷。」遂射慧景軍，因合戰。慧景子覺及崔恭祖領前鋒，皆傖楚善戰；又輕行不爨食，以數舫緣江載酒肉爲軍糧。每見臺軍城中煙火起，輒盡力攻擊，臺軍不復得食，以此饑困。元稱等議欲降，佛護不許。十二日，恭祖等復攻之，城陷，佛護單馬走，追得斬首，徐元稱降，餘軍主皆死。慧景至臨沂，令李玉之發橋斷路，慧景收殺之。

臺遣中領軍王瑩都督衆軍，據湖頭築壘，上帶蔣山西巖，實甲數萬。慧景至查硎，竹塘人萬副兒善射獵，能捕(虜)〔虎〕，〔八〕投慧景曰：「今平路皆爲臺軍所斷，不可議進。唯宜從蔣山龍尾上，出其不意耳。」慧景從之，分遣千餘人魚貫緣山，自西巖夜下，鼓叫臨城中。臺軍驚恐，卽時奔散。帝又遣右衞將軍左興盛率臺內三萬人，拒慧景於北籬門，〔九〕望風退走。

慧景引軍入樂遊〔苑〕，〔一〇〕恭祖率輕騎十餘匹突進北掖門，乃復出，宮門皆閉。慧景引衆圍之。於是東府、石頭、〔一一〕白下、新亭諸城皆潰。左興盛走，不得入宮，逃淮渚荻舫中，慧景擒殺之。宮中遣兵出盪，不剋。慧景燒蘭臺府署爲戰場，守衛尉蕭暢屯南掖門處分城內，隨方應擊，衆心以此稍安。

慧景稱宣德太后令，廢帝爲吳王。時巴陵王昭胄先逃民間，出投慧景，慧景意更向之，故猶豫未知所立。竹里之捷，子覺與恭祖爭勳，慧景不能決。恭祖勸慧景射火箭燒北掖樓，慧景以大事垂定，後若更造，費用功力，不從其計。性好談義，兼解佛理，頓法輪寺，對客高談。恭祖深懷怨望。

先是衞尉蕭懿爲征虜將軍、豫州刺史，自歷陽步道征壽陽。帝遣密使告之，懿率軍主胡松、李居士等數千人自采石濟岸，頓越城，舉火，臺城中鼓叫稱慶。恭祖先勸慧景遣二千人斷西岸軍，令不得渡，慧景以城旦夕降，外救自然應散。至是恭祖請擊義師，又不許。乃遣子覺將精手數千人渡南岸。義師昧旦進戰，數合，士皆致死，覺大敗，赴淮死者二千餘人，覺單馬退，開桁阻淮。其夜，崔恭祖與驍將劉〔靈〕運詣城降，〔一二〕慧景衆情離壞，乃將腹心數人潛去，欲北渡江，城北諸軍不知，猶爲拒戰。城內出盪，殺數百人。義軍渡北岸，慧景餘衆皆奔。慧景圍城凡十二日，軍旅散在京師，不爲營壘。及走，衆於道稍散，單馬至蟹浦，爲漁父所斬，以頭內鰌魚籃，檐送至京師，時年六十三。

追贈張佛護爲司州刺史，左興盛豫州刺史，竝征虜將軍，徐景智桓靈福屯騎校尉，董伯珍員外郎，李玉之給事中，其餘有差。

恭祖者，慧景宗人，驍果便馬矟，氣力絕人，頻經軍陣。討王敬則，與左興盛軍容袁文曠爭敬則首，〔一三〕訴明帝曰：「恭祖禿馬絳衫，手刺倒賊。故文曠得斬其首。以死易勳，而見枉奪。若失此勳，要當刺殺左興盛。」帝以其勇，〔一四〕使謂興盛曰：「何容令恭祖與文曠爭功。」遂封二百戶。慧景平後，恭祖繫尙方，少時殺之。

覺亡命爲道人，見執伏法。臨刑與妹書曰：「捨逆旅，歸其家，以爲大樂；況得從先君遊太清乎。古人有力扛周鼎，而有立錐之歎，以此言死，亦復何傷！平生素心，士大夫皆知之矣。既不得附驥尾，安得施名於後世，慕古竹帛之事，今皆亡矣。」慧景妻女亦頗知佛義。覺弟偃，爲始安內史，藏竄得免。和帝西臺立，以爲寧朔將軍。中興元年，詣公車門上書曰：

臣竊惟太祖、高宗之孝子忠臣，而昏主之賊臣亂子者，江夏王與陛下，先臣與鎮軍是也。臣聞堯舜之心，常以天下爲憂，而不以位爲樂。彼子然之舜，壟畝之人，猶尚若此；況祖業之重，家國之切？江夏既行之於前，陛下又蹈之於後，雖成敗異術，而所由同方也。

陛下初登至尊，與天合符。天下纖介之屈，尚望陛下申之，絲髮之冤，尚望陛下理之。況先帝之子，陛下之兄，所行之道，卽陛下所由哉？如此尚弗恤，其餘何幾哉？陛下德侔造化，仁育羣生，雖在昆蟲草木，有不得其所者，覽而傷焉。而況乎友愛天至，孔懷之深。夫豈不懷，將以事割。此實左右不明，未之或詳。惟陛下公聽竝觀，以詢之芻蕘。羣臣有以臣言爲不可，乞使臣廷辯之。則天人之意塞，四海之疑釋。必若不然，僥小民之無識耳。〔一五〕使其曉然知此，相聚而逃陛下，以責江夏之冤，朝廷將何以應之哉？若天聽沛然回光，發惻愴之詔，而使東牟朱虛東褒儀父之節，則何戈之士，〔一六〕誰不盡死？愚戇之言，萬一上合，事乞留中。

事寢不報。偃又上疏曰：

近冒陳江夏之冤，定承聖詔，已有褒贈，此臣狂疎之罪也。然臣所以諮問者，不得其實，罪在萬沒，無所復云。但愚心所恨，非敢以父子之親，骨肉之閒，而僥幸曲陛下之法，傷至公之義。誠不曉聖朝所以然之意。（何則）〔若以〕狂主雖狂，而實是天子，〔一七〕

江夏雖賢，實是人臣，先臣奉人臣逆人君，以爲不可申明詔，得矣；然未審陛下亦是人臣不？而鎭軍亦復奉人臣逆人君，今之嚴兵勁卒，方指於象魏者，其故何哉？臣所不死，苟存視息，非有他故，所以待皇運之開泰，申寃魂之枉屈。今皇運既已開泰矣，而死於社稷盡忠，反以爲賊，臣何用此生陛下世矣。

臣聞王臣之節，竭智盡公，以奉其上。居股肱之任者，申理寃滯，薦達羣賢。凡此衆臣，夙興夜寐，心未嘗須臾之閒而不在公。故萬物無不得其理，而頌聲作焉。臣謹案鎭軍將軍臣穎胄，宗室之親，股肱之重，身有伊、霍之功，荷陛下稷、旦之任。中領軍臣（諱）〔詳〕，〔一八〕受帷幄之寄，副宰相之尊。皆所以棟梁朝廷，社稷之臣，天下所當，遑遑匪懈，盡忠竭誠，欲使萬物得理，而頌聲大興者，豈復宜踰此哉？而同知先臣股肱江夏，匡濟王室，天命未遂，王亡與亡，而不爲陛下瞥然一言。知而不言，是不忠之臣；不知而言，乃不智之臣，此而不知，將何所知？

如以江夏心異先臣，受制臣力，則江夏同致死斃，聽可昏政淫刑，見殘無道。然江夏之異，以何爲明，孔、呂二人，誰以爲戮。手御麾幡，言輒任公，同心共志，心若膠漆，而以爲異，臣竊惑焉。如以先臣遣使，江夏斬之，則征東之驛，何爲見戮？陛下斬征東之使，寔詐山陽；江夏違先臣之請，實謀孔矜。天命有歸，故事業不遂耳。夫唯聖人，乃知天命，守忠之臣，唯知盡死，安顧成敗。詔稱江夏遭時屯故，跡屈行令，內恕探情，無玷純節。今茲之旨，〔一九〕又何以處鎮軍哉？

臣所言畢矣，乞就湯鑊。然臣雖萬沒，猶願陛下必申先臣。何則？惻愴而申之，則天下伏；不惻愴而申之，天下之人北面而事陛下者，徒以力屈耳。先臣之忠，有識所知，南史之筆，千載可期，亦何待陛下屈申而爲褒貶。然小臣惓惓之愚，爲陛下計耳。臣之所言，非孝於父，實忠於君。唯陛下孰察，少留心焉。

臣頻觸宸嚴，而不彰露，所以每上封事者，非自爲戇地，猶以春秋之義有隱諱之意也。臣雖淺薄，然今日之事，斬足斷頭，殘身滅形，何所不能，爲陛下耳。臣聞生人之死，肉人之骨，有識之士，未爲多感。公聽竝觀，申人之冤，秉德任公，理人之屈，則普天之人，爭爲之死。何則？理之所不可以已也。陛下若引臣冤，免臣兄之罪，收往失，〔二〇〕發惻愴之詔，懷可報之意，則桀之犬實可吠堯，跖之客實可刺由，又何況由之犬，堯之客。臣非忝生，實爲陛下重此名於天下。已成之基，可惜之寶，莫復是加。寢明寢昌，不可不循，寢微寢滅，不可不愼。惟陛下熟察，詳擇其衷。

若陛下猶以爲疑，鎮軍未之允決，乞下征東共詳可否，無以向隅之悲，而傷陛下滿堂之樂。何則？陛下昏主之弟，江夏亦昏主之弟；鎮軍受遺託之恩，先臣亦荷顧命之重。情節無異，所爲皆同，殊者唯以成敗仰資聖朝耳。臣不勝愚忠，請使羣臣廷辯者，臣乞專令一人，精賜本語。僥幸萬一，天聽昭然，則軻沈七族，離熸妻子，人以爲難，臣豈不易。

詔報曰：「具卿寃切之懷。卿門首義，而旌德未彰，亦追以慨然，今當顯加贈諡。」偃尋下獄死。

張欣泰字義亨，竟陵人也。父興世，宋左衞將軍。

欣泰少有志節，不以武業自居，好隸書，讀子史。年十餘，詣吏部尚書褚淵，淵問之曰：「張郎弓馬多少。」欣泰答曰：「性怯畏馬，無力牽弓。」淵甚異之。

辟州主簿，歷諸王府佐。元徽中，興世在家，擁雍州還資，見錢三千萬。蒼梧王自領人劫之，一夜垂盡，興世憂懼感病卒。欣泰兄欣華時任安成郡，欣泰悉封餘財以待之。

建元初，歷官寧朔將軍，累除尚書都官郎。世祖與欣泰早經款遇，及即位，以爲直閤將軍，領禁旅。除豫章王太尉參軍，出爲安遠護軍、武陵內史。還復爲直閤，步兵校尉，領羽林監。欣泰通涉雅俗，交結多是名素。下直輒遊園池，著鹿皮冠，衲衣錫杖，挾素琴。有以啓世祖者，世祖曰：「將家兒何敢作此舉止！」後從車駕出新林，敕欣泰甲仗廉察，欣泰停仗，於松樹下飲酒賦詩。制局監呂文度過見，啓世祖。世祖大怒，遣出外，數日，意稍釋，召還，謂之曰：「卿不樂爲武職驅使，當處卿以清貫。」除正員郞。

永明八年，出爲鎭軍中兵參軍、南平內史。巴東王子響殺僚佐，上遣中庶子胡諧之西討，使欣泰爲副。欣泰謂諧之曰：「今太歲在西南，逆歲行軍，兵家深忌，不可見戰，戰必見危。今段此行，勝既無名，負誠可恥。彼凶狡相聚，所以爲其用者，或利賞逼威，無由自潰。若且頓軍夏口，宣示禍福，可不戰而禽也。」諧之不從，進屯江津，尹略等見殺。

事平，欣泰徙爲隨王子隆鎭西中兵，改領河東內史。子隆深相愛納，數與談宴，州府職局，多使關領，意遇與謝朓相次。典籤密以啓聞，世祖怒，召還都。屛居家巷，置宅南岡下，面接松山。欣泰負弩射雉，恣情閑放。衆伎雜藝，頗多閑解。

明帝卽位，爲領軍長史，遷諮議參軍。上書陳便宜二十條，其一條言宜毁廢塔寺。帝竝優詔報答。

建武二年，虜圍鍾離城。欣泰爲軍主，隨崔慧景救援。欣泰移虜廣陵侯曰：「聞攻鍾離，是子之深策，可無謬哉！兵法云『城有所不攻，地有所不爭』。豈不聞之乎？我國家舟舸百萬，覆江橫海，所以案甲于今不至，欲以邊城疲魏士卒。我且千里運糧，行留俱弊，一時霖雨，川谷涌溢，然後乘帆渡海，百萬齊進，子復奚以御之？乃令魏主以萬乘之重，攻此小城，是何謂歟？攻而不拔，誰之恥邪？假令能拔，子守之，我將連舟千里，舳艫相屬，西過壽陽，東接滄海，仗不再請，糧不更取，士卒偃臥，起而接戰，乃魚鱉不通，飛鳥斷絕，偏師淮左，其不能守，皎可知矣。如其不拔，吾將假法于魏之有司，以請子之過。若挫兵夷衆，攻不卒下，驅士塡隍，拔而不能守，則魏朝名士，其當別有深致乎，吾所未能量。昔魏之太武佛狸，傾一國之衆，攻十雉之城，死亡太半，僅以身返。旣智屈於金墉，亦雖拔而不守，皆筭失所爲，至今爲笑。前鑒未遠，已忘之乎？和門邑邑，戲載往意。」

虜旣爲徐州軍所挫，更欲於邵陽洲築城。慧景慮爲大患。欣泰曰：「虜所以築城者，外示姱大，實懼我躡其後耳。今若說之以彼此各願罷兵，則其患自息。」慧景從之。遣欣泰至虜城下具述此意。及虜引退，而洲上餘兵萬人，求輸五百匹馬假道，慧景欲斷路攻之。欣泰說慧景曰：「歸師勿遏，古人畏之。死地之兵，不可輕也。勝之旣不足爲武，敗則徒喪前功。不如許之。」慧景乃聽虜過。時領軍蕭坦之亦援鍾離，還啓明帝曰：「邵陽洲有死賊萬人，慧景、欣泰放而不取。」帝以此皆不加賞。

四年，出爲永陽太守。永元初，還都。崔慧景圍城，欣泰入城內，領軍守備。事寧，除輔國將軍、廬陵王安東司馬。義師起，以欣泰爲持節、督雍梁南北秦四州郢州之竟陵司州之隨郡軍事、雍州刺史，將軍如故。時少帝昏亂，人情咸伺事隙。欣泰與弟前始安內史欣時密謀結太子右率胡松、前南譙太守王靈秀、直閤將軍鴻選、含德主帥苟勵、直後劉靈運等十餘人，並同契會。

帝遣中書舍人馮元嗣監軍救郢，茹法珍、梅蟲兒及太子右率李居士、制局監楊明泰等十餘人相送中興堂。欣泰等使人懷刀於座斫元嗣，頭墜果柈中，又斫明泰，破其腹，蟲兒傷刺數瘡，手指皆墮。居士踰牆得出，茹法珍亦散走還臺。靈秀仍往石頭迎建安王寶夤，率文武數百，唱警蹕，至杜姥宅。欣泰初聞事發，馳馬入宮，冀法珍等在外，城內處分，必盡見委，表裏相應，因行廢立。既而法珍得反，處分閉門上仗，不配欣泰兵，鴻選在殿內亦不敢發。城外衆尋散。少日事覺，詔收欣泰、胡松等，皆伏誅。

欣泰少時有人相其當得三公，而年裁三十。後屋瓦墮傷額，又問相者，云：「無復公相，年壽更增，亦可得方伯耳。」死時年四十六。〔三〕

史臣曰：崔慧景宿將老臣，憂危昏運，回董御之威，舉晉陽之甲，乘機用權，內襲少主，因樂亂之民，藉淮楚之剽，驍將授首，羣帥委律，鼓鼙讙於宮寢，〔三〕戈戟跱於城隍，陵埤負戶，士衰氣竭，屢發銅虎之兵，未有釋位之援，勢等易京，魚爛待盡。征虜將軍投袂以先國急，東馬旅師，橫江競濟，風驅電掃，制勝轉丸，越城之戰，旗獲蔽野，津舫之捷，獻俘象魏，瞻塵望烽，窮壘重闢，戮帶定襄，曾未及此。盛矣哉，桓文異世也！

贊曰：叔業外叛，淮肥失險。慧景倒戈，宮門晝掩。欣泰倉卒，霜刃不染。實起時昏，堅冰互漸。

校勘記

〔一〕地惟形勢　「形勢」元龜四百作「形勝」。

〔二〕唯樂侵伐虜堺　文有脫譌。疑「唯樂」下脫「鈔略」二字，「侵伐虜堺」當作「若侵虜境」。通鑑齊明帝建武四年：「叔業啓稱：北人不樂遠行，唯樂鈔略，若侵虜境，則司、雍之寇自然分矣。」可證也。「堺」字殿本作「界」。堺與界同，然此堺字疑爲境字之形譌，亦原文本作「若侵虜境」之一證也。

〔三〕虜又遣僞將劉藻高忽繼至　按高忽魏書有傳，作「高聰」。通鑑亦作「高聰」。

〔四〕〔淸〕河東武城人也　據南監本、毛本、殿本、局本補。

〔五〕輒〔傾〕資獻奉　據南監本、毛本、殿本、局本補。

〔六〕四月慧景至廣陵覺便出奔　張森楷校勘記云：「慧景舉兵，在三月上旬。其攻京城敗散，在四月上旬。此『四月』疑當作『三月』。」按通鑑敍「慧景至廣陵，覺走從之」，在三月己亥後，壬子前。考異謂慧景傳四月至廣陵，蓋「四月」當作「三月」。參閱卷七東昏侯紀校記第四條。

〔七〕游盪〔軍〕主董伯珍　據南監本、殿本、局本補。

〔八〕善射獵能捕(虜)〔虎〕　據殿本、局本改。

〔九〕拒慧景於北籬門　「籬」原作「離」，今據南監本、殿本、局本改。

〔一〇〕慧景引軍入樂遊〔苑〕　據南監本、殿本、局本補。

〔一一〕石頭　二字原譌倒，今據南監本、殿本、局本乙正。

〔一二〕崔恭祖與驍將劉〔靈〕運詣城降　據南監本、殿本、局本及南史補。

〔一三〕與左興盛軍容袁文曠爭敬則首　「容」原譌「客」，各本不譌，今改正。

〔一四〕帝以其勇　「勇」下南監本、殿本及南史並有「健」字。

〔一五〕僥小民之無識耳　「僥」南監本、殿本、局本作「倖」。

〔一六〕則何戈之士　「何戈」南監本、殿本作「荷戈」。按說文「何，儋也」，段注「何，俗爲荷」。

〔一七〕(何則)〔若以〕狂主雖狂而實是天子　據南監本、殿本、局本及通鑑齊和帝中興元年改。

〔一八〕中領軍臣(諱)〔詳〕　據通鑑改。按諱與詳形近而譌。詳指夏侯詳，詳時爲中領軍。殿本依北監本改「諱」爲「衍」，不知蕭衍時爲征東將軍，崔偃疏中明稱之爲「征東」也。

〔一九〕今茲之旨　「茲」字原闕，今據南監本、殿本、局本補。

〔二〇〕陛下若引臣寃豗臣兄之罪收往失　元龜八百七十作「陛下若俯鑒臣寃，深收往失」。

〔二一〕死時年四十六　「時」原譌「者」，各本不譌，今改正。「四十六」御覽七百三十引及南史並作「三十六」。

〔二二〕鼓鼙讙於宮寢　「宮」原譌「官」，今據南監本、殿本、局本改正。

南齊書卷五十二

列傳第三十三

文學

丘靈鞠，吳興烏程人也。祖系，祕書監。

靈鞠少好學，善屬文。與上計，仕郡爲吏。州辟從事，詣領軍沈演之。演之曰：「身昔爲州職，詣領軍謝晦，賓主坐處，政如今日。卿將來或復如此也。」舉秀才，爲州主簿。累遷員外郎。

宋孝武殷貴妃亡，靈鞠獻挽歌詩三首，云「雲橫廣階闇，霜深高殿寒」。帝擿句嗟賞。除新安王北中郎參軍，出爲剡烏程令，不得志。泰始初，坐東賊黨錮數年。褚淵爲吳興，謂人曰：「此郡才士，唯有丘靈鞠及沈勃耳。」乃啓申之。明帝使著大駕南討紀論。久之，除太尉參軍，轉安北記室，帶扶風太守，不就。爲尙書三公郎，建康令，轉通直郎，兼中書郎。昇明中，遷正員郎，領本郡中正，兼中書郎如故。時方禪讓，太祖使靈鞠參掌詔策。建元元年，轉中書郎，中正如故，敕知東宮手筆。尋又掌知國史。明年，出爲鎮南長史、尋陽相，遷尙書左丞。世祖卽位，轉通直常侍，尋領東觀祭酒。靈鞠曰：「久居官不願數遷，〔一〕使我終身爲祭酒，不恨也。」永明二年，領驍騎將軍。靈鞠不樂武位，謂人曰：「我應還東掘顧榮冢。江南地方數千里，士子風流，皆出此中。顧榮忽引諸傖渡，妨我輩塗轍，死有餘罪。」改正員常侍。

靈鞠好飲酒，臧否人物，在沈淵座見王儉詩，淵曰：「王令文章大進。」靈鞠曰：「何如我未進〔時〕？」〔二〕此言達儉。靈鞠宋世文名甚盛，入齊頗減。蓬髮弛縱，無形儀，不治家業。王儉謂人曰：「丘公仕宦不進，才亦退矣。」遷長沙王車騎長史，太中大夫，卒。著江左文章錄序，起太興，訖元熙。文集行於世。

檀超字悅祖，高平金鄉人也。祖弘〔宗〕，〔三〕宋南琅邪太守。超少好文學，放誕任氣，解褐州西曹。嘗與別駕蕭惠開共事，不爲之下。謂惠開曰：「我與卿俱起一老姥，何足相誇？」蕭太后，惠開之祖姑，長沙王道憐妃，超祖姑也。舉秀才。孝建初，坐事徙梁州，板宣威府參軍。孝武聞超有文章，敕還直東宮，除驃騎參軍、寧蠻主簿，鎮北諮議。超累佐蕃職，不得志，轉尙書度支郎，車騎功曹，桂陽內史。入爲殿中郎，兼中書郎，零陵內史，征北驃騎記室，國子博士，兼左丞。

超嗜酒，好言詠，擧止和靡，自比晉郗超，爲「高平二超」。謂人曰：「猶覺我爲優也。」太祖賞愛之。遷驍騎將軍，常侍，司徒右長史。

建元二年，初置史官，以超與驃騎記室江淹掌史職。上表立條例，開元紀號，不取宋年。封爵各詳本傳，無假年表。立十志：律曆、禮樂、天文、五行、郊祀、刑法、藝文依班固，朝會、輿服依蔡邕、司馬彪，州郡依徐爰。百官依范曄，合州郡。班固五星載天文，日蝕載五行；改日蝕入天文志。以建元爲始。帝女體自皇宗，立傳以備甥舅之重。又立處士、列女傳。詔內外詳議。左僕射王儉議：「金粟之重，八政所先，食貨通則國富民實，宜加編錄，以崇務本。朝會志前史不書，蔡邕稱先師胡廣說漢舊儀，此乃伯喈一家之意，曲碎小儀，无煩錄。宜立食貨，省朝會。洪範九疇，一曰五行。五行之本，先乎水火之精，是爲日月五行之宗也。今宜憲章前軌，無所改革。又立帝女傳，亦非淺識所安。若有高德異行，自當載在列女，若止於常美，則仍舊不書。」詔：「日月災隸天文，餘如儉議。」超史功未就，卒官。〔四〕江淹撰成之，猶不備也。

時豫章熊襄著齊典，上起十代。其序云：「尚書堯典，謂之虞書，則附所述，故通謂之齊，名爲河洛金匱。」

卞彬字士蔚，濟陰冤句人也。祖嗣之，中領軍。父延之，有剛氣，爲上虞令。

彬才操不羣，文多指刺。州辟西曹主簿，奉朝請，員外郎。宋元徽末，四貴輔政。彬謂太祖曰：「外間有童謠云：『可憐可念尸著服，孝子不在日代哭，列管暫鳴死滅族。』〔公頗聞不?〕」時王蘊居父憂，與袁粲同死，故云〔尸著服〔也。服者衣也〕〕，〔五〕褚字邊衣也，孝除子，以日代者，謂褚淵也。列管，蕭也。彬退，太祖笑曰：「彬自作此。」齊臺初建，彬又曰：「誰謂宋遠，跂予望之。」太祖聞之，不加罪也。除右軍參軍。家貧，出爲南康郡丞。

彬頗飲酒，擯棄形骸。作蚤虱賦序曰：「余居貧，布衣十年不制。一袍之縕，有生所託，資其寒暑，無與易之。爲人多病，起居甚疎，縈寢敗絮，不能自釋。兼攝性懈惰，嬾事皮膚，澡刷不謹，澣沐失時，四體毪毪，加以臭穢，故葦席蓬纓之間，蚤虱猥流。淫癢渭濩，無時恕肉，探揣擭撮，日不替手。虱有諺言，朝生暮孫。若吾之虱者，無湯沐之慮，絕相弔之憂，宴聚乎久襟爛布之裳，〔六〕服無改換，掐齧不能加，脫略緩嬾，復不懃於捕討，孫孫息息，三十五歲焉。」其略言皆實錄也。

除南海王國郎中令，尚書比部郎，安吉令，車騎記室。彬性〔好〕飲酒，〔七〕以瓠壺瓢勺杬皮爲肴，著帛冠十二年不改易，以大瓠爲火籠，什物多諸詭異。自稱「卞田居」，婦爲「傅蠶室」。或諫曰：「卿都不持操，名器何由得升？」彬曰：「擲五木子，十擲輒鞬，豈復是擲子之拙。吾好擲，政極此耳。」永元中，爲平越長史、綏建太守，卒官。

彬又目禽獸云：〔八〕「羊性淫而狠，猪性卑而率，鵝性頑而傲，狗性險而出。」皆指斥貴勢。其蝦蟆賦云：「紆青拖紫，名爲蛤魚。」世謂比令僕也。又云：「科斗唯唯，羣浮闇水。維朝繼夕，聿役如鬼。」比令史諮事也。文章傳於閭巷。

永明中，琅邪諸葛勗爲國子生，作雲中賦，（賦）〔指〕祭酒以下，〔九〕皆有形似之目。坐繫東冶，〔一〇〕作東冶徒賦，世祖見，赦之。

又有陳郡袁嘏，自重其文。謂人云：「我詩應須大材迮之，不爾飛去。」建武末，爲諸暨令，被王敬則所殺。

丘巨源，蘭陵蘭陵人也。宋初土斷屬丹陽，後屬蘭陵。巨源少舉丹陽郡孝廉，爲宋孝武所知。大明五年，敕助徐爰撰國史。帝崩，江夏王義恭取〔爲〕掌書記。〔一〕明帝即位，使參詔誥，引在左右。自南臺御史爲王景文鎮軍參軍，寧喪還家。

元徽初，桂陽王休範在尋陽，以巨源有筆翰，遣船迎之，餉以錢物。巨源因太祖自啓，敕板起巨源使留京都。桂陽事起，使於中書省撰符檄，事平，除奉朝請。

巨源望有封賞，既而不獲，乃與尚書令袁粲書曰：

民信理推心，闇於量事，庶謂丹誠感達，賞報孱期；豈虞寂寥，忽焉三稔？議者必云筆記賤伎，非殺活所待；開勸小說，非否判所寄。然則先聲後實，軍國舊章，七德九功，將名當世。仰觀天緯，則右將而左相，俯察人序，則西武而東文，固非胥祝之倫伍，巫匠之流匹矣。

去昔奇兵，變起呼吸，雖凶渠即勦，而人情更迷。茅恬開城，千齡出叛，當此之時，心膂胡、越，奉迎新亭者，士庶塡路，投名朱雀者，愚智空閭，人惑而民不惑，人畏而民不畏，其一可論也。

臨機新亭，獨能抽刃斬賊者，唯有張敬兒；而中書省獨能奮筆弗顧者，唯有丘巨源。文武相方，誠有優劣，就其死亡以決成敗，當崩天之敵，抗不測之禍，請問海內，此膽何如？其二可論也。

又爾時顛沛，普喚文士，黃門中書，靡不畢集，摛翰振藻，非爲乏人，朝廷洪筆，何故假手凡賤？若以此賊彊盛，勝負難測，羣賢怯不染豪者，則民宜以勇獲賞；若云羽檄之難，必須筆傑，羣賢推能見委者，則民宜以才賜(外)〔列〕，〔三〕其三可論也。

竊見桂陽賊賞不赦之條凡二十五人，而李恒、鍾爽同在此例，戰敗後出，罪竝釋然，而吳邁遠族誅之。罰則操筆大禍而操戈无害，論以賞科，則武人超越而文人埋沒，其四可論也。

且邁遠置辭，無乃侵慢，民作符檄，肆言詈辱，放筆出手，即就虀粉。若使桂陽得志，民若不轘裂軍門，則應腰斬都市，嬰孩脯膾，伊可熟念，其五可論也。

往年戎旅，萬有餘甲，十分之中，九分冗隸，可謂衆矣。攀龍附驥，翻焉雲翔。至若民狂夫，可謂寡矣。徒關赦旨，空然泥沈。詎其荷殿塵末，皆是白起，操櫝事始，必非魯連邪？民傎，國算迅足，馳烽旆之機，帝擇逸翰，赴尉羅之會。既能陵敵不殿，爭先無負，宜其微賜存在，少沾飲齕。遂乃棄之溝間，如蜉如蟻，擲之言外，如土如灰。

絓隸帖戰，無拳無勇，並隨資峻級矣；凡豫臺內，不文不武，已坐拱清階矣。撫骸如此，瞻例如彼，既非草木，何能弭聲？」

巨源竟不被申。

歷佐諸王府，轉羽林監。建元元年，爲尙書主客郎，領軍司馬，越騎校尉。除武昌太守，拜竟，不樂江外行，世祖問之，巨源曰：「古人云：『寧飮建業水，不食武昌魚。』臣年已老，寧死於建業。」以爲餘杭令。

沈攸之事，太祖使巨源爲尙書符荆州，巨源以此又望賞異，自此意常不滿。高宗爲吳興，巨源作秋胡詩，有譏刺語，以事見殺。

王智深字雲才，琅邪臨沂人也。少從陳郡謝超宗學屬文。好飮酒，拙澀乏風儀。宋建平王景素爲南徐州，作觀法篇，智深和之，見賞，辟爲西曹書佐。貧無衣，未到職而景素敗。後解褐爲州祭酒。太祖爲鎭軍時，丘巨源薦之於太祖，板爲府行參軍，除豫章王國常侍，遷太學博士，豫章王大司馬參軍，兼記室。

世祖使太子家令沈約撰宋書，擬立袁粲傳，以審世祖。世祖曰：「袁粲自是宋家忠臣。」

約又多載孝〔武〕、明帝諸鄙瀆事，〔一三〕上遣左右謂約曰：「孝武事迹不容頓爾。我昔經事宋明帝，卿可思諱惡之義。」於是多所省除。

又敕智深撰宋紀，召見芙蓉堂，賜衣服，給宅。智深告貧於豫章王，王曰：「須卿書成，當相論以祿。」〔一四〕書成三十卷，世祖後召見智深於璿明殿，令拜表奏上。表未奏而世祖崩。隆昌元年，敕索其書，智深遷爲竟陵王司徒參軍，坐事免。江夏王鋒衡陽王鈞竝善待之。

初，智深爲司徒袁粲所接，及撰宋紀，意常依依。粲幼孤，祖母名其爲愍孫，後慕荀粲，自改名，會稽賀喬譏之，智深於是著論。

家貧無人事，嘗餓五日不得食，掘莧根食之。司空王僧虔及子志分其衣食。〔一五〕卒於家。

先是陳郡袁炳，字叔明，有文學，亦爲袁粲所知。著晉書未成，卒。

潁川庾銑，善屬文，見賞豫章王，引至大司馬記室參軍，卒。

陸厥字韓卿，吳郡吳人，揚州別駕閑子也。厥少有風槩，好屬文，五言詩體甚新變。〔一六〕永明九年，詔百官舉士，同郡司徒左西掾顧暠之表薦焉。州舉秀才，王晏少傅主簿，遷後軍行參軍。

永明末，盛爲文章。吳興沈約、陳郡謝朓、琅邪王融以氣類相推轂。汝南周顒善識聲韻。約等文皆用宮商，以平上去入爲四聲，以此制韻，不可增減，世呼爲「永明體」。沈約宋書謝靈運傳後又論宮商。厥與約書曰：

范詹事自序「性別宮商，識清濁，特能適輕重，濟艱難。古今文人，多不全了斯處，縱有會此者，不必從根本中來。」沈尚書亦云「自靈均以來，此祕未覩」。或「闇與理合，匪由思至。張蔡曹王，曾無先覺，潘陸顏謝，去之彌遠」。大旨鈞使「宮羽相變，低昂舛節。〔一七〕若前有浮聲，則後須切響，一簡之內，音韻盡殊，兩句之中，輕重悉異」。辭既美矣，理又善焉。但觀歷代衆賢，似不都闇此處，而云「此祕未覩」，近於誣乎？

案范云「不從根本中來」。尚書云「匪由思至」。斯可謂揣情謬於玄黃，擿句差其音律也。范又云「時有會此者」。尚書云「或闇與理合」。則美詠清謳，有辭章調韻者，雖有差謬，亦有會合，推此以往，可得而言。夫思有合離，前哲同所不免，文有開塞，卽事不得無之。子建所以好人譏彈，士衡所以遺恨終篇。既曰遺恨，非盡美之作，理可詆訶。君子執其詆訶，便謂合理爲闇。豈如指其合理而寄詆訶爲遺恨邪？

自魏文屬論，深以清濁爲言，劉楨奏書，大明體勢之致，岨峿妥怗之談，操末續顛之說，興玄黃於律呂，比五色之相宣，苟此祕未覩，茲論爲何所指邪？故愚謂前英已早識宮徵，但未屈曲指的，若今論所申。至於掩瑕藏疾，合少謬多，則臨淄所云「人之著述，不能無病」者也。非知之而不改，謂不改則不知，斯曹、陸又稱「竭情多悔，不可力彊」者〔也〕。〔一八〕今許以有病有悔爲言，則必自知無悔無病之地，引其不了不合爲闇，何獨誣其一合一了之明乎？意者亦質文時異，古今好殊，將急在情物，而緩於章句。情物，文之所急，美惡猶且相半；章句，意之所緩，故合少而謬多。義兼於斯，必非不知明矣。

長門、上林，殆非一家之賦；洛神、池鴈，便成二體之作。孟堅精正，詠史無虧於東主，平子恢富，羽獵不累於憑虛。王粲初征，他文未能稱是；楊脩敏捷，暑賦彌日不獻。率意寡尤，則事促乎一日；翳翳愈伏，而理賒於七步。一人之思，遲速天懸；一家之文，工拙壤隔。何獨宮商律呂，必責其如一邪？論者乃可言未窮其致，不得言曾無先覺也。

約答曰：

宮商之聲有五，文字之別累萬，以累萬之繁，配五聲之約，高下低昂，非思力所舉。又非止若斯而已也。十字之文，顚倒相配，字不過十，巧歷已不能盡，何況復過於此者乎？靈均以來，未經用之於懷抱，固無從得其髣髴矣。若斯之妙，而聖人不尙，〔何〕邪？〔一九〕此蓋曲折聲韻之巧，無當於訓義，非聖哲立言之所急也。是以子雲譬之「雕蟲篆刻」，云「壯夫不爲」。

自古辭人，豈不知宮羽之殊，商徵之別。雖知五音之異，而其中參差變動，所昧實多，故鄙意所謂「此祕未覩」者也。〔二〇〕以此而推，則知前世文士便未悟此處。若以文章之音韻，同弦管之聲曲，則美惡姸蚩，不得頓相乖反。譬由子野操曲，安得忽有闡緩失調之聲，以洛神比陳思他賦，有似異手之作。故知天機啓，則律呂自調；六情滯，則音律頓舛也。

士衡雖云「炳若縟錦」，寧有濯色江波，其中復有一片是衞文之服？此則陸生之言，卽復不盡者矣。韻與不韻，復有精麤，輪扁不能言，老夫亦不盡辨此。

永元元年，始安王遙光反，厥父閑被誅，厥坐繫尙方，尋有赦令，厥恨父不及，感慟而卒，年二十八。文集行於世。

會稽虞炎，永明中以文學與沈約俱爲文惠太子所遇，意眄殊常。官至(驃)〔驍〕騎將軍。〔三〕

崔慰祖字悅宗，清河東武城人也。父慶緒，永明中，爲梁州刺史。慰祖解褐奉朝請。父喪不食鹽，母曰：「汝既無兄弟，又未有子胤。毁不滅性，政當不進肴羞耳，如何絕鹽！吾今亦不食矣。」慰祖不得已從之。父梁州之資，家財千萬，散與宗族，漆器題爲日字，日字之器，流乎遠近。料得父時假貰文疏，〔三〕謂族子紘曰：「彼有，自當見還；彼無，吾何言哉！」悉火焚之。

好學，聚書至萬卷，隣里年少好事者來從假借，日數十袠，慰祖親自取與，未常爲辭。爲始安王撫軍墨曹行參軍，轉刑獄，兼記室。遙光好棊，數召慰祖對戲，慰祖輒辭拙，非朔望不見也。建武中，詔舉士，從兄慧景舉慰祖及平原劉孝標，竝碩學。帝欲試以百里，慰祖辭不就。

國子祭酒沈約、吏部郎謝朓嘗於吏部省中賓友俱集，各問慰祖地理中所不悉十餘事，慰祖口吃，無華辭，而酬據精悉，一座稱服之。朓歎曰：「假使班、馬復生，無以過此。」

慰祖賣宅四十五萬，買者云：「寧有減不？」答曰：「誠慚韓伯休，何容二價。」買者又曰：「君但責四十六萬，一萬見與。」慰祖曰：「是即同君欺人，豈是我心乎？」

少與侍中江祀款，及祀貴，常來候之，而慰祖不往也。與丹陽丞劉渢素善，遙光據東府反，慰祖在城內。城未潰一日，渢謂之曰：「卿有老母，宜其出矣。」命門者出之。慰祖詣闕自首，繫尚方，病卒。

慰祖著海岱志，起太公迄西晉人物，爲四十卷，半未成。臨卒，與從弟緯書云：「常欲更注遷、固二史，採史、漢所（泥）〔漏〕二百餘事，〔三〕在廚簏，可檢寫之，以存大意。海岱志良未周悉，可寫數本，付護軍諸從事人一通，及友人任昉、徐夤、劉洋、裴揆。」又令「以棺親土，不須塼，勿設靈座」。時年三十五。

王逡之字宣約，琅邪臨沂人也。父祖皆爲郡守。

逡之少禮學博聞。起家江夏王國常侍，大司馬行參軍，章安令，累至始安內史。不之官，除山陽王驃騎參軍，兼治書御史，安成國郎中，吳令。

昇明末，右僕射王儉重儒術，逡之以著作郎兼尚書左丞，參定齊國儀禮。初，儉撰古今喪服集記，逡之難儉十一條。更撰世行五卷。轉國子博士。國學久廢，建元二年，逡之先上表立學，又兼著作，撰永明起居注。轉通直常侍，驍騎將軍，領博士、著作如故。出爲寧朔將軍、南康相，太中、光祿大夫，加侍中。〔四〕逡之率素，衣裘不澣，机案塵黑，年老，手不釋卷。建武二年，卒。

從弟珪之，有史學，撰齊職儀。永明九年，其子中軍參軍顥上啓曰：「臣亡父故長水校尉珪之，藉素爲基，依儒習性。以宋元徽二年，被敕使纂集古設官歷代分職，凡在墳策，必盡詳究。是以等級掌司，咸加編錄。黜陟遷補，〔悉〕該研記。〔三五〕述章服之差，兼冠佩之飾。屬値啓運，軌度惟新。故太宰臣淵奉宣敕旨，使速洗正。刊定未畢，臣私門凶禍。不揆庸微，謹冒啓上，凡五十卷，謂之齊職儀。仰希永升天閣，長銘祕府。」詔付祕閣。

祖冲之字文遠，范陽薊人也。祖昌，宋大匠卿。父朔之，奉朝請。

冲之少稽古，有機思。宋孝武使直華林學省，賜宅宇車服。解褐南徐州迎從事，公府參軍。

宋元嘉中，用何承天所制歷，比古十一家爲密，冲之以爲尚疎，乃更造新法。上表曰：

臣博訪前墳，遠稽昔典，五帝躔次，三王交分，春秋朔氣，紀年薄蝕，談、遷載述，彪、固列志，魏世注歷，晉代起居，探異今古，觀要華戎。書契以降，二千餘稔，日月離會之徵，星度疎密之驗。專功䮱思，咸可得而言也。加以親量圭尺，躬察儀漏，目盡毫氂，心窮籌筴，考課推移，又曲備其詳矣。

然而古曆疎舛，類不精密，羣氏糾紛，〔二六〕莫審其會。尋何承天所上，意存改革，而置法簡略，今已乖遠。以臣校之，三覩厥謬，日月所在，差覺三度，二至晷景，幾失一日，五星見伏，至差四旬，留逆進退，或移兩宿。分至失實，則節閏非正；宿度違天，則伺察無準。臣生屬聖辰，詢逮在運，敢率愚瞽，更創新曆。

謹立改易之意有二，設法之情有三。改易者一：以舊法一章，十九歲有七閏，閏數爲多，經二百年輒差一日。節閏既移，則應改法，曆紀屢遷，寔由此條。今改章法三百九十一年有一百四十四閏，令卻合周、漢，則將來永用，無復差動。其二：以堯典云「日短星昴，以正仲冬」。以此推之，唐世冬至日，在今宿之左五十許度。〔漢〕（伐）〔代〕之初，卽〔用〕秦曆，〔二七〕冬至日在牽牛六度。漢武改立太初曆，冬至日在牛初。後漢四分法，冬至日在斗二十二。晉世姜岌以月蝕檢日，知冬至在斗十七。今參以中星，課以蝕望，冬至之日，在斗十一。通而計之，未盈百載，所差二度。舊法竝令冬至日有定處，天數既差，則七曜宿度，漸與舛訛。乖謬既著，輒應改易。僅合一時，莫能通遠。遷革不已，又由此條。今令冬至所在歲歲微差，卻檢漢注，竝皆審密，將來久用，無煩屢改。又設法者，其一：以子爲辰首，位在正北，爻應初九升氣之端，虛爲北方列宿之中。元氣肇初，宜在此次。前儒虞喜，備論其義。今曆上元日度，發自虛一。其二：以日辰之號，甲子爲先，曆法設元，應在此歲。而黃帝以來，世代所用，凡十一曆，上元之歲，莫值此名。今曆上元歲在甲子。其三：以上元之歲，曆中衆條，竝應以此爲始。而景初曆交會遲疾，元首有差。又承天法，日月五星，各自有元，交會遲疾，亦竝置差，裁得朔氣合而已，條序紛錯，不及古意。今設法日月五緯交會遲疾，悉以上元歲首爲始，羣流共源，〔庶無乖誤〕。〔二八〕

若夫測以定形，據以實効。懸象著明，尺表之驗可推；動氣幽微，寸管之候不忒。今臣所立，易以取信。但綜覈始終，大存緩密，革新變舊，有約有繁。用約之條，理不自懼，用繁之意，顧非謬然。何者？夫紀閏參差，數各有分，分之爲體，非不細密，臣是用深惜毫氂，以全求妙之准，不辭積累，以成永定之製，非爲思而莫知，悟而弗改也。若所上萬一可採，伏願頒宣羣司，賜垂詳究。

事奏。孝武令朝士善曆者難之，不能屈。會帝崩，不施行。出爲婁縣令，謁者僕射。初，宋武平關中，得姚興指南車，有外形而無機巧，每行，使人於內轉之。昇明中，太祖輔政，使冲之追修古法。冲之改造銅機，圓轉不窮，而司方如一，馬均以來未有也。〔二九〕時有北人索馭驎者，亦云能造指南車，太祖使與冲之各造，使於樂遊苑對共校試，而頗有差僻，乃毁焚之。永明中，竟陵王子良好古，冲之造欹器獻之。

文惠太子〔在〕東宮，〔二〇〕見冲之曆法，啓世祖施行，文惠尋薨，事又寢。轉長水校尉，領本職。冲之造安邊論，欲開屯田，廣農殖。建武中，明帝使冲之巡行四方，興造大業，可以利百姓者，會連有〔軍〕事，〔二一〕事竟不行。

冲之解鍾律，博塞當時獨絕，莫能對者。以諸葛亮有木牛流馬，乃造一器，不因風水，施機自運，不勞人力。又造千里船，於新亭江試之，日行百餘里。於樂遊苑造水碓磨，世祖親自臨視。又特善筭。永元二年，冲之卒。年七十二。著易老莊義，釋論語孝經，注九章，造綴述數十篇。

賈淵字希鏡，平陽襄陵人也。祖弼之，晉員外郎。父匪之，驃騎參軍。世傳譜學。孝武世，青州人發古冢，銘云「青州世子，東海女郎」。帝問學士鮑照、徐爰、蘇寶生，竝不能悉。淵對曰：「此是司馬越女，嫁苟晞兒。」檢訪果然。由是見遇。敕淵注郭子。泰始初，〔二二〕辟丹陽郡主簿，奉朝請，太學博士，安成王撫軍行參軍，出爲丹徒令。昇明中，太祖嘉淵世學，取爲驃騎參軍，武陵王國郎中令，補餘姚令。未行，仍爲義興郡丞。永明初，轉尚書外兵郎，歷大司馬司徒府參軍。竟陵王子良使淵撰見客譜，出爲句容令。

先是譜學未有名家，淵祖弼之廣集百氏譜記，專心治業。晉太元中，朝廷給弼之令史書吏，撰定繕寫，藏祕閣(乃)〔及〕(遷)左民曹。〔三三〕淵父及淵三世傳學，凡十八州士族譜，合百帙七百餘卷，該究精悉，當世莫比。永明中，衞軍王儉抄次百家譜，與淵參懷撰定。

建武初，淵遷長水校尉。荒傖人王泰寶買襲琅邪譜，尚書令王晏以啓高宗，淵坐被(求)〔收〕，〔三四〕當極法，子棲長謝罪，稽顙流血，朝廷哀之，免淵罪。數年，始安王遙光板撫軍諮議，不就，仍爲北中郎參軍。中興元年，卒。年六十二。撰氏族要狀及人名書，竝行於世。

史臣曰：文章者，蓋情性之風標，神明之律呂也。蘊思含毫，遊心內運，放言落紙，氣韻天成。莫不禀以生靈，遷乎愛嗜，機見殊門，賞悟紛雜。若子桓之品藻人才，仲治之區判文體，陸機辨於文賦，李充論於翰林，張眎摘句褒貶，顏延圖寫情興，各任懷抱，共爲權衡。屬文之道，事出神思，感召無象，變化不窮。俱五聲之音響，而出言異句；等萬物之情狀，而下筆殊形。吟詠規範，本之雅什，流分條散，各以言區。若陳思代馬羣章，王粲飛鸞諸製，四言之美，前超後絕。少卿離辭，五言才骨，難與爭騖。桂林湘水，平子之華篇，飛館玉池，魏文之麗篆，七言之作，非此誰先。卿、雲巨麗，升堂冠冕，張、左恢廓，登高不繼，賦貴披陳，未或加矣。顯宗之述傅毅，簡文之摛彥伯，分言制句，多得頌體。裴頠內侍，元規鳳池，子章以來，章表之選。孫綽之碑，嗣伯喈之後，謝莊之誄，起安仁之塵，顏延楊瓚，自比馬督，以多稱貴，歸莊爲允。王褒僮約，束皙發蒙，滑稽之流，亦可奇瑋。五言之製，獨秀衆品。習玩爲理，事久則瀆，在乎文章，彌患凡舊。若無新變，不能代雄。建安一體，典論短長互出；潘、陸齊名，機、岳之文永異。江左風味，盛道家之言，郭璞舉其靈變，許詢極其名理，仲文玄氣，猶不盡除，謝混情新，得名未盛。顏、謝竝起，乃各擅奇，休、鮑後出，咸亦標世。朱藍共妍，不相祖述。今之文章，作者雖衆，總而爲論，略有三體。一則啓心閑繹，託辭華曠，雖存巧綺，終致迂回。宜登公宴，本非准的。〔三五〕而疎慢闡緩，膏肓之病，典正可採，酷不入情。此體之源，出靈運而成也。次則緝事比類，非對不發，博物可嘉，職成拘制。或全借古語，用申今情，崎嶇牽引，直爲偶說。唯覩事例，頓失清采。〔三六〕此則傅咸五經，應璩指事，雖不全似，可以類從。次則發唱驚挺，操調險急，雕藻淫豔，傾炫心魂。亦猶五色之有紅紫，八音之有鄭、衞。斯鮑照之遺烈也。三體之外，請試妄談。若夫委自天機，參之史傳，應思悱來，勿先構聚。言尚易了，文憎過意，吐石含金，滋潤婉切。雜以風謠，輕脣利吻，不雅不俗，獨中胸懷。輪扁斲輪，言之未盡，文人談士，罕或兼工。非唯識有不周，道實相妨，談家所習，理勝其辭，就此求文，終然翳奪。故兼之者鮮矣。

贊曰：學亞生知，多識前仁。文成筆下。芬藻麗春。

校勘記

〔一〕久居官不願數遷　南監本、殿本及南史並作「人居官願數遷」，局本作「人居官不願數遷」，元龜七百八十五作「久居官願數遷」。

〔二〕何如我未進〔時〕　據南監本、殿本及南史補。

〔三〕祖弘〔宗〕　據南監本、毛本、殿本、局本補。按南史云「祖疑之，字弘宗」。此子顯避家諱，故改稱其字也。

〔四〕超史功未就卒官　按南史云：「又制著十志，多爲左僕射王儉所不同。既與物多忤，史功未就，徙交州，於路見殺。」

〔五〕〔公頗聞不時王蘊居父憂與袁粲同死故云〕尸著服〔也服者衣也〕　據南監本、殿本、局本及南史補。按南監本脫「服者衣也」四字。殿本「云」譌「念」。

〔六〕宴聚乎久襟爛布之裳　「襟」南史作「袴」。

〔七〕彬性〔好〕飲酒　據御覽九百七十九引補。

〔八〕彬又目禽獸云　按「又」下南史有「爲禽獸決録」五字。

〔九〕(賦)〔指〕祭酒以下　據南監本、毛本、殿本、局本及南史改。

〔一〇〕坐繫東冶　「坐」下南史有「事」字。

〔一一〕江夏王義恭取〔爲〕掌書記　據元龜七百二十七補。

〔一二〕則民宜以才賜(外)〔列〕　據南監本、毛本、殿本、局本改。

〔一三〕約又多載孝〔武〕明帝諸鄙瀆事　據南監本、殿本、局本補。

〔一四〕當相論以祿　「論」元龜五百五十五作「訓」。

〔一五〕司空王僧虔及子志分其衣食　「其」殿本及南史、元龜九百二並作「與」。

〔一六〕五言詩體甚新變　「新變」各本作「新奇」。

〔一七〕低昂舛節　宋書謝靈運傳論作「低昂互節」。

〔一八〕不可力彊者〔也〕　據南監本、殿本、局本及南史補。

〔一九〕而聖人不尙〔何〕邪　據南監本及南史補。

〔二〇〕故鄙意所謂此祕未覩者也　「此」原譌「志」，各本不譌，今改正。

〔二一〕官至(驃)〔驍〕騎將軍　據南史改。　按驍騎將軍虞炎亦見禮志。

〔二二〕料得父時假貫文疏　「貫」原譌「貰」，今據毛本、殿本、局本及南史改正。

〔二三〕採史漢所（泥）〔漏〕二百餘事　據南監本、殿本、局本及南史改。

〔二四〕加侍中　按南史王准之傳從弟逡之附傳作「加給事中」。

〔二五〕〔悉〕該研記　據殿本、局本補。

〔二六〕羣氏糾紛　「氏」原譌「民」，今據殿本改正。

〔二七〕〔漢〕（伐）〔代〕之初即〔用〕秦曆　據局本補改。按錢大昕廿二史考異云：「宋志云漢代之初，即用秦曆。此誤『代』爲『伐』，又脫『漢』『用』二字。」

〔二八〕羣流共源〔庶無乖誤〕　「庶無乖誤」四字原本闕，據南監本、毛本、殿本、局本補。

〔二九〕馬鈞以來未有也　「鈞」各本作「均」，今據三國志改正。按「未」下元龜九百八有「之」字。

〔三〇〕文惠太子〔在〕東宮　據殿本、局本補。

〔三一〕會連有〔軍〕事　據殿本、局本補。

〔三二〕泰始初　「泰」原譌「太」，各本並譌，今改正。

〔三三〕藏祕閣（乃）〔及〕（遷）左民曹　據元龜五百六十、五百六十一改。按此言以寫定本藏祕閣及左民曹，非言淵遷官左民曹也。

〔三四〕淵坐被（求）〔收〕　據南史、元龜五百六十改。

〔三五〕本非准的　「非」原譌「凡」，今據毛本、殿本、局本改正。按南監本作「未爲准的」。

〔三六〕頓失清采　按「清采」各本並作「精采」。

南齊書卷五十三

列傳第三十四

良政

傅琰　虞愿　劉懷慰　裴昭明　沈憲　李珪之　孔琇之

太祖承宋氏奢縱，風移百城，輔立幼主，思振民瘼。爲政未朞，擢山陰令傅琰爲益州刺史。乃捐華反樸，恭己南面，導民以躬，意存勿擾。以山陰大邑，獄訟繁滋，建元三年，別置獄丞，與建康爲比。永明繼運，垂心治術。杖威善斷，猶多漏網，長吏犯法，封刃行誅。郡縣居職，以三周爲小滿。水旱之災，輒加賑卹。明帝自在布衣，曉達吏事，君臨億兆，專務刀筆，未嘗枉法申恩，守宰以之肅震。

永明之世，十許年中，百姓無雞鳴犬吠之驚，都邑之盛，士女富逸，歌聲舞節，袨服華粧，桃花綠水之間，秋月春風之下，蓋以百數。及建武之興，虜難猋急，征役連歲，不遑啓居，軍國糜耗，從此衰矣。

齊世善政著名表績無幾焉，位次遷升，非直止乎城邑。今取其清察有迹者，餘則隨以附焉。

傅琰字季珪，北地靈州人也。祖邵，員外郎。父僧祐，安東錄事參軍。琰美姿儀，解褐寧蠻參軍，本州主簿，寧蠻功曹。宋永光元年，補諸暨武康令，廣威將軍，除尚書左民郎，又爲武康令，將軍如故。除吳興郡丞。泰始六年，遷山陰令。山陰，東土大縣，難爲長官，僧祐在縣有稱，琰尤明察，又著〔能〕名。〔一〕其年爵新亭侯。元徽初，遷尚書右丞。遭母喪，居南岸，隣家失火，延燒琰屋，琰抱柩不動，隣人競來赴救，乃得俱全。琰股髀之間，已被煙焰。服闋，除邵陵王左軍諮議，江夏王錄事參軍。太祖輔政，以山陰獄訟煩積，復以琰爲山陰令。賣針賣糖老姥爭團絲，來詣琰，琰不辨覈，縛團絲於柱鞭之，密視有鐵屑，乃罰賣糖者。二野父爭鷄，琰各問「何以食〔鷄〕」，〔二〕一人云「粟」，一人云「豆」，乃破鷄得粟，罪言豆者。縣內稱神明，無敢復爲偸盜。琰父子並著奇績，江左鮮有。世云「諸傳有治縣譜，〔三〕子孫相傳，不以示人」。

昇明二年，太祖擢爲假節、督益寧二州軍事、建威將軍、益州刺史、宋寧太守。建元元年，進號寧朔將軍。四年，徵驍騎將軍，黃門郎。永明二年，遷建威將軍、安陸王北中郎長史，改寧朔將軍。明年，徙廬陵王安西長史、南郡內史，行荆州事。五年，卒。琰喪西還，有詔出臨。

臨淮劉玄明亦有吏能，爲山陰令，大著名績。琰子翽問〔之〕，〔四〕玄明曰：「我臨去當告卿。」將別，謂之曰：「作縣唯日食一升飯，而莫飲酒。」

虞愿字士恭，會稽餘姚人也。祖賚，給事中，監利侯。父望之，早卒。賚中庭橘樹冬熟，子孫競來取之，愿年數歲，獨不取，賚及家人皆異之。

元嘉末，爲國子生，再遷湘東王國常侍，轉潯陽王府墨曹參軍。明帝立，以愿儒吏學涉，兼蕃國舊恩，意遇甚厚。除太常丞，尚書祠部郎，通直散騎侍郎，領五郡中正，祠部郎如故。帝性猜忌，體肥憎風，夏月常著皮小衣，拜左右二人爲司風令史，風起方面，輒先啓聞。星文災變，不信太史，不聽外奏，勑靈臺知星二人給愿，常直內省，有異先啓，以相檢察。

帝以故宅起湘宮寺，費極奢侈。以孝武莊嚴刹七層，帝欲起十層，不可立，分爲兩刹，各五層。新安太守巢（向）〔尚〕之罷郡還，〔五〕見帝，曰：「卿至湘宮寺未？我起此寺，是大功德。」愿在側曰：「陛下起此寺，皆是百姓賣兒貼婦錢，佛若有知，當悲哭哀愍，罪高佛圖，有何功德？」尚書令袁粲在坐，爲之失色。帝乃怒，使人驅下殿，愿徐去無異容。以舊恩，少日中，已復召入。

帝好圍棊，甚拙，去格七八道，物議共欺爲第三品。與第一品王抗圍棊，依品賭戲，抗每饒借之，曰：「皇帝飛棊，臣抗不能斷。」帝終不覺，以爲信然，好之愈篤。愿又曰：「堯以此教丹朱，非人主所宜好也。」雖數忤旨，而蒙賞賜，猶異餘人。遷兼中書郎。

帝寢疾，愿常侍醫藥。帝素能食，尤好逐夷，以銀鉢盛蜜漬之，一食數鉢。謂揚州刺史王景文曰：「此是奇味，卿頗足不？」景文曰：「臣夙好此物，貧素致之甚難。」帝甚悅。食逐夷積多，胷腹痞脹，氣將絕。左右啓飲數升酢酒，乃消。疾大困，一食汁滓猶至三升，水患積久，藥不復效。大漸日，正坐，呼道人，合掌便絕。愿以侍疾久，轉正員郎。

出爲晉平太守，在郡不治生產。前政與民交關，質錄其兒婦，愿遣人於道奪取將還。在郡立學堂教授。郡舊出髯蚺膽，可爲藥，有餉愿蚺者，愿不忍殺，放二十里外山中，一夜蚺還床下。復送四十里外山，經宿，復還故處。愿更令遠，乃不復歸，論者以爲仁心所致也。海邊有越王石，常隱雲霧。相傳云：「清廉太守乃得見。」愿往觀視，清徹無隱蔽。後琅邪王秀之爲郡，與朝士書曰：「此郡承虞公之後，善政猶存，遺風易遵，差得無事。」以母老解職，除後軍將軍。褚淵常詣愿，不在，見其眠床上積塵埃，有書數袠。淵歎曰：「虞君之清，〔六〕一至於此。」令人掃地拂床而去。

遷中書郎，領東觀祭酒。兄季，爲上虞令，卒。愿從省步還家，不待詔便歸東。除驍騎將軍，遷廷尉，祭酒如故。愿嘗事宋明帝，齊初宋神主遷汝陰廟，愿拜辭流涕。建元元年，卒。年五十四。愿著五經論問，撰會稽記，文翰數十篇。

劉懷慰字彥泰，平原平原人也。〔七〕祖奉伯，元嘉中，爲冠軍長史。父乘民，冀州刺史。懷慰初爲桂陽王征北板行參軍。乘民死於義嘉事難，懷慰持喪，不食醢醬，冬月不絮衣。養孤弟妹，事寡叔母，皆有恩義。

復除邵陵王南中郎參軍，廣德令，尚書駕部郎。懷慰宗從善明等，太祖心腹，〔八〕懷慰亦豫焉。沈攸之有舊，令爲書戒喻攸之，太祖省之稱善。除步兵校尉。

齊國建，上欲置齊郡於京邑，議者以江右土沃，流民所歸，乃治瓜步，以懷慰爲輔國將軍、齊郡太守。上謂懷慰曰：「齊邦是王業所基，吾方以爲顯任。經理之事，一以委卿。」又手勑曰：「有文事者，必有武備。今賜卿玉環刀一口。」懷慰至郡，修治城郭，安集居民，墾廢田二百頃，決沈湖灌溉。不受禮謁，民有餉其新米一斛者，懷慰出所食麥飯示之，曰：「旦食有餘，幸不煩此。」因著廉吏論以達其意。太祖聞之，手勑褒賞。進督秦、沛二郡。妻子在都，賜米三百斛。兗州刺史柳世隆與懷慰書曰：「膠東淵化，〔九〕潁川致美，以今方古，曾何足云。」在郡二年，遷正員郎，領青冀二州中正。

懷慰本名聞慰，世祖卽位，以與舅氏名同，勑改之。出監東陽郡，爲吏民所安。還兼安陸王北中郎司馬。永明九年，卒。年四十五。明帝卽位，謂僕射徐孝嗣曰：「劉懷慰若在，朝廷不憂無淸吏也。」懷慰與濟陽江淹、陳郡袁彖善，亦著文翰。永明初，獻皇德論云。

裴昭明，河東聞喜人，宋太中大夫松之孫也。父駰，南中郎參軍。

昭明少傳儒史之業。泰始中，爲太學博士。有司奏：「太子婚，納徵用玉璧虎皮，未詳何所准據。」昭明議：「禮納徵，儷皮爲庭實，鹿皮也。晉太子納妃注『以虎皮二』。太元中，公主納徵，虎豹皮各一。豈其謂婚禮不詳。王公之差，故取虎豹文蔚以尊其事。虎豹雖文，而徽禮所不言，熊羆雖古，而婚禮所不及，珪璋雖美，或爲用各異。今宜准的經誥，凡諸僻謬，一皆詳正。」於是有司參議，加珪璋，豹熊羆皮各二。

元徽中，出爲長沙郡丞，罷任，刺史王蘊謂之曰：「卿清貧，必無還資。湘中人士有須一禮之命者，我不愛也。」昭明曰：「下官忝爲邦佐，不能光益上府，豈以鴻都之事仰累清風。」歷祠部通直郎。

永明三年，使虜，世祖謂之曰：「以卿有將命之才，使還，當以一郡相賞。」還爲始安內史。郡民龔玄宣，〔一〇〕云神人與其玉印玉板書，不須筆，吹紙便成字。自稱「龔聖人」，以此惑衆。前後郡守敬事之，昭明付獄治罪。及還，甚貧罄。世祖曰：「裴昭明罷郡還，遂無宅。我不諳書，不知古人中誰比？」遷射聲校尉。九年，復遣北使。

建武初，爲王玄邈安北長史、廣陵太守。明帝以其在事無所啓奏，代還，責之。昭明曰：「臣不欲競執關楗故耳。」昭明歷郡皆有勤績，常謂人曰：「人生何事須聚蓄，一身之外，亦復何須？子孫若不才，我聚彼散；若能自立，則不如一經。」故終身不治產業。中興二年，卒。

從祖弟顗，字彥齊。少有異操。泰始中，於總明觀聽講，不讓劉秉席，秉用爲參軍。昇明末，爲奉朝請。齊臺建，世子裴妃須外戚譜，顗不與，遂分籍。太祖受禪，上表誹謗，掛冠去，伏誅。

沈憲字彥璋，〔二〕吳興武康人也。祖說道，巴西梓潼二郡太守，父璞之，北中郎行參軍。憲初應州辟，爲主簿。少有幹局，歷臨首、餘杭令，〔三〕巴陵王府佐，帶襄令，〔三〕除駕部郎。宋明帝與憲棊，謂憲曰：「卿，廣州刺史才也。」補烏程令，甚著政績。太守褚淵歎之曰：「此人方員可施。」除通直郎，都水使者。長於吏事，居官有績。除正員郎，補吳令，尚書左丞。

昇明二年，西中郎將晃爲豫州，太祖擢憲爲晃長史，南梁太守，行州事。遷豫章王諮議，未拜，坐事免官。復除安成王冠軍、武陵王征虜參軍，遷少府卿。少府管掌市易，與民交關，有吏能者，皆更此職。遷王儉鎭軍長史。

武陵王曄爲會稽，以憲爲左軍司馬。太祖以山陰戶衆難治，欲分爲兩縣。世祖啓曰：「縣豈不可治，但用不得其人耳。」乃以憲帶山陰令，政聲大著。孔稚珪請假東歸，謂人曰：「沈令料事特有天才。」加寧朔將軍。王敬則爲會稽，憲仍留爲鎭軍長史，令如故。

遷爲冠軍長史，行南豫州事，晉安王後軍長史、廣陵太守。西陽王子明代爲南兗州，憲仍留爲冠軍長史，太守如故，頻行州府事。永明八年，子明典籤劉道濟取府州五十人役自給，又役子明左右，及船仗贓私百萬，爲有司所奏，世祖怒，賜道濟死。憲坐不糾，免官。尋復爲長史、輔國將軍，以疾去官。除散騎常侍，未拜，卒。當世稱爲良吏。

憲同郡丘仲起，先是爲晉平郡，清廉自立。褚淵歎曰：「見可欲心能不亂，此楊公所以遺子孫也。」仲起字子震，少爲憲從伯領軍寅之所知。〔一四〕宋元徽中，爲太子領軍長史，官至廷尉。卒。

李珪之字孔璋，江夏鍾武人也。父祖皆爲縣令。〔珪之少辟州從事。宋泰始初，蔡興宗爲郢州，以珪之爲安西府佐，委以職事，清治見知。〕〔一五〕遷鎭西中郎諮議，右軍將軍，兼都水使者。珪之歷職稱爲清能，除游擊將軍，兼使者如故。轉兼少府，卒。

先是，四年，滎陽毛惠素爲少府卿，吏才強而治事清刻。敕市銅官碧青一千二百斤供御畫，用錢六十萬。有譏惠素納利者，世祖怒，敕尙書評賈，貴二十八萬餘，有司奏之，伏誅。死後家徒四壁，上甚悔恨。

孔琇之，會稽山陰人也。祖季恭，光祿大夫，父靈運，著作郎。琇之初爲國子生，舉孝廉。除衞軍行參軍，員外郎，尙書三公郎。出爲烏程令，有吏能。還遷通直郎，補吳令。有小兒年十歲，偸刈隣家稻一束，琇之付獄治罪，或諫之，琇之曰：「十歲便能爲盜，長大何所不爲？」縣中皆震肅。

遷尙書左丞，又以職事知名。轉前軍將軍，兼少府。遷驍騎將軍，少府如故。出爲寧朔將軍、高宗冠軍征虜長史、江夏內史。還爲正員常侍，兼左民尙書、廷尉卿。出爲臨海太守，在任淸約，罷郡還，獻乾薑二十斤，世祖嫌少，及知琇之淸，乃歎息。除武陵王前軍長史，未拜，仍出爲輔國將軍，監吳興郡，尋拜太守，治稱淸嚴。

高宗輔政，防制諸蕃，致密旨於上佐。隆昌元年，遷琇之爲寧朔將軍、晉熙王冠軍長史，行郢州事，江夏內史。琇之辭，不許。未拜，卒。

史臣曰：琴瑟不調，必解而更張也。魏晉爲吏，稍與漢乖，苛猛之風雖衰，而仁愛之情亦減。局以峻法，限以常條，以必世之仁未及宣理，而朞月之望已求治術。先公後私，在己未易，割民奉國，於物非難，期之救過，所利苟免。且目見可欲，嗜好方流，貪以敗官，取與違義，吏之不臧，罔非由此。擿姦辯僞，誠俟異識，垂名著績，唯有廉平。今世之治民，未有出於此也。

贊曰：蒸蒸小民，吏職長親。棼亂須理，卹隱歸仁。枉直交瞀，寬猛代陳。伊何導物，貴在清身。

校勘記

〔一〕又著〔能〕名　據南監本、殿本、局本補。

〔二〕琰各問何以食〔鷄〕　據南監本、殿本、局本及御覽二百六十八引補。

〔三〕江左鮮有世云諸傳有治縣譜　「世」南監本、殿本、局本及元龜七百七十一並作「匹」，屬上讀。按作「世」不譌，南史作「時云諸傳有理縣譜」可證。南史改「世」爲「時」，改「治」爲「理」，蓋避唐諱。

〔四〕琰子翽問〔之〕　據南監本、毛本、殿本、局本補。

〔五〕新安太守巢(向)〔尙〕之罷郡還　據南監本、殿本、局本及南史、元龜二百十八、四百六十、通鑑宋明帝泰始七年改。

〔六〕虞君之清　「君」原譌「晨」，今據殿本、局本改正。按南監本作「虞愿之清」。

〔七〕平原平原人也　錢大昕廿二史考異云：「按劉懷珍、劉善明二傳俱云平原人，此獨書平原平原，於例亦未畫一。」

〔八〕懷慰宗從善明等太祖心腹　「太祖」上南監本、殿本有「爲」字。

〔九〕膠東淵化　「淵化」南監本、殿本、局本及南史劉懷珍傳從子懷慰附傳並作「流化」。

〔一〇〕郡民龔玄宣　「玄宣」南史作「玄宜」。

〔一一〕沈憲字彥璋　「彥璋」南監本、局本作「彥章」。

〔一二〕歷臨首餘杭令　按宋書州郡志無臨首縣。「臨首」當是「臨安」之譌，臨安、餘杭並屬吳興郡。

〔一三〕巴陵王府佐帶襄令　按宋書州郡志無襄縣。巴陵王休若曾鎮襄陽，憲爲其僚屬，當是帶襄陽令，史脫「陽」字耳。

〔一四〕少爲憲從伯領軍寅之所知　殿本考證萬承蒼云：「按寅之卽演之。梁時以演與武帝諱同音，故去水旁爲寅，如張縯止稱張寅，亦其例也。沈演之以元嘉二十一年爲中領軍，事見宋書本傳。」

〔一五〕〔珪之少辟州從事至清治見知〕　「父祖皆爲縣令」下明有脫文，今據元龜七百十六、七百二十七補「珪之少辟州從事至清治見知」，凡三十二字。南史循吏王洪軌傳附李珪之傳亦無其文，元龜當據齊書也。

南齊書卷五十四

列傳第三十五

高逸

褚伯玉　明僧紹　顧歡　臧榮緒　何求　劉虯　庾易　宗測

杜京產　沈驎士　吳苞　徐伯珍

易有君子之道四焉，語默之謂也。故有入廟堂而不出，徇江湖而永歸。隱避紛紜，情迹萬品。若道義內足，希微兩亡，藏景窮巖，蔽名愚谷，解桎梏於仁義，永形神於天壤，〔一〕則名教之外，別有風猷。故堯封有非聖之人，孔門謬雜紊之客。次則揭獨往之高節，〔二〕重去就之虛名，激競違貪，與世爲異。或慮全後悔，事歸知殆；或道有不申，行吟山澤。〔三〕咸皆用宇宙而成心，借風雲以爲戒。果志(遠)〔達〕道，〔四〕未或非然。含貞養素，文以藝業。不然，與樵者之在山，何殊別哉？故樊英就徵，不稱李固之望；馮恢下節，見陋張華之語。期之塵外，庶以弘多。若今十餘子者，仕不求聞，退不譏俗，全身幽履，服道儒門，斯逸民之軌操，故綴爲高逸篇云爾。

褚伯玉字元璩，吳郡錢唐人也。高祖含，始平太守。父逷，征虜參軍。伯玉少有隱操，寡嗜欲。年十八，父爲〔之〕婚，〔五〕婦入前門，伯玉從後門出。遂往剡，居瀑布山。性耐寒暑，時人比之王仲都。在山三十餘年，隔絕人物。王僧達爲吳郡，苦禮致之，伯玉不得已，停郡信宿，裁交數言而退。寧朔將軍丘珍孫與僧達書曰：「聞褚先生出居貴館，此子滅景雲棲，不事王侯，抗高木食，有年載矣。自非折節好賢，何以致之。昔文舉棲冶城，安道入昌門，於茲而三焉。夫却粒之士，湌霞之人，乃可暫致，不宜久羈。君當思遂其高步，成其羽化。望其還策之日，暫紆清塵，亦願助爲譬說。」僧達答曰：「褚先生從白雲遊舊矣。古之逸民，或留慮兒女，或使華陰成市，而此子索然，唯朋松石。介於孤峯絕嶺者，積數十載。近故要其來此，冀慰日夜。比談討芝桂，借訪荔蘿，若已窺煙液，臨滄洲矣。知君欲見之，輒當申譬。」

宋孝建二年，散騎常侍樂詢行風俗，表薦伯玉，加徵聘本州議曹從事，不就。太祖卽位，手詔吳、會二郡，以禮迎遣，又辭疾。上不欲違其志，敕於剡白石山立太平館居之。建元元年，卒。年八十六。常居一樓上，仍葬樓所。孔稚珪從其受道法，爲於館側立碑。

明僧紹字承烈，平原鬲人也。祖玩，州治中。父略，給事中。僧紹宋元嘉中再舉秀才，明經有儒術。永光中，鎭北府辟功曹，竝不就。隱長廣郡嶗山，聚徒立學。淮北沒虜，乃南渡江。明帝泰始六年，徵通直郎，不就。

昇明中，太祖爲太傅，教辟僧紹及顧歡、臧榮緒以旍幣之禮，徵爲記室參軍，不至。僧紹弟慶符，爲青州，僧紹乏粮食，隨慶符之鬱洲，住弇榆山，栖雲精舍，欣玩水石，竟不一入州城。建元元年冬，詔曰：「朕側席思士，載懷塵外。齊郡明僧紹標志高栖，躭情墳素，幽貞之操，宜加賁飾。」徵爲正員（外）郎，〔六〕稱疾不就。其後與崔祖思書曰：「明居士標意可重，吾前旨竟未達邪？小凉欲有講事，卿可至彼，具述吾意，令與慶符俱歸。」又曰：「不食周粟而食周薇，古猶發議。在今寧得息談邪？聊以爲笑。」

慶符罷任，僧紹隨歸，住江乘攝山。太祖謂慶符曰：「卿兄高尙其事，亦堯之外臣。朕雖不相接，有時通夢。」遺僧紹竹根如意，笋籜冠。僧紹聞沙門釋僧遠風德，往候定林寺，太祖欲出寺見之。僧遠問僧紹曰：「天子若來，居士若為相對？」僧紹曰：「山藪之人，政當鑿坏以遁，〔苦〕〔若〕辭不獲命，〔七〕便當依戴公故事耳。」永明元年，世祖敕召僧紹，稱疾不肯見。詔徵國子博士，不就，卒。子元琳，字仲璋，亦傳家業。

僧紹長兄僧胤，能玄言。宋世爲冀州刺史。弟僧暠，亦好學，宋孝武見之，迎頌其名，〔八〕時人以爲榮。泰始初，爲青州刺史。

慶符，建元初，爲黃門。

僧胤子惠照，元徽中，爲太祖平南主簿，從拒桂陽，累至驃騎中兵，與荀伯玉對領直。建元元年，爲巴州刺史，〔九〕綏懷蠻蜑，上許爲益州，未遷，卒。

顧歡字景怡，吳郡鹽官人也。祖赳，晉隆安末，避亂徙居。歡年六七歲〔晝〕〔書〕甲子，有簡三篇，〔一〇〕歡析計，〔一一〕遂知六甲。家貧，父使驅田中雀，歡作黃雀賦而歸，雀食過半，〔一二〕父怒，欲撻之，見賦乃止。鄉中有學舍，歡貧無以受業，於舍壁後倚聽，無遺忘者。八歲，誦孝經、詩、論。及長，篤志好學。母年老，躬耕誦書，夜則燃糠自照。同郡顧覬之臨縣，見而異之，遣諸子與遊，及孫憲之，並受經句。歡年二十餘，更從豫章雷次宗諮玄儒諸義。母亡，水漿不入口六七日，〔三〕廬于墓次，遂隱遁不仕。於剡天台山開館聚徒，受業者常近百人。歡早孤，每讀詩至「哀哀父母」，輒執書慟泣，學者由是廢蓼莪篇不復講。

太祖輔政，悅歡風教，徵爲揚州主簿，遣中使迎歡。及踐阼，乃至。歡稱山谷臣顧歡上表曰：「臣聞舉網提綱，振裘持領，綱領既理，毛目自張。然則道德，綱也；物勢，目也。上理其綱，則萬機時序；下張其目，則庶官不曠。是以湯、武得勢師道則祚延，秦、項忽道任勢則身戮。夫天門開闔，自古有之，四氣相新，絺裘代進。今火澤易位，三靈改憲，天樹明德，對時育物，搜揚仄陋，野無伏言。是以窮谷愚夫，敢露偏管，謹刪撰老氏，獻治綱一卷。伏願稽古百王，斟酌時用，不以芻蕘棄言，不以人微廢道，則率土之賜也，微臣之幸也。幸賜一疏，〔四〕則上下交泰，雖不求民而民悅，不祈天而天應，應天悅民，則皇基固矣。臣志盡幽深，無與榮勢，自足雲霞，不須祿養。陛下既遠見尋求，敢不盡言。言既盡矣，請從此退。」

是時員外郎劉思効表陳讜言曰：「宋自大明以來，漸見凋弊，徵賦有增於往，天府尤貧於昔。兼軍警屢興，傷夷不復，戍役殘丁，儲無半菽，小民嗷嗷，無樂生之色。貴勢之流，貨室之族，車服伎樂，爭相奢麗，亭池第宅，競趣高華。至於山澤之人，不敢採飲其水草。貧富相輝，捐源尚末。陛下宜發明詔，吐德音，布惠澤，禁邪僞，薄賦斂，省傜役，絕奇麗之賂，塞鄭、衞之倡，變曆運之化，應質文之用，不亦大哉！又彭、汴有鴟梟之巢，青丘爲狐兔之窟，虐害踰紀，殘暴日滋。鬼泣舊泉，人悲故壤，童孺視編髮而慙生，耆老看左衽而恥沒。陛下宜仰答天人引領之望，下弔甿黎傾首之勤，授鉞衞、霍之將，遺策蕭、張之師，萬道俱前，窮山蕩谷。此卽恆山不足指而傾，渤海不足飲而竭，豈徒殘寇塵滅而已哉！」

上詔曰：「朕夙旦惟夤，〔一五〕思弘治道，佇夢巖濱，垂精管庫，旰食〔舊〕〔縈〕懷，〔一六〕其勤至矣。吳郡顧歡、散騎郎劉思効，或至自丘園，或越在冗位，竝能獻書金門，薦辭鳳闕，辨章治體，有協朕心。今出其表，外可詳擇所宜，以時敷奏。歡近已加旍賁，思効可付選銓序，以顯讜言。」歡東歸，上賜麈尾、素琴。

永明元年，詔徵歡爲太學博士，同郡顧黯爲散騎郎。黯字長孺，有隱操，與歡俱不就徵。

歡晚節服食，不與人通。每旦出戶，山鳥集其掌取食。事黃老道，解陰陽書，爲數術多効驗。初元嘉末，出都寄住東府，忽題柱云：「三十年二月二十一日。」因東歸。後太初弒逆，果是此年月。自知將終，賦詩言志云：「精氣因天行，遊魂隨物化。」剋死日，卒於剡山，身體柔軟，時年六十四。還葬舊墓，木連理出墓側，縣令江山圖表狀。世祖詔歡諸子，撰歡文議三十卷。

佛道二家，立敎既異，學者互相非毀。〔一七〕歡著夷夏論曰：

夫辨是與非，宜據聖典。尋二敎之源，故兩標經句。道經云：「老子入關之天竺維衞國，國王夫人名曰淨妙，老子因其晝寢，乘日精入淨妙口中，後年四月八日夜半時，剖左腋而生，墜地卽行七步，於是佛道興焉。」此出玄妙內篇。佛經云：「釋迦成佛，有塵劫之數。」出法華无量壽。或「爲國師道士，儒林之宗」。出瑞應本起。

歡論之曰：五帝、三皇，莫不有師。〔一八〕國師道士，無過老、莊，儒林之宗，孰出周、孔。若孔、老非佛，〔一九〕誰則當之。然二經所說，如合符契。道則佛也，佛則道也。其聖則符，其跡則反。或和光以明近；或曜靈以示遠。道濟天下，故無方而不入；智周萬物，故無物而不爲。其入不同，其爲必異。各成其性，不易其事。是以端委搢紳，諸華之容；翦髮曠衣，羣夷之服。擎跽磬折，侯甸之恭；狐蹲狗踞，荒流之肅。棺殯槨葬，中夏之制；火焚水沈，西戎之俗。全形守禮，繼善之敎；毀貌易性，絕惡之學。豈伊同人，爰及異物。鳥王獸長，往往是佛，無窮世界，聖人代興。或昭五典，或布三乘。在鳥而鳥鳴，在獸而獸吼。敎華而華言，化夷而夷語耳。雖舟車均於致遠，而有川陸之節，佛道齊乎達化，而有夷夏之別，若謂其致既均，其法可換者，而車可涉川，舟可行陸乎？今以中夏之性，効西戎之法，既不全同，又不全異。下(育)〔棄〕妻孥，〔二〇〕上廢宗祀。〔二一〕嗜欲之物，皆以禮伸；孝敬之典，獨以法屈。悖禮犯順，曾莫之覺。弱喪忘歸，孰識其舊？且理之可貴者，道也；事之可賤者，俗也。捨華効夷，義將安取？若以道邪？道固符合矣。若以俗邪？俗則大乖矣。

屢見刻舷沙門，守株道士，交諍小大，〔二二〕互相彈射。或域道以爲兩，或混俗以爲一。是牽異以爲同，破同以爲異。則乖爭之由，淆亂之本也。尋聖道雖同，而法有左右。始乎無端，終乎無末。泥洹仙化，各是一術。佛號正眞，道稱正一。一歸無死，眞會無生。在名則反，在實則合。但無生之教賒，無死之化切。切法可以進謙弱，賒法可以退夸強。佛教文而博，道教質而精。精非麤人所信，博非精人所能。佛言華而引，道言實而抑。〔二三〕抑則明者獨進，引則昧者競前。佛經繁而顯，道經簡而幽。幽則妙門難見，顯則正路易遵。此二法之辨也。

聖匠無心，方圓有體，器既殊用，教亦異施。佛是破惡之方，道是興善之術。興善則自然爲高，破惡則勇猛爲貴。佛跡光大，宜以化物；〔二四〕道跡密微，利用爲己。優劣之分，大略在茲。

夫蹲夷之儀，婁羅之辯，各出彼俗，自相聆解。〔二五〕猶蟲嚾鳥聒，〔二六〕何足述効。

歡雖同二法，而意黨道教。宋司徒袁粲託爲道人通公駮之，其略曰：

白日停光，恒星隱照，誕降之應，事在老先，似非入關，方炳斯瑞。

又老、莊、周、孔，有可存者，依日末光，憑釋遺法，盜牛竊善，反以成蠹，檢究源流，終異吾黨之爲道耳。

西域之記，佛經之說，俗以膝行爲禮，不慕蹲坐爲恭，道以三繞爲虔，不尙踞傲爲肅。豈專戎土，爰亦茲方。襄童謁帝，膝行而進；趙王見周，三環而止。今佛法在華，乘者常安；戒善行交，蹈者恒通。文王造周，大伯創吳，革化戎夷，不因舊俗。豈若舟車，理無代用。佛法垂化，或因或革。淸信之士，容衣不改；息心之人，服貌必變。變本從道，不遵彼俗，敎風自殊，〔二七〕無患其亂。

孔、老、釋迦，其人或同，觀方設敎，其道必異。孔、老治世爲本，釋氏出世爲宗。發軫既殊，其歸亦異。符合之唱，自由臆說。

又仙化以變形爲上，泥洹以陶神爲先。變形者白首還緇，而未能無死；陶神者使塵惑日損，湛然常存。泥洹之道，無死之〔作〕〔地〕，〔二八〕乖詭若此，何謂其同？

懽答曰：

案道經之作，著自西周，佛經之來，始乎東漢，年踰八百，代懸數十。若謂黃老雖久，而濫在釋前，〔二九〕是呂尙盜陳恒之齊，劉季竊王莽之漢也。

經云，戎氣強獷，乃復略人頰車邪？又夷俗長跽，法與華異，翹左跂右，全是蹲踞。故周公禁之於前，仲尼戒之於後。又舟以濟川，車以征陸，佛起於戎，豈非戎俗素惡邪？道出於華，豈非華風本善邪？今華風既變，惡同戎狄，佛來破之，良有以矣。佛道實貴，故戒業可遵；戎俗實賤，故言貌可棄。今諸華士女，民族弗革，〔三〇〕而露首〔編〕〔偏〕踞，〔三一〕濫用夷禮，云於翦落之徒，全是胡人，國有舊風，法不可變。

又若觀風流教，其道必異，佛非東華之道，道非西戎之法，魚鳥異淵，永不相關，安得老、釋二教，交行八表。今佛既東流，道亦西邁，故知世有精麤，教有文質。然則道教執本以領末，佛教救末以存本。請問所異，歸在何許？〔三二〕若以翦落爲異，則胥靡翦落矣。若以立像爲異，則俗巫立像矣。此非所歸，歸在常住。常住之象，常道孰異？

神仙有死，權便之說。神仙是大化之總稱，非窮妙之至名。至名無名，其有名者二十七品，仙變成眞，眞變成神，或謂之聖，各有九品，品極則入空寂，無爲無名。若服食茹芝，延壽萬億，壽盡則死，藥極則枯，此修考之士，非神仙之流也。

明僧紹正二教論以爲「佛明其宗，老全其生。守生者蔽，明宗者通。今道家稱長生不死，名補天曹，大乖老、莊立言本理」。文惠太子、竟陵王子良竝好釋法。吳興孟景翼爲道士，太子召入玄圃園。衆僧大會，子良使景翼禮佛，景翼不肯，子良送十地經與之。景翼造正一論。大略曰：「寶積云『佛以一音廣說法』。老子云『聖人抱一以爲天下式』。『一』之爲妙，空玄絕於有（景）〔境〕，〔三三〕神化贍於無窮，爲萬物而无爲，處一數而無數，莫之能名，強號爲一。在佛曰『實相』，在道曰『玄牝』。道之大象，卽佛之法身。以不守之守守法身，以不執之執執大象。但物有八萬四千行，說有八萬四千法。法乃至於無數，行亦逮於無央。〔三四〕等級隨緣，須導歸一。歸一曰回向，向正卽無邪。邪觀既遣，億善日新。三五四六，隨用而施。獨立不改，絕學無憂。曠劫諸聖，共遵斯『一』。老、釋未始於嘗分，迷者分之而未合。億善遍修，修遍成聖，雖十號千稱，終不能盡。終不能盡，豈可思議。」司徒從事中郎張融作門律云：「道之與佛，逗極無二。〔三五〕吾見道士與道人戰儒墨，〔三六〕道人與道士獄是非。〔三七〕昔有鴻飛天首，〔三八〕積遠難亮。越人以爲鳧，楚人以爲乙，人自楚越，鴻常一耳。」〔三九〕以示太子僕周顒。顒難之曰：「虛無法性，其寂雖同，位寂之方，〔四〇〕其旨則別。論所謂『逗極無二』者，爲逗極於虛無，當無二於法性耶？足下所宗之本一物爲鴻乙耳。〔四一〕驅馳佛道，無免二末。〔四二〕未知高鑒緣何識本，輕而宗之，其有旨乎？」往復文多不載。

歡口不辯，善於著筆。著三名論，甚工，鍾會四本之流也。又注王弼易二繫，學者傳之。

始興人盧度，亦有道術。少隨張永北征。永敗，虜追急，阻淮水不得過。度心誓曰：

「若得免死，從今不復殺生。」須臾見兩楯流來，接之得過。後隱居西昌三顧山，鳥獸隨之。夜有鹿觸其壁，度曰：「汝壞我壁。」〔四三〕鹿應聲去。屋前有池養魚，〔皆名呼之〕，〔四四〕魚次第來，取食乃去。逆知死年月，與親友別。永明末，以壽終。

初，永明三年，徵驃騎參軍顧惠胤爲司徒主簿。惠胤，宋鎭軍將軍覬之弟子也。閑居養志，不應徵辟。

臧榮緒，東莞莒人也。祖奉先，建陵令，父庸民，國子助敎。榮緒幼孤，躬自灌園，以供祭祀。母喪後，乃著嫡寢論，掃灑堂宇，置筵席，朔望輒拜薦，〔四五〕甘珍未甞先食。

純篤好學，括東西晉爲一書，紀、錄、志、傳百一十卷。隱居京口敎授。南徐州辟西曹，舉秀才，不就。太祖爲揚州，徵榮緒爲主簿，不到。司徒褚淵少時甞命駕尋之。建元中，啓太祖曰：「榮緒，朱方隱者。昔臧質在宋，以國戚出牧彭岱，引爲行佐，非其所好，謝疾求免。蓬廬守志，漏濕是安，灌蔬終老。與友關康之沈深典素，追古著書，撰晉史十袠，贊論雖無逸才，亦足彌綸一代。臣歲時往京口，早與之遇。近報其取書，始方送出，庶得備錄渠閣，採異甄善。」上答曰：「公所道臧榮緒者，吾甚志之。其有史翰，欲令入天祿，甚佳。」

榮緒惇愛五經，謂人曰：「昔呂尙奉丹書，武王致齋降位，李、釋敎誡，竝有禮敬之儀」。因甄明至道，乃著拜五經序論。常以宣尼生庚子日，陳五經拜之。自號「被褐先生」。又以飮酒亂德，言常爲誡。永明六年，卒。年七十四。

初，榮緒與關康之俱隱在京口，世號爲「二隱」。康之字伯愉，河東人。世居丹徒。以墳籍爲務。四十年不出門。不應州府辟。宋太始中，徵通直郞，不就。晚以母老家貧，求爲嶺南小縣。性淸約，獨處一室，稀與妻子相見。不通賓客。弟子以業傳受。尤善左氏春秋。太祖爲領軍，素好此學，送春秋五經，康之手自點定，幷得論禮記十餘條。上甚悅，寶愛之。遺詔以經本入玄宮。宋末卒。

何求字子有，廬江灊人也。祖尙之，宋司空，父鑠，宜都太守。〔求〕元嘉末爲宋文帝挽郞，〔四六〕解褐著作郞，中軍衞軍行佐，太子舍人，平南參軍，撫軍主簿，太子洗馬，丹陽、吳郡丞。淸退無嗜欲。又除征北參軍事，司徒主簿，太子中舍人。泰始中，妻亡，還吳葬舊墓，除中書郞，不拜。仍住吳，居波若寺，足不踰戶，人莫見其面。

明帝崩，出奔國哀，除爲司空從事中郎，不就。乃除永嘉太守。求時寄住南澗寺，不肯詣臺，乞於寺拜受，見許。一夜忽乘小船逃歸吳，隱虎丘山，復除黃門郎，不就。永明四年，世祖以爲太中大夫，又不就。七年，卒。年五十六。

初，求母王氏爲父所害，求兄弟以此無宦情。

求弟點，少不仕。宋世徵爲太子洗馬，不就。隱居東離門卞望之墓側。〔四七〕性率到，鮮狎人物。〔四八〕建元中，褚淵、王儉爲宰相，點謂人曰：「我作齊書已竟，〔贊〕云：〔四九〕『淵既世族，儉亦國華。不賴舅氏，遑卹外家。』」儉欲候之，知不可見，乃止。永明元年，徵中書郎。豫章王命駕造門，點從後門逃去。竟陵王子良聞之，曰：「豫章王尙不屈，〔五〇〕非吾所議。」遺點嵇叔夜酒杯、徐景山酒鎗以通意。點常自得，遇酒便醉，交遊宴樂不隔也。永元中，京師頻有軍寇，點（欲）〔嘗〕結裳爲袴，〔五一〕與崔慧景共論佛義，其語默之迹如此。

點弟胤，有儒術，亦懷隱遁之志。所居宅名爲小山。隆昌中，爲中書令，以皇后從叔見親寵。明帝卽位，胤賣園宅，將遂本志。建武四年，爲散騎常侍、巴陵王師。聞吳興太守謝朏致仕，慮後之，於是奉表不待報而去，隱會稽山。上大怒，令有司奏彈胤，然發優詔焉。永元二年，徵散騎常侍，太常卿。

劉虯字靈預，南陽涅陽人也。舊族，徙居江陵。虯少而抗節好學，須得祿便隱。宋泰始中，〔五二〕仕至晉平王驃騎記室，當陽令。罷官歸家，靜處斷穀，餌朮及胡麻。建元初，豫章王爲荆州，教辟虯爲別駕，〔五三〕與同郡宗測、新野庾易竝遣書禮請，〔五四〕虯等各修牋答，而不應辟命。永明三年，刺史廬陵王子卿表虯及同郡宗測、宗尚之、庾易、劉昭五人，請加蒲車束帛之命。詔徵爲通直郎，不就。

竟陵王子良致書通意。虯答曰：「虯四節臥病，三時營灌，暢餘陰於山澤，託暮情於魚鳥，寧非唐、虞重恩，周、邵宏施？虯進不研機入玄，無洙泗稷館之辯；退不凝心出累，非冢間樹下之節。遠澤既灑，仁規先著。謹收樵牧之嫌，敬加軾鼃之義。」

虯精信釋氏，衣麤布衣，禮佛長齋。注法華經，自講佛義。以江陵西沙洲去人遠，乃徙居之。建武二年，詔徵國子博士，不就。其冬虯病，正晝有白雲徘徊檐戶之內，又有香氣及磬聲，其日卒。年五十八。

劉昭與虯同宗。州辟祭酒從事，不就。隱居山中。

庾易字幼簡，新野新野人也。徙居屬江陵。祖玫，巴郡太守，父道驥，安西參軍。易志性恬隱，不交外物。建元元年，刺史豫章王辟爲驃騎參軍，不就。臨川王映臨州，獨重易，上表薦之，餉麥百斛。易謂使人曰：「民樵採麋鹿之伍，終其解毛之衣，〔五五〕馳騁日月之車，得保自耕之祿，於大王之恩，亦已深矣。」辭不受。永明三年，詔徵太子舍人，不就。以文義自樂。安西長史袁彖欽其風，通書致遺。易以連理机竹翹書格報之。建武二年，詔復徵爲司徒主簿，不就。卒。

宗測字敬微，南陽人，宋徵士炳孫也。世居江陵。測少靜退，不樂人間。歎曰：「家貧親老，不擇官而仕，先哲以爲美談，余竊有惑。誠不能潛感地金，冥致江鯉，但當用天道，分地利。孰能食人厚祿，憂人重事乎？」

州舉秀才，主簿，不就。驃騎豫章王徵爲參軍，測答府召云：「何爲謬傷海鳥，橫斤山木？」母喪，身負土植松柏。豫章王復遣書請之，辟爲參軍。測答曰：「性同鱗羽，愛止山壑，眷戀松筠，輕迷人路。縱宕巖流，有若狂者，忽不知老至，而今鬢已白，豈容課虛責有，限魚慕鳥哉！」〔五六〕永明三年，詔徵太子舍人，不就。

欲遊名山，乃寫祖炳所畫尙子平圖於壁上。測長子宦在京師，〔五七〕知父此旨，便求祿還爲南郡丞，付以家事。刺史安陸王子敬、長史劉寅以下皆贈送之，測無所受。齎老子莊子二書自隨。子孫拜辭悲泣，測長嘯不視，遂往廬山，止祖炳舊宅。

魚復侯子響爲江州，厚遺贈遺。測曰：「少有狂疾，尋山採藥，遠來至此。量腹而進松朮，度形而衣薜蘿，淡然已足，豈容當此橫施！」子響命駕造之，測避不見。後子響不告而來，奄至所住，測不得已，巾褐對之，竟不交言，子響不悅而退。尙書令王儉餉測蒲褥。

頃之，測送弟喪還西，仍留舊宅永業寺，絕賓友，唯與同志庾易、劉虯、宗人尙之等往來講說。刺史隨王子隆至鎭，遣別駕宗哲致勞問，〔五八〕測咲曰：「貴賤理隔，何以及此。」竟不答。建武二年，徵爲司徒主簿，不就，卒。

測善畫，自圖阮籍遇蘇門於行障上，坐臥對之。又畫永業佛影臺，皆爲妙作。頗好音律，善易老，續皇甫謐高士傳三卷。又甞遊衡山七嶺，著衡山、廬山記。

尙之字敬文，亦好山澤。與劉虯俱以驃騎記室不仕。宋末，刺史武陵王辟贊府，豫章王辟別駕，竝不就。永明中，與劉虯同徵爲通直郎，和帝中興初，又徵爲諮議，竝不就。壽終。

杜京產字景齊，吳郡錢唐人。杜子恭玄孫也。祖運，爲劉毅衛軍參軍，父道鞠，州從事，善彈棊，世傳五斗米道，至京產及子栖。

京產少恬靜，閉意榮宦。頗涉文義，專修黃老。會稽孔覬，清剛有峻節，一見而爲款交。郡召主簿，州辟從事，稱疾去。除奉朝請，不就。與同郡顧歡同契，始寧(中)東山開舍授學。〔五九〕建元中，武陵王曄爲會稽，太祖遣儒士劉瓛入東爲曄講說，京產請瓛至山舍講書，傾資供待，子栖躬自屣履，爲瓛生徒下食，其禮賢如此。孔稚珪、周顒、謝瀹竝致書以通殷懃。

永明十年，稚珪及光祿大夫陸澄、祠部尚書虞悰、太子右率沈約、司徒右長史張融表薦京產曰：「竊見吳郡杜京產，潔靜爲心，謙虛成性，通和發於天挺，敏達表於自然。學遍玄、儒，博通史、子，流連文藝，沈吟道奧。泰始之朝，掛冠辭世，遁捨家業，隱于太平。葺宇窮巖，採芝幽澗，耦耕自足，薪歌有餘。確爾不羣，淡然寡欲，麻衣藿食，二十餘載。雖古之志士，何以加之。謂宜釋巾幽谷，結組登朝，則嵒谷含懽，薜蘿起抃矣。」不報。建武初，徵員外散騎侍郎，京產曰：「莊生持釣，豈爲白璧所回。」辭疾不就。年六十四，永元元年，卒。

會稽孔道徵，〔六〇〕守志業不仕，京產與之友善。

永明中，會稽鍾山有人姓蔡，不知名。山中養鼠數十頭，呼來即來，遣去便去。言語狂易，時謂之「謫仙」。不知所終。

沈驎士字雲禎，吳興武康人也。祖膺〔期〕，〔六一〕晉太中大夫。

驎士少好學，家貧，織簾誦書，口手不息。宋元嘉末，文帝令尚書僕射何尚之抄撰五經，訪舉學士，縣以驎士應選。尚之謂子偃曰：「山東故有奇士也。」〔六二〕少時，驎士稱疾歸鄉，更不與人物通。養孤兄子，義著鄉曲。

或勸驎士仕，答曰：「魚縣獸檻，天下一契，聖人玄悟，所以每履吉先。吾誠未能景行坐忘，何爲不希企日損。」乃作玄散賦以絕世。太守孔山士辟，不應。宗人徐州刺史曇慶、侍中懷文、左率勃來候之，驎士未嘗答也。隱居餘不吳差山，〔六三〕講經教授，從學者數十百人，各營屋宇，依止其側。驎士重陸機連珠，每爲諸生講之。

征北張永爲吳興，請驎士入郡。驎士聞郡後堂有好山水，乃往停數月。永欲請爲功曹，使人致意。驎士曰：「明府德履沖素，留心山谷，民是以被褐負杖，忘其疲病。必欲飾渾沌以蛾眉，冠越客於文冕，走雖不敏，請附高節，有蹈東海而死爾。」永乃止。

昇明末，太守王奐上表薦之，詔徵爲奉朝請，不就。永明六年，吏部郎沈淵、中書郎沈約又表薦驎士義行，曰：「吳興沈驎士，英風夙挺，峻節早樹，貞粹稟於天然，綜博生乎篤習。家世孤貧，藜藿不給，懷書而耕，白首無倦，挾琴採薪，行歌不輟。長兄早卒，孤姪數四，攝庭鞠稚，吞苦推甘。年踰七十，業行無改。元嘉以來，聘召仍疊，玉質踰潔，霜操日嚴。若使聞政王庭，服道槐掖，必能孚朝規於邊鄙，播聖澤於荒垂。」詔又徵爲太學博士，建武二年，徵著作郎，永元二年，徵太子舍人，並不就。

驎士負薪汲水，并日而食，守操終老。篤學不倦，遭火，燒書數千卷，驎士年過八十，耳目猶聰〔明〕，〔六四〕手以反故抄寫，火下細書，〔六五〕復成二三千卷，滿數十篋，時人以爲養身靜嘿之所致也。著周易兩繫莊子內篇訓，注易經、禮記、春秋、尚書、論語、孝經、喪服、老子要略數十卷。以楊王孫、皇甫謐深達生死，而終禮矯僞，〔六六〕乃自作終制。年八十六，卒。

同郡沈儼之，字士恭，徐州刺史曇慶子，亦不仕。徵太子洗馬，永明元年，徵中書郎。三年，又詔徵前南郡國常侍沈顗爲著作郎，建武二年，徵太子舍人，永元二年，徵通直郎。顗字處默，宋領軍寅之兄孫也。〔六七〕

吳苞字天蓋，濮陽鄄城人也。儒學，善三禮及老、莊。宋泰始中，過江聚徒教學。冠黃葛巾，竹麈尾，蔬食二十餘年。隆昌元年，詔曰：「處士濮陽吳苞，栖志穹谷，秉操貞固，沈情味古，白首彌厲。徵太學博士。」不就。始安王遙光、右衞江祏於蔣山南爲立館，自劉瓛卒後，學者咸歸之。以壽終。

魯國孔嗣之，字敬伯。宋世與太祖俱爲中書舍人，竝非所好，自廬陵郡去官，隱居鍾山，朝廷以爲太中大夫。建武三年，卒。

徐伯珍〔字文楚〕，〔六八〕東陽太末人也。祖父竝郡掾史。伯珍少孤貧，書竹葉及地學書。山水暴出，漂溺宅舍，村隣皆奔走，伯珍累床而止，讀書不輟。叔父璠之與顏延之友善，還祛蒙山立精舍講授，伯珍往從學，積十年，究尋經史，遊學者多依之。太守琅邪王曇生、吳郡張淹竝加禮辟，伯珍應召便退，如此者凡十二焉。徵士沈儼造膝談論，申以素交。吳郡顧歡擿出尙書滯義，伯珍訓答甚有條理，〔六九〕儒者宗之。好釋氏、老莊，兼明道術，歲常旱，伯珍筮之，如期雨澍。舉動有禮，過曲木之下，趨而避之。早喪妻，晚不復重娶，自比曾參。宅南九里有高山，班固謂之九巖山，後漢龍丘萇隱處也。山多龍鬚柏，〔七〇〕望之五采，世呼爲婦人巖。二年，伯珍移居之。〔七一〕門前生梓樹，一年便合抱。館東石壁夜忽有赤光洞照，俄爾而滅。白雀一雙栖其戶牖，論者以爲隱德之感焉。永明二年，刺史豫章王辟議曹從事，不就。家甚貧窶，兄弟四人，皆白首相對，時人呼爲「四皓」。建武四年，卒。年八十四。受業生凡千餘人。

同郡樓幼瑜，亦儒學。著禮捃遺三十卷。官至給事中。

又同郡樓惠明，有道術。居金華山，禽獸毒螫者皆避之。宋明帝聞之，勑出住華林園，除奉朝請，固乞不受，求東歸。永明三年，忽乘輕舟向臨安縣，〔七二〕衆不知所以。尋而唐寓之賊破郡。〔七三〕文惠太子呼出住蔣山，又求歸，見許。世祖勑爲立舘。

史臣曰：顧歡論夷夏，優老而劣釋。佛法者，理寂乎萬古，迹兆乎中世，淵源浩博，無始無邊，宇宙之所不知，數量之所不盡，盛乎哉！眞大士之立言也。探機扣寂，有感必應，以大苞小，無細不容。若乃儒家之教，仁義禮樂，仁愛義宜，禮從樂和而已；〔七四〕今則慈悲爲本，常樂爲宗，施舍惟機，低舉成敬。儒家之教，憲章祖述，引古證今，於學易悟；今樹以前因，報以後果，業行交酬，連璅相襲。陰陽之教，占氣步景，授民以時，知其利害；今則耳眼洞達，心智他通，身爲奎井，豈俟甘石。法家之教，出自刑理，禁姦止邪，明用賞罰；今則十惡所墜，五及無間，刀樹劍山，焦湯猛火，造受自貽，罔或差貳。墨家之教，遵上儉薄，磨踵滅頂，且猶非吝；今則膚同斷瓠，目如井星，授子捐妻，在鷹庇鴿。從横之教，所貴權謀，天口連環，〔七五〕歸乎適變；今則一音萬解，無待戶說，四辯三會，咸得吾師。雜家之教，兼有儒墨；今則五時所宣，于何不盡。農家之教，播植耕耘，善相五事，以藝九穀；今則鬱單粳稻，已異閻浮，生天果報，自然飲食。道家之教，執一虛無，得性亡情，凝神勿擾；今則波若無照，萬法皆空，豈有道之可名，寧餘一之可得。道俗對校，眞假將讎，釋理奧藏，無往而不有也。能善用之，卽眞是俗。九流之設，用藉世教，刑名道墨，乖心異旨，儒者不學，無傷爲儒；佛理玄曠，實智妙有，一物不知，不成圓聖。若夫神道應現之力，感會變化之奇，不可思議，難用言象。而諸張米道，符水先驗，相傳師法，祖自伯陽。世情去就，有此二學，僧尼道士，矛楯相非。非唯重道，兼亦殉利。詳尋兩教，理歸一極。但迹有左右，故教成先後。廣略爲言，自生優劣。道本虛無，非由學至，絕聖棄智，已成有爲。有爲之無，終非道本。若使本末同無，曾何等級。佛則不然，具縛爲種，轉暗成明，梯愚入聖。途雖遠而可踐，業雖曠而有期。勸慕之道，物我無隔。而局情淺智，鮮能勝受。世途揆度，因果二門。雞鳴爲善，未必餘慶；膾肉東陵，曾無厄禍。身才高妙，鬱滯而靡達；器思庸鹵，富厚以終生。忠反見遺；詭乃獲用。觀此而論，近無罪福，而業有不定，著自經文，三報開宗，斯疑頓曉。史臣服膺釋氏，深信冥緣，謂斯道之莫貴也。

贊曰：含貞抱樸，履道敦學。惟茲潛隱，棄鱗養角。

校勘記

〔一〕永形神於天壤　「永」南監本、毛本、殿本、局本及南史並作「示」。

〔二〕次則揭獨往之高節　「往」原譌「性」，各本不譌，今改正。

〔三〕行吟山澤　「吟」原譌「岑」，「山」原譌「出」，今據南監本、殿本、局本改正。

〔四〕果志(遠)〔達〕道　據南監本、殿本、局本及南史改。按「果志」南監本、殿本、局本作「求志」，南史同。

〔五〕父爲〔之〕婚　據南監本、殿本、局本及南史補。

〔六〕徵爲正員(外)郎　張森楷校勘記云：「南史無『外』字，是。」今據删。

〔七〕(苦)〔若〕辭不獲命　據南監本、殿本、局本及南史改。

〔八〕迎頌其名　「迎」南監本作「逆」。

〔九〕建元元年爲巴州刺史　按州郡志，建元二年分荆州巴東、建平，益州巴郡爲州，立刺史。此云建元元年爲巴州刺史，疑。

〔一〇〕（晝）〔書〕甲子有簡三篇　據御覽六百十一引及元龜七百七十四改。

〔一一〕歡析計　「析」御覽六百十一引作「推」。

〔一二〕雀食過半　「食」下御覽三百八十四、六百十一引，南史及元龜七百七十四、七百九十八，並有「稻」字。

〔一三〕水漿不入口六七日　「六七日」原譌「六十日」，今據南監本、殿本、局本改正。

〔一四〕幸賜一疏　「疏」元龜二百十二、八百十三作「覽」，疑作「覽」是。

〔一五〕朕夙旦惟夤　「旦」元龜五百二十九作「夜」。

〔一六〕旰食（舊）〔縈〕懷　據南監本、殿本、局本改。

〔一七〕學者互相非毁　「互」原作「牙」，乃「乐」字之形譌，乐卽互字，今依各本改作「互」。

〔一八〕莫不有師　南監本作「不聞有佛」，南史同。

〔一九〕若孔老非佛　「佛」南史作「聖」。

〔二〇〕下（育）〔棄〕妻孥　據弘明集七改。

〔二一〕上廢宗祀　「祀」原譌「禮」，各本不譌，今改正。

〔二二〕交諍小大　「交諍」弘明集七釋慧通駁顧道士夷夏論作「空爭」。

〔二三〕道言實而抑　「抑」弘明集七朱廣之諮顧道士夷夏論作「析」。下同。

〔二四〕宜以化物　「化」原譌「禮」，今據南監本、殿本、局本及南史、元龜八百三十改正。

〔二五〕自相聆解　「聆」原譌「矜」，今據毛本、殿本、局本及南史改正。按弘明集七釋慧通駁顧道士夷夏論作「領」。

〔二六〕猶蟲喤鳥聒　「喤」南監本及弘明集七、元龜八百三十並作「喧」。南史作「躍」。

〔二七〕敎風自殊　「敎風」南監本及南史並作「俗風」，元龜八百三十作「風俗」。

〔二八〕無死之(作)〔地〕　據南監本、毛本、殿本、局本及南史、元龜八百三十改。

〔二九〕而濫在釋前　「濫」原譌「盜」，各本不譌，今改正。

〔三〇〕民族弗革　「民」南監本及南史、元龜八百三十作「氏」。

〔三一〕而露首(編)〔偏〕踞　據南監本、毛本、殿本、局本及南史改。

〔三二〕請問所異歸在何許　南史作「請問所歸，異在何許」。

〔三三〕空玄絶於有(景)〔境〕　據南監本及南史、元龜八百三十改。

〔三四〕行亦逮於無央　「逮」南監本、毛本、殿本、局本及南史、元龜八百三十並作「達」。

〔三五〕逗極無二　「逗」南史作「遙」。

〔三六〕吾見道士與道人戰儒墨　按六朝呼僧爲道人，道人卽沙門之別稱，與道士有別。說詳錢大昕廿二史考異。

〔三七〕道人與道士獄是非　「獄」南監本作「辯」，殿本及南史作「辨」。按獄字不譌。獄，訟也。獄是非猶言爭是非也。弘明集亦作「獄」。

〔三八〕昔有鴻飛天首　「首」弘明集六作「道」。

〔三九〕人自楚越鴻常一耳　按弘明集六作「人自楚越耳，鴻常一鴻乎」。

〔四〇〕位寂之方　「位」弘明集六作「住」。

〔四一〕足下所宗之本一物爲鴻乙耳　按局本及弘明集六無「乙」字。

〔四二〕無兎二末　「末」局本及弘明集六並作「乖」。

〔四三〕汝壞我壁　御覽九百六引作「汝勿壞我壁」。

〔四四〕有池養魚〔皆名呼之〕　據南監本、殿本、局本及南史補。

〔四五〕朔望輒拜薦　「薦」原譌「席」，今據南監本、殿本、局本改正。按「薦」下南監本及南史並有「焉」字。

〔四六〕〔求〕元嘉末爲宋文帝挽郎　據南史補。

〔四七〕隱居東離門卞望之墓側　「東離門」局本作「東籬門」。按籬離古通用。

〔四八〕鮮狎人物　「鮮」南監本、殿本、局本作「好」。張元濟校勘記云：「下文王儉欲候之，知不可見，乃止，竟陵王子良謂非吾所議，則作『鮮狎人物』爲是。」

〔四九〕〔贊〕云　據南監本、殿本、局本補。

〔五〇〕豫章王尙不屈　「不」下元龜二百九十二有「能」字。

〔五一〕點（欲）〔嘗〕結裳爲袴　據南監本改。

〔五二〕宋泰始中　「泰」原譌「太」，各本並譌，今據南史改正。

〔五三〕敎辟蚪爲別駕　元龜八百十同，敎字下有小注云「敎令也」。文選任昉齊竟陵文宣王行狀李善注引作「牧」，牧字屬上讀。

〔五四〕與同郡宗測新野庾易竝遣書禮請　「遣」南監本、局本及南史竝作「遺」。

〔五五〕終其解毛之衣　南監本、局本及元龜八百五作「終歲鮮毛之衣」。

〔五六〕限魚慕鳥哉　南史作「限魚鳥慕哉」。元龜二百九十二、八百十作「恨魚慕鳥哉」。

〔五七〕測長子宦在京師　「長子」下南史有「賓」字。「宦」各本作「官」。

〔五八〕遣別駕宗哲致勞問　「宗哲」南史作「宗忻」。

〔五九〕始寧（中）東山開舍授學　據南史刪。

〔六〇〕會稽孔道徵　「孔道徵」南史作「孔道徽」。

〔六一〕祖膺〔期〕 據南監本、殿本、局本及南史補。

〔六二〕山東故有奇士也 「山東」南監本、殿本、局本及南史並作「山藪」。按五朝人常稱吳會爲山東。元龜八百十亦作「山東」，作「山東」不譌。

〔六三〕隱居餘不吳差山 「餘不吳差山」南監本、毛本、殿本作「餘干吳差山」，局本作「餘不吳羌山」。按餘不，溪名，在吳興，餘干乃江州鄱陽之屬縣，作「餘干」者譌。吳差山一作吳羌山，舊志引吳均入東記，云漢高士吳羌避王莽之亂，隱居此山，故名。

〔六四〕耳目猶聰〔明〕 據各本補。按御覽六百十一、六百十九引及南史、元龜七百九十八並有「明」字。

〔六五〕手以反故抄寫火下細書 南監本、殿本、局本作「以火故抄寫，燈下細書」，毛本作「以火故抄寫，火下細書」。周一良讀史雜識云：「火故乃反故之譌。反故者，猶言廢帋。南史侯景傳，稍至吏部尚書，非其好也。每獨曰『何當離此反故帋邪』。亦謂景不欲省文牘，故詈爲廢帋也。」今按近年敦煌發現之北朝及唐代寫經，往往利用舊官文書及戶籍冊之反面以書佛經，卽所謂「反故」也。

〔六六〕而終禮矯僞 「僞」南監本及元龜八百九十五並作「俗」。

〔六七〕宋領軍寅之兄孫也 按「寅之」卽「演之」，參閱上良政沈憲傳校記第十四條。

〔六八〕徐伯珍〔字文楚〕　據毛本、殿本、局本及南史、元龜七百七十九補。

〔六九〕伯珍訓答甚有條理　「訓」南史作「訓」。

〔七〇〕山多龍鬚柏　「柏」上南監本、殿本及南史並有「檉」字。

〔七一〕二年伯珍移居之　張森楷校勘記云：「『二年』上疑有奪文。」

〔七二〕忽乘輕舟向臨安縣　「臨安」南史作「豐安」。按臨安屬吳興郡，豐安屬東陽郡。

〔七三〕尋而唐寓之賊破郡　按「寓」原譌「寓」，今據毛本、殿本、局本改正。

〔七四〕禮從樂和而已　按「從」卽「順」字，蕭子顯避梁諱改，殿本已改爲「順」字。

〔七五〕天口連環　「口」南監本、毛本、殿本、局本作「日」。按作「日」譌。張元濟校勘記云：「按田駢善談說，號天口駢，見漢書藝文志。」

南齊書卷五十五

列傳第三十六

孝義

崔懷愼　公孫僧遠　吳欣之　韓係伯　孫淡　華寶　韓靈敏
封延伯　吳達之　王文殊　朱謙之　蕭叡明　樂頤　江泌
杜栖　陸絳

子曰：「父子之道，天性也，君臣之義也。」人之含孝稟義，天生所同，淳薄因心，非俟學至。遲遇爲用，不謝始庶之法，驕慢之性，多慙水菽之享。夫色養盡力，行義致身，甘心壠畝，不求聞達，斯卽孟氏三樂之辭，仲由負米之歎也。通乎神明，理緣感召。情澆世薄，方表孝慈。故非內德者所以寄心，懷仁者所以標物矣。埋名韞節，鮮或昭著，紀夫事行，以列于篇。

崔懷愼，〔一〕清河東武城人也。父邪利，魯郡太守，宋元嘉中，沒虜。懷愼與妻房氏篤愛，聞父陷沒，卽日遣妻，布衣蔬食，如居喪禮。邪利後仕虜中書，戒懷愼不許如此，懷愼得書更號泣。懷愼從叔模爲滎陽太守，亦同沒虜，模子雖居處改節，而不廢婚宦。大明中，懷愼宗人冀州刺史元孫北使，虜問之曰：「崔邪利、模竝力屈歸命，二家子姪，出處不同，義將安在？」元孫曰：「王尊驅驥，王陽回車，欲令忠孝竝弘，臣子兩節。」〔二〕泰始初，淮北陷沒，界上流奔者，多有去就。懷愼因此入北。至桑乾，邪利時已卒，懷愼絕而後蘇。載喪還青州，徒跣冰雪，土氣寒酷，而手足不傷，時人以爲孝感。喪畢，以弟在南，建元初，又逃歸，而弟亦已亡。懷愼孤貧獨立，宗黨哀之，日斂給其升米。永明中卒。

公孫僧遠，會稽剡人也。治父喪至孝，事母及伯父〔甚〕謹〔節〕，〔三〕年〔穀〕饑〔穀〕貴，〔四〕僧遠省飡減食，以供母、伯。〔五〕弟亡，無以葬，身販貼與隣里，供斂送之費。躬負土，手種松柏。兄姊未婚嫁，乃自賣爲之成禮。名聞郡縣。太祖卽位，遣兼散騎常侍虞炎〔等〕十二部使行天下，〔六〕建元三年，表列僧遠等二十三人，詔竝表門閭，蠲租稅。

吳欣之，晉陵利城人也。〔七〕宋元嘉末，弟尉之爲武進縣戍，隨王誕起義，太〔祖〕〔初〕遣軍主華欽討之，〔八〕吏民皆散，尉之獨留，見執將死。欣之詣欽乞代弟命，辭淚哀切，〔九〕兄弟皆見原。建元三年，〔一〇〕有詔蠲表。

永明初，廣陵民章起之二息犯罪爭死，〔一一〕太守劉悛表以聞。

韓係伯，襄陽人也。事父母謹孝。襄陽土俗，鄰居種桑樹於界上爲誌，係伯以桑枝蔭妨他地，遷界上開數尺，鄰畔隨復侵之，係伯輒更改種。久之，鄰人慙愧，還所侵地，躬往謝之。建元三年，蠲租稅，表門閭。以壽終。

孫淡，太原人也。居長沙，事母孝，母疾，不眠食，以差爲期。母哀之，後有疾，不使知也。豫章王領湘州，辟驃騎行參軍。建元三年，蠲租稅，表門閭。卒于家。

華寶，晉陵無錫人也。父豪，義熙末，戍長安，寶年八歲。臨別，謂寶曰：「須我還，當爲汝上頭。」長安陷虜，豪歿。寶年至七十，不婚冠，或問之者，輒號慟彌日，不忍答也。

同郡薛天生，母遭艱菜食，天生亦菜食，母未免喪而死，天生終身不食魚肉。與弟有恩義。

又同郡劉懷胤與弟懷則，年十歲，遭父喪，不〔衣〕絮帛，〔二〕不食鹽菜。建元三年，竝表門閭。

韓靈敏，會稽剡人也。早孤，與兄靈珍竝有孝性，尋母又亡，家貧無以營凶，兄弟共種苽半畝，朝採苽子，〔三〕暮已復生，以此遂辦葬事。靈珍亡，無子，妻卓氏守節不嫁，〔四〕慮家人奪其志，未嘗告歸，靈敏事之如母。

晉陵吳康之妻趙氏，父亡弟幼，值歲饑，母老病篤，趙詣鄉里自賣，言辭哀苦，〔一五〕鄉里憐之，人人分升米相救，遂得（以）免。〔一六〕〔及〕嫁康之，〔一七〕少時夫亡，家欲更嫁，誓死不貳。義興蔣儁之妻黃氏，夫亡不重嫁，逼之，欲赴水自殺，乃止。建元三年，詔蠲租賦，表門閭。

永明元年，會稽永興倪翼之母丁氏，〔一八〕少喪夫，性仁愛，遭年荒，分衣食以飴里中饑餓者，〔一九〕隣里求借，未嘗違。同里陳穰父母死，孤單無親戚，丁氏收養之，及長，爲營婚娶。又同里王禮妻徐氏，荒年客死山陰，丁爲買棺器，自往斂葬。元徽末，大雪，商旅斷〔行〕，〔二〇〕村里比屋饑餓，丁自出鹽米，計口分賦。同里左僑家露四喪，無以葬，丁爲辦塚槨。有三調不登者，代爲輸送。丁長子婦王氏守寡執志不再醮。州郡上言，詔表門閭，蠲租稅。

又廣陵徐靈禮妻遭火救兒，與兒俱焚死。太守劉悛以聞。

又會稽人陳氏，〔二一〕有三女，無男。祖父母年八九十，老耄無所知，父篤癃病，母不安其室。值歲飢，三女相率於西湖採菱蓴，更日至市貨賣，未嘗虧怠。鄉里稱爲義門，多欲取爲婦，長女自傷煢獨，誓不肯行。祖父母尋相繼卒，三女自營殯葬，爲菴舍墓側。

又永興概中里王氏女，年五歲，〔二二〕得毒病，兩目皆盲。性至孝，年二十，父母死，臨屍一叫，眼皆血出，小妹娥舐其血，左目即開，時人稱爲孝感。縣令何曇秀不以聞。

又諸暨東洿里屠氏女，父失明，母痼疾，親戚相棄，鄉里不容。女移父母遠住（紵）〔苧〕羅，〔三〕晝樵采，夜紡績，以供養。父母俱卒，親營殯葬，負土成墳。忽聞空中有聲云：「汝至性可重，山神欲相驅使。汝可爲人治病，必得大富。」女謂是魅魅，〔四〕弗敢從，遂得病。積時，隣舍人有中溪蜮毒者，女試治之，自覺病便差，遂以巫道爲人治疾，無不愈。家產日益，鄉里多欲娶之，以無兄弟，誓守墳墓不肯嫁，爲山賊劫殺。縣令于琳之具言郡，太守王敬則不以聞。

建武三年，吳興乘公濟妻姚氏生二男，而公濟及兄公願、乾伯並卒，各有一子欣之、天保，姚養育之，賣田宅爲娶婦，自與二男寄止隣家。明帝詔爲其二子婚，表門閭，復徭役。

吳郡范法恂妻褚氏，亦勤苦執婦業。宋昇明中，孫曇瓘謀反亡命，褚謂其子僧簡曰：「孫越州先姑之姊子，與汝父親則從母兄弟，交則義重古人。逃竄脫不免，汝宜收之。」曇瓘尋伏法，褚氏令僧簡往斂葬。年七十餘，永明中卒。僧簡在都，聞病馳歸，未至而褚已卒，將殯，舉尸不起，尋而僧簡至焉。

封延伯字仲璉，渤海人也。有學行，不與世人交，事寡嫂甚謹。州辟主簿，舉秀才，不就。後乃仕。垣崇祖爲豫州，啓太祖用爲長史，帶梁郡太守。以疾自免，僑居東海，遂不至京師。三世同財，爲北州所宗附。豫章王辟中兵，不就，卒。

建元三年，大使巡行天下，義興陳玄子四世一百七十口同居。武陵郡邵榮興、文獻叔八世同居。東海徐生之、武陵范安祖、李聖伯、范道根五世同居。零陵譚弘寶、衡陽何弘、華陽陽黑頭踈從四世同居，並共衣食。詔表門閭，蠲租稅。又蜀郡王續祖、華陽郗道福竝累世同爨。建武三年，明帝詔表門閭，蠲調役。

吳達之，義興人也。(姨)〔嫂〕亡無以葬，〔二五〕自賣爲十夫客，以營冢槨。從祖弟敬伯夫妻荒年被略賣江北，達之有田十畝，貨以贖之，與之同財共宅。郡命爲主簿，固以讓兄。又讓世業舊田與族弟，弟亦不受，〔二六〕田遂閑廢。建元三年，詔表門閭。

河南辛普明僑居會稽，自少與兄共處一帳，兄亡，以帳施靈座，夏月多蚊，普明不以露寢見色。兄將葬，隣人嘉其義，賻助甚多，普明初受，後皆反之。贈者甚怪，普明曰：「本以兄墓不周，故不逆來意。今何忍亡者餘物以爲家財。」後遭母喪，幾至毀滅。揚州刺史豫章王辟爲(義)〔議〕曹從事。〔二七〕年五十，卒。

又有何伯璵，弟幼璵，俱厲節操。養孤兄子，及長爲婚，推家業盡與之。安貧枯槁，誨人不倦，鄉里呼爲人師。郡守下車，莫不修謁。永明十一年，伯璵卒。幼璵少好佛法，〔六〕翦落長齋，持行精苦。梁初卒。兄弟年並八十餘。

王文殊，吳興故鄣人也。父沒虜，文殊思慕泣血，蔬食山谷三十餘年。太守謝瀹板爲功曹，不就。永明十一年，太守孔琇之表曰：「文殊性挺五常，心符三教。以父沒獯庭，抱終身之痛，專席恒居，銜罔極之卹。服紵縞以經年，餌蔬菽以俟命，婚義滅於天情，官序空於素抱。儻降甄異之恩，牓其閭里。」鬱林詔牓門，改所居爲「孝行里」。

朱謙之字處光，吳郡錢唐人也。父昭之，以學解稱於鄉里。謙之年數歲，所生母亡，昭之假葬田側，爲族人朱幼方燎火所焚。同產姊密語之，謙之雖小，便哀戚如持喪。年長不婚娶。永明中，手刃殺幼方，詣獄自繫。縣令申靈勗表上，別駕孔稚珪、兼記室劉璡、司徒左西掾張融牋與刺史豫章王曰：「禮開報仇之典，以申孝義之情；法斷相殺之條，以表權時之制。謙之揮刃(軒)〔斬〕宛，〔二九〕既申私禮；繫頸就死，又明公法。今仍殺之，則成當世罪人；宥而活之，即爲盛朝孝子。殺一罪人，未足弘憲；活一孝子，實廣風德。張緒陸澄，是其鄉舊，應具來由。融等與謙之竝不相識，區區短見，深有恨然。」豫章王言之世祖，時吳郡太守王慈、太常張緒、尚書陸澄竝表論其事，世祖嘉其義，慮相復報，乃遣謙之隨曹虎西行。將發，幼方子惲〔三〇〕於津陽門伺殺謙之，謙之之兄選之〔三一〕又刺殺惲，有司以聞。世祖曰：「此皆是義事，不可問。」悉赦之。吳興沈顗聞而歎曰：「弟死於孝，兄殉於義。孝友之節，萃此一門。」選之字處林，有志節，著辯相論。幼時顧歡見而異之，以女妻焉。官至江夏王參軍。

蕭叡明，南蘭陵人。領軍將軍諶從祖兄弟也。父孝孫，左軍。叡明初仕員外殿中將軍。少有至性，奉親謹篤。母病躬禱，夕不假寐，及亡，不勝哀而卒。永明五年，世祖詔曰：「龍驤將軍、安西中兵參軍、松滋令蕭叡明，愛敬淳深，色養盡禮，喪過乎哀，遂致毀滅。雖未達聖教，而一至可愍。宜加榮命，以矜善人。可贈中書郎。」

樂頤字文德，〔三二〕南陽涅陽人。世居南郡。少而言行和謹，仕爲京府參軍。〔三三〕父在郢州病亡，頤忽思父涕泣，因請假還，中路果得父凶問。頤便徒跣號咷，出陶家後渚，遇商人附載西上，水漿不入口數日。嘗遇病，與母隔壁，忍痛不言，齧被至碎，恐母之哀己也。湘州刺史王僧虔引爲主簿，以同僚非人，棄官去。吏部郎庾杲之嘗往候，頤爲設食，枯魚菜葅而已。杲之曰：「我不能食此。」母聞之，自出常膳魚羹數種。杲之曰：「卿過於茅季偉，我非郭林宗。」仕至郢州治中，卒。

弟預亦孝，〔三四〕父臨亡，執其手以託郢州行事王奐，預悲感悶絕，吐血數升，遂發病。宦至驃騎錄事。隆昌末，預謂丹陽尹徐孝嗣曰：「外傳藉藉，似有伊周之事，君蒙武帝殊常之恩，荷託付之重，恐不得同人此舉。人笑褚公，至今齒冷。」孝嗣心甚納之。建武中，爲永世令，民懷其德。卒官。有一老嫗行擔斛蔌（若）〔葉〕將詣市，〔三五〕聞預死，棄擔號泣。

鴈門解仲恭，〔三六〕亦僑居南郡。家行敦睦，得纖豪財利，輒與兄弟平分。母病經時不差，入山採藥，遇一老父語之曰：「得丁公藤，病立愈。此藤近在前山際高樹垂下便是也。」忽然不見。仲恭如其言得之，治病，母即差。至今江陵人猶有識此藤者。

江泌字士清，濟陽考城人也。父亮之，員外郎。泌少貧，晝日斫屧，夜讀書，隨月光握卷升屋。性行仁義，衣弊，〔恐〕虱饑死，〔三七〕乃復取置衣中。數日閒，終身無復虱。母亡後，以生闕供養，遇鮭不忍食。食菜不食心，以其有生意也。

歷仕南中郎行參軍，所給募吏去役，得時病，莫有舍之者，吏扶杖投泌，泌親自隱卹，吏死，泌爲買棺。無僮役，兄弟共輿埋之。領國子助教。乘牽車至染烏頭，見老翁步行，下車載之，躬自步去。

世祖以爲南康王子琳侍讀。建武中，明帝害諸王後，泌憂念子琳，詣誌公道人問其禍福。誌公覆香鑪灰示之，曰：「都盡。無所餘。」及子琳被害，泌往哭之，淚盡，繼之以血。親視殯葬，乃去。時廣漢王侍讀嚴桓之亦哭王盡哀。

泌尋卒。泌族人兗州治中泌，黃門郎悆子也，與泌同名。世謂泌爲「孝江泌」以別之。

杜栖字孟山，吳郡錢唐人，徵士京產子也。同郡張融與京產相友，每相造言論，栖常在側。融指栖曰：「昔陳太丘之召元方，方之爲劣。以今方古，古人何貴。」栖出京師，從儒士劉瓛受學。善清言，能彈琴飲酒，名儒貴遊多敬待之。中書郎周顒與京産書曰：「賢子學業清標，後來之秀。嗟愛之懷，豈知云已。所謂人之英彦，若己有之也。」刺史豫章王聞其名，辟議曹從事，仍轉西曹佐。竟陵王子良數致禮接。國子祭酒何胤治禮，又重栖，以爲學士，掌婚冠儀。

以父老歸養，怡情壠畝。栖肥白長壯，及京産疾，旬日間便皮骨自支。京産亡，水漿不入口七日，晨夕不罷哭，〔三八〕不食鹽菜。每營買祭奠，身自看視，號泣不自持。朔望節歲，絶而復續，吐血數升。時何胤、謝朏竝隱東山，遺書敦譬，誡以毁滅。至祥禫，暮夢見其父，慟哭而絶。初，胤兄點見栖歎曰：「卿風韻如此，雖獲嘉譽，不永年矣。」卒時年三十六。當世咸嗟惜焉。

建武二年，剡縣有小兒，年八歲，與母俱得赤班病。母死，家人以小兒猶惡，不令其知。小兒疑之，問云：「母嘗數問我病，昨來覺聲羸，今不復聞，何謂也？」因自投下牀，匍匐至母尸側，頓絶而死。鄉隣告之縣令宗善才，求表廬，事竟不行。

陸絳字魏卿，吴郡人也。父閑，字遐業，有風槩，與人交，不苟合。少爲同郡張緒所知，仕至揚州別駕。明帝崩，閑謂所親曰：「宮車晏駕，百司將聽於冢宰。主王地重才弱，〔三九〕必不能振，難將至矣。」乃感心疾，不復預州事。刺史始安王遙光反，事敗，閑以綱佐被召至杜姥宅，尚書令徐孝嗣啓閑不預逆謀，未及報，徐世〔摽〕〔檦〕令殺之。〔四〇〕絳時隨閑，抱閑頸乞代死，遂并見殺。

史臣曰：澆風一起，人倫毀薄，抑引之教徒聞，珪璋之璞罕就。若令事長移忠，儻非行舉，薑桂辛酸，容遷本質。而旌閭變里，問餼存牢，不過鰥寡齊矜，力田等勸。其於扶奬名教，未爲多也。

贊曰：孝爲行首，義實因心。白華秉節，寒木齊心。

校勘記

〔一〕崔懷愼　張森楷校勘記云：「南史作『崔懷順』，魏書崔宏傳、崔逞傳同。蓋本作『懷順』，以子顯避梁武帝父諱，故齊書改作『懷愼』，非本名懷愼也。」

〔二〕臣子兩節　「節」南史作「遂」。

〔三〕事母及伯父（甚）謹（節）　據殿本及南史改。按南監本作「事母及伯父謹」，無「節」字。

〔四〕年（穀）饑〔穀〕貴　據南監本、殿本、局本改。

〔五〕以供母伯　「伯」上南監本、殿本、局本及南史並有「及」字。

〔六〕遣兼散騎常侍虞炎〔等〕十二部使行天下　據南史、元龜一二百十補。

〔七〕晉陵利城人也　錢大昕廿二史考異云：「按利城縣本屬東海，晉南渡，僑立江南，宋、齊州郡志俱屬南東海郡。」

〔八〕太（祖）〔初〕遣軍主華欽討之　據局本改。按劉劭曾改元太初，故稱劭爲太初。南史作「元凶遣軍主華欽討之」。又按「華欽」宋書二凶傳作「燕欽」。

〔九〕辭淚哀切　「淚」元龜八百五十一作「旨」。

〔一〇〕建元三年　「三年」各本作「二年」。按南史作「三年」。

〔一一〕廣陵民章起之二息犯罪爭死　「章起之」南史作「童起之」。

〔一二〕不〔衣〕絮帛　據南史補。

〔一三〕兄弟共種苽半畝朝採苽子　兩「苽」字南監本、殿本、局本及南史並作「瓜」。按「瓜」之作「苽」，猶「園」之作「薗」也，唐代官文書尙如此。

〔一四〕妻卓氏守節不嫁　「卓氏」南史作「胡氏」。

〔一五〕言辭哀苦　「哀苦」各本並作「哀切」。

〔一六〕遂得〔以〕免　據殿本刪。

〔一七〕〔及〕嫁康之　據殿本補。

〔一八〕會稽永興倪翼之母丁氏　「倪翼之」南監本、殿本、局本及南史並作「吳翼之」。

〔一九〕分衣食以飴里中饑餓者　「飴」南殿本、殿本作「貽」。按飴貽古通用。

〔二〇〕商旅斷〔行〕　據南監本、殿本、局本及南史補。

〔二一〕又會稽人陳氏　「人」上南史有「寒」字。

〔二二〕年五歲　「五歲」毛本、局本作「八歲」。

〔二三〕女移父母遠住（紵）〔苧〕羅　據南監本改。按諸暨有苧羅山。南史作「紵舍」，亦譌。

〔二四〕女謂是䰨魅　「䰨」南監本作「妖」。按字書無「䰨」字，乃妖之俗寫。

〔二五〕（姨）〔嫂〕亡無以葬　據南監本、毛本、殿本、局本及南史改。

〔二六〕弟亦不受　「弟」字原譌倒在「受」字下，今依各本乙正。

〔二七〕揚州刺史豫章王辟爲（義）〔議〕曹從事　據元龜七百二十七改。按百官志，州朝置別駕、治中、議曹、文學、祭酒諸曹部從事史。

〔二八〕幼與少好佛法　「少」南史作「末」，言幼與晚年好佛法也，與此異。

〔二九〕謙之揮刃（軒）〔斬〕冤　據元龜八百九十六改。按軒與斬形近而譌。南監本、殿本、局本作「揮刃酬寃」，疑後人以軒寃不辭而改之也。

〔三〇〕幼方子惲　「惲」梁書朱异傳作「懌」。

〔三一〕謙之之兄選之　「選之」梁書朱异傳、南史孝義傳並作「巽之」。

〔三二〕樂頤字文德　「樂頤」南史作「樂頤之」。

〔三三〕仕爲京府參軍　「京」原譌「原」，今據南監本、殿本、局本及南史改正。

〔三四〕弟預亦孝　「預」原作「豫」，各本及南史並作「預」。張元濟校勘記云：「作『預』是，樂頤兄弟名皆頁旁。」今從張說，皆改爲「預」。

〔三五〕有一老嫗行擔斛蔌（若）〔葉〕將詣市　據南監本、局本改。按南史云「有一嫗年可六七十，擔槲蔌葉造市貨之」。

〔三六〕雁門解仲恭　按南史孝義傳作「解叔謙」，仲恭、叔謙當是昆季。

〔三七〕〔恐〕虱饑死　據南監本、殿本、局本補。

〔三八〕晨夕不罷哭　「罷」原譌「能」，今據南監本、殿本、局本改正。

〔三九〕主王地重才弱　「主王」各本並作「主上」，南史亦作「主上」。按五朝人稱所佐諸王曰主王，諸公曰主公，此主王指始安王遙光也。作「主上」者譌。

〔四〇〕徐世（摽）〔檦〕令殺之　據南監本、局本及南史改。

南齊書卷五十六

列傳第三十七

倖臣

紀僧眞　劉係宗　茹法亮　呂文顯　呂文度

有天象，必有人事焉。倖臣一星，列于帝座。經禮立教，亦著近臣之服。親倖之義，其來已久。爰自衰周，侯伯專命，桓、文霸主，至于戰國，寵用近習，不乏於時矣。漢文幸鄧通，雖錢遍天下，位止郎中。孝武韓嫣、霍去病，遂至侍中大司馬。迄于魏、晉，世任權重，才位稍爽，而信倖唯均。

中書之職，舊掌機務。漢元以令僕用事，魏明以監令專權，及在中朝，猶爲重寄。陳准歸任上司，〔一〕荀勗恨於失職。晉令舍人位居九品，江左置通事郎，管司詔誥。其後郎還爲侍郎，而舍人亦稱通事。元帝用瑯邪劉超，以謹愼居職。宋文世，秋當、周糾竝出寒門。孝武以來，士庶雜選，如東海鮑照，以才學知名。又用魯郡巢尙之，江夏王義恭以爲非選。帝遣尙書二十餘牒，〔三〕宣敕論辯，義恭乃歎曰：「人主誠知人。」及明帝世，胡母顥、阮佃夫之徒，專爲佞倖矣。

齊初亦用久勞，及以親信。關讞表啓，發署詔敕。頗涉辭翰者，亦爲詔文，侍郎之局，復見侵矣。建武世，詔命殆不關中書，〔三〕專出舍人。省內舍人四人，所〔置〕〔直〕四省，〔四〕其下有主書令史，舊用武官，宋改文吏，人數無員。莫非左右要密，天下文簿板籍，入副其省，萬機嚴祕，有如尙書外司。領武官，有制局監，〔內〕〔領〕器仗兵役，〔五〕亦用寒人被恩幸者。今立倖臣篇，以繼前史之末云。

紀僧眞，丹陽建康人也。僧眞少隨逐征西將軍蕭思話及子惠開，皆被賞遇。惠開性苛，僧眞以微過見罰，既而委任如舊。及罷益州還都，不得志，僧眞事之愈謹。惠開臨終歎曰：「紀僧眞方當富貴，我不見也。」乃以僧眞託劉秉、周顒。初，惠開在益州，土反，被圍危急，有道人謂之曰：「城圍尋解。檀越貴門後方大興，無憂外賊也。」惠開密謂僧眞曰：「我子弟見在者，竝無異才。政是道成耳。」〔六〕僧眞憶其言，乃請事太祖。隨從在淮陰，以閑書題，令荅遠近書疏。自寒官歷至太祖冠軍府參軍、主簿。僧眞夢蒿艾生滿江，驚而白之。太祖曰：「詩人採蕭，蕭即艾也。蕭生斷流，卿勿廣言。」其見親如此。

元徽初，從太祖頓新亭，拒桂陽賊。蕭惠朗突入東門，僧眞與左右共拒戰。賊退，太祖命僧眞領親兵，遊邏城中。事寧，除南臺御史、太祖領軍功曹。上將廢立，謀之袁粲、褚淵，僧眞啓上曰：「今朝廷猖狂，人不自保，天下之望，不在袁、褚。明公豈得默己，坐受夷滅。存亡之機，仰希熟慮。」太祖納之。

太祖欲度廣陵起兵，僧眞又啓曰：「主上雖復狂釁，虐加萬民，而累世皇基，猶固盤石。今百口北度，何必得俱。縱得廣陵城，天子居深宮施號令，目明公爲逆，何以避此？如其不勝，則應北走胡中，竊謂此非萬全策也。」上曰：「卿顧家，豈能逐我行耶。」僧眞頓首稱無貳。昇明元年，除員外郎，帶東武城令。尋除給事中、邵陵王參軍。

太祖坐東府高樓，望石頭城，僧眞在側。上曰：「諸將勸我誅袁、劉，我意不欲便爾。」〔七〕及沈攸之事起，從太祖入朝堂。石頭反夜，太祖遣衆軍掩討。宮城中望石頭火光及叫聲甚盛，人懷不測。僧眞謂衆曰：「叫聲不絕，是必官軍所攻。火光起者，賊不容自燒其城，此必官軍勝也。」尋而啓石頭平。上出頓新亭，使僧眞領千人在帳內。初，上在領軍府，令僧眞學上手迹下名，至是報荅書疏，皆付僧眞，上觀之，笑曰：「我亦不復能別也。」初，上在淮陰治城，得一錫(鉄)〔趺〕，大數尺，〔八〕下有篆文，莫能識者。僧眞曰：「何須辨此文字，此自久遠之物，九錫之徵也。」太祖曰：「卿勿妄言。」及上將拜齊公，已剋日，有楊祖之謀於臨軒作難。僧眞更請上選吉辰，尋而祖之事覺。上曰：「無卿言，亦當致小狼狽，此亦何異呼沲之冰。」轉齊國中書舍人。

建元初，帶東燕令，封新陽縣男，三百戶。轉羽林監，加建威將軍，遷尙書主客郎，太尉中兵參軍，令如故。復以本官兼中書舍人。太祖疾甚，令僧眞典遺詔。永明元年，寧喪，〔九〕起爲建威將軍，尋除南泰山太守，又爲舍人，本官如故。領諸王第事。

僧眞容貌言吐，雅有士風。世祖嘗目送之，笑曰：「人何必計門戶，紀僧眞常貴人所不及。」諸權要中，最被盼遇。除越騎校尉，餘官如故。出爲建武將軍，建康令。還除左右郎將，泰山太守。加先驅使。尋除前軍將軍。遭母喪，開冢得五色兩頭蛇。世祖崩，僧眞號泣思慕。明帝以僧眞歷朝驅使，建武元年，除游擊將軍，兼司農，待之如舊。欲令僧眞治郡，僧眞啓進其弟僧猛爲鎭蠻護軍、晉熙太守。永泰元年，除司農卿。明帝崩，掌山陵事。出爲廬陵(長)〔內〕史，〔一〇〕年五十五，卒。

宋世道人楊法持，與太祖有舊。元徽末，宣傳密謀。昇明中，以爲僧正。建元初，罷道，爲寧朔將軍，封州陵縣男，三百戶。二年，虜圍朐山，遣法持爲〔軍〕主，〔二〕領支軍救援。永明四年，坐役使將客，奪其鮭稟，削封。卒。

劉係宗，丹陽人也。少便書畫，爲宋竟陵王誕子景粹侍書。誕舉兵廣陵，城內皆死，敕沈慶之赦係宗，以爲東宮侍書。泰始中，爲主書。以寒官累遷至勳品。元徽初，爲奉朝請，兼中書通事舍人，員外郎。封始興南亭侯，食邑三百七十戶。帶秣陵令。

太祖廢蒼梧，明(日)〔旦〕，〔三〕呼正直舍人虞整，醉不能起，係宗歡喜奉命。太祖曰：「今天地重開，是卿盡力之日。」使寫諸處分敕令，及四方書疏。使主書(七)〔十〕人書吏二十人配之，〔四〕事皆稱旨。除羽林監，轉步兵校尉。仍除龍驤將軍，出爲海鹽令。太祖卽位，除龍驤將軍、建康令。永明元年，除寧朔將軍，令如故。尋轉右軍將軍、淮陵太守，兼中書通事舍人。母喪自解，起爲寧朔將軍，復本職。

四年，白賊唐寓之起，宿衞兵東討，遣係宗隨軍慰勞，遍至遭賊郡縣。百姓被驅逼者，悉無所問，還復民伍。係宗還，上曰：「此段有征無戰，以時平蕩，百姓安怗，甚快也。」賜係宗錢帛。上欲脩治白下城，難於動役。係宗啓謫役東民丁隨寓之爲逆者，上從之。後車駕講武，上履行白下城，曰：「劉係宗爲國家得此一城。」永明中，虜使書常令係宗題答，祕書書局皆隸之。再爲少府，遷游擊將軍、魯郡太守。鬱林卽位，除驍騎將軍，仍除寧朔將軍、宣城太守。係宗久在朝省，閑於職事。明帝曰：〔一四〕「學士不堪治國，〔一五〕唯大讀書耳。一劉係宗足持如此輩五百人。」〔一六〕其重吏事如此。建武二年，卒官，年七十七。

茹法亮，吳興武康人也。宋大明世，〔一七〕出身爲小史，〔一八〕歷齋幹扶。〔一九〕孝武末年，作酒法，鞭罰過度，校獵江右，選白衣左右百八十人，皆面首富室，從至南州，得鞭者過半。法亮憂懼，因緣啓出家得爲道人。明帝初，罷道，結事阮佃夫，用爲兗州刺史孟（吹）〔次〕陽典籤。〔二〇〕累至太祖冠軍府行參軍。元徽初，除殿中將軍，爲晉熙王郢州典籤，除長兼殿中御史。

世祖鎭盆城，須舊驅使人，法亮求留爲上江州典籤，除南臺御史，帶松滋令。法亮便辟解事，善於承奉，稍見委信。從還石頭。建元初，度東宮主書。除奉朝請，補東宮通事舍人。世祖卽位，仍爲中書通事舍人。除員外郞，帶南濟陰太守。永明元年，除龍驤將軍。明年，詔曰：「茹法亮近在盆城，頻使銜命，內宣朝旨，外慰三軍。義勇齊奮，人百其氣。險阻艱難，心力俱盡。宜沾茅土，以甄忠績。」封望蔡縣男，食邑三百戶。轉給事中，羽林監。七年，除臨淮太守，轉竟陵王司徒中兵參軍。

巴東王子響於荆州殺僚佐，上遣軍西上，使法亮宣旨慰勞，安撫子響。法亮至江津，子響呼法亮，法亮疑畏不肯往。又求見傳詔，法亮又不遣。故子響怒，遣兵破尹略軍。事平，法亮至江陵，刑賞處分，皆稱勅斷決。軍還，上悔誅子響，法亮被責。少時，親任如舊。

鬱林卽位，除步兵校尉。延興元年，爲前軍將軍。延昌殿爲世祖陰室，藏諸御服。二少帝竝居西殿，高宗卽位住東齋，開陰室出世祖白紗帽防身刀，法亮歔欷流涕。除游擊將軍。（建）〔高〕武舊人鮮有存者，〔二〕法亮以主署文事，故不見疑，位任如故。永泰元年，王敬則事平，法亮復受勅宣慰。出法亮爲大司農，中書勢利之職，法亮不樂去，固辭不受，旣而代人已致，〔三〕法亮垂涕而出。年六十四，卒官。

呂文顯，臨海人也。初爲宋孝武齋幹直長。昇明初，爲太祖錄尙書省事，累位至殿中侍御史，羽林監，帶蘭陵丞、令，龍驤將軍，秣陵令。封劉陽縣男。永明元年，除寧朔將軍，中書通事舍人，本官如故。

文顯治事以刻覈被知。三年，帶南清河太守。與茹法亮等迭出入爲舍人，並見親倖。四方餉遺，歲各數百萬，並造大宅，聚山開池。五年，爲建康令，轉長水校尉，歷帶南泰山、南譙太守，尋爲司徒中兵參軍，淮南太守，直舍人省。累遷左中郎將，南東莞太守，右軍將軍。高宗輔政，以文顯守少府，見任使。歷建武、永元之世，尚書右丞，少府卿。卒。

呂文度，會稽人。宋世爲細作金銀庫吏，竹局匠。元徽中，爲射雉典事，隨監莫脩宗上郢。世祖鎭盆城拒沈攸之，文度仍留伏事，知軍隊雜役，以此見親。從還都，爲石頭城監，仍度東宮。世祖卽位，爲制局監，位至員外郎，帶南濮陽太守。殿內軍隊及發遣外鎭人，悉關之，甚有要勢。故世傳越州嘗缺，上覔一直事人往越州，文度啓其所知費延宗合旨，上卽以爲刺史。永明中，敕親近不得輒有申薦，人士免官，寒人鞭一百。

上性尊嚴，呂文顯嘗在殿側咳聲高，上使茹法亮訓詰之，以爲不敬，故左右畏威承意，非所隸莫敢有言也。時茹法亮掌雜驅使簿，及宣通密敕；呂文顯掌穀帛事；其餘舍人無別任。虎賁中郎將潘敞掌監功作。上使造禪靈寺新成，車駕臨視，甚悅。敞喜，要呂文顯私登寺南門樓，上知之，繫廠上方，而出文顯爲南譙郡，久之乃復。濟陽江瞿曇、吳興沈徽孚等，以士流舍人通事而已，無權利。徽孚粗有筆札。建武中文詔，多其辭也。官至黃門郎。

史臣曰：中世已來，宰御天下，萬機碎密，不關外司。尙書八座五曹，各有恒任，係以九卿六府，事存副職。咸皆冠冕搢紳，任疎人貴，伏奏之務既寢，趨走之勞亦息。關宣所寄，屬當有歸，通驛內外，切自音旨。若夫環纓斂笏，俯仰晨昏，瞻幄座而竦躬，（位）〔陪〕蘭檻而高眄，〔三〕探求恩色，習覩威顏，遷蘭變鮑，久而彌信，因城社之固，執開壅之機。長主君世，振裘持領，賞罰事殷，能不踰漏，宮省咳唾，義必先知。故能窺盈縮於望景，獲驪珠於龍睡。坐歸聲勢，臥震都鄙。賄賂日積，苞苴歲通，富擬公侯，威行州郡。制局小司，專典兵力，雲陛天居，亙設蘭錡，羽林精卒，重屯廣衞。至于元戎啓轍，式候還麾，遮迾淸道，神行案轡，督察來往，馳騖輦轂，驅役分部，親承几案，領護所攝，示總成規。若徵兵動衆，大興民役，行留之儀，請託在手，斷割牢稟，賣弄文符，捕叛追亡，長戍遠謫，軍有千齡之壽，室無百年之鬼，害政傷民，於此爲蠹。況乎主幼時昏，其爲讒慝，亦何可勝紀也！

贊曰：恩澤而侯，親倖爲舊。便煩左右，既貴且富。

校勘記

〔一〕陳准歸任上司　按此即晉書庾亮、嵇紹傳之廣陵公陳準也，以避宋順帝諱，故改「準」爲「准」。南監本、毛本、局本作「陳淮」，則因准淮形近而譌。

〔二〕帝遣尚書二十餘牒　按南史云「帝遣尚之送尚書四十餘牒」。

〔三〕詔命殆不關中書　「殆」南監本、局本及南史作「始」。

〔四〕所〔置〕〔直〕四省　據南監本及南史改。

〔五〕有制局監〔內〕〔領〕器仗兵役　據各本及南史改。按南史「監」下有「外監」二字。

〔六〕政是道成耳　「道成」二字原作「諱」，子顯原文如此。殿本改「蕭道成」三字，「蕭」字不應有，今改爲「道成」二字。

〔七〕我意不欲便爾　「爾」原譌「耳」，各本不譌，今改正。

〔八〕得一錫〔鉄〕〔趺〕大數尺　南監本作「得古錫趺九枚」，南史同。毛本、局本作「得古錫鉄大數尺」，殿本作「得古錫鐵大數尺」。今按字書無「鉄」字，亦無「鈇」字。北監本則作「鈇」，殿本據北監本刻，殆以「鈇」爲「鉄」字之譌，故改爲「鐵」耳。御覽六百九十二服章部玦門引又作「玦」。案顏師古匡謬正俗云：「蕭子顯齊書云，『太祖在淮，修理城，得一錫趺，大數尺，趺下有篆文，莫能識者。』而顧野王撰符瑞圖，據子顯齊書，錄此一條，錫趺謂錫玦，亦具寫子顯書語，但易趺字爲玦字，乃畫作玦形。案此趺者，謂若簨簴之趺，今之鐘鼓格下並有之耳。故其大數尺而有篆文。安有論玦大小，直云數尺，爲道廣狹，爲擧麤細乎？又玦之體狀若半環，以何爲上？以何爲下？此之疏謬，不近人情。野王之於子顯，年載近接，非爲遼夐，且又趺之與玦，形用不同，若別據他書，容有異說，蕭氏乖戾，則失不在顧矣。豈書本乎？」據顏氏此說，則南齊書唐初寫本，字本作「趺」。御覽繫之玦門，蓋宋初寫本已有據顧野王符瑞圖改作玦者。今據南監本、南史及顏師古說改正。又案南監本同南史作「九枚」，下云「九錫之徵也」，南史又云「錫而有九，九錫之徵也」，則作「九枚」是。

〔九〕寧喪　南監本、殿本及南史並作「丁父喪」。張元濟校勘記云：「按寧喪猶言居父母喪，『子寧三年』見漢書哀帝紀。」案文學丘巨源傳亦有「寧喪還家」語。

〔一〇〕出爲廬陵(長)〔內〕史　張森楷校勘記云：「『長史』南史作『內史』，是。」今據改。按廬陵郡爲王國，其太守稱內史。

〔一一〕遣法持爲〔軍〕主　據南監本、毛本、殿本、局本及南史補。

〔一二〕明(日)〔旦〕　據南監本、毛本、局本及南史改。

〔一三〕使主書(七)〔十〕人書吏二十人配之　據南監本、毛本、殿本、局本及南史、元龜五百五十一改。

〔一四〕明帝曰　南史作「武帝常云」。

〔一五〕學士不堪治國　「學士」下南監本及南史並有「輩」字。

〔一六〕一劉係宗足持如此輩五百人　文有譌脫。南監本作「一劉係宗足恃，如此輩數人，於事何用」。南史作「一劉係宗足矣，沈約、王融數百人，於事何用」。「持」當依南監本改「恃」，「五百人」當依南史作「數百人」，「五百人」下當依南監本、南史補「於事何用」四字，文義乃順。

〔一七〕宋大明世　「世」各本及南史並作「中」。

〔一八〕出身爲小史　「小史」南監本作「小吏」。

〔一九〕歷齋幹扶　「扶」下各本有「侍」字，南史同。

〔二〇〕用爲兗州刺史孟(吹)〔次〕陽典籤　張森楷校勘記云：「『吹陽』當作『次陽』，宋書阮佃夫、殷琰傳可證。」今據改。

〔二一〕(建)〔高〕武舊人鮮有存者　張森楷校勘記云：「時建武年，而曰建武舊人，疑當作『高武』。」按南史正作「高武」，今據改。

〔二二〕既而代人已致　「致」毛本、殿本、局本作「至」，致至同。南監本及南史、元龜四百八十一作「到」。

〔二三〕(位)〔陪〕蘭檻而高眄　據南監本、殿本、局本及南史改。

南齊書卷五十七

列傳第三十八

魏虜

魏虜，匈奴種也，姓托跋氏。晉永嘉六年，幷州刺史劉琨爲屠各胡劉聰所攻，索頭猗盧遣子曰利孫將兵救琨於太原，猗盧入居代郡，亦謂鮮卑。被髮左衽，故呼爲索頭。猗盧孫什翼犍，字鬱律旃，後還陰山爲單于，領匈奴諸部。太元元年，〔一〕苻堅遣僞幷州刺史苻洛伐犍，破龍庭，禽犍還長安，爲立宅，教犍書學。分其部黨居雲中等四郡，諸部主帥歲終入朝，幷得見犍，差稅諸部以給之。

堅敗，子珪，字涉圭，隨舅慕容垂據中山，還領其部，後稍彊盛。隆安元年，珪破慕容寶於中山，遂有幷州，僭稱魏，年號天（瑞）〔賜〕。〔二〕追諡犍烈祖文平皇帝。珪死，諡道武皇帝。子木末立，年號太常，死，諡明元皇帝。子燾，字佛狸代立，年號太平眞君。宋元嘉中，僞太子晃與大臣崔氏、寇氏不睦，崔、寇譖之。玄高道人有道術，晃使祈福七日七夜，佛狸夢其祖父竝怒，手刃向之曰：「汝何故信讒欲害太子！」佛狸驚覺，下僞詔曰：「王者大業，纂承爲重，儲宮嗣紹，百王舊例。自今已往，事無巨細，必經太子，然後上聞。」晃後謀殺佛狸見殺。燾死，謚太武皇帝。立晃子濬，字烏雷直勤，年號和平。追謚晃景穆皇帝。濬死，謚文成皇帝。子弘字萬民立，〔三〕年號天安。景和九年，僞太子宏生，改年爲皇興。

什翼珪始都平城，猶逐水草，無城郭，木末始土著居處。佛狸破梁州、黃龍，徙其居民，大築郭邑。截平城西爲宮城，四角起樓，女墻，門不施屋，城又無壍。南門外立二土門，內立廟，開四門，各隨方色，凡五廟，一世一閒，瓦屋。其西立太社。佛狸所居雲母等三殿，又立重屋，居其上。飲食厨名「阿眞厨」，在西，皇后可孫恒出此厨求食。初，姚興以塞外虜赫連勃勃爲安北將軍，領五部胡，屯大城，姚泓敗後，入長安。佛狸攻破勃勃子昌，娶勃勃女爲皇后。義熙中，仇池公楊盛表云「索虜勃勃，匈奴正胤」是也。可孫昔妾媵之。殿西鎧仗庫屋四十餘閒，殿北絲綿布絹庫土屋一十餘閒。僞太子宮在城東，亦開四門，瓦屋，四角起樓。妃妾住皆土屋。婢使千餘人，織綾錦販賣，酤酒，養猪羊，牧牛馬，種菜逐利。太官八十餘窖，窖四千斛，半穀半米。又有懸食瓦屋數十閒，置尚方作鐵及木。其袍衣，使宮內婢爲〔之〕。〔四〕僞太子別有倉庫。

其郭城繞宮城南，悉築爲坊，坊開巷。坊大者容四五百家，小者六七十家。每南坊搜檢，〔五〕以備奸巧。城西南去白登山七里，於山邊別立父祖廟。城西有祠天壇，立四十九木人，長丈許，白幘、練裙、馬尾被，立壇上，常以四月四日殺牛馬祭祀，盛陳鹵簿，邊壇奔馳奏伎爲樂。城西三里，刻石寫五經及其國記，於鄴取石虎文石屋基六十枚，皆長丈餘，以充用。

國中呼內左右爲「直眞」，外左右爲「烏矮眞」，曹局文書吏爲「比德眞」，檐衣人爲「樸大眞」，帶仗人爲「胡洛眞」，通事人爲「乞萬眞」，守門人爲「可薄眞」，僞臺乘驛賤人爲「拂竹眞」，諸州乘驛人爲「咸眞」，殺人者爲「契害眞」，爲主出受辭人爲「折潰眞」，貴人作食人爲「附眞」。三公貴人，通謂之「羊眞」。佛狸置三公、太宰、尙書令、僕射、侍中，與太子共決國事。殿中尙書知殿內兵馬倉庫，樂部尙書知伎樂及角史伍伯，駕部尙書知牛馬驢騾，南部尙書知南邊州郡，北部尙書知北邊州郡。又有俟懃地何，比尙書；莫堤，比刺史；郁若，比二千石；受別官比諸侯。諸曹府有倉庫，悉置比官，皆使通虜漢語，以爲傳驛。蘭臺置中丞御史，知城內事。又置九豆和官，宮城三里內民戶籍不屬諸軍戍者，悉屬之。

其車服，有大小輦，皆五層，下施四輪，三二百人牽之，四施絙索，備傾倒。軺車建龍旂，尙黑。妃后則施雜綵幰，無幢絡。太后出，則婦女著鎧騎馬近輦左右。虜主及后妃常行，乘銀鏤羊車，不施帷幔，皆偏坐垂脚轅中；在殿上，亦跂據。正殿施流蘇帳，金博山，龍鳳朱漆畫屏風，織成幌。坐施氍毹褥。前施金香鑪，琉璃鉢，金椀，盛雜食器。設客長盤一尺，御饌圓盤廣一丈。爲四輪車，元會日，六七十人牽上殿。蜡日逐除，歲盡，城門磔雄雞，葦索桃梗，如漢儀。

自佛狸至萬民，世增雕飾。正殿西築土臺，謂之白樓。萬民禪位後，常遊觀其上。臺南又有伺星樓。正殿西又有祠屋，琉璃爲瓦。宮門稍覆以屋，猶不知爲重樓。竝設削泥采，畫金剛力士。胡俗尙水，又規畫黑龍相盤繞，以爲厭勝。

泰始五年，萬民禪位子宏，自稱太上皇。宏立，號延興元年。至六年，萬民死，諡獻文皇帝。改號爲承明元年，是歲元徽四年也。祖母馮氏，黃龍人，助治國事。初，佛狸母是漢人，爲木末所殺，佛狸以乳母爲太后，自此以來，太子立，輒誅其母。一云馮氏本江都人，佛狸元嘉二十七年南侵，略得馮氏，濬以爲妾，獨得全焉。明年丁巳歲，改號太和。

宋明帝末年，始與虜和好。元徽昇明之世，虜使歲通。建元元年，僞太和三年也。宏聞太祖受禪，其冬，發衆遣丹陽王劉昶爲太師，〔六〕寇司、豫二州。明年，詔遣衆軍北討。宏遣大將郁豆眷、叚長命攻壽陽及鍾離，爲豫州刺史垣崇祖、右將軍周盤龍、徐州刺史崔文仲等所破。

宏又遣僞南部尙書托跋等向司州，分兵出兗、青界，十萬衆圍朐山，戍主玄元度嬰城固守。青冀二州刺史盧紹之遣子奐領兵助之。城中無食，紹之出頓州南石頭亭，隔海運糧柴供給城內。虜圍斷海道，緣岸攻城，會潮水大至，虜淳溺，元度出兵奮擊，大破之。臺遣軍主崔靈建、楊法持、房靈民萬餘人從淮入海，船艦至夜各舉兩火，虜衆望見，謂是南軍大至，一時奔退。

初，元度自云譬上有封侯志，宋世以示世祖，時世祖在東宮，書與元度曰：「努力成譬上之相也。」虜退，上議加封爵，元度歸功於紹之，紹之又讓，故並見寢。上乃擢紹之爲黃門郎。鬱州呼石頭亭爲平虜亭。紹之字子緒，范陽人，自云盧諶玄孫。宋大明中，預攻廣陵，勳上，紹之拔迹自投，上以爲州治中，受心腹之任。官至光祿大夫。永明八年，卒。

三年，領軍將軍李安民、左軍將軍孫文顯與虜軍戰於淮陽，大敗之。初，虜寇至，緣淮驅略，江北居民猶懲佛狸時事，皆驚走，不可禁止。乃於梁山置二軍，〔七〕南置三軍，慈姥置一軍，洌州置二軍，三山置二軍，白沙洲置一軍，蔡州置五軍，長蘆置三軍，菰浦置二軍，徐浦置一軍，內外悉班階賞，以示威刑。

僞昌黎王馮莎向司州，荒人桓天生說莎云：「諸蠻皆響應。」莎至，蠻竟不動。莎大怒，於淮邊獵而去。及壽春摧敗，朐山不拔，虜主出定州，大治道路，聲欲南行，不敢進。迺與僞梁郡王計曰：「兵出彭、泗間，無復鬭志，要當一兩戰得還歸。」既於淮陽被破，一時奔走。青、徐間赴義民，先是或抄虜運車，更相殺掠，往往得南歸者數千家。

上未遑外略，以虜既摧破，且欲示以威懷，遣後軍參軍車僧朗北使。虜問僧朗曰：「齊輔宋日淺，何故便登天位？」僧朗曰：「虞、夏登庸，親當革禪；魏、晉匡(戰)〔輔〕，〔六〕貽厥子孫。豈二聖促促於天位，兩賢謙虛以獨善？時宜各異，豈得一揆？苟曰事宜，故屈己應物。」虜又問：「齊主悉有何功業？」僧朗曰：「主上聖性寬仁，天識弘遠。少爲宋文皇所器遇，入參禁旅。泰始之初，四方寇叛，東平劉子房、張淹，北討薛索兒，兼掌軍國，豫司顧命。宋桂陽、建平二王阻兵內侮，一麾殄滅。蒼梧王反道敗德，有過桀、紂，遠遵伊、霍，行廢立之事。袁粲、劉秉、沈攸之同惡相濟，又秉旄杖鉞，大定凶黨。戮力佐時，四十餘載，經綸夷險，十五六年，此功此德，可謂物無異議。」虜又問：「南國無復齊土，何故封齊？」僧朗曰：「營丘表海，實爲大國。宋朝光啓土宇，謂是呂尙先封。今淮海之間，自有青、齊，非無地也。」又問：「蒼梧何故遂加斬戮？」僧朗曰：「蒼梧暴虐，書契未聞，武王斬紂，懸之黃鉞，共是所聞，何傷於義？」昇明中，北使殷靈誕、苟昭先在虜，聞太祖登極，靈誕謂虜典客曰：「宋魏通好，憂患是同。宋今滅亡，魏不相救，何用和親？」及虜寇豫州，靈誕因請爲劉昶司馬，不獲。僧朗至北，虜置之靈誕下，僧朗立席言曰：「靈誕昔是宋使，今成齊民。實希魏主以禮見處。」靈誕交言，遂相忿詈，調虜曰：「使臣不能立節本朝，誠自慙恨。」劉昶賂客解奉君於會刺殺僧朗，虜郎收奉君誅之，殯斂僧朗，送喪隨靈誕等南歸，厚加贈賻。世祖踐阼，詔先具以啓聞，靈誕下獄死，贈僧朗散騎侍郎。

永明元年冬，遣驍騎將軍劉纘、前軍將軍張謨使虜。明年冬，虜使李道固報聘，〔九〕世祖於玄武湖水步軍講武，登龍舟引見之。自此歲使往來，疆埸無事。

三年，初令鄰里黨各置一長，五家爲隣，五隣爲里，五里爲黨。四年，造戶籍。分置州郡，雍州、涼州、秦州、沙州、涇州、華州、岐州、河州、西華州、寧州、陝州、洛州、荆州、郢州、北豫州、東荆州、南豫州、西兗州、東兗州、南徐州、東徐州、青州、齊州、濟州二十五州在河南；〔一〇〕（湘）〔相〕州、〔一一〕懷州、（秦）〔汾〕州、〔一二〕東雍州、肆州、定州、瀛州、朔州、幷州、冀州、幽州、平州、司州十三州在河北。凡分魏、晉舊司、豫、青、兗、冀、幷、幽、秦、雍、涼十州地，及宋所失淮北爲三十八州矣。

明年，邊人桓天生作亂，虜遣步騎萬餘人助之，至比陽，爲征虜將軍戴僧靜等所破。荒人胡丘生起義懸瓠，爲虜所擊，戰敗南奔。僞安南將軍遼東公、平南將軍上谷公又攻舞陰，〔一三〕舞陰戍主輔國將軍殷公愍拒破之。六年，虜又遣衆助桓天生，與輔國將軍曹虎戰，大敗於隔城。

至七年，遣使邢產、侯靈紹復通好。先是劉纘再使虜，太后馮氏悅而親之。馮氏有計略，作皇誥十八篇，僞左僕射李思沖稱史臣注解。是歲，馮氏死。八年，世祖還隔城所俘獲二千餘人。

佛狸已來，稍僭華典，胡風國俗，雜相揉亂。宏知談義，解屬文，輕果有遠略。遊河北至比干墓，作弔比干文云：「脫非武發，封墓誰因？嗚呼(分土)〔介士〕，〔一四〕胡不我臣！」宏以己巳歲立圓丘、方澤，置三夫人、九嬪。平城南有干水，出定襄堺，流入海，去城五十里，世號爲索干都。〔一五〕土氣寒凝，風砂恒起，六月雨雪。議遷都洛京。

九年，遣使李道固、蔣少游報使。少游有機巧，密令觀京師宮殿楷式。清河崔元祖啓世祖曰：「少游，臣之外甥，特有公輸之思。宋世陷虜，處以大匠之官。今爲副使，必欲模範宮闕。豈可令氈鄉之鄙，取象天宮？臣謂且留少游，令使主反命。」世祖以非和通意，不許。少游，安樂人。虜宮室制度，皆從其出。

初，佛狸討羯胡於長安，〔一六〕殺道人且盡。及元嘉南寇，獲道人，以鐵籠盛之。後佛狸感惡疾，自是敬畏佛教，立塔寺浮圖。宏父弘禪位後，黃冠素服，持戒誦經，居石窟寺。宏太和三年，〔一七〕道人法秀與苟兒王阿辱瑰王等謀反，〔一八〕事覺，囚法秀，加以籠頭鐵鏁，無故自解脫，虜穿其頸骨，使呪之曰：「若復有神，當令穿肉不入。」遂穿而殉之，三日乃死。僞咸陽王復欲盡殺道人，〔一九〕太后馮氏不許。宏尤精信，粗涉義理，宮殿內立浮圖。

宏既經古洛，是歲下僞詔尙書思愼曰：「夫覆載垂化，必由四氣運其功；曦曜望舒，亦須五星助其暉。仰惟聖母，睿識自天，業高曠古，將稽詳典範，日新皇度。不圖罪逆招禍，奄丁窮罰，〔二〇〕追惟罔極，永無逮及。思遵先旨，勑造明堂之樣。卿所制體含六合，事越中古，理圓義備，可軌之千載。信是應世之材，先固之器也。羣臣瞻見模樣，莫不僉然欲速造，朕以寡昧，亦思造盛禮。卿可卽於今歲停宮城之作，營建此構，興皇代之奇制，遠成先志，近副朕懷。」又詔公卿參定刑律。又詔罷臘前儺，唯年一儺。又詔：「季冬朝賀，典無成文，以袴褶事非禮敬之謂，若置寒朝服，徒成煩濁，自今罷小歲賀，歲初一賀。」又詔：「王爵非庶姓所僭，伯號是五等常秩。烈祖之胄，仍本王爵，其餘王皆爲公，〔公〕轉爲侯，〔二一〕侯卽爲伯，子男如舊。雖名易於本，而品不異昔。公第一品，侯第二品，伯第三品，子第四品，男第五品。」

十年，上遣司徒參軍蕭琛、范雲北使。宏西郊，卽前祠天壇處也。宏與僞公卿從二十餘騎戎服繞壇，宏一周，公卿七匝，謂之蹋壇。明日，復戎服登壇祠天，宏又繞三匝，公卿七匝，謂之繞天。以繩相交絡，紐木枝棖，覆以青繒，形制平圓，下容百人坐，謂之爲「繖」，一云「百子帳」也。於此下宴息。次祠廟及布政明堂，皆引朝廷使人觀視。每使至，宏親相應接，申以言義。甚重齊人，常謂其臣下曰：「江南多好臣。」僞侍臣李元凱對曰：「江南多好臣，歲一易主；江北無好臣，而百年一主。」宏大慙，出元凱爲雍州長史，俄召復職。

世祖初，治白下，謂人曰：「我欲以此城爲上頓處。」後於石頭造(靈)〔露〕車三千乘，〔二〕欲步道取彭城，形迹頗著。先是八年北使顏幼明、劉思斆反命，僞南部尚書李思沖曰：「二國之和，義在庇民。如聞南朝大造舟車，欲侵淮、泗，推心相期，何應如此？」幼明曰：「主上方弘大信於天下，不失臣妾。既與輯和，何容二三其德？壃場之言，差不足信。且朝廷若必(恭恕)〔赫怒〕，〔三〕使守在外，亦不近相淮瀆。」思沖曰：「我國之彊，經略淮東，何患不蕩海東岳，政存於信誓耳。且和好既結，豈可復有不信？昔華元、子反，戰伐之際，尙能以誠相告，此意良慕也。」幼明曰：「卿未有子反之急，詎求登床之請？」

是後宏亦欲南侵徐、豫，於淮、泗間大積馬蒭。十一年，遣露布并上書，稱當南寇。世祖發揚、徐州民丁，廣設召募。北地人支酉，聚數千人，於長安城北西山起義。遣使告梁州刺史陰智伯。秦州人王度人起義應酉，攻獲僞刺史劉藻，秦、雍間七州民皆響震，衆至十萬，各自保壁，望朝廷救其兵。宏遣弟僞河南王幹、尙書盧陽烏擊秦、雍義軍，〔四〕幹大敗。酉迎戰，進至咸陽北濁谷，圍僞司空長洛王繆老生，〔五〕合戰，又大破之，老生走還長安。梁州刺史陰智伯遣軍主席德仁、張弘林等數千人應接酉等，進向長安，所至皆靡。

會世祖崩，宏聞關中危急，乃稱聞喪退師。太和十七年八月，使持節、安南大將軍、都督徐青齊三州諸軍事、南中郎將、徐州刺史、廣陵侯府長史、帶淮陽太守鹿樹生移齊兗州府長史府：「奉被行所尚書符騰詔：『皇師雷舉，〔二六〕搖旆南指，誓清江祲，志廓衡靄。以去月下旬，濟次河洛。會前使人邢巒等至，審知彼有大艾。以春秋之義，聞喪寢伐。爰勑有司，輟鑾止軔，休馬華陽，戢戈嵩北。便肇經周制，光宅中區，永皇基于無窮，恢盛業乎萬祀。〔宸〕〔宸〕居重正，〔二七〕鴻化增新，四海承休，莫不銘慶。』故以往示如律令。」幷遣使弔國諱。遣僞大將楊大眼、張聰明等數萬人攻酉，酉、廣等竝見殺。〔二八〕

隆昌元年，遣司徒參軍劉斅、車騎參軍沈宏報使至北。宏稱字玄覽。其夏，虜平北將軍魯直清率衆降，以爲督洛州軍事，領平戎校尉、征虜將軍、洛州刺史。是歲，宏徙都洛陽，改姓元氏。初，匈奴女名托跋，妻李陵，胡俗以母名爲姓，故虜爲李陵之後，虜甚諱之，有言其是陵後者，輒見殺，至是乃改姓焉。

宏聞高宗踐阼非正，既新移都，兼欲大示威力。是冬，自率大衆分寇豫、徐、司、梁四州。遣僞荊州刺史薛眞度、尚書郗祁阿婆出南陽，向沙堨，築壘開溝，爲南陽太守房伯玉、新野太守劉思忌所破。

建武二年春，高宗遣鎭南將軍王廣之出司州，右僕射沈文季出豫州，左衞將軍崔慧景出徐州。宏自率衆至壽陽，軍中有黑氈行殿，容二十人坐，輦邊皆三郎曷刺眞，槊多白眞毦，鐵騎爲羣，前後相接。步軍皆烏楯槊，綴接以黑蝦蟆幡。牛車及驢駱駝載軍資妓女，三十許萬人。不攻城，登八公山，賦詩而去。別圍鍾離城，徐州刺史蕭惠休、輔國將軍申希祖拒守，出兵奮擊，宏衆敗，多赴淮死。乃分軍據邵陽洲，柵斷水路，夾築二城。右衞將軍蕭坦之遣軍主裴叔業攻二城，拔之。惠休又募人出燒虜攻城車，虜力竭不能剋。

王奐之誅，子肅奔虜，〔二九〕宏以爲鎭南將軍、南豫州刺史。遣肅與劉昶號二十萬衆，圍義陽。司州刺史蕭誕拒戰，〔三〇〕虜築圍塹柵三重，燒居民淨盡，并力攻城，城中負楯而立。王廣之都督救援，虜遣三萬餘人逆攻太子右率蕭季敞於下梁，季敞戰不利。司州城內告急，王廣之遣軍主黃門侍郎梁王閒道先進，與太子右率蕭誄、〔三一〕輔國將軍徐玄慶、荆州軍主魯休烈據賢首山，出虜不備。城內見援軍至，蕭誕遣長史王伯瑜及軍主崔恭祖出攻虜柵，因風放火，梁王等衆軍自外擊之，昶、肅棄圍引退，追擊破之。

輔國將軍桓和出西陰平，僞魯郡公鄭城戍主帶莫樓、僞東海太守江道僧設伏路側，和與合戰，大敗之。青、徐民降者百餘家。青、冀二州刺史王洪範遣軍主崔延攻虜紀城，竝拔之。宏先又遣僞尚書盧陽烏、華州刺史韋靈智攻赭陽城，〔三二〕北襄城太守成公期拒守。虜攻城百餘日，設以鉤衝，不捨晝夜，期所殺傷數千人。臺又遣軍主垣歷生、〔三三〕蔡道貴救援，陽烏等退，官軍追擊破之。夏，虜又攻司州櫟城二戍，戍主魏僧岷、朱僧起拒敗之。

僞安南將軍、梁州刺史魏郡王元英十萬餘人通斜谷，寇南鄭。梁州刺史蕭懿遣軍主姜山安、趙超宗等數軍萬餘人，分據角弩、白馬、沮水拒戰，大敗。英進圍南鄭，土山衝車，晝夜不息。懿率東從兵二千餘人固守拒戰，隨手摧却。英攻城自春至夏六十餘日不下，死傷甚衆，軍中糧盡，擣麴爲食，畜菜葉直千錢。懿先遣軍主韓嵩等征獠，回軍援州城，至黃牛川，爲虜所破。懿遣氐人楊元秀還仇池，說氐起兵斷虜運道，氐卽舉衆攻破虜歷城、睪蘭、駱谷、仇池、平洛、蘇勒六戍。僞尙書北梁州刺史辛黑末戰死。英遣軍副仇池公楊靈珍據泥公山，武興城主楊集始遣弟集朗與歸國氐楊馥之及義軍主徐曜甫迎戰於黃亘，大敗奔歸。時梁州土豪范凝、梁季羣於家請英設會，伏兵欲殺英，事覺，英執季羣殺之，凝竄走。英退保濁水，聞氐衆盛，與楊靈珍復俱退入斜谷，會天大雨，軍馬含漬，截竹煮米，於馬上持炬炊而食。〔三四〕英至下辨，靈珍弟婆羅阿卜珍反，襲擊，英衆散，射中英頰。僞陵江將軍悅楊生領鐵騎死戰救之，得免。梁、漢平。武都太守杜靈瑗、奮武將軍望法憘、寧朔將軍望法泰、州治中皇甫耽竝拒虜戰死。追贈靈瑗、法憘羽林監，法泰積射將軍。

時僞洛州刺史賈異寇甲口，爲上洛太守李靜所破。三年，虜又攻司州櫟城，爲戍主魏僧岷所拒破。秋，虜遣軍襲漣口，東海太守鄭延祉棄西城走，東城猶固守，臺遣冠軍將軍兗州刺史徐玄慶救援，虜引退，延祉伏罪。

初，僞太后馮氏兄昌黎王馮莎二女，大馮美而有疾，爲尼，小馮爲宏皇后，生僞太子詢。後大馮疾差，宏納爲昭儀。宏初徙都，詢意不樂，思歸桑乾。宏制衣冠與之，詢竊毁裂，解髮爲編服左衽。大馮有寵，日夜讒詢。宏出鄴城馬射，詢因是欲叛北歸，密選宮中御馬三千疋置河陰渚。皇后聞之，召執詢，馳使告宏，宏徙詢無鼻城，在河橋北二里，尋殺之，以庶人禮葬。立大馮爲皇后，便立僞太子恪，是歲，僞太和二十年也。

僞征北將軍恒州刺史鉅鹿公伏鹿孤賀鹿渾守桑乾，宏從叔平陽王安壽戍懷柵，在桑乾西北。渾非宏任用中國人，與僞定州刺史馮翊公目隣、安樂公托跋阿幹兒謀立安壽，分據河北。期久不遂，安壽懼，告宏。殺渾等數百人，任安壽如故。

先是僞荆州刺史薛眞度、尚書郄祁阿婆爲房伯玉所破，宏怒，以南陽小郡，誓取滅之。〔三五〕四年，自率軍向雍州。宏先至南陽，房伯玉嬰城拒守。宏從數萬騎，罩黄繖，去城一里。遣僞中書舍人公孫雲謂伯玉曰：〔三六〕「我今蕩一六合，與先（後）行異。〔三七〕先行冬去春還，不爲停久；今誓不有所剋，終不還北，停此或三五年。卿此城是我六龍之首，無容不先攻取。遠一年，中不過百日，近不過一月，非爲難殄。若不改迷，當斬卿首，梟之軍門。闔城無貳，幸可改禍爲福。但卿有三罪，今令卿知。卿先事武帝，蒙在左右，不能盡節前主，而盡節今主，此是一罪。前歲遣偏師薛眞度暫來此，卿遂破傷，此是二罪。武帝之胤悉被誅戮，初無報効，而反爲今主盡節，違天害理，此是三罪。不可容恕。聽卿三思，勿令闔城受苦。」伯玉遣軍副樂稚柔答曰：「承欲見攻圍，期於必剋，卑微常人，得抗大威，眞可謂獲其死所。先蒙武帝（徒）採〔拔〕，〔三八〕賜預左右，犬馬知恩，寧容無感。但隆昌延興，昏悖違常，聖明纂業，家國不殊。此則進不負心，退不愧幽。前歲薛眞度導誘邊氓，遂見陵突，既荷國恩，聊耳撲掃。回己而言，應略此責。」宏引軍向城南寺前頓止，從東南角溝橋上過，伯玉先遣勇士數人著斑衣虎頭帽，從伏竇下忽出，宏人馬驚退，殺數人，宏呼善射將原靈度射之，應弦而倒。宏乃過。宏時大舉南寇，僞咸陽王元憘、彭城王元勰、常侍王元嵩、寶掌王元麗、廣陵侯元爕、都督大將軍劉昶、王肅、楊大眼、奚康生、長孫稚等三十六軍，前後相繼，衆號百萬。其諸王軍朱色鼓，公侯綠色鼓，伯子男黑色鼓，竝有鼙角，吹脣沸地。

宏留僞咸陽王憘圍南陽，進向新野，新野太守劉思忌亦拒守。臺先遣軍主直閤將軍胡松助北襄城太守成公期守赭陽城，軍主鮑舉助西汝南、北義陽二郡太守黃瑤起戍舞陰城。宏攻圍新野城，戰鬪不息。遣人謂城中曰：「房伯玉已降，汝南（爲）〔何〕獨自取糜碎？」〔三九〕思忌令人對曰：「城中兵食猶多，未暇從汝小虜語也。」雍州刺史曹虎遣軍至均口，不進。〔四〇〕永泰元年，城陷，縛思忌，問之曰：「今欲降未？」思忌曰：「寧爲南鬼，不爲北臣。」乃死。贈冠軍將軍、梁州刺史。於是沔北大震，湖陽戍主蔡道福、赭陽城主成公期及軍主胡松、舞陰城主黃瑤起及軍主鮑舉、從陽太守席謙竝棄城走。〔四〕虜追軍獲瑤起，王肅募人臠食其肉。追贈冠軍將軍、兗州刺史。數日，房伯玉以城降。伯玉，清河人。既降，虜以爲龍驤將軍，伯玉不肯受。高宗知其志，月給其子希哲錢五千，米二十斛。後伯玉就虜求南邊一郡，爲馮翊太守，生子幼，便教其騎馬，常欲南歸。永元末，希哲入虜，伯玉大怒曰：「我力屈至此，不能死節，猶望汝在本朝以報國恩。我若從心，亦欲間關求反。汝何爲失計？」遂卒虜中。

虜得沔北五郡。宏自將二十萬騎破太子率崔慧景等於鄧城，進至樊城，臨沔水而去。還洛陽，聞太尉陳顯達經略五郡，圍馬圈，宏復率大衆南攻，破顯達而死。喪還，未至洛四百餘里，稱宏詔，徵僞太子恪會魯陽。恪至，緦以宏僞法服衣之，始發喪。至洛，乃宣布州郡，舉哀制服，謚孝文皇帝。

是年，王肅爲虜制官品百司，皆如中國。凡九品，品各有二。肅初奔虜，自說其家被誅事狀，宏爲之垂涕。以第六妹僞彭城公主妻之。封肅平原郡公。爲宅舍，以香塗壁。遂見信用。恪立，號景明元年，永元二年也。

豫州刺史裴叔業以壽春降虜。先是僞東徐州刺史沈陵率部曲降。陵，吳興人，初以失志奔虜，大見任用，宏既死，故南歸，頻授徐、越二州刺史。時王肅爲征南將軍、豫州都督。〔四二〕朝廷既新失大鎮，荒人往來，詐云肅欲歸國。少帝詔以肅爲使持節、侍中、都督豫徐司三州、右將軍、豫州刺史，西豐公，邑二千戶。

虜既得淮南，其夏，遣僞冠軍將軍南豫州刺史席法友攻北新蔡、安豐二郡太守胡景略於建安城，死者萬餘人，百餘日，朝廷無救，城陷，虜執景略以歸。其冬，虜又遣將桓道福攻隨郡太守崔士招，破之。

後僞咸陽王禧以恪年少，與氐楊集始、楊靈祐、乞佛馬居及虜大將支虎、李伯尙等十餘人，請會鴻池陂，因恪出北芒獵，襲殺之。禧猶豫不能發，欲更剋日。馬居說禧曰：「殿下若不至北芒，便可回師據洛城，閉四門。天子聞之，必走向河北（走）桑乾，〔四三〕仍斷河橋，爲河南天子。隔河而治，此時不可失也。」禧又不從。靈祐疑禧反己，卽馳告恪。禧聞事敗，欲走渡河，而天雨晦迷道，至孝義驛，恪已得洛城。遣弟（度）〔廣〕平王領數百騎先入宮，〔四四〕知無變，乃還。遣直衞三郎兵討禧，〔四五〕執殺之。虜法，謀反者不得葬，棄尸北芒。王肅以疾卒。

史臣曰：齊、虜分，江南爲國歷三代矣。華夏分崩，舊京幅裂，觀釁阻兵，事興東晉。二庾藉元舅之盛，自許專征，元規臨邾城以覆師，稚恭至襄陽而反旆。褚裒以徐、兗勁卒，壹沒於鄒、魯。殷浩驅楊、豫之衆，大敗於山桑。桓溫弱冠雄姿，因平蜀之聲勢，步入咸關，野戰洛、鄴。既而鮮卑固於負海，羌、虜割有秦、代，自爲敵國，情險勢分，宋武乘機，故能以次而行誅滅。及魏虜兼幷，河南失境，兵馬土地，非復曩時。宋文雖得之知己，未能料敵，故師帥無功，每戰必殆。泰始以邊臣外叛，遂亡淮北，經略不振，乃議和親。太祖創命，未及圖遠，戎塵先起，侵暴方牧，淮、豫剋捷，青、海摧奔，以逸待勞，坐微百勝。自四州淪沒，民戀本朝，國祚惟新，歌奉威德，提戈荷甲，人自爲鬭，深壘結防，想望南旗。天子習知邊事，取亂而授兵律，若前師指日，遠掃臨、彭，而督將逗留，援接稽（曉）〔晚〕，〔四六〕向義之徒，傾巢盡室。既失事機，朝議北寢，偃武脩文，更思後會。永明之世，據已成之策，職問往來，關禁寧靜。壃埸之民，竝安堵而息窺覦，百姓附農桑而不失業者，亦由此而已也。夫荆棘所生，用武之弊，寇戎一犯，傷痍難復，豈非此之驗乎？建武初運，獯雄南逼，豫、徐彊鎮，嬰高城，蓄士卒，不敢與之校武。胡馬蹈藉淮、肥，而常自戰其地。梯衝之害，鼓掠所亡，建元以來，未之前有。兼以穹廬華徙，卽禮舊都，雍、司北部，親近許、洛，平塗數百，通驛車軌，漢世馳道，直抵章陵，鑣案所鶩，晨往暮返。虜懷兼弱之威，挾廣地之計，彊兵大衆，親自淩殄，旍鼓彌年，矢石不息。朝規懦屈，莫能救禦，故南陽覆壘，新野頹隍，民戶墾田，皆爲狄保。雖分遣將卒，俱出淮南，未解沔北之危，已深渦陽之敗。征賦內盡，民命外殫，比屋騷然，不聊生矣。夫休兗之數，〔四七〕誠有天機，得失之迹，各歸人事。豈不由將率相臨，貪功昧賞，勝敗之急，不相救讓？號令不明，固中國之所短也。

贊曰：天立勍胡，竊有帝圖。卽安諸夏，建號稱孤。齊民急病，幷邑焚刳。

校勘記

〔一〕太元元年　「太元」百衲本及各本並作「泰元」，今據晉書孝武帝紀改正。

〔二〕年號天（瑞）〔賜〕　據南監本、局本改。按魏道武紀年有登國、皇始、天興、天賜，無「天瑞」。

〔三〕子弘字萬民立　「弘」原作「引」，因宋人刻字避諱闕筆而譌，今據殿本、局本改正。

〔四〕其袍衣使宮內婢爲〔之〕　據南監本、殿本、局本補。

〔五〕每南坊搜檢　按「南」字疑「閉」字之譌。

〔六〕其冬發衆遣丹陽王劉昶爲太師　按魏書劉昶傳，昶未嘗爲太師，疑有誤。

〔七〕乃於梁山置二軍　「二軍」元龜二百十七同，南監本、毛本、殿本作「一軍」。

〔八〕魏晉匡（戰）〔輔〕　據通鑑齊高帝建元三年改。

〔九〕虜使李道固報聘　殿本考證云：「魏紀作『李彪』。」今按道固，李彪字。

〔一〇〕雍州至濟州二十五州在河南　錢大昕廿二史考異云：「按自雍至濟，數之止廿四州，蓋脫一州也。」據通鑑注，則濟州之下當有光州。然以魏收地形志考之，光州延興五年改爲鎮，景明元年復，子顯所載者魏太和初之疆域，其時亦不當有光州矣。」

〔一一〕（湘）〔相〕州　據局本改。按錢大昕云「湘」當作「相」。

〔一二〕（秦）〔汾〕州　錢大昕云：「河南有秦州，河北又有秦州，亦必有譌。」按通鑑胡三省注，河北十三州中有汾州，無秦州。今據改。

〔一三〕僞安南將軍遼東公平南將軍上谷公又攻舞陰　通鑑齊武帝永明五年：「魏南部尚書公孫邃、上谷公張儵帥衆與桓天生復寇舞陰。」考異云：「齊書魏虜傳云『僞安南將軍遼東公、平南將軍上谷公又攻舞陰』。魏書帝紀云『詔南部尚書公孫文慶、上谷公張伏干南討舞陰』。按公孫邃傳，邃字文慶，與內都幢將上谷公張儵討蕭賾舞陰戍。蓋伏干亦儵字也。」

〔一四〕嗚呼（分土）〔介士〕　據南監本、殿本、局本改。洪頤煊諸史考異云：「按魏孝文弔比干墓碑今尙存，諦視之，作『介士』，『分土』是傳寫之譌。」

〔一五〕世號爲索干都　錢大昕廿二史考異云：「索干即桑乾之轉。」

〔一六〕佛狸討羯胡於長安　「羯」原譌「及」，各本不譌，今改正。

〔一七〕太和三年　各本並同。據魏書帝紀當作太和五年。

〔一八〕道人法秀與苟兒王阿辱瑰王等謀反　「瑰王」各本並作「珮玉」。

〔一九〕僞咸陽王復欲盡殺道人　按通鑑齊高帝建元二年作「議者或欲盡殺道人」。考異云：「齊書魏虜傳『咸陽王欲盡殺道人』。按咸陽王禧時尚幼，太和九年始封，恐非也。」

〔二〇〕奄丁窮罰　「奄」原譌「掩」，今據南監本、局本改正。殿本作「淹」，奄淹通。

〔二一〕〔公〕轉爲侯　據南監本、毛本、殿本、局本補。

〔二二〕後於石頭造（靈）〔露〕車三千乘　「靈車」通鑑齊武帝永明十一年作「露車」，是，今據改。

〔二三〕且朝廷若必（恭恕）〔赫怒〕　據南監本、毛本、殿本、局本改。

〔二四〕宏遣弟僞河南王幹尙書盧陽烏擊秦雍義軍　「秦」原譌「泰」，今據南監本、殿本、局本改正。

〔二五〕圍僞司空長洛王繆老生　按「繆老生」通鑑齊武帝永明十一年作「穆亮」。考異云：「齊書『穆亮』作『繆老生』，今從魏書。」

〔二六〕皇師雷舉　「雷」毛本、殿本、局本作「電」。

〔二七〕（辰）〔宸〕居重正　據南監本、毛本、殿本、局本改。按宸居，帝王之居也。帝居北辰宮，故从宀从辰，見正字通。

〔二八〕酉廣等竝見殺　張森楷校勘記云：「上有秦州人王度人起義應支酉，疑此『廣』係『度』字之譌。」

〔二九〕子肅奔虜　「肅」原譌「蕭」，今據南監本、殿本、局本改正。

〔三〇〕司州刺史蕭誕拒戰　「誕」原譌「挺」，各本不譌，今改正。按蕭誕事迹見蕭諶傳。

〔三一〕與太子右率蕭誄　「蕭誄」原譌「肅誅」，各本作「蕭詸」，「詸」字亦譌，今據通鑑齊明帝建武二年改正。按蕭詠事迹見蕭諶傳。「太子右率」蕭諶傳作「太子左率」。

〔三二〕宏先又遣僞尚書盧陽烏華州刺史韋靈智攻赭陽城　按通鑑考異云：「陽烏，淵小字；靈智，珍字也。」

〔三三〕臺又遣軍主垣歷生　「垣」原譌「桓」，今據南監本改正。按垣歷生，垣榮祖之從弟，見垣榮祖傳。

〔三四〕於馬上持炬炊而食　「食」字下御覽三百二十引有「之」字。按通鑑作「執炬火於馬上炊之」。

〔三五〕誓取滅之　「取」南監本、局本作「欲」。

〔三六〕遣僞中書舍人公孫雲謂伯玉曰　「公孫雲」通鑑齊明帝建武四年作「孫延景」。考異云：「齊書作『公孫雲』，今從魏書。」

〔三七〕與先(後)行異　據南監本、殿本、局本刪。

〔三八〕先蒙武帝(徒)採〔拔〕　據南監本、殿本、局本改。按毛本作「先蒙武帝所採」。

〔三九〕汝南(爲)〔何〕獨自取糜碎　據南監本、殿本、局本改。

〔四〇〕雍州刺史曹虎遣軍至均口不進　通鑑齊明帝建武四年「雍州刺史曹虎與房伯玉不協，故緩救之，頓軍樊城」。考異云：「齊魏虜傳云『均口』，今從虎傳。」

〔四一〕從陽太守席謙並棄城走　按從陽卽順陽，子顯避梁諱改，南監本、殿本已改爲「順陽」。

〔四二〕時王肅僞征南將軍豫州都督　「僞」殿本作「爲」。疑「僞」上脫一「爲」字，殿本則「爲」下脫一「僞」

字也。

〔四三〕必走向河北（走）桑乾　據南監本、局本刪。

〔四四〕遣弟（度）〔廣〕平王領數百騎先入宮　據南監本、局本改。

〔四五〕遣直衞三郎兵討憘　「郞」南監本、局本作「部」。

〔四六〕援接稽（曉）〔晚〕　張元濟校勘記云：「『稽曉』係『稽晚』之譌，謝瀹傳亦有論公事稽晚語。」今據改。按南監本、局本作「稽緩」，義與「稽晚」近。殿本作「稽繞」，繞乃緩字之形譌。

〔四七〕夫休兖之數　「休兖」南監本、殿本、局本作「休頹」。按兖乃否之古字，後人不曉，妄改爲「頹」耳。

南齊書卷五十八

列傳第三十九

蠻　東南夷

蠻，種類繁多，言語不一，咸依山谷，布荆、湘、雍、郢、司等五州界。宋世封西陽蠻梅蟲生爲高山侯，田治生爲威山侯，梅加羊爲扞山侯。太祖卽位，有司奏蠻封應在解例，參議以：「戎夷疏爵，理章列代；酋豪世襲，事炳前葉。今宸曆改物，舊冊杓降，而梅生等保落奉政，事須繩總，恩命升贊，有異常品。謂宜存名以訓殊俗。」詔：「特留。」以治生爲輔國將軍、虎賁中郎，轉建寧郡太守，將軍、侯如故。

建元二年，虜侵豫、司，蠻中傳虜已近，又聞官盡發民丁，南襄城蠻秦遠以郡縣無備，寇潼陽，縣令焦文度戰死。司州蠻引虜攻平昌戍，戍主苟元賓擊破之。秦遠又出破臨沮百方砦，殺略百餘人。北上黃蠻文勉德寇汶陽，〔一〕太守戴元孫孤城力弱，慮不自保，棄戍歸江陵。荆州刺史豫章王遣中兵參軍劉伾緒領千人討勉德，至當陽，勉德請降，收其部落，使戍汶陽所治城子，令保持商旅，付其清通，遠遂逃竄。

汶陽本臨沮西界，二百里中，水陸迂狹，魚貫而行，有數處不通騎，而水白田甚肥腴。桓溫時，割以爲郡。西北接梁州新城，東北接南襄城，南接巴、巫二邊，竝山蠻凶盛，據險爲寇賊。宋泰始以來，巴建蠻向宗頭反，刺史沈攸之斷其鹽米，連討不剋。晉(天)〔太〕興三年，〔三〕建平夷王向弘、向璢等詣臺求拜除，尙書郎張亮議：「夷貊不可假以軍號。」元帝詔特以弘爲折衝將軍、當平鄉侯，竝親晉王，賜以朝服。宗頭其後也。太祖置巴州以威靜之。

其武陵酉溪蠻田思飄寇抄，內史王文和討之，引軍深入，蠻自後斷其糧。豫章王遣中兵參軍莊明五百人將湘州鎭兵合千人救之，思飄與文和拒戰，中弩矢死，蠻衆以城降。

永明初，向宗頭與黔陽蠻田豆渠等五千人爲寇，巴東太守王圖南遣府司馬劉僧壽等斬山開道，攻其砦，宗頭夜燒砦退走。

三年，湘川蠻陳雙、李答寇掠郡縣，刺史呂安國討之不克。四年，刺史柳世隆督衆征討，乃平。

五年，雍、司州蠻與虜通，助荒人桓天生爲亂。

六年，除督護北遂安左郡太守田駟路爲試守北遂安左郡太守，前寧朔將軍田驢王〔爲試守宜人左郡太守，田何代〕爲試守新平左郡太守，〔三〕皆郢州蠻也。

九年，安隆內史王僧旭發民丁，遣寬城戍主萬民和助八百丁村蠻伐千二百丁村蠻，爲蠻所敗，民和被傷，失馬及器仗，有司奏免官。

西陽蠻田益宗，沈攸之時，以功勞得將領，遂爲臨川王防閤，叛投虜，虜以爲東豫州刺史。建武三年，虜遣益宗攻司州龍城戍，爲戍主朱僧起所破。

蠻俗衣布徒跣，或椎髻，或翦髮。兵器以金銀爲飾，虎皮衣楯，便弩射，皆暴悍好寇賊焉。

東夷高麗國，西與魏虜接界。宋末，高麗王樂浪公高璉爲使持節、散騎常侍、都督營平二州諸軍事、車騎大將軍、開府儀同三司。太祖建元元年，進號驃騎大將軍。〔四〕三年，遣使貢獻，乘船汎海，使驛常通，亦使魏虜，然彊盛不受制。

虜置諸國使邸，齊使第一，高麗次之。永明七年，平南參軍顏幼明、冗從僕射劉思斅使虜。虜元會，與高麗使相次。幼明謂僞主客郎裴叔令曰：「我等銜命上華，來造卿國。所爲抗敵，在乎一魏。自餘外夷，理不得望我鑣塵。況東夷小貊，臣屬朝廷，今日乃敢與我躡踵。」思斅謂僞南部尚書李思沖曰：「我聖朝處魏使，未嘗與小國列，卿亦應知。」思沖曰：「實如此。但主副不得升殿耳。此閒坐起甚高，足以相報。」思斅曰：「李道固昔使，正以衣冠致隔耳。魏國必纓冕而至，豈容見黜。」幼明又謂虜主曰：「二國相亞，唯齊與魏。邊境小狄，敢躡臣蹤。」

高麗俗服窮袴，冠折風一梁，謂之幘。知讀五經。使人在京師，中書郎王融戲之曰：「服之不衷，身之災也。頭上定是何物？」答曰：「此卽古弁之遺像也。」

高璉年百餘歲卒。隆昌元年，以高麗王樂浪公高雲爲使持節、散騎常侍、都督營平二州諸軍事、征東大將軍、高麗王、樂浪公。建武三年，原闕〔五〕

報功勞勤，實存名烈。假行寧朔將軍臣姐瑾等四人，振竭忠効，攘除國難，志勇果毅，等威名將，〔六〕可謂扞城，固蕃社稷，論功料勤，宜在甄顯。今依例輒假行職。伏願恩愍，聽除所假。寧朔將軍、面中王姐瑾，歷贊時務，武功竝列，今假行冠軍將軍、都將軍、都漢王。建威將軍、八中侯餘古，弱冠輔佐，忠効夙著，今假行寧朔將軍、阿錯王。建威將軍餘歷，忠款有素，文武列顯，今假行龍驤將軍、邁盧王。廣武將軍餘固，忠効時務，光宣國政，今假行建威將軍、弗斯侯。」

牟大又表曰：〔七〕「臣所遣行建威將軍、廣陽太守、兼長史臣高達，行建威將軍、朝鮮太守、兼司馬臣楊茂，行宣威將軍、兼參軍臣會邁等三人，志行清亮，忠款夙著。往泰始中，〔八〕比使宋朝，今任臣使，冒涉波險，尋其至効，宜在進爵，謹依先例，各假行職。且玄澤靈休，萬里所企，況親趾天庭，乃不蒙賴。伏願天監特愍除正。達邊効夙著，勤勞公務，今假行龍驤將軍、帶方太守。茂志行清壹，公務不廢，今假行建威將軍、廣陵太守。(萬)〔邁〕執志周密，〔九〕屢致勤効，今假行廣武將軍、清河太守。」詔可，竝賜軍號，除太守。爲使持節、都督百濟諸軍事、鎮東大將軍。〔一〇〕使兼謁者僕射孫副策命大襲亡祖父牟都爲百濟王。曰：「於戲！惟爾世襲忠懃，誠著遐表，滄路肅澄，要貢無替。式循彝典，用纂顯命。往欽哉！其敬膺休業，可不愼歟！制詔行都督百濟諸軍事、鎮東大將軍百濟王牟大今以大襲祖父牟都爲百濟王，卽位章綬等玉銅虎竹符四。〔一一〕〔王〕其拜受，〔一二〕不亦休乎！」

是歲，魏虜又發騎數十萬攻百濟，入其界，牟大遣將沙法名、贊首流、解禮昆、木干那率衆襲擊虜軍，大破之。建武二年，牟大遣使上表曰：「臣自昔受封，世被朝榮，忝荷節鉞，剋攘列辟。往姐瑾等竝蒙光除，臣庶咸泰。去庚午年，獫狁弗悛，舉兵深逼。臣遣沙法名等領軍逆討，宵襲霆擊，匈梨張惶，〔一三〕崩若海蕩。乘奔追斬，僵尸丹野。由是摧其銳氣，鯨暴韜凶。今邦宇謐靜，實名等之略，尋其功勳，宜在褒顯。今假沙法名行征虜將軍、邁羅王，賛首流爲行安國將軍、辟中王，解禮昆爲行武威將軍、弗中侯，木干那前有軍功，又拔臺舫，爲行廣威將軍、面中侯。伏願天恩特愍聽除。」又表曰：「臣所遣行龍驤將軍、樂浪太守兼長史臣慕遺，行建武將軍、城陽太守兼司馬臣王茂，兼參軍、行振武將軍、朝鮮太守臣張塞，行揚武將軍陳明，在官忘私，唯公是務，見危授命，蹈難弗顧。今任臣使，冒涉波險，盡其至誠。實宜進爵，各假行署。伏願聖朝特賜除正。」詔可，竝賜軍號。

加羅國，三韓種也。建元元年，國王荷知使來獻。詔曰：「量廣始登，遠夷洽化。加羅王荷知款關海外，奉贄東遐。可授輔國將軍、本國王。」

倭國，在帶方東南大海島中，漢末以來，立女王。土俗已見前史。建元元年，進新除使持節、都督倭新羅任那加羅秦韓〔慕韓〕六國諸軍事、〔四〕安東大將軍、倭王武號爲鎭東大將軍。

南夷林邑國，在交州南，海行三千里，北連九德，秦時故林邑縣也。漢末稱王。晉太康五年，始貢獻。

宋永初元年，林邑王范楊邁初產，母夢人以金席藉之，光色奇麗。中國謂紫磨金，夷人謂之「楊邁」，故以爲名。楊邁死，子咄立，慕其父，復改名楊邁。

林邑有金山，金汁流出於浦。事尼乾道，鑄金銀人像，大十圍。元嘉二十二年，交州刺史檀和之伐林邑，〔一五〕楊邁欲輸金萬斤，銀十萬斤，銅三十萬斤，還日南地。大臣䓯僧達諫，〔一六〕不聽。和之進兵破其北界犬戎區栗城，獲金寶無筭，毀其金人，得黃金數萬斤，餘物稱是。和之後病死，見胡神爲祟。孝建二年，始以林邑長史范龍跋爲揚武將軍。

楊邁子孫相傳爲王，未有位號。夷人范當根純攻奪其國，〔一七〕簒立爲王。永明九年，遣使貢獻金簟等物。詔曰：「林邑（蟲）〔雖〕介在遐外，〔一八〕世服王化。當根純乃誠款到，率其僚職，遠績克宣，良有可嘉。宜沾爵號，以弘休澤。可持節、都督緣海諸軍事、安南將軍、林邑王。」范楊邁子孫范諸農率種人攻當根純，復得本國。十年，以諸農爲持節、都督緣海諸軍事、安南將軍、林邑王。建武二年，進號鎭南將軍。永泰元年，諸農入朝，海中遭風溺死，以其子文款爲假節、都督緣海軍事、安南將軍、林邑王。

晉建興中，日南夷帥范稚奴文數商賈，見上國制度，敎林邑王范逸起城池樓殿。王服天冠如佛冠，身被香纓絡。國人凶悍，習山川，善鬭。吹海蠡爲角。人皆裸露。四時暄暖，無霜雪。貴女賤男，謂師君爲婆羅門。〔一九〕羣從相姻通，婦先遣娉求婿。女嫁者，迦藍衣横幅合縫如井闌，首戴花寶。婆羅門牽婿與婦握手相付，呪願吉利。居喪剪髮，謂之孝。燔尸中野以爲葬。遠界有靈鷲鳥，知人將死，集其家食死人肉盡，飛去，乃取骨燒灰投海中水葬。人色以黑爲美，南方諸國皆然。區栗城建八尺表，日影度南八寸。

自林邑西南三千餘里，至扶南。

扶南國，在日南之南大海西（蠻）〔灣〕中，〔二〇〕廣袤三千餘里，有大江水西流入海。其先有女人爲王，名柳葉。又有激國人混塡，夢神賜弓一張，〔二一〕教乘舶入海。混塡晨起於神廟樹下得弓，卽乘舶向扶南。柳葉見舶，率衆欲禦之。混塡舉弓遥射，貫船一面通中人。柳葉怖，遂降。混塡娶以爲妻。〔二二〕惡其裸露形體，乃疊布貫其首。〔二三〕遂治其國。子孫相傳。至王槃況死，國人立其大將范師蔓。蔓病，姊子旃（慕）〔篡〕立，〔二四〕殺蔓子金生。十餘年，蔓少子長襲殺旃，以刃鑱旃腹曰：「汝昔殺我兄，今爲父兄報汝。」旃大將范尋又殺長，國人立以爲王，是吴、晉時也。晉、宋世通職貢。

宋末，扶南王姓僑陳如，名闍耶跋摩，遣商貨至廣州。天竺道人那伽仙附載欲歸國，遭風至林邑，掠其財物皆盡。那伽仙閒道得達扶南，具說中國有聖主受命。

永明二年，闍耶跋摩遣天竺道人釋那伽仙上表稱扶南國王臣僑陳如闍耶跋摩叩頭啓曰：「天化撫育，感動靈祇，四氣調適。伏願聖主尊體起居康(御)〔豫〕，〔二五〕皇太子萬福，六宮清休，諸王妃主內外朝臣普同和睦，隣境士庶萬國歸心，五穀豐熟，災害不生，土清民泰，一切安穩。臣及人民，國土豐樂，四氣調和，道俗濟濟，並蒙陛下光化所被，咸荷安泰。」又曰：「臣前遣使齎雜物行廣州貨易，天竺道人釋那伽仙於廣州因附臣舶欲來扶南，海中風漂到林邑，國王奪臣貨易，并那伽仙私財。具陳其從中國來此，仰序陛下聖德仁治，詳議風化，佛法興顯，衆僧殷集，法事日盛，王威嚴整，朝望國軌，慈愍蒼生，八方六合，莫不歸伏。如聽其所說，則化隣諸天，非可爲喻。臣聞之，下情踊悅，若蹔奉見尊足，仰慕慈恩，澤流小國，天垂所感，率土之民，並得皆蒙恩祐。是以臣今遣此道人釋那伽仙爲使，上表問訊奉貢，微獻呈臣等赤心，并別陳下情。但所獻輕陋，愧懼唯深。伏願天慈曲照，鑒其丹款，賜不垂責。」又曰：「臣有奴名鳩酬羅，委臣(免)〔逸〕走，〔二六〕別在餘處，構結兇逆，遂破林邑，仍自立爲王。永不恭從，違恩負義，叛主之愆，天不容載。伏尋林邑昔爲檀和之所破，久已歸化。天威所被，四海彌伏，而今鳩酬羅守執奴兇，自專很彊。且林邑扶南隣界相接，親又是臣奴，〔二七〕猶尚逆去，朝廷遙遠，豈復遵奉。此國屬陛下，故謹具上啓。伏聞林邑頃年表獻簡絕，便欲永隔朝廷，豈有師子坐而安大鼠。伏願遣軍將伐兇逆，臣亦自効微誠，助朝廷剪撲，使邊海諸國，一時歸伏。陛下若欲別立餘人爲彼王者，伏聽勑旨。脫未欲灼然興兵伐林邑者，伏願特賜勑在所，隨宜以少軍助臣，乘天之威，殄滅小賊，伐惡從善。平蕩之日，上表獻金五婆羅。今輕此使送臣丹誠，表所陳啓，不盡下情。謹附那伽仙幷其伴口具啓聞。伏願愍所啓。幷獻金鏤龍王坐像一軀，白檀像一軀，牙塔二軀，古貝二雙，瑠璃蘇鉝二口，瑇瑁檳榔柈一枚。」

那伽仙詣京師，言其國俗事摩醯首羅天神，神常降於摩躭山。土氣恒暖，草木不落。其上書曰：「吉祥利世間，感攝於羣生。所以其然者，天感化緣明。仙山名摩躭，吉樹敷嘉榮。摩醯首羅天，依此降尊靈。國土悉蒙祐，人民皆安寧。由斯恩被故，是以臣歸情。菩薩行忍慈，本迹起凡基。一發菩提心，二乘非所期。歷生積功業，六度行大悲。勇猛超劫數，財命捨無遺。生死不爲猒，六道化有緣。具脩於十地，遺果度人天。功業既已定，行滿登正覺。萬善智圓備，惠日照塵俗。衆生感緣應，隨機授法藥。佛化遍十方，無不蒙濟擢。皇帝聖弘道，興隆於三寶。垂心覽萬機，威恩振八表。國土及城邑，仁風化清皎。亦如釋提洹，衆天中最超。陛下臨萬民，四海共歸心。聖慈流無疆，被臣小國深。」詔報曰：「具摩醯降靈，流施彼土，雖殊俗異化，遙深欣讚。知鳩酬羅於彼背叛，竊據林邑，聚兇肆掠，殊宜剪討。彼雖介遐(休)〔陬〕，〔三六〕舊脩蕃貢，自宋季多難，海譯致壅，皇化惟新，習迷未革。朕方以文德來遠人，未欲便興干戈。王旣欵列忠到，遠請軍威，今詔交部隨宜應接。伐叛柔服，寔惟國典，勉立殊效，以副所期。那伽仙屢銜邊譯，頗悉中土闊狹，令其具宣。」上報以絳紫地黃碧綠紋綾各五匹。

扶南人黠惠知巧，攻略傍邑不賓之民爲奴婢，貨易金銀綵帛。大家男子截錦爲橫幅，女爲貫頭，貧者以布自蔽。鍛金鐶鏆銀食器。伐木起屋，國王居重閣，以木柵爲城。海邊生大箬葉，長八九尺，編其葉以覆屋。人民亦爲閣居。爲船八九丈，廣裁六七尺，頭尾似魚。國王行乘象，婦人亦能乘象。鬪鷄及狶爲樂。無牢獄，有訟者，則以金指鐶若雞子投沸湯中，令探之，又燒鎖令赤，著手上捧行七步，有罪者手皆燋爛，無罪者不傷。又令沒水，直者入即不沈，不直者即沈也。有甘蔗、諸蔗、安石榴及橘，多檳榔，鳥獸如中國。人性善，不便戰，常爲林邑所侵擊，不得與交州通，故其使罕至。

交州斗絕海島，控帶外國，故恃險數不賓。宋泰始初，刺史張牧卒，交趾人李長仁殺牧北來部曲，據交州叛，數年病死。從弟叔獻嗣事，號令未行，遣使求刺史。宋朝以南海太守沈煥爲交州刺史，以叔獻爲煥寧遠司馬、武平新昌二郡太守。叔獻得朝命，人情服從，遂發兵守險不納煥，煥停鬱林病卒。太祖建元元年，仍以叔獻爲交州刺史，就安慰之。叔獻受命，既而斷割外國，貢獻寡少。世祖欲討之，永明三年，以司農劉楷爲交州刺史，〔二九〕發南康、廬陵、始興郡兵征交州。叔獻聞之，遣使願更申數年，獻十二隊純銀兜鍪及孔雀毦，世祖不許。叔獻懼爲楷所襲，間道自湘川還朝。

六年，以始興太守房法乘代楷。法乘至鎮，屬疾不理事，專好讀書。長史伏登之因此擅權，改易將吏，不令法乘知。錄事房季文白之，法乘大怒，繫登之於獄。十餘日，登之厚賂法乘妹夫崔景叔得出，將部曲襲州執法乘，謂之曰：「使君既有疾，不宜勞。」囚之別室。法乘無事，復就登之求書讀，登之曰：「使君靜處猶恐動疾，豈可看書。」遂不與。乃啓法乘心疾動，不任視事，世祖仍以登之爲交州刺史。法乘還至嶺而卒。法乘，清河人。昇明中，爲太祖驃騎中兵，至左中郎將。性方簡，身長八尺三寸，行出人上，常自俯屈。青州刺史明慶符亦長與法乘等，朝廷唯此二人。

史臣曰：書稱「蠻夷猾夏」，蓋總而爲言矣。至於南夷雜種，分嶼建國，四方珍怪，莫此爲先，藏山隱海，瓌寶溢目。商舶遠屆，委輸南州，故交、廣富實，牣積王府。充斥之事差微，聲教之道可被。若夫用德以懷遠，其在此乎？

贊曰：司、雍分壃，荆及衡陽。參錯州部，地有蠻方。東夷海外，碣石、扶桑。南域憬遠，極泛溟滄。非要乃貢，並亦來王。

量廣始登 疑

校勘記

〔一〕北上黄蠻文勉德寇汶陽　通鑑齊高帝建元二年：「北上黄蠻文勉德寇汶陽。」考異云：「齊紀作『文施德』，今從齊書。」

〔二〕晉(天)〔太〕興三年　張森楷校勘記云：「『天興』當作『太興』，晉書本紀可證，各本並譌。」今據改。

〔三〕前寧朔將軍田驢王〔爲試守宜人左郡太守田何代〕爲試守新平左郡太守　據通典邊防典補。按齊州郡志郢州無宜人左郡，豈志有脫漏歟？

〔四〕太祖建元元年進號驃騎大將軍　按高帝紀繫此事於建元二年四月。

〔五〕建武三年原闕　此下缺一頁，脫高麗傳之下半篇，百濟傳之上半篇，各本同。原本每頁十八行，每行十八字。按元龜九百六十八：「明帝建武三年，高麗王、樂浪公遣使貢獻。」明帝紀不載，當亦爲高麗傳缺頁中佚文。又建康實錄南齊高麗傳有：「其官位加(?)長史、司馬、參軍之屬。拜則申一脚，坐則跪，行則走，以爲恭敬。國有銀山，採爲貨，並人參貂皮。重中國綵纈，丈夫衣之。亦重虎皮。」疑亦南齊書高麗傳缺頁中佚文也。又元龜九百六十三：「齊高帝建元二年三月，百濟王牟都遣使貢獻。詔曰：『寶命維新，澤被絕域。牟都世藩東表，守職遐外，可即授使持節都督百濟諸軍事、鎭東大將軍。』」當亦爲百濟傳缺頁中佚文。

〔六〕等威名將　「威」原譌「截」，各本不譌，今改正。

〔七〕牟大又表曰　按「牟大」通志及元龜並作「牟太」。又元龜九百六十三：「齊武帝永明八年正月，百濟王牟太遣使上表，遣謁僕射孫副策命」，知上此表在永明八年正月也。

〔八〕往泰始中　「泰始」原譌「太始」，各本並譌，今改正。

〔九〕(萬)〔邁〕執志周密　據南監本、殿本、局本改。按邁卽上所云之會邁也。

〔一〇〕爲使持節都督百濟諸軍事鎭東大將軍　按此句上有奪文。

〔一一〕卽位章綬等玉銅虎竹符四　按此句疑有脫誤。

〔一二〕〔王〕其拜受　據南監本、殿本、局本補。

〔一三〕匈梨張惶　「梨」南監本作「犂」。漢書匈奴傳，其國稱單于曰撐犂孤塗單于。匈奴謂天爲撐犂，謂子爲孤塗，單于者，廣大之貌也。匈棃猶言匈奴單于，棃犂通。

〔一四〕都督倭新羅任那加羅秦韓〔慕韓〕六國諸軍事　據南史補。按補一慕韓，方符六國之數。

〔一五〕元嘉二十二年交州刺史檀和之伐林邑　「二十二年」南史作「二十三年」。按宋書文帝紀繫此事於元嘉二十三年六月。

〔一六〕大臣毒僧達諫　「諫」下南監本、局本有「止之」二字。

〔一七〕夷人范當根純攻奪其國　張森楷校勘記云：「梁書、南史並云扶南王子當根純，事在晉末，與此敍於永明元年者不同。」

〔一八〕林邑(蟲)〔雖〕介在遐外　各本作「林邑蠢爾，介在遐外」，元龜九百六十三作「林邑雖分當作介在遐外」。按詔賜林邑王爵號，不當引用「蠢爾」語，且下詔報扶南國王，亦有「彼雖介在遐陬」語，明「蟲」乃「雖」字之譌，今據元龜改。

〔一九〕謂師君爲婆羅門　「師君」南監本、局本作「師巫」。

〔二〇〕在日南之南大海西(蠻)〔灣〕中　據南監本及御覽七百八十六引改。

〔二一〕夢神賜弓一張　「一張」各本並作「二張」。

〔二二〕混塡娶以爲妻　「娶」殿本作「遂」。

〔二三〕乃疊布貫其首　「乃」下御覽七百八十六引有「穿」字。按通典邊防典亦有「穿」字。

〔二四〕姊子旃(慕)〔篡〕立　據南史改。按旃名下屢見，不作「旃慕」，明「慕」乃「篡」字之形譌。

〔二五〕伏願聖主尊體起居康(御)〔豫〕　據南監本改。

〔二六〕委臣(免)〔逸〕走　據殿本、局本改。按南監本作「逃」。

〔二七〕親又是臣奴　「又」各本譌作「人」。

〔二八〕雖介遐(休)〔阪〕　據南監本、毛本、殿本、局本改。

〔二九〕永明三年以司農劉楷爲交州刺史　「三」字原闕，今據元龜六百九十八補。「三年」各本並作「元年」。按武帝紀，永明三年春正月，以大司農劉楷爲交州刺史，則元龜作「三年」是。

南齊書卷五十九

列傳第四十

芮芮虜　河南　氐　羌

芮芮虜，塞外雜胡也。編髮左衽。晉世什翼圭入塞內後，芮芮逐水草，盡有匈奴故庭，威服西域。土氣早寒，所居爲穹廬氈帳。刻木記事，不識文書。馬畜丁肥，種衆殷盛。常與魏虜爲讎敵。

宋世其國相希利垔解星筭數術，通胡、漢語，常言南方當有姓名齊者，其人當興。昇明二年，太祖輔政，遣驍騎將軍王洪〔軌〕〔範〕使芮芮，〔一〕剋期共伐魏虜。建元元年八月，芮芮主發三十萬騎南侵，去平城七百里，魏虜拒守不敢戰，芮芮主於燕然山下縱獵而歸。上初踐阼，不遑出師。

二年、三年，芮芮主頻遣使貢獻貂皮雜物。與上書欲伐魏虜，謂上「足下」，自稱「吾」。

獻師子皮袴褶，皮如虎皮，色白毛短。時有賈胡在蜀見之，云此非師子皮，乃扶拔皮也。國相邢基祇羅迴奉表曰：

夫四象稟政，二儀改度，而萬物生焉。斯蓋虧盈迭襲，曆數自然也。昔晉室將終，楚桓竊命，寔賴宋武匡濟之功，故能扶衰定傾，休否以泰。祚流九葉，而國嗣不繼。今皇天降禍於上，宋室猜亂于下。臣雖荒遠，粗闚圖書，數難以來，星文改度，房心受變，虛危納祉，宋滅齊昌，此其驗也。水運遘屯，木德應運，子年垂刈，劉穆之記，崏嶺有不衽之山，京房讖云「卯金十六，草肅應王」。歷觀圖緯，休徵非一，皆云慶鍾蕭氏，代宋者齊。會有使力法度及□此國使反，〔二〕採訪聖德，彌驗天縱之姿。故能挾隆皇祚，光權定之業，翼亮天功，濟悖主之難。樹勳京師，威振海外。杖義之功，侔縱湯、武。冥績既著，寶命因歸，受終之曆，歸于有道。況夫帝無常族，有德必昌，時來之數，唯靈是與。陛下承乾啓之機，因乘龍之運，計應符革祚，久已踐極，荒裔傾戴，莫不引領。設未龍飛，不宜沖挹，上違天人之心，下乖黎庶之望。

皇芮承緒，肇自二儀，拓土載民，地越滄海，百代一族，大業天固。雖吳(漢)〔漠〕殊域，〔三〕義同脣齒，方欲剋期中原，龔行天罰。治兵繕甲，俟時大舉。振霜戈於并、代，鳴和鈴於秦、趙，掃殄凶醜，梟剪元惡。然後皇輿遷幸，光復中華，永敦隣好，侔蹤齊、魯。使四海有奉，蒼生咸賴，荒餘歸仰，豈不盛哉！

永明元年，王洪（軌）〔範〕還京師，經途三萬餘里。洪（軌）〔範〕，齊郡臨淄人，爲太祖所親信。建武中，爲青冀二州刺史。私占丁侵虜堺，奔敗結氣卒。

芮芮王求醫工等物，〔四〕世祖詔報曰：「知須醫及織成錦工、指南車、漏刻，並非所愛。南方治疾，與北土不同。織成錦工，並女人，不堪涉遠。指南車、漏刻，此雖有其器，工匠久不復存，不副爲悞。」〔五〕

自芮芮居匈奴故庭，十年，丁零胡又南攻芮芮，得其故地，芮芮稍南徙。魏虜主元宏以其侵逼，遣僞平元王駕鹿渾、龍驤將軍楊延數十萬騎伐芮芮，大寒雪，人馬死者衆。

先是益州刺史劉悛遣使江景玄使丁零，宣國威德。道經鄯善、于闐，鄯善爲丁零所破，人民散盡。于闐尤信佛法。丁零僭稱天子，勞接景玄使，反命。

芮芮常由河南道而抵益州。

河南，匈奴種也。漢建武中，匈奴奴婢亡匿在涼州界雜種數千人，虜名奴婢爲貲，一謂之「貲虜」。鮮卑慕容廆庶兄吐谷渾爲氐王。在益州西北，亘數千里。其南界龍涸城，去成都千餘里。大戍有四，一在清水川，一在赤水，一在澆河，一在吐屈眞川，皆子弟所治。其王治慕駕川。多畜，逐水草，無城郭。後稍爲宮屋，而人民猶以氈廬百子帳爲行屋。地常風寒，人行平沙中，沙礫飛起，行迹皆滅。肥地則有雀鼠同穴，生黃紫花；瘦地輒有鄣氣，使人斷氣，牛馬得之，疲汗不能行。

宋初始受爵命，至宋末，河南王吐谷渾拾寅爲使持節、散騎常侍、都督西秦河沙三州諸軍事、車騎大將軍、開府儀同三司、領護羌校尉、西秦河二州刺史。

建元元年，太祖卽本官進號驃騎大將軍。宋世遣武衞將軍王世武使河南，是歲隨拾寅使來獻。詔答曰：「皇帝敬問使持節、散騎常侍、都督西秦河沙三州諸軍事、車騎大將軍、開府儀同三司、領護羌校尉、西秦河二州刺史、新除驃騎大將軍、河南王：寶命革授，爰集朕躬，猥當大業，祗惕兼懷。（夏中）〔聞之〕增感。王世武至，得元徽五年五月二十一日表，（聞之）〔夏中〕濕熱，〔六〕想比平安。又卿乃誠遙著，保寧遐壃。今詔升徽號，以酬忠款。遣王世武銜命拜授。又仍使王世武等往芮芮，想卽資遣，使得時達。又奏所上馬等物悉至，今往別牒錦絳紫碧綠黃青等紋各十四。」

拾寅子易度侯好星文，嘗求星書，朝議不給。寅卒，三年，以河南王世子吐谷渾易度侯爲使持節、〔七〕都督西秦河沙三州諸軍事、鎭西將軍、領護羌校尉、西秦河二州刺史、河南王。永明三年，詔曰：「易度侯守職西蕃，綏懷允緝，忠績兼舉，朕有嘉焉。可進號車騎大將軍。」遣給事中丘冠先使河南道，幷送芮芮使。至六年乃還。得玉長三尺二寸，厚一尺一寸。

易度侯卒，八年，立其世子休留茂爲使持節、督西秦河沙三州諸軍事、〔七〕鎭西將軍、領護羌校尉、西秦河二州刺史。復遣振武將軍丘冠先拜授，幷行弔禮。冠先至河南，休留茂逼令先拜，冠先厲色不肯，休留茂恥其國人，執冠先於絕巖上推墮深谷而死。冠先字道玄，吳興人，晉吏部郎傑六世孫也。上初遣冠先，示尚書令王儉，儉答上曰：「此人不啻堪行。」乃再銜命。及死，世祖敕其子雄曰：「卿父受使河南，秉忠守死，不辱王命，我甚賞惜。喪屍絕域，不可復尋，於卿後宦塗無妨，甚有高比。」賜錢十萬，布三十匹。

氐楊氏，與苻氏同出略陽，漢世居仇池，地號百頃。建安中，有百頃氐王是也。晉世有楊茂搜，後轉彊盛，事見前史。仇池四方壁立，自然有樓櫓却敵狀，高並數丈。有二十二道可攀緣而升，東西二門，盤道可七里。上有岡阜泉源。氐於上平地立宮室菓園倉庫，無貴賤皆爲板屋土牆，所治處名洛谷。

宋元嘉十九年，龍驤將軍裴方明等伐氐，剋仇池，後爲魏虜所攻，失地。氐王楊難當從兄子文德聚衆茄蘆，〔八〕宋世加以爵位。文德死，從弟僧嗣、文慶傳代之。〔一〇〕難當族弟廣香先奔虜，元徽中，爲虜攻殺文慶，以爲陰平公、茄蘆鎭主。文慶從弟文弘爲白水太守，屯武興，朝議以爲輔國將軍、北秦州刺史、武都王、仇池公。

太祖卽位，欲綏懷異俗。建元元年，詔曰：「昔絕國入贄，美稱前冊，殊俗內款，聲流往記。僞虜茄蘆鎭主、陰平郡公楊廣香，怨結同族，釁起親黨，當宋之世，遂舉地降敵。茄蘆失守，華陽暫驚。近單使先馳，宣揚皇威，廣香等追其遠世之誠，仰〔我〕惟新之化，〔一〇〕肉袒請附，復地千里，氐羌雜種，咸同歸從。〔一一〕宜時領納，厚加優卹。廣香翻迷反正，可特量所授。部曲酋豪，隨名酬賞。」以廣香爲督沙州諸軍事、平羌校尉、沙州刺史。尋進號征虜將軍。

梁州刺史范柏年被誅，其親將李烏奴懼奔叛，文弘納之。烏奴率亡命千餘人攻梁州，爲刺史王玄邈所破，復走還氐中。荊州刺史豫章王嶷遣兵討烏奴，檄梁州能斬送烏奴首，賞本郡，烏奴田宅事業悉賜之。與廣香書曰：

夫廢興無謬，逆順有恒，古今共貫；賢愚同察。梁州刺史范柏年懷挾詭態，首鼠兩端，旣已被伐，〔一三〕盤桓稽命。遂潛遣李烏奴叛。楊文弘扇誘邊疆荒雜。柏年今已梟禽，烏奴頻被摧破，計其餘燼，行自消夷。今遣參軍行晉壽太守王道寶、參軍事行北巴西新巴二郡太守任湜之、行宕渠太守王安會領鋭卒三千，巡塗風邁，浮川電掩。又命輔國將軍三巴校尉明惠照、巴郡太守魯休烈、南巴西太守柳弘稱、益州刺史傅琰，竝簡徒競鶩，選甲爭馳。雍州水步，行次魏興，幷山東僑舊，會于南鄭。或汎舟墊江，或飛旝劒道，腹背飆騰，表裏震擊。

文弘容納叛戾，專爲淵藪，外侮皇威，內凌國族。〔四〕君弈世忠款，深識理順，想卽起義，應接大軍，共爲掎角，討滅烏奴，剋建忠勤，茂立誠節。沈攸之資十年之積，權百旅之衆，師出境而城潰，兵未戰而自屠，朝廷無遺鏃之費，士民靡傷痍之弊。況蕞爾小豎，方之篾如，其取殲殄，豈延漏刻。忝以寡昧，分陝司蕃，清氛蕩穢，諒惟任職。此府器械山積，戈旗林聳，士卒剽勁，蓄鋭權威，〔五〕除難剿寇，豈俟徵習！〔六〕但以剪伐萌菌，弗勞洪斧，撲彼蚊蚋，無假多力。皇上聖哲應期，恩澤廣被，罪止首惡，餘無所問。賞罰之科，具寫如別。

使道寶步出魏興，分軍泝墊江，俱會晉壽。太祖以文弘背叛，進廣香爲持節、都督西秦州刺史。廣香子北部鎮將軍郡事炅爲征虜將軍、武都太守。以難當正胤楊後起爲持節、寧朔將軍、平羌校尉、北秦州刺史、武都王，鎮武興，卽文弘從兄子也。

三年，文弘歸降，復以爲征西將軍、北秦州刺史。先是廣香病死，氐衆半奔文弘，半詣梁州刺史崔慧景。文弘遣從子後起進據白水。白水居晉壽上流，西接涪界，東帶益路，北連陰平、茄蘆，爲形勝之地。晉壽太守楊公則啓經略之宜，上答曰：「文弘罪不可恕，事中政應且加恩耳。卿若能襲破白水，必加厚賞。」

世祖卽位，進後起號冠軍將軍。永明元年，以征虜將軍炅爲沙州刺史、陰平王，將軍如故。二年，八座奏，後起(勒)〔勤〕彰款塞，〔七〕忠著邊城。進號征虜將軍。四年，後起卒，詔曰：「後起奄至殞逝，惻愴于懷。〔八〕綏禦邊服，宜詳其選。行輔國將軍、北秦州刺史、武都王楊集始，幹局沈亮，乃心忠款，必能緝境寧民，宣揚聲教。可持節、輔國將軍、北秦州刺史、平羌校尉、武都王。」後起弟後明爲龍驤將軍、白水太守。集始弟集朗爲寧朔將軍。五年，有司奏集始驅狐剪棘，仰化邊服。母以子貴，宜加榮寵。除集始母姜氏爲太夫人，假銀印。九年，八座奏，楊炅嗣勤西牧，馳款內昭，宜增戎章，用輝遐外。進號前將軍。

十年，集始反，率氐、蜀雜衆寇漢川，梁州刺史陰智伯遣軍主寧朔將軍桓盧奴、梁季羣、宋□、王士隆等千餘人拒之，〔九〕不利，退保白馬。賊衆萬餘人縱兵火攻其城柵，盧奴拒守死戰。智伯又遣軍主陰仲昌等馬步數千人救援。至白馬城東千溪橋，相去數里，集始等悉力攻之，官軍內外奮擊，集始大敗，十八營一時潰走，殺獲數千人。集始奔入虜堺。

隆昌元年，以前將軍楊炅爲使持節、督沙州諸軍事、平西將軍、平羌校尉、沙州刺史。

集始入武興，以城降虜，氐人苻幼孫起義攻之。

建武二年，氐、虜寇漢中。梁州刺史蕭懿遣前氐王楊後起弟子元秀收合義兵，氐衆響應，斷虜運道。虜亦遣僞南梁州刺史仇池公楊靈珍據泥功山以相拒格。元秀病死，苻幼孫領其衆。高宗詔曰：「仇池公楊元秀，氐王苗胤，乃心忠勇，醜虜凶逼，血誠彌厲，宣播朝威，招誘戎種，萬里齊契，響然歸從。誠効顯著，寔有可嘉。不幸殞喪，悽愴于懷。夫死事加恩，陽秋明義。宜追覃榮典，以弘勸獎。贈仇池公。持歸國。」

氐楊馥之聚義衆屯沮水關，城白馬北。集始遣弟集朗率兵迎拒州軍於黃亘，戰大敗。集始走下辯，馥之據武興。虜軍尋退。馥之留弟昌之守武興，自引兵據仇池。詔曰：「氐王楊馥之，世纂忠義，率厲部曲，樹績邊城，克殄姦醜。復內稟朝律，外撫戎荒，款心式昭，朕甚嘉之。以爲持節、督北秦雍二州諸軍事、輔國將軍、平羌校尉、北秦州刺史、仇池公。」

沙州刺史楊炅進號安西將軍。三年，炅死，以炅子崇祖爲假節、督沙州軍事、征虜將軍、平羌校尉、沙州刺史、陰平王。

四年，僞南梁州刺史楊靈珍與二弟婆羅、阿卜珍率部曲三萬餘人舉城歸附，送母及子雙健、阿皮於南鄭爲質。〔三〇〕梁州刺史陰廣宗遣中兵參軍(猷)王思考率衆救援，〔三一〕爲虜所得，婆羅、阿卜珍戰死。靈珍攻集始於武興，殺其二弟集同、集衆。集始窮急，請降。以靈珍爲持節、督隴右軍事、征虜將軍、北梁州刺史、〔二二〕仇池公、武都王。永元二年，復以集始爲使持節、督秦雍二州軍事、輔國將軍、平羌校尉、北秦州刺史。靈珍後爲虜所殺。

自虜陷仇池以後，或得或失。宋以仇池爲郡，故以氐封焉。

宕昌，羌種也。各有酋豪，領部衆汧、隴閒。宋末，宕昌王梁彌機爲使持節、督河涼二州、安西將軍、東羌校尉、河涼二州刺史、隴西公。建元元年，太祖進號鎮西將軍。又征虜將軍、西涼州刺史羌王像舒彭亦進爲持節、平西將軍。後叛降〔虜〕。〔二三〕永明元年，八座奏，前使持節、都督河涼二州軍事、鎮西將軍、東羌校尉、河涼二州刺史、隴西公、宕昌王梁彌機，前使持節、平北將軍、西涼州刺史、羌王像舒彭，竝著勤西垂，寧安邊境，可復先官爵。詔又可以隴右都帥羌王劉洛羊爲輔國將軍。

機卒。三年，詔曰：「行宕昌王梁彌頡，忠款內附，著績西服，宜加爵命，式隆蕃屛。可使持節、督河涼二州諸軍事、安西將軍、東羌校尉、河涼二州刺史、隴西公、宕昌王。」頡卒。六年，以行宕昌王梁彌承爲使持節、督河涼二州諸軍事、安西將軍、東羌校尉、河涼二州刺史、宕昌王。使求軍儀及伎雜書，詔報曰：「知須軍儀等九種，竝非所愛。但軍器種甚多，致之未易。內伎不堪涉遠。祕閣圖書，例不外出。五經集注、論〔語〕，〔二四〕今特敕賜王各一部。」俗重虎皮，以之送死，國中以爲貨。

史臣曰：氐、胡獷盛，乘運迭起，秦、趙僭差，相係覆滅，餘類蠢蠢，被西疆而奄北際。芮芮地窮幽都，戎馬天隔。氐楊密邇華、夷，分民接境，侵犯漢、漾，浸逼狼狐，壃場之心，窺望威德，梁部多難，於斯爲梗。殘羌遺種，際運肇昌，〔二五〕盡隴憑河，遠通南驛，據國稱蕃，竝受職命。晉氏衰（故）〔敗〕，〔二六〕中朝淪覆，滅餘四夷，庶雪戎禍，授以兵杖，升進軍麾，後代因仍，貪廣聲教，綏外懷遠，先名後實。貿易有無，世開邊利，羽毛齒革，无損於我。若夫九種之事，有□□至於此也。〔二七〕

贊曰：芮芮、河南，同出胡種。稱王僭帝，擅彊專（權）〔統〕。〔二八〕氐、羌孽餘，散出河、隴。來賓往叛，放命承宗。

校勘記

〔一〕遣驍騎將軍王洪(軏)〔範〕使芮芮　據通鑑改。下同。按通鑑齊高帝建元元年：「上之輔宋也，遣驍騎將軍王洪範使柔然，約與共攻魏。」考異云：「齊書作『王洪軏』，今從齊紀。」參閱張沖傳校記第十七條。

〔二〕會有使力法度及□此國僭反　各本並缺一字。

〔三〕雖吳(漢)〔漠〕殊域　「漢」當作「漠」，各本並譌，今改。

〔四〕芮芮王求醫工等物　「王」各本並同，按子顯前後書例，當作「主」。

〔五〕不副爲愧　「愧」元龜九百九十九作「恨」。

〔六〕(夏中)〔聞之〕增感至(聞之)〔夏中〕濕熱　原「夏中」、「聞之」錯簡，致不可解。今改正。

〔七〕以河南王世子吐谷渾易度侯爲使持節　「易度侯」魏書及通鑑作「度易侯」。

〔八〕立其世子休留茂爲使持節督西秦河沙三州諸軍事　「休留茂」本紀作「休留成」。

〔九〕氐王楊難當從兄子文德聚衆茄蘆　「茄蘆」南監本及南史並作「葭蘆」。下同。

〔一〇〕從弟僧嗣文慶傳代之　「文慶」宋書、南史並作「文度」。

〔一一〕仰〔我〕惟新之化　據元龜九百六十三補。

〔一二〕咸同歸從　「從」即「順」字，子顯避梁諱改。殿本已改爲「順」字。

〔一三〕既已被伐　「伐」疑當作「代」，言朝廷已委新人來代其任也。

〔一四〕內淩國族　「國族」元龜四百十六作「同族」。

〔一五〕蓄銳權威　「權威」南監本、毛本、殿本、局本並作「積威」。

〔一六〕豈俟徵習　「徵習」南監本作「召集」，殿本、局本作「徵集」。

〔一七〕後起(勒)〔勤〕彰款塞　據南監本、殿本、局本改。

〔一八〕惻愴于懷　「于」南監本作「予」。按疑作「予」是，然下高宗詔亦有「悽愴于懷」語，「于」字南監本不作「予」。今仍之。

〔一九〕梁州刺史陰智伯遣軍主寧朔將軍桓盧奴梁季羣宋□王士隆等千餘人拒之　「宋」字下原缺一字，各本並缺。

〔二〇〕送母及子雙健阿皮於南鄭爲質　「雙健」毛本、局本作「雙犍」。

〔二一〕梁州刺史陰廣宗遣中兵參軍(歙)王思考率衆救援　據南監本、毛本、殿本、局本刪。

〔二二〕以靈珍爲持節督隴右軍事征虜將軍北梁州刺史　「北梁州」明帝紀作「北秦州」，通鑑從帝紀。

〔二三〕後叛降〔虜〕　據南監本、殿本、局本補。

〔二四〕五經集注論〔語〕　據元龜九百九十九補。

〔二五〕際運肇昌　「際運」二字原闕，今據各本補。

〔二六〕晉氏衰(故)〔敗〕　據南監本、局本改。

〔二七〕有□□至於此也　「有」字下原缺二字，各本並缺。

〔二八〕擅彊專(權)〔統〕　據毛本、殿本、局本改。